2 cartes dépliantes

HISTOIRE

DES

PRINCES DE CONDÉ

PENDANT LES XVIᵉ ET XVIIᵉ SIÈCLES

VI

LE GRAND CONDÉ A 31 ANS

HISTOIRE
DES PRINCES
DE CONDÉ

PENDANT LES XVIᵉ ET XVIIᵉ SIÈCLES

PAR

M. LE DUC D'AUMALE

TOME SIXIÈME

PARIS

CALMANN LÉVY, ÉDITEUR

ANCIENNE MAISON MICHEL LÉVY FRÈRES

3, RUE AUBER, 3

1892

Droits de reproduction et de traduction réservés.

LIVRE SIXIÈME

1650 à 1657

LOUIS DE BOURBON

DEUXIÈME DU NOM, QUATRIÈME PRINCE DE CONDÉ,
LE GRAND CONDÉ,

NÉ LE 7 SEPTEMBRE 1621, MORT LE 8 DÉCEMBRE 1686.

Ce sixième volume devait être le dernier de l'œuvre que j'ai entreprise. Mais, pour présenter au lecteur des tableaux suffisamment clairs et complets, j'ai dû développer certaines parties de cette histoire, et je ne pouvais, d'autre part, m'écarter du plan de l'ouvrage en sacrifiant complètement les *Pièces*, dont la publication est déjà bien écourtée.

Il a donc fallu diviser en deux volumes cette dernière partie de l'*Histoire des Princes de Condé*.

Celui qui paraît aujourd'hui prend M. le Prince en prison, et le suit à travers d'étranges et souvent glorieuses vicissitudes, jusqu'au moment où il va succomber dans sa coupable entreprise.

Le septième et dernier volume comprendra :

Fin de la lutte; bataille des Dunes, 1658.

Paix des Pyrénées; la soumission, 1659.

Retour en France; rétablissement; la vie nouvelle.

Emplois militaires; services auprès du Roi; Franche-Comté et Hollande, 1668 à 1673.

Dernières campagnes : Condé arrête l'invasion par la trouée de Charleroi; bataille de Seneffe, 1674. — Rappelé après la mort de Turenne, il arrête l'invasion par l'Alsace, 1675.

Le recueillement. Chantilly. La mort, 1686.

NOTA

L'origine des citations ou renseignements tirés des divers dépôts d'archives est indiquée, soit en toutes lettres, soit, pour les citations fréquentes, par les abréviations suivantes :

A. B.	signifie	Archives du royaume de Belgique, à Bruxelles.
A. C.	—	Archives de Condé, à Chantilly.
A. E.	—	Affaires Étrangères, France.
A. N.	—	Archives Nationales, France.
B. N.	—	Bibliothèque Nationale, à Paris.
C. P.	—	Collections particulières.
D. G.	—	Dépôt de la Guerre, à Paris.

LOUIS II DE BOURBON

CHAPITRE PREMIER

LA PRISON.

JANVIER 1650 - FÉVRIER 1651.

Accablement général après l'arrestation des Princes. — Commencement de résistance. Mme de Longueville et Turenne à Stenay. — Les princesses de Condé à Chantilly. Ouverture inattendue de Claire-Clémence à Lenet. — Ordres du Roi apportés à Chantilly. Comment Madame la Princesse s'échappe et gagne Montrond (avril 1650). — Séjour à Montrond. Les frères Baás. — La Rochefoucauld et Bouillon conduisent Madame la Princesse à Bordeaux. — La Fronde en Guyenne. Première paix de Bordeaux (janvier 1650). — La démocratie bordelaise. La ville reçoit Madame la Princesse (31 mai 1650), les ducs et l'envoyé d'Espagne, Watteville. — Madame la Princesse règne à Bordeaux. État de la province. D'Épernon et La Meilleraie. Le secours d'Espagne, *ó tarde, ó nunca*. — Invasion dans le Nord arrêtée par la défense de Guise. Mazarin entreprend le voyage de Guyenne. — Retour offensif de Turenne (août). Boutteville le précède et menace Vincennes.

Les Princes à Vincennes, 18 janvier 1650. Rigueur de la captivité; de Bar. — Tentative de délivrance. Conférence de Condé avec Servien (mars). — La vie en prison. — Émotion causée par l'apparition de Boutteville. — Les Princes transférés à Marcoussis (29 août). Mécontentement des partis. — Espérances des amis des Princes. — Traité des Bordelais et des ducs avec Mazarin. — Condé exclu du traité. Vains efforts de Madame la Princesse. Elle se retire à Montrond. — La princesse douairière au château de Châtillon; elle y meurt (2 décembre 1650). Mme de Châtillon et Condé. — La cour rentre à Paris (15 novembre). L'archiduc et Turenne en Champagne. — Les Princes enfermés au château du Havre (26 novembre). — Turenne battu à Rethel (15 décembre). Victoire sans profit pour Mazarin. — La Palatine à l'œuvre pour délivrer Condé. Sa double négociation. Elle traite avec les frondeurs (30 janvier 1651). — État de Paris. Mazarin en sort (6 février). — La Reine cède (10). Mazarin, au Havre, délivre les Princes (13). — Entrée des Princes à Paris (16).

<small>Accablement général après l'arrestation des Princes.</small>

Le soin que prirent les ministres du Roi d'exposer dans un document officiel les motifs de l'arrestation des Princes était bien superflu : il est des actes qu'on ne justifie pas. A qui ne tient compte ni de la morale ni du droit, il convient ou de garder le silence, ou d'affirmer, sans fausse honte, les odieuses combinaisons des partis, accords mensongers entre ennemis irréconciliables, pactes scellés par la complicité dans une mauvaise action. Aussi la lettre signée par la Régente, quoique « longue, bien faite et bien tissue », était-elle dépourvue d'arguments, « ne contenant, a dit un magistrat impartial, habitué à requérir au nom du Roi[1], ne contenant aucune accusation précise contre M. le Prince qui le rende coupable, si bien qu'il pourra plus tard s'en prévaloir pour sa justi-

---

1. Omer Talon, avocat général.

fication ». Le moment de cette « justification » ne semblait pas proche; le plus grand obstacle à la délivrance de Condé était son innocence même, et rien ne faisait prévoir la fin de sa captivité. Ses amis, ses partisans étaient atterrés, dispersés, en fuite; ses serviteurs emprisonnés, ses biens saisis, meubles et effets livrés aux enchères; peu s'en fallut que son épée, l'épée du Grand Condé, ne fût vendue à la criée!

La cour et les frondeurs triomphaient; la cause des Princes n'était pas populaire; le public éprouvait ce sentiment d'admiration malsaine, un peu niaise, que provoque en général le « coup » qui a réussi. Nulle protestation, nulle résistance. La Normandie acclame le Roi et le cardinal. La Bourgogne, dépouille opime donnée au plus persévérant ennemi des Condé, le duc de Vendôme, reçut son nouveau gouverneur avec soumission; Bellegarde fit une pauvre défense; à Dijon, à Saint-Jean-de-Losne, il n'y eut pas même de simulacre de résistance. Ainsi en Champagne, en Berry, partout où on prétendait que M. le Prince avait organisé la guerre civile. Marchin essaya de soulever l'armée de Catalogne; il fut arrêté au milieu de ses troupes.

Mais Stenay ferma ses portes aux gens du Roi, et Bordeaux resta en armes. Deux femmes s'accrochèrent à ces îlots et allumèrent le feu aux deux bouts de la France.

> Commencement de résistance. Mme de Longueville et Turenne à Stenay.

Mme de Longueville n'avait pas été oubliée par les auteurs du coup d'État; on connaissait son caractère, son audace, son esprit d'entreprise, ses relations; elle devait être arrêtée en même temps que son frère. Sa fuite fut une hégire : bravant les tempêtes, les frimas, sur terre, sur mer, se dérobant à toutes les poursuites, échappant aux embûches, aux pièges, chassée de Dieppe, chassée d'Arras, elle finit par gagner Stenay, où La Moussaye avait maintenu l'autorité de M. le Prince. Quand le bruit se répandit que Turenne était auprès de la duchesse dans la citadelle condéenne, ce fut comme une traînée de poudre; il sembla que le ralliement sonnait dans tout le nord et l'est de la France. On vit affluer à Stenay les amis qui reprenaient courage, d'autres qui se croyaient menacés ou se sentaient frappés, Boutteville, Duras, nombre d'officiers obscurs, de soldats isolés[1]. Le maréchal et Geneviève de Bourbon mirent en commun leur énergie, leur activité, se partageant la tâche : celle-ci négociant, écrivant, adressant de tous côtés de pressants appels;

---

[1]. Plusieurs mestres-de-camp essayèrent de soulever leurs troupes; mais trois régiments en corps purent seuls gagner Stenay.

celui-là organisant les troupes; tous deux préparant l'action militaire, traitant avec l'Espagne, et, sans scrupules, sans remords, allant droit au but, la guerre. Peut-être Mme de Longueville pensait-elle parfois à d'autres qu'à ses frères; peut-être aussi Turenne, animé par ses rancunes personnelles contre la cour, avait-il été attiré à Stenay par un sentiment plus doux; mais le peu d'encouragement qu'il reçut de la duchesse ne refroidit pas son dévouement à la personne et à la cause de Louis de Bourbon. Pendant toute une année, il s'attacha sans relâche, exclusivement, à délivrer M. le Prince, et sa ténacité n'eut d'égale que la persévérance de la jeune princesse de Condé.

Ni Claire-Clémence, ni sa belle-mère n'avaient d'abord causé d'ombrage soit à la cour, soit aux frondeurs; l'une était affaissée par l'âge, de tout temps attachée à la Régente; l'autre, timide, gauche, laissée à l'écart, négligée par son mari. Aussi la princesse douairière obtint-elle facilement permission de se retirer dans sa maison de Chantilly, et d'y garder auprès d'elle sa bru et son petit-fils, le jeune duc d'Anguien. La tristesse fut grande d'abord; beaucoup de larmes; on s'apitoyait sur le sort des prisonniers, dont on n'avait peu ou point de nouvelles. Puis les jours s'écoulèrent, la douleur s'émoussa; le printemps vint,

Les princesses de Condé à Chantilly. Ouverture inattendue de Claire-Clémence à Lenet.

précoce et doux ; la compagnie était nombreuse, femmes charmantes, aimables causeurs ; le jour, parties de pêche aux étangs, promenades sur les pelouses ou dans les longues allées, le jeune duc paradant sur son petit cheval ; le soir, après la prière, on se réunissait pour faire des madrigaux ou pour écouter les récits de la vieille princesse, les anecdotes de ses jeunes années et les prouesses amoureuses du roi Henri[1]. Les oreilles se fermaient aux bruits du dehors ; les importuns, les agités qui venaient soumettre des plans, projets de requête ou de manifeste, trouvaient un accueil assez froid. La douairière était dominée par la double crainte d'être arrêtée ou de manquer d'argent, et sa belle-fille, toujours silencieuse, n'avait ni autorité, ni ressources, ni crédit.

Bientôt Lenet apporte les nouvelles de Bourgogne ; il venait d'assister à la transformation habituelle de l'opinion : *Væ victis !* Là où il comptait faire appel à l'indignation, au dévouement actif, il n'a rencontré que des visages froids, des cœurs découragés ; à cette période d'accablement a succédé un concert de soumission déguisée sous

---

[1]. La vie à Chantilly au printemps de 1650. — Lenet en a fait la peinture en quelques pages écrites au courant de la plume, vivantes, un peu prolixes. L'épître de Sarasin à Mme de Montausier présente un tableau composé avec plus d'art ; c'est un morceau exquis.

le masque du bien public; enfin, dernière évolution, c'est le prisonnier qu'on blâme, le ministre tout-puissant est porté aux nues. La contagion de l'abattement général semblait avoir gagné jusqu'au fidèle conseiller de M. le Prince lorsqu'il joignit le cercle de Chantilly; il devint amoureux, et s'abandonnait au courant de la douce vie qu'on menait dans ce beau lieu; mais il n'avait pas quitté la partie, allait souvent à Paris, et, sous divers prétextes, voyait du monde, tout en cherchant à ne pas éveiller les soupçons de la cour. L'apathie de Charlotte de Montmorency l'affligeait et l'entravait; il n'attendait rien de Claire-Clémence, lorsque tout à coup celle-ci, le prenant à part, lui exposa en termes nets et brefs sa ferme résolution de ne pas se laisser séparer de son fils, « de le conduire partout où il faudrait, fût-ce à la tête d'une armée, enfin de ne rien oublier de tout ce que je dois à l'honneur d'avoir épousé un premier prince du sang, d'une aussi grande vertu et d'un mérite aussi extraordinaire que Monsieur mon mari ».

Lenet applaudit à ce langage, qu'il écoutait avec surprise et une admiration mêlée de quelque défiance; « car une longue habitude lui avait fait connaître la portée de ce génie, beaucoup plus limité qu'il n'eût été nécessaire pour la conduite des grandes affaires ». Un plan nouveau s'offrit à son esprit, et il s'appliqua aussitôt à en préparer l'exécution.

Ordres du Roi apportés à Chantilly. Comment Madame la Princesse s'échappe et gagne Montrond (avril 1650).

Cependant ces allées et venues, tout ce mouvement, ces conférences, étaient signalés. L'adroit et ingénieux homme d'affaires du prince de Marsillac[1], Gourville, avait été vu plusieurs fois à Chantilly, et ces visites avaient coïncidé, disait-on, avec certaines tentatives avortées pour délivrer les prisonniers. Enfin, Mme de Châtillon venait de s'établir auprès de la princesse douairière, sa parente, et la seule présence de cette femme hardie changeait l'aspect de la petite cour de Chantilly. Un jour on apprit au château que plusieurs compagnies des Gardes suisses prenaient leurs cantonnements aux environs. L'émotion fut vive; chacun donna son avis et la discussion s'animait, lorsqu'on annonça un « gentilhomme ordinaire. »; il apportait les ordres du Roi. Introduit aussitôt auprès de la princesse douairière, M. du Vouldy s'assura « qu'elle ne sembloit estre ni en pouvoir, ni en volonté de partir le lendemain pour le Berry selon le commandement qu'elle avoit reçu ». Après quelques minutes d'entretien, il exprima le désir de s'acquitter de sa mission auprès de Madame la Princesse, trouva une dame fort embéguinée, fort

---

1. On pourrait déjà dire le duc de La Rochefoucauld, car son père mourut le 7 février 1650.

enrhumée, qui cependant soutint vivement la discussion, pleura, protesta de sa soumission, de son incapacité d'obéir; près d'elle, un enfant jouait au milieu des bonnes. Du Vouldy se retira, attendit, et peu après il écrivait : « Je viens de voir le duc d'Anguien enrhumé dans son lit, et j'ay encore vu ce matin Madame la Princesse qui revenoit de la messe. Il est difficile de cognoistre au visage une femme qui a beaucoup de cornettes et de coiffes ; mais si mes yeux ne me trompent, Madame la Princesse est véritablement à Chantilly[1]. » Or cette dame emmitouflée était une Anglaise fort intelligente[2], qui savait bien jouer et soutenir un rôle ; l'enfant, celui du jardinier. Claire-Clémence et son fils étaient déjà loin.

L'antique forteresse que les Bouteiller de Senlis élevèrent sur un rocher entouré d'eaux stagnantes n'avait pas entièrement perdu son caractère en se transformant d'âge en âge. Tandis que les sources aménagées substituaient au marais un

---

1. Du Vouldy à Le Tellier; Chantilly, 17 avril 1650. A. E.
2. Mlle Gerbier, d'une rare beauté, de beaucoup d'esprit, et nullement sévère, au dire de certains Mémoires. — C'était la belle de Lenet et peut-être de quelques autres. — Elle était sans doute fille ou parente de sir Balthazar Gerbier, que son compatriote Evelyn (*Diary*, IV, 333) rencontra, en 1643, à Paris, où il cherchait à organiser les Monts-de-Piété (*Archives Curieuses*, 2e série, VI, 245).

vaste et limpide étang, le fossé de gorge restait étroit, profond, et surmonté d'un pont-levis qui donnait accès à la cour d'honneur. De la petite pelouse où aboutissait la route de Paris, un pont de chevalets assez long [1] conduisait à travers l'étang au péristyle de Jean Bullant et au gracieux édifice qui enveloppe la cour basse.

M. du Vouldy connaissait les lieux, et il avait des ordres précis. Comme il entrait, son escorte barrait le pont-levis derrière lui, et un autre détachement, posté sur la pelouse, observait le pont de chevalets, fermant la route de Paris. Mais les archers de la prévôté de l'Hôtel avaient négligé une passerelle qui porte aujourd'hui le nom de « pont de la Volière » et qui aboutissait alors à de vastes prairies : au moment même où le « gentilhomme ordinaire » s'entretenait avec la douairière, Madame la Princesse prenait son parti et l'exécu-

---

[1]. Ce pont a été remplacé par celui qui précède aujourd'hui la grille d'honneur. — La pelouse de Chantilly n'avait alors que des dimensions restreintes. C'était un tapis vert assez étroit qui s'étendait entre les grands fossés du château et la chapelle Sainte-Croix, à la lisière des bois. L'hippodrome actuel était en grande partie couvert par la forêt; quelques héritages, coupés de haies et de fossés, occupaient l'emplacement des écuries, des réservoirs et leurs alentours. On allait du château à Écouen et à Paris par la route forestière qui conduit de la côte de la Morlaye à Sainte-Croix et qu'on appelle encore la route des Postes.

tait avec non moins de rapidité que de présence d'esprit. Portant son fils dans ses bras, suivie de quelques dames et gentilshommes, elle disparaissait dans le dédale des soubassements, gagnait la passerelle oubliée, traversait l'étang, les prairies, la cour d'un petit manoir dont il ne reste qu'une grotte, Bucan, franchissait les haies, les champs, les jachères, et trouvait à la lisière des bois un carrosse tenu toujours prêt depuis plusieurs jours avec des livrées grises. Tandis que Lenet et une dizaine de cavaliers galopent vers Écouen, le carrosse de la princesse se dérobe dans la forêt et suit la route de Louvres. Au delà de Paris, à la porte Saint-Victor, les deux groupes se réunissent et poussent d'une traite jusqu'à Augerville (à mi-chemin d'Orléans), maison de campagne du président Perrault, le serviteur dévoué de M. le Prince. Mais l'intendant est en prison comme son maître; la maison est vide; pas de vivres, pas de chevaux; il faut reprendre la course. Enfin, avec grande fatigue, par un temps rigoureux, en multipliant les détours pour échapper aux embûches, aux patrouilles de M. de Saint-Aignan, gouverneur du Berry, les fugitifs atteignent Montrond.

Nous avons décrit ce site monotone, aux confins du Berry et du Bourbonnais, et le château fort, théâtre des premiers jeux guerriers du vainqueur

Séjour à Montrond. Les frères Baas.

de Rocroy. Rien n'y est changé. Comme jadis, c'est un des Mautour qui en présente les clefs, et dans l'entourage de Henri-Jules (le duc d'Anguien d'aujourd'hui) nous retrouvons les noms qui nous rappellent la jeunesse et même l'enfance du héros. Voici la vieille bonne, Perpétue Lebègue, femme Champgrand, l'écuyer La Roussière, le médecin Bourdelot, le secrétaire Girard; la dame d'honneur de la princesse est la veuve de Tourville, ce galant homme, si digne, si vigilant, qui conduisait la maison de Louis de Bourbon. — La place, en mauvais état, est gardée par une poignée d'invalides; des amis, des voisins grossissent la petite troupe, renforcée aussi de quelques échappés de Bellegarde. Arrêtons-nous aux deux Baas, qui viennent de tenter un hardi coup de main pour enlever Mazarin; ils sont prêts à recommencer, à tout entreprendre. Voilà de ces Gascons comme les aimait « leur pays », le roi Henri, et qui semblent nés pour réussir, quoi qu'ils fassent; « semez des Gascons, cela pousse partout ». Nos Batz[1] en

---

1. C'était la vraie orthographe de leur nom; hors de leur pays, l'usage s'était établi de les appeler Baas.

Paul, l'aîné des trois, attaché d'abord à Mazarin, se laissa entraîner par son frère Jean dans le parti de Condé, dont il servit la cause avec toute sa fougue et sa dextérité. Ayant fait plus tard sa paix avec le cardinal, il n'apporta pas moins d'ardeur à servir cet ancien maître, se prêtant à tous les métiers,

tenaient comme leur aïeul, que le Béarnais appelait
« son faucheur »; doués du caractère, du tempérament propres à la vie d'aventure; pétris d'esprit
et de bonne humeur, de ténacité, de souplesse,
d'audace surtout. Le plus séduisant des conteurs
les a peints en traits gravés dans toutes les
mémoires : car un troisième frère servait alors dans
la première compagnie des mousquetaires du Roi,
qu'il commandera bientôt[1]; il y était entré en
changeant de nom selon l'usage et en prenant
celui de sa mère, d'Artagnan. — Aujourd'hui
Paul Baas va devenir le plus actif instrument de
Lenet; Jean, qui appartient à la maison, car il
est major de « Persan », pourra suppléer à l'insuffisance militaire du vieux Mautour, et prend le
commandement du château, où il rassemble des
munitions, ébauche quelques travaux de défense[2].
Cependant Claire-Clémence écrit à la Reine.

---

tour à tour soldat, agent diplomatique, ou gouverneur du
petit Mancini. — Mort lieutenant-de-roi en Béarn et très âgé,
en 1703. — C'est lui qu'on appelait habituellement « Monsieur
de Baas ».

Jean Batz, aujourd'hui major de Persan, devint lieutenant-général et gouverneur des Iles d'Amérique.

1. Charles Batz, dit d'Artagnan, l'immortel mousquetaire,
avait le grade de lieutenant-général lorsqu'il fut tué, en 1673,
au siège de Maëstricht. C'était un excellent officier.

2. Il mit cette forteresse en si bon état que l'année suivante
Persan put la défendre onze mois (octobre 1651 à sep-

14 LES PRINCES DE CONDÉ.

La Rochefoucauld et Bouillon conduisent Madame la Princesse à Bordeaux.

La Régente, que la soumission facile de la Normandie et de la Bourgogne avait mise en belle humeur, prit assez bien la fuite de Madame la Princesse, s'amusa des détails, de la déconvenue de du Vouldy, admira le sang-froid, l'adresse, la résolution de la jeune mère, sans arriver jusqu'à la croire redoutable ; l'autorisation de rester à Montrond fut accordée sous certaines conditions. La vieille princesse, qui, elle aussi, s'était évadée et cachée dans la capitale, émut le parlement par son apparition soudaine au Palais, se jetant aux genoux des pairs, des conseillers, pour implorer la liberté de ses fils : « Je faillis à mourir de honte », s'écrie Retz. Mais cette émotion passagère ne pouvait avoir de résultat : la coalition formée pour perdre Condé était encore de trop fraîche date. Charlotte de Montmorency obtint seulement la permission de se retirer chez sa cousine, la duchesse de Châtillon.

tembre 1652) contre le maréchal de Clérembaut (Palluau). Comme celui-ci avait été malheureux à Courtrai, Ypres et ailleurs, on le chansonna :

> C'est ce grand maréchal de France,
> Favori de Son Éminence,
> Qui a bien battu Persan,
> Palluau, le grand capitaine !
> Il prend un château dans un an,
> Et perd trois places par semaine !

La cour se croyait délivrée de tout embarras, de tout souci à l'endroit des deux princesses, reléguées au centre de la France, loin des frontières, loin des agitations, au milieu de populations paisibles et soumises; mais Claire-Clémence ne faiblissait pas, résolue à poursuivre la délivrance de son mari par l'action, par les armes. Elle endort la vigilance du gouverneur du Berry, et suit l'exécution de son dessein. Lenet l'inspire, ou plutôt donne un corps à ses projets, une forme à ses désirs, met au service de ce dévouement simple, de cette volonté magnanime, un esprit ingénieux, hardi, fécond en ressources : il montre le salut aux portes de Montrond.

Dans leurs vastes domaines de l'Angoumois et du Limousin, autour des châteaux imposants de Verteuil et de Turenne [1], les ducs de La Rochefoucauld et de Bouillon avaient rassemblé la noblesse, les paysans. Reprenant sa course avec les mêmes précautions, les mêmes fatigues, les mêmes périls, Claire-Clémence va se jeter dans leurs bras. Les deux ducs volent au-devant d'elle, la reçoivent en souverains. La présence de cette femme héroïque, qui porte dans ses bras le fils d'un illustre proscrit,

---

1. On voit encore les restes du château de Turenne sur une éminence rocheuse qui domine la vallée de la Tourmente (Corrèze, jadis bas Limousin).

enflamme tous les cœurs. Grandes fêtes, banquets somptueux; on boit à la santé des Princes, le pied sur la table et l'épée au poing; le lendemain on charge vaillamment; les escarmouches brillantes se succèdent. Mais Saumur, que Du Mont gardait pour M. le Prince depuis la mort du maréchal de Brézé, étant tombé aux mains des troupes du Roi, le parti perdait sa citadelle et le passage de la Loire. Tout s'écroule. Quelle que soit encore l'autorité des ducs et pairs, le temps n'est plus où des seigneurs et vassaux tenaient tête aux forces organisées d'un gouvernement. Il faut cesser la lutte : la noblesse se dispersa; Verteuil fut rasé, Turenne saccagé. Les deux ducs, escortant Madame la Princesse et son fils avec quelques gentilshommes, durent se frayer, l'épée à la main, le chemin de Bordeaux.

Ainsi les plus grands seigneurs de France abandonnent leurs domaines aux ravages des troupes royales, entraînent dans leur fuite ce jeune prince, cette femme que la veille ils accueillaient en triomphateurs; tous ensemble s'en vont chercher refuge, assistance dans une grande ville, où le peuple en armes impose sa volonté aux magistrats et domine la bourgeoisie qui l'a soulevé. N'est-ce pas un signe précurseur des temps qui approchent? et ne voyons-nous pas éclater le contraste entre le déclin de la féodalité impuissante, et l'apparition redoutable de la démocratie au berceau !

Depuis de longues années le feu couvait sous la cendre à Bordeaux, dans toute la Guyenne. La lutte sourde engagée entre le parlement et le gouverneur de la province prit un caractère aigu à la mort du vieux d'Épernon. Aussi altier, aussi dur que son père, avec moins de caractère et d'autorité, le nouveau duc, Bernard de La Valette, le condamné de Fontarabie[1], était à la fois détesté et méprisé. Les usurpations de ce tyran réveillèrent l'esprit d'indépendance, l'attachement aux libertés communales, toutes les traditions conservées dans nos grandes villes du Midi; la Fronde eut son écho à Bordeaux (1649). D'abord le parlement arme les ouvriers du port, les artisans, leur donne des chefs. Bientôt le « menu peuple » fait la loi; l'autorité des jurats est méconnue; les assemblées populaires se tiennent dans les églises; les capitaines choisis par le parlement dans la noblesse du second rang embrassent la cause populaire; Sauvebeuf[2] est plus

<small>La Fronde en Guyenne. Première paix de Bordeaux (janvier 1650).</small>

---

1. Voir t. III, p. 386, 401-403.
2. Charles-Antoine de Ferrières, marquis de Sauvebeuf, vieil officier de cavalerie, parvenu lentement au grade de maréchal-de-camp, prit part aux journées de Fribourg et de Nordlingue. Lors de la seconde guerre de Guyenne, il ne rentra pas dans le parti de M. le Prince, fut nommé par le Roi lieutenant-général, et se retira dans ses terres après la guerre.

puissant que le premier président. La Bastille bordelaise, le Château-Trompette, est démolie. D'Épernon sort, rentre, est chassé de nouveau, bloque, assiège la ville ; on se bat sur terre et sur mer. Du Daugnon [1] apparaît avec sa flotte, trompe à peu près tout le monde, puis remmène ses vaisseaux dans la Charente, et meuble les celliers de Brouage avec quatre mille barriques de vin enlevées sur la côte. Survient le maréchal du Plessis, avec peu de troupes, mais sa présence trouble les parlementaires, car il parle au nom du Roi. Enfin les Bordelais furent plus heureux que les Parisiens ; ils essuyèrent de graves échecs, mais s'aguerrirent tant bien que mal, remportèrent quelques avantages et obtinrent une sorte d'édit de pacification qui laissait les deux partis en présence.

Cette première paix de Bordeaux, ou plutôt cette trêve, favorable surtout au parlement et à la ville, était en grande partie l'œuvre de M. le Prince ; sa haine héréditaire contre le clan d'Épernon le disposait à montrer aux révoltés de Guyenne plus d'indulgence qu'aux insurgés de Paris ou de Provence. Il n'eut pas le temps de donner lui-même la bonne nouvelle ; les lettres adressées au parlement et aux jurats par la Régente et par Gaston

---

1. Sur du Daugnon, voir t. V, p. 440 et note 4.

sont postérieures à l'arrestation des Princes[1] ; mais la participation de Condé à l'acte ainsi annoncé était généralement connue, et la sympathie de tous était assurée à sa cause. Madame la Princesse trouva donc les esprits favorablement disposés quand elle se présenta aux portes de Bordeaux.

Et cependant le parlement hésitait. En résistant au gouverneur de la province, les magistrats n'avaient pas compris tout d'abord jusqu'où ils pourraient être entraînés : pendant cette année 1649, ils s'étaient efforcés de « garder plus de mesure qu'il n'appartenait à leur climat et à l'humeur dont ils étaient contre M. d'Épernon[2] ». C'est graduellement que la guerre à coups d'arrêts les avait conduits à la lutte par les armes ; dans un adversaire traditionnel et détesté on s'était habitué à ne plus voir le représentant de l'autorité royale. Aujourd'hui le voile tombe : c'est au Roi qu'il faut désobéir, faire échec ; c'est la femme d'un prisonnier d'État qui demande asile,

La démocratie bordelaise. La ville reçoit Madame la Princesse (31 mai 1650), les ducs et l'envoyé d'Espagne, Watteville.

---

1. 21 janvier 1650. — Ces lettres ont pour objet de rassurer le parlement de Bordeaux sur l'exécution de la paix (déclaration du 26 décembre 1649, vérifiée le 7 janvier 1650). « La prison du prince de Condé, protecteur de Bordeaux, avoit tellement resjoui le duc d'Épernon, qu'il se croyoit au haut de la roue, etc. » (*Histoire des mouvements de Bordeaux*, 1651.) Les lettres ci-dessus visées avaient pour objet de mettre un terme à cette nouvelle agitation.

2. *Mémoires* de Retz.

protection, assistance pour conquérir par les armes la liberté de son époux. Et les vieux conseillers reculent, inclinent à fermer leurs portes. Mais ils ne sont plus les maîtres ; c'est le peuple qui commande ; la vue de cette femme courageuse, de cet enfant, fils d'un héros opprimé, a touché ces âmes naïves, remué ces cœurs ardents ; le parlement a la main forcée, et Madame la Princesse entre à Bordeaux (31 mai 1650). La démocratie bordelaise traversera plus tard sa période violente, révolutionnaire, dirait-on de nos jours ; elle est encore dans l'âge de l'enthousiasme, des aspirations généreuses, quoiqu'elle ait déjà ses colères. L'avocat général Lavie[1], ayant, comme c'était son devoir, énergiquement lutté pour faire observer les ordres du Roi, faillit être victime de son courage ; sans l'intervention directe de la princesse, il était massacré avec sa famille, sa maison brûlée ; on eut grand'peine à le tirer d'affaire en l'embarquant.

Au moins le parlement aurait voulu n'accorder asile qu'à la princesse, exclure les deux ducs qui l'accompagnaient et que le gouvernement de la Régente venait de mettre hors la loi. Mais le

---

[1]. Thibaut de Lavie. Déjà, en 1649, il défendait l'autorité du Roi, tout en appuyant certaines réclamations du parlement. — (Voir ses lettres à Condé (A. C.) et la correspondance de Mazarin.) — Président en 1651.

peuple, de plus en plus ému, se précipite aux barrières, écarte les jurats, repousse les gardes, et les deux grands seigneurs entrent portés par le flot populaire. Le parlement est submergé; c'est à peine s'il oppose une dernière et faible résistance à la réception d'un envoyé d'Espagne; le Comtois Watteville, ambassadeur de Philippe IV, est accueilli avec enthousiasme; le roi son maître a promis de prompts et puissants secours...

Voilà donc le parlement, la ville engagés à fond. Il faut armer, obtenir ce concours de l'étranger, qui semble être la condition essentielle du succès. Madame la Princesse règne à Bordeaux; mais elle ne s'en fait pas accroire, ne cherche pas à gouverner, laisse le pouvoir aux ducs. Guidée par son bon sens, inaccessible à la crainte, elle ramène tout à la délivrance de son époux, paraît en public, harangue au besoin, brièvement, mais avec un bonheur qui étonne; ne se trouble jamais; son dévouement l'éclaire, l'inspire, l'élève bien au-dessus de son mérite. Lenet la conseille, déploie une activité un peu verbeuse, épistolaire, mais féconde; il est l'âme du « mouvement », conduit les négociations, relève les courages, suit les affaires particulières. Auprès de lui, de véritables hommes de guerre, disciples, compagnons de M. le Prince, organisent les troupes,

Madame la Princesse règne Bordeaux. État de la province. D'Épernon et La Meilleraie. Le secours d'Espagne, ó tarde, ó nunca.

les moyens de défense; nommons Guitaut, Tavannes, déjà connus du lecteur; Chavagnac, maréchal-de-camp, huguenot, et « d'une maison accoutumée aux factions »; Coligny-Saligny, hargneux, jaloux, mais le mieux doué pour la guerre et le plus capable de commander.

En face d'eux, rien de bien redoutable. D'Épernon est établi à Agen avec sa maîtresse, entouré des troupes qu'il a levées, augmentées depuis un an, et qui vivent avec plus de licence encore que les fameux coupe-jarrets de son père. Ces bandes, plus capables de fouler les peuples que de soutenir des combats vigoureux, sont conduites par le frère naturel du duc, le général de La Valette, ainsi nommé pour avoir commandé l'armée de la Sérénissime République. Son expérience du métier ne fut pas longtemps mise à l'épreuve, un coup de mousquet ayant brusquement terminé sa carrière (août 1650).

Ce qui était plus sérieux, c'était l'approche de La Meilleraie avec quelques régiments du Roi. Le maréchal disposait de moyens assez faibles et gagna peu de terrain; mais il n'amenait que l'avant-garde, et ceux qui commandaient dans Bordeaux n'étaient pas sans anxiété : la province leur manquait. La plupart des grands seigneurs gascons, après quelques hésitations et avec des nuances, refusèrent de se prononcer : sans épouser la cause de d'Épernon, ils se maintinrent dans une sorte de neutralité et de soumission passive au Roi. Sollicité le premier comme ancien lieutenant du prince Henri II, le marquis d'Arpajon[1], riche, influent, réussit, selon sa coutume, à se tenir entre deux eaux. Le duc de Saint-Simon, qui s'était fort avancé vis-à-vis de M. le Prince, se dégagea par degrés, finissant par déclarer qu'il ne sortirait pas de Blaye et garderait la place au Roi. La grande famille des La Force suivit la même ligne. Ainsi firent les Gramont en Béarn ; sous le coup de la douleur que lui causait l'arrestation de Condé, le maréchal avait demandé à partager la captivité de son chef et ami ; la Régente lui écrivit avec bonté ; il se tint à l'écart d'abord, puis l'attachement au service du Roi l'emporta.

Donc rien à espérer de la province. Restait le secours d'Espagne, et Lenet mettait tous ses soins à en presser l'envoi ; les promesses affluaient.

— Sillery arrivait de Bourgogne, conduisant quatre cents chevaux à travers la France ; comme il était de race parlementaire, on le sépara de ses cavaliers pour l'expédier ambassadeur à Madrid. Il y fut reçu avec tout l'apparat dû aux

---

1. Voir t. III, p. 404. — Il fut créé duc et pair en cette même année 1650.

représentants d'une tête couronnée, traîné dans les carrosses du roi, admis dans l'intimité de la cour. Sa Majesté l'a Elle-même assuré plusieurs fois de « son extrême joie que dans une aussy grande affliction que celle de Vostre Altesse Elle soit en estat de vous soulager[1] » ; et don Luis de Haro lui répète « qu'il prend nos affaires fort à cœur[2] ». La tête chaude du Bourguignon s'enflamme ; il entrevoit de grands résultats : « L'accueil que fera Madame la Princesse au ministre du roy d'Espagne est d'une importance capitale. Son Altesse a la paix générale dans ses mains ! » — A Saint-Sébastien, Baas l'aîné remplissait une mission plus pratique et plus épineuse ; il était chargé de faire embarquer les troupes et appareiller les navires. Son entrain aurait pu soulever des montagnes ; mais toute sa fougue se brise contre la solennité castillane et aussi contre la politique de l'Espagne, qui n'avait aucun intérêt à s'engager à fond en Guyenne. Le rusé Gascon ne se laisse pas payer de mots ; il se contente d'annoncer pour demain le départ de l'argent, de la poudre, du canon, des hommes, et ce lendemain n'arrive jamais. On a beau faire le guet à Royan, Arcachon, à la tour de Cordouan ; les vigies ne voient rien venir. Ah !

1. Sillery à Madame la Princesse ; Madrid, 17 juillet 1650. B. N.
2. Le même à Lenet ; 17 juillet. *Ibid.*

le secours d'Espagne ! *ó tarde, ó nunca!* — Il était cependant bien urgent de l'obtenir, car le péril devient pressant. Plus de doute : le Roi et la cour ont commencé « le voyage de Guyenne » ; en langage officiel, « la Régente va soutenir M. d'Épernon » ; la maison militaire, les vieux régiments marchent sur Bordeaux pour en chasser les partisans des Princes.

Après le facile triomphe de Normandie et de Bourgogne, l'attention du cardinal avait été attirée vers le Nord par de sérieux événements ; dès le 2 juin, il conduisait la cour à Compiègne : l'armée des Pays-Bas venait de pénétrer en France, s'avançait sur trois colonnes ; le 4 juin, Delli-Ponti enlevait Hirson ; et, le 15, Sfondrato avait réduit le Catelet. L'archiduc, réunissant ses forces à celles de Turenne et du Lorrain, attaquait Guise le 16. Pas d'armée à lui opposer ; nos troupes étaient disséminées dans tout le royaume ; à grand'peine put-on former quelques colonnes légères, qui furent d'ailleurs heureusement employées, dissipant les convois de l'ennemi, harcelant les arrière-gardes. L'énergie d'un brave officier d'infanterie arrêta le flot de l'invasion : avec sa petite garnison de quatorze cents hommes, M. de Bridieu[1] fit une si

Invasion dans le Nord arrêtée par la défense de Guise. Mazarin entreprend le voyage de Guyenne.

---

1. Louis de Bridieu, lieutenant-de-roi en 1646, maréchal-de-camp en 1649, lieutenant-général en 1652, mort en 1677.

belle défense dans le château de Guise que Léopold leva le siège et reprit le chemin de Bruxelles (1er juillet). Il avait perdu un grand convoi, beaucoup de matériel; ses troupes avaient souffert. On le crut hors d'état de rentrer promptement en campagne; or, sans l'armée espagnole, les six ou sept mille hommes de Turenne ne pouvaient rien entreprendre.

D'autre part, les nouvelles de Bordeaux semblaient graves : les ordres du Roi méprisés, Madame la Princesse acclamée, La Rochefoucauld et Bouillon tout-puissants, la flotte espagnole attendue dans la Gironde. Mazarin pensa que pour un temps rien de sérieux n'était à craindre dans le Nord, et qu'il suffirait sur cette frontière de quelques corps d'observation. Il résolut d'amener en Guyenne les meilleures troupes pour y rétablir l'autorité du Roi. Mieux eût valu considérer l'insurrection de Bordeaux comme un foyer qui devait se consumer sur place. Les promesses des Espagnols n'étaient pas sérieuses; n'ayant rien à prendre, rien à gagner de ce côté, ils ne se souciaient que de souffler le feu, de faire durer la faction, pour attirer les forces de la monarchie et se donner libre carrière dans le Nord, y reconquérir des places perdues ou en prendre de nouvelles. — C'est ce qui arriva.

En frappant les Princes, Mazarin avait écouté la passion plutôt que la prudence, — nous ne parlons pas de la morale ni de la justice, qui cependant à la longue sont parfois vengées; — cette première faute engendra toute une série d'erreurs qui s'enchaînent et conduisirent le cardinal bien près de sa perte. Déjà, dans les six mois qui viennent de s'écouler, quel changement! et comme nous voilà loin de ce calme trompeur qui a suivi le coup d'État! Quelques emplois, quelques dépouilles des victimes ont été distribués aux familiers du premier ministre; nombre d'amis de M. le Prince sont ruinés; mais Paris reste aux mains des frondeurs; partout l'anarchie : « Ceux qui n'ont pas vu la faiblesse du gouvernement d'alors ne s'imagineront jamais comment tout se passait sans qu'on l'empêchât ». Et partout aussi la misère; malgré les violences inouïes des traitants pour extorquer des impôts aux peuples épuisés, pas un sou dans les caisses publiques; l'armée réduite, disséminée; la Champagne et la Gironde ouvertes à l'étranger.

Retour offensif de Turenne (août). Boutteville le précède et menace Vincennes.

La résistance inattendue d'une petite forteresse marque un temps d'arrêt dans cette chute; car le bonheur habituel de Mazarin ne lui fait pas défaut; sa bonne étoile ne l'a pas abandonné; mais il est si mal engagé, que les faveurs mêmes de la fortune tournent contre lui; tout est gâté de nouveau par le voyage de Guyenne. Pressé par Mme de Longueville, Turenne décide l'archiduc à profiter de circonstances si favorables, lui trace son plan de campagne. Tandis que Ligniville reprend pour son prince les places de Lorraine, l'armée espagnole entre en Champagne. Turenne la précède, frappe à coups redoublés, s'empare de Rethel, descend la vallée de l'Aisne par Château-Porcien, Neufchâtel, et, poussant sa pointe, tombe sur le maréchal d'Hocquincourt, qu'il défait complètement près de Fismes (26 août). Le lendemain, Boutteville, avec l'avant-garde, était à la Ferté-Milon, tout près de Meaux. Nos généraux éperdus s'enferment dans les places avec les faibles détachements dont ils disposent. L'alarme gagne Paris; rien ne semble pouvoir arrêter l'essor de Turenne; d'un jour à l'autre, l'ardent Boutteville peut apparaître avec ses escadrons et délivrer les prisonniers de Vincennes.

Les Princes à Vincennes, 18 janvier 1650. Rigueur de la captivité; de Bar.

Nous avons laissé les Princes, le 18 janvier 1650, dans le corps de garde du château de Vincennes, jouant aux cartes avec Cominges et buvant le vin de Rantzau. Le maréchal dut sa délivrance à cette arrivée soudaine; il sortit presque aussitôt[1]; Perrault, président aux Comptes, prit sa place : c'était l'intendant du feu prince Henri II[2]; il avait continué à gérer les affaires du fils avec dévouement, même avec ardeur, mais sans compter parmi les meneurs politiques; on ne s'explique guère quel motif lui valut le cruel honneur de cette détention. Il n'eut d'ailleurs aucune communication avec les Princes. Ceux-ci étaient au secret, sous la garde d'un officier général attaché depuis quelque temps à la personne de Mazarin; esprit étroit, dur, brutal, de Bar[3] avait reçu les instructions directes du cardinal et les appliquait avec une rigueur inflexible. « Le pain du Roi » fut refusé aux prisonniers. Un arrêt du conseil ayant prescrit aux intendants des Princes de pourvoir à la dépense de leurs maîtres, le président Ferrand[4], que Condé avait commis à l'administration de ses affaires, refusa de se prêter à l'exécution de cet arrêt; ses meubles furent saisis comme l'étaient

---

1. Voir t. V, p. 327. — Entré à Vincennes le 27 février 1649, sorti le 22 janvier 1650, Rantzau mourut à Paris le 14 septembre 1650. La maréchale prit l'habit aux Filles bleues le 9 septembre 1653.

2. Voir t. III, p. 202, et *passim*.

3. Voir t. IV, p. 397, note. — Guy de Bar, maréchal-de-camp le 18 janvier 1649, lieutenant-général en 1652, mort en 1695 à quatre-vingt-onze ans.

4. Président de la chambre des Comptes de Dijon.

déjà ceux de son mandant. D'autre part, l'entrée du château restant interdite aux serviteurs des Princes, et ceux-ci ne voulant pas toucher aux viandes préparées dans la cuisine de leur geôlier, il fallut envoyer des officiers du Roi, qui souvent refusaient le service, faute d'argent; de là quiproquos, colère du gouverneur, coups de bâton; les prisonniers n'en étaient pas moins fort irrégulièrement servis et nourris. Le logement ne valait pas mieux que la table. M. de Longueville était à part. Les deux frères occupaient la même chambre, salle basse du donjon, obscure, humide et sans air, une manière de cachot. Délicat, maladif, le prince de Conti souffrait de ce régime; après une véritable négociation et moyennant dix pistoles, il put monter au troisième étage avec son frère; un peu après, il eut permission de se promener une fois par jour sur la plate-forme, « la disposition de son corps ne faisant redouter aucun inconvénient ». Cette faculté fut d'abord refusée à l'agilité de Condé[1]; il dut attendre jusqu'au 27 avril pour l'obtenir. Les postes, les sentinelles étaient multipliés. Les gardes du corps du Roi montaient la faction de jour et de nuit dans la chambre des

---

[1]. Rapport de Servien et Le Tellier à Son Éminence; 17 mars 1650. A. E.

Princes; plusieurs compagnies des Gardes françaises fournissaient le service extérieur.

Malgré ce luxe de précautions, les prisonniers n'étaient pas depuis un mois à Vincennes que Gourville se croyait assuré de les en faire sortir; avec quelque argent arraché à la princesse douairière et le concours de Francœur, sergent aux Gardes, il avait tout préparé : le coup devait se faire un dimanche pendant que de Bar et ses officiers seraient à la messe. Un des agents du complot se troubla, et révéla le projet par un billet remis à son confesseur, sans donner aucun nom; la garnison fut changée; Gourville et Francœur en furent quittes pour la peur[1]. Mais l'émotion fut vive dans l'état-major de Vincennes et même dans les plus hautes régions du gouvernement. « Si vous songez, messieurs, disait de Bar à ses prisonniers, si vous songez à obtenir votre liberté autrement que par les ordres du Roi, cela ira mal. Je suis homme à préférer mon honneur à toute autre considération[2]. » On savait qu'il s'était engagé à tuer les Princes plutôt que de les laisser enlever. Le secrétaire d'État Le Tellier accourut, ouvrit sur « l'entreprise de Vincennes » une enquête qui,

Tentative de délivrance. Conférence de Condé avec Servien (mars).

---

1. *Mémoires* de Gourville.
2. De Bar à Mazarin, 25 janvier 1650. A. E.

selon la tradition, ne conduisit à rien, remania la garnison, adressa de longs rapports[1] au cardinal, rendant compte des bruits les plus vagues, des moindres circonstances. Bientôt un autre secrétaire d'État, Servien, se présentait au château, envoyé par la Régente pour entretenir M. le Prince sur quelques propos rapportés par de Bar. La conversation prit un tour assez piquant, — Condé poussant Servien pour saisir quelque renseignement sur les mouvements de ses amis, sans laisser percer sa complète ignorance de la situation; — Servien voulant savoir jusqu'à quel point Condé était informé, sans lui donner aucune lumière : « Votre Altesse devrait écrire à ceux qui commandent dans Stenay d'obéir aux ordres du Roi ». — La proposition sembla étrange; mais c'était une lueur : que se passait-il donc à Stenay? — « Un homme en prison n'a pas d'ordres à donner, répliqua le Prince. Ceux à qui ces ordres seraient adressés auraient sujet de croire qu'on m'a fait écrire par force. D'ailleurs, ceux qui sont dans Stenay ne sont pas si infidèles que d'avoir intelligence avec les Espagnols. »

Marquons ces paroles relevées par un ministre du Roi; le cœur de Condé persécuté se défend

---

1. 13, 17 février, 18 mars, etc. A. E.

encore ; il repousse avec indignation toute idée d'entente avec l'ennemi.

N'ayant pu obtenir d'autre explication, ennuyé de l'insistance du secrétaire d'État, M. le Prince s'emporte, ajoutant qu'on ferait mieux de le laisser en repos sans le fatiguer de propositions inutiles. Puis il se radoucit, donne un nouveau coup de sonde : peut-être allait-on lui offrir sa liberté en échange de Stenay. Comme il ne vit rien venir : « Adressez-vous à ma mère, reprit-il ; elle est libre, elle écrira ce qu'elle voudra. » Et le secrétaire d'État, égaré par cette réponse gouailleuse, en déduit que la princesse douairière est en grande intelligence avec ceux de Stenay[1].

Cette conférence donna beaucoup d'ombrage aux frondeurs[2]; peut-être n'avait-elle pas d'autre objet : Mazarin leur avait fait sentir qu'il pourrait bien s'entendre avec Condé en dehors d'eux ; c'était un avertissement. Quant à Condé, il connaissait maintenant l'importance de ce qui se préparait à Stenay ; plus tard, il eut vent des voyages de sa femme ; des événements de Bordeaux ; quelques lueurs pénétraient dans son cachot. Malgré la surveillance, les prisonniers n'étaient pas sans communication avec l'extérieur. D'abord les médecins ;

La vie en prison.

1. Le Tellier à Mazarin, 24 mars. A. E.
2. Gaudin à Mazarin, 31 mars. A. E.

on n'avait pu refuser à Conti des soins indispensables ; un jeune praticien, nommé Dupré, s'établit en permanence au château ; les visites du vieux médecin Guénaud et du chirurgien Dalencé furent autorisées. On fit passer à Condé un bâton d'encre de Chine et de petits tuyaux de plume qu'il accrochait au col de sa chemise ; les livres qu'on lui envoyait étaient des in-folio en grand papier [1] ; il déchirait les marges, mouillait le bâton avec de la salive et parvenait à écrire des billets [2]. Il n'était pas moins habile, la nuit, à se servir de ces in-folio, à manœuvrer sa bougie, son rideau et sa couverture pour lire, sous les yeux de ses gardiens, les avis qu'on lui faisait parvenir.

Ces nouvelles tronquées, données et reçues à la dérobée, cet échange de messages mystérieux, apportaient aux prisonniers plus de distraction que de lumière ; ils restaient plongés dans l'obscurité, dans une cruelle incertitude, ne voyant chaque jour qu'un coin du ciel entre les hauts parapets de la plate-forme du donjon. La prison pesait lourdement à MM. de Longueville et de Conti, malades, accablés. L'ennui, la tristesse avaient ranimé la

1. Le grand papier a donc son utilité.
2. Quelques-uns de ces billets, écrits à l'encre de Chine sur un coin de papier, se retrouvent dans les Papiers de Condé.

piété du dernier; il demanda l'*Imitation de Jésus-Christ* : « Quant à moi, s'écria son frère, tout ce que je demande, c'est l'Imitation de M. de Beaufort. » — Beaufort s'était miraculeusement évadé du donjon en 1648. — M. le Prince se montrait toujours en train, jouant au volant pour exercer ses membres, lisant, chantant, jurant parfois, s'amusant de tout. Un jour, son chirurgien le trouve soignant quelques pots de fleurs : « Regardez, Dalencé, qui aurait cru que j'arroserais des œillets pendant que ma femme fait la guerre! » Était-il d'aussi belle humeur que son courage voulait-le faire croire? Ces accès de gaieté ne cachaient-ils pas un fond de tristesse? Les jours passaient sans qu'aucun bruit vînt troubler ce grand silence de la prison. Déjà le septième mois de captivité était écoulé, lorsque les Princes furent avertis qu'ils allaient être transférés ailleurs (29 août). C'est le surlendemain du jour où Boutteville arrivait à la Ferté-Milon avec l'avant-garde de Turenne.

Paris s'était habitué à considérer M. le Prince comme une sorte de monstre en cage. Lorsque les frondeurs, en se promenant au bois de Vincennes, voyaient cette tour mystérieuse où le minotaure était enfermé, ils se sentaient en sûreté. Et voilà que cette sécurité s'effondre! En même temps apparaît la fragilité de l'accord qui

Émotion causée par l'apparition de Boutteville.

unissait tant d'hommes antipathiques les uns aux autres, ces groupes, ces factions si profondément divisés; la cour et la Fronde, Retz et Mazarin, Beaufort et les favoris de Monsieur, tous ces coalisés qui avaient cru conserver ou conquérir le pouvoir en supprimant M. le Prince.

Il faut se hâter. Dans quelques heures peut-être les chevau-légers de Boutteville attacheront le pétard à la porte du donjon. Et pendant que les routes sont encore libres, où transporter le prisonnier? — car on a beau employer le pluriel, parler des Princes... un nom est toujours prononcé; celui-là seul compte. — Désormais, chaque parti aspire à le tenir en sa possession, cherchant surtout à le ravir aux autres. Il est traité comme une valeur à négocier. Quel atout! celui qui l'aura dans son jeu et saura en user assurera son propre triomphe en ruinant les alliés de la veille. Beaufort et le coadjuteur voulaient le voir dans Paris même, à la Bastille; les ministres, qui avaient le secret de Mazarin, proposaient le château du Havre; Monsieur désirait que la garde, retirée à de Bar, fût confiée à l'un de ses affidés. La lutte menaçait d'être vive. Un des agents les plus actifs et les moins scrupuleux de Mme de Chevreuse, le marquis de Laigues, trouva une solution provisoire, qui convenait surtout aux ministres et qu'il eut l'art de faire agréer en quelques heures à Son Altesse Royale; or Gaston avait les pouvoirs du Roi.

Le lundi 29 août, les Princes, enlevés du Bois de Vincennes dans deux carrosses à six chevaux, passent le bac de Charenton et sont conduits au château de Marcoussis, non loin de Rambouillet, tout près de Limours, dans l'apanage d'Orléans; c'est ce qui avait séduit Monsieur. De Bar y conserva la garde des prisonniers; c'est ce qui importait à Mazarin. {.sidenote Les Princes transférés à Marcoussis (29 août). Mécontentement des partis.}

Antique forteresse « rendue logeable[1] », ayant conservé ses tours, fossés profonds, fausse-braye et triple enceinte, garnie à la hâte d'engins de guerre et d'armes, Marcoussis était bien disposé pour retenir des prisonniers, sans présenter les conditions d'une bonne défense, quoique protégé contre un coup de main des ennemis par la longueur de la distance à franchir et la difficulté de traverser deux grandes rivières. Pour accomplir l'entreprise que Turenne avait confiée à son hardi lieutenant, il eût fallu l'appui de l'infanterie d'Espagne; or, aucune prière, aucune considération ne put décider l'archiduc à dépasser Fismes, où il resta quatre semaines (du 26 août

---

1. C'est-à-dire pourvue d'un bâtiment d'habitation avec de belles fenêtres ouvertes sur une cour intérieure (voir le recueil de Châtillon): Marcoussis appartenait à M. d'Entragues.

au 19 septembre). Mais si le mouvement audacieux dessiné par Boutteville au mois d'août n'eut pas de résultat immédiat, il fut la cause première de la délivrance des Princes, car il avait rompu l'alliance éphémère du cardinal avec les amis de Retz et de Beaufort.

Rien n'égale la rage des frondeurs : ainsi Condé leur échappe, Mazarin l'accapare ! peut-être auraient-ils mieux aimé voir réussir Boutteville. Les yeux de Monsieur sont dessillés ; ce voisinage de Limours, si habilement souligné, n'était qu'un leurre, la fausse alerte un piège. Qu'on remette le prisonnier à Vincennes si l'on ne peut le faire enfermer à la Bastille ! Mais les ministres ne le lâcheront pas ; le voilà sur le chemin du Havre, et les desseins de Mazarin pourront s'accomplir : « Les Espagnols ont rendu grand service à Vostre Éminence d'avoir esté cause que l'on a transféré MM. les Princes à Marcoussis [1]. »

Espérances des amis des Princes.

Cette contention mettait la vie de Condé en péril, et les tentatives qui vont se multiplier pour le délivrer redoublent le danger. Ses geôliers sont sur les dents. Partout ses amis, un moment si abattus, relèvent la tête, s'agitent, forment mille

---

[1]. Le Tellier à Mazarin ; Paris, 3, 5, 6 septembre. — Le Bret au même, 10, etc. — Lettres interceptées et portées au quartier général de Bordeaux. A. C. (Voir *Mémoires* de Lenet.)

projets, se font part de leurs espérances ou de leurs illusions. « Nostre costé va tout à souhait, écrivait Mme de Longueville à Lenet [1]; si vous éludez les arrangements qu'on vous propose, il y a lieu d'espérer que nous nous reverrons tous à Paris cet hiver. » — « Tenez bon à Bordeaux, disent d'autres correspondants [2]; il y a des choses prestes à éclore; le cardinal est à toute extrémité. Rien ne pourra arrester la marche victorieuse de M. de Turenne, qui s'avance vers la Loire et poussera jusqu'à Bordeaux, s'il le faut. »

Mais la cavalerie de Turenne ne devait pas plus approcher de la Gironde que l'insaisissable secours d'Espagne, et à Bordeaux, malgré l'énergie de la défense, on était à bout de voie : les dehors étaient perdus, l'île Saint-Georges, le faubourg Saint-Surin enlevés par les troupes royales; les vivres manquaient; et voici venir le moment de la vendange!

Cependant le contre-coup de la marche de Boutteville et des incidents de Paris a retenti jusqu'à Bourg [3], où s'était arrêtée la cour. L'armée du Roi souffrait; les progrès du siège étaient

Traité des Bordelais et des ducs avec Mazarin.

---

1. De Stenay, 22 août. B. N.
2. De Paris, 24 août, 20 septembre, etc. B. N.
3. Petite ville située entre la Dordogne et la Gironde, à six lieues de Bordeaux. La cour s'y était établie le 28 août.

lents. Mazarin avait hâte de sortir de cette impasse et de ramener les troupes vers le Nord ; des deux côtés on désirait en finir. Le parlement de Paris offrit sa médiation, et le premier ministre l'accepta avec un empressement qui ne relevait pas le prestige de l'autorité royale. Les « députés de la ville » (de Bordeaux) firent admettre toutes leurs prétentions : amnistie générale, éloignement de d'Épernon, maintien des privilèges et franchises, démolition du Château-Trompette. Ils promirent seulement que le Roi serait reçu à Bordeaux, « en la manière qu'il a accoutumé de l'estre dans les autres villes de son royaume ». A ce prix, qui ne leur coûtait guère, chacun fut libre de « faire vendange ».

D'autres articles de la paix furent traités entre « les ducs [1] » et Mazarin, qui se montra des plus faciles, rétablit ses interlocuteurs dans les bonnes grâces du Roi et les accabla de prévenances ; comme il les prenait dans son carrosse après une de leurs conférences : « Qui eût dit il y a quinze jours, s'écria-t-il, que nous serions aujourd'hui ensemble dans le même carrosse ! — Monseigneur, répliqua La Rochefoucauld, tout arrive en France. »

1. De Bouillon et de La Rochefoucauld.

Le seul point sur lequel Mazarin ne se relâcha pas était la délivrance de Condé. Madame la Princesse, n'ayant que cet objet en vue, était restée en dehors de la négociation générale ; elle se fit représenter à Bourg par Filsjean, qui devait s'en tenir à « la liberté pour monsieur mon mari et la sûreté pour mon fils [1] ». Déjà Saint-Aoust, un des fidèles Fradet de Bourges, officier distingué, connu et apprécié à la cour, cherchait à pénétrer le vrai dessein du cardinal et se montrait peu confiant [2]. Enfin Lenet, qui gardait tous les fils en main, fut à son tour admis auprès du premier ministre. Il avait essayé de préparer le terrain par l'intermédiaire d'un moine, le père Bruno, agent mystérieux qui joua un certain rôle dans toutes les affaires de Guyenne, s'efforçant de démontrer « qu'un accommodement avec M. le Prince pouvait seul donner à Son Éminence sûreté et satisfaction [3] ». Mais toute son habileté, sa faconde, ses combinaisons furent déjouées par une résolution immuable ; il ne rapporta que de vagues espérances pour un avenir indéterminé.

Les ducs conseillèrent à la princesse de tenter

Condé exclu du traité. Vains efforts de Madame la Princesse. Elle se retire à Montrond.

---

1. Orig. autogr., 20 septembre. B. N. — Filsjean était un ancien secrétaire du prince Henri II.

2. Saint-Aoust à Lenet, 17, 19 septembre. B. N. — Sur les Fradet, voir t. III, p. 308.

3. Brouillons de notes emportées par le père Bruno. B. N.

l'effet d'une démarche directe. Elle alla se jeter aux genoux de la Reine et n'obtint que cette réponse : « Je suis bien aise, ma cousine, que vous connaissiez votre faute ; vous aviez pris une mauvaise voie pour obtenir ce que vous demandez. Maintenant que vous en allez tenir une toute contraire, je verrai quand et comment je pourrai vous donner la satisfaction que vous désirez. » Claire-Clémence supporta fièrement la réprimande de la Reine. Sans se laisser abattre par les sarcasmes, ni troubler par les conseils intéressés, elle refusa soit de s'attacher à la cour et d'offrir son fils comme une sorte de menin au jeune roi, soit de conduire cet enfant à l'étranger pour le jeter dans les bras des ennemis[1]. Son château de Coutras, tout plein des glorieux souvenirs du Béarnais, lui offrit un premier asile ; puis elle gagna l'Anjou, et s'arrêta dans la maison paternelle, à Milly. — Montrond lui était assigné comme résidence ; mais, par une complication bizarre, elle ne put y entrer avant que les soldats du Roi en eussent chassé les propres troupes de Condé[2].

1. Lettre à Langlade ; Bordeaux, 5 octobre, et autres. *Papiers de Lenet*. B. N. — Lettres de Bourdelot. A. C.
2. « Paix de Montrond », 23 octobre. — Madame la Princesse à Montrond, 7 novembre. — L'orthographe régulière a toujours été Montrond ; mais on écrivait souvent et probablement on prononçait Mouron. De même, Demoustier pour Demonstier, Mou-

Madame la Princesse ne quitta plus le vieux château berrichon ; étrangère à l'agitation des partis, elle continua de poursuivre par des requêtes, souvent opportunes, l'objet de ses constantes préoccupations, le but des courageux efforts qui avaient tout au moins préparé et singulièrement avancé le résultat final auquel nous assisterons bientôt. La jalousie de Mme de Châtillon la tenait éloignée de sa belle-mère, qu'elle put à peine entrevoir quelques instants. Après plusieurs migrations, la princesse douairière avait fini par chercher un abri sous le toit de sa cousine favorite [1], et vivait là exempte de soucis, volontairement soumise à la domination absolue de cette femme altière et avide. L'accès de ce manoir est interdit à quiconque pourrait disputer, ravir à la maîtresse du logis la disposition d'une signature encore puissante et l'assurance d'une riche succession ; la porte reste surtout fermée à Claire-Clémence, car Mme de Châtillon ne pardonne pas à une rivale, qu'elle traite avec mépris [2], d'avoir joué un rôle d'une grandeur inattendue et d'avoir, par son courage, usurpé une place qui semblait lui appartenir.

La princesse douairière au château de Châtillon ; elle y meurt (2 décembre 1650). Mme de Châtillon et Condé.

chy pour Monchy, Mouceaux pour Monceaux. Voir le *Menagiana*.

1. Châtillon-sur-Loing.
2. « Je doute fort que je luy accorde la permission de revenir icy » (à Lenet, de Châtillon, 16 novembre. B. N.).

M. le Prince reconnaissait bien ce qu'il devait à sa femme : « J'ai une extrême passion de la revoir, de la remercier de tant de peine qu'elle prend pour ma liberté. Si je la recouvre, je la devrai principalement à ses généreux soins [1]. » Mais ce témoignage de gratitude ne fut pas recueilli par celle qu'il aurait comblée de joie, et, du fond de sa prison, « Artamène » sut bien faire parvenir à « Brutus » des billets pleins de protestations d'amitié pour Mme de Châtillon, de tendres prescriptions pour ses intérêts [2]. « Brutus », c'est le président Viole : quelle fantaisie a pu décorer de ce nom un aimable magistrat qui n'avait rien d'austère ! Brouillon, mobile, de peu de fond et de mérite médiocre, mais hardi, impétueux, peu considéré dans sa compagnie et cependant influent, s'imposant par sa suffisance, Viole a porté dans le parti des Princes les mêmes habitudes turbulentes qui le signalaient jadis parmi les plus audacieux frondeurs. Mme de Châtillon, sa parente, lui a fait remettre tous les pouvoirs de Condé ; c'était se les donner à elle-même ; par lui, elle fera parler M. le Prince et gouvernera le parlement : telle est du moins sa prétention. Viole s'agite beaucoup, mais

---

1. Conversation rapportée par Montreuil à Lenet. B. N.
2. Artamène (M. le Prince) à Lenet, 2 janvier 1651. B. N. — « Pour Brutus », autographe de M. le Prince, s. d. A. C.

souvent à contresens ; quelle que soit la valeur du pouvoir dont il est muni, ce n'est ni lui ni son Égérie qui feront tomber les fers de M. le Prince. Il était réservé à une autre femme d'accomplir l'œuvre préparée par l'épée de Turenne et le dévouement de Madame la Princesse.

Claire-Clémence ne reçut pas le dernier soupir de sa belle-mère[1]. Charlotte-Marguerite de Montmorency s'éteignit à Châtillon-sur-Loing le 2 décembre 1650. La fin de cette femme dont la beauté avait jadis attiré tous les regards et troublé tant de cœurs fut à peine remarquée[2]. Nous avons assez parlé d'elle pour n'y plus revenir. Ses fils avaient pu lui écrire de Marcoussis quelques jours auparavant ; c'est au Havre qu'ils reçurent la nouvelle de sa mort.

Après avoir brusquement terminé la guerre de Guyenne avec une précipitation que justifiaient les événements du Nord, Mazarin s'était subi-

La cour rentre à Paris (15 novembre). L'archiduc et Turenne en Champagne.

---

1. Madame la Princesse à Lenet ; Montrond, 30 novembre 1650. B. N. — Apprenant que sa belle-mère n'a plus sa connaissance, Madame la Princesse n'ira pas la voir (message porté par Cambiac).

2. On la transporta aux Carmélites de Paris le 22 décembre. Le testament de cette princesse ne pouvait retirer à Condé ce dont elle avait l'usufruit. Pour le reste, elle avantagea le prince de Conti et Mme de Longueville. La duchesse de Châtillon avait Merlou (Mello) et les pierreries, sans parler de l'argent comptant qu'elle s'était fait remettre.

tement ralenti : la Reine tombe malade; il faut surveiller la réduction de Montrond ; ce sont des nouvelles qui arrivent de Provence ou de Catalogne, des instructions à donner. Et le cardinal s'arrête en route, oubliant que l'ennemi peut se réveiller de son inexplicable sommeil, descendre la vallée de la Marne sans rencontrer d'obstacle sérieux. Chaque jour va rapprocher l'Espagnol du cœur de la France, et le trajet de Bordeaux à Paris prend six semaines ; la cour rentrait au Palais-Royal le 15 novembre; ce long retard avait augmenté la confusion ; l'animation des partis est à son comble. Enfin l'archiduc, après avoir laissé beau jeu à son adversaire par une étrange inaction de deux mois, l'archiduc venait de donner signe de vie. Le chemin semblait ouvert devant lui ; mais le lieutenant-de-roi de Mouzon se montra l'émule de Bridieu; sa méchante place arrêta les Espagnols trois semaines [1]. Encore un sursis que la fortune accorde à Mazarin ! Cette fois il en tira parti. Depuis quelque temps déjà il prescrivait de munir les places, de repousser, d'attaquer les ennemis, mais sans fournir les moyens d'exécution, argent

---

1. Mouzon fut défendu par M. de Mazon, lieutenant-de-roi. Attaquée le 19 octobre, la place capitula le 5 novembre. — Le gouverneur, comté de Grandpré, avait rejoint à Stenay les partisans des Princes.

ou soldats. Aujourd'hui il dirige sur la Champagne les troupes qui arrivent de Guyenne, envoie des fonds, des officiers, réorganise l'armée. Avant de s'engager davantage, il voulut accomplir ce qu'il avait surtout à cœur et mettre ses prisonniers en lieu sûr.

Marcoussis n'était plus tenable ; on ne savait comment en garder les abords ; il avait fallu donner aux Princes certaines facilités pour leurs relations de famille et l'expédition de leurs affaires ; à la faveur des communications autorisées, les messages clandestins se multipliaient, les tentatives se renouvelaient, et de Bar lui-même, prévoyant peut-être la fin prochaine de sa mission, semblait se relâcher de sa sévérité. Le cardinal profita des mouvements de l'ennemi pour arracher le consentement de Monsieur [1] et désarmer par promesses ou par menaces les dernières résistances : la translation des Princes au Havre fut enfin ordonnée. *Les Princes enfermés au château du Havre (26 novembre).*

Lorsque Condé apprit qu'une nouvelle pérégrination lui était imposée, quand il sut que sa captivité allait être encore resserrée, son emportement fut extrême; il n'en fallut pas moins partir, et la vapeur de sa bile s'exhala en brocards à l'adresse du comte d'Harcourt. L'escorte était

1. Gaston était venu saluer la Reine à Fontainebleau le 10 novembre; c'est alors que la décision fut prise.

d'abord fournie par les chevau-légers et gendarmes du Roi. Le trajet étant long, à travers un pays où les Princes comptaient beaucoup d'amis, le comte d'Harcourt reçut l'ordre de protéger la marche avec huit cents chevaux. Pour un prince lorrain très enflé de sa naissance, pour un général d'armée justement fier de ses victoires, la mission n'était guère glorieuse. Dès que Condé reconnut le nouveau chef de son escorte, son visage s'éclaircit. Il pria les gardes placés à la portière de se reculer un peu, afin qu'il pût contempler à son aise le gros homme roulant sur sa selle, et il improvisa le couplet bien connu :

> Cet homme gros et court,
> Si fameux dans l'histoire,
> Ce grand oomte d'Harcourt,
> Tout rayonnant de gloire,
> Qui secourut Casal et qui reprit Turin,
> Est maintenant recors de Jules Mazarin [1].

« Otés » de Marcoussis le 15 novembre, les Princes couchaient le 26 dans la citadelle du Havre. Le lieu était sombre, bien clos ; le choix de cette nouvelle prison, sur le bord de la mer, semblait cacher quelque dessein sinistre ; n'était-ce qu'une étape ?... et au delà ? Mazarin a dit lui-

---

[1]. Boileau ne connaissait pas de vaudeville plus parfait que celui improvisé par M. le Prince sur le chemin du Havre (*Boloeana*).

même qu'il avait eu la pensée d'embarquer M. le Prince[1] pour l'envoyer... Dieu sait où !

Aussitôt les verrous fermés au Havre, le cardinal partit pour Reims[2] ; les opérations prirent une vive tournure. L'archiduc venait de rappeler Fuensaldaña, qui avait laissé dans Rethel une grosse garnison commandée par Delli-Ponti. Ce vieux corsaire napolitain s'était fait une certaine réputation pour la défense des forteresses; il ne la soutint pas à cette occasion. Brusquement attaqué, il capitula aux premiers coups de canon; faut-il croire, comme on l'a dit, que cette conquête coûta à Mazarin moins d'hommes que d'argent[3] ? Turenne accourait; il trouva la place prise, essaya de manœuvrer, fut mal secondé de ses troupes, et battu par le maréchal du Plessis (15 décembre); sa petite armée était à peu près détruite, ses meilleurs officiers tués ou pris; parmi ceux-ci, Boutteville, Quintin, depuis maréchal de Lorges, d'Haucourt, un des gentilshommes traditionnellement attachés à la maison de Condé[4]. Cette victoire éclatante

Turenne battu à Rethel (15 décembre). Victoire sans profit pour Mazarin.

---

1. Mazarin à de Lionne, 25 février 1651.

2. Parti le 1er décembre, il est le 5 à Reims. Il souffrait de la goutte.

3. Delli-Ponti fut mis en prison à Anvers, où l'on instruisit son procès. (Le Bosquet de Baugy à M. le Prince, 4 avril 1651. A. C.)

4. Voir t. II, p. 238.

semblait justifier la politique suivie depuis un an; elle donnait une valeur imprévue aux entreprises qui s'étaient succédé; les fautes disparaissaient; on ne voyait plus que le résultat acquis : les provinces pacifiées, l'ennemi repoussé du territoire. Mazarin avait recouvré son courage, son intelligence de la guerre, sa prévoyance même qui se révèle dans une certaine façon de ménager Turenne. Aussi hésitait-il à regagner Paris après la bataille; il se sentait mieux en sûreté, plus maître des événements au milieu de cette armée victorieuse; si les Espagnols s'y étaient prêtés, il serait resté près de la frontière sous prétexte de négocier. Mais la Régente le rappelle, et le voilà replacé en face de ce problème dont il cherche toujours à retarder la solution. Dès que le fantôme de Condé ressuscité et menaçant se dresse devant lui, sa haute raison se trouble; il hésite, et ses résolutions (quand il en prend) sont tardives ou hors de propos. Il va succomber, en quelque sorte, sous le poids des lauriers rapportés de Champagne; ce grand succès, au lieu de consterner les partis, les ranime, les rallie, les entraîne au combat.

Depuis la translation de Marcoussis, la délivrance des Princes était dans l'air; la question que personne d'abord n'osait soulever devient l'objet de discussions publiques, de démarches répétées. Singulier revirement : la bataille de Rethel, qui semble devoir mettre fin à cette agitation, précipite l'accomplissement de l'œuvre préparée de longue main par une femme d'un caractère et d'un esprit supérieurs.

De tout temps dévouée à Condé, malgré quelques nuages passagers, Anne de Gonzague, princesse palatine [1], s'était tenue à l'écart, dans la réserve et le silence, pendant les premiers temps de la captivité. A partir du mois de juin, elle se rapproche du parti des Princes, mystérieusement d'abord; puis, par degrés, son action devient plus vive, plus générale, moins secrète, quoique toujours sans mise en scène et sans apparat; insensiblement la direction passe dans ses mains. Sa tête claire ne s'égare jamais; elle a sondé tous les replis du cœur humain, sait faire vibrer la corde juste, l'ambition ou la vanité, l'intérêt ou l'honneur. Ses relations s'étendent jusqu'à Stockholm et Varsovie, et son influence pénètre dans les conseils de la couronne comme dans ceux de la Fronde. Son amie, la reine de Suède, est toute glorieuse d'élever la voix en faveur du grand Condé [2], tandis

La Palatine à l'œuvre pour délivrer Condé. Sa double négociation. Elle traite avec les frondeurs (30 janvier 1651).

1. Voir t. V, p. 23.
2. 19 novembre 1650. La reine de Suède s'offre comme médiatrice pour la mise en liberté des Princes; elle est prête à leur servir de caution. (« Ce qui a été dit par la reine de Suède à M. Chanut ». A. C.)

que sa sœur, la reine de Pologne, se fait écouter de Mme de Châtillon, et par contre-coup du président Viole. Elle s'assure de Mme de Chevreuse par une promesse de mariage et prend le premier président par son faible, en lui montrant « la mise en liberté de M. le Prince par les voies de justice[1] ». C'est encore elle qui fait paraître en temps utile les requêtes des princesses, les messages des prisonniers. Elle n'en a pas moins l'oreille de Mazarin, si bien que beaucoup la considèrent comme un agent secret du cardinal. La trame se resserre tous les jours. Enfin voici le moment de conclure, le moment de la délivrance! Mais sous quelle forme? avec quels délais? quelles conditions? Quelle main brisera les chaînes?

La Palatine avait deux négociations en train, les menait parallèlement avec beaucoup de suite, d'adresse et de loyauté, car elle était la sûreté même; au milieu de ce labyrinthe, elle sait se mouvoir sans tromper personne; jamais un soupçon de trahison, même quand elle change d'avis ou de parti; même quand elle traite avec deux camps différents.

Ses principaux agents sont : d'abord, le président Viole, représentant officiel de M. le Prince —

1. *Mémoires* de Retz.

chez lui se tiennent les réunions; — le conseiller Foucquet de Croissy; un soldat, Arnauld le Carabin, fidèle, actif, obstiné; un grand seigneur, le duc de Nemours, qui, « avec plus d'honneur, de politesse et d'agrément que d'habileté [1] », s'est donné cœur et âme à Condé ou plutôt à Mmes de Longueville et de Châtillon; enfin le secrétaire du prince de Conti, l'abbé de Montreuil, aimé de tout le monde, séduisant par ses manières, son esprit et son charmant visage [2]; — cinq à six hommes de rangs et d'aptitudes divers, qui portent les nouvelles, lancent les idées, confèrent avec les frondeurs, et, sous la direction d'Anne de Gonzague, posent les bases de l'accord avec Retz et Beaufort. Ceux-ci disposent du parlement, qu'ils font intervenir à leur gré, et de Gaston qui souvent leur échappe, mais qu'ils finissent toujours par ressaisir.

A Mazarin, la Palatine ne cache rien de ce qui se prépare. De son lit [3], elle dicte à Bartet de longues notes, lucides, précises comme son esprit, met le cardinal au courant, sans obscurités, sans

1. *Mémoires* de Retz.
2. Mathieu de Montreuil, né en 1620, mort en 1690. On a de lui des lettres, des épigrammes, des madrigaux. Son frère, Jean de Montreuil, de l'Académie française, mourut cette même année 1651.
3. Elle venait d'accoucher.

équivoques, lui montre les avantages qu'il peut encore recueillir, et le péril certain qui le menace s'il persiste à suivre d'autres conseils. C'est peut-être avec le premier ministre qu'elle aurait préféré s'entendre : Mazarin avait pour lui la Reine, les principaux officiers, les troupes, la possession des Princes. Il pouvait encore rester le vrai maître de la situation, imposer telles conditions qu'il aurait voulu ; aussi est-ce toujours à lui que la Palatine fait la première offre. Encore au mois de janvier (1651), elle le prévint que, s'il ne se décidait pas, elle traiterait avec les frondeurs. Mazarin continua de ruser, de tâtonner ; la Palatine tint parole : le traité général et les traités particuliers furent signés le 30 janvier[1].

État de Paris. Mazarin en sort (6 février). La Reine essaie de résister, malmène Gaston, le premier président, les députés du parlement : « Quoi qu'on fasse, quand tout serait contre moi, M. le Prince ne sortira pas si je ne le veux » (1ᵉʳ février). Il est trop tard ; le parlement, la ville

---

1. Traité général : délivrance des Princes, renvoi de Mazarin, partage du pouvoir entre Gaston et Condé.

Traités particuliers : mariages du duc d'Anguien avec une fille de Monsieur, du prince de Conti avec Mˡˡᵉ de Chevreuse ; le chapeau du coadjuteur ; la place de premier ministre assurée au vieux garde des sceaux Châteauneuf ; largesses à Mᵐᵉ de Montbazon, à La Boulaye. Le testament de la princesse douairière avait déjà assuré à Mᵐᵉ de Châtillon sa part de butin, et Condé lui en avait garanti la jouissance.

sont trop animés; le coadjuteur est à l'œuvre; l'autorité a perdu tout crédit, tout prestige; la débandade est au Palais-Royal. *In extremis* le cardinal expédia le maréchal de Gramont pour négocier directement avec M. le Prince. Compagnon d'armes et de plaisirs, ami de tous les temps, si quelqu'un devait réussir, c'était lui, et il faillit en effet faire agréer les conditions offertes par le ministre, entre autres celle qui remettait la délivrance à deux mois (7 février)[1]. Le cardinal avait déjà quitté Paris. Sorti à pied sous un déguisement (6 février), il attendait à Saint-Germain que la Reine pût le rejoindre et lui amener le Roi.

La ville est en armes, la Régente gardée à vue. Deux ans plus tôt, dans des circonstances moins difficiles, elle avait à ses côtés Condé et Mazarin, l'épée de l'un, les conseils de l'autre; aujourd'hui nulle lumière, nul appui, l'isolement. En contemplant cette scène, on songe au dauphin Charles en face d'Étienne Marcel après la bataille de Poitiers, à Louis XVI ramené de Varennes; Mazarin n'était peut-être pas si loin de la vérité, quand il excitait la colère du parlement et des frondeurs en comparant les meneurs de Paris à Fairfax et à Cromwell.

1. Gramont à Mazarin. A. E.

N'espérant plus être rejoint par Anne d'Autriche, le cardinal se rapprocha du Havre ; au pouvoir de délivrer les Princes, il avait fait joindre une lettre de cachet qui prescrivait à de Bar « de faire tout ce que je lui dirois, quelque autre ordre postérieur qu'il pût recevoir ». La précaution n'était pas inutile.

<small>La Reine cède (10 février). Mazarin, au Havre, délivre les Princes (13 février).</small>

Le 10 février, la Reine, de plus en plus pressée, menacée, signait l'ordre de mettre les Princes en liberté sans condition ; elle eut le temps de prévenir Mazarin. Celui-ci se rendit en toute hâte au Havre, battant de vitesse La Rochefoucauld, Viole, Arnauld et les autres amis de Condé qui accompagnaient, entraînaient le secrétaire d'État La Vrillière, porteur du dernier ordre arraché à la Régente.

Le 13 février au matin, encore tout botté, en manteau de voyage, suivi du maréchal de Gramont, le cardinal entra dans la chambre des Princes, leur fit donner lecture par de Bar de l'ordonnance royale qui mettait fin à leur captivité, puis s'assit à leur table après un échange de compliments et de paroles banales.

Quand ces convives improvisés eurent bu à la santé les uns des autres, Mazarin s'enferma avec Condé. Dans un entretien de deux heures, il s'efforça de lui « faire toucher du doigt que je n'avois pas eu la principale part dans sa prison¹ » ; et en retour de cette déclaration véridique, il reçut de son interlocuteur l'assurance d'un dévouement absolu à la Reine et au service du Roi, voire même la confirmation « des paroles positives qu'il avoit données d'estre de mes amis ». Il n'y eut pas d'autre engagement que ces paroles plus ou moins exactement rapportées. Après avoir manqué, avec un véritable aveuglement, toutes les occasions de délivrer Condé en tirant de cet acte de justes avantages, Mazarin finit par l'accomplir sans en avoir le mérite et sans condition aucune.

Un carrosse attendait à la porte ; le cardinal y conduisit les Princes libérés, et s'inclina fort bas devant Condé, si bas même que les témoins de cette scène crurent qu'il embrassait les genoux du prince. Comme la portière se refermait, il put entendre l'éclat de rire qui répondait à cet acte d'humilité. Peu après il quitta le Havre. Nous ne tarderons pas à le voir reparaître et recouvrer cette habileté proverbiale, que le souci de retenir Condé dans les fers avait pour un temps paralysée; plus heureux, plus sage que d'illustres adversaires, il restera fidèle à sa patrie d'adoption, méritera la gratitude de la France. Aujourd'hui il

---

1. Mazarin à de Lionne, 27 avril 1654. A. E.

semble perdu, son pouvoir est anéanti. Il ne se croit pas en sûreté dans une place qui appartient à la duchesse d'Aiguillon, hier encore si obséquieuse; les visages contraints, les procédés mêmes de son confident de Bar l'avertissent que la chute est complète.

<small>Entrée des Princes à Paris (16 février 1651).</small> Tandis que Mazarin prend le chemin de l'exil, le carrosse des Princes roule sur la route de Paris; ils y arrivèrent le 16 au soir. Jamais entrée ne fut plus joyeuse, plus brillante. Cinq mille cavaliers, la fleur de la noblesse, de la cour, de la Fronde, du Luxembourg, étaient allés au-devant d'eux jusqu'à Saint-Denis. Gaston les conduisait dans son carrosse. Partout clameurs d'allégresse, flambeaux, feux de joie.

La Régente, le Roi, on pourrait presque dire les prisonniers du Palais-Royal [1], firent violence à leur tristesse, à tous leurs sentiments; l'accueil fut courtois : étendue sur son lit, Anne d'Autriche contenait à peine ses larmes; Louis XIV, déjà

---

1. Le 11 février au matin, le premier président expédiait les affaires dans la grand'chambre : « La tristesse paraissait dans ses yeux, mais cette sorte de tristesse qui touche et qui émeut parce qu'elle n'a rien de l'abattement. » On vint lui annoncer que les lettres de cachet nécessaires pour la liberté des Princes venaient d'être expédiées : « Oui, dit-il avec un profond soupir, M. le Prince est en liberté; mais le Roi, le Roi notre maître est prisonnier » (Retz).

maître de lui, « fit caresse à M. le Prince ». Le soir même, souper et danse chez Monsieur; le lendemain, grand jeu chez le maréchal de Gramont, bal chez la duchesse de Chevreuse; séance solennelle au parlement; « toute la terre visita M. le Prince en son hôtel ».

Quel spectacle! Mazarin précipité du pouvoir au moment où il semblait avoir raffermi son autorité par la victoire, implorant humblement l'appui, la protection de l'homme que depuis treize mois il retenait dans une étroite captivité ; — le coadjuteur, Beaufort, ceux qui n'avaient cessé de conspirer la perte de Condé, venant s'offrir et se ranger derrière lui; — la cour, la Fronde aux pieds de cet ennemi si souvent dénoncé, traîné la veille encore de forteresse en forteresse, comme si on ne pouvait trouver pour lui de prison assez sûre, assez cruelle; — Paris rallumant pour son retour les feux de joie qui, un an plus tôt, éclairaient les portes de son cachot; — n'est-ce pas le cas de redire avec l'auteur des *Maximes* : tout arrive en France!

CHAPITRE II

LA FAUTE.

FÉVRIER-SEPTEMBRE 1651.

Loyauté de M. le Prince. Il dégage Turenne (mars-avril 1651). — Les Espagnols restent à Stenay. — Madame la Princesse à Paris et à Chantilly. — Puissance de Condé; ses engagements. Déboire de Châteauneuf. Changement dans le conseil (15 avril). — Rupture du mariage Conti-Chevreuse. Indignation. — La Palatine s'éloigne de Condé. Ses rapports avec Mazarin; son but. — L'échange des gouvernements (15 mai). Clameurs contre M. le Prince. — Il est menacé dans sa vie ou dans sa liberté. — La retraite à Saint-Maur (5 juillet). Les « adhérents » et les « incertains ». — M. le Prince, le premier président et le parlement. Renvoi des « sous-ministres » et de Chavigny (12, 21 juillet). — Traité de Saint-Maur (22 juillet). La Rochefoucauld et Mme de Longueville. — Courage et persévérance d'Anne d'Autriche. — Projet de convocation des états généraux. — La « seconde fronde ». Abaissement des caractères. — Incidents du mois de juillet. Déclaration royale contre M. le Prince (17 août). — Dernières négociations. Condé à Chantilly (5 septembre). — Le Roi majeur. M. le Prince n'assiste pas au lit de justice (7 septembre). — Derniers conseils tenus à Chantilly (9 septembre), à Montrond le 15. « L'épée est tirée ».

Loyauté de M. le Prince. Il dégage Turenne (mars-avril 1651).

« Je suis entré en prison innocent; j'en suis sorti le plus coupable des hommes. » — M. le Prince était sévère pour lui-même. C'est par degrés, poussé à bout, enlacé, qu'il s'avancera dans la voie coupable.

A Vincennes, sous le premier coup de la violence et de la persécution, il s'indignait à la pensée que ses amis cherchaient à s'entendre avec l'étranger. — Au Havre encore, après treize mois de captivité, son sentiment reste le même : « Tout le monde sait que M. le Prince, dans sa prison, improuve extrêmement les desseins qu'il y a eu de la part des siens avec les Espagnols[1]. » — A peine arrive-t-il, délivré, à Paris, qu'on lui présente les traités signés en son nom à Bordeaux et à Stenay; le roi catholique venait de les ratifier[2]. Pour toute réponse, Condé réclame une suspension d'armes. Bordeaux et Madame la Princesse étaient hors de cause; il met tous ses soins à dégager sa sœur et Turenne. Les envoyés se succèdent rapidement à Bruxelles : le capitaine des gardes La Roque, Gourville, Saint-Romain, Foucquet de Croissy; tous ces agents si actifs, si ingénieux, infatigables fauteurs de guerre civile, consacrent aujourd'hui

---

1. 17 janvier 1651. Correspondance de Turenne.
2. Le 15 février, à Madrid, le marquis de Lusignan et don Geronimo de la Torré, munis de pouvoirs spéciaux, signaient la ratification des traités conclus par l'archiduc Léopold avec Mme de Longueville et Turenne, par le baron de Watteville, avec Madame la Princesse. Cette ratification fut présentée à M. le Prince après sa délivrance. A. C.

les ressources de leur esprit, leur adresse, à réconcilier Turenne avec la France [1].

Après avoir concentré ses troupes dans le Hainaut, le maréchal les avait conduites en Luxembourg, puis en pays neutre, évêché de Liège, principauté de Stavelot. Il y vivait péniblement, en lutte avec les paysans qui disputaient au soldat une maigre pitance. La négociation était laborieuse; les Espagnols, mécontents, cherchaient des moyens dilatoires, se renvoyaient les uns aux autres; « le député de l'archiduc n'a pas de pouvoir pour une suspension d'armes, mais croit en avoir pour la paix [2] ». Condé pressait Turenne, qui n'avait pas moins envie d'en finir : « Aucun intérest ne me retient, si ce n'est celui de ma parole avec madame vostre sœur; je serai ravi de prendre toutes les voies un peu honnestes pour sortir de ceci. Vostre Altesse peut faire fondement là-dessus [3]. »

Non sans peine, on trouva cette « voie un peu honneste »; c'était d'accepter une ouverture assez

---

1. Mme de Longueville à M. le Prince, 24 février. — Foucquet de Croissy au même, 3, 21 mars, 25, 28 avril, etc. A. C.

2. Turenne à M. le Prince, 1er avril. A. C.

3. *Ibidem.* — Mme de Longueville avait quitté Stenay le 7 mars, mais ne se considérait pas comme dégagée et prenait une part active à la négociation.

vague et d'entamer une négociation plus ou moins sérieuse pour la paix. Laissons parler Turenne : « M. de Sillery estant envoyé à Bruxelles avec des pouvoirs, et l'abouchement de M. le duc d'Orléans avec M. l'Archiduc ne recevant pas de difficultés, je n'ai plus à me mêler d'une affaire qui est en si bonnes mains et je pars pour Paris[1]. » Quatre jours plus tard Croissy concluait : « Vostre Altesse ne pouvoit rien faire de plus avantageux pour l'Estat et de plus glorieux pour le mareschal de Turenne; aussy a-t-il pris la chose le plus obligeamment du monde[2] »; et Turenne s'empressa d'exprimer sa gratitude. De son côté, Condé ne manquait pas une occasion de prodiguer à son glorieux lieutenant les témoignages de sa reconnaissance et de son affection[3], lui servant d'intermédiaire pour traiter avec la cour comme avec les Espagnols, veillant aux intérêts de la maison de Bouillon[4] : « M. le Prince

---

1. 24 avril. Turenne au comte de Fuensaldaña, maréchal-de-camp-général et principal ministre de l'archiduc.
2. Croissy à M. le Prince; Stenay, 25 avril. A. C.
3. « Les obligations que je vous ai sont si grandes que je n'ai pas de paroles pour vous témoigner ma reconnaissance; je souhaite avec passion que vous me donniez lieu de m'en revancher. — Faites-moi l'honneur de croire que j'ai à vos intérêts l'attachement que je dois et auquel vous m'avez obligé. Disposez absolument de moi; qui vous honore plus qu'homme du monde ». (Condé à Turenne; 20 février; 3 mars.)
4. Entre autres avantages, il avait fait reconnaître les hon-

fait mes affaires aussi bien que moi[1]. » Ce mot de Turenne résume la situation.

<small>Les Espagnols restent à Stenay.</small>

Il remit le commandement à Tavannes; les troupes, bien réduites en nombre, rentrèrent par la frontière de Champagne, restèrent en corps[2] et furent placées dans l'armée du maréchal d'Aumont. Ainsi de ce côté tout semblait terminé, et de la seule main de M. le Prince; mais le résultat n'était pas complet. Les Espagnols, se croyant ou se disant joués, refusaient d'évacuer Stenay comme ils l'avaient fait espérer[3]; la citadelle seule conserva sa petite garnison française.

Cet incident, à peine remarqué d'abord, fut grossi, dénaturé un peu plus tard. Condé eut beau offrir de faire lui-même le siège de Stenay; on se garda bien d'accepter, et il ne put redresser l'opinion; les événements ultérieurs donnèrent une apparence de réalité aux insinuations de certains contemporains. Le caractère tout patriotique de la mission de Sillery resta méconnu; la postérité a cru y voir une reprise des négociations clandestines avec l'Espagne; toutes les pièces démontrent le peu de fondement de cette supposition.

neurs de *prince* au duc de Bouillon. (Condé à Turenne, 18 mars).
1. Turenne à Mme de Longueville, 15 mars.
2. Le Roi au prince de Conti, 29 avril. A. C.
3. Croissy à M. le Prince, 28 avril. A. C.

Cependant M. le Prince remettait quelque ordre dans ses affaires, disposait l'hôtel de Condé pour y recevoir sa femme et lui donner des marques publiques de gratitude et d'affection. Le 18 mars, Madame la Princesse quitte Montrond; partout elle est reçue avec applaudissement. Après quelque retard causé par une indisposition, elle arrive à Sainte-Geneviève-des-Bois[1], où ses deux compagnons de guerre, les ducs de Bouillon et de La Rochefoucauld, l'attendaient avec quantité de dames et de seigneurs. M. le Prince était allé à sa rencontre, suivi de plus de vingt carrosses, et voulut être à son côté pour l'entrée dans Paris. « Toute la cour la visita. » Puis vinrent les fêtes à Chantilly, comédies, chasses, etc. (21 avril). Et le bourgeois de redire : « Voilà une femme fort chérie de monsieur son mari[2]. » {Madame la Princesse à Paris et à Chantilly.}

Condé semblait très puissant; il reprenait possession de ses places et gouvernements, distribuant à ses fidèles les emplois militaires : Marchin, Boutteville, Chavagnac, Arnauld, Persan, Baas, Saint-Agoulin et autres furent pourvus. En Bourgogne, à Bourges, nul obstacle[3]. Plus de difficultés {Puissance de Condé. Ses engagements. Déboire de Châteauneuf. Changement dans le conseil (15 avril).}

1. Une lieue à l'est de Montlhéry.
2. *Journal* de Dubuisson-Aubenay.
3. Baas et de Roches à M. le Prince, mars; les échevins de Dijon au même, 13 mai. A. C.

en Clermontois : dans sa marche lente et habile, Mazarin s'étant arrêté à Bar, aux confins de ce petit État, les gouverneurs de Sedan et de Nancy, Fabert et La Ferté, cherchaient à lui assurer une libre retraite le long des côtes de Meuse et tenaient le pays fermé. Dès que le cardinal eut gagné les terres neutres de l'évêque de Liège, électeur de Cologne, les officiers de M. le Prince purent entrer librement à Clermont et Jametz[1].

C'était à peu près la même situation qu'avant la prison, un pouvoir plus apparent que réel. Les lettres de félicitations pleuvaient à l'hôtel de Condé, celles-ci envoyées par les princes étrangers, la reine de Suède et le vieux Torstenson, les ducs de Parme et de Gueldres, le landgrave de Hesse, l'électeur palatin, les cardinaux, le conseil de Castille, celles-là signées des Français les plus autorisés, même des « plus fieffés Mazarins », Séguier, La Meilleraie, Vaubecourt, Feuquières, Du Plessis-Bellièvre, Broglio, Saint-Maigrin; nous prenons au hasard parmi plus de quatre-vingts noms illustres ou connus relevés dans les papiers de Condé. Bon nombre de ces compliments cachaient une requête, et M. le Prince, répondant par quelque promesse aux petits comme aux

---

[1]. Desloges, Dalaigre à M. le Prince; 8, 11, 17 mars. A. C. — Nous avons dit ce qui s'était passé à Stenay.

grands, se trouvait chargé d'engagements difficiles à remplir. De partout on s'adresse à lui, villes, cours souveraines, députés de la noblesse, prélats, généraux sans commandement, chefs de régiments licenciés. Les gouverneurs des places, Marolles, de Thionville; Le Bosquet de Baugy, de Furnes; Margarit, de Barcelone; Lamberty, de Longwy; Montpezat, de Casal; tous menacés par l'ennemi, quelques-uns bloqués, sans ressources, exposent leur misère, réclament son appui; on le prend pour un redresseur de torts. Soupçonné de s'entendre avec Mazarin par les uns, avec Retz par les autres, il trouve tous les chemins barrés. Tant d'engagements pris le retiennent comme les mailles d'un filet; et quand il ne peut dénouer ces liens, il les brise avec violence : ses emportements ne le sauvent pas du reproche de duplicité.

Par un des actes signés au moment de la délivrance, le duc d'Anguien, qui entrait dans sa huitième année, était fiancé à une fille du duc d'Orléans, qui n'avait pas trois ans [1]. L'âge des futurs époux ôtait tout caractère d'urgence à l'exécution de cette convention. Le jeune prince était resté à Montrond, confié à Bourdelot, qui se morfondait dans cette mélancolique résidence; sous la dictée

---

1. Mlle de Valois était née le 13 octobre 1648.

du médecin-précepteur, l'enfant écrivit deux ou trois fois à « Mademoiselle de Valois, ma maistresse[1]. » La comédie n'alla pas plus loin.

Mais voici un traité plus sérieux et qui causait plus d'embarras. La place de premier ministre était garantie au vieux garde des sceaux Châteauneuf, dont le nom depuis trente ans reparaissait dans toutes les crises ; homme de quelque mérite et de mine imposante, adroit, mais retors, sans principes, solennel dans sa frivolité, vrai ministre d'interrègne, comme les partis en poussent au pouvoir pour garder une place convoitée par d'autres. Au moment où ce « Pantalon[2] » croit arriver au but, la Reine lui ôte les sceaux pour les remettre à Mathieu Molé (15 avril) ; le même jour, elle rappelle Chavigny dans le conseil. C'est l'exclusion de la Fronde et du Luxembourg, le pouvoir abandonné aux amis de Condé; concession factice, accordée pour perdre celui à qui elle semble profiter, et préparer le retour de « l'absent ». Les esprits prévenus ne veulent rien voir; la colère de Gaston, de Retz, de Mme de Chevreuse se tourne contre M. le Prince.

1. Une de ces lettres fut portée par Auteuil. (Lettre de Bourdelot, avril. — Nouvelles de Paris, 16 mai. A. C.)
2. Personnage bien connu de la comédie italienne. C'est le sobriquet que Monsieur donnait à Châteauneuf.

Ce n'est pas assez. Des amis officieux l'éclairent sur les relations du coadjuteur avec Mlle de Chevreuse, qu'un des malencontreux traités du 30 janvier donnait pour femme à Armand de Bourbon. Condé avait-il feint de tout ignorer? S'aperçut-il... un peu tard... de l'indignité de cette alliance? Retz, la duchesse de Nemours affirment que Mme de Chevreuse lui avait offert de reprendre sa parole. Toujours est-il que le voilà tout d'un coup aussi ardent à rompre ce mariage qu'il se montrait résolu à le conclure. Il court chez son frère, l'accable de sarcasmes. Conti, surpris, se trouble. Quoi! renoncer à cette union qui lui offrait la beauté, l'esprit, les grâces, la naissance, tous les attraits! Il hésite, puis finit par céder à la pression de l'aîné; le mariage est rompu.

Rupture du mariage Conti-Chevreuse. Indignation.

L'affront atteint les premières maisons de France : c'est l'honneur de Lorraine, de Rohan et de Luynes qu'il faut venger. La duchesse d'Orléans, Marguerite de Lorraine, ne se montre pas moins ardente que Marie de Rohan, duchesse de Chevreuse. Les deux Italiens sont à l'œuvre comme à la veille du coup d'État du Palais-Royal. Retz, qui savait à quoi s'en tenir, croit devoir prendre l'attitude d'un calomnié. Ce qu'il comprend surtout, c'est que l'affaire du chapeau n'avance pas; il faut changer de direction. Quant à Mazarin, son rôle est tout tracé. Des deux pôles opposés, du palais de l'électeur de Cologne et de l'archevêché de Paris, du cloître Notre-Dame et du château de Bruhl, le cardinal dépossédé et le cardinal désigné dirigent leurs intrigues, leurs agents vers un même but : « Il faut pousser M. le Prince. »

<small>La Palatine s'éloigne de Condé. Ses rapports avec Mazarin; son but.</small>

Celui-ci leur donnait beau jeu. Du même coup, il fournissait des armes à ces redoutables joueurs et il sacrifiait la plus précieuse des amitiés. L'acte solennel qui garantissait l'alliance du prince de Conti avec Mlle de Chevreuse avait été négocié, rédigé, scellé par la Palatine, en vertu d'un pouvoir en bonne forme; et M. le Prince refuse de faire honneur à cette signature, désavoue son mandataire avec une brutalité qui augmente la gravité de l'offense! Peut-être aussi Anne de Gonzague avait-elle reçu une blessure qui l'atteignait plus directement au cœur. A un esprit tout viril, à un mâle caractère, elle unissait la tendresse, l'imagination, les mouvements d'une femme; c'est ce qui lui donnait tant de charme. Aucune pratique, aucune conviction religieuse ne réglant ses passions, l'objet changeait souvent : le caprice du jour est le beau chevalier de La Vieuville. Anne de Gonzague espérait que la surintendance des finances serait rendue au père de son amant; résurrection étrange : il y avait vingt-trois ans que le marquis de La Vieuville avait exercé ces fonctions[1], et son court passage aux finances avait laissé de tristes souvenirs ; ses prétentions, admises plus tard, furent alors écartées. Blessée dans tous ses sentiments, la Palatine passe dans le camp des ennemis de Condé. Elle avait essayé de le conduire, de l'éclairer, lorsqu'à sa sortie de prison il semblait comme frappé de vertige, au moins d'éblouissement. Aujourd'hui elle l'abandonne, devient l'intermédiaire du coadjuteur et de Mazarin ; ses lettres transmettent à Bruhl les confidences que Retz déguisé vient lui porter la nuit à l'hôtel de Luynes. L'argent lui manque ; les héritages sur lesquels elle comptait se sont évanouis ou se font attendre ; il lui faudrait une dignité, un emploi bien rétribué ; elle aura la charge de surintendante de la maison de la future reine. Cette promesse d'investiture la rattache à la fortune du ministre *in partibus infidelium*, et ce génie subtil devient le principal fondement des espérances de Mazarin. Ses avis sont des lumières, des inspirations d'en haut. Elle est « l'ange Gabriel » de la correspondance secrète, et son

---

1. En 1628. — La Vieuville, né en 1582, duc en 1652, mort le 2 janvier 1653. — M. le Prince avait tenu sa promesse, parlé, écrit à Mazarin (A. E.) ; ce n'est pas par sa faute que l'affaire échoua.

agent, son porteur de paroles, Bartet, est le
« confident » par excellence.[1]. Cependant, une fois
la première boutade passée, elle recouvre son
équilibre; sans cesser de « travailler sincèrement
et de toute sa force au rappel du cardinal », elle
reprend en mains les intérêts de M. le Prince,
déjà bien compromis, revenant à son thème
favori, l'accord entre Condé, la Régente et Mazarin, qui eût assuré le triomphe et la gloire de la
France.

Le cardinal n'ignore pas ce dessein. Parfois
même il l'encourage et se montre disposé à tirer
parti de cet attachement si tenace pour ressouder
son alliance avec Condé. Quelques-uns de ses
fidèles, et des plus clairvoyants, Servien, Nicolas
Foucquet, le nouveau procureur général, — celui
même qui plus tard sera précipité de si haut,

---

[1]. Béarnais, d'origine très humble, avocat obscur à Pau, mais « avantageux », outrecuidant, quoique avec beaucoup d'esprit et de savoir-faire, Bartet dut passer en Italie à la suite d'une aventure amoureuse. A Rome, il connut le prince Casimir, alors jésuite, qui le prit en goût et, devenu roi, le nomma résident de Pologne à Paris. C'est ainsi qu'il se trouva en rapports avec le cardinal-ministre et avec la belle-sœur de son roi, Anne de Gonzague. Il était fort bien vu de la maréchale de Guébriant. Après avoir vécu dans la confidence, on peut dire dans l'intimité de Mazarin et d'Anne d'Autriche, Bartet fut compris dans la disgrâce de Foucquet et resta trente ans éloigné de la cour. Il y reparut en 1690 et mourut en 1707 plus que centenaire.

— partagent cet avis : ils ne reconnaissent qu'à M. le Prince l'audace et l'autorité nécessaires pour ramener Mazarin. A certains moments, Condé incline à bien accueillir ces ouvertures. Mais la superbe d'un côté, la haine et la jalousie de l'autre, étouffent toutes les velléités d'accord. Quand Mazarin voit les amis de Condé pourvus de gouvernements, — Damville en Limousin, Montausier en Saintonge et Angoumois, Rohan dans l'Anjou, Toulongeon en Béarn, — il pousse des gémissements ; il éclate en imprécations quand on lui annonce « l'échange : après cela, il ne reste plus à M. le Prince que d'aller se faire sacrer à Reims ».

Qu'était-ce donc que l'échange ? — On voulait donner des compensations à d'Épernon, qui ne pouvait rester en Guyenne ; au comte d'Alais, devenu intolérable en Provence : la Bourgogne au premier, la Champagne au second. M. le Prince et son frère se trouvant ainsi dépossédés, la Guyenne est assignée à l'un, la Provence à l'autre.

L'échange des gouvernements (15 mai). Clameurs contre M. le Prince.

— L'échange des gouvernements fut arrêté en conseil au Palais-Royal le 15 mai ; aussitôt les félicitations de pleuvoir à l'hôtel de Condé ; ville et parlement de Bordeaux, toute la province[1] ; La

---

1. Nombreuses lettres des 22, 25, 26 mai, etc. A. C.

Force, les pasteurs et anciens de Montauban ne furent pas les derniers [1]. « Voilà le royaume du Midi tout créé ! » répètent ceux qui faisaient chorus avec Retz ou Mazarin. Comme M. le Prince gardait Bellegarde sur la Saône et deux ou trois places sur la Meuse, on le disait maître de toutes les mers et de toutes les frontières. Le tableau n'est-il pas chargé? Et dans cette combinaison, produit de la force des choses plutôt que conçue par l'ambition d'un homme, fallait-il voir un si périlleux accroissement de puissance concédé à M. le Prince? Avec quelque sévérité qu'on juge sa conduite durant cette période, il semble impossible de le condamner sur cette accusation.

Les deux provinces étaient vastes, riches, populeuses, souvent turbulentes, habituées même à la guerre civile ; mais cette guerre était forcément concentrée, — l'expérience le démontrait et la preuve en sera faite bientôt; d'ailleurs, de ce côté, la frontière n'était pas sérieusement menacée. Bellegarde, Stenay, Clermont (en Argonne) étaient de très petites places; isolées, elles perdaient leur valeur. D'autre part, la Champagne, la Bourgogne se tenaient, touchaient aux Pays-Bas et à la Franche-Comté, bordaient le Luxembourg

---

1. 31 mai. A. C.

et la Lorraine. Couvertes de forteresses, mises entre les mains de deux frères ambitieux, elles offraient au premier des généraux vivants une base d'opérations bien autrement redoutable que la Guyenne et la Provence, où l'incendie, facilement allumé, ne pouvait se répandre. Mais le parti est pris; la tempête est soulevée : l'échange met le comble à toutes les insolences, à toutes les audaces, à toutes les usurpations de Condé. Sa perte est résolue.

La variété des projets formés contre la vie de M. le Prince est grande. Retz, Mazarin, Châteauneuf en ont conçu plusieurs, sans compter les complots ourdis par les personnages du second plan, Hocquincourt et autres. La Reine fut certainement consultée; sur ce point, les témoignages abondent et ne laissent pas de doute. La proposition ne pouvait surprendre la petite-fille de Philippe II, imbue de l'idée que le souverain a droit de vie et de mort sur ses sujets. Elle n'était même pas absolument contraire aux théories des juristes français, qui affirment que, toute justice émanant du Roi, le Roi peut, en certaines circonstances, se faire justice lui-même; reconnaissant toutefois que ce pouvoir appartient au Roi seul, et que pendant sa minorité nul n'a le droit de l'exercer.

M. le Prince menacé dans sa vie ou dans sa liberté.

Quoi qu'il en soit, la proposition fut écoutée,

discutée par Anne d'Autriche, et si elle n'eut pas de suite, c'est que l'exécution parut difficile et le résultat incertain; mais l'idée de prendre Condé mort ou vif n'était pas abandonnée, et ceux qui hésitaient ou reculaient devant le meurtre étaient tout prêts à l'ensevelir vivant. Les avis ne lui manquaient pas. Il se sentait menacé dans sa vie ou dans sa liberté. Sa vie! qui aurait osé lui reprocher de ne pas savoir la risquer! mais il entendait ne la jouer qu'à bon compte, au grand jour, et la faire payer cher à qui tenterait de la lui ravir. Sa liberté! l'idée de la perdre encore, et cette fois sans espoir de la recouvrer, d'être ballotté de cachot en cachot à la merci d'agents brutaux et infimes, lui était plus odieuse que la mort. Comment parer les coups qui le menacent? « A moins qu'il ne soit résolu à se mettre publiquement sur la défensive, la place n'est plus tenable pour lui »; Retz, qui écrit ces lignes, le savait mieux que personne. Faudra-t-il donc recourir aux armes? mais « je n'entends rien à la guerre des pavés et des pots de chambre », répétait Condé; c'était un de ses dires favoris, sa prétention, si l'on veut, de soldat et de gentilhomme. En réalité; s'il n'avait aucun goût pour la guerre des rues, il l'entendait aussi bien qu'homme du monde, et il le prouvera. — Ce qui le retient, c'est le dévouement instinctif à l'État, qu'à aucun prix il ne voudrait renverser. « Il est constant qu'il avait une aversion mortelle pour la guerre civile[1] »; mais le courant l'entraîne, et il vogue à la dérive, à la merci d'un coup de vent.

Le 5 juillet au soir, M. le Prince était dans son lit, causant avec Vineuil, lorsqu'il fut informé que les Gardes françaises prenaient les armes et marchaient sur le faubourg Saint-Germain. L'avis, qui pouvait bien sortir du cloître Notre-Dame ou du Palais-Royal, arrivait sous une forme mystérieuse qui produisit l'effet attendu : Condé crut qu'on venait l'arrêter. Aussitôt levé, il saute à cheval, et, suivi de six à sept de ses gens, passe par la porte Saint-Michel. Il errait dans l'obscurité, lorsqu'un grand bruit de chevaux retentit sur le pavé, lui donne l'alarme; et voilà M. le Prince qui se sauve au galop jusqu'à Fleury, au bas de la côte de Meudon. Là on découvre que tout ce vacarme venait d'une bande de coquetiers[2] qui se pressaient d'arriver à la Halle. Après avoir bien ri de sa déroute, Condé prit le chemin de Saint-Maur, où il arriva vers six heures du matin, le 6 juillet.

A l'extrémité sud-est du bois de Vincennes, un isthme, resserré par divers bras de la rivière,

La retraite à Saint-Maur (5 juillet). Les « adhérents » et les « incertains ».

---

1. *Mémoires* de Retz.
2. Marchands de volailles, venant du côté d'Houdan.

conduit à la presqu'île enveloppée par une boucle de la Marne. En travers et au plus étroit s'élevait un château déjà vaste, quoiqu'il n'eût pas reçu les compléments que l'intendant Gourville y ajoutera par l'ordre de son maître. Cette belle maison, bâtie par Catherine de Médicis, appartenait aux Condé depuis plus d'un demi-siècle [1]. Un pont [2] la met en communication avec la plaine de Champigny, un bac avec le village de Créteil. Un grand parc, où les champs se mêlent aux bois touffus, et au milieu duquel Lenôtre dessinera plus tard de magnifiques jardins, couvre une grande partie de la presqu'île; site charmant, lieu sûr, si rapproché de Paris, qu'à l'abri des coups de main on y restait mêlé à tout le mouvement de la capitale.

1. Saint-Maur-des-Fossés, *Ragaudarum Castrum, Monasterium Fossatense*. Saint Babolin y fonda vers 643 une abbaye de Bénédictins sous le nom de Saint-Pierre-des-Fossés, échangé en 868 contre celui de Saint-Maur-des-Fossés après la translation dans ce lieu du corps de saint Maur. L'abbaye fut sécularisée en chapitre en 1535, et la manse abbatiale unie à la manse épiscopale de Paris, sous le titre de doyenné. Commencé par le cardinal du Bellay, évêque de Paris, le château fut achevé par Catherine de Médicis, sous la direction de Philibert Delorme. En 1598, la princesse de Condé (Charlotte de La Trémoille) fit l'acquisition de Saint-Maur, qu'elle céda à son fils, le prince Henri II, en 1612. — Resté dans la maison de Condé, ce domaine fut aliéné en 1834 pendant la minorité du duc d'Aumale, et aussitôt morcelé. Le château avait disparu pendant la Révolution. (A. C. — Voir t. II, p. 249 et *passim*.)

2. Aujourd'hui Joinville-le-Pont.

M. le Prince était à peine descendu de cheval, que son château se remplissait de « ces gens incertains qui s'offrent au commencement des partis et les abandonnent selon leurs craintes ou leurs intérêts ».

En traçant ces lignes, La Rochefoucauld oublie qu'il était des premiers arrivés. Hâtons-nous de le dire, s'il ne sera pas des derniers à persévérer « dans le parti », sa place assurément n'était pas marquée alors parmi les « incertains »; loin de chercher à les retenir, il éprouve quelque satisfaction à voir les rangs s'éclaircir autour de M. le Prince. La foule, très grande d'abord, diminue promptement; peu de gens trouvaient leur compte. Le maréchal de Gramont, ayant parlé d'accord, est assez lestement congédié. Turenne ne fit qu'un court séjour; le bruit se répandit à Paris qu'il revenait porteur d'un message pour la Régente; mais on ne le revit plus à Saint-Maur; son absence s'expliquera plus tard. — Aux uns Condé semble trop hésitant; les autres le jugent trop engagé; déjà tous pensent à s'accommoder avec la cour : « C'est ce qui arrive dans les affaires dont le chef est connu pour ne pas aimer la faction. Un esprit bien sage ne la peut jamais aimer, mais il est de la sagesse de cacher son aversion quand on a le malheur d'y être engagé[1]. » C'est cette « aversion » bien connue de Condé qu'à Saint-Maur on voulait masquer, étouffer. Là aussi on disait, comme Retz et Mazarin : il faut pousser M. le Prince ; — les deux Italiens pour le perdre, La Rochefoucauld et consorts pour le maintenir sur la pente et le lancer dans la carrière où ils comptent le suivre et le diriger tout à la fois.

La retraite de Saint-Maur n'était pas concertée d'avance, au moins avec Condé ; mais tout était préparé pour en tirer parti. *Comœdia in comœdiâ :* la petite pièce se joue au milieu du drame général, et les scènes se déroulent comme sur le théâtre.

M. le Prince, le premier président et le parlement. Renvoi des « sous-ministres » et de Chavigny (12, 21 juillet).

Le 8 juillet, deux jours après la sortie de Paris, Conti se rend à la séance du parlement, veut expliquer la conduite de son frère : « C'est un triste préalable de guerre civile », répond le premier président, et il ajoute quelques mots qui « semblaient marquer les mouvements de MM. les Princes ». Conti se lève, essaye de reprendre la parole ; Mathieu Molé l'arrête : « Je m'étonne que personne ose m'interrompre lorsque je parle de cette place où je représente la personne du Roi. » Cette attitude de Molé produisit un grand effet, car

---

1. *Mémoires* de Retz.

on le savait attaché à Condé ; mais il était avant tout serviteur de l'État.

Condé restait fort perplexe ; il voulut voir Gaston, et le rencontra secrètement dans la maison de Rambouillet, rue de Reuilly, au faubourg Saint-Antoine. Puis il vint deux ou trois fois publiquement à Paris. Il avait dû changer ses habitudes, faire violence à ses goûts ; il a augmenté sa livrée ; la pompe et une suite nombreuse l'accompagnent partout. A chacune de ces apparitions dans la capitale, on le voit se diriger sur le Palais-Royal, résidence du Roi, puis rebrousser chemin, sombre, soucieux ; et l'excursion entreprise dans une intention conciliante s'achève avec un air de bravade.

Cependant la Reine fait une concession. Depuis longtemps Condé réclamait l'éloignement de ceux qu'on appelait les sous-ministres, Le Tellier, Servien ; le parlement avait adopté cette prétention. Retz prit l'affaire en main, entama une négociation confuse où il prodigua ses ruses, ses combinaisons, ses sophismes pour plaire à la Régente, tout en repoussant Mazarin et ses amis ; mais il fut en réalité joué par le cardinal, qui, de Bruhl, faisait mouvoir tous les fils. Le 12 juillet, les sous-ministres sont renvoyés. Chavigny est compris dans la mesure comme pour tenir la balance de niveau ; M. le Prince n'y prend garde, accepte les compliments; mais ce n'est pas la Reine qu'il va remercier; sa première visite est pour le Parlement (21 juillet). Les conseillers l'écoutent en silence; il s'embarrasse, cherche ses mots comme s'il récitait une leçon apprise et mal retenue.

<small>Traité de Saint-Maur (22 juillet). La Rochefoucauld et Mme de Longueville.</small>

Rentré à Saint-Maur, mécontent de lui-même, irrité contre tous, sentant sa déconvenue, il retrouve le cénacle habituel. On l'échauffe, on l'enlace, et il signe un traité tout fait qui était bien la synthèse des derniers incidents, le vrai préalable de la guerre civile, l'acte qui donnait raison à Molé (22 juillet).

« Nous soubsignés, desclarons que nous persistons dans la volonté et dans la résolution que nous avons de procurer la seureté de la personne de M. le Prince et de tous ceux qui signeront le présent escrit, par toute sorte de moiens, mesme par les armes sy besoin est, et de ne laisser passer aucune occasion de les prendre jusqu'à ce que nous aions des assurances sy certeines, de l'adveu et consentement de tous, qu'il ne nous reste aucun soupçon qu'on puisse jamais entreprendre contre nos personnes. — Nous prométons en outre de n'escouter aucune proposition ny d'entrer en aucune négociation sans le consentement exprès des soubsignés. — Et s'il arivoit qu'on fust obligé de prendre les armes, on ne pourra les poser que chacun des soubsignés ne soit satisfait dans son intérêt, qu'il déclarera lorsqu'on les prendra[1]. ».

Les signatures qu'on lit à côté du nom de Louis de Bourbon sont celles de sa sœur, de son frère, du duc de Nemours, du président Viole et de La Rochefoucauld; l'original est tout entier de la main de ce dernier. Il a fait plus que tenir la plume; le traité est son œuvre, et son plan était si fermement arrêté qu'il se serait passé de la signature de Condé; il tenait tout prêt un autre instrument dressé « sous le nom et sous l'autorité de M. le prince de Conti ». Son pouvoir plus ou moins occulte est à l'apogée; car c'est Mme de Longueville qui règne aujourd'hui dans le parti des Princes, et cette vaillante femme subit la tyrannie de celui qu'elle croit diriger. En conservant son pouvoir sur le frère cadet, Anne-Geneviève a reconquis l'aîné, qu'en ce moment aucune rivale ne lui dispute. La Palatine est passée à l'ennemi. Mme de Châtillon est toute à ses affaires, à son domaine de Mello, à ses arrangements financiers; elle est d'ailleurs éprise du duc de Nemours, et manœuvre pour le retenir sans perdre Condé. Nemours est le grand séducteur; Mme de Longueville est aussi sous le charme, ce qui excitera la jalousie de

---

[1]. Original A. C.

La Rochefoucauld, et fera incliner Turenne vers le parti royal.

Aujourd'hui Molé semble perdu; on trouvera moyen de se défaire de Retz; quant à la Régente, elle passe pour annulée, abattue. Mais Anne d'Autriche sera la plus forte, triomphera par le courage, la simplicité, la clarté du but : le Roi déclaré majeur à Paris et régnant avec Mazarin pour ministre.

<small>Courage et persévérance d'Anne Autriche.</small>

La Reine sait ménager ses concessions, les fait valoir; écoutant tous les partis, elle joue l'embarras devant les demandes contradictoires, accorde une faveur à celui-ci, la reprend sur les instances d'un autre; parfois elle rebondit, et, dans une situation difficile, périlleuse, se maintient en équilibre, gagne du temps. Le point capital, c'est de rester à Paris; son instinct maternel l'éclaire : elle résiste aux menaces des uns, aux instances des autres, même aux prières du cardinal, qui voudrait la tirer du gouffre où il craint de la voir engloutie. Elle compte les mois, les jours : si son navire peut rester à flot jusqu'au 6 septembre, si c'est à Paris même qu'elle remet le pouvoir à son fils, le Roi et la France seront sauvés, et Mazarin ne sera pas perdu pour Anne d'Autriche. — Malgré bien des erreurs, on ne peut qu'admirer cette femme violente, implacable, à la vue limitée, mais intrépide et ferme en son dessein; attaquée de front, menacée par derrière, abandonnée, trahie, elle parviendra, par son bon sens et sa ténacité, à river la couronne sur la tête de Louis XIV.

Dans cette confusion, cet effarement, des voix s'étaient élevées pour proposer le grand remède, les états généraux. Assez faiblement poussé, ce cri trouva quelque écho, loin de la cour et de la capitale, parmi les gentilshommes ruraux, la bourgeoisie, les magistrats des tribunaux secondaires. Des lettres de convocation furent expédiées[1]; la date même était fixée au 1er octobre, le lieu de réunion à Tours; mais le mot seul semblait couvrir une sorte de mystère sacré, inspirait à tous une terreur religieuse. Quelques vieillards se souvenaient vaguement des états de 1614 et de la stérilité de leurs délibérations. Ceux qui tenaient le pouvoir ou le convoitaient n'attendaient rien de bon d'une telle assemblée. Les opprimés, les déshérités n'avaient pas entrevu quel soulagement ils en pouvaient espérer; leur voix d'ailleurs ne se faisait pas entendre. C'était une machine de

Projet de convocation des états généraux.

---

1. Le Roi à M. le Prince en ses diverses qualités, 17 mars; — aux baillis de Gex, Bresse, Bugey, Dijon, Châlon, Mâcon, Bar, Autun, Auxois, Auxerre, Charolais, 18 mars. A. C. — Ces lettres ne paraissent pas avoir été transmises aux bailliages.

guerre qu'on laissa tomber quand on s'aperçut que l'effet était nul.

<small>La « seconde fronde ». Abaissement des caractères.</small>

La « seconde fronde » commençait. Le lecteur ne trouvera pas ici le tableau complet des intrigues, traités, trafics d'argent, de places ou d'honneurs, trahisons, violences, accumulés dans cette période. Nous cherchons à tracer la progression des événements qui précipitent la catastrophe, à présenter les faits qui intéressent l'histoire de Condé, l'histoire de sa vie et de son cœur. — Les acteurs ne sont pas changés depuis deux ans; les scènes de 1649 se renouvellent, mais le décor est usé; il ne reste rien de ce qui semblait parer, excuser la première, la vraie Fronde. Il n'est plus question du bien public, même comme masque; les ambitions, les haines sont à nu. Le parlement, impuissant, se couvre de ridicule, ressasse d'éternelles diatribes, croit affirmer sa force en accumulant les sentences contre Mazarin. Tous les caractères sont amoindris, et celui de M. le Prince n'échappe pas à la loi générale. Il garde ses défauts, l'orgueil, la violence; il en recueille qu'on ne lui connaissait pas, se montre indécis, ondoyant, non certes à la façon de Monsieur — jamais il ne livre, n'abandonne un ami, — mais son incertitude, ses brusques retours ôtent à sa parole le poids qui lui appartient, la confiance qu'elle devrait inspirer. — A-t-il manqué de foi, comme on l'a dit? Égaré au milieu d'une armée de traîtres conjurés pour le perdre, il faisait mal un métier qui n'était pas le sien; en essayant de jouer au plus fin avec les intrigants de profession, il a dû lui arriver de tromper les trompeurs. — Le niveau a baissé partout; mais si les mouvements des hommes sont moins généreux, le péril n'en est que plus grand pour la France. La Fronde était une guerre civile manquée; celle qui va venir sera plus sérieuse.

Le traité du 22 juillet signé, Mme de Longueville n'avait pas prolongé son séjour à Saint-Maur; sa présence n'y est plus nécessaire, et son action ne cessera pas de s'y faire sentir. L'éloignement la mettra à l'abri des recherches de son mari, qui parlait de la reprendre et de la ramener à Rouen. Elle profite du départ de sa belle-sœur, renvoyée à Montrond, pour commencer une retraite aux Carmélites de Bourges. — Plus de femmes à la petite cour de Saint-Maur, qui retrouve l'allure militaire. M. le Prince semble dégagé, libre; il recouvre son aplomb, et se décide à rendre visite au Roi (24 juillet); mais, sur quelque mouvement des Gardes du corps, il se retire assez brusquement. Le 31 juillet, il se promenait au Cours-la-Reine dans le carrosse du duc d'Orléans, lorsque le Roi vient à passer à son retour du bain. Sa Majesté avait laissé son

Incidents du mois de juillet. Déclaration royale contre M. le Prince (17 août).

escorte, qui suivait le bord de l'eau. M. le Prince se lève, mais le temps lui manque pour rendre au Roi les marques de respect que commandait l'usage, et la rencontre fortuite devient une insulte préméditée : « Si mes gardes avaient été auprès de moi, se serait écrié le jeune Louis XIV avec colère, je l'aurais fait charger[1]. »

Cependant le mois d'août s'écoule, et le jour de la « majorité » approche sans que la situation se soit éclaircie. Ne faut-il pas mettre M. le Prince au pied du mur ? Qu'il s'avoue rebelle ou se reconnaisse sujet loyal et soumis.

Le 17 août, paraît une déclaration royale où sont énumérés les griefs réels ou supposés de la couronne. Condé riposte par une circulaire aux cours souveraines : il réfute « les imputations de ses ennemis contenues dans l'écrit que le Roi a fait publier ». Lui-même accourt au Palais, où se succèdent trois séances orageuses ; dans la dernière (21 août), on faillit en venir aux dernières violences. La grand'chambre, les escaliers, les couloirs étaient envahis par les coupe-jarrets des deux camps, armés en guerre. La Rochefoucauld tint un moment la tête de Gondi serrée entre les battants d'une porte ; c'est miracle que le sang n'ait pas coulé.

---

[1]. Lettres de Morosini.

Il semble qu'un grain de bouffonnerie italienne doive toujours se rencontrer au milieu de ces tempêtes. A peine remis de l'algarade, Retz interpelle son adversaire du ton en usage sur les planches : « Tout beau, notre ami La Franchise[1], ne vous emportez pas. » Le lendemain, comme l'archevêque de Corinthe, dans ses vêtements pontificaux, conduisait à travers le pont Neuf la procession des Grands Cordeliers, on vit M. le Prince tomber à genoux sur le pavé et recevoir avec componction la bénédiction qui lui était gravement octroyée; puis les deux incrédules échangent un profond salut. Et la foule d'applaudir !

Troublé, alarmé, sollicité de toutes parts, le duc d'Orléans essaye de se soustraire aux embarras par une de ses fugues habituelles, et va chercher un peu de calme sous les ombrages de Limours. Condé vient l'y trouver (29 août), réclame l'appui si souvent promis. Comment pourra-t-il paraître à côté du Roi en son lit de justice, s'il reste sous le coup d'imputations pareilles? Gaston retourne au Palais-Royal, sollicite la Régente; celle-ci se défend : on lui demande aussi une nouvelle déclaration contre Mazarin ; à la veille de remettre le pouvoir à son fils, peut-elle se lier ainsi

Dernières négociations. M. le Prince à Chantilly (5 septembre).

---

1. Nom de guerre donné à La Rochefoucauld.

par tant d'engagements? Enfin elle paraît céder.

Le Roi accomplissait sa treizième année le 6 septembre, le lit de justice était annoncé pour le 7. — Le 5 au soir, Anne d'Autriche signifie sa volonté aux gens du Roi. Le 6, les deux déclarations sont portées au parlement; mais quant à celle qui justifie M. le Prince, elle ne sera publiée qu'après la majorité. C'était reprendre d'une main ce qu'on donnait de l'autre, fermer la porte qu'on feignait d'entr'ouvrir.

Dès le 31 août, le duc d'Orléans avait fait connaître les intentions favorables de la Reine[1]. Ne voyant rien venir, M. le Prince réunit ses principaux partisans à Chantilly (5 septembre); dix projets plus ou moins violents sont formés, abandonnés. On se sépara sans conclure; jusqu'au dernier moment, Condé cherche à s'accrocher au bord du précipice qu'il voit ouvert devant lui. Bientôt il apprend le retard de la publication qui le concerne; encore un piège qu'on lui tend; il s'y jette tête baissée, court à Trie[2], où M. de Longueville l'attendait.

---

1. Gaston à M. le Prince. A. C.
2. Trie-Château, au confluent de la Troësne et de l'Aunette, aujourd'hui commune du canton de Chaumont-en-Vexin (Oise). — Après la mort du dernier duc de Longueville, cette terre revint à Henri-Jules, fils du Grand Condé, qui la donna en dot

La conversation porta plus sur les affaires générales que sur les questions brûlantes, les intérêts particuliers. Condé reçut de son beau-frère quelques encouragements, mais non la parole positive qu'il avait espérée. « M. de Longueville embarrasse fort les esprits ; la vérité est qu'il n'a pas moins promis à la Reine qu'à M. le Prince, et la question est de savoir auquel des deux il doit manquer[1]. » Cela pouvait se dire de bien d'autres qui, eux aussi, avaient accumulé les promesses contradictoires. Mais voici le moment où l'équivoque cessera.

Le 7, comme Louis XIV se rendait au Palais, entouré de sa famille, des pairs de France, des officiers de la couronne, Armand de Bourbon se présente sur le passage, s'approche et remet à Sa Majesté une lettre de son frère : c'est le respectueux exposé des graves motifs qui retiennent Condé loin de la place où l'appelaient son devoir et sa naissance. Le Roi prend le pli et le passe tout fermé à son ancien gouverneur, le duc de Villeroy. Sans un mot, sans un geste, il continue son chemin et va tenir son lit de justice.

Le Roi majeur. M. le Prince n'assiste pas au lit de justice (7 septembre).

Le sort en est jeté. L'heure solennelle a sonné, et

à sa fille, princesse de Conti. Trie appartint aux princes de Conti jusqu'à la Révolution.

1. La Palatine à la reine de Pologne ; 1ᵉʳ octobre. A. C.

Condé ne l'a pas entendue. Plus de régente espagnole, plus de ministre étranger. Qu'importe la fiction légale! la prétendue minorité de fait succédant à la minorité de droit, qu'importe! c'est le Roi, le roi de France qui règne. Tous ceux qui conservent dans le cœur la vieille tradition nationale croient voir le ciel s'éclaircir, attendent l'ère de calme, de repos qui doit succéder au chaos, à l'odieux conflit des ambitions; maudits soient les brouillons qui voudraient prolonger la guerre et la souffrance du pays! Et l'épée qui jetait une moisson de lauriers sur le berceau du roi de quatre ans, l'épée de Rocroy ne luit pas à côté du sceptre que le roi de treize ans tient déjà d'une main ferme.

Prétexte saisi avec empressement, ou motif respectable et suivi à regret, l'attitude prise par Condé en face du Roi majeur sert de signal à d'honorables retraites et à mainte désertion. Bussy ouvre la marche, puis Noirmoutier, le maréchal de La Mothe, bien d'autres et des plus illustres!

Derniers conseils tenus à Chantilly (9 septembre), à Montrond le 15. « L'épée est tirée ».

Ne pouvant rentrer à Paris, M. le Prince donne rendez-vous à ses amis pour le 9 septembre à Chantilly. Beaucoup manquent à l'appel. Lui-même ne semble pas encore bien maître de sa volonté. C'est avec une certaine confusion qu'il expédie des ordres pour quelques levées, pour la sûreté du petit corps de Tavannes, menacé d'être taillé en pièces par les troupes royales. Puis il prend le chemin du Midi, lentement d'abord, s'arrête à Augerville, à Bourges, comme s'il attendait quelque appel. Avait-il deviné qu'un messager courait après lui, porteur de nouvelles propositions de la cour garanties par Gaston? mais, par une méprise qui ne paraît pas involontaire, cet envoyé fit fausse route, vint à Angerville en Beauce chercher Condé, qui était à Augerville en Gâtinais[1]. Lorsqu'enfin M. le Prince reçut la dépêche, sa parole était engagée : le 15 septembre, à Montrond, il retrouvait sa sœur, les ducs, leurs complices de Saint-Maur, d'autres très animés. Mme de Longueville frappe le dernier coup ; les suprêmes et terribles résolutions sont prises. Plus d'hésitations ; Condé retrouve sa flamme, son coup d'œil, son esprit prompt et décisif. L'âme guerrière commande seule.

« Vous me forcez à tirer l'épée ; eh bien, soit ! Souvenez-vous que je serai le dernier à la remettre dans le fourreau. »

---

[1]. Augerville-la-Rivière, maison du président Perrault, à quatre lieues au nord-est de Pithiviers. — Angerville est sur la route d'Orléans, à quatre lieues d'Étampes.

CHAPITRE III

LA GUERRE CIVILE : GUYENNE ET GATINAIS. COMBAT DE BLÉNEAU.

SEPTEMBRE 1651 — AVRIL 1652.

Plan de campagne. Projet d'opérations au sud de la Loire et sur la frontière des Pays-Bas. — Turenne et Condé ; la séparation. — Condé à Bordeaux (septembre 1651). Ses traités particuliers. Le traité de Madrid (6 novembre). — Le prince de Conti et Mme de Longueville. Lenet et Marigny. Les ducs. — La démagogie à Bordeaux. L'Ormée. Ses rapports avec M. le Prince. — Condé à Agen et Bergerac. Jonction avec Marchin. — Condé en Saintonge (14 novembre), barre la route à d'Harcourt. — Retraite sur la Dordogne (janvier 1652). Combat de Miradoux (26 février). Condé rejeté dans Agen. — Revers en Saintonge et Anjou. Retour de Mazarin. — Traité entre le duc d'Orléans et Condé (24 janvier). Jonction de leurs troupes. Beaufort et Nemours. — Condé organise le commandement en Guyenne. Préparatifs de départ.

Mazarin à Poitiers (29 janvier 1652). L'armée du Roi ; Turenne et Hocquincourt. — Marche de l'armée du Roi. Turenne au pont de Jargeau (28 mars). — Mort de Sirot. Le Roi à Gien (1er avril). — Voyage de M. le Prince. D'Agen (24 mars) à Châtillon (1er avril). — Condé prend Montargis (3 avril). Les deux armées. — Cantonnements de l'armée royale entre Briare (Turenne) et Bléneau (Hocquincourt). Reconnaissance de Turenne (6 avril). — Turenne appelé par Hocquincourt. « M. le Prince est là ! » — Combat de Bléneau : dans la nuit du 6 au 7, Condé surprend les cantonnements d'Hocquincourt. — Retour offensif du maréchal. Sa défaite. — Apparition de la seconde armée royale. Condé reconnaît Turenne. — Habile manœuvre de Turenne derrière un défilé de bois et d'étangs. — Il repousse la cavalerie ennemie. Condé prend position. Belle retraite de Turenne. — Hocquincourt à l'arrière-garde. Conférence avec Condé. — Turenne à Gien. M. le Prince à Châtillon. Résumé du combat de Bléneau. — Appelé à Paris, M. le Prince se sépare de ses troupes.

C'était donc la guerre. — Condé avait arrêté dans ses lignes principales un plan de campagne qui devait se dérouler sur deux théâtres distincts : au midi entre la Loire et les Pyrénées ; au nord sur la frontière des Pays-Bas.

<small>Plan de campagne. Projet d'opérations au sud de la Loire et sur la frontière des Pays-Bas.</small>

Rien n'étant organisé ni même sérieusement préparé, aucune donnée ne permettait d'apprécier le nombre et la qualité des troupes, les ressources, les points d'appui dont on pourrait disposer, ni de définir comment seraient reliées les opérations partant de bases aussi excentriques. Au midi, Bordeaux était occupé par une foule indisciplinée, type de ces armées révolutionnaires qui encombrent et ne sortent guère. On ne pouvait compter davantage, pour tenir la campagne, sur les garnisons que du Daugnon entretenait à l'embouchure de la Charente ; quant aux vagues promesses des grands seigneurs, il fallait du temps pour leur donner la réalité. Beaucoup de doutes sur le parti que prendront les troupes de Catalogne, et sur ce fameux secours d'Espagne, qu'on attend toujours. Tout est à créer de ce côté; M. le Prince s'est réservé cette tâche.

Au nord, les régiments de la maison de Condé, restés en corps auprès de Marle, présentaient un noyau de troupes, faibles par le nombre, d'excellente qualité. Aux premières alarmes, Tavannes, expédié de Saint-Maur, en prit le commandement; il était régulièrement pourvu d'une commission de lieutenant-général en l'armée du maréchal d'Aumont. Informé du départ de M. le Prince, il s'éloigna aussitôt et se replia sous les murs de Stenay. Si le gouvernement des Pays-Bas veut bien fournir un contingent, voilà une véritable armée toute formée. Elle est destinée à Turenne.

Ainsi, Condé levant des troupes, s'établissant solidement entre la Charente et la Garonne, avec Bordeaux et la Rochelle pour points d'appui, recevant par mer les secours d'Espagne, cherchant à s'ouvrir le passage de la Loire; — Turenne, mieux préparé, mieux secondé, manœuvrant entre la Seine et la Marne, menaçant Paris, y pénétrant peut-être; — et par leur concert, ces deux capitaines, habitués à se comprendre, à se deviner, contraignant l'armée du Roi soit à se diviser, soit à se concentrer pour laisser le champ libre à celui des deux que la fortune favorisera et qui portera les coups décisifs, tandis que l'autre saura retenir le gros des forces ennemies : tel est le plan dont l'équilibre repose sur la coopération de Turenne.

Les anciennes et intimes relations du maréchal et de Condé avaient été resserrées dans les deux dernières années par de nouveaux et puissants liens. Nous venons de voir que pour se dégager de l'étreinte espagnole, régler sa position en France, celle de ses officiers et soldats, Turenne ne voulut d'autre intermédiaire, d'autre appui que M. le Prince. Celui-ci réussit à faire donner toute satisfaction au maréchal, qui ne ménagea pas l'expression de sa reconnaissance. Au moment de la retraite de Saint-Maur, Turenne accourut auprès de son ancien général; rien ne permet de supposer qu'il n'ait pas été accueilli comme le plus fidèle, le plus considérable des amis. Toutefois il ne fit que paraître et ne revint pas; le nom de son frère ne figure pas au bas du traité du 22 juillet. La tiédeur s'accentue; on s'évite, et, si l'on se retrouve, l'entrevue est courte. M. le Prince n'en tient compte; il ne doute pas de son ami : s'il est forcé de prendre les armes, c'est à Turenne qu'il confiera le commandement de Stenay. A peine sorti de Paris, il y renvoie Gourville, le charge de tout régler avec le maréchal, ou, en cas d'absence, avec le duc de Bouillon. C'est ce dernier que Gourville rencontre, et comme il ne se piquait pas de naïveté, il fut sans

Turenne et Condé la séparation.

doute peu surpris de la réponse faite à ses ouvertures. Le duc de Bouillon ne cache pas que son frère et lui sont engagés de l'autre côté ; puis, intervertissant les rôles, il offre à Condé le patronage que celui-ci venait d'accorder à la maison de La Tour d'Auvergne : M. le Prince peut compter sur l'amitié des deux frères ; ils sont prêts à lui donner le concours le plus dévoué pour faciliter son accommodement avec la cour et avec le cardinal ; mais ils ne le suivront pas dans une prise d'armes.

Faut-il chercher là quelque mystère ? Les contemporains ont plus d'une fois interrogé Condé comme Turenne, « l'un incapable d'une imposture, l'autre d'une vilenie[1] » ; toutefois il y avait des nuances dans leur franchise, plus ou moins de réticences ou de clarté. A toutes les questions, M. le Prince répondit invariablement qu'au milieu d'événements si graves bien des choses lui avaient échappé ou étaient sorties de sa mémoire. Turenne, embarrassé, peu explicite, s'abstenait de récriminations, laissant entendre qu'il n'avait pu supporter la préférence inexplicable de M. le Prince pour Nemours. Est-ce bien clair ? Cette préférence accordée à M. de Nemours, est-ce au frère ou à la sœur qu'il fallait la reprocher ?

1. *Mémoires* de Retz.

Condé ne songea que plus tard à donner un commandement au duc de Nemours ; mais M{{me}} de Longueville avait distingué le brillant Charles-Amédée de Savoie, alors que Henri de La Tour d'Auvergne, toujours un peu gauche, était sous le charme de la belle princesse.

La vérité est que Turenne se sentait las du métier de rebelle. Il avait assez des Espagnols ; deux épreuves lui suffisaient. Ce qu'il avait pu entrevoir des conciliabules tenus à Saint-Maur, le spectacle de l'incohérence, des prétentions, confirma sa résolution : il offrit ses services à Mazarin, dont il croyait le retour certain et l'autorité réelle. Cette première démarche n'eut rien de public. Turenne venait d'épouser M{{lle}} de La Force ; l'accomplissement[1] de ce mariage, les affaires si compliquées de la maison de La Tour d'Auvergne justifiaient assez la vie retirée du maréchal, ses fréquentes absences, sans le soustraire à la malice des commentaires : « Ces messieurs de Bouillon veulent voir si en donnant de l'ombrage à la cour on leur accordera leur principauté ; au cas qu'on ne les satisfasse pas, il sera temps de se jeter dans le parti de M. le Prince[2]. » La Palatine y voit trop

---

[1]. Turenne se maria à Charenton, à son retour de Stenay, au mois de juin 1651.

[2]. La Palatine à la reine de Pologne ; 1{{er}} octobre 1651. A. C.

de malice ; les variations de Turenne avaient pris fin. La majorité du Roi lui offrit non pas un simple prétexte, mais le plus plausible des motifs pour rester dans le devoir, et il n'en sortit plus.

Le récit de Gourville émut M. le Prince ; il éclata, et flétrit en termes amers ce qu'il considérait comme un manque de foi ; « sa colère fut telle qu'il pensa bien plus à ne pas faire ce que le duc de Bouillon proposait, qu'à examiner si cela était avantageux à lui et à ses amis.[1] ».

<small>Condé à Bordeaux (septembre 1651). Ses traités particuliers.</small>

Cette bouffée passée, Condé se remit à l'œuvre, modifiant rapidement les projets dont l'économie venait d'être troublée. Le 18 septembre, il s'arrête à Verteuil, le 20 à Barbezieux, poussant certaines négociations dont la conclusion est urgente. Un officier général actif, influent[2], qui depuis quelque temps déjà s'était attaché aux intérêts de M. le Prince et qui dans toute cette campagne lui rendra des services efficaces, Armand du Lau, baron de Chambon, fut alors d'un grand secours. Muni de pouvoirs étendus, il termina promptement les pourparlers engagés avec le duc de Riche-

---

1. *Mémoires* de Gourville.
2. Chambon était ami du chevalier de Rivière. Il avait servi avec distinction en Catalogne comme maréchal-de-bataille et s'était signalé au siège de Lérida (1647). Blessé dans les rangs de l'armée bordelaise en 1650. (Diverses lettres A. C. — Lettres et documents communiqués par le marquis du Lau.)

lieu et le vice-amiral du Daugnon : les traités par lui signés le 22 septembre rendaient M. le Prince maître de l'embouchure et du cours inférieur de la Charente, avec les places, garnisons et navires [1].

Marquons cette date. Voici M. le Prince lancé dans la voie des contrats onéreux, qui lui procureront plus d'ennuis que de secours et deviendront un des grands embarras de toute sa vie.

Arrivé à Bordeaux, il prodigue sa signature ; les minutes des arrangements particuliers de cette époque abondent dans nos recueils [2]. M. le Prince ne peut rien refuser à quiconque dispose d'une bicoque, lui promet quelques levées d'hommes. Mais toutes ces négociations s'effacent, disparaissent devant celle qui va se conclure, qui doit lier M. le Prince à l'Espagne : l'accord avec l'ennemi !

De Montrond, La Roque, capitaine des gardes, était envoyé à la frontière du nord et accrédité auprès du gouvernement des Pays-Bas ; il entrait aussitôt en relations avec Fuensaldaña. A Bordeaux, M. le

Le traité de Madrid (6 novembre).

---

1. Par convention du 9 octobre, le prince de Tarente (Henry-Charles de La Trémoille) livrait le passage important de Taillebourg.

2. Entre autres le renouvellement solennel du traité de Saint-Maur, avec les mêmes signatures.

Prince renouait avec l'ambassadeur Watteville des rapports entretenus depuis longtemps. Divers actes signés à Maubeuge, à Bordeaux, furent réunis, modifiés, confirmés par un traité solennel et définitif conclu à Madrid entre Lenet et don Geronimo de la Torre, conseiller et secrétaire d'État du roi d'Espagne [1].

C'est le traité signé à Stenay par Turenne en 1650 qui servit de type au traité de Madrid : les Espagnols l'avaient exigé. Les conditions alors acceptées par le maréchal leur étaient trop avantageuses pour qu'ils consentissent à s'en écarter, si ce n'est sur des points peu importants. Les promesses d'argent étaient larges ; les subsides annuels garantis, tout au moins annoncés, dépassaient quatre millions, outre une première mise de fonds de près de deux millions.

Sa Majesté Catholique s'engageait : 1° à joindre aux troupes de M. le Prince sur la frontière des Pays-Bas et à placer sous son autorité deux mille hommes de pied, trois mille chevaux, avec de l'artillerie ; 2° à entretenir dans la rivière de Bordeaux une armée navale de trente vaisseaux de guerre, portant quatre mille hommes d'infanterie. — La rédaction de l'article qui réglait l'attribution des

---

[1]. Traité de Maubeuge (La Roque et Gabriel de Toledo), 26 octobre. — Traité de Madrid, 6 novembre.

places conquises en France par les alliés était confuse et dut être revisée ; aux termes du texte définitif, les conquêtes que M. le Prince ferait en France, à trois lieues des Pays-Bas, devaient lui demeurer avec les droits régaliens[1].

Venait enfin cet engagement réciproque :

« Les forces de M. le Prince ne poseront les armes qu'après que l'on sera parvenu à la conclusion d'une paix juste, égale, honnête et durable entre la France et l'Espagne ;

« Sa Majesté Catholique s'oblige à ne faire aucune paix générale ou particulière, ni aucuns traités de trêve, sans M. le Prince et avec sa satisfaction juste, honnête et durable. »

Ces dispositions relatives aux places conquises et à l'engagement réciproque donnent à l'acte son vrai caractère et sa gravité. Ces deux articles sont tout le traité, rivent les fers de Condé, resserrent le nœud qui le retient. C'est contre cette pierre d'achoppement que se briseront toutes les tentatives d'accord, les mouvements de repentir, les entreprises dont le but est de réconcilier Condé avec sa patrie, son roi et son devoir. A la dernière heure, ces deux clauses sauveront

---

1. Cette rédaction, arrêtée l'année suivante entre Condé et Fuensaldaña, fut convertie en traité spécial.

M. le Prince et le feront comprendre dans la paix des Pyrénées.

Le voici déjà aux prises avec les difficultés terribles qui sans cesse vont renaître et ne cesseront de le presser pendant huit longues années, conséquence fatale de sa faute ! Toutes procèdent de deux sources principales : l'inévitable et criminel traité d'Espagne, robe de Nessus dont il ne pourra se dégager; le manque d'argent, qui se fait sentir aux premiers jours de la rébellion et que rien ne pourra combler. En vain Condé dresse de sa main de longs états[1], où à côté d'un passif certain figure un actif imaginaire; ces sortes de calculs peuvent séduire un esprit mathématique, mais ne remplaceront pas cet or des Indes toujours attendu, ces fameux galions si souvent arrêtés par les tempêtes ! Et cependant les entreprises échouent, les défections, les débandades se précipitent. Que de lettres, que de subterfuges pour faire prendre patience aux créanciers ruinés, aux officiers qui ne reçoivent pas leur paye, aux soldats qui n'ont pas de pain ! et combien de fois aussi faudra-t-il qu'une plume embarrassée expose le dénûment, la misère qui accable le prince égaré !

---

1. « Mémoire de mes effets. » A. C.

Trouver des soldats et de l'argent, conclure d'importants traités, ce n'était qu'une partie de l'œuvre; il fallait donner des chefs aux troupes, mettre en action tous les ressorts d'un gouvernement. Cinq ans plus tôt, à Barcelone, le jeune vice-roi avait étonné les Catalans par sa promptitude à comprendre une situation difficile, par son aisance à diriger sa barque au milieu d'un océan d'intrigues; mais alors tous les rouages marchaient; les emplois étaient remplis, le personnel en place, surabondant même. Ici les matériaux manquent, tout est à improviser. Et pour expédier cette lourde besogne, Condé est presque seul; Lenet, son bras droit, vient de le quitter pour conduire les négociations d'Espagne; Guitaut a la tête claire, l'expérience, la confiance de son chef, mais suffit à peine à l'expédition des ordres et des affaires militaires. Des officiers que Condé a formés et qui l'ont suivi dans ses premières campagnes, combien ont disparu! Morts, La Moussaye, Chabot, Laval, le duc de Châtillon. D'autres sont disséminés : Boutteville est à Bellegarde, Marchin en Catalogne, Persan à Montrond, Chamilly à Stenay, Tavannes, Coligny aux Pays-Bas, Chavagnac fait des levées. L'exact et fidèle Caillet est à son poste, remplissant avec la même suite, la même discrétion, ses devoirs de secré-

<small>Le prince de Conti et Mme de Longueville. Lenet et Marigny. Les ducs.</small>

taire particulier ; mais ses attributions sont limitées.
Il y a bien le groupe des lettrés : Guilleragues,
l'ami de Boileau ; Sarasin, un maître de la langue
(il nous a laissé trois ou quatre chefs-d'œuvre) ;
un débutant, l'abbé de Cosnac, qui fera une
grande fortune ; tous trois attachés au prince de
Conti, sous le nom duquel ils vont former cent
cabales. A tant faire que de chercher dans la maison de son frère, Condé préfère s'adresser à un
poète satirique dont l'origine lui plaît, car Marigny
est de Nevers et ses débuts ont été protégés par
Marie de Gonzague [1] ; nul ne sait tourner plus agréablement une lettre et surtout ne s'entend mieux à
divertir les grands ; il sera chargé d'une partie de

1. Jacques Carpentier, fils d'un marchand de fer, selon les uns, d'un petit officier de justice, selon les autres, se fit reconnaître pour bon gentilhomme et prit le nom de Marigny, sous lequel il fut fort connu de son temps. Esprit fin, délié, railleur, avec du jugement, du sang-froid, mais manquant de flamme et d'élévation, il ne put sortir des postes subalternes. Après son début chez la princesse Marie, il s'attache à la reine de Suède. La Fronde le donne au cardinal de Retz, puis au prince de Conti. Brouillé avec Sarasin, il passe à M. le Prince, dont il suit la fortune sans état bien défini. En 1658, il fit imprimer chez les Elzevier quelques lettres en prose et en vers ; le *Cabinet historique* a donné sa correspondance avec Lenet ; nous publions plusieurs de ses lettres dans les *Documents et pièces*. Ses chansons et ses épigrammes abondent dans les recueils contemporains ; le *Pain bénit*, petit poème de quelques pages, parut en 1673, après l'attaque d'apoplexie qui enleva l'auteur (1670).

la correspondance, des publications, voire des pamphlets, et de tout ce qu'on appellerait aujourd'hui le service de la presse.

Le prince de Conti préside le conseil de gouvernement; Mme de Longueville l'assiste de son courage et de son esprit supérieur : l'accord entre eux ne sera pas de longue durée. Madame la Princesse siège aussi au conseil; mais déjà elle a volontairement repris le rôle effacé, modeste, que le dévouement conjugal lui avait fait abandonner pendant quelques mois. Lenet, quand il sera de retour, sera la plume, la tête de ce gouvernement; le président Viole représente le parlement de Paris et l'influence de Mme de Châtillon; il a brûlé ses vaisseaux avec la Fronde et la cour. Les grands seigneurs paraissent rarement aux séances, retenus hors de Bordeaux par leurs emplois militaires.

L'absence de Turenne, de quelques autres qui auraient pu le suppléer, a fait beau jeu aux hommes de haute naissance, aux favoris de la foule et des dames. « Dans les partis, les grands noms, quoique peu remplis et même vides, sont toujours dangereux. M. de Nemours était moins que rien pour la capacité[1]. » Assurément ce n'était pas le cas de La Rochefoucauld; mais son génie, à certains

---

1. *Mémoires* de Retz.

égards si étendu et si profond, ne s'appliquait pas à la guerre. Le prince de Tarente, à qui tout le monde reconnaissait la droiture et le dévouement, avait acquis, en Hollande, quelques notions du métier, notions incomplètes, parfois plus nuisibles que l'ignorance avérée. Rohan, Beaufort. avaient figuré aux armées comme volontaires sans avoir jamais sérieusement servi. Tous ces seigneurs veulent des commandements. La plupart firent des levées, conduisirent des opérations dans leurs gouvernements, près de leurs domaines, en Saintonge, Anjou, Angoumois, au grand détriment de leur cause. Le duc d'Orléans ayant donné ses troupes à Beaufort, Condé, pressé par sa sœur et Mme de Châtillon, confiera celles de Stenay à Nemours : la succession de Turenne! Quand ces deux généraux d'occasion seront réunis, ils ne pourront ni s'entendre, ni concevoir, ni exécuter.

La démagogie à Bordeaux. L'Ormée. Ses rapports avec M. le Prince.

Les embarras intérieurs ne sont pas moins sérieux que les difficultés de l'extérieur et de l'organisation militaire. Depuis deux ans la démagogie avait gagné du terrain à Bordeaux. Une sorte de société populaire, artisans ou matelots sans emploi, avocats sans causes, boutiquiers ruinés, magistrats décriés, esprits faux, désœuvrés, ambitieux de bas étage, se réunissait sous les grands ormes à l'une des extrémités de la ville : c'est « l'Ormée ».

Ses meneurs, le rhéteur Villars et le boucher Duretête, redouté pour sa force et sa violence[1], deviennent les vrais chefs du peuple; les officiers installés par le parlement disparaissent.

A son arrivée, M. le Prince avait été chaudement et très généralement bien accueilli; tous espéraient en lui. Mais les magistrats, les armateurs, les négociants, ceux qui conservent les traditions de fidélité au Roi et qui, comme on disait alors, portent les fleurs de lis dans le cœur, s'éloignent graduellement de lui à mesure qu'il s'abandonne à l'Espagne, s'indignent quand les ports de Bourg et Talmont sont livrés au roi catholique[2]. La démagogie n'a pas de ces scrupules; elle offre son appui à Condé, qui se sent entraîné. Ah! quand il résistait à ses amis, la voix secrète l'avait bien averti, lui montrant jusqu'où il faudrait aller : ce sera la Terreur. Nous ne sommes encore qu'au prélude. Des théories, au moins étranges si on se reporte à l'époque, sont mises en avant : un mémoire rédigé au nom des deux princes demande l'établissement du suffrage universel[3]. Et les vio-

1. Il s'était fait solliciteur de procès.
2. Bourg, sur la Dordogne, près de son confluent avec la Gironde, remis aux Espagnols en vertu du traité de Madrid. — Talmont, sur la Gironde, rive de Saintonge.
3. « Mémoire des princes de Condé et de Conti demandant un représentatif du peuple. — Nous, princes de Condé et Conti,

lences commencent. « Pourquoy, Monseigneur, écrivait un bourgeois de Bordeaux à M. le Prince[1], pourquoi régner par le fer et le feu, puisque l'amour vous avoit tout acquis? Pouvez-vous respondre de ces respublicains qui arborent sur la plupart des clochers de la ville des étendarts *rouges?* »

Peu sensible aux plaintes, Condé reste indifférent aux théories dont il ne redoute pas l'application. Ce qu'il demande à la ville, à la province, ce sont des hommes, des canons, des vaisseaux, de

---

magistrats, colonels, capitaines, officiers et peuple de Bordeaux et du païs d'alentour, promettons fidellement, en présence de Dieu, de ne traiter jamais, de ne mettre les armes bas, de ne désister ou acquiescer, jusques à ce que nous ayons obtenu le vray intérêt d'un peuple libre, imitant les exemples des républiques les plus justes et les mieux gouvernées : que la suprême authorité de France sera et résidera doresnavant dedans un représentatif du peuple consistant de... personnes, dans le choix desquelles, selon de droit de nature, tous hommes de l'âge de vingt-un ans et au-dessus, n'estant point serviteurs ny ne recevant l'aumône, ou qui ne serviront et contribueront volontairement contre nous, auront leur suffrage et seront capables d'estre eslus à cette souveraine authorité... » (A. E. France, t. 177, p. 221, s. d., 1654). — Un exemplaire de ce mémoire, remis au prince de Conti, se trouve à la Bibliothèque Nationale, dans le *Portefeuille du prince de Condé*; il porte cette note, de la main de Lenet : « Mémoires donnés à Son Altesse de Conti par les sieurs Saxebry et Arrondel (?), que je n'approuve pas. »

1. 1ᵉʳ juillet 1652. A. C.

la poudre pour continuer la guerre. Comme il croit que les masses populaires exerceront leur pression sur le parlement et la bourgeoisie pour leur arracher des ressources et les empêcher de s'accommoder avec la cour, il s'appuie sur la démagogie, la contient encore, mais commence à lui rendre la bride : dans toutes ses instructions il recommande de ne pas décourager l'Ormée.

Au milieu de ses emportements, il a souvent des retours sur lui-même. Une lettre, qu'à peine arrivé à Bordeaux il adressait au maréchal de Gramont, nous peint exactement l'état de son âme, son chagrin et la fermeté de sa résolution. — Affectueux, assez banal, très courtisan, le maréchal avait refusé de suivre M. le Prince, et, ne voulant pas porter les armes contre lui, il s'était réfugié dans sa seigneurie de Bidache. — « Vous me cognoissés assés, lui écrivait M. le Prince, pour ne pas douter du desplaisir que j'ay de me voir réduit par mes ennemis à prendre de telles résolutions ; mais il y va de ma vie, de mon honneur, et enfin de tout. Vous estes tesmoin de toutes mes pensées, et vous sçavés que je ne me suis résolu à faire ce que je fais qu'à l'extrémité ; mais puisque on m'y a forcé, j'agiray de sorte que on se repentira de m'y avoir poussé ; et à vous, à qui je ne puis rien celer, je diray que je n'espargneray rien

M. le Prince à Agen et Bergerac. Jonction avec Marchin.

pour sortir glorieusement du pas où je suis[1]. »

Un grand mois s'écoule ainsi : enfin les préparatifs s'achèvent; le moment de l'action arrive. Sur le front, au nord, le long de la Charente, du Daugnon, La Rochefoucaud, Tarente, Richelieu, Rohan ont armé, groupé leurs levées, commencé les opérations. Avant de les joindre, M. le Prince veut se mettre en garde contre une attaque venant du Midi : Agen sera muni et maîtrisera le cours de la Garonne; Condé s'y rend en personne; il profite de ce voyage pour entrer en communication avec le haut Languedoc, surtout avec Montau-

---

1. De Bordeaux, 28 septembre 1651; A. C. — Voici la conclusion, qui fait honneur à l'auteur et au destinataire de la lettre : « Je souhaite avec passion, dans ces fascheus rencontres, qu'il ne se fasse rien qui puisse diminuer nostre amitié. De mon costé, je feray tout ce que je dois pour cela, et je ne doute pas que vous ne fassiés de mesme du vostre. Je continueray mon commerce avec vous jusques à ce que vous me tesmoigniés ne le pouvoir plus, et j'espère que vous ne ferés rien contre moy sens me faire sçavoir auparavant que vous ne vous en pouvés plus empescher; jusque là je n'y prendray aucune précaution. Vous voyés que j'en use franchement, vous verrés que j'en useray toujours de mesme et que je vous aimeray, estimeray toute ma vie comme je dois. » — Le ton de cette lettre ne confirme pas le récit d'un correspondant de Mazarin, qui peint M. le Prince insultant grossièrement le maréchal au mois de juillet à Saint-Maur. Accusé par les frondeurs d'entente secrète avec la cour, Condé avait alors refusé au maréchal un entretien particulier, mais sans la mise en scène de réception dans la cour au milieu des laquais, etc.

ban, le grand centre des Réformés, qu'il ne désespère pas de rattacher à sa cause en réveillant le souvenir de son aïeul ; mais il réussit seulement à obtenir du vieux maréchal de La Force une adhésion presque platonique [1]. Quant aux huguenots, ils sont fermes, garderont la parole jurée par leurs anciens et resteront fidèles au Roi, qui maintient les édits.

M. le Prince visite ensuite Bergerac, qu'il met aussi en état de défense ; son génie, fertile en ressources, a créé en quelques jours deux bonnes places de manœuvres sur la Dordogne et la Garonne. Une grande joie l'attendait dans ce voyage ; il vit arriver à son quartier-général un précieux auxiliaire sur lequel il osait à peine compter.

Marchin était comme le soldat romain, lié par serment à son général. Lorsque Condé fut arrêté, il essaya de soulever l'armée de Catalogne ; jeté en prison, la délivrance de son chef le mit en liberté ; replacé à la tête de ses troupes, il veut les conduire à son général révolté. Sa défection a des limites ; il refuse de livrer Barcelone, garnit

---

[1]. Adhésion tacitement acceptée par le fils aîné du maréchal, marquis de Castelnau, qui succéda au duché de La Force en mai 1652 et joignit aussitôt le parti du Roi. C'est le beau-père de Turenne. — Il ne faut pas le confondre avec le lieutenant-général Castelnau-Mauvissière, dont nous avons souvent parlé et dont le nom reparaît un peu plus loin.

la place, en remet le commandement à Margarit et part le 28 septembre, amenant deux hommes de valeur, le célèbre partisan Balthazar et Montpouillan, maréchal-de-camp, le plus valide, le plus ardent, le plus guerrier de la tribu des Caumont [1]. Quatre régiments l'ont suivi ; cela ne fait pas deux mille hommes, mais tous vieux soldats ; ils porteront le poids de la guerre de Guyenne. — Avec bien des défauts, ivrogne, brutal, avide, Marchin a la tête stratégique ; sa présence est une compensation incomplète, réelle cependant, pour l'absence de Turenne.

M. le Prince en Saintonge (14 novembre), barre la route à d'Harcourt.

Quand M. le Prince retrouva ses lieutenants sur la Charente, ils venaient de prendre Saintes et ils assiégeaient Cognac. Le jour même où Saintes se rendait (31 octobre), la cour s'établissait assez hardiment à Poitiers. Bourges était perdu pour Condé et la Grosse Tour démolie [2]. L'armée royale se divisa, Palluau restant devant Montrond et le

---

1. Armand de Caumont La Force, marquis de Montpouillan, rentre de Catalogne en 1651 avec son régiment et se déclare pour M. le Prince. Destitué le 24 mars 1653, il fut rétabli plus tard et rentra dans le devoir.

2. Après son entrée à Bourges, le Roi ordonna la destruction de la Grosse Tour. C'était une mesure très populaire, ces sortes de citadelles ayant toujours le caractère d'un instrument de tyrannie ; mais la fête fut payée cher ; l'explosion des mines, organisées par un Allemand de passage, coûta la vie à vingt-cinq personnes.

comte d'Harcourt marchant sur la Saintonge. La fermeté des bourgeois de Cognac donne à ce dernier le temps de les secourir ; Tarente et La Rochefoucauld se retiraient en désordre, lorsque Condé survint avec deux mille hommes de pied et quatre mille chevaux (14 novembre) : « L'ombre et la botte de Marchin auraient pris la place ! » dit-il amèrement, et il marche vers La Rochelle. Même tableau ! sous ses yeux, la place est livrée au comte d'Harcourt par les habitants, en haine du rapace et tyrannique du Daugnon (27 novembre). L'armée royale se renforce ; la frontière du nord est dégarnie ; Castelnau amène six mille hommes.

M. le Prince avait construit un pont près de Tonnay-Charente et traversé la rivière ; devant cet adversaire si supérieur en nombre, il est obligé de la repasser. L'étourdi qu'il charge de couper le pont derrière lui se borne à délier les bateaux et les laisse descendre au fil de l'eau. Le flot les ramène ; les soldats du Roi s'en emparent, rétablissent le pont, et l'avant-garde le franchit. La petite armée condéenne est menacée d'un désastre certain ; mais M. le Prince paye d'audace, accourt avec quelques cavaliers, ses gardes, une poignée d'hommes. Sa présence trouble l'ennemi, enflamme les siens ; le mouvement offensif s'arrête :

l'avant-garde royale se loge dans une tête de pont qu'elle construit à la hâte. Malgré de grandes lacunes, le comte d'Harcourt ne manquait pas de qualités militaires ; mais dès qu'il se sent en présence de Condé, son audace même est comme paralysée. Tandis qu'il s'établit timidement à cheval sur la Charente, Condé saisit au vol une de ces belles positions qu'il a l'art de découvrir : à quatre kilomètres en aval du confluent de la Charente et de la Boutonne, entre Saint-Hippolyte et la Vallée, au lieu dit la Bergerie, un large éperon se détache de la rive gauche et impose un coude au fleuve, dont il maîtrise le cours. Solidement retranché dans cette presqu'île, M. le Prince, pendant trois semaines, barre la route à d'Harcourt.

Retraite sur la Dordogne (janvier 1652). Combat de Miradoux (26 février). Condé rejeté dans Agen.

Celui-ci finit par lâcher prise et se loge à Saint-Jean-d'Angely. Vers la fin de l'année, Condé remonte la Charente et pousse à l'est jusqu'à Brisambourg. N'est-ce pas un mouvement tournant? ne va-t-il pas dérober sa marche au « cadet à la perle »; pousser avec sa cavalerie jusqu'à Poitiers, où il donnera l'aubade à la cour? mais sa petite armée fond trop vite; d'ailleurs, on le rappelle au Midi. Laissant aux seigneurs du pays leurs levées, avec des instructions pour garder les places, il commence son mouvement de retraite sur la Dordogne. Le 9 janvier 1652, le comte d'Harcourt prend à Brisambourg la place de Condé, qui rentrait à Saintes.

Tandis que l'infanterie s'embarque à Talmont, sur la Gironde [1], M. le Prince, avec sa cavalerie, franchit rapidement les vingt et une lieues qui séparent Saintes de Saint-André-de-Cubzac, et s'assure du passage de la Dordogne. Harcourt s'est réveillé ; il marche parallèlement par Cognac, Barbezieux, réussit à enlever quelques quartiers ; mais ayant essayé à Saint-André de surprendre M. le Prince lui-même, il est violemment rejeté. Condé rallie tout son monde à Bourg, où il trouve les navires espagnols, et se ravitaille en sûreté.

Cependant, Saint-Luc, gouverneur du Languedoc, a réuni les milices provinciales ; la Catalogne lui a fourni les régiments de Champagne et de Lorraine ; d'autres troupes sont venues d'Italie. Avec cette armée sérieuse, il débouche du haut Languedoc et marche sur Agen. C'est le plus grand danger qui puisse menacer le parti. Déjà Conti est dans cette ville ; mais il n'a qu'une faible garnison et les dispositions des habitants sont douteuses. M. le Prince s'avance entre les deux

1. 22 kilomètres sud-sud-ouest de Saintes.

attaques qui le menacent et prend position à Bergerac. Délivré pour un temps de tout souci du côté du nord, il court au plus pressé; déjà Saint-Luc a envahi l'Armagnac, tourné Agen par le sud. Posté à Astaffort sur le Gers, à quatre lieues au sud d'Agen, le prince de Conti ne peut arrêter les progrès des Languedociens, qui ont atteint Miradoux[1]. Condé paraît, fond sur Saint-Luc, le met en pleine déroute et le rejette sur Lectoure (26 février 1652).

Bousculée, l'infanterie du Languedoc se retire par les haies et se barricade dans Miradoux. M. le Prince croit avoir affaire à de nouvelles levées, voit un gros coup à frapper, un millier de prisonniers à ramasser, autant de recrues pour son armée : il veut épouvanter ces fuyards, les fait menacer de la corde s'ils ne se rendent à discrétion. Un officier se dresse au-dessus de la muraille et jette à l'assaillant ces seuls mots : « Je suis du régiment de Champagne[2] » ; une décharge de mousqueterie appuie cette réponse. C'était bien le régiment de Champagne, le vaillant entre tous, qui venait d'être rappelé de Catalogne, et c'était le même lieutenant-colonel La Mothe-Vedel, à qui

1. 11 kilomètres sud d'Astaffort.
2. « Je suis du régiment de Champagne » resta jusqu'au dernier jour le cri de guerre du régiment.

l'on avait reproché les violons de Lérida. La résistance de cette vieille bande forme contraste avec tout ce qui se passait en Guyenne et en Saintonge; elle permet au comte d'Harcourt de tourner les petites forteresses de la Dordogne, et, par un détour jusqu'à Domme, d'arriver devant Miradoux. Forcé de lever le siège, Condé essaye en vain de défendre le passage de la Garonne à Anvillars [1]; ses quartiers sont surpris à Astaffort; ses troupes, fort malmenées, sont rejetées dans Agen, condamnées à l'inaction. Le comte d'Harcourt rallie les débris de l'armée de Saint-Luc; il est maître des deux rives de la Garonne.

Ce n'est pas sans peine que M. le Prince parvint à se faire ouvrir les portes d'Agen. D'abord couché en joue par les bourgeois, il dut négocier humblement : là, comme dans toute la province, l'opinion s'est détachée de lui; la foule se soulève, irritée par ces désordres, ces pillages, ces tueries. Bordeaux seul lui reste, dominé par la faction. Depuis six mois, il a prodigué ses forces, son courage, son génie, risquant sa vie chaque jour, faisant le maréchal-des-logis, le capitaine, l'intendant, l'ingénieur, sans jamais oublier ses devoirs de général, menant tout

<small>Revers en Saintonge et Anjou. Retour de Mazarin.</small>

---

1. 20 kilomètres est d'Astaffort.

de front, dirigeant les opérations sur la Charente et sur la Garonne, courant d'un fleuve à l'autre, ramenant parfois la victoire là où il paraît, mais toujours poursuivi par la défaite dès qu'il s'éloigne. Et rien ne laisse prévoir la fin de cette guerre, qui s'en va traînant. Le frêle édifice improvisé par M. le Prince est miné partout.

Les mauvaises nouvelles affluent : le duc de Rohan, bloqué dans Angers, a fait sa soumission; Saintes et Taillebourg ont été pris par les troupes royales. Comme l'Anjou, la Saintonge est perdue pour Condé.

Enfin Mazarin est en France. Parti de Bouillon le 23 décembre 1651, il marche entouré d'une petite armée bien à lui, portant ses couleurs, l'écharpe verte, et mieux entretenue que ne l'ont jamais été les troupes du Roi. Louvoyant au milieu des places occupées par ses adversaires, le cardinal s'arrête là où il sait rencontrer des amis, rallier des adhérents. Il avance, fiévreusement attendu à Poitiers.

La nouvelle de ce retour a causé partout une vive émotion. Parmi les chefs de l'armée, les serviteurs de la couronne, l'approbation assez générale s'exprime avec plus ou moins de vivacité. Une certaine anxiété règne dans les rangs de la bourgeoisie, de cette masse passive qui craint de rencontrer dans toute complication nouvelle une aggravation de souffrances et de calamités ; mais la fureur se réveille et redouble chez les meneurs, les membres turbulents des compagnies, le peuple en général.

Informé de ce grave événement le 4 janvier, à Brisambourg, M. le Prince saisit aussitôt cette occasion pour se remettre en grâce auprès du parlement de Paris [1]. Aux cris de « sus au Mazarin ! » la grand'chambre fait biffer des registres la déclaration royale qui frappait le prince rebelle, et qui, cinq mois plus tôt, ralliait presque tous les suffrages. Il fallait aussi tirer Monsieur de son indécision, et surtout obtenir le concours de ses troupes, acte bien autrement important que les bavardages et même les votes d'une assemblée dont le discrédit augmente chaque jour.

La première offre vint de Gaston [2], et le traité entre les deux princes fut signé le 24 janvier [3]. Un article secret prévoyait l'entrée de M. de Lorraine dans le traité, garantissant une

Traité entre le duc d'Orléans et Condé (24 janvier 1652). Jonction de leurs troupes. Beaufort et Nemours.

---

1. M. le Prince au duc d'Orléans, au Parlement, à Machaut, 4 janvier 1652 ; minutes autog. A. C. — A Viole, 10 janvier. A. C.

2. Par Fontrailles, 10 janvier. A. C.

3. Expédition du traité. A. C. — Ce traité fut confirmé par une lettre de Gaston à M. le Prince, 27 janvier, et une de M. le Prince au duc d'Orléans. A. C.

compensation, soit au duc, soit à M. le Prince, selon que les places du Clermontois seraient rendues au premier ou conservées au second. Le Clermontois restera une grosse difficulté dans tous les arrangements avec M. de Lorraine, un prétexte, une excuse pour ses trahisons. La négociation avait été conduite par Chavigny; c'est lui qui avait arraché la signature de Monsieur et qui maintenant presse M. le Prince d'accourir au plus vite : qu'il remette à Conti la direction des affaires du Midi; elles n'ont plus la même gravité; c'est ailleurs que le commandement doit être exercé.

Nemours amenait les troupes tirées de Stenay. Outre Tavannes, Lanques et Coligny, il a auprès de lui le baron de Clinchamp : l'ancien lieutenant de M. de Lorraine, passé au service d'Espagne, commande quatre mille Allemands mis à la disposition du prince de Condé en vertu du traité de Madrid. Le 12 février, Nemours était à Valenciennes; Monsieur avait envoyé Saint-Ibar au-devant de lui pour préparer les étapes. — Le 15, Beaufort partait de Montargis avec les troupes de Monsieur pour aller secourir M. de Rohan. Il arriva trop tard et revint faire jonction avec Nemours. Mais on prête au cardinal l'intention de livrer un combat général : les deux ducs ne sont pas plus capables de le soutenir que de s'entendre pour quoi que ce soit. Leurs conférences dégénèrent en scènes de pugilat. Dans une discussion en présence de Mademoiselle, il fallut l'autorité de cette princesse et surtout le savoir-faire du duc de Rohan pour les empêcher d'en venir aux coups[1].

Ainsi tout commande le retour de M. le Prince. Cet ensemble de nouvelles, d'avis, qui peignent la situation, lui parvint le 15 mars à Agen, et fut confirmé le 17 par un des Chavagnac, qui avait laissé Nemours en marche et venait de traverser Paris. M. le Prince n'hésite plus. Il prie Watteville de tenir dans la Gironde une frégate toute prête à mettre sous voiles, et il appelle son frère pour lui remettre ses pouvoirs.

Condé organise le commandement en Guyenne. Préparatifs de départ.

Turenne a fait défaut; Condé va prendre l'emploi qu'il destinait à Turenne. Marchin sera chargé de la besogne moins brillante que Condé s'était réservée; c'est lui qui, auprès du prince de Conti, tiendra, pour la guerre, la place que Lenet occupera pour l'administration et la politique. M. le Prince est sans illusion sur l'état de ses affaires dans le Midi et dans l'Ouest. Du Daugnon « ne se paye pas de galimatias[2] », et ne restera pas longtemps attaché à un parti qui semble sur

1. Croissy à Chavigny; 29 mars 1652. A. E.
2. Condé à Lenet. B. N.

son déclin. Rohan a été désarmé, La Rochefoucauld ruiné, Tarente chassé de Taillebourg[1]; Saintes vient d'être prise, Agen ne peut manquer de l'être bientôt[2]. Les instructions laissées à Marchin répondent à cette situation : garder quelques places, tenir la campagne partout où on le pourra, harasser, retenir les troupes royales, conserver le plus longtemps possible Bordeaux et la Gironde pour rester maîtres de la mer, telle est la tâche que Condé trace à son frère et à ses conseillers. Tout est bien réglé pour les affaires de Guyenne; mais l'escadre espagnole n'est pas prête, et l'humeur de M. le Prince ne s'accommode pas de la solennité castillane. Faut-il tenir compte aussi de cette terreur mystérieuse que la mer, ou, pour tout dire, le mal de mer, a souvent inspirée aux plus braves? Récemment, Nemours, après en avoir tâté, jura qu'on ne l'y prendrait plus, préférant à un tel supplice la Bastille et même l'échafaud. Quoi qu'il en puisse être, Condé, renonçant à s'exposer aux longueurs et incertitudes de la navigation, préféra courir les risques d'un voyage rapide et bien périlleux à travers la France.

---

1. 23 mars.
2. Agen ouvrit ses portes au comte d'Harcourt le 27 mars. Saintes avait été prise le 11 mars.

Depuis deux mois déjà, Mazarin avait fait son entrée à Poitiers (29 janvier 1652). Aussitôt le ministre intérimaire disparaît; sans caractère officiel, Mazarin prend la direction; à lui chacun s'adresse; c'est lui qui donne les ordres. Il n'arrivait pas seul : Turenne avait attendu la rentrée du cardinal pour s'offrir définitivement. Ses services, tout au moins ses conseils, sont aussitôt agréés (2 février); mais une sorte de « veille des armes » est imposée à ce revenant du service d'Espagne, comme pour éprouver la sincérité de son évolution; sa commission, reculée à la date du 15 mars, ne le mettait pas encore à la tête de toute l'armée : Hocquincourt conserva le commandement des troupes qui venaient d'escorter Mazarin. Celles qui étaient déjà auprès du Roi furent placées sous les ordres de Turenne. Les corps ou détachements qui rejoignaient étaient répartis de façon à maintenir une sorte d'équilibre entre les armées des deux maréchaux. Turenne accepta cette situation, bien qu'il fût l'ancien et que d'aucune façon Hocquincourt ne pût lui être comparé. L'insuffisance de celui-ci était si notoire, qu'après chaque affaire Turenne croira devoir lui donner un *satisfecit* où semble percer une pointe de raillerie : « M. le maréchal d'Hocquincourt a fort bien fait. »

Mazarin à Poitiers (29 janvier 1652). L'armée du Roi. Turenne et Hocquincourt.

Marche de l'armée du Roi; Turenne au pont de Jargeau (28 mars).

Rien à craindre du côté de la Saintonge. M. le Prince était bien loin, au fond de la Guyenne. La cour et les deux armées quittèrent Poitiers, s'arrêtèrent à Tours, puis à Blois. L'Anjou pacifié et remis, comme la Saintonge, sous l'autorité du Roi, la marche sur Paris fut décidée; la Loire devait être franchie à Orléans, dont on se croyait assuré. Mademoiselle, en se jetant dans cette place, la ferma aux troupes du Roi. La plume et le pinceau ont souvent reproduit l'entrée pittoresque de cette princesse, par la brèche, portée par des bateliers, suivie de ses deux maréchales de camp, Mmes de Fiesque et de Frontenac, toutes trois en habit de guerre avec leurs grands feutres gris. Le résultat, plus sérieux que la mise en scène, faillit être très grave.

A défaut d'Orléans, il fallut chercher le passage en amont; le choix s'arrêta sur Gien. Le 28 mars, la cour allait loger à Sully avec une faible escorte, suivant d'assez près la rive gauche. La garnison d'Orléans ne pouvait donner d'inquiétude. L'armée des Princes était en Gâtinais, à Lorris, à quatre lieues de la rive droite du fleuve, dont elle était séparée par le massif presque impénétrable de la forêt d'Orléans. Les troupes du Roi marchaient sans précaution, espacées, en colonne de route.

Cependant on laissait sur la gauche un pont,

celui de Jargeau, qui préoccupait Turenne. Il s'en était enquis la veille : Palluau, qui venait d'y passer, assura que le bourg était garni d'infanterie et le pont rompu. Ce rapport ne rassurait pas complètement le maréchal, qui, voulant voir par lui-même, partit avec quelques cavaliers.

Mais on tire à Jargeau. Voici des coups de mousquet, puis le canon. Turenne prend le galop, arrive au moment où le pont-levis tombait, les boulets ennemis ayant coupé les chaînes de suspension. Postés dans les maisons au bord de l'eau, les mousquetaires de garde sont éperdus : on a oublié de les pourvoir de poudre.

Le maréchal saute à bas de cheval, s'avance sur le tablier, le pistolet et l'épée à la main ; ses officiers le suivent. Pour dissimuler le manque de munitions, il crie aux mousquetaires de ne pas tirer pendant qu'il marche en avant. L'ennemi, surpris, arrête son mouvement, se prépare à repousser l'attaque, se retranche, tout en continuant de fusiller le petit groupe qui occupe le pont. Derrière ce mince rideau vivant, qui serait bientôt renversé par les balles, on se hâte de rouler des barils, de pousser des charrettes. Aussitôt la barricade ébauchée, Turenne la repasse lestement, prend un mousquet, et avec quelques hommes soutient le feu en ménageant les charges de poudre.

Le secours est annoncé, il approche; arrivera-t-il à temps? L'ennemi redevient menaçant, achève ses dispositions offensives. Soudain le feu se ralentit, s'arrête. Quelques détachements venaient de rejoindre Turenne, qui se jette à leur tête, franchit le pont, déblaye le faubourg, et rentre dans Jargeau, en coupant le tablier derrière lui. Les ennemis se retiraient, emportant leur chef blessé à mort, le baron de Sirot.

<small>Mort de Sirot. Le Roi à Gien (1er avril).</small> C'était bien le capitaine d'aventure qui avait si sagement et si vivement conduit la réserve à Rocroy; homme d'un autre âge, froissé, laissé à l'écart, le dépit l'avait jeté dans le parti. Gaston le plaça auprès de Beaufort. L'humeur du lieutenant-général n'épargnait pas la nullité du commandant en chef, flagellée par d'amères critiques et d'incessantes railleries. Ne pouvant obtenir aucune décision, inactif, perdu au milieu des bois, Sirot prit sur lui de pousser une reconnaissance jusqu'à la Loire avec quatre bataillons et un bon corps de cavalerie. Son tact stratégique et la justesse de son esprit militaire l'avaient conduit à Jargeau. La balle de mousquet qui l'arrêta dans son entreprise enlevait à l'armée des Princes son premier homme de guerre, le seul peut-être qui, avec Marchin, pût suppléer Condé.

Après avoir audacieusement payé de sa per-

sonne, fait le mousquetaire pendant trois heures, conduit une action si importante, Turenne écrivait le soir à sa femme avec sa modestie laconique : « Ce qui vient de se passer à Jargeau est de peu de considération. » Il avait sauvé le Roi !
— Que serait devenu le règne de Louis XIV sans la présence d'esprit, la valeur de Turenne, et sans le coup de fortune qui fit disparaître au moment opportun le vétéran de la guerre de Trente ans !

Tout s'était passé si vite, qu'auprès du Roi et du cardinal on avait à peine mesuré le péril. Il était réservé à Turenne de détourner quelques jours plus tard un coup plus terrible encore et dont cette fois chacun put apprécier la portée.

L'armée royale, continuant de remonter la rive gauche de la Loire, s'arrêtait le 1ᵉʳ avril à Gien, petite ville fortifiée, à cheval sur le fleuve. Une nouvelle émotion agite la cour. M. le Prince a disparu ; il n'est plus en Guyenne ; la rumeur, assez vague d'abord, a pris corps ; le doute n'est plus possible. Où est ce paladin errant ? où va-t-il ? Personne n'a retrouvé sa trace ; mais il a été reconnu à la Charité ; à certains indices, on peut deviner qu'il n'est pas loin. Quelques partis commandés par des officiers hardis sont lancés dans diverses directions ; le donjon de Loches, de lugubre renom[1], est disposé pour recevoir un redoutable criminel d'État[2].

<small>Voyage M. le Prince. D'Agen (24 mars) à Châtillon (1er avril).</small>

Sorti d'Agen, lui neuvième[3], le dimanche des Rameaux, 24 mars, à midi, M. le Prince entrait, le soir du lundi de Pâques, 1er avril, par un escalier dérobé, au château de Châtillon-sur-Loing, à cinq lieues de Gien, où le Roi était arrivé le matin même. En sept jours, par les gués, les sentiers, à travers bois, à travers champs, sans se laisser arrêter par la profondeur des cours d'eau ou par l'incertitude du lit des grandes rivières, évitant les ponts, les villes, les passages fréquentés, il a traversé la France. Son voyage est comme une page détachée du plus extravagant des romans d'aventure; rien n'y manque : surprises, rencontres imprévues, déguisements, incidents de cabaret, chemins perdus et miraculeusement retrouvés, marches ou contremarches de nuit, de jour, chevaux volés, charges à l'épée ou au pistolet, la faim, la soif, les souffrances, jusqu'à l'accès de goutte

---

1. La cage de fer du cardinal La Ballue; le cachot de Ludovic le More; la cellule de Philippe de Comines, etc.

2. Ordre du Roi, 10 février. B. N.

3. Ses compagnons étaient : MM. de Guitaut, de Chavagnac, de Lévis, attachés à sa personne, ainsi que le valet de chambre Rochefort; puis le duc de La Rochefoucauld, avec son fils le prince de Marsillac, son intendant Gourville et son capitaine des gardes Bercenay.

de La Rochefoucauld cheminant plusieurs jours à cheval, torturé par la douleur, la jambe emmaillotée par Gourville dans une guêtre de sa façon. Toutes les épreuves, Condé les a supportées sans fièvre, sans abattement, avec cette sérénité, cette égalité d'humeur qu'il retrouvait toujours au milieu des fatigues et des grands dangers.

Le dernier jour fut le plus périlleux. N'ayant pu s'arrêter à Châtillon, M. le Prince cherchait à tâtons les quartiers de son armée. Sainte-Maure, détaché à sa poursuite avec vingt maîtres, le serra de très près. A peine dégagé, Condé, qui marchait en tête de sa petite bande, se heurte à une patrouille de cavalerie. « Qui vive? » crie-t-il, en se préparant à charger. — « Vive vous-même! Monseigneur, » répond la vedette. — Sans le savoir, il avait rejoint ses troupes. La vie semble aussitôt renaître dans les tristes quartiers de cette armée découragée ; les rivalités s'effacent ; l'impulsion est donnée ; les troupes des Princes ne resteront pas un jour de plus dans cette impasse de Lorris.

Le 3 avril, elles sont devant Montargis. Les ponts sont levés, les barrières closes. Condé appelle les échevins, tire sa montre, leur donne une heure... Les portes s'ouvrent aussitôt, et aux alentours, au loin, on se répète : « M. le Prince a pris Montargis avec sa montre. »

<small>Condé prend Montargis (3 avril). Les deux armées.</small>

La perte de cette place, qui passait pour être à l'abri d'une insulte, fut sensible à Mazarin. L'armée du Roi perdait des magasins bien fournis et une ligne de communications importante. Sans doute, cet événement éloignait la crainte d'une entreprise directe contre le quartier royal ; mais quelles seront les suites? Que fera M. le Prince? Maître de ce nœud de routes qui lui ouvre diverses directions, cherchera-t-il seulement à s'assurer du chemin de Paris pour y précéder son armée? Sera-ce le premier acte d'une série d'opérations? Dans le doute, il parut à propos de prendre une position d'observation et d'y attendre que le plan de l'ennemi fût dessiné.

Le 4 avril, à Gien, Louis XIV passa la revue de ses troupes, environ douze mille hommes. L'armée des Princes pouvait compter trois mille hommes de plus ; la supériorité était dans l'infanterie, plus nombreuse et meilleure, vieux régiments de la maison de Condé et du duc d'Orléans, « Son Altesse Royale », « Bourgogne, » « Persan », « Condé », « Anguien », etc. Des deux côtés, la cavalerie était à peu près égale en quantité et en qualité. L'écart des effectifs était connu à la cour, qui ne s'en préoccupait guère ; on avait fini par se persuader que le seul souci de Condé était de couvrir sa marche sur Paris : au besoin, il refuserait le combat. D'ailleurs encore quatre jours, et les troupes royales seront renforcées par celles qui viennent de Saintonge. — Turenne était loin de partager cette confiance.

Après avoir défilé devant le Roi, les armées des deux maréchaux allèrent prendre leurs quartiers dans cette partie méridionale du Gâtinais[1] que le canal de Briare sépare du reste de la région. Les cantonnements étaient répartis dans un triangle dont les sommets sont marqués par Briare, sur la Loire, Rogny, où le canal se déverse dans le Loing, Bléneau, sur le Loing même, en amont de Rogny[2].

Cantonnements de l'armée royale entre Briare (Turenne) et Bléneau (Hocquincourt). Reconnaissance de Turenne (6 avril)

Au nord-ouest, le côté le plus exposé aux attaques était bien fermé par le canal, long de 36 000 pas[3], qui unit la Loire au Loing. Cette belle voie d'eau, récemment livrée à la navigation[4], ouvrait l'accès de la Seine à la batellerie de la Loire et se terminait, en face de Rogny, par sept écluses en forme d'escalier gigantesque, œuvre grandiose qui excitait l'admiration générale et semblait digne d'être comparée aux plus beaux

---

1. Connue aussi sous le nom de Puisaye.
2. Briare à Rogny, 18 kilomètres; — Rogny à Bléneau, 6 kil. 1/2; — Bléneau à Briare, 16 kil. 1/2.
3. Environ 17 kilomètres.
4. 1642. Le plan avait été arrêté et la construction commencée sous Henri IV.

monuments de l'antiquité[1]. Ce canal était un très sérieux obstacle ; on ne pouvait le franchir que sur trois points : aux deux extrémités, à Briare et à Rogny, et, vers le milieu, au bourg d'Ouzouer-sur-Trézée, nom de la petite rivière dont le canal emprunte le lit sur la plus grande partie de son développement.

Le Roi était resté à Gien, non loin de Turenne, qui avait son quartier général à Briare. Celui d'Hocquincourt était à Bléneau, sur le Loing, près du manoir des Courtenay, cette antique branche de la maison de France qui avait donné des empereurs à Constantinople et qui s'éteignait alors dans l'obscurité et la pauvreté[2]. Cinq lieues de mauvais chemins séparaient les deux maréchaux. Le 6 avril, Turenne rendit visite à son collègue ; la distance lui parut longue, les quartiers bien disséminés. Doucement il en fit l'observation, s'étonna qu'il n'y eût pas de reconnaissances dehors, ni de rendez-vous fixé. Mais Hocquincourt ne voyait aucun motif d'incommoder ses troupes et de les fatiguer inutilement : si M. le Prince n'est plus à

---

[1]. On peut encore admirer aujourd'hui ces écluses, bien qu'elles soient sans emploi depuis la dernière et récente correction du canal.

[2]. Le dernier des Courtenay mourut en 1723. Il avait reçu, comme *parent,* la visite du Roi, lorsque son frère, mousquetaire comme lui, fut tué au siège de Mons (1691).

Montargis, c'est qu'il a pris la route de Paris, à moins qu'il ne se dirige sur la Bourgogne, afin d'arrêter les renforts qu'on envoie au Roi ou de faire des levées pour son compte. En tout cas, l'ennemi ne peut arriver que par Rogny ; or cette forte position est bien gardée par quatre cents dragons solidement barricadés.

Poliment éconduit, Turenne reprend le chemin qui l'avait amené de Briare, un mauvais chemin de culture serpentant au milieu des héritages. Le pays a bien l'aspect général du Gâtinais. Les eaux, retenues par un sous-sol imperméable, couvrent la superficie de mares, de grands et de petits étangs, semés au milieu des bois. Çà et là, des clairières et quelques ressauts de terrain; peu de cultures, beaucoup de ces landes humides qui ont donné leur nom au pays[1] ; partout un sol sillonné de rigoles, coupé en tout sens par des chaussées en terre.

A une bonne heure de Bléneau, Turenne traverse le village de Breteau, encombré par les voitures de munitions et les gros bagages de son collègue. Tout auprès, les divers bras et le fond tourbeux de la Trézée, qui coule de l'est à l'ouest avant de se confondre avec le canal, l'arrêtent

---

1. Les *gâtines* se rencontrent encore en surfaces considérables ; beaucoup ont été défrichées ou boisées depuis cent ans.

aussi un moment. A Ouzouer[1], il retrouve la tête de ses quartiers ; son lieutenant-général Navailles y fait bonne garde, pousse au loin ses patrouilles : on sert mieux dans cette armée que dans celle d'Hocquincourt.

<small>Turenne rappelé par Hocquincourt. « M. le Prince est là ! »</small>

A peine rentré à Briare, le maréchal reçoit un mot de Navailles : les éclaireurs ont rencontré du côté de Châtillon l'avant-garde d'un corps de cavalerie, on dit que c'est M. de Nemours.

L'ordre de rassemblement est aussitôt donné. Turenne repart, emmenant son infanterie, ses gardes et quelques cavaliers. A Ouzouer, les troupes sont déjà sous les armes ; le pont est coupé. Survient un billet d'Hocquincourt : il attend l'attaque de l'ennemi et se croit en mesure de le bien recevoir ; toutefois il peut avoir besoin d'être appuyé. Turenne presse sa marche ; son lieutenant-général a ordre de le rejoindre dès que les quartiers seront rassemblés ; lui-même, avec deux ou trois bataillons et quelques centaines de chevaux, suit ce mauvais chemin de Breteau qu'il a déjà parcouru deux fois dans la journée. Le grondement lointain de la mousqueterie commence à frapper les oreilles ; on rencontre ces fuyards de la première heure qui devancent les déroutes. Des feux

---

1. 5 800 mètres de Breteau, 10 kilomètres de Bléneau.

s'allument au loin. La nuit est noire, mais la sinistre lueur des incendies s'étend, éclaire l'horizon. A l'éclat des décharges plus nombreuses qui se rapprochent se mêle le tonnerre des caissons qui sautent. De divers côtés on entend résonner les tambours et timbales qui battent pour indiquer la direction, guider les égarés. Non, ce n'est pas un parti de cavalerie qui donne une alerte à quelque cantonnement ; c'est une armée entière qui fond sur un ennemi surpris, l'enveloppe et le disperse. Non, l'attaque n'est pas menée par M. de Nemours : Turenne a reconnu la main d'un homme de guerre sans pareil ; il étend le bras et s'écrie : « Ah ! Monsieur le Prince est là ! »

Oui, M. le Prince est là, si surprenant que cela puisse être. La veille, il était à Montargis. Aujourd'hui même, vers midi, il arrivait à Château-Renard[1], sur le chemin de Bourgogne, interrogeait les paysans. Par eux il connaît la position exacte d'Hocquincourt et de sa grand'garde, la distance qui sépare les deux maréchaux. Vers le soir, il repart, sans bagage, avec infanterie, cavalerie et deux pièces, colonne légère organisée pour donner aux ennemis une surprise de sa façon. Voici le gros mamelon de Rogny, couronné par l'église,

Combat de Bléneau. Dans la nuit du 6 au 7 avril Condé surprend les cantonnements d'Hocquincourt.

1. 17 kilomètres ouest de Montargis.

avec ses maisons qui couvrent les pentes, ses murailles qui s'étendent jusqu'au Loing; en face, la fantastique pyramide des écluses se dessine sur un ciel déjà sombre. L'alarme vient d'être donnée aux dragons qui gardent cette clef des cantonnements d'Hocquincourt; ce sont des Allemands. Allemands aussi les soldats de Clinchamp, qui ont l'avant-garde de M. le Prince. Ils interpellent leurs compatriotes aux barrières, se présentant comme de vieux cavaliers weymariens du corps de Turenne. Pendant ce dialogue, le duc de Nemours reconnaît un gué non gardé, mal coupé, le fait aussitôt déblayer, y passe avec ses chevau-légers[1]. Rogny est tourné, attaqué de front, enlevé; tous les dragons sont tués ou pris.

Par le gué, le pont, les rues du bourg, la cavalerie a bientôt passé. Condé mène la tête, surprend le cantonnement le plus proche[2], y saisit les chevaux, les hommes; quelques-uns sont tués; d'autres se sauvent dans les bois. De quartier en quartier successivement enlevés, on arrive à la Trézée, dont le passage cause quelque retard,

---

[1]. Le Loing coule au-dessous des écluses en laissant Rogny sur la droite. La route de Châtillon, qui remontait la rive gauche, pénétrait dans le bourg par un pont bien fermé. Le gué surpris par Nemours était entre le Port au bois et un moulin, à environ 300 mètres en amont de Rogny.

[2]. Aujourd'hui château de Saint-Eusoge.

enfin à Breteau, où l'on tombe au milieu des bagages, des chariots, vivres et munitions. Malgré l'ordre donné, Nemours met le feu partout; quelques caissons sautent; des voitures brûlent, d'autres sont pillées. Condé arrête ce désordre, fait rassembler les hommes, les chevaux pris, et tous les approvisionnements, ressource précieuse. Tandis qu'il veille à ces soins, on lui signale un corps de cavalerie qui approche derrière sa gauche.

Le coup a été frappé si juste sur l'angle mort, la pointe si habilement dirigée, que déjà l'armée d'Hocquincourt est réduite de moitié, séparée de Turenne; c'est ce qu'en terme de chasse on appelle un rabat : il s'agit de le fermer pour achever l'œuvre. Et voici le moment, car Hocquincourt se jette dans le filet.

Sorti de Bléneau à la première alerte, le maréchal, après avoir hésité quelque temps sur la direction à prendre, ralliait les escadrons les plus proches et marchait au bruit. Par une simple contremarche, Condé lui fait face, s'avance en bataille; mais sa troupe s'égrène en repassant la Trézée, ce cours d'eau mal commode qui complique toutes les opérations de la journée. M. le Prince, comme toujours, marchait en tête avec les principaux de son armée, Beaufort, Nemours, La Rochefoucauld, Tavannes et autres ; ses cavaliers arrivaient

Retour offensif. du maréchal. Sa défaite.

derrière sur plusieurs files pour reformer leurs rangs plus loin.

Tout à coup on se trouve en présence de l'ennemi. Les incendies imprudemment allumés éclairent la scène et permettent au maréchal d'Hocquincourt de compter ses adversaires [1]. Condé n'a que le temps de mettre en ligne les premiers qui le suivent. Il est vigoureusement ramené : des hommes, des chevaux tombent; le duc de Nemours est blessé. M. le Prince est en grand péril; mais il se dégage, rencontre un de ses escadrons et se jette sur le flanc de l'ennemi, pendant que le gros de la cavalerie rassemblée reprend la charge de front; après un engagement de quelques minutes, la troupe d'Hocquincourt recule, se disperse. La poursuite est vive, poussée jusqu'au delà du Loing, dans la direction d'Auxerre. Le brouillard, prolongeant les ténèbres de la nuit [2], favorise nombre de cavaliers royaux, qui, sans être aperçus, glissent entre les bois et la rivière dans la direction de Saint-Fargeau; Hocquincourt est du nombre. — Bientôt Condé observe

1. Les fermes de la Chenauderie et des Preliers, situées entre Breteau et Bléneau, ont conservé longtemps les traces de l'incendie. C'est de ce côté que doit se placer l'engagement de Condé avec Hocquincourt. — La Chenauderie est à environ 300 mètres à l'est du pont de Breteau sur la Trézée.

2. Lorsqu'on parcourt ce pays très coupé, très couvert, dif-

qu'on ne ramasse plus que des fuyards isolés, fait sonner le ralliement et revient sur Bléneau, où l'infanterie ennemie s'est enfermée : « Il y a là de vieux régiments, dit-il ; je ne veux pas les laisser derrière moi ; d'ailleurs, ils sont bons à prendre. »

Comme il prépare cette attaque, il apprend qu'un corps assez nombreux, venant de la vallée de la Loire, marche vers le Loing, et va bientôt menacer le dépôt laissé à Breteau. Le jour allait poindre.

Le but de l'expédition semble atteint : la première armée royale est détruite ; la seconde viendrait-elle s'offrir aux coups de M. le Prince ? Si la fortune le sert, si les forces de ses soldats et de leurs chevaux le permettent, il ne désespère pas de se débarrasser de ce nouvel adversaire. En tout cas il ne se laissera pas ravir le fruit de sa victoire et ne sera pas surpris dans la dispersion. La témérité, qui a réussi pendant toute la nuit, ne serait plus de mise.

Apparition de la seconde armée royale. Condé reconnaît Turenne.

Bataillons, escadrons se rassemblent auprès de Breteau. Là se retrouvent les deux pièces légères,

---

ficile à traverser en plein jour, on se demande comment ces masses de cavalerie ont pu se démêler la nuit au milieu de ces bois, de ces haies, de ces banquettes, de ces fossés, de ces rigoles, de ces marais, de ces étangs ; comment tous ces gros escadrons ont pu se disperser, se diriger, se rallier, combattre. Le fait n'est pourtant pas douteux.

les seules que M. le Prince ait amenées afin de pouvoir abattre un mur, enfoncer une barricade, fermer un passage. Les voitures abandonnées par l'ennemi fournissent des vivres, des munitions. Après ce ravitaillement improvisé, l'ordre de bataille est rétabli. M. le Prince conduit une avant-garde de six escadrons.

A environ deux mille mètres au sud, à travers les bouquets d'arbres et les flaques d'eau qui reluisent sous les premiers rayons du soleil, Condé aperçoit d'abord quelques centaines de chevaux postés dans une gâtine, à la tête d'une de ces chaussées de terre qui séparent les héritages. Un grand bois, qui paraît garni d'infanterie, s'étend derrière la droite de cette ligne; la gauche est près d'un étang qui se perd dans les marais. En jetant son regard perçant par-dessus cette nappe d'eau fangeuse, M. le Prince distingue, au delà de ces obstacles, des troupes qui se forment dans une plaine assez étendue. L'avant-garde semble se préparer à leur faire place. Après quelques minutes d'observation : « Ah! monsieur de Turenne, s'écrie Condé, si vous vouliez rester un peu là où vous êtes, comme je vous taillerais en pièces... Mais je vous connais, vous n'y resterez pas. »

Les deux capitaines, qui pour la première fois

sont en présence l'un de l'autre, conservent la pleine possession de leurs moyens. Tous deux se mesurent à leur juste valeur.

Turenne a souvent décrit l'anxiété, l'angoisse qui le saisit, lorsque, marchant au milieu de la nuit profonde avec une poignée d'hommes, il avait deviné la présence de M. le Prince; un moment il plia sous le poids de la responsabilité : s'il attend, s'il recule pour rassembler ses troupes, c'est qu'il veut laisser écraser son camarade; s'il s'engage imprudemment, il découvre le Roi. Quelles conséquences! Lui qui vient de servir M. le Prince avec tant d'ardeur, qui l'a si récemment quitté! comment échapper au soupçon de trahison? Enfin il se recueille, domine son agitation; sa pensée se dégage et son parti est pris. Il continue sa marche, et plusieurs fois on l'entend répéter, se parlant à lui-même selon son habitude : « Il faut vaincre ou périr ici. » La veille, il a bien étudié le terrain; à la première pointe du jour, il s'arrête sur la position où Condé vient de le découvrir. Les escadrons cantonnés arrivent de leurs quartiers. Navailles les range en arrière. Au milieu de cette cavalerie, l'artillerie (huit pièces) se place sur un léger ressaut de terrain, enfilant le défilé; des broussailles et quelques arbres la masquent.

Habile manœuvre de Turenne derrière un défilé de bois et d'étangs.

Condé observe toujours; ses prévisions se réalisent : le bois se vide, l'infanterie ennemie disparaît ; les escadrons qui occupent la tête de la chaussée passent le défilé en retraite, sont recueillis par le gros qui est au delà sur le terrain découvert. M. le Prince étend sa ligne, semble prêt à manœuvrer ; quoiqu'il lui manque encore bien des hommes, retenus par la poursuite, le pillage, il conserve un sérieux avantage numérique. Essayera-t-il d'un mouvement tournant ? le terrain ne s'y prête guère : un fouillis de bois et d'étangs qui s'enchevêtrent et forment une véritable barrière [1] ; d'ailleurs les troupes sont très lasses. Mais voici que toute l'armée royale s'agite ; on voit se succéder ces mouvements préliminaires — formation d'échelons, de colonnes, changements de direction — dont un œil clairvoyant sait pénétrer le sens : offensive ou défensive ?

Turenne repousse la cavalerie ennemie. Condé prend position.

Nul doute, c'est la retraite qui commence. Le défilé est libre : une sorte d'entonnoir, terminé par un étroit goulot que M. le Prince ne peut apercevoir [2].

[1]. Étang de la Tuilerie ; bois de Dreux (ce nom manque sur les cartes) ; étangs des Plaindresses et des Gilons (aujourd'hui desséchés) ; bois des Muguets, etc.

[2]. La nature de ce défilé est bien marquée par le nom de « Cul-du-sac » donné à la métairie qui en jalonne l'entrée. L'aspect des lieux a été modifié de nos jours, mais sans laisser subsister aucun doute sur l'état ancien : le chemin a été redressé, les étangs des Gilons et des Plaindresses desséchés, les gâtines en parties plantées.

Il ordonne à six escadrons de le franchir rapide- Belle retraite de Turenne.
ment pour en occuper l'autre extrémité et lui permettre de pousser l'ennemi; son infanterie appuie le mouvement, s'engage dans le bois; lui-même suivra avec le gros. Déjà la colonne débouche; le passage du défilé l'a sensiblement allongée; le déploiement commence.

Tout à coup, la cavalerie royale marche en avant, l'épée nue, sans charger; elle forme deux groupes, séparés par un certain espace et convergeant vers le défilé. Turenne a reculé assez pour offrir à son adversaire un appât irrésistible; il s'est maintenu assez près pour lui défendre de se déployer : « C'est un rien, dit Napoléon; mais ces riens sont le génie de la guerre. »

Menacée d'être serrée comme dans un étau entre les deux masses de la cavalerie royale, l'avant-garde de M. le Prince est foudroyée sur son front par l'artillerie, qui a le champ libre et la prend d'enfilade. Elle recule en désordre, s'entasse dans le défilé sous le feu de huit pièces bien servies et bien placées; les boulets qui se succèdent « firent grand effet », dit Turenne dans ses *Mémoires*. En quelques minutes, plus de deux cent cinquante hommes étaient sur le carreau; c'est à peu près ce que M. le Prince perdit dans la journée. Il recueille ses escadrons, reforme sa ligne un peu en arrière, et fait mettre pied à terre, autant pour laisser souffler les chevaux que pour soustraire les hommes au ravage du canon ; quelques tranchées[1], garnies d'infanterie, ferment la base de l'entonnoir ; les deux petites pièces, mises en batterie, répondent pour la forme. L'heure s'avance ; Condé attend, guettant son adversaire, prêt à saisir le premier faux mouvement ; mais Turenne ne donne pas prise, il ne dépasse pas le défilé. Sur ses derrières, on voit de nouvelles troupes surgir et se ranger : c'est Hocquincourt, qui, après avoir disparu dans les bois avec une partie de sa cavalerie, vient soudain d'en sortir ; c'est le duc de Bouillon, qui amène de Gien tout ce qu'il a pu ramasser d'hommes montés. La seconde ligne ainsi formée, Turenne exécute le passage de ligne en retraite, s'éloigne. M. le Prince avance avec précaution, suit quelque temps ; il veut établir que le champ de bataille lui a été abandonné.

Hocquincourt à l'arrière-garde. Conférence avec Condé.

Hocquincourt avait pris l'arrière-garde. Reconnaissant M. de Beaufort à l'avant-garde de l'autre côté, il fit sonner un appel et demanda l'honneur de saluer M. le Prince sur parole. Cela parut tout simple et l'entrevue fut aussitôt accordée, bien

---

1. Il y a quelques années, on pouvait encore distinguer la trace de ces tranchées près du Cul-du-sac, avant que l'on n'eût mis la gâtine en culture.

que le cas fût particulier : Hocquincourt s'était
offert à tuer M. le Prince, et il comptait parmi les
soupirants de Mme de Châtillon. Or, si Condé pouvait oublier les tentatives contre sa vie et ne gardait pas rancune aux épées vénales, il ne passait
pas pour tolérant en amour; mais le mouvement
de l'esprit et des sens qui le poussait vers Mme de
Châtillon ne ressemblait pas à l'adoration passionnée dont il entourait la pureté de Marthe du
Vigean. Condé ne pardonnait pas un regard jeté
sur l'objet de son respect jaloux, tandis qu'une
sorte de camaraderie finissait par l'unir tôt ou tard
à qui avait recherché ou même obtenu les faveurs
de la belle et sensuelle duchesse.

L'entretien d'avant-postes se passa en civilités,
mêlées de quelques railleries, d'une part, et de
l'autre, en apologies accompagnées de récriminations contre Turenne. M. le Prince conclut :
« Quel malheur que de braves gens comme nous
se coupent la gorge pour un faquin qui n'en vaut
pas la peine ! »

Chacun reprit sa route. Laissant ses troupes auprès de Briare, Turenne poussa le même soir jusqu'à Gien, où il fut accueilli avec un enthousiasme, une joie proportionnés à la terreur que les premières nouvelles du désastre d'Hocquincourt avaient répandue dans le quartier royal.

Turenne à Gien. M. le Prince à Châtillon. Résumé du combat de Bléneau.

M. le Prince repassa le Loing, bivouaqua le soir à la Brûlerie, tout près de Rogny, et regagna Châtillon le lendemain. Il amenait les trophées de la journée, étendards, munitions de guerre, plus de deux mille chevaux et environ quinze cents prisonniers, qui valaient mieux que tout le butin, car ils prirent aussitôt parti et grossirent d'autant les rangs de l'armée des Princes. Cette facilité à changer d'écharpe, nous dirions aujourd'hui de cocarde, est un des caractères de cette guerre sans animosité, sans passion ; comme d'ailleurs la plupart des prisonniers obscurs se savaient destinés à la potence ou aux galères s'ils ne prenaient parti, leur choix était vite fait.

Dès le lendemain, dans une lettre à Mademoiselle, Condé résumait la journée du 7 avril en quelques phrases claires, simples, précises, sans emphase, et sans aucune dissimulation[1] ; trois semaines plus tard, il parlait encore du « petit succès qui m'est arrivé[2] ». Jamais pourtant son coup d'œil stratégique ne fut plus prompt et plus sûr ; jamais il ne fut plus entraînant, plus clairvoyant dans la témérité, plus rapide dans ses évolutions. Il avait atteint son but, anéanti une des armées royales, lorsque l'intervention oppor-

---

1. *Mémoires* de Mademoiselle.
2. M. le Prince à Marigny, 4 mai. A. C.

tune, froidement hardie de Turenne, sa dextérité tactique, changèrent le résultat de la journée. Une heure perdue, moins de sang-froid et de savoir-faire, et l'armée de Turenne se débandait, celle du maréchal d'Hocquincourt ne se ralliait pas; la moitié des soldats du Roi passaient à Condé; et le soir du 7 avril 1652, on eût peut-être vu M. le Prince servant Louis XIV à genoux, — comme firent les Normands devant le pape à Civitella, ou le Prince Noir à Poitiers devant le roi Jean, — entourant son roi de soumission et de respect, mais le retenant prisonnier.

Laissons les conjectures, relevons un fait considérable et qui dominait tout. Turenne avait tiré le canon sur Condé, fait échec à M. le Prince : le Roi avait trouvé son champion. La gravité des événements de guerre ne se mesure pas au nombre des combattants.

Le caractère d'un engagement semblable à celui de Bléneau est déterminé par les opérations qui succèdent à l'action : c'est ainsi qu'en 1644 la marche dans la vallée du Rhin transforma en victoire les combats indécis de Fribourg. Au mois d'avril 1652, si M. le Prince, après avoir rafraîchi, reconstitué son armée, était revenu aux errements des premières guerres de religion — alors que les deux partis s'attachaient soit à conserver la per-

Appelé à Paris, M. le Prince se sépare de ses troupes.

sonne du Roi dans leurs rangs, soit à conquérir sa présence, — s'il avait repris l'offensive à son ordinaire, peut-être serait-il arrivé jusqu'à Louis XIV en passant sur le corps de Turenne. Craignait-il d'aller si loin ? Croyait-il sa présence à Paris nécessaire ? Appelé par ses partisans, par la tourbe des conspirateurs et intrigants de haut et de bas étage, par des amis plus ou moins sincères qui invoquaient son dévouement, pressé, imploré, peut-être aussi fatalement attiré par cet aimant parisien qui a égaré tant de bons esprits, il se sépara de ses troupes. Mal lui en prit.

CHAPITRE IV

LA GUERRE CIVILE : PARIS.
RENCONTRE DU FAUBOURG SAINT-ANTOINE.

AVRIL-JUILLET 1652.

L'armée des Princes (Tavannes et Valon) surprise le 4 mai et assiégée dans Étampes. — M. le Prince à Paris. Brillant accueil. Le parlement. — Mme de Chevreuse. Retz. Châteauneuf. Molé. La Palatine. — Le parti des Princes. Gaston. Chavigny. — L'abbé Foucquet et Mme de Châtillon. Premières négociations avec la cour. — Reprise des négociations (mai). Prétentions de M. le Prince. — Ses embarras. Négociateurs officieux. L'Espagnol et le Lorrain. — « Vaillant » et « incertain ». — Affaires militaires. Échauffourée de Saint-Denis. — Mesures prises par le gouvernement des Pays-Bas. — M. de Lorraine à Paris (30 mai). Ses fourberies. Son armée à Villeneuve-Saint-Georges. — Turenne lève le siège d'Étampes. Il prend position à Grosbois (15 juin). — Condé rallie son armée et marche sur Villeneuve-Saint-Georges (16 juin). — Double négociation de Charles IV. Vivement poussé par Turenne, il conclut avec la cour et se retire. M. le Prince rentre à Paris. — État de Paris. Émeutes. Souffrances. Irritation contre M. le Prince. — Fausse alerte du secours d'Espagne. Turenne rallie La Ferté et manœuvre. — L'armée du Roi à Saint-Denis (douze mille hommes). Celle des Princes (six mille) se retire de Gennevilliers par le pont de Saint-Cloud (1er juillet). — Paris fermé. Par les hauteurs extérieures, Condé atteint la porte Saint-Antoine (2 juillet matin). Turenne marche pour l'écraser contre la muraille. — Résolution héroïque. La « patte d'oie ». Dispositions pour soutenir le combat dans les trois chemins de Charonne, de Vincennes, de Charenton. — M. le Prince s'avance jusqu'à Charonne. Turenne reçoit l'ordre d'attaquer. — Saint-Maigrin attaque par la rue de Charonne, enlève la Croix-Faubin. Sa défaite et sa mort. — Condé renforce le centre, repousse l'attaque isolée de Turenne sur le chemin de Vincennes. — Rue de Charenton; succès de Navailles; carnage des volontaires. M. le Prince reprend le carrefour de Reuilly. Suspension du combat. — « L'armée royale n'a pu passer outre en aucun endroit. » — Les blessés dans Paris. Mademoiselle fait ouvrir les portes. — Entrevue de Condé et de Mademoiselle. — Dispositif d'attaque de l'armée royale. Condé prépare sa retraite en échiquier. — Le mouvement commence. La Bastille tire sur l'armée du Roi, qui se retire.

<small>L'armée des Princes (Tavannés et Valon) surprise le 4 mai et assiégée dans Étampes.</small>

Nemours et Beaufort avaient suivi M. le Prince, délivrant l'armée de leurs querelles bruyantes et de leur incapacité prétentieuse. Plus modestes, plus entendus, mais peu préparés au commandement en chef, les lieutenants-généraux qui prirent la place de ces princes se laissèrent amuser par les premiers mouvements de leurs adversaires.

La cour, avançant lentement par Saint-Fargeau, Auxerre, Sens, tenait le chemin de Bourgogne; sa marche était couverte par l'armée royale. Tavannes et Valon crurent faire merveille en conservant leur position d'observation à Montargis. Lorsqu'ils voulurent se rapprocher de la capitale, Turenne les avait devancés et leur barrait la route. Par un brusque changement de direction, le maréchal vint se poster à Châtres (Arpajon) avec des forces supérieures. Suivant cette contremarche, la cour, par Melun et Corbeil, gagna Saint-Germain.

L'armée des Princes s'arrête à Étampes. On passait bien le temps dans cette ville; les vivres étaient abondants et la sécurité si complète, qu'on crut pouvoir offrir une revue à Mademoiselle, quand elle quitta Orléans pour se rendre à Paris avec un passeport du Roi. L'armée s'était déployée sur la route; Son Altesse Royale passa devant le front, le 4 mai, à quatre heures du matin, et continua son chemin. On reprenait les quartiers, lorsque, vers huit heures, Turenne, ayant marché toute la nuit, fondit sur le faubourg où s'étaient cantonnées une partie des troupes de Condé. Nul secours ne vint de la ville. Tout fut tué ou pris. Beaucoup de prisonniers s'enrôlèrent dans l'armée royale.

Le coup était si rude, que Turenne, se sentant les coudées franches (Hocquincourt avait été renvoyé dans son gouvernement de Péronne); proposa de laisser un débris d'armée se morfondre derrière les murailles de cette bicoque, tandis qu'il marcherait immédiatement sur Paris pour y ramener le Roi. Mazarin, plus complètement informé, lui ordonna de faire le siège d'Étampes.

« Mais ces messieurs méritent qu'on leur mette

M. le Prince à Paris. Brillant accueil. Le parlement.

des brides ! Jamais on n'a vu d'ânes pareils ! » s'écria Condé en recevant la nouvelle. Certes Tavannes et consorts ne s'étaient montrés ni habiles, ni vigilants; mais appartenait-il à M. le Prince de formuler en pareils termes un jugement aussi sévère ? N'avait-il pas sa part de responsabilité dans le désastre ? C'est à coups d'épée, de son épée, qu'il avait chance de conquérir la paix telle qu'il la voulait. A la tête de l'armée, qui peut le remplacer ? Les avantages fort douteux de sa présence à Paris ne valent pas les risques certains que son absence fait courir aux troupes. Dès aujourd'hui il en a la preuve, et l'expérience sera renouvelée plus d'une fois pendant les six mois qu'il va passer à Paris, piétinant dans la boue, à certains moments se relevant par quelque coup d'éclat, pour retomber chaque fois plus bas et finir par sombrer : la plus triste période de sa vie.

Le voilà détourné de son but, égaré dans le labyrinthe des négociations compliquées, enveloppé dans un réseau d'intrigues dont il ne pourra plus se dégager; et il se laisse griser par les témoignages bruyants de la faveur populaire. Il avait été chaudement accueilli à Paris, acclamé par la foule, reçu en vainqueur, presque en sauveur, tant on avait fait résonner la défaite d'Hocquincourt ! Les ennemis secrets, très nombreux, et même les adversaires déclarés gardaient le silence ; les indifférents, les politiques semblaient suivre le courant ; tous croyant ou feignant de croire aux grands résultats du combat de Bléneau. Ceux qui doutaient le plus ou qui n'avaient pas foi dans la durée d'un succès incomplet, éphémère, parlèrent plus haut que les autres ; les envieux, et à leur tête Gaston, le plus jaloux de tous, firent chorus.

Dès son arrivée, M. le Prince alla occuper son siège au parlement (12 avril). Il parut aussi à l'Hôtel de Ville et aux audiences des cours souveraines. Bailleul, président à mortier, et Amelot, premier président des Aides, essayèrent vainement de protester contre la présence d'un prince « encore tout sanglant de la défaite des soldats du Roi » ; leur voix fut étouffée par les clameurs ; mais on remarqua que M. le Prince, très pâle, supporta ces rebuffades sans lancer une de ces répliques véhémentes qui lui étaient familières.

Chacun cependant gardait ses positions ; mais que d'astres ont pâli ! celui de Mme de Chevreuse tout d'abord : elle reçoit parfois encore les messages de la Reine, l'apparition des Lorrains lui donnera un regain d'influence, — réveils de courte durée ; — elle n'a plus de pouvoir que pour le

<small>Mme de Chevreuse. Retz. Châteauneuf. Molé. La Palatine.</small>

mal, et ne sait persévérer que dans sa haine pour Condé. Son futur « mari de conscience [1] », le marquis de Laigues, s'agite beaucoup sans parvenir à remplacer l'adresse, l'énergie de la charmante fille qui va mourir [2] au lendemain de sa rupture avec Retz. Celui-ci a gagné sa grande bataille : au moment où Mazarin, chaudement secondé cette fois par le prince de Condé, croyait avoir définitivement ruiné à Rome les espérances de son rival, une brillante manœuvre assura la victoire au coadjuteur ; il fut proclamé cardinal le 19 février 1652. Mais il s'était trompé dans ses calculs ; ce triomphe marque le déclin de son influence. Désormais inquiet, préoccupé de sa sûreté, le plus souvent barricadé dans son cloître de Notre-Dame, il passe au second plan, et s'il semble se relever un moment lors du retour du Roi [3], c'est pour être arrêté deux mois après [4]. Son prestige était tellement usé que Paris ne fit aucune attention à l'enlèvement de son premier pasteur.

Le « vieil ami » de certaines correspondances, le « Pantalon » que Monsieur persiflait, n'a pas

---

1. Le duc de Chevreuse mourut en 1657 ; on assigne à peu près la même date au second mariage de Marie de Rohan.
2. Mlle de Chevreuse mourut le 26 septembre 1652.
3. 21 octobre 1652.
4. 19 décembre.

plus de crédit et mérite peut-être encore moins de confiance. Châteauneuf a pour lui sa simarre et l'habitude de remplir des bouts de rôle ; ce ne sera pas pour longtemps [1]. Il vient d'arriver à Paris, irrité de sa récente disgrâce, tout ému d'avoir couru le risque d'occuper à Loches le cabanon du cardinal La Ballue. Six mois plus tôt, il prenait le ministère pour faire la guerre à Condé. Aujourd'hui, il s'offre à Condé pour le servir auprès du duc de Lorraine [2]. Dans quelques jours c'est lui qui fera l'accord de M. de Lorraine avec la cour.

Les conseils éclairés de deux amis sûrs font défaut à M. le Prince. Mathieu Molé a consenti à garder les sceaux ; il est auprès du Roi. La Palatine vient d'être frappée au cœur par la mort du chevalier de La Vieuville, tué devant Étampes. Elle a suivi la Reine, elle sert Mazarin et le sert fidèlement, sans sacrifier ses vieux sentiments, cherchant toujours à faire naître l'occasion de tendre à Condé une main secourable, s'il consent à se laisser assister.

Dans Paris, dans le parti des Princes, l'autorité

---

[1]. Châteauneuf mourut le 24 septembre 1653, à l'âge de soixante-treize ans. (Voir t. II, p. 309 ; t. V, p. 44, 285, et ci-dessus, p. 68.)

[2]. C'est Croissy qui sera l'intermédiaire entre M. le Prince et le « vieil ami ».

Le parti des Princes. Gaston. Chavigny.

nominale appartient à Gaston; il exerce les pouvoirs et bientôt il prendra le titre de lieutenant-général du royaume. Il semble tout feu et flamme pour son glorieux cousin, ne jure que par lui, ne veut pas le quitter. Au fond, il le hait et ne songe qu'à le perdre; plus fuyant, plus timide, plus perfide que jamais. Lui demande-t-on une décision importante, il se met à siffler en regardant par la fenêtre. Si sa présence est réclamée dans un moment difficile, il se dit malade et se met au lit. Sa fille ne lui ressemble pas. Elle a peu de raison, mais du courage, de l'action, des mouvements généreux; c'est le plus beau moment de Mademoiselle.

Le duc d'Orléans a souvent une oreille, même une voix dans le plus intime cabinet de M. le Prince; les secrets de l'hôtel de Condé sont rarement ignorés au Luxembourg. Par divers intermédiaires, on y reçoit assez régulièrement les confidences de Chavigny, le plus vieil allié des Condé; l'alliance, parfois interrompue, remonte au temps de Richelieu. Élève et collaborateur favori du grand cardinal, les fonctions qu'il a exercées, son mérite, l'ont, à maintes reprises, désigné comme le successeur de Mazarin. On lui reconnaît des parties de ministre, de grand ministre même, mais avec des lacunes; ses défauts et les événements lui ont fermé la route. Il est aujourd'hui le porte-parole officiel de Condé, son négociateur attitré. La rectitude de sa conduite politique n'est pas invariable; sa fidélité envers M. le Prince fléchit quelquefois; son influence est cependant plus saine et malheureusement moins efficace que celle de Mme de Châtillon, tombée elle-même au pouvoir du plus dangereux des hommes.

Frère du procureur général, de celui qui deviendra si célèbre par sa puissance et par ses malheurs, Basile Foucquet, « l'abbé », apparaît en avril 1651; il porte alors les dépêches de Mazarin. Son rôle, assez obscur d'abord, grandit rapidement; il est devenu le représentant très accrédité de « l'Oracle »; agent commode, très habile à conduire les négociations qui doivent avorter; sans vergogne, accompli dans l'art de corrompre, ayant le goût et l'aptitude pour le métier d'entremetteur, il exerce déjà auprès de Mazarin les fonctions de chef de la police, qui lui seront effectivement conférées plus tard, lorsqu'après le retour du Roi il aura carte blanche, disposera, abusera cruellement de la Bastille et de la roue. Dès aujourd'hui, il peut entrer à Paris, y rester, en sortir, y revenir librement. S'il est parfois arrêté, c'est qu'il veut faire saisir des pièces écrasantes pour ceux qu'on tient à compromettre. Le coup fait, il est

L'abbé Foucquot et Mme de Châtillon. Premières négociations avec la cour.

aussitôt relâché, car tous le redoutent; les affaires publiques et privées n'ont aucun mystère pour lui; pas de secret qu'il ne connaisse, de conscience vénale qu'il n'ait achetée. M*me* de Châtillon est sous sa dépendance, à sa solde, rembourse en faveurs l'argent qu'elle tire de lui; il se sert d'elle pour perdre Condé. Le caractère officiel de Chavigny ne contrebalance pas dans les conseils de M. le Prince le pouvoir occulte de Basile Foucquet.

C'est surtout dans les négociations avec la cour que la main de l'abbé se retrouve toujours présente. Dès le mois de janvier, au moment où Mazarin touchait le sol de la France, M. le Prince lui faisait parvenir des propositions d'accommodement, et par la voie la plus honorable : le choix de l'intermédiaire, le brave Castelnau, indiquait assez la loyauté des intentions. Mazarin s'empressa de livrer le secret de ces ouvertures à son misérable agent[1], qui les révéla aussitôt aux chefs de la cabale, le coadjuteur et M*me* de Chevreuse. Ceux-ci de crier à la trahison, d'autant plus fort qu'ils étaient à peu près engagés avec la cour. Il y eut un temps d'arrêt; puis l'idée fit du chemin; Chavigny était à l'œuvre et trouvait les progrès si rapides qu'il réclama la présence de M. le Prince.

---

1. Mazarin à l'abbé Foucquet, 18 janvier.

Cet appel pressant et répété provoqua le brusque départ d'Agen, puis la malencontreuse résolution de quitter l'armée le 9 avril.

Les événements augmentaient les difficultés : le combat de Bléneau enflait les prétentions des amis des Princes; la marche de Turenne sur Arpajon et l'heureux passage du Roi relevaient les espérances de la cour. Cependant, lorsque Mazarin fut à Saint-Germain et M. le Prince à Paris, l'échange des communications directes devint plus rapide, et la négociation parut prendre un tour sérieux. Le 1ᵉʳ mai, M. le Prince donnait des instructions à Viole[1] pour faire partir de Bordeaux les délégués qui devaient signer au protocole, tant la conclusion lui semblait prochaine. Disposé aujourd'hui à prendre ses espérances pour des réalités, il ne laisse que trop voir son sentiment à des partisans qu'il décourage, à des alliés qui l'accusent de mauvaise foi, à des adversaires qui élèvent leurs prétentions aussitôt. Bien plus conciliant au fond que le duc d'Orléans, plus sérieusement disposé à traiter avec la cour (c'est toujours Gaston qui rompt les négociations), M. le Prince désire la paix; mais il la voudrait presque triomphale, tellement fière, qu'à maintes reprises il offre a

Reprise des négociations (mai). Prétentions de M. le Prince.

---

1. A. C.

l'adroit Mazarin un thème facile à broder : « On n'avance guère, écrivait Crofts[1] à la reine de Pologne dès le 7 mai ; les prétentions des princes sont exorbitantes, surtout pour leurs amis. »

Nous ne donnerons pas ici l'énumération fastidieuse de ces pétitions hautaines qui fournissaient des arguments de discussion plutôt qu'un motif de rupture. Il n'y aurait rien eu d'étonnant à voir Marchin et du Daugnon[2] gratifiés du bâton de maréchal, Nemours et La Rochefoucauld rétablis dans leurs gouvernements, Viole, Lenet et autres pourvus d'emplois. La présence de Mazarin était une bien autre pierre d'achoppement ; les Princes, le parlement, la Fronde, tout Paris réclamait encore une fois son départ. Même sur ce point il n'était pas impossible de s'entendre, de sauver les apparences, de donner satisfaction à l'opinion ; on trouvera le joint plus tard. Mais l'entrave dont M. le Prince ne peut se délivrer, la chaîne qu'il ne parvient pas à rompre, c'est ce traité avec l'Espagne dont nous avons fait connaître les articles écrasants. En vain essaye-t-il d'introduire dans les projets d'accommodement certaines clauses qu'il espère faire agréer à ses alliés : quelle sera la for-

---

1. A. C. — Sur Crofts, voir t. V, p. 33.
2. Du Daugnon fut nommé maréchal de France quand la cour l'acheta. — Voir plus loin, p. 291-294.

mule? en quels termes rédiger, sans donner de justes sujets de plaintes aux Espagnols ou sans fournir matière aux clameurs de Mazarin? Ne pouvant tourner la position, Condé l'attaque de front, demande hardiment à être nommé plénipotentiaire de France pour la paix générale! Cette prétention, souvent reproduite, était si singulière, si outrecuidante dans la bouche d'un rebelle, qu'elle resta longtemps sans réponse et sans discussion.

Pour n'être pas acceptées, ces propositions n'en étaient pas moins connues à Madrid, à Bruxelles. Voici ce qu'en disait Watteville, qui représentait le roi catholique en Guyenne : « J'écris en Espagne sur le sujet de la paix conformément à ce que désire Votre Altesse. Sans la confiance qu'on y a de la sincérité de Votre Altesse, les nouvelles qu'on y reçoit feroient croire tout autre chose[1]. » Fuensaldaña, cassant et mal disposé, est bien autrement dur. Répondant à quelques plaintes sur l'insuffisance de son concours, il reproche à M. le Prince de « chercher des prétextes pour sortir de l'obligation où vous estes entré avec Sa Majesté Catholique. Tous disent que vostre adjustement est fait[2]. » Condé n'a jamais trahi ceux avec lesquels il s'était

Embarras de Condé. Négociateurs officieux. L'Espagnol et le Lorrain.

1. 3 juin 1652. A. C.
2. 6 juillet. A. C.

imprudemment engagé. Il négociait de bonne foi. Si la conclusion semble proche, il en informe ses alliés, essaye de s'expliquer, protestant qu'il ne sortira jamais des termes des traités. Les apparences ne sont pas favorables à son bon renom; la fatalité le condamne à ne pas toujours passer pour complètement loyal.

Il n'était d'ailleurs pas seul à négocier, et bien souvent il eut à porter la responsabilité des actes et des paroles d'autrui. Partout où le Roi fait quelque séjour, les rues se remplissent de gentilshommes envoyés par le duc d'Orléans, de conseillers députés par le parlement, solennels, pompeux dans leurs robes rouges, retenus, renvoyés, rappelés, obtenant à grand'peine une réponse aussi creuse que les harangues sonores du bon président de Nesmond [1]. C'est un chaos de propositions, de démarches : il y a la pléiade des agents mystérieux, celle des importants, des négociateurs dépourvus de mandat, plus ou moins autorisés. Sans autre caractère que ses relations avec M. le Prince et la recommandation de l'abbé Foucquet, Mme de Châtillon est reçue à la cour en

---

[1]. Ancien conseil du feu prince de Condé, très attaché à son fils, mais fidèle au Roi; homme d'esprit. Nous avons parlé de lui et de sa correspondance; quelques passages de ses lettres ont été cités. — Voir t. III, p. 203 et *passim*.

plénipotentiaire, presque en puissance, avec sauf-conduit, escorte, honneurs militaires.

Pendant six mois, les négociations officielles, qui servent de couverture aux menées secrètes, vont se suivre, non sans une certaine monotonie, quoique avec force évolutions, fausses ruptures, reprises simulées. Les événements de guerre, les mouvements des armées, l'agitation de la rue, modifieront les positions relatives, sans que l'uniformité des périodes ascendantes et descendantes en soit troublée. L'intervention des armées étrangères se renouvellera sans cesser d'être soumise à une règle presque invariable ; chaque fois elle sera accordée dans la même mesure, circonscrite dans les mêmes limites. La décadence du parti des Princes semble-t-elle trop rapide, les négociations trop près d'aboutir, alors on voit apparaître le Lorrain ou l'Espagnol : la confiance renaît dans les rangs des rebelles, et la cause du Roi perd toute son avance. Mais il ne faut pas de vainqueur, et l'étranger se retire à temps pour faire durer la guerre, laisser nos provinces en proie, consommer la ruine du royaume.

M. le Prince ne voyait que trop clair dans ce jeu, et c'est ce qui le troublait profondément. Il ne voudrait ni ruiner la France, ni déposer le Roi, ni assurer le triomphe de l'étranger ; souvent même

« Vaillant »
et « incertain ».

il s'accommoderait avec Mazarin. Il rêve pour lui et ses amis une puissance qui s'impose à tous, à la France victorieuse, à son roi, comme aux ennemis vaincus. Il n'a pas de but ferme, c'est sa grande infériorité vis-à-vis de ses adversaires ou de ses alliés. Il n'a que des aspirations, et ses rêves, inconciliables avec la conduite pratique, donnent à ses allures — hors du champ de bataille où il se retrouve toujours — un caractère indécis, hésitant, qui étonne chez ce maître en tactique et en stratégie. La Palatine, qui le connaissait bien et qui ne le jugeait pas avec sévérité, a finement peint le Condé de 1652 par les deux épithètes dont elle couvre son nom dans une correspondance secrète : le *vaillant* et l'*incertain*.

Toutes les tentatives d'accord, les efforts plus ou moins sincères, les concessions plus ou moins loyales échouent devant d'insurmontables obstacles : l'orgueil et la violence de M. le Prince, sa hauteur et le vague de ses desseins, l'artifice, la duplicité persévérante de Mazarin, enfin et surtout la fermeté d'Anne d'Autriche, qui ne laissera jamais abaisser l'autorité du Roi jusqu'à certaines transactions proposées, sollicitées par le plus intime, le plus écouté des conseillers.

Affaires militaires. Échauffourée de Saint-Denis.

Nous sommes au début de cette période, au commencement de mai : M. le Prince croit à la paix; mais il n'a rien dans la main, aucun point d'appui militaire pour soutenir les arguments, presser la conclusion. Les troupes qui devaient le rejoindre n'arrivent pas : ses lieutenants se sont arrêtés, et Turenne leur barre la route; ils ne passeront plus, si de Paris on ne leur tend la main, si on ne marche à leur rencontre. Sous prétexte d'assurer la garde des portes, l'ordre de mettre les compagnies bourgeoises sur pied est obtenu du parlement; puis on répand le bruit que Saint-Cloud est attaqué. Condé parcourt les rues en appelant aux armes. Quelques centaines de volontaires répondent à son appel. Pour les aguerrir, il les conduit aussitôt devant Saint-Denis, enveloppé d'une simple chemise en terre et gardé par quelques Suisses (11 mai). « La bourgeoisie de Paris et les recrues de mon régiment ont fait des merveilles cette nuit », écrivait-il dès le lendemain[1] pour répandre la confiance. La vérité est qu'aux premiers coups de mousquet la panique avait été générale; Condé dut mettre l'épée à la main, rallia quelques braves et passa le premier le fossé au cri de *Vive Paris!* Saint-Denis fut enlevé, mais presque aussitôt repris par Saint-Maigrin avec un simple détachement de l'escorte du Roi amené de

---

1. Au président Viole, 12 mai. A. C.

Poissy. Impossible de faire fonds sur les volontaires et les recrues d'un jour. D'ailleurs les nouvelles sont graves; l'armée des Princes, la véritable armée est à moitié détruite; ses débris sont bloqués. Ce n'est plus d'Étampes que viendra le secours, c'est Etampes qu'il faut secourir. Paris est frémissant. Est-ce là ce qu'on devait attendre de ces vainqueurs, tant vantés, de Bléneau! Et d'Espagne, que peut-on espérer?

Mesures prises par le gouvernement des Pays-Bas.   Le gouvernement des Pays-Bas était engagé dans une opération que les ministres de l'archiduc prenaient beaucoup plus à cœur que le salut des princes français. Ils voulaient profiter de nos divisions pour rentrer en possession des places de la Flandre maritime et de l'Artois : affaire de longue haleine qui ne pouvait guère être interrompue et qui, malgré l'absence de nos armées, exigeait le concours de toutes les forces espagnoles. Comme cependant il fallait rester fidèle au plan adopté, faire durer la guerre civile, on trouva ce biais d'envoyer en France les troupes du duc de Lorraine; les provinces belges seraient ainsi pour un temps délivrées de ces pillards, et la présence au cœur du royaume de soldats parlant notre langue semblait devoir causer moins de froissements à l'orgueil français que la vue des écharpes rouges. Souverain sans États, Charles IV était à la solde, à la disposition du roi catholique, tout en conservant une certaine indépendance : l'idée lui sourit; il allait exercer son armée, la nourrir grassement en terre de France, y lever de lourdes contributions, et peut-être regagner quelque lambeau de ses États, arraché au Roi qui occupait en grande partie le duché, ou à M. le Prince qui détenait le comté de Clermont.

Le 30 mai, M. de Lorraine, laissant ses troupes sur la Marne, à Lagny, arriva au Bourget, où l'attendait une brillante cavalcade. Placé entre le duc d'Orléans et le prince de Condé, il fit à Paris une entrée royale, descendit au Luxembourg, chez sa sœur Marguerite, duchesse d'Orléans, et se mit aussitôt à jouer le rôle qu'il s'était tracé. Pendant huit jours, il amusa Paris par ses impertinences et ses grimaces, gambades et génuflexions devant les dames, chantant, jouant du luth, allant jusqu'à courir les rues déguisé en religieuse. Le tout est calculé comme ces plaisanteries amères débitées d'un air innocent, comme ces propos qui semblent lui échapper, lorsqu'après avoir jeté un jour douteux sur ses véritables intentions, il oppose aussitôt des déclarations contraires. Il veut rester impénétrable, ne cherche qu'à dérouter, déconcerter spectateurs et auditeurs. L'incohérence étudiée du discours, le masque

M. de Lorraine à Paris (30 mai). Ses fourberies. Son armée à Villeneuve-Saint-Georges.

de folie et de frivolité couvre des rancunes profondes et un plan très arrêté.

Condé courbe son orgueil, glisse sur les préséances, accepte, sans mot dire, les menaces voilées, les allusions continuelles à la prétendue spoliation que Charles IV n'oubliait pas [1]. Il fallait accepter ces fantaisies de mauvais aloi, ces allures tortueuses, ménager ce comédien couronné qui tenait dans sa main le sort du parti.

Le 7 juin, le duc donne aux princes et aux dames le spectacle d'une revue dans la plaine de Choisy-sous-Thiais (Choisy-le-Roi). Les troupes (six mille cinq cents chevaux, trois mille cinq cents fantassins, huit pièces) reprirent aussitôt les cantonnements qu'elles occupaient déjà le long de la Seine, au-dessus de Charenton, ruinant le pays sans merci.

Le conseil se tenait le soir, aux Tuileries ou au Luxembourg. Comme on mettait la dernière main à un plan de conduite et d'opérations : « Nous sommes tous fourbes, dit M. de Lorraine ; il conviendrait d'écrire et de signer ce dont nous sommes convenus. » En prêtant généreusement ses qualités

---

[1]. Voir t. IV, p. 286, et t. V, p. 125. — Le Clermontois ou comté de Clermont en Argonne, saisi par le roi de France, et revendiqué par le duc de Lorraine, avait été cédé par la Couronne, sous certaines réserves, au prince de Condé en 1646.

aux autres, Charles IV se montrait trop modeste.
Il est le fourbe par excellence, plus complet que
Mazarin lui-même. On ne s'explique pas bien ses
scrupules en matière d'écriture : la signature ne
l'engageait pas plus que la parole, car il avait le
matin même conclu et signé un traité avec la cour.
Nul n'a trahi avec plus d'aisance, on pourrait
presque dire de candeur.

On apprend que le siège d'Étampes est levé ;
M. de Lorraine annonce son départ. Gaston lui
rappelle les promesses de la veille : « Vous n'avez
rien voulu écrire hier. Je m'étais engagé à faire
lever le siège d'Étampes ; le résultat est acquis,
je pars. »

Partir ! il n'y songeait pas. Il voulait seulement
se faire marchander par les Princes comme par la
cour. Après s'être laissé bien prier, il consent à
demeurer, mais avec sa liberté entière. Par une
sage précaution, le prudent capitaine rassembla
ses quartiers et s'établit sur les hauteurs qui dominent Villeneuve-Saint-Georges. Au confluent de
l'Yères et de la Seine, à quatre lieues au sud de
Paris, avec de belles communications, la situation
stratégique est incomparable. Couverte par deux
rivières et de grands bois, admirablement encadrée et dessinée, la position présente un relief considérable et une ampleur suffisante sans être exces-

sive; par son caractère particulier, elle a de tout temps fixé l'attention de ceux qui ont étudié l'attaque et la défense de Paris. Ainsi posté, M. de Lorraine attendit.

Turenne
lève le siège
d'Etampes.
Il prend position
à Grosbois
(15 juin).

Étampes avait fait une belle résistance. Cependant Turenne se croyait assuré de prendre la place et de faire capituler l'armée des Princes, lorsqu'il apprit l'entrée des Lorrains en Champagne. Les opérations régulières ne pouvant continuer, un suprême effort fut tenté pour en finir brusquement; il échoua : le siège fut levé le 8 juin. Pendant quatre ou cinq jours, le maréchal se maintint entre Étrechy et la Seine pour observer la marche de l'armée qui sortait d'Étampes, protéger le passage de la cour, qui avait déjà rétrogradé de Poissy à Corbeil; enfin tâcher de savoir le vrai sur le duc de Lorraine, ses arrangements, ses visées. Turenne tenait à régler sa conduite militaire sur des données certaines. Lorsqu'il sut le Roi en sûreté à Melun, qu'il vit l'armée des Princes appuyer à l'ouest pour gagner les hauteurs de Saint-Cloud, lorsqu'enfin il fut renseigné sur les procédés de M. de Lorraine, il prit son parti et marcha jour et nuit. Le 14 juin, il passa la Seine à Corbeil, l'Yères à Brunoy, traversa encore un ruisseau encaissé, le Réveillon, sans se laisser arrêter par les difficultés du terrain, par les bois dont le pays est couvert. Dans la matinée du 15, il arrivait à Grosbois et s'établissait hardiment sur le flanc des Lorrains.

Charles IV était au milieu de ses troupes. Il fit savoir aux Princes qu'il allait être attaqué : « Ses positions sont belles ; il est résolu à combattre et voudrait donner ce divertissement aux dames. » Est-ce bien sincère ? Oui, dans une certaine mesure. La cour se croyait assurée de lui : il y avait parole, et même traité ; mais il y avait aussi parole de l'autre côté : jusqu'au dernier moment, Charles IV s'était réservé le choix de la trahison la plus avantageuse à ses revendications, la plus conforme à ses rancunes. C'était évidemment du côté de la cour qu'il rencontrait ces satisfactions ; mais il trouva la manœuvre de Turenne presque insolente, fut blessé du ton de quelques messages ; et quand il vit le maréchal sous sa main, quand il connut l'approche de l'armée des Princes, la tentation de combattre avec de bonnes chances de succès le saisit un moment. Ce n'est pas une résolution ferme ; il continue de peser le pour et le contre.

Cependant Condé a sacrifié jusqu'à cette fierté militaire que le duc d'Anguien opposait jadis aux prétentions du duc de Lorraine. Aujourd'hui, il prend les ordres de Charles IV, le supplie « de gagner un peu de temps ; demain 16, il lui mènera les troupes qui arrivent d'Étampes ; puis il restera près de lui sans commandement, servira comme volontaire. Paris enverra force bourgeois solides[1] ». M. le Prince rejoint aussitôt ses troupes à Saint-Cloud ; le 16 au matin, il marche à leur tête, se dirigeant sur le pont de Villeneuve-Saint-Georges.

Double négociation de Charles IV. Vivement poussé par Turenne, il conclut avec la cour et se retire. M. le Prince rentre à Paris.

Ce même jour, 16, de bonne heure, M. de Beaufort se rend au camp des Lorrains avec la cavalerie parisienne. Pas de postes, pas de vedettes ; personne ne vient reconnaître. Beaufort en fait la remarque au premier officier qu'il rencontre.

— « Mais l'accord est conclu avec la cour ; notre armée s'en va. »

Turenne avait vigoureusement soutenu la hardiesse de son offensive. Il connaissait bien l'homme qu'il avait devant lui, ses habitudes, ses engagements et leur valeur. C'était un de ces moments où la guerre devient surtout un art et ne peut être conduite selon les règles absolues de l'arithmétique ou de la géométrie. Le maréchal s'approche de cet ennemi supérieur en nombre, prend ses dernières mesures pour l'attaque de cette forte position, gardée par de bonnes troupes,

---

1. Marigny à Lenet ; 16 juin 1652. B. N.

très habilement occupée. On cherche à l'arrêter ; il avance.

Si M. de Lorraine surprend un symptôme d'hésitation dans les mouvements de son adversaire, s'il a le temps d'être rejoint par l'armée d'Étampes, il fondra sur Turenne et mènera le combat en vrai capitaine ; la perte de l'armée du Roi est certaine. Si M. de Lorraine se voit menacé d'une brusque attaque avant que l'arrivée des renforts ait mis toutes les chances dans son jeu, il ne voudra pas exposer à un accident de guerre cette armée qui est tout son bien, et il s'assurera des avantages certains que la cour lui a garantis.

Charles II d'Angleterre, qui a les pouvoirs de son frère de France, court d'un général à l'autre, donne des assurances, se porte garant de la parole de Charles IV[1]. Point d'affaire : Turenne avance toujours ; le voilà sous le canon. Les servants sont à leurs pièces, mèche allumée. Charles IV ordonne d'ouvrir le feu... Presque aussitôt, il se ravise, signe le traité, l'envoie à Turenne avec des ôtages. Et l'armée de Lorraine commence à défiler devant celle de France en bataille. Dans huit jours, les Lorrains passeront la Marne ; dans quinze jours, ils seront hors du royaume.

---

1. Marigny à Lenet ; Paris, 20 juin 1652. B. N.

M. de Beaufort dut se croire fort heureux d'obtenir un passeport et de rentrer librement à Paris. — De la plaine qu'il traversait à tire-d'aile, M. le Prince put voir les soldats du Roi descendre jusqu'à la Seine, occuper, couper le pont. Sombre, abattu, il fit demi-tour et ramena jusqu'à Saint-Cloud les six ou sept mille hommes qui étaient sortis d'Étampes. Quel retour!

État de Paris. Émeutes. Souffrances. Irritation contre M. le Prince.

« Le sensible desplaisir que les princes et leurs partisans tesmoignent de ce que vous avez fait avec M. de Lorayne fait assez connoistre de quelle importance est l'action pour le service du Roy [1]. » Voilà le jugement de Mazarin. C'étaient bien les Princes qui venaient d'être frappés, Condé surtout; son parti s'effondrait. La bourgeoisie lui avait toujours marqué au moins de la froideur, même au moment où elle espérait triompher par son épée; aujourd'hui, elle se détache de lui. Il cherche son appui ailleurs. A Bordeaux, il avait trouvé moyen de séduire les démagogues de l'Ormée, qui continuaient de l'accabler de leurs félicitations et de leurs adresses [2]. A Paris, il se jette à genoux devant les processions, embrasse dévotement les reliques, les touche avec son chapelet, — c'était alors le moyen de plaire à cette foule qui n'avait

1. Mazarin à Turenne; Melun, 18 juin 1652. C. P.
2. S. d., 13 mai, etc. A. C.

pas oublié la Saint-Barthélemy; — mais l'effet ne fut ni profond ni durable. La réaction, incertaine d'abord, s'affermit; elle est générale; l'opinion suit souvent la fortune, et la fortune ne semble plus favorable à M. le Prince. Étampes et Villeneuve-Saint-Georges avaient fait oublier Bléneau.

L'état de Paris devenait de plus en plus grave. Depuis six semaines, la ville était souvent anxieuse, agitée; vivres rares, misère croissante; cependant les rues conservaient leur aspect ordinaire; le parlement tenait régulièrement ses audiences; il y avait des retours de confiance, souvent des fêtes brillantes. Après le départ du Lorrain, tout est sombre, et l'aspect menaçant. La licence des gens sans aveu augmente avec les souffrances. Les places, les ruelles s'encombrent de charrettes où s'entassent les paysans chassés de leurs villages par les violences des maraudeurs. Les séances du parlement deviennent tumultueuses; prenons celle du 23 juin, les Princes présents. On propose une conférence avec la cour; Broussel combat la motion; aussitôt Monsieur se trouve mal; on veut remettre la séance : « Ces remises sont fâcheuses, s'écrie un conseiller; car enfin il faut vivre, et moi je manque de pain. » Cris, colères, échange d'injures; la séance s'achève au milieu de la confusion[1]. C'était l'habitude. Gaston s'en tirait par ses évanouissements. Cette ressource manquait à Condé, qui, d'abord fort assidu, se fait de plus en plus rare; il y séchait d'ennui[2] : « Je suis las d'entendre parler de résolutions, de déclarations, de grand'chambre, de cour des aides ou des comptes, d'hôtel de ville; jamais monsieur mon grand-père n'a été plus fatigué des ministres de la Rochelle. » — L'anarchie est partout. Chaque jour, la foule s'ameute à la porte du Palais, sur la place Royale, devant le Luxembourg, poussant des clameurs confuses, insultant, frappant les magistrats. Les conseillers, espérant désarmer cette tourbe, ouvrent des souscriptions au profit des pauvres; le tumulte redouble. M. de Beaufort essaya d'un singulier calmant : il promit de donner les noms des « Mazarins » que l'on pourrait massacrer à domicile; un incident l'empêcha de réaliser sa promesse. M. le Prince se jeta plusieurs fois au milieu des émeutiers, leur arracha des victimes, entre autres le président de Maisons, qui allait être assommé. Est-ce Condé qui payait ces bandits, comme on l'a répété souvent? Écoutez la réponse : « Son Altesse n'a pas un sol, et j'ay esté

1. L'abbé Viole à Lenet, 23 juin. B. N.
2. *Mémoires* de Retz.

obligé de luy prester 20,000 livres pour son pain de munition [1]. » Tous ces hommes étaient si peu à lui qu'il dut se colleter avec eux pour se tirer de leurs mains : « Un de ceux qui crioient le plus fort et que M. le Prince avoit pris au collet lui avoua qu'ils estoient là seize qui avoient reçu chacun 17 sols de l'abbé Fouquet [2] » ; et ainsi des autres. C'est bien cette main qui puisait dans une bourse profonde et qui payait.

Ceci se passait le 23. Le 25, l'émeute fut plus terrible encore; il y eut autant, peut-être plus de gens tués ou blessés qu'en aucune autre journée de l'année, même en celle du 4 juillet dont nous parlerons plus loin. De ce jour, le parlement cesse de siéger. A ce corps conspué, paralysé, on voudrait substituer une sorte d'assemblée populaire à l'Hôtel de Ville, et l'on s'occupe des élections. L'esprit de la milice bourgeoise n'est plus le même : il y a des compagnies factieuses qui s'emparent de certains postes et refusent de se laisser relever. Nul négoce ; nulle sécurité pour les personnes ; ceux qu'on veut tuer ou voler sont des « Mazarins ». Parmi ces masses égarées, la fureur contre toute idée d'accord égale la résolution de ne pas combattre. Nombre de gens cherchent à fuir,

1. Le président Viole à Lenet, 23 juin. B. N.
2. L'abbé Viole à Lenet, 23 juin. B. N.

trouvent les portes gardées; il faut des déguisements, mille ruses pour sortir de Paris. Les amis les plus ardents de Condé ne se font pas illusion. Quelques lignes d'un des plus turbulents, des plus passionnés, résument la situation : « Nos désordres augmentent tous les jours et sont à un tel point qu'on n'est plus occupé qu'à tirer messieurs du parlement des mains des séditieux. Si les choses ne s'accommodent bientost, tout est perdu icy, et vous n'estes pas malheureux d'estre à Bordeaux[1]. »

Fausse alerte du secours d'Espagne. Turenne rallie La Ferté et manœuvre.

Voici un rayon de lumière qui pénètre cette obscurité; triste lumière! Le bruit se répand que l'archiduc envoie au secours des Princes quatre mille fantassins, huit mille cavaliers; on dit même que l'avant-garde est à Vaux-sous-Laon. La rumeur avait si bien pris corps, que Turenne s'avança de Lagny jusqu'à Dammartin pour observer les mouvements de l'ennemi, et M. le Prince fit occuper Poissy pour assurer aux Espagnols un passage sur la Seine en aval de Paris. La cour s'émut; on y parla de nouveau de la retraite sur le Midi, et Condé invita les ministres du roi catholique à dénoncer la neutralité de la Franche-Comté, afin de permettre aux Comtois

---

[1]. Le président Violé à Lenet, 23 juin. B. N.

de pénétrer en Bourgogne et de menacer la route de Lyon[1].

Fausse alerte! Il y avait bien eu à Bruxelles quelque velléité de secours; mais pas un soldat espagnol ne bougea. Le parti ne pouvait compter que sur ses seules ressources, et elles s'épuisaient chaque jour; la chimère de l'accommodement s'envolait; l'armée royale venait d'être renforcée. L'accord conclu à la hâte avec M. de Lorraine pour le faire déguerpir de Villeneuve-Saint-Georges n'était pas rédigé en termes bien précis; l'acte conservait cependant assez de valeur pour rendre disponible le petit corps d'armée qui guerroyait dans les États dont la souveraineté nominale appartenait à Charles IV. Le maréchal de La Ferté quitta les frontières de Lorraine avec trois mille hommes; il rejoignit le Roi et Turenne à Lagny. Si précieux que soit le renfort, l'avantage est balancé par un grave inconvénient : la division du commandement reparaît. Très vaillant, La Ferté a plus d'expérience qu'Hocquincourt; mais léger, vaniteux à l'excès, voulant agir à sa guise, il entravera souvent Turenne.

Débarrassés de tout souci d'invasion, le Roi, ses maréchaux, ses troupes faisaient le tour de Paris

---

1. M. le Prince à Lenet; Paris, 20 juin 1652. B. N.

par le nord ; des partis détachés jetaient l'alarme jusqu'aux portes. Un avis arriva que Castelnau marchait sur Vincennes. M. le Prince y courut aussitôt avec cinq cents chevaux, ne trouva rien que des paysans terrifiés et le château abandonné. A son retour, il fit donner l'ordre aux compagnies bourgeoises « d'aller en garde l'une après l'autre au Bois de Vincennes. Messieurs de la ville trouvèrent mauvais que les colonels eussent obéy aux ordres des princes sans prendre le leur[1]. » L'humeur de Paris se révélait.

L'armée du Roi à Saint-Denis (douze mille hommes). Celle des Princes (six mille) se retire de Gennevilliers, par le pont de Saint-Cloud (1er juillet).

L'armée royale, une douzaine de mille hommes, est à Saint-Denis. Celle des Princes, environ six mille, est renfermée, inactive, par delà l'eau, dans la presqu'île de Gennevilliers, communiquant avec Paris par le pont mal réparé de Saint-Cloud. Les maréchaux se préparent à la déloger, occupent Poissy, jettent un pont à Épinay. M. le Prince, trop souvent retenu loin de ses troupes, reprend sa place au milieu d'elles. Déjà La Ferté, qui a l'avant-garde du Roi, a passé la Seine et se déploie sur la rive gauche. M. le Prince marche droit au maréchal, le charge, le fait reculer, toutefois sans le pousser trop fort ; il ne lui déplaît pas que l'armée royale s'engage sur la presqu'île ; il lui

---

1. L'abbé Viole à Lenet, 23 juin. B. N.

convient même de l'y appeler, de l'y retenir, son but étant de se dérober pour gagner Charenton, s'arrêter dans la langue de terre entre la Seine et la Marne, et marcher ensuite au-devant de ce secours qu'il espère toujours voir venir du nord ou de l'est. Mais comment arriver à Charenton ?
— par la rive gauche, en tenant les hauteurs de Meudon, puis la plaine de Grenelle, les faubourgs Saint-Germain et Saint-Victor? M. le Prince y pensa, discuta même le projet avec ses officiers, le reconnut impraticable. Impossible d'être à Charenton avant Turenne; et puis comment faire remonter l'équipage de pont? où passer la Seine?
— Il faut donc user du pont de Saint-Cloud; pourra-t-on traverser Paris?

La ville semble résolue à fermer ses portes; peuple, bourgeois, magistrats, tous sont unanimes; il n'y a qu'un cri. Ce n'était pas le sentiment de la veille; ce ne sera pas celui du lendemain; c'est le courant d'aujourd'hui. Et les représentants du Roi, le gouverneur de Paris, maréchal de L'Hôpital, le prévôt des marchands, Antoine Le Fèvre, si effacés, si oubliés, se trouvent tout à coup entourés, choyés; surpris de ce retour d'opinion, ils s'empressent de multiplier les consignes, que la milice bourgeoise appliquera rigoureusement. Le duc d'Orléans est des plus fermes; la moitié des

Paris fermé. Par les hauteurs extérieures, Condé atteint la porte Saint-Antoine (2 juillet matin). Turenne marche pour l'écraser contre la muraille.

troupes que l'on va sacrifier sont à lui; mais plutôt perdre ses régiments que sauver Condé. Cette jalousie qui le dévore peut enfin se faire jour : il confirme, il redouble les ordres donnés par le gouverneur de Paris.

Cependant les troupes des Princes se sont repliées par échelons, commencent à défiler sur le pont de Saint-Cloud (1er juillet). Leurs bagages les précèdent, si grande est la hâte d'entrer en ville. Mais la porte de la Conférence reste close; les voitures s'accumulent, encombrent le chemin. Le soir est venu. On parlemente. M. le Prince est autorisé à traverser Paris seul; pas un soldat, pas un chariot ne pourra le suivre. Il faut faire reculer la colonne de troupes, la ramener vers Chaillot; les équipages feront demi-tour et suivront; la route est donnée à mi-côte par la Ville-l'Évêque, les Porcherons, pour redescendre sur Popincourt. La nuit est sombre, le détour long; on marche lentement par de mauvais chemins, coupés d'égouts, de fossés. Le 2 juillet avant l'aurore, M. le Prince sort de Paris par la porte Saint-Martin, envoie aussitôt des reconnaissances vers La Chapelle, à Montfaucon. Les éclaireurs sont ramenés par ceux de l'ennemi; un corps de cavalerie assez nombreux attaque l'arrière-garde et la pousse jusqu'à la porte Saint-Martin qui ne s'ouvre pas; c'est de mauvais augure. M. le Prince dut charger en personne pour mettre fin à cet engagement: Vers cinq heures du matin, son arrière-garde n'avait pas encore dépassé la Courtille, laissant dans les fossés, près de la porte du Temple, des bagages qui ne pouvaient plus avancer; la tête de colonne sortait de Popincourt et approchait de la porte Saint-Antoine, qui semble encore mieux barricadée, mieux gardée que les autres. Le bastion qui la précède, le long parapet de l'Arsenal sont occupés par la milice bourgeoise, garnis de mousquetaires, mèche allumée; la Bastille montre la gueule de ses canons; Condé peut se croire sous les murs d'une place ennemie. En se retournant, il découvre l'armée du Roi, qui a aussi marché la nuit; elle couronne les hauteurs de Belleville, descend sur Charonne; les éclaireurs vont jusqu'à la Seine. En avant, en arrière, toutes les routes, toutes les portes sont fermées. Pas une issue. De toutes parts, la mort s'avance, inflexible. Encore quelques heures, Condé et sa poignée d'hommes seront écrasés par les soldats de Rocroy et de Lens contre la muraille impitoyable de Paris.

— Alors il prit une résolution héroïque.

Non, il ne restera pas adossé à ce mur fatal, piteusement arrêté par cette porte close, au pied de la lugubre forteresse qui projette au loin l'ombre

<small>Résolution héroïque. La « patte d'oie ». Dispositions pour soutenir</small>

menaçante de ses hautes tours. Il ira chercher, provoquer le combat. Quelques officiers l'entourent : « Je ne vous promets pas la victoire, au moins nous ne nous laisserons pas égorger comme des veaux » ; et il explique son plan, distribue les rôles.

le combat dans les trois chemins de Charonne, de Vincennes, de Charenton.

En face de lui s'ouvre une patte d'oie : trois rues en éventail, ou plutôt trois chemins qui mènent à Charonne, à Vincennes, à Charenton, bordés de murs, d'enclos, jardins, maisonnettes ; çà et là, surtout près des carrefours, des groupes de maisons plus élevées et plus solides, peuplées d'artisans, de négociants ; enfin, sur plus d'un point, les vastes bâtiments et les hautes murailles des couvents ; l'abbaye Saint-Antoine forme comme une citadelle au milieu du cours de Vincennes. L'aspect des lieux a bien changé depuis deux siècles et demi ; la patte d'oie existe encore avec ses trois rues en éventail. Si, prenant la place de la Bastille pour centre, on décrit un arc de cercle de 15 à 1,800 mètres de rayon, sur un développement d'environ 1,500, entre les rues de Charonne et de Charenton, on obtient un secteur coupé en deux par la grande rue du faubourg ; c'est dans ce secteur que fut livré le combat du 2 juillet 1652. En ce jour, à environ 15 ou 1,800 mètres du centre, ces trois chemins, ces trois rayons du secteur sont coupés par des ouvrages de campagne, flèches ou redans répartis sur la circonférence, soutenus par un ou deux rangs d'assez fortes barricades. Ces défenses, improvisées trois semaines plus tôt pour arrêter les déprédations des Lorrains, ont été conservées par miracle. M. le Prince va s'en saisir ; ce sera le front de combat. La définition de la figure suffit à faire comprendre quel parti un général à la tête claire put tirer de ces trois artères sortant d'un même sommet, garnies d'obstacles, réunies par des communications transversales ; quelle facilité il trouva pour remuer, déplacer ses troupes, et compenser la très grande infériorité du nombre (cinq à six mille contre douze mille) ; — tandis que l'assaillant, forcé de répartir ses attaques sur un très grand front, en des points très distants, ne pouvait modifier la distribution de ses troupes que par une série de manœuvres assez longues.

A la gauche, la tête du chemin de Charonne sera défendue par Valon, lieutenant-général du duc d'Orléans, avec ses deux meilleurs régiments, « l'Altesse » et « Languedoc ». Il se porte auprès du carrefour de la Croix-Faubin, afin de rester maître de la traverse, rétablit les barricades, garnit les maisons assez hautes en cet endroit, perce des meurtrières, ouvre des communications, etc.—

Dans les vieux corps, officiers et soldats n'étaient pas novices à ce métier; les sièges les avaient formés; toute l'infanterie des Princes était pourvue d'outils[1]. — Les fractions des régiments seront engagées successivement par petits groupes, tous reliés et soutenus. Quelques pelotons de cavalerie, masqués dans les enclos, assisteront l'infanterie dans un mouvement offensif ou dans une retraite un peu pressée. Ces dispositions sont prescrites par des instructions générales et appliquées sur toute la ligne.

Le régiment de « Valois » est dans les jardins entre le chemin de Charonne et le cours de Vincennes, qui est défendu par Clinchamp avec ce qui reste du contingent des Pays-Bas et deux régi-

---

[1] Impossible de vérifier d'où venaient les outils. Tavannes dit qu'il en fit distribuer à ses cavaliers pendant l'action. Il est vraisemblable qu'il y avait des voitures d'outils et que la distribution se fit avant le combat. Il est certain que dès le début l'infanterie des Princes marchait en quelque sorte à la sape à côté des rues, et que les grandes maisons de la rue de Charonne étaient déjà crénelées et percées de meurtrières au moment de la charge de Saint-Maigrin. Dans le combat de la rue de Charenton, les cavaliers de Tavannes mirent pied à terre et se servirent de pioches pour ouvrir des communications, percer des meurtrières et même faire tomber des murs. — L'armée royale n'était pas pourvue; le manque d'outils fut une des causes de son infériorité dans le combat et du mauvais succès de ses attaques. Turenne l'avait prévu. (Voir les *Mémoires* du duc d'York.)

ments de M. le Prince, « Condé » et « Langeron ».
Il tient la barricade en avant de la rue de Reuilly
et autres chemins de traverse; ses réserves sont
dans la vaste enceinte de l'abbaye Saint-Antoine.

C'était l'infanterie qui manquait surtout à M. le
Prince; il n'en restait plus pour la droite, moins
immédiatement menacée; il fallut suppléer au
déficit avec des cavaliers qui se préparèrent au
combat à pied et aux travaux de défense; on les
munit d'outils [1]; Tavannes, qui avait déjà parcouru
la route de Charenton le matin [2], eut le commandement de ce côté. M. le Prince lui ayant prescrit
de s'établir assez loin au sud-est, à Picpus, maison bien connue du Tiers-Ordre, le lieutenant-général fit remarquer qu'il serait là bien « en l'air »
et reçut, non sans surprise [3], l'autorisation de se
poster à sa volonté; il en profita pour prendre une
très bonne position, bien appuyée et bien reliée,
autour de l'ancienne maison royale de Reuilly et
dans les jardins auxquels le financier Rambouillet
avait donné son nom.

1. *Mémoires* de Tavannes.
2. Il avait été envoyé pendant la nuit à Charenton pour tracer le camp. Rappelé par M. le Prince, il venait d'arriver.
3. « Il faut que M. le Prince soit bien poussé », pensa Tavannes, qui n'était pas habitué à tant de liberté; en effet, Condé avait en ce moment fort à faire avec Turenne et Saint-Maigrin.

Les six pièces qui composent toute l'artillerie sont réparties en deux batteries, l'une près de l'église Sainte-Marguerite, l'autre au-dessous de l'abbaye Saint-Antoine, balayant au besoin la rue de Charonne et le cours de Vincennes. La réserve générale est placée dans la halle et dans les chantiers, à la naissance des trois grands chemins. Elle se compose du régiment de Bourgogne-infanterie, de l'escadron doré des volontaires, très vaillants, mais peu maniables; et d'environ douze cents chevaux de cavalerie régulière.

M. le Prince s'avance jusqu'à Charonne. Turenne reçoit l'ordre d'attaquer.

Huit heures vont sonner. Voici l'instant d'amener l'ennemi à brusquer son mouvement offensif, à procéder sans ensemble par des attaques successives.

M. le Prince s'était avancé avec cent cinquante chevaux sur le chemin de Charonne, en avant de la Croix-Faubin, couvrant ses travailleurs, guettant surtout l'occasion de provoquer son adversaire. Dès qu'il vit l'avant-garde de Turenne à portée, il la chargea et la poussa jusqu'au pied des hauteurs où Louis XIV venait de s'établir. Mazarin avait conduit le jeune roi sur la terrasse d'un jardin qui deviendra le cimetière du Père La Chaise, pour le faire assister à la fin de la plus brillante des battues. Depuis vingt-quatre heures, M. le Prince était traqué, poussé l'épée dans les reins. Le voici acculé ; « le cerf est aux toiles » ; il n'y a plus qu'à fermer. Turenne est là ; le Roi, le cardinal le pressent d'en finir ; la cour murmure. Le maréchal n'est pas prêt : « l'infanterie de M. de La Ferté ne sera pas en ligne avant deux heures ; l'artillerie et les voitures d'outils ne sont pas arrivées ; on ne peut se passer ni de canons ni de pioches pour faire la guerre des rues contre un capitaine tel que M. le Prince. Le Roi ne perdra rien pour attendre ». Mais voici les chevau-légers de Condé en vue de Sa Majesté ; ce ne fut qu'un cri d'indignation dans l'entourage. Turenne se résigne, et donne à son lieutenant-général, Saint-Maigrin, l'ordre que celui-ci attendait avec impatience. — M. le Prince était déjà loin ; il avait atteint son but.

Nous connaissons Saint-Maigrin : brillant cavalier, grand favori de la cour et des dames, bon officier, ayant assisté à nombre d'actions, mais restant peu aux armées, toujours rappelé par son service auprès du Roi[1], il n'est guère versé dans le détail de l'infanterie et des travaux de siège. D'ailleurs aujourd'hui il ne se possède pas : l'amant éconduit de Marthe du Vigean est tout à la

<small>Saint-Maigrin attaque par la rue de Charonne, enlève la Croix-Faubin. Sa défaite et sa mort.</small>

---

1. Capitaine-lieutenant des chevau-légers de la garde, il s'était distingué à la bataille de Lens.

haine qui depuis dix ans couve dans son cœur[1]; l'affront sera lavé dans le sang. Voici enfin l'occasion d'arracher ce masque de belle humeur et de cordialité obséquieuse qui cachait sa rage quand il servait sous M. le Prince. Il s'est ouvert à trois hommes de courage, habiles à manier leurs chevaux et leurs armes, qui se tiendront botte à botte à côté de lui. M. le Prince viendra certainement aux mains; les confédérés trouveront moyen de le joindre, de l'envelopper, et Saint-Maigrin le tuera de sa main. On lui a demandé de ramener Condé chargé de chaînes; c'est un cadavre qu'il rapportera.

Ses troupes sont des meilleures, des plus belles, « Gardes françaises » et « La Marine », gendarmes et chevau-légers de la garde du Roi, et tout un essaim de volontaires bien montés. Les deux régiments d'infanterie attaquent avec vigueur les retranchements de la rue de Charonne, enlèvent quelques maisons et deux barricades. Les Condéens leur font payer cher ce succès, et, par les dégagements qu'ils se sont ménagés, se retirent presque sans perte au delà de la Croix-

---

1. Dès 1643, Saint-Maigrin avait demandé la main de Marthe du Vigean. Le duc d'Anguien, alors au plus fort de sa passion, lui fit, à deux reprises et avec hauteur, défendre d'y penser. (Voir t. V, p. 6.)

Faubin, où ils font ferme dans un îlot de maisons mieux fortifié. Les officiers royaux profitent des abris qu'ils ont conquis pour préparer une attaque moins meurtrière, lorsque Saint-Maigrin se fait ouvrir la barricade et s'avance avec sa cavalerie, sans se soucier des coups de feu qu'on lui envoie des fenêtres. La rue de Charonne est vide; mais on tire sur la gauche, on se bat dans la grande rue. Saint-Maigrin y court, se jette dans une traverse, et se trouve en présence d'un peloton de cavaliers qui le chargent. Enfin ! — Non, ce n'est pas Condé, c'est Tavannes. — Mais déjà Saint-Maigrin est par terre, ainsi que ses acolytes du Fouilloux et Nantouillet, tués raide comme lui, et Mancini frappé à mort. Quelques gendarmes seulement avaient suivi leur capitaine dans la traverse; le gros descendait la rue de Charonne, lorsque Condé débouche de la halle avec une partie de la réserve, et les charge comme il savait le faire. Tous ceux qui avaient passé la barricade sont ramenés pêle-mêle, bousculant leurs mousquetaires, fusillés par ceux de l'ennemi. La barricade est reprise, le carrefour dégagé. Les débris des Gardes et de la Marine s'arrêtent au delà, dans quelques maisons où ils ne sont pas suivis. C'est à peine s'il reste assez de gendarmes et de chevau-légers pour ramener les blessés et les chevaux des morts. La colonne de droite de l'armée royale était anéantie.

<small>Condé renforce le centre, repousse l'attaque isolée de Turenne sur le chemin de Vincennes.</small>

Condé ne s'attarde pas dans la rue de Charonne. Il laisse à « l'Altesse » la garde du carrefour reconquis de la Croix-Faubin, et fait relever par « Languedoc » le régiment de « Valois », qu'il conduit au secours des troupes très chaudement engagées le long du chemin de Vincennes.

Aussitôt Saint-Maigrin parti, Turenne, prenant avec lui son régiment, les Gardes suisses et quelques escadrons, s'était dirigé sur le grand chemin. Il dut faire un détour pour gagner le site de l'ancienne barrière du Trône, et sa droite était depuis longtemps aux prises quand il commença son attaque centrale. Faute de canon et d'outils, c'est à coups d'hommes que le maréchal peut soutenir le combat et gagner du terrain. Une première barricade est prise, quelques maisons occupées. Les troupes opposées semblent fléchir; Clinchamp, leur chef, est hors de combat. Tavannes, qui n'a encore aucun ennemi sur les bras, laisse à Lanques[1] le soin d'organiser la défense dans la rue de Charenton et vient prendre la place de son

---

1. Clériadus de Choiseul, marquis de Lanques, mestre-de-camp du régiment de cavalerie de Condé depuis 1645, avait accompagné M. le Prince dans ses premières campagnes; sa belle conduite à Lens lui avait valu le grade de maréchal-de-camp. Il quitta Condé au mois d'août 1652 et ne servit plus.

camarade blessé. Comme il approche, il voit survenir par les derrières un gros de cavaliers; c'était Saint-Maigrin et sa bande; nous savons ce qui en advint. Ignorant le malheur de son lieutenant-général, Turenne veut pousser son avantage, fait avancer sa cavalerie; mais il est pris de flanc par le régiment de Valois-infanterie, qui accourt au travers des jardins, et chargé de front par M. le Prince, qui conduit deux ou trois escadrons du bas de la rue. La panique saisit les chevau-légers du Roi. L'épée à la main, avec ses officiers, Turenne eut grand'peine à les rallier, à les maintenir assez longtemps pour dégager son infanterie, qu'il ramena jusque vers le haut du grand chemin (barrière du Trône). Là, il prend position auprès de quelques moulins qui couronnent ce mamelon. Trois pièces et quelques compagnies (Uxelles et Carignan) viennent de le rejoindre : l'artillerie est braquée sur le cours, qu'elle peut battre jusqu'au coude près de l'abbaye; le détachement d'infanterie occupe les premières maisons du faubourg, et reliera le maréchal avec la troisième attaque, qui se prépare sur sa gauche. Réussira-t-elle mieux que les deux autres?

Les troupes du duc de Navailles — « Picardie, Plessis-Praslin, Douglas » et quelques escadrons — avaient eu, pour arriver au point initial, plus

Rue de Charenton; succès de Navailles.

Carnage des volontaires. M. le Prince reprend le carrefour de Reuilly. Suspension du combat.

de chemin à parcourir que les colonnes de droite et du centre. Elles enlevèrent assez facilement une première barricade sur le chemin de Charenton, mais furent arrêtées plus longtemps au carrefour près des jardins Rambouillet, et surtout à la maison de Reuilly. Le régiment de Condé, envoyé par M. le Prince, venait d'occuper cette position essentielle, clef des communications, et s'y maintint victorieusement tout le jour. Tavannes défendit le carrefour de son mieux avec ses cavaliers démontés; obligé de le céder aux mousquetaires exercés et bien dirigés de « Picardie », il se sert habilement des maisons crénelées, des barricades successives, et recule d'obstacle en obstacle, gagnant du temps comme il en a reçu l'ordre. Par le cours et les jardins de l'abbaye, M. le Prince amène « Bourgogne », son meilleur régiment, qu'il tenait en grande réserve, et qu'il va faire donner, selon sa pratique, dans le flanc de l'ennemi.

Tandis que cette troupe d'élite marchait au secours de Tavannes, M. de Beaufort sortait de la porte Saint-Antoine avec quelques cavaliers qu'il avait décidés à le suivre. Arrivé à la halle, où sont réunis les officiers sans troupes et les volontaires, il entend porter aux nues les exploits de M. le Prince; sa vanité se gonfle; il veut qu'on parle aussi de lui. Le feu est plus vif que jamais dans la

rue de Charenton; Condé n'est pas là; voilà une
belle occasion de faire le général. Que ne chargeons-nous! crie Beaufort à Nemours, La Rochefoucauld et autres, qui déjà rongeaient leur frein,
et tous ces vaillants étourdis descendent la rue au
galop. Bientôt on tire sur eux de toutes les fenêtres;
ils laissent leurs chevaux, courent à la barricade
qu'ils ont devant eux. — C'est la contre-partie de
la folie de Saint-Maigrin. — En quelques instants,
la rue est jonchée de morts ou de mourants, La
Rochefoucauld, Flamarens, le comte de Castres,
La Roche-Giffard, bien d'autres; Nemours blessé
tombe, se relève, est blessé une seconde fois à la
main qu'il mettait sur la barricade pour l'escalader. Les survivants tourbillonnent éperdus. Condé
accourt, pousse son cheval à travers les clôtures,
saute dans la rue avec quelques soldats de « Bourgogne », reprend les corps des mourants et des
morts, et, tandis qu'une partie des compagnies qui
le suivent se dispersent dans les jardins et les cours,
pénètrent dans les maisons par derrière, lui, seul à
cheval, l'épée à la main, sous le feu croisé des
mousquets qui ne visent plus que lui, conduit ses
fantassins sur les barricades, qu'il emporte, et mène
battant l'ennemi jusqu'au carrefour des rues de
Reuilly et de Rambouillet. Il ne peut aller plus
loin; l'ennemi est là trop solidement logé; les

mousquetaires des deux partis restent embusqués face à face. Ceux qui sont gisants çà et là et qui respirent encore sont ramassés, les uns juchés sur leurs chevaux, les autres emportés comme on peut; les rues sont vides, l'infanterie est derrière les murailles, la cavalerie dans les enclos; on ne tire plus.

« L'armée royale n'a pu passer outre en aucun endroit ».

Dans ses *Mémoires*, Turenne, traçant une rapide esquisse du combat du 2 juillet, termine son laconique récit par une déclaration nette et précise, qui vaut bien des phrases : « Les ennemis demeurèrent toujours derrière les grandes traverses du faubourg, d'où ils avaient rechassé les nôtres. On leur prit à la main gauche (rue de Charenton) une barricade que l'on garda; mais on ne put passer outre en aucun endroit, toute l'infanterie ayant été fort rebutée... » Pesons ces quelques mots : « On ne put passer outre en aucun endroit. » Qu'ajouterons-nous à cet aveu? Où trouver un témoignage plus formel de l'avantage remporté par M. le Prince et ses troupes?

Le combat a cessé; le silence s'est fait partout; mais la journée est-elle finie? Beaucoup le croient; M. le Prince en juge autrement; il le dit à Tavannes, et se préparait à un engagement suprême, fatal peut-être, lorsqu'il reçut un message qui changeait la situation.

L'après-midi s'avance, deux heures viennent de sonner : il y en a six que le combat a commencé, qu'il dure sans aucune suspension, plusieurs fois déplacé, mais toujours intense et violent. Tout Paris est sur pied, entend le roulement non interrompu de la mousqueterie. La durée inattendue de l'action surprend, confond tous les calculs ; les amis de M. le Prince craignaient de laisser deviner que leurs espérances se ranimaient, et l'inquiétude gagnait les autorités, en permanence à l'Hôtel de Ville.

Les blessés dans Paris. Mademoiselle fait ouvrir les portes.

Gaston, se disant malade, restait au lit, invisible, dissimulant son impatience de savoir Condé anéanti. Seule, une femme eut le courage de parler et d'agir, inspirée par sa fierté et la hauteur de son cœur : Mademoiselle pénètre chez son père, arrache à la mollesse de Gaston une vague autorisation qu'aussitôt elle porte à l'Hôtel de Ville et que sa parole impérieuse transforme en ordre général de lui obéir. Comme elle sortait, elle est arrêtée par un lugubre encombrement.

Après l'engagement téméraire et malheureux de la rue de Charenton, Beaufort emmena son beau-frère Nemours gravement atteint, et parvint à se faire ouvrir le guichet de la porte Saint-Antoine. La cohue des blessés se précipita derrière lui. Alors commença cet horrible défilé auquel Mademoiselle assista dans la rue de la Tisseranderie,[1] et qu'elle a peint en termes saisissants : une foule d'hommes sanglants, se traînant à pied, cramponnés sur leurs chevaux, portés sur des chaises, des planches, des échelles; le gros Valon, blessé aux reins; le beau La Roche-Giffard expirant; un cavalier, sans chapeau, soutenu par deux hommes, plus pâle que son pourpoint blanc — Mademoiselle le reconnaît : « En mourras-tu, Guitaut? Il fit signe de la tête que non. Il avait un grand coup de mousquet dans le corps »; — La Rochefoucauld, conduit par son fils, et Gourville, aveugle, soufflant sans cesse pour ne pas être étouffé par le sang qui inondait son visage. Tous ces estropiés se dispersaient, cherchant un abri, un secours; on les menait aux hôpitaux, on les recueillait dans les maisons.

L'émotion fut générale, le revirement de l'opinion complet. Les agents coalisés du cardinal de Retz et de l'abbé Foucquet avaient persuadé aux Parisiens que Condé s'était accommodé avec le ministre, que le combat était une comédie arrangée d'avance, qu'enfin les troupes de M. le Prince, simulant une déroute, se jetteraient dans Paris

---

[1]. Prolongement de la rue Saint-Antoine, près de l'Hôtel de Ville.

pour attirer sur leurs traces les troupes mazarines, qui mettraient la ville à feu et à sang. « L'affreux et pitoyable » tableau qui se déroulait dans les rues dessilla les yeux les plus prévenus. Aussi quand Mademoiselle put reprendre sa course et remonter le courant qui l'avait arrêtée, fut-elle saluée d'acclamations unanimes ; chacun la bénissait, l'encourageait à se hâter, à faire ouvrir ces portes qu'une heure plus tôt on tenait si obstinément fermées, à sauver les restes de cette bande vaillante qui depuis six heures se battait, un contre trois, pour sauver Paris.

<small>Entrevue de Condé et de Mademoiselle.</small>

Elle descendit tout près de la Bastille, dans la maison de M. de La Croix, maître des Comptes, et fit appeler M. le Prince. C'était le moment où Turenne repoussé suspendait le mouvement offensif pour préparer un assaut général et définitif. Les troupes du Roi manœuvraient en arrière du front de combat, occupant par des grand'gardes les positions qu'elles avaient gagnées. L'infanterie de M. le Prince se fortifiait dans les maisons qu'elle avait reconquises ou conservées ; les cavaliers, pied à terre, se défilaient de leur mieux derrière les murailles des cours ou des jardins ; l'artillerie assurait à ses pièces des plates-formes et des abris improvisés. Un morne silence régnait dans les rues désertes du faubourg, à peine rompu par de rares coups de feu échangés aux points de contact. Condé pouvait se rendre au pressant appel qui venait de lui être adressé.

Soudain, il apparaît devant Mademoiselle, l'épée nue à la main (il avait perdu le fourreau), la cuirasse martelée de coups, la chemise tachée de sang, les cheveux tout mêlés, les yeux étincelants à travers le masque de sueur et de poussière qui couvrait son visage, terrible et sublime ! A peine est-il en présence de la princesse que les larmes éteignent le feu de son regard ; il tombe en pleurant sur un siège : « Pardonnez à ma douleur ! J'ai perdu mes amis, tous mes amis ! — Après cela, que l'on dise qu'il n'aime rien », s'écrie Mademoiselle. Elle le rassure sur le sort de quelques-uns et lui annonce que Paris est ouvert. Condé se remet, baise la main qui vient de sauver ses soldats, ajoute quelques mots d'instruction et retourne en hâte au faubourg ; le calme menaçant qu'il avait laissé derrière lui ne lui faisait pas illusion. Chemin faisant, il presse la marche des voitures, déblaye la route, congédie ce qui reste de la troupe plus que décimée des seigneurs et volontaires ; puis il court à l'abbaye Saint-Antoine, monte au clocher ; de ce point élevé et central, sa vue embrasse la position de ses troupes et les préparatifs de l'armée royale.

Le maréchal de La Ferté entre en ligne : son infanterie relève au bout de la rue de Charonne les deux régiments des Gardes et de la Marine, presque anéantis ; l'artillerie arrive et se répartit entre les trois attaques. Navailles conserve son carrefour sur le chemin de Charenton ; il est renforcé et mènera la gauche. Turenne conduira l'ensemble : sa place est au centre, sur le chemin de Vincennes ; une partie de sa cavalerie a mis pied à terre. Il attend que le développement soit terminé, et veut surtout voir arriver à hauteur deux partis chargés de mouvements tournants : l'un, à droite, tâchera de gagner la contrescarpe du côté de la Courtille, l'autre à gauche descendra le long de la Seine et s'efforcera de se glisser entre la muraille et l'arrière-garde ennemie.

Dispositif d'attaque de l'armée royale. Condé prépare sa retraite en échiquier.

Du haut de son observatoire, M. le Prince a tout vu, tout compris ; il fera face à tout. Son armée va entrer dans Paris ; mais elle ne sera pas « poussée » ; ce sera une manœuvre plutôt qu'une retraite ; s'il ne survient pas d'accident, aucun des résultats obtenus ne sera perdu. Tavannes est auprès de lui ; c'est le seul officier général que le feu ait épargné ; il a fort bien fait tout le jour et dirigera l'opération. Les mestres-de-camp sont là aussi, écoutant les dernières instructions de Condé : ce qui importe, c'est d'éviter l'encombrement. Le gros de la cavalerie reprendra le chemin de Popincourt, gagnera le faubourg du Temple ; la même fée qui a ouvert la porte Saint-Antoine a aussi rompu le charme de ce côté. Les voitures laissées en arrière vont pénétrer dans Paris par cette voie ; la cavalerie les suivra après les avoir protégées, s'il y a lieu, contre le mouvement tournant qui se dessine. Quelques escadrons sont en observation du côté de Bercy et de la Râpée. D'autres, répartis par pelotons dans les cours et jardins du faubourg, assisteront l'infanterie dans son mouvement rétrograde.

Cette infanterie a bien employé le répit qui lui a été accordé, se remettant en ordre, complétant certains travaux de défense et de communication ; ses échelons sont formés et se replieront méthodiquement de poste en poste le long des trois rues, bien reliés ensemble, exécutant ainsi une retraite générale en échiquier. Elle emmènera l'artillerie. C'est le prince de Tarente qui fera l'arrière-garde avec le régiment de « Bourgogne ». Les chantiers de la contrescarpe et de la halle ont permis de construire, en avant du glacis de la Bastille, une façon de réduit où les derniers arrivants trouveront un abri contre un suprême effort de l'ennemi. Une centaine de mousquetaires sont distribués sur la courtine de l'Arsenal pour soutenir le courage des compagnies bourgeoises qui viennent d'y prendre le service. Bien que cette garde montante soit favorablement disposée, il y a encore une inconnue à dégager et l'épreuve n'est pas complète. La ville a ouvert ses portes à M. le Prince; mais, pour emprunter un moment le langage figuré de l'Arabe, Paris fera-t-il parler la poudre contre — on n'ose pas dire contre le Roi — contre Mazarin ?

Tous les ordres sont donnés. La chaleur est toujours accablante. M. le Prince descend du clocher, traverse le préau; la fraîcheur du tapis vert qui s'étend sous ses pieds à l'ombre de grands arbres le tente, l'attire. Soudain il jette ses armes, ses habits, et, tout nu, comme un poulain sauvage, il se roule dans l'herbe touffue. Après ce bain improvisé, il se fait vêtir et armer, saute à cheval, et donne un dernier coup d'œil au dispositif de son armée. Le moment est venu. Les avant-postes envoient une décharge pour appuyer le mouvement rétrograde qui commence sur tout le front. Les troupes royales suivent d'assez loin, et tout se passait comme il avait été prévu et réglé, lorsqu'un incident vint troubler l'économie générale de l'opération. La petite batterie établie près de l'église Sainte-Marguerite (rue de Charonne) a été si bien consolidée, qu'on ne peut plus retirer les

[marginalia: Le mouvement commence. La Bastille tire sur l'armée du Roi, qui se retire.]

pièces; or, M. le Prince a défendu d'abandonner le canon. La colonne de gauche se trouve arrêtée. Turenne s'en aperçoit, presse son mouvement, celui de Navailles. Tout à coup un flocon blanc s'élève de la plate-forme de la Bastille ; le canon retentit une fois, deux fois, puis une volée tout entière. Cris de joie dans l'entourage du jeune Roi : c'en est fait de M. le Prince, Paris a ouvert le feu contre lui; et un éclair illumine le visage de Mazarin, encore tout bouleversé par les tristes nouvelles qu'il venait de recevoir. Les plus empressés appellent le carrosse que la Reine a fait préparer et qui va conduire M. le Prince au cachot d'où il ne sortira que pour monter à l'échafaud. — « Mais non, s'écrie le maréchal de Villeroy, c'est sur nous qu'on tire ! » et il montre la profonde colonne qui oscille et s'arrête, sillonnée par cette ondulation sinistre que trace le boulet.

Les bourgeois qui gardaient la courtine de l'Arsenal suivirent l'exemple du gouverneur de la Bastille, ouvrirent le feu sur la cavalerie qui débouchait du côté de Bercy. Partout l'attaque était manquée, les Condéens hors d'atteinte; il se faisait tard. Turenne donna le signal, renvoya toutes les troupes. La Bastille canonnant l'armée du Roi ! c'était bien la fin de la journée. Le maréchal regagna tristement son quartier général de la Chevrette, et le carrosse qui devait emporter Condé enchaîné ramena Louis XIV aux Carmélites de Saint-Denis, où il retrouva sa mère encore prosternée devant l'autel.

CHAPITRE V

LA « SÉDITION DE LA PAILLE » ET LA SOUMISSION DE PARIS.

JUILLET-OCTOBRE 1652.

Caractère du combat du 2 juillet 1652. — Découragement à Saint-Denis. Sentiment de Turenne. — Espoir de pacification. Sentiment de Mazarin et de Condé. Déception. — Pouvoir cédé par le parlement aux magistrats de Paris. Élections de l'assemblée de la ville. — Réunion des députés à l'Hôtel de Ville (4 juillet). Gaston et Condé s'y rendent et se retirent. — Pourquoi Condé refuse de revenir. Beaufort chez le mercier. — La place de Grève. Mort de Miron. — Assauts, prise et sac de l'Hôtel de Ville. Cinq députés tués. Arrivée de Mademoiselle. Fin du tumulte. — La « sédition de la paille ». Condé n'en est pas l'auteur. — La confession de Monsieur. — Les ennemis de Condé à l'œuvre. M. le Prince paralysé. — Le Roi refuse d'ouvrir une lettre de Condé (27 août). — M. le Prince conserve au Roi les marbres de Mazarin. Le duc de Damville. — Condé négocie, confie ses pouvoirs à M. de Lorraine. Sa correspondance avec le maréchal de Gramont. — Marche des Espagnols. Mouvements de Turenne. Préparatifs de M. le Prince. — M. de Lorraine reparaît. Hésitation de Mazarin. Turenne se poste à Villeneuve-Saint-Georges (5 septembre). — Condé fait jonction avec les Lorrains et met Turenne en grand péril. — Il est rapporté malade à Paris (25). La fièvre et le traitement. — Incidences : Nemours tué en duel par Beaufort; douleur de Condé. Sa querelle avec le comte de Rieux. — Dégagé de l'étreinte de Condé, Turenne gagne Corbeil (5 octobre). — Transformation de Paris. « Assemblées du papier. » Députations envoyées au Roi. — Discrédit de Condé. Débandade de ses partisans. — Mort de Chavigny (11 octobre). Condé sort de Paris (13). — Le Roi à Paris (21). Les Princes déclarés criminels de lèse-majesté (13 novembre).

On parle souvent de l'échauffourée du faubourg Saint-Antoine; l'expression n'est pas juste; il est difficile d'imaginer un combat plus rapidement et plus complètement préparé, conduit avec plus de suite, poussé avec plus de vigueur; Napoléon l'appelle bataille. C'est le suprême effort d'une troupe peu nombreuse, qui réussit à entraver le déploiement d'une armée supérieure en nombre, en organisation, et la frappe d'impuissance. *Caractère du combat du 2 juillet 1652.*

Par une provocation audacieuse, Condé fait manquer à Turenne le début et la liaison des attaques, charge successivement les diverses colonnes qui se montrent, les repousse et les sépare. A mesure qu'il a dégagé une rue, il paraît dans l'autre; partout on l'a vu. A force d'habileté et de vaillance, il a disputé le temps plutôt que le terrain; il a gagné huit heures; sera-ce suffisant? Tout ce que l'homme peut faire est accompli.

La volée de canon envoyée par la Bastille, voilà l'élément imprévu, incertain plutôt. La citadelle restant muette, la porte Saint-Antoine close, c'était la prison, l'échafaud pour tous ceux qui n'auraient pas péri les armes à la main. Le feu du combat fit partir les pièces, et la barrière fermée aux instances du chef de parti s'abaissa devant l'épée qui venait d'accomplir des prodiges ; le guerrier avait sauvé le rebelle. Mais que de sang, que de ruines, pour soutenir une querelle d'ambitieux, une lutte sans but ! Que de courage jeté au vent, sous les yeux d'un ennemi, étranger au pays qu'il domine, et qui guette l'occasion de démembrer la France, d'arrêter son développement naturel ! Si au moins ce cruel sacrifice de vies humaines avait été comme un holocauste suprême offert aux dieux pacificateurs ! Les gens de bien l'espéraient ; jamais l'occasion ne fut plus propice.

Découragement à Saint-Denis. Sentiment de Turenne.

A la cour, on tombait de bien haut. Depuis le départ de M. de Lorraine, le succès semblait assuré, — simple question de jours : on voyait le duc d'Orléans séparé de Condé, Paris ouvrant ses portes, rappelant le Roi — Retz, Basile Foucquet en donnaient l'assurance positive, — M. le Prince obligé de subir des conditions humiliantes, mieux encore, anéanti, tué ou captif ; rien de plus certain le 2 au matin. Tout s'évanouit : au lieu d'une procession de captifs, une longue file de morts et de blessés se déroule dans les rues de Saint-Denis ; les courtisans se pressent autour du catafalque de Saint-Maigrin, qui reçoit dans la vieille basilique les honneurs d'un enterrement royal. On pleure ses compagnons, Nantouillet, Fouilloux, frappés dans la fleur d'une brillante jeunesse, favoris du Roi [1]; on veut se persuader que Paul Mancini sera conservé à son oncle, dont il est la plus chère espérance, et qui, moins confiant, se montre abîmé de douleur. Au fond, plus de tristesse que de colère contre l'ennemi; l'abattement gagne la Reine; les récriminations vont leur train; Turenne n'est pas épargné; les critiques ignorants ou frivoles inimputent à sa lenteur, à sa maladresse, l'affront infligé aux armes du Roi. Si les ministres avaient su par qui le remplacer, il eût perdu son commandement. Le maréchal ne se laisse pas déconcerter et ne craint pas d'exciter de nouvelles colères en conseillant nettement « l'accord », que tant d'autres désiraient secrètement : les troupes étaient découragées; pour les remettre, il faut du temps, des moyens qui manquent, des circonstances qui peut-être ne se présenteront pas. Turenne entrevoit une lutte prolongée dont le terme lui échappe, et son

---

[1]. Louis du Prat, marquis de Nantouillet, — vingt-deux ans, — commandait les gendarmes de Mazarin. C'est son frère, le chevalier de Nantouillet, qui passa le Rhin accroché à la queue d'un cheval (1672). — Charles de Meaux, seigneur du Fouilloux-en-Arvert, capitaine-enseigne des gardes de la Reine mère, « jeune homme de vingt-six à vingt-sept ans, fort accompli selon le corps et l'esprit du monde, et bien aimé du Roi ». Sa sœur, Bénigne de Meaux du Fouilloux, devint fille d'honneur d'Anne d'Autriche en 1657, et marquise d'Alluye en 1667. Aucune parenté avec la famille du veneur.

cœur se serre à l'idée d'user ce qui lui reste de forces pour détruire une poignée de Français, au moment où l'Espagnol est en train de renverser l'œuvre de vingt années, nous ramenant jusqu'à la Somme et peut-être plus loin.

<small>Espoir de pacification. Sentiment de Mazarin et de Condé. Déception.</small>

Mazarin, frappé au cœur[1], a quitté le ton arrogant, parle aujourd'hui sur un autre mode : « Pour sa retraite, le cardinal se conformera aux expédients que M. le Prince croira les meilleurs, et se fiera entièrement aux paroles qu'il lui donnera... Plust à Dieu que M. le Prince et le cardinal pussent estre une heure ensemble en la présence de Mme de Chastillon ; je crois pouvoir respondre que tout seroit accommodé avec satisfaction réciproque[2]. » Cette lettre n'était pas isolée ; les actes confirmaient les paroles : après avoir décrété la translation du parlement à Pontoise et s'être fait décerner le périodique témoignage de la confiance royale, le cardinal va donner bientôt un gage de son désintéressement et reprendre le chemin de son exil volontaire[3]. Certes, cette manœuvre

---

1. Paul Mancini était mort le 18 juillet. Neveu et héritier désigné du cardinal Mazarin, il n'avait que seize ans. « C'était un fort joli garçon et de grande espérance ; il fit des merveilles à la tête du régiment de la Marine, dont il était mestre-de-camp » (*Mémoires* de Mademoiselle), et qu'il eut le malheur de quitter un moment pour suivre Saint-Maigrin.

2. Mazarin au marquis de Mortemart, 18 juillet 1652.

3. Il partit le 19 août.

cache plus d'une arrière-pensée ; les contradictions n'embarrassent guère Mazarin ; nul mieux que lui ne sait semer les pièges, et ses chemins sont tortueux ; mais l'accent est parfois sincère ; pendant les trois mois d'incertitude qui vont s'écouler, la disposition généreuse, les sentiments élevés se font jour plus d'une fois. Laisser une telle épée aux mains des Espagnols! Cette pensée le saisit souvent comme un remords, et alors il tolère qu'on entame une négociation à peu près sérieuse, rend la main à la Palatine, la seule loyale ; mais au premier obstacle soulevé par la hauteur de Condé ou la perfidie des entremetteurs, Mazarin se sent soulagé. Aujourd'hui c'est la corde française qui vibre, et Condé semble en état de répondre. Le capitaine s'est relevé, sa fierté est satisfaite, et s'il peut parler de ses actions avec une réserve qui dépasse la simplicité ordinaire de son langage[1], le massacre de tant d'amis, le désarroi de ses affaires lui arrachent un cri de douleur qui doit retentir jusqu'à Madrid : « Tout ce qui m'a esté promis me manque. La Guienne s'en va perdue, et Bordeaux mesme, faute de secours. Je ne suis pas mieux assisté de deçà, où, pour sauver nostre petite ar-

---

1. « Je me remets à la lettre que Caillet vous escrit pour vous faire savoir ce qui vient de se passer aux portes de Paris » (à Lenet, B. N.).

mée, je suis tous les jours obligé d'exposer ma vie et celle de mes amis à cent mille dangers ; tesmoin l'action d'hier[1]. » La retraite des Lorrains et l'inaction de l'armée des Pays-Bas lui fournissent de justes griefs, détendent les liens qui l'unissent aux Espagnols. Et sans parler des défections qui se succèdent ou se préparent, autour de lui que d'embarras ! De l'argent ! des hommes ! c'est le refrain de tous ceux dont il aurait pu espérer quelque secours, Marchin de Bordeaux, Lenet de Brouage : « Mais croyés donc, écrivait-il au premier le 13 juillet, croyés donc une fois pour toutes que sitost que je vous pourray envoyer des troupes, je le feray sans en estre sollicité. A peine ay-je icy de quoy faire teste à une partie des ennemis. Si j'avois des troupes plus qu'il ne m'en faut, vous pouvés croire que je ne prendrois pas plaisir à voir tomber Montrond, qui est à la veille de sa perte. » Et ces troupes avec lesquelles il « peut à peine faire teste », en quel état sont-elles ! sans solde, décimées par le feu, ruinées par l'indiscipline, elles vont fondre rapidement.

Hors de la bande des intrigants et des conspirateurs de métier, l'aspiration à la paix était presque générale ; tous les symptômes l'indiquent ; la réac-

---

1. A Watteville, 3 juillet. B. N.

tion qui s'était produite dans Paris au feu du canon, semblait devoir favoriser le mouvement. Les événements intérieurs, l'intervention perfide de l'étranger, les trahisons et les combinaisons personnelles de quelques-uns, la duplicité de celui-ci, la violence, l'indécision, les rêveries de l'autre, enfin — il faut le reconnaître — le retour de fermeté du Roi et de la Reine, qui soutiennent les défaillances de Mazarin, surmontent les hésitations de Turenne, — ce concert de bien et de mal fera tout échouer. On ne peut contempler sans tristesse l'avortement des tentatives qui pouvaient amener une pacification opportune.

C'est au cœur de Paris qu'éclata la première tempête; c'est là que le vent tourna, et que la brise qui devait apporter la paix se changea en bourrasque, souffla la guerre. Il nous faut faire le récit d'une lugubre journée, sur laquelle nous voudrions jeter un voile, mais dont les incidents pèsent trop lourdement sur la mémoire de Condé pour que nous les passions sous silence. {Pouvoir cédé par le parlement aux magistrats de Paris. Élections de l'assemblée de la ville.}

Le temps d'Étienne Marcel était loin; la tentative communale de la Ligue et des Seize n'avait pas laissé de traces. Cependant la Fronde, les désordres de la rue, l'affaiblissement de toute autorité, avaient rendu au corps de ville, échevins et quarteniers, une importance qui s'en allait croissant avec le discrédit des cours souveraines. On s'habituait à dire la « ville », comme en d'autres temps on a dit la « commune ». Par son arrêt du 27 juin, le parlement, aux abois, avait en quelque sorte saisi la ville des pouvoirs qu'il s'était arrogés. Cet acte eut pour première conséquence de remettre aux mains des chefs institués, gouverneur de Paris, prévôt des marchands, des moyens d'action dont ils étaient privés depuis longtemps et surtout la disposition de la force publique, composée des quinze légions (on disait alors « colonelles ») de la milice bourgeoise; nous avons vu quel usage ils en firent dans les journées des 30 juin, 1ᵉʳ juillet et dans la matinée du 2. Mais les auteurs de la mesure n'entendaient pas laisser aux représentants du Roi un pouvoir sans contrôle ou sans appui; ils comptaient placer auprès d'eux un corps délibérant, une « assemblée de la ville », où, à côté des échevins, figureraient les élus du clergé, des quartiers et des corps de métiers. Les élections se firent, en quelque sorte, au bruit du combat qui se livrait dans le faubourg. La convocation, œuvre de Monsieur, de Retz et consorts, était également sollicitée par la cour : ceux-ci espérant que Gaston, reconnu lieutenant-général, demeurerait tout-puissant pour continuer la lutte ou traiter seul; ceux-là comptant sur la soumission de Paris, le rappel du Roi et de son premier ministre ; tous se croyant assurés de consommer la ruine de Condé. Mais la situation, au lendemain de l'élection, n'était plus ce qu'elle était la veille : à Saint-Denis chez le Roi, au Luxembourg chez Monsieur, on n'attendait plus rien de bon de l'assemblée.

A peine les premiers députés arrivés à l'Hôtel de Ville, dans l'après-midi du 4 juillet, un trompette apporta une lettre du Roi, remettant la réunion à huitaine. Le maréchal de L'Hôpital, président de droit, voulait qu'on déférât aux ordres de Sa Majesté ; mais les Princes s'étaient annoncés pour deux heures, on ne se sépara pas. A l'heure dite, Condé arrivait au Luxembourg ; il trouve Monsieur de mauvaise humeur, toujours malade, redoutant la chaleur, différant sans cesse son départ. M. le Prince ne parut pas comprendre l'invitation secrète cachée sous ces retards, attendit que Monsieur fût dispos pour l'accompagner. Cependant les députés, fort nombreux, plus de quatre cents[1], s'entretenaient, émus, agités, sans direction, tourmentés par la soif : quelques magistrats frondeurs, peu ou point de « mazarins », la grande majorité bourgeois aisés, prêtres, voulant la paix ;

Réunion des députés à l'Hôtel de Ville (4 juillet). Gaston et Condé s'y rendent et se retirent.

1. Trois cent dix convoqués, plus les non mandés (Registres de l'Hôtel de Ville).

attachés au Roi, bien disposés pour les Princes, ne les séparant pas, voyant dans l'un le sang de Henri IV, dans l'autre l'épée de la France : le Roi et les Princes, et pas de Mazarin, voilà ce qu'ils avaient au fond du cœur. Au dehors, sur la place de Grève, foule houleuse, très mêlée, beaucoup de désœuvrés, de curieux, perdus parmi ces visages sinistres qu'on voit surgir du pavé des grandes villes aux jours d'émotion populaire; quelques soldats, même avec leurs mousquets, la plupart du régiment de « l'Altesse », qui était au duc d'Orléans et recruté dans Paris.

Les Princes n'arrivaient pas. Le maréchal de L'Hôpital donne la parole au procureur du Roi de la ville. La harangue de ce magistrat fut ce qu'elle devait être, prêchant purement la soumission au Roi, et, comme il s'asseyait au milieu des murmures, il se releva, disant qu'on ne l'avait pas compris : ses conclusions étaient que le Roi serait supplié de revenir sans le cardinal Mazarin et de donner la paix à ses peuples. A ce moment, les Princes entrèrent dans la salle; il était près de six heures. D'un air grognon et mécontent, sur un ton glacial, Gaston remercia la ville de l'accueil qu'elle avait fait à ses troupes, « entretenues uniquement pour la défense de ladite ville, des intérêts de laquelle il ne se séparait jamais ». Quelques paroles

de plus auraient enlevé l'assemblée et fait voter
« l'union avec les Princes pour obtenir la paix, le
retour du Roi et le départ du cardinal ». Ces
paroles, Monsieur ne sut pas les trouver ou ne voulut pas les prononcer. Avec un peu plus de chaleur,
M. le Prince déclara « qu'il ne pouvait rien ajouter
aux témoignages d'affection que venait de donner
Son Altesse Royale; quant à lui, pour la conservation et la sûreté de Paris, il restait toujours prêt à
donner sa vie et son sang ». Il ne lui appartenait
pas de conclure. Sur ce, les Princes saluèrent et
sortirent silencieux. Mais les gentilshommes du
duc d'Orléans donnaient hautement leur opinion;
en descendant le degré, l'un d'eux — le comte de
Béthune, dit-on — cria que « ces messieurs assemblés ne voulaient rien faire; au peuple d'aviser ».

A peine de retour au Luxembourg, les Princes reçoivent de sérieuses nouvelles : on tire sur la place de Grève; le sang coule; l'Hôtel de Ville est menacé. Monsieur est sollicité de revenir; sa pré-sence apaisera le tumulte; mais il se trouve de plus en plus malade, et cette fois il demande nette-ment à Condé de retourner à sa place. — « Il n'y a point d'occasions où je n'aille pour le service de Votre Altesse Royale, répond celui-ci; mais je ne suis pas homme de sédition, je n'y entends rien et j'y suis fort poltron. »

Pourquoi Condé refuse de revenir. Beaufort chez le mercier.

Dans cette réponse, faite sur le ton de raillerie familier à M. le Prince, faut-il voir un témoignage blâmable d'indifférence, pis que cela, un aveu de complicité ? On l'a beaucoup dit, à tort, selon nous. Condé était fondé à soupçonner une embûche, un guet-apens, sous l'invitation de Monsieur. Les événements des derniers jours, le concert patent de Gaston, du coadjuteur et des autorités parisiennes, de tous les agents ou amis de la cour, coalisés pour le perdre, l'attitude même de la foule, ne lui laissaient aucune illusion. Tout était préparé contre lui; nulle chance de rétablir l'ordre; le dénouement de l'aventure était fatal : disparaître frappé au milieu des ténèbres, ou revenir associé au crime par de perfides acclamations; sacrifice inutile de la vie ou de l'honneur.

Une seule voix, chère au peuple, aurait pu se faire entendre, celle du duc de Beaufort. Cette voix demeura muette. Resté ou retourné sur les lieux, Beaufort s'établit dans la boutique d'un mercier, au coin de la rue de la Vannerie, et assista impassible aux scènes que nous allons décrire.

La place de Grève. Mort de Miron.

Les Princes avaient laissé la place de Grève très agitée. Les compagnies bourgeoises, requises pour maintenir l'ordre, avaient fait défaut ou s'étaient dispersées, soit par lassitude, soit plutôt pour ne pas prêter main-forte aux prétendus mazarins. La foule grossit : clameurs confuses, rixes, larcins, gourmades; députés bousculés ; pas de désordres graves; nul attentat sérieux contre les personnes; tout au plus une émeute. Il fallait une sédition.

Les meneurs eurent recours à un procédé souvent employé et qui manque rarement son effet : de la place, on tira deux ou trois coups de mousquet sur les exempts et archers de garde à la porte de l'Hôtel de Ville. Ceux-ci ripostent par une décharge; les balles frappent dans les rangs pressés; des cris de terreur, d'indignation réelle ou simulée s'élèvent de toutes parts; les uns fuient; d'autres relèvent les morts, montrent les cadavres, qui sont ensuite jetés à la Seine. Le tumulte est général. A ce moment, Miron, maître des Comptes, l'un des quinze colonels de la garde bourgeoise, grand frondeur et aujourd'hui partisan avéré des Princes, descend précipitamment de la grande salle, paraît sur le perron. Il agite un papier : c'est « une forme d'union de la ville avec les Princes », votée d'acclamation et signée à la hâte par quelques députés. Il va la lire au peuple. Aussitôt entouré, frappé, renversé, on le traîne dans un cabaret où il rend le dernier soupir.

Quoi! Condé aurait lancé une bande de scélérats sur l'assemblée pour lui arracher par la terreur le vote de l' « union », et lorsqu'un de ses partisans vient annoncer que le résultat est acquis, l'union consommée, il est mis en pièces avant d'avoir pu proférer une parole!

Assauts, prise et sac de l'Hôtel de Ville. Cinq députés tués. Arrivée de Mademoiselle. Fin du tumulte. Après Miron, le greffier de la ville, Martin Le Maire, veut parler à la foule; il est percé de coups, emporté mourant (il en revint). Les députés lancent par les fenêtres des papiers portant la déclaration que Miron avait essayé de lire; mais des maisons en face part un feu assez vif, plus vif que meurtrier. L'obscurité était venue; la grande salle n'était pas éclairée; elle fut criblée de balles; personne ne fut atteint. Éperdus, les députés se réfugient dans les étages inférieurs, sur les derrières; pendant qu'ils cherchent des issues dérobées, la grande porte est attaquée. Cette tentative, vivement menée, réussit mal aux agresseurs, repoussés à coups de mousquet par les archers.

Là fut le plus gros contingent de morts, soldats presque tous, assure-t-on, et du régiment de « l'Altesse », qui était à Monsieur. On leur prête pour chef tantôt un capitaine du régiment de Bourgogne, dont le nom n'a jamais pu être découvert, tantôt « un nommé Blanchard, des troupes de M. le Prince », dont le cadavre aurait mystérieusement disparu[1].

Il est permis de supposer que ce « nommé Blanchard » et ce capitaine de « Bourgogne », si vaguement désignés, n'apparaissent ici que pour les besoins de la cause, c'est-à-dire pour fournir un chef d'accusation contre M. le Prince.

Des torches éclairent la place. Les archers, ayant épuisé leurs munitions, s'étaient retirés en fermant la grande porte ; comme elle semblait difficile à enfoncer, on y alluma un grand bûcher de paille et de madriers. Les flammes s'élevaient ; la lueur sinistre se voyait de loin. Le feu prit à l'intérieur en plusieurs endroits ; on parvint à l'éteindre. Les portes tombèrent ; le peuple se précipita dans l'Hôtel de Ville, pillant, brisant tout. Beaucoup de députés avaient déjà pu fuir ; d'autres payèrent rançon ; plusieurs furent volés, maltraités ; cinq frappés à mort.

Le curé de Saint-Jean apporta le Saint-Sacrement avec le cortège habituel de sonnettes et de lanternes, sans parvenir à calmer la rage de destruction et de pillage qui avait saisi la foule. — Entre onze heures et minuit, Mademoiselle, qui avait eu quelque peine à s'ouvrir passage, arriva

---

[1]. *Archives curieuses*, t. IX, p. 357.

sur la place; M. de Beaufort quitta la boutique du mercier pour l'accompagner. Tous deux pénétrèrent dans l'Hôtel de Ville, protégèrent la retraite du maréchal de L'Hôpital, du prévôt des marchands et de quelques autres qui avaient échappé aux recherches des séditieux. Au petit jour, tout était calme; la place était couverte de débris fumants; à travers les fenêtres brisées, on voyait la grande salle saccagée, atteinte par le feu en plusieurs endroits; la façade, noircie par les flammes, montrait ses portes béantes et l'image du roi Henri criblée de balles.

<small>La « sédition de la paille ». Condé n'en est pas l'auteur.</small>

Pendant le combat du faubourg, les soldats des Princes avaient mis, pour se reconnaître, de la paille à leurs chapeaux; à l'entrée de ces troupes, tout Paris en fit autant. Sur la place de Grève, le 4 juillet, pas un chapeau qui ne fût garni de paille; les Princes, Mademoiselle, en portaient des bouquets. Aussi a-t-on dit la « sédition de la paille »; c'est le nom que nous laisserons au récit de cette journée. Les scélérats ameutés sur la place de Grève pour épouvanter, disperser l'assemblée de la ville, ne songeaient qu'à piller; c'est pour voler qu'ils tuèrent; tous les récits s'accordent sur ce point. En comptant leurs victimes — six — dont cinq étaient attachées au parti de celui qu'on a coutume de désigner comme le fauteur de cet attentat[1], nous éprouvons quelque hésitation à nous servir de l'expression adoptée plus tard et devenue traditionnelle, « massacre de l'Hôtel de Ville », et nous nous refusons à placer la soirée du 4 juillet 1652 dans un même tableau entre la terrible nuit du 24 août 1572 et l'hécatombe du 3 septembre 1792 dans les prisons de Paris.

Mais ce n'est pas au nombre des victimes que se mesure l'indignité d'une action criminelle. A qui revient la responsabilité de l'attentat du 4 juillet? Il n'a été suivi d'aucune recherche pour découvrir l'auteur, les véritables acteurs de la tragédie. Deux misérables furent arrêtés et pendus comme voleurs et assassins. L'un était marmiton à l'hôtel de Condé ; quelle découverte ! cela complé-

---

[1]. Pas un de plus. Voici leurs noms : Miron, maître des Comptes et colonel, — nous en avons déjà parlé; — Le Boulanger, auditeur des Comptes; Ferrand de Janvry, conseiller aux Enquêtes, fils du doyen du parlement; Fressand, marchand de fer; Yon, négociant de la rue Saint-Denis; Le Gras, maître des Requêtes. Ce dernier avait, au commencement de l'année, contribué à maintenir les habitants d'Orléans dans le devoir, et de ce chef passait pour partisan de la cour. C'est le seul qu'on put dire sacrifié à ses opinions. Nous ne comptons pas parmi les « massacrés » ceux qui furent atteints par le feu croisé des agresseurs ou des défenseurs de l'Hôtel de Ville, ces victimes accidentelles, innocentes ou coupables, de toute sédition à main armée. Comme on les jetait aussitôt à la rivière, le nombre n'en est pas connu, mais ne dépasse pas trente ou quarante, quoique, grossi par la renommée, il ait été porté depuis à un chiffre fantastique.

tait la fable du capitaine anonyme de « Bourgogne » et du nommé Blanchard. Ceux qui étaient intéressés à entraver toute enquête sérieuse furent les plus empressés à propager les rumeurs, qui, acceptées par les contemporains, ont acquis la valeur d'un fait historique : Condé serait le seul et unique auteur des massacres de l'Hôtel de Ville.

Rien de moins fondé. Les assertions répandues dans les déclarations royales sont de simples arguments de polémique; les récits contemporains[1], hostiles de parti pris, ne contiennent que de vagues insinuations, n'avancent aucune preuve.

— Mais les apparences! mais tous ces vagabonds ameutés à prix d'argent! — Qui donc a payé les émeutes du mois de juin ? nous retrouvons aujourd'hui le même personnel, les aboyeurs à dix-sept sols de l'abbé Foucquet.

— Mais ces soldats, le mousquet sur l'épaule?

---

1. Conrart, secrétaire du Roi et premier secrétaire perpétuel de l'Académie française, originaire de Valenciennes, mais bourgeois de Paris, calviniste, représentant l'élément royaliste et austère, a tenu, pendant l'année 1652, un journal où les événements du 4 juillet sont racontés avec détail (*Collection Petitot*, t. 48); — le récit est sincère, les jugements sont d'un esprit prévenu. Toutes les insinuations défavorables à M. le Prince sont soigneusement recueillies, sans être appuyées d'aucune preuve. — Le procès-verbal inscrit dans les *Registres* de l'Hôtel de Ville complète le récit de Conrart; aussi exact, il n'est pas plus impartial.

c'était le contingent de bandits que des troupes mal payées, habituées à vivre de rapines, auraient fourni à toute tentative de brigandage, gaillards qui ne se séparaient jamais de leurs armes, prêts à piller sur la place de Grève ou ailleurs, comme ils faisaient depuis deux jours dans leur cantonnement du faubourg Saint-Victor; la plupart d'ailleurs appartenaient aux régiments de Monsieur. Si M. le Prince avait voulu dominer l'assemblée de l'Hôtel de Ville par la pression de la rue, la contraindre à se donner à lui, il eût mené l'affaire autrement, et Miron n'aurait pas été la première victime.

Mais voici un nouveau document, récemment découvert, aussitôt invoqué comme un témoignage accablant : c'est une lettre de Le Tellier, qui, écrivant à Mazarin, analyse, de seconde main, une déclaration verbale du duc d'Orléans. Gaston, exilé à Blois après le retour du Roi, soumis à une sorte d'examen judiciaire qui lui rappelait Richelieu, fit une de ces confessions où il accumulait dénonciations et perfidies pour sauver sa tête ou rentrer en faveur. Il déclara donc à d'Aligre que M. le Prince l'avait obligé « de donner les mains à l'action de la maison de Ville, après s'en être longtemps défendu [1] ». Ainsi Gaston avoue sa participa-

La confession de Monsieur.

---

1. Le Tellier à Mazarin, 20 octobre 1652. B. N. — La rela-

tion à l'attentat du 4 juillet; mais il se présente comme l'instrument résigné d'une volonté plus forte, soumis aux inspirations de qui? — de l'homme dont il poursuivait la ruine. Il a bien donné les ordres; mais ce serait Condé qui les aurait dictés. — Si la pièce a quelque valeur, elle est à la décharge de M. le Prince; l'aveu subsiste, et l'accusation tombe d'elle-même.

Nous ne cherchons pas à voiler les erreurs, les fautes de Condé, ses actions blâmables; nous n'avons pas dissimulé ses pactes avec l'étranger, ses violences à la grand'chambre, ses relations avec l'Ormée de Bordeaux, ses tentatives pour capter la démagogie parisienne. Quant à la journée du 4 juillet, assemblée, sédition, tout avait été préparé en dehors de lui, contre lui; tout s'est accompli sans lui. Un coup d'œil donné aux pages qui précèdent lèvera les doutes du lecteur impartial. On peut reprocher à Condé une attitude insouciante, ne pas accepter l'explication, à notre avis satisfaisante, que nous avons donnée de son inaction; cette indifférence ne le rendrait pas coupable du crime, et le mépris qu'il a toujours témoigné pour ces accusations ne saurait être invoqué contre lui. Dans cette obscurité, n'est-ce pas le cas de

tion de M. d'Aligre, dont Le Tellier annonçait l'envoi, n'est pas jointe à la lettre.

reprendre l'axiome : *reus cui prodest?* Ce ne fut certainement pas M. le Prince.

Monsieur règne à l'Hôtel de Ville, y installe ses âmes damnées; le duc de Beaufort est nommé gouverneur de Paris en récompense de sa conduite dans la soirée du 4; le vieux Broussel étale sa nullité dans l'office délicat de prévôt des marchands. L'abbé Foucquet a retrouvé son terrain ; il n'a qu'à changer ses batteries; à l'agitation populaire, qui a discrédité tout le monde et dont la nuit du 4 juillet marque l'apogée, va succéder l'agitation bourgeoise qui aboutira au retour du Roi; après la « sédition de la paille », les journées du « papier ». {.sidenote}Les ennemis de Condé à l'œuvre. M. le Prince paralysé.{.endsidenote}

Si M. le Prince eût voulu faire de la terreur, l'instant était propice. L'exode des « mazarins », des royalistes, des pacifiques avait pris un nouvel essor; mais la panique ne dura pas. Condé perdit des sympathies un moment reconquises, et il ne chercha pas à se faire redouter. Il a eu Paris pour lui pendant deux jours; Paris lui échappe. On saluait le sauveur, on maudit l'incendiaire. Ses ennemis de toutes nuances exploitent ses incertitudes, son indifférence, et cette sorte d'apathie où il retombe après un effort héroïque ; Marigny prononce quelque part le mot de léthargie. Tous travaillent à l'isoler, à le détacher du parlement et du peuple, de la Fronde, ancienne ou nouvelle, et du Luxembourg, le dénoncent comme favorable à l'accord avec la cour, le traitent de « mazarin » masqué, et aspirent à rompre les négociations auxquelles il a part, pour les reprendre en l'excluant.

<small>Le Roi refuse d'ouvrir une lettre de Condé (27 août.)</small>

Ah! que Mazarin joue bien la comédie quand il s'indigne à la seule pensée d'une rupture entre M. le Prince et Son Altesse Royale : « Il n'y a pas de bon François qui ne doive souhaiter de les voir toujours bien unis, pourveu qu'ils se disposent à profiter des bontés que le Roy a pour eux, veu que le repos de l'Estat seroit pleinement restabli par ce moyen, au lieu qu'il ne pourroit estre qu'imparfait s'ils estoient séparés l'un de l'autre[1]. » Mais comme le cardinal se réveille et montre le fond de son cœur dans sa dépêche du lendemain, et avec quelle ardeur il reprend la thèse de la séparation des deux princes ! Le Roi et la Reine n'ont pas de ces finesses. Résolument, hautement, dans leurs actes, dans leurs écrits, ils distinguent toujours la cause de M. le Prince et le frappent d'exclusion. Gaston et Condé ayant écrit à Sa Majesté pour La supplier de vouloir bien recevoir leurs envoyés, le Roi répondit à Gaston avec bienveillance, mais il n'ouvrit même pas la lettre de M. le Prince[2].

1. Mazarin à Le Tellier, 30, 31 août.
2. Le 22 août, le duc d'Orléans et le prince de Condé dé-

Chargé de la renvoyer fermée, le duc de Damville s'acquitta de cette mission avec d'autant plus de « déplaisir » qu'il venait de réussir dans une négociation officieuse et délicate.

Le Roi voulait empêcher la dispersion des beaux marbres que le cardinal avait réunis dans ses galeries : « Ces statues sont à Sa Majesté... Il n'y a là aucun intérest mazarin... Si vous ne pouvez empescher l'arrest, achetez toutes les statues conjointement avec S. A. R. pour les rendre au Roy, qui prétend en parer le Louvre. L'argent vous en sera rendu et bien au delà. C'est une chose qui vous servira plus dans l'esprit du Roy que quoy que vous puissiez faire [1]. » Y eut-il quelque retard dans la transmission de cette lettre ? La vente des statues, commencée le 2 août, continuait ; le 8, Damville écrit de nouveau. Cette fois c'est bien Louis XIV qui parle : « Le Roy est

<small>M. le Prince conserve au Roi les marbres de Mazarin. Le duc de Damville.</small>

---

clarent au parlement qu'ils sont prêts à poser les armes, si le Roi accorde l'amnistie, envoie ses troupes aux frontières, et donne route et sûreté aux troupes étrangères. Ensuite de cette déclaration, les deux princes écrivent au Roi et demandent des passeports pour leurs envoyés. — Le 34, la réponse adressée, au nom du Roi, à Gaston par le duc de Damville, est communiquée au parlement. M. le Prince annonce que sa lettre au Roi lui a été retournée sans avoir été ouverte. — L'original de cette lettre renvoyée, datée du 27 août, est conservé parmi les papiers de Condé.

1. Damville à M. le Prince ; Pontoise, 6 août 1652. A. C.

estonné que S. A. R. et vous n'ayez point respondu à la lettre que je vous escrivis par son ordre; il s'en prend particulièrement à vous, et saura bien ce qui luy restera à faire si la vente des statues a lieu... » et l'ami reprend : « Je vous supplie de profiter de cette occasion que Dieu vous met en mains. » L'occasion ne fut pas perdue; la vente fut arrêtée le 12, et ce qui avait été vendu les jours précédents fut presque entièrement représenté par les acquéreurs [1]. Les statues de Mazarin furent donc conservées à Louis XIV, qui, nous venons de le voir, ne paraît pas avoir su grand gré à M. le Prince de son intervention; mais Damville ne se décourageait pas, et il s'adresse en termes touchants au cœur de l'ami des jeunes années [2] : « Fermez l'oreille à tous les malintentionnés... Considérez que les ennemis de la couronne se prévalent de nos divisions... Au nom de Dieu, croyez votre Brion [3]. »

1. Malgré les ordres du Roi, la bibliothèque de Mazarin avait été vendue au commencement de l'année 1652 (janvier-mars), avant que M. le Prince fût arrivé à Paris.
2. 29 août. A. C.
3. C'est sous le nom de comte de Brion que le duc de Damville (François-Christophe de Lévis-Ventadour) tient une grande place dans l'histoire anecdotique de la Régence. Il était des intimes de la jeunesse de Condé, qui dînait chez lui lors de son apparition à Paris au mois de juillet 1648. — Sur Damville, voir t. V, p. 432, note.

Du fond de la Guyenne, en termes plus rudes, mais aussi nets, le principal lieutenant de M. le Prince, Marchin, lui donnait le même conseil que le courtisan de Louis XIV[1]. Condé, ne rencontrant partout que portes fermées, embûches et perfidies, allait, en désespoir de cause, jusqu'à chercher M. de Lorraine et lui confiait ses pouvoirs[2]. Il s'adressait bien! Charles IV n'accepta que pour mieux s'employer à dégager Monsieur; s'il ne parvient pas à séparer les deux princes, « il a promis de s'attacher au service du Roi[3] ». Dans l'intimité, Condé ne cachait pas sa lassitude, son besoin de repos, son découragement mêlé de rêveries, un vague retour aux idées d'indépendance qui agitaient sa première jeunesse, son désir de la paix et son doute de l'obtenir : « N'avés-vous pas descouvert quelque île nouvelle pour moy? écrivait-il au maréchal de Gramont[4]; je suis si esloigné de la mer que je n'ose plus y penser, et je ne songe qu'à m'establir en terre ferme. Je ne sçay si nous aurons la paix; si cela est, préparés vous à venir, ou je vous iray quérir à Bidache; vous sçavés l'envie que j'ay

Condé négocie, confie ses pouvoirs à M. de Lorraine. Sa correspondance avec le maréchal de Gramont.

---

1. Marchin à Lenet, 24 août. B. N.
2. Le duc de Lorraine à M. le Prince, 25 août. A. C.
3. Le Tellier à Turenne, 1ᵉʳ septembre. A. C.
4. 24 août. A. C.

de vous y voir ; je ne l'ay jamais eue si grande. Mais nous avons affaire à un pélerin qui rompt bien des mesures, et qui agit tousjours comme vous avés vu, c'est-à-dire qui perd et ruine tout le monde en se perdant luy-mesme contre toute raison. Je vous prie de ne montrer ma lettre à personne ; gardés la pour vous ; c'est l'abondance du cœur qui parle. Au reste je ne puis m'empescher de vous dire que le comte de Guiche a infiniment de l'esprit, qu'il a furieusement de vostre air, et que vous en serés tout à faict satisfaict. » Retiré au fond des Pyrénées, l'aimable et sceptique maréchal avait mis son nom, sa plume, au besoin sa parole, à la disposition de M. le Prince, prêt à servir ses intérêts auprès du Roi ; mais il ne croyait guère au succès : « Il me semble que je vois Mazarin, tenant son petit conseil avec la Reine, luy dire que ce seroit une plaisante chose que de remettre la paix entre les mains de M. le Prince, de vous (Chavigny) et de moy ; que c'est un assez grand mal que M. le Prince la traite, sans luy donner encore des personnes qui luy soient si affectionnées. » Et Monsieur ! continue le maréchal, « aura-t-il cette ferme confiance en M. le Prince, qu'il croye ne se pouvoir jamais séparer de ses intérêts ? J'en douterois beaucoup ; du moins est-ce un évangile qui ne luy a pas esté presché par le cardinal de Retz et par la Chevreuse. Soyez assuré que ces deux acteurs ne s'endorment pas ; jamais ils ne peuvent avoir d'autre pensée que la ruyne de M. le Prince[1]. »

Jusqu'à La Rochefoucauld, qui est devenu un des apôtres de la paix, ou, comme on disait, de « l'accommodement » ! mais apôtre sans foi. Aveugle, enfermé dans une chambre obscure, il parle en philosophe désabusé : « Le cardinal ne veut ni ne croit avoir de paix avec M. le Prince. On fait semblant de la vouloir ; puis l'on s'arreste au baston de Marchin ; ou bien on fait des allées et venues pour savoir si le Roy, en restituant la Rochelle à du Daugnon, mettra garnison dans les tours. Et cependant on laisse perdre Gravelines, on laisse prendre Dunkerque[2] ! »

Marche des Espagnols. Mouvements de Turenne. Préparatifs de M. le Prince.

Hélas ! cela seul était certain. — Le combat du faubourg Saint-Antoine avait eu son contre-coup à Bruxelles : le gouvernement des Pays-Bas, comprenant en quel péril était son alliance avec Condé, s'était décidé à un simulacre d'intervention. Dès le milieu de juillet, l'armée d'Espagne, descendant la vallée de l'Oise, occupait Chauny, levait des contributions jusqu'à Noyon et Soissons. M. le

---

1. Gramont à Chavigny ; Saint-Jean-Pied-de-Port, 12 juillet 1652. A. N.
2. A Lenet, 29 septembre. B. N.

Prince était dans un de ces moments d'impatience où il ne se connaissait plus; les nouvelles réveillent toutes ses mauvaises passions. Lui, le prince, le soldat français, il félicite le roi catholique sur les succès remportés par don Juan d'Autriche devant Barcelone [1]. Le voilà tout feu et flamme : « Ne prenés aucune mesure sur l'espérance de la paix, écrit-il à Lenet [2]; travaillés en toutes choses sur un principe de guerre ; aussy bien y sommes nous aussy avant que possible. » Il se prépare à faire jonction avec Fuensaldaña et lui donne rendez-vous pour le 3 août ; mais déjà celui-ci avait disparu. Une fois les espérances de paix dissipées, celles des factieux ranimées, les Espagnols, engraissés de contributions et de pillages, retournaient à leurs conquêtes de Flandre et d'Artois, laissant leurs alliés plus que jamais dans l'embarras, et se souciant fort peu de tirer d'affaire les Princes et les Parisiens. C'est toujours le même jeu.

La marche un moment menaçante des Espagnols avait mis fin aux hésitations de Turenne. Repoussant avec indignation l'idée de faire reculer le Roi jusqu'à Lyon, il avait placé la cour à Mantes

---

[1]. Lettres des 16 juillet, 2, 4 août, etc. *Papiers de Lenet.* B. N.

[2]. 11 juillet. B. N.

et s'était avancé jusqu'à Compiègne. L'orage dissipé, il se rapprocha, d'abord pour protéger la migration de Mazarin, puis pour observer les troupes des Princes, qui tournoyaient autour de Paris, renvoyées du faubourg Saint-Victor à Saint-Cloud, de Saint-Cloud à Villejuif, causant par leurs désordres mille soucis à Condé, et « achevant de se perdre » dans la débauche et l'inaction. La fin d'août approchait ; les négociations, qui avaient recommencé au départ des Espagnols, avaient pris une bonne tournure ; les armées ne bougeaient pas : « Il faut croire que l'on traite », écrivait Marigny à Lenet [1]. Aussitôt M. de Lorraine reparaît.

L'armée du Roi lui fait face, quitte ses quartiers de Thillaye près Gonesse, franchit la Marne à Lagny et prend position près de Crécy-en-Brie. Mazarin n'était pas loin avec son petit corps de troupes, fort agité, craignant que l'accord ne se fît en dehors de lui : dans son trouble, il s'oublie jusqu'à piquer au jeu les ennemis de la France, essayant d'alarmer M. de Lorraine sur les conséquences de cet accommodement qui serait la ruine certaine de ses prétentions [2], et il entame une négociation, arrête la marche de Turenne [3]. Par cette porte

M. de Lorraine reparaît. Hésitation de Mazarin. Turenne se poste à Villeneuve-Saint-Georges (5 septembre).

---

1. 16 août. B. N.
2. Mazarin à Raulin, 4 août.
3. Afin de se justifier d'un moment de faiblesse, Mazarin,

entr'ouverte, Charles IV se glisse jusqu'à Brie-Comte-Robert. Le maréchal l'a deviné, se retourne brusquement; sourd aux injonctions de Mazarin, aux ordres de la cour, n'écoutant que son grand sens stratégique, il marche à toute vitesse, culbute l'avant-garde des ennemis, et les devance à Villeneuve-Saint-Georges (5 septembre). Pour la seconde fois, à quatre mois d'intervalle, il semble que l'issue de la guerre, peut-être les destinées de la France, vont se décider sur cette position remarquable. Les rôles sont retournés : cette fois, c'est Turenne qui tient les hauteurs. Il est là posté entre les troupes qui arrivent de Champagne, Lorrains, Wurtembergeois [1], — arrêtés au delà de l'Yères vers Brie-Comte-Robert, — et la petite armée de M. le Prince campée à Villejuif, sur

---

dans ses lettres, s'évertue à prouver qu'il a été l'heureux rival en fourberie de M. de Lorraine et qu'il a été plus fort que lui : « J'ay esté obligé de bien vivre avec M. de Lorraine, mesme de l'assurer que j'escrivois à la cour pour les demandes qu'il faisoit », etc. (à Le Tellier, 30 août); mais il ne voulait pas s'exposer aux démentis de Charles IV : « Il importe qu'il paroisse que la résolution de faire advancer l'armée du Roy contre les troupes de Wurtemberg et mesme contre M. de Lorraine a esté prise à la cour contre mon advis. » (*Ibid.*)

[1]. Le 20 août, le duc Ulrich de Wurtemberg était au Grand Mourmelon (camp de Châlons actuel) avec un contingent de trois à quatre mille hommes depuis longtemps attendu par M. le Prince (A. C.). Le 23, il était auprès des Lorrains à Condé, sur la Marne (3 lieues en aval de Châlons). Depuis lors,

l'autre rive de la Seine. Séparés, le maréchal peut battre ses adversaires ou leur faire échec ; réunis, ils seront plus forts que lui, treize à quatorze mille hommes contre sept à huit mille. Turenne perd la première manche.

Après une feinte sur la rive gauche, Condé se dérobe par une marche de nuit et reparaît de l'autre côté, au milieu des bois, à Limeil, donne la main aux Lorrains, qui se sont portés à Grosbois (9 septembre). Les alliés coupent les passages, poussent leurs partis jusqu'à la Seine, en amont de Villeneuve-Saint-Georges, arrêtent les bateaux. Le génie, l'ardeur de M. le Prince semblent s'être réveillés. Va-t-il essayer une attaque de vive force ou resserrer le blocus ? {Condé fait jonction avec les Lorrains et met Turenne en grand péril.}

Turenne ne s'émeut pas ; il se retranche. Lui aussi fait amas de bateaux pour assurer ses subsistances ou profiter d'une occasion, se dégager de l'étreinte, manœuvrer sur les deux rives ; mais ses chances sont mauvaises ; « il ne doit pas sortir bon marchand de cette affaire[1] », et sa situation empire, lorsqu'il est secouru par un allié inattendu, la fièvre !

malgré plusieurs feintes, il ne s'était pas séparé des troupes de Charles IV. Les mouvements des Wurtembergeois tiennent une grande place dans la correspondance de Mazarin et dans ses négociations avec Charles IV.

1. La Rochefoucauld à Lenet, 8 septembre. B. N.

Condé est rapporté malade à Paris (25 septembre). La fièvre et le traitement.

Oui, la fièvre paludéenne, la malaria, avec ses retours perfides, ses surprises, ses transformations pernicieuses. Condé en a recueilli le germe il y a dix ans, au milieu des rizières du Roussillon, et depuis lors cette triste compagne ne le quitte guère, reparaissant chaque fois que sa victime aspire le poison des terres remuées pendant les sièges, des eaux stagnantes, watregans de la Flandre, rives inondées des fleuves, Rhin, Danube, Sègre ou Escaut, ou bien encore lorsque l'imprudence, le plaisir raniment le feu qui couve dans les veines. Condé a failli en mourir au lendemain de Nordlingue et en s'éloignant de Lérida. Aujourd'hui, il lutte, puis succombe. On le porte à Paris pour le rappeler à la vie, et par quel traitement! Prenons au hasard dans les lettres de l'abbé Viole, de Caillet, de Marigny : « S. A. fut saignée vendredi et samedi au retour du palais; Elle le sera encore aujourd'hui. — M. le Prince a été saigné hier, purgé aujourd'hui; on le saignera encore demain. — S. A. arriva de son armée tout mal d'une grande douleur de tête et dut se mettre au lit; le lendemain il fut saigné le soir et le matin, puis le fut de nouveau au pied hier au soir. — M. le Prince a déjà été saigné cinq fois »; etc., etc. Voilà le régime auquel Condé est soumis depuis plusieurs mois. Pendant tout l'été, la santé publique avait été fort troublée à Paris. L'accumulation des gens de guerre, des fugitifs, les chaleurs extraordinaires, l'encombrement, la saleté des rues, avaient corrompu l'air. Tous ceux qui pouvaient éclairer M. le Prince, l'assister d'une démarche opportune, étaient atteints ou avaient fui; jusqu'au fidèle Caillet, qui, à certains jours, ne peut plus écrire et doit passer la plume à Guitaut [1].

Cela explique bien des choses. De plus en plus agité, irrité, Condé avance, hésite, recule, s'emporte. Lui aussi se sent malade, plus sérieusement malade que tous les autres. Un soir de réunion, il vint s'asseoir derrière Mademoiselle : « Prenez-moi donc pour votre capitaine des gardes, je ne suis plus bon qu'à ça, car je suis bien malade, et puis vieux, mais vieux! » il avait à peine trente et un ans! Sort-il de Paris, c'est pour aller au milieu de ses troupes, dans des camps longtemps occupés, empestés. Le germe fiévreux, ranimé par les exhalaisons de la Charente et les vapeurs du Gâtinais, s'épanouit sous l'action du mauvais air et des plaisirs de Paris [2]. Et toujours les drogues, la sai-

1. M. le Prince à Lenet, 30 septembre. B. N.
2. On a beaucoup répété que M. le Prince était malade alors « pour s'être trop approché d'une comédienne ». Il est certain qu'il ne se ménageait guère et qu'il persévérait à « se divertir », comme il l'avait annoncé à son ami Gramont (lettre du 24 août 1652. A. C.).; mais la périodicité, la forme des accès

gnée! Cet étrange régime créait une surexcitation nerveuse que les émotions pouvaient rendre fatale ou qui se traduisait en accès de fureur de plus en plus fréquents et terribles.

Incidences : Nemours tué en duel par Beaufort; douleur de Condé. Sa querelle avec le comte de Rieux.

C'est au milieu d'une de ces crises qu'on vint un jour le chercher dans son lit (29 juillet) : le duc de Nemours était aux mains avec le duc de Beaufort, son beau-frère. Nous avons assez souvent parlé de ces deux princes, de leurs rivalités, des injures qu'ils avaient échangées. Une méchante querelle de préséance envenima leur haine; Nemours fit appeler son beau-frère en termes insultants. Blessé à Bléneau, deux fois blessé au faubourg Saint-Antoine, il ne pouvait ni se tenir à cheval, ni se servir de la main droite. Il voulut combattre à pied, au pistolet et à l'épée, maniant ses armes de la main gauche, et Beaufort accepta le combat dans de pareilles conditions, essuya le feu de son adversaire impotent, riposta aussitôt et le tua raide! La provocation, le combat, tout n'avait pas duré deux heures.

---

ne laissent aucun doute sur la nature du mal dont il souffrait, plus ou moins aggravé par le plaisir. Les vertus merveilleuses du spécifique qui pouvait le soulager venaient à peine d'être révélées à quelques savants. Connu à Rome dès 1639 sous le nom de *poudre des jésuites*, le quinquina paraît avoir été introduit en France vers 1650 ; mais l'usage de ce remède souverain ne se répandit que fort lentement après une vive résistance des vieux médecins. (Voir les *Lettres* de Gui-Patin.)

Informé de la rencontre, M. le Prince se lève en hâte, accourt pour empêcher ce duel, qui ressemblait à un assassinat. Son cocher était ivre; il fallut le jeter à bas du siège, donner les guides à un valet, qui toucha au galop. Arrivé sur le théâtre du combat, près des Saints-Pères, Condé saute en bas de son carrosse. Le premier objet qui frappe sa vue est le cadavre de son ami! Il s'évanouit.

L'indignation fut générale parmi tout ce qui portait l'épée; la société polie, les dames accordèrent des regrets unanimes au beau et séduisant cavalier, au galant homme dont l'intelligence était loin d'égaler le courage. Aux yeux de la bourgeoisie frondeuse, Nemours passait pour favorable à l'accommodement avec la cour, et « rien au monde ne saurait affaiblir le crédit que M. de Beaufort s'est acquis parmi le peuple [1] » de Paris, souvent aveugle dans ses prédilections. Deux jours plus tard, Beaufort avait secoué la douleur qui d'abord semblait l'accabler, et souriant, salué d'acclamations, il parcourait les rues pour prendre possession du gouvernement de Paris; le soir, « il traitait magnifiquement messieurs de la ville ».

Le corps de Nemours était encore chaud, lors-

---

1. L'abbé Viole à Lenet, 2 août. B. N.

que, le 31 juillet, M. le Prince, toujours enfiévré, entre chez Gaston et le trouve occupé à mettre d'accord le prince de Tarente et le comte de Rieux, de la maison de Lorraine, brouillés, eux aussi, pour une question de rang. Henri de La Trémoille écoutait silencieusement les observations de Monsieur; Rieux ne cessait de parler avec véhémence : « Vous manquez de respect à Son Altesse Royale », dit Condé. « Ce n'est pas vous qui m'apprendrez le respect que je dois à Son Altesse Royale », répliqua Rieux, et d'un geste dédaigneux il effleure le visage du prince, qui bondit et soufflette le Lorrain. Celui-ci veut tirer son épée; Condé n'avait pas la sienne, saisit le bras de son adversaire, redouble ses coups; une lutte s'engage. On les sépare avec peine; Rieux est conduit à la Bastille. M. le Prince demanda qu'il ne fût pas donné suite à l'affaire, malgré le sentiment de ses amis, qui, voyant la maison de Lorraine prendre parti et redoutant une vengeance, trouvaient qu'il aurait aussi bien fait de laisser couper la tête à Rieux. C'était surtout l'avis du président Viole, qui craignait de s'être attiré une mauvaise affaire; car, pendant le corps à corps, il courait par la galerie en criant : un bâton, un bâton pour M. le Prince !

Dégagé de l'étreinte de Condé,

En suivant dans le détail les annales de ces trois mois, on retrouverait la trace des crises que traversait la santé de Condé; on en pourrait fixer le retour et le nombre. De tous ces accès, le plus violent est celui qui le frappe à Limeil; aucun n'eut de suites plus graves. Nous avons vu en quel péril se trouvait Turenne, enveloppé par l'ennemi sur les hauteurs de Villeneuve-Saint-Georges, lorsque M. le Prince fut porté mourant à Paris (25 septembre). — Encore cinq jours, dit le maréchal dans ses *Mémoires*, mon armée était perdue.

Turenne gagne Corbeil (5 octobre). Variations et perfidies des négociateurs.

— Condé parti, M. de Lorraine voulut le rejoindre et s'en fut négocier à Paris. La surveillance se relâcha, le blocus devint illusoire. Quand Turenne eut réuni ses bateaux, il fit ses ponts en une nuit, décampa (5 octobre), et gagna Corbeil par la rive gauche. Il avait recouvré sa liberté de manœuvres; l'armée des Princes, sans chef, restait paralysée.

A peine informé de la situation critique de Turenne, lorsque Condé et Charles IV serraient le maréchal comme dans un étau, Mazarin avait brusquement changé de front [1]. C'est sur Condé, sur Condé seul qu'il veut s'appuyer: il faut l'acheter à tout prix, exclure Monsieur et avec lui ses alliés, Châteauneuf, Beaufort, Retz et consorts. Quant à M. le Prince et à ses amis, tout leur sera

---

1. Voir, entre autres, sa lettre à Le Tellier du 14 septembre.

restitué; Montrond gardera ses murailles[1]; l'argent ne sera pas ménagé : donnez, du moins promettez tous les dédommagements demandés. M. le Prince sera remboursé de ses dettes, en échange de Stenay qu'il rendra au Lorrain; s'il y tient, il sera un des plénipotentiaires de la paix générale. Concéder tout, pourvu que M. le Prince accepte le cardinal : le rêve de la Palatine! mais Anne de Gonzague n'est plus l'intermédiaire; loin de Condé, loin de Mazarin, elle est à la suite de la Reine, malade. La négociation officielle est aux mains des ministres, Le Tellier, Servien; ils s'exécutent, rédigent des mémoires, traduisent aussi exactement que possible les intentions du cardinal. Ces mémoires, Condé les a-t-il jamais vus[2]? le soin de les remettre appartenait à Basile Foucquet, qui ne se gênait guère pour supprimer, altérer les pièces, ou les égarer avec intention. Mme de Châtillon est à ses ordres; elle répond de Condé,

---

[1]. Montrond avait capitulé le 19 août. Le Roi ordonna d'en raser les murailles, ce qui donna lieu à un échange de lettres très vives.

[2]. Notamment la « Response que le Roy veut estre faicte à M. le Prince par M. l'abbé Foucquet par la voye de Mme de Chastillon » (B. N.) paraît n'avoir jamais passé sous les yeux de Condé. — La lettre de Le Tellier à Turenne, de Compiègne, 18 septembre (A. C.), contient la suprême formule de la paix. Les termes sont peut-être encore plus nets dans la lettre de Mantes, du 26 (le même au même. A. C.).

malgré certaines velléités inquiétantes[1], et bien que celui-ci laisse souvent percer une défiance instinctive, car l'accent est faux, le conseil le plus juste enveloppe toujours quelque perfidie cachée, quelque calcul d'avarice. Mazarin, qui sait combien il paye la duchesse, ne doute pas qu'elle ne soit aussi achetée par l'Espagne.

Le cardinal s'étonnait de ne pas recevoir de réponse à ses ouvertures, gourmandait les ministres sur leur lenteur; ceux-ci s'excusaient avec un mélange de naïveté et de raillerie qui leur était familier : « Si l'on voulait l'accommodement, il fallait choisir un autre négociateur. » Il y avait aussi les répugnances du Roi et de la Reine qu'on ne parvenait pas à fléchir. Mazarin se lamente, et encore une fois s'en prend aux ministres. Servien et Le Tellier persévèrent dans leur rôle, « protestent ne pas savoir qui a diverti l'esprit de la Reine de l'accommodement avec M. le Prince[2] ». Les malentendus entre le cardinal et les secrétaires d'État s'expliquent aisément : leurs montres n'étaient pas d'accord; c'est ce qui arrive dans les affaires de

---

1. Un jour M. le Prince entrait chez Mademoiselle; Mme de Châtillon y était, « fort ajustée », attendait une parole, cherchait un regard. Sans mot dire, Condé la fixa avec des yeux si terribles qu'elle perdit contenance.
2. Servien à Mazarin ; Pontoise, 2 octobre. A. E.

politique ou de guerre que l'on veut mener de loin, à grandes guides : quand les réponses arrivaient, la scène avait changé d'aspect; Turenne était maître de la campagne, Condé mourant. Subitement, les demandes de M. le Prince, acceptées la veille, « sont trouvées trop grandes [1] »; les ministres ne songent qu'à reprendre le terrain abandonné; il semble que ce soit le seul objet des négociations, qui se prolongent après l'heure, continuant de marcher comme ces machines qui ne s'arrêtent plus, une fois mises en train.

<small>Transformation de Paris. « Assemblées du papier. » Députations envoyées au Roi.</small>

Paris était de nouveau transformé. Depuis six semaines, le « papier », emblème royaliste, avait remplacé aux chapeaux la « paille » des rebelles. — Les arrêts du parlement de Pontoise, dont on osait à peine prononcer le nom la veille, sont lus et publiés à son de trompe par le crieur-juré du Roi [2]. On crie « la paix » sur le passage des Princes. On se révolte contre les insolences des troupes : quelques soldats, ayant essayé de se loger de force au faubourg Saint-Victor, sont repoussés à coups de mousquet, au son du tocsin. Le duc de Lorraine, voulant sortir de Paris, fut assailli par la foule; s'il n'eût trouvé moyen de se jeter dans le cortège du Saint-Sacrement qui pas-

---

1. Le Tellier à Turenne, 28 septembre. A. C.
2. 27 septembre.

sait; il était assommé[1]. Le coadjuteur se rassure, croit voir revenir les jours de sa toute-puissance : il quitte ses retranchements du cloître Notre-Dame, se présente en médiateur, organise avec fracas un voyage à la cour, conduit le clergé de Paris à Compiègne (10 septembre). Il a beau « y tenir trente-sept tables », frapper à la porte de la Palatine, rechercher ces entrevues mystérieuses qui lui étaient jadis offertes avec tant d'empressement ; c'est à peine s'il obtient quelques minutes d'audience accordées par un sentiment bienveillant ; son faste fait rire ; il rentre tout penaud à Paris (14 septembre).

Le 24, première « assemblée du papier » au Palais-Royal. La réunion est imposante ; le nombre de ceux qui réclament le retour du Roi dépasse l'attente. Nul tumulte, nulle contrainte ; les chemins sont libres, les portes à peine gardées, à ce point que les ministres se croyaient assurés de pouvoir jeter dans Paris un petit corps d'infanterie tenu prêt à Pontoise[2] pour soutenir « ces messieurs du papier ». Broussel avait quitté l'Hôtel de Ville, Beaufort ne se montrait plus. Les députés des corps de métiers, puis les colonels de

---

1. 3 octobre.
2. Neuf cents hommes (Gardes françaises et suisses, régiment de Piémont). — Le Tellier à Turenne, 26 septembre. A. C.

la garde bourgeoise [1] allèrent fléchir le genou devant le Roi, comme il arrivait de Pontoise à Saint-Germain; chaque jour Louis XIV fait un pas vers sa capitale qui lui tend les bras.

Discrédit de Condé. Débandade de ses partisans. — Condé était devenu aussi incommode à ses partisans qu'à ses adversaires, blessant les uns par sa hauteur et sa rudesse, inquiétant les autres par sa perspicacité. Sur ce terrain mouvant de Paris, il avait perdu pied. Chaque jour, chaque effort l'enfonce plus avant dans le gouffre; on ne lui tend la main que pour l'y replonger. — Deux ou trois fois on a pu croire que son épée allait trancher le nœud gordien, qu'il ramènerait le Roi à Paris en écartant l'odieux ministre. Aujourd'hui il semble être le dernier obstacle qui retarde le retour si désiré, et il passe pour traiter avec Mazarin ! ses actions de guerre lui sont reprochées comme des crimes et ses tentatives pacifiques comme des trahisons. On a eu foi en lui, et cette foi a été déçue. Ah ! s'il avait la prestesse, le front d'airain de M. de Lorraine, que de liens il saurait rompre ! Sur toutes choses, on ne lui pardonnait pas ce qui honorait son caractère, sa fidélité envers ceux à qui il avait donné parole, Marchin, du Daugnon. Et cependant, que de mécontents autour de lui, que

---

1. 28 septembre, 17 octobre.

de désertions! les partis ne sont pas éternels. Grandpré s'en va le premier, puis Bussy; Lanques, Clérembault, Chavagnac, le marquis de Villars font leur soumission au Roi; Tavannes est à la veille de se retirer dans ses terres; et parmi les gens de robe, la débandade est encore plus complète.

Il restait à Condé un conseiller éminent, un politique, le seul de son parti qui eût l'allure, l'étoffe, les traditions d'un homme d'État. Chavigny avait guidé les premiers pas du duc d'Anguien dans la carrière publique, et les dernières espérances de son ambition reposaient sur M. le Prince. C'est lui qui supplée Condé malade, tient dans ses mains le fil si frêle des dernières négociations. L'intérêt personnel semblait garantir sa fidélité; mais il eût manqué aux habitudes de toute sa vie s'il eût négligé de prendre ses précautions de divers côtés : il entretenait avec Mazarin, par l'intermédiaire de Fabert, des relations dont le mystère fut dévoilé par une main perfide[1]. Certaines lettres furent saisies sur un messager de l'abbé Foucquet, qui se laissa prendre à point nommé, et le même hasard fit parvenir les dépêches au chevet du prince alité, comme Chavigny venait

Mort de Chavigny (11 octobre). Condé sort de Paris (13).

---

[1]. Mémoire du 31 août. — Mazarin à Basile Foucquet, à son frère Nicolas, procureur général, 5, 6 septembre.

lui rendre visite. Condé se dresse sur son séant, et l'œil hagard, la voix tremblante, profère un torrent d'injures. Chavigny se retire accablé; le frisson le prit, il se mit au lit et ne se releva plus. M. le Prince quitta sa chambre pour porter ou plutôt recevoir le pardon; le mourant avait perdu connaissance; l'instinct moqueur étouffa l'émotion, le respect de l'agonie : « Il est laid en diable », murmura Condé en grimaçant. C'était le 11 octobre. Le 13, M. le Prince put monter à cheval, et passa les barrières, qui pour longtemps se fermèrent sur lui.

<small>Le Roi à Paris (21 octobre). Les Princes déclarés criminels de lèse-majesté (13 novembre).</small>

Le 19 octobre, les chefs de la milice parisienne revinrent de Saint-Germain, précédant le Roi, qui entra le 21 dans sa bonne ville, acclamé par une foule immense. Mademoiselle partit fièrement pour son manoir de Saint-Fargeau; son père s'en fut à Blois cacher sa honte et préparer sa confession générale. Ordre de sortir de Paris fut donné à Beaufort, La Rochefoucauld, Rohan, aux présidents Viole et Perrault, ainsi qu'à quatorze conseillers ou gentilshommes qui avaient pris une part active aux troubles[1]. Il n'y eut pas d'autres représailles immédiates.

---

1. Le séjour de Paris fut aussi interdit « aux femmes, enfants et domestiques de ceux qui sont présentement dans les troupes des Princes ».

Le 22, le Roi, séant en son lit de justice, en la grand'chambre du Palais, devant tout son parlement réuni, faisait enregistrer l'édit « portant amnistie générale de tout ce qui s'est fait à l'occasion des mouvemens passez jusques à présent ». Sa Majesté déclarait recevoir ses cousins les princes de Condé et de Conti, sa cousine la duchesse de Longueville en ses bonnes grâces, « le tout à la condition qu'ils poseront les armes de bonne foy, trois jours après la publication des présentes..., que le prince de Condé nous enverra aussy dans le même temps un acte signé de luy, portant renonciation pure et simple à toutes ligues, associations et autres choses qu'il peut avoir faites contre nostre service, nommément aux traités qu'il a faits avec les Espagnols, etc. » — Cette partie de la déclaration était de pure forme. On savait Condé parti sans espoir de retour. Il était déjà loin et guerroyait sur les bords de l'Aisne. Le 13 novembre, les Princes, n'ayant pas accepté l'amnistie dans les délais, furent déclarés criminels de lèse-majesté.

CHAPITRE VI

LA LUTTE AVEC TURENNE.
FRONTIÈRES DE FRANCE.

1652-1653.

M. le Prince en Champagne; manœuvres et succès (octobre-novembre 1652). — Mal soutenu, il est repoussé par Turenne. Fin de la campagne (janvier 1653). — M. le Prince forcé de prendre ses quartiers hors de France. Le cardinal de Retz arrêté. Mazarin rentre à Paris (6 février). — Condé, malade, recule de Stenay à Namur (mars), négocie avec les gouverneurs des places frontières. — Plan de Condé pour une campagne offensive. — Retards. Le comte de Fuensaldaña et M. de Lorraine. — M. le Prince à Saint-Hubert (4 juillet). Turenne prend Rethel (8). — L'armée alliée atteint la Somme (29 juillet), s'arrête à Roye. Turenne à Noyon. — Il manœuvre. Condé le surprend au Mont-Saint-Quentin, n'est pas soutenu. — Fuensaldaña refuse d'engager le combat et de faire le siège de Guise. — Condé prend Rocroy (4 octobre), et ne peut secourir Sainte-Menehould. — Montal. Sa glorieuse défense. Il sort de Sainte-Menehould le 27 novembre. Saint-Estienne livre Linchamp et Château-Regnault. — La querelle des quartiers d'hiver. M. le Prince et M. de Lorraine. Le gouvernement des Pays-Bas et les neutres. — Relations de M. le Prince avec le gouvernement de Madrid. Le comte de Fiesque. Cruels embarras.

M. le Prince en Champagne; manœuvres

Lancé sur une pente fatale, voici Condé qui dérive vers des horizons inconnus. Ce n'est plus le rebelle, l'insurgé soutenant une cause injuste, quelque fondés que puissent être ses griefs, mais luttant avec des armes françaises sur le sol de la patrie; c'est un soldat d'aventure, qui n'a plus de foyers, qui n'appartient plus à la France; les récits des compagnons de Tilly, de Wallenstein et du roi Gustave revivent dans sa mémoire; il revient aux rêves de sa jeunesse; rappelons-nous les confidences qu'à vingt ans il faisait à Lenet sur la terrasse de Dijon. Son cœur ulcéré a soif de vengeance; enflammée par la fièvre, l'imagination du héros égaré entrevoit la fortune grandiose des capitaines qui se taillent une souveraineté sur les frontières des vieux États.

et succès (octobre - novembre 1652).

Déjà il est à l'œuvre. En sortant de Paris, il côtoie l'armée de Turenne, établie près de Senlis (octobre 1652); laissant les cavaliers du Roi saccager le parc de Chantilly, tuer les cerfs et les oiseaux rares de la volière, il marche droit aux frontières de Champagne.

L'effectif de sa petite armée ne dépasse guère trois mille hommes. A force d'industrie, grâce aux contingents attirés, retenus, remplacés, il trouve moyen de mettre presque toujours en ligne de douze à quinze mille hommes pour manœuvrer, faire des sièges. Turenne ne l'a pas suivi : le maréchal doit veiller à la sûreté du Roi, qui vient de rentrer dans Paris. Mazarin reste sous le canon de Sedan; d'Aumont est retenu en Picardie, La Ferté en Lorraine. Condé met le temps à profit : c'est un torrent de surprises, de villes gagnées, de quartiers enlevés. Puis Charles IV, toujours mobile et jaloux, se sépare; Gaston a conclu son traité avec la cour et rappelle ses troupes; Turenne se rapproche, fait sa jonction avec Mazarin, d'Aumont, La Ferté.

M. le Prince est un moment réduit à sa poignée d'hommes. Il se dérobe, recule, va chercher ici les Lorrains, là quelques détachements de Wallons, et reparaît plus fort que jamais; l'armée du Roi, impuissante, ne peut interrompre le cours de ses succès : en moins de deux mois, Condé s'était emparé des places importantes de Rethel, Sainte-Menehould[1], Bar-le-Duc, Mouzon et de plusieurs autres moindres, Château-Porcien, Ligny, Void, Commercy, Saint-Mihiel. Il avait aussi complété l'occupation des villes de son domaine, Clermont en Argonne, Damvilliers, muni sa forteresse de Stenay. Cet ensemble de conquêtes donnait à M. le Prince, sur le flanc des armées royales, une large base d'opérations, appuyée par une de ses extrémités aux provinces

---

1. Capitulation de Rethel, 1er novembre, de Sainte-Menehould, 13 novembre (originaux A. C.).

espagnoles; en équerre avec celle de ses alliés. Là, sans se confondre avec eux, sans sortir du territoire français, il allait établir ses quartiers d'hiver au milieu de ce réseau de places pour prendre l'offensive au printemps. Mais il a trop présumé de ses forces, compté sur une assistance qui fait défaut. Comblé d'honneurs, nommé généralissime par le roi catholique (25 novembre 1652), il ne peut se faire obéir; les hommes et l'argent lui manquent.

Le gouvernement des Pays-Bas était peu disposé à se laisser détourner de l'entreprise qu'il poursuivait avec succès dans la Flandre maritime, pour assurer à M. le Prince de nouvelles conquêtes en Champagne. Aux termes du traité du 6 novembre 1651, les villes reprises sur le littoral restaient aux Espagnols, tandis que les villes conquises sur l'ancien territoire français appartenaient à M. le Prince. Il n'entrait pas dans les vues du cabinet de Madrid de grandir Condé outre mesure, surtout de multiplier entre ses mains les gages à négocier, les places qu'il pouvait d'un jour à l'autre offrir au Roi son souverain, achetant ainsi son retour en grâce par une restitution opportune. Le concours accordé à M. le Prince fut donc toujours précaire, intermittent. À chaque instant il se retrouvait seul.

Mal soutenu, Condé est repoussé par Turenne. Fin de la campagne (janvier 1653)

Sortant du rôle d'observation qui lui était d'abord imposé, Turenne devient pressant, agressif, manœuvre, force M. le Prince à reculer, prend des places à sa barbe. A la fin de l'année, Condé avait perdu Bar-le-Duc (17 décembre), ne conservant en Champagne que Rethel, Mouzon et Sainte-Menehould. Menacé, maltraité sur la Marne et la Meuse, il veut changer son front de bataille, pousse sa droite dans la vallée de l'Oise. Ce mouvement le rapproche de ses alliés; quelques troupes espagnoles se trouvent à sa portée; grâce à un concours momentané, il s'empare de Vervins (19 janvier 1653); mais il en est délogé dix jours plus tard (28 janvier).

Ce fut la fin de cette laborieuse campagne qui durait depuis seize mois; s'ouvrant sur les bords de la Charente et de la Garonne, continuée dans le val de la Loire, sous les murs de Paris, puis entre Meuse et Marne, elle s'achève près des sources de l'Oise; — campagne décousue, heurtée, dont nous avons suivi les phases et marqué les caractères : ces accès de torpeur succédant à des prodiges d'activité; la lucidité des conceptions stratégiques les plus précises subitement et complètement obscurcie par d'inextricables intrigues; les illusions, les fautes, les égarements du chef de parti paralysant la vertu du capitaine, qui se retrouve tout entier dans l'action avec les ressources inépuisables de sa dextérité tactique et le don d'élever la valeur des soldats à la hauteur de son courage; aussi facile à jouer, à endormir dans les négociations que prompt à surprendre les ennemis sur le champ de bataille; prolongeant une lutte inégale par des coups audacieux suivis d'un succès éphémère, et ne se relevant de la défaite que pour succomber après la victoire.

Mazarin triomphait; vivant au milieu des troupes, faisant mouvoir les armées, tranchant du général en chef, il dirigeait en personne l'ensemble et parfois le détail des opérations. A l'entendre, les dernières étaient son œuvre; c'est à peine si le nom de Turenne est prononcé dans cette partie de la correspondance du cardinal. Les *Mémoires* du maréchal et ceux du duc d'York modifient l'impression qu'on reçoit de la lecture de ces lettres et rendent aux généraux la part qui leur appartient dans l'exécution. Il n'en est pas moins vrai que le cardinal avait dû imprimer lui-même la suprême impulsion, et suppléer, par son ardeur, à la froideur qu'il reprochait aux hommes de guerre.

M. le Prince forcé de prendre ses quartiers hors de France. Le cardinal de Retz arrêté. Mazarin rentre à Paris (6 février).

Rappelé à la cour par un arrêt du conseil d'en haut, qui annulait tous les arrêts du parlement, — nouveauté qui semblait consommer l'abaissement du pouvoir judiciaire, mais le temps de la résistance était passé comme celui des usurpations, — Mazarin recevait de toutes parts des offres de service et surtout force dénonciations : Hocquincourt, de Picardie, Arpajon, de Paris, se distinguaient parmi les plus empressés; bien peu sûrs, ils avaient beaucoup à se faire pardonner, encore plus à cacher. Le ministre accueillait tout, recommandait la vigilance, n'épargnait ni les promesses ni les menaces, s'annonçait, préparait le dénouement, mais ne voulait l'accomplir qu'après avoir fait disparaître de Paris le seul rival qui pût encore troubler la sécurité de son omnipotence, et forcé M. le Prince à prendre ses quartiers hors de France.

Cette dispute des quartiers d'hiver avait prolongé la lutte, entassé les ruines en Champagne et en Picardie, chaque parti s'appliquant à tout détruire aux lieux où l'adversaire pouvait trouver un gîte, des ressources, une position stratégique. Dans cette rivalité cruelle, la palme appartient à M. le Prince. Ses moindres billets d'alors témoignent d'un extrême acharnement : il brûlait sans merci les postes qu'il lui fallait abandonner, ne parlait que d'assouvir sa vengeance, et s'animait surtout contre les Parisiens, attribuant ses revers à « l'inconstance du badaud [1] ».

---

1. Lettre de l'abbé Viole, 20 octobre 1652. B. N.

Enfin, le 19 décembre 1652, le cardinal de Retz fut logé au Bois de Vincennes; la réaction n'avait plus rien à redouter; la célèbre « Déclaration d'octobre [1] », faible et dernière garantie de la liberté individuelle, était révoquée au mois de janvier 1653. Personne ne souffla mot; le silence était complet; l'exil décimait le parlement; établi à la Bastille, l'abbé Foucquet en remplissait les cachots. Tous les amis de Condé sont cachés ou en fuite; lui-même s'éloigne, conduit en Luxembourg ses troupes, si peu nombreuses qu'il n'eut guère de peine à les loger.

Rien ne retenait plus Mazarin à l'armée. Tout était prêt à Paris pour son retour : il y rentra le 6 février.

Le même jour [2], M. le Prince s'établissait à Stenay, à la tête de ses cantonnements, à portée des places qui lui restaient en Champagne. La position stratégique est bonne, la citadelle vaste et solide, la place suffisamment fortifiée. Aujourd'hui dépouillée de ses murailles, Stenay conserve encore la forme et l'aspect d'une ville de guerre avec ses maisons entassées et ses larges couloirs. Resserrée entre la Meuse et les collines qui la *Condé, malade, recule de Stenay à Namur (mars), négocie avec les gouverneurs des places frontières.*

---

1. 1648. Voir t. V, p. 304.
2. Ou à peu près. Une des lettres de Condé est datée de Stenay, 5 février.

dominent, elle est enveloppée d'une ceinture de forêts. Cette froide résidence d'hiver, ce mélancolique séjour convenait bien à un malade qui avait surtout besoin de repos. Les eaux de Spa, dont Condé fit largement usage, calmèrent les feux de la fièvre et le soulagèrent des premières atteintes du mal qui avait enlevé son père[1]. A peu près rétabli par deux mois de soins, il ne put profiter de ce retour de santé pour marcher en avant, et dut reculer encore, consommer le sacrifice, franchir la frontière.

Stenay, c'était la France! En portant son quartier général à Namur (mars 1653), Condé passait sur la terre étrangère; mais comment laisser plus longtemps ses troupes sans direction! elles avaient beaucoup souffert en Luxembourg, et venaient d'obtenir à grand'peine de meilleurs cantonnements en Hainaut. Lui seul pouvait les réorganiser, remplacer les officiers qui le quittaient, employer les nouveaux venus, renforcer les vieux corps, encadrer les levées qu'on lui amenait d'Allemagne ou d'Irlande en exécution de traités conclus avec divers colonels ou aventu-

---

1. « Je suis ravi d'avoir apris que V. A. a heureusement fait ses deux pierres et qu'elle se résout aux eaux de Spa, qui sont assurément excellentes. » (Lenet à M. le Prince, Bordeaux, 15 mai 1653, et *passim*. B. N.)

riers[1]. Il avait aussi à suivre d'autres négociations plus délicates.

Si l'on excepte Mondejeu d'Arras, très sûr, quoique brutal et pillard, Broglio de La Bassée, avant tout dévoué au cardinal, et l'incorruptible Fabert de Sedan, la plupart des gouverneurs des villes frontières s'étaient plus ou moins mis aux enchères. Entre le roi de France et le roi d'Espagne, aucun ou presque aucun n'aurait hésité; mais entre Mazarin et Condé, certaines consciences assez larges se trouvaient plus à l'aise, les règles du devoir semblaient moins absolues. Les uns discutaient avec quelque effronterie le prix auquel ils pourraient livrer leurs places : c'était le cas d'Hocquincourt à Péronne, de Saint-Estienne à Linchamp, de Manicamp à la Fère, et même du duc de Chaulnes à Amiens. D'autres accordaient, moyennant finances, certaines facilités d'approvisionnement, de recrutement : ainsi faisaient Noirmoutier au Mont-Olympe, Lameth à Mézières, s'engageant à observer une sorte de neutralité, à entretenir des rapports de bon voisinage, au grand profit « des sujets du roi », déclarait-on naïvement les deux parts, malgré la vive opposition des

---

1. Colonels Simon de Bolsey, Dillon, Srs Hiller, de Pretorius, etc. — A. C. mars à juillet 1653.

ministres de l'archiduc[1]. Toutes ces négociations étaient ouvertes; de leur succès pouvait dépendre la direction à donner aux opérations, qu'il importait de régler et de commencer au plus tôt. Pour hâter ce moment, M. le Prince, malgré une rechute assez grave, se rendit à Bruxelles (20 avril) avec son plan bien préparé, espérant terminer en quelques jours. Voici ce qu'il proposait :

Plan de Condé pour une campagne offensive.

Prendre l'offensive partout; les ordres sont donnés en Guyenne; tout est prêt en Hainaut. De ce côté, au nord, si les préparatifs des alliés, Espagnols et Lorrains, sont aussi avancés, on doit pénétrer en France par deux lignes d'invasion, l'Aisne et l'Oise, afin de diviser l'attention et les forces de l'ennemi, sauver les conquêtes récentes, en ajouter d'autres chemin faisant, mais sans s'y attarder et réunir toutes les forces alliées vers Saint-Quentin. — Cette jonction accomplie, l'objet était de profiter des difficultés financières de la France et de l'éparpillement de ses forces pour s'ouvrir le chemin de Paris en passant sur le corps de Turenne, et dicter la paix à Mazarin.

Que serait cette paix? Comment Condé pourrait-

---

1. Fuensaldaña à Lenet; Tournay, 19 novembre 1653. A. C. — « Mémoire de Monsieur l'archiduc touchant le traité de Rocroy avec Charleville », s. d. A. C.

il concilier ses obligations envers ses alliés et son retour au devoir de prince du sang de France? c'est ce que l'aveuglement de sa passion ne lui permettait pas d'examiner. En ce moment il ne poursuit que la défaite et le châtiment de ses ennemis; il prémunit ses amis, ses partisans contre une crédulité que souvent il partage au fond du cœur : « Il n'y a pas d'apparence de traiter présentement, le cardinal continuant à vivre avec ses fourberies accoutumées, comme je l'ay découvert encore tout nouvellement par les propositions qu'il m'a fait faire et qui sont toutes pleines d'artifices... Une fois pour toutes, ostés cette pensée de paix de vostre esprit, et songés fortement à la guerre [1]. »

Le plan de M. le Prince, approuvé par l'archiduc et par M. de Lorraine, fut accueilli avec une telle faveur que l'exécution semblait devoir suivre presque aussitôt. On parlait d'entrer en campagne aux premiers beaux jours, vers le milieu de mai; puis le « rendez-vous d'armée » fut reporté au 15 juin [2]. A la fin de ce mois, rien n'était encore réglé : comme l'année précédente, l'ardeur de Condé se heurtait aux lenteurs calculées du comte de Fuensaldaña, aux roueries de M. de Lorraine.

Retards. Le comte de Fuensaldaña et M. de Lorraine.

1. M. le Prince à Lenet, 19 mars 1653. B. N.
2. M. le Prince à Lenet, 7 juin. B. N.

Don Luis Perez de Vivero, comte de Fuensaldaña [1], « gouverneur général des armes », avait la probité, le caractère, la tête claire, une grande puissance de travail. Administrateur militaire de premier ordre, habile à créer des ressources, à les ménager, à réparer les pertes, à rétablir les troupes, il manquait d'inspiration, de flamme, se montrait hésitant dans l'action (nous l'avons vu à Lens), et cette disposition naturelle était fortifiée par son attachement à la politique traditionnelle de l'Espagne, dont il était l'interprète fidèle et tenace. Il vient de servir son roi fort heureusement, ayant en quelques mois reconquis Gravelines, Mardick, Dunkerque qui vaut une province. Il a su intervenir habilement dans les affaires de France, se montrer et se retirer à propos; sa ferme intention est de continuer le jeu qui réussit depuis un an, ne se souciant guère de faciliter les conquêtes personnelles de Condé, de le rendre trop indépendant. Encore moins voudrait-il voir M. le Prince en mesure d'imposer à Mazarin, par des actions éclatantes, une paix prématurée et qui pourrait ravir au roi catholique une partie des avantages assurés, semblait-il, par la continuation de la guerre. Avec une apparence d'empressement

---

1. Voir t. IV, p. 52, et t. V, p. 191, 220, 244.

à se conformer aux vues de M. le Prince, il sait faire surgir les obstacles. Le ton est déférent, respectueux; c'est celui d'un lieutenant soumis aux ordres du généralissime investi par le roi catholique; en fait, la résistance du ministre espagnol aux visées du prince français est imperturbable. « Le seigneur prince se sert, pour courir, des chevaux qu'on lui prête [1], écrivait-il en Espagne; il faut le monter avec prudence. »

Ces manœuvres n'échappent pas au regard pénétrant de Condé; mais il lui convient de se montrer conciliant; il discute avec bonne grâce, tout heureux de se sentir maître de son humeur. « En l'estat où je suis, je me trouve fort bien d'en user comme je fais, et je trouve mon compte de traicter les Espagnols avec douceur [2]. » Cette douceur ne lui réussit pas mieux que son emportement habituel, qui d'ailleurs ne tardera pas à reprendre le dessus. — Un jour, Fuensaldaña est retenu par des affaires urgentes; le lendemain, il tombe malade; dès qu'il se rétablit, c'est au tour de l'archiduc d'avoir la migraine ou la colique. La correspondance est volumineuse, diffuse; toutes

---

1. *El señor principe de Conde corre sobre cavallos prestados* (*Mémoires* de Choisy). — C'est notre proverbe : un cheval d'ami et des éperons à soi.
2. M. le Prince à Lenet, 19 mars. B. N.

les lettres sont dilatoires, se terminent par le même refrain : « Il faut bien considérer ce qu'il y aura à faire » ; ou bien encore : « L'ennemi assiègera-t-il ou n'assiègera-t-il pas Rethel ?... — Sachons d'abord ce que fera M. de Turenne, puis nous prendrons un parti. » Et M. de Lorraine fait chorus. Quand celui-ci se dérobe, il fournit par son absence de nouveaux arguments : « Je n'ay nulles nouvelles de M. de Lorraine ; je l'attends en vain. » — Et l'heure passe, les occasions s'envolent, et nous allons voir avorter cette campagne entreprise avec de puissants moyens, conduite par un chef à l'âme de feu, au cerveau fécond, mais dont le génie est paralysé, annulé par l'organisation du commandement. Hâtons-nous de le dire, Turenne aura sa large part dans le résultat.

M. le Prince à Saint-Hubert (4 juillet). Turenne prend Rethel (8).

Le 4 juillet, M. le Prince réunissait ses troupes à Saint-Hubert, en pleine forêt des Ardennes, tout prêt à tourner Sedan, pour passer la Meuse à Mouzon ou à Stenay, déboucher par Rethel dans la vallée de l'Aisne et donner la main à ses alliés sur les bords de l'Oise. Mais Turenne avait mis à profit le temps perdu par d'autres. Rassemblant brusquement les quartiers de sa petite armée, il n'hésita pas à découvrir la grande voie pénétrante d'invasion, assuré que les lenteurs de l'état-major espagnol lui permettraient de revenir à temps pour la fermer ou la défendre. Le 5 juillet, il était devant Rethel ; Persan, qui, à peine sorti de Montrond après une belle défense, s'était jeté dans la petite place champenoise, dut la rendre au bout de trois jours en sauvant la garnison. L'arrivée de cet excellent officier et d'une poignée de bons soldats diminua les regrets que causait à Condé la perte de Rethel, perte moins sensible d'ailleurs qu'on ne pourrait le croire ; car il avait d'autres vues en tête : c'était surtout Sainte-Menehould et Clermont qu'il tenait à conserver pour rester maître des défilés de l'Argonne. Rethel ne lui était plus d'un grand secours ; Persan et son régiment valaient mieux qu'une place inutile.

Assuré que Turenne ne menaçait pas Sainte-Menehould, il changea de direction, gagna Givet, puis Maubeuge, marchant un peu à tâtons, à la recherche de ses alliés. La jonction se fit à la Capelle, et, le 29 juillet, les cinq corps de l'armée alliée, commandés par Condé, Clinchamp, Garcies, Fuensaldaña et le chevalier de Guise (Lorrains), campaient entre Fonsomme et Saint-Quentin, tout le long de la rivière de Somme, qui les séparait de l'armée de France campée à Ribemont[1]. M. le Prince était radieux et s'étonnait qu'on eût choisi

<small>L'armée alliée atteint la Somme (29 juillet), s'arrête à Roye. Turenne à Noyon.</small>

---

1. Il y a 13 kilomètres de Ribemont à la rive droite de la Somme au-dessus de Fonsomme.

ce moment pour amener Louis XIV au milieu de ses troupes : « Nous sommes là plus de trente mille hommes, et ils en ont au plus dix-huit mille, écrivait-il à Lenet [1]. Jugés de ce que nous pouvons faire si tout le monde veut faire son devoir. Nous pouvons prendre en six jours la meilleure ville de la frontière de France, et puis aller à Paris demander la paix les forces en main. » Et le voilà galopant à l'avant-garde avec ses chevau-légers. Il rencontre un parti de douze cents chevaux sorti en reconnaissance de Saint-Quentin et le refoule avec grande perte dans la place. Sa joie fut vive quand il sut que la troupe culbutée était commandée par un des officiers qui venaient de le quitter, le comte de Grandpré; mais il fallut bien vite en rabattre.

Aucune des espérances données par certains gouverneurs ne se réalise. Pas un mot, pas un signe ne vient ni de Péronne ni de la Fère; Mazarin avait couvert les enchères; premier mécompte! Cependant l'armée alliée a traversé le réseau des places françaises, franchi la Somme; déjà elle est à Roye, sur la grande route royale, à quatre étapes de Paris, et à une petite marche de l'armée de Turenne, qui descend l'Oise jusqu'à Noyon. Le

---

[1]. Par la main du secrétaire Caillet; camp de Lesdins, près Saint-Quentin, 29 juillet. B. N.

maréchal essayera-t-il de disputer le passage de cette rivière? C'est tout ce que Condé désire; encore une fois il croit toucher au but.

La première vertu d'un chef de guerre est de juger sainement les aptitudes de l'armée qu'il commande, son fort et son faible, de pénétrer, deviner le tempérament de l'adversaire, d'en tenir compte toujours. L'oubli de cette règle essentielle a perdu de grands capitaines; l'application à l'observer a pu élever au premier rang des hommes qui semblaient destinés à rester au second plan. Turenne possédait cette rare partie; il en donne la preuve.

Turenne manœuvre. Condé le surprend au Mont-Saint-Quentin, Il n'est pas soutenu.

Un grand convoi chargé de vivres et de munitions, attendu par les Espagnols, était sorti de Cambrai. Hardiment, le maréchal quitte sa position de flanc sans se soucier de découvrir Paris, se fiant au conseil des alliés, dont les hésitations serviront son dessein : il pique droit au nord pour disperser ou refouler le convoi. La discussion s'ouvre au quartier général de Roye. Condé veut continuer la marche sur Paris; c'est le convoi qu'il faut sauver, répond Fuensaldaña; il insiste, l'emporte, et l'armée repasse la Somme. Le convoi était déjà rentré à Cambrai; Turenne avait atteint son but. Mais à la guerre les caprices de la fortune jouent plus d'un tour aux mieux avisés; la judicieuse inspiration de Turenne faillit lui devenir fatale. Comme le maréchal, revenant de son expédition et se croyant loin de l'ennemi, s'arrêtait au Mont-Saint-Quentin, près de Péronne, sans se mettre sur ses gardes, M. le Prince débouchait en face avec sa cavalerie. Un coup d'œil lui suffit ; il demande de l'infanterie pour commencer l'attaque. Turenne avoue dans ses *Mémoires* que « l'armée du Roy courait grand danger ». Le pressant message de Condé n'émeut pas Fuensaldaña : les troupes sont fatiguées ; il a du monde en arrière ; attendons à demain.

Fuensaldaña refuse d'engager le combat et de faire le siège de Guise.

Le lendemain, Turenne était retranché. Bien que la position du maréchal soit bonne, Condé croit encore l'attaque possible ; pas de rivière à franchir ; pas de pente inaccessible ; le terrain offre des facilités pour les mouvements tournants, et la supériorité numérique est si grande ! Mais Fuensaldaña ne veut ni engager une action générale, ni pénétrer plus avant en France : le convoi refoulé dans Cambrai lui fait défaut, il craint de manquer de vivres et de munitions. Navré, Condé réclame une entreprise qui occupe l'ennemi, l'empêche de songer aux places de Champagne, et il propose l'attaque de Guise : enlever cette place, où Bridieu s'est immortalisé trois ans plus tôt par sa défense, serait d'un grand effet. M. le Prince se charge du siège s'il est soutenu ; le concours des Lorrains lui est promis, et il envoie aussitôt reconnaître la place. Au moment de marcher, les Lorrains ne viennent pas au rendez-vous : le chevalier de Guise, qui les commande et qui a les véritables instructions de Charles IV, s'excuse d'attaquer une ville qui donne son nom à une branche de la maison de Lorraine. Nouvel échange de messages, récriminations. Turenne se hâte de secourir la place menacée ; puis il reprend possession de la route de Paris et s'établit près de Ham. L'armée alliée, remontant lentement vers le nord, s'arrête quelques jours à Vermand[1], à l'intersection des deux grandes voies romaines, dont l'une va vers Amiens et la mer, tandis que l'autre s'enfonce par Bavay dans les Pays-Bas.

La France était sauvée d'un péril réel. En l'état de son âme, Condé n'était sensible qu'au triste dénouement de la campagne, et dans son dépit il adressa au roi catholique un long et véhément réquisitoire contre Fuensaldaña[2]. Entre ces deux hommes dont les rapports étaient si mal définis, les vues contradictoires, l'un froid

Condé prend Rocroy (4 octobre), et ne peut secourir Sainte-Menehould.

---

1. Tout près de Caulaincourt, à quatre lieues au nord de Ham.
2. La pièce est adressée au comte de Fiesque, ambassadeur de M. le Prince à Madrid, 25 août 1653, de Vermand. (*British Museum,* copie en espagnol.)

VI.   18

et cassant, l'autre fougueux et emporté, tous deux opiniâtres, la lutte prenait chaque jour un caractère plus aigu ; aussi les relations courtoises des premiers jours s'étaient-elles fort altérées. Cependant ils tombèrent d'accord que, pour clore les opérations, M. le Prince attaquerait Rocroy. Entrepris avec des moyens insuffisants, le siège de cette petite place dura vingt jours. M. le Prince y entra au commencement d'octobre avec ses troupes ruinées [1] ; nulle ressource pour les rétablir ; lui-même de nouveau dévoré par la fièvre et se sentant impuissant à secourir Sainte-Menehould, qu'on savait menacée. En vain écrivait-il lettres sur lettres pour réclamer des chevaux d'artillerie — il n'avait plus de quoi atteler deux pièces — et combler d'autres lacunes essentielles ; rien n'arrivait. Les Lorrains devaient avancer pour le soutenir ; mais Ligniville, qui avait repris le commandement, déclara qu'il ne pouvait bouger sans un ordre de M. de Lorraine ; et qui savait où rencontrer M. de Lorraine ! Fuensaldaña, satisfait à son point de vue des résultats de la campagne, se tenait fort en arrière [2], bien résolu à n'engager les

---

1. Rocroy capitula le 30 septembre ; M. le Prince y entra le 4 octobre.

2. Fuensaldaña avait passé le mois d'octobre aux environs de Maubeuge. Lorsque Turenne attaqua Sainte-Menehould, le

troupes sous ses ordres que pour la défense des places qui appartenaient à son souverain. « On peut compter Sainte-Menehould, pour perdue à plaisir, n'y ayant rien de si facile que de là secourir », écrivait amèrement M. le Prince à Lenet le 30 octobre [1].

L'événement justifia ses prévisions. Turenne, qui avait déjà enlevé Mouzon à la barbe des alliés pendant le siège de Rocroy, laissa les uns et les autres se séparer, s'attendre, se morfondre, et fit attaquer Sainte-Menehould. Le siège, conduit par trois lieutenants-généraux, était couvert par deux maréchaux de France, Turenne et La Ferté. Mazarin avait voulu donner une grande solennité à l'opération : le jeune Roi y assistait; on pensait que sa présence en imposerait aux assiégés. Mais la place était entre les mains d'un homme qui ne se laissait pas facilement déconcerter, un « fidèle » de Condé que nous n'avons pas encore eu occasion de nommer.

De haute taille, calme, intrépide, modeste, Charles de Montsaulnin, comte de Montal [2], fut

Montal. Sa glorieuse défense. Il sort de Sainte-Menehould le 27 novembre. Fin de la campagne de 1653.

---

général espagnol avait reculé jusqu'à Tournay, et, malgré les instances de Condé, il mettait ses troupes en quartiers.

1. B. N.

2. D'une famille distinguée du Berry qui est encore aujourd'hui dignement représentée dans notre parlement et qui n'en était pas à sa première illustration guerrière, Montal — Condé

admis à dix-huit ans comme enseigne au régiment d'Anguien, et débuta par six rudes campagnes en Roussillon et Catalogne (1638 à 1643). Il était à Fribourg; sa conduite à Nordlingue lui valut le brevet de major du régiment. Depuis, dans la bonne et la mauvaise fortune, on le retrouve partout à côté de M. le Prince, jusqu'à Seneffe. Remis à la paix des Pyrénées lieutenant-colonel de Condé-infanterie, il conquit laborieusement par ses exploits le brevet de maréchal-de-camp et celui de lieutenant-général; c'est lui qui par une inspiration brillante sauvera la journée à Steinkerque. Criblé de blessures, avec un œil crevé, il commandait encore des troupes et prenait des places [1] à soixante-quinze ans, et mourut sous le harnais l'année suivante, sans avoir reçu le bâton que la voix de l'armée lui décernait. Louis XIV ne sut pas oublier le jour où Montal répondait à coups de canon aux sommations royales, et cependant il avait dit : « Je voudrais voir Vauban attaquer une

---

disait toujours Le Montal — prenait son titre d'une baronnie en Bourgogne, portée en mariage par Gabrielle de Rabutin, cousine de Bussy, à Adrien de Montsaulnin. De ce mariage était issu notre Montal, qui avait deux frères : Gilles de Montsaulnin, capitaine au régiment d'Anguien, tué à Nordlingue en 1645, et François, capitaine au régiment de Condé, tué en Flandre.

1. Dixmude en 1695.

place, et Montal la défendre... Mais non! ils y périraient tous les deux. » — Qu'ajouterons-nous à un tel éloge? — Dès 1653, sa résistance pendant un mois dans une méchante place, sans secours, avec une faible garnison, lui fit un nom. La cour avait, par moments, désespéré du succès : il fallut appeler le maréchal du Plessis pour en finir ; le moindre mouvement de M. de Lorraine ou de Fuensaldaña aurait tout changé. Le 27 novembre, Montal sortit de Sainte-Menehould, et conduisit ses troupes à Rocroy, entre autres le « vieux Condé-infanterie », qui tout entier l'avait suivi. M. le Prince reçut son lieutenant à bras ouverts et lui donna aussitôt le gouvernement de Rocroy. Il s'efforçait alors de munir cette place, centre important de communications, et il venait d'en doubler la valeur par l'acquisition de deux petites forteresses voisines, Linchamp et Château-Regnault, qui tenaient les passages de la Meuse et de la Semoy.

De tous les gouverneurs de frontière qui avaient lié partie avec Condé, le commandant héréditaire de ces deux châteaux avait seul conclu, et les livra[1] moyennant finances, savoir : « 10,000 écus

---

1. M. le Prince fut mis en possession le 30 novembre 1653. (Acte de cession, signé de Saint-Estienne. Ordre de M. le Prince au président Viole, 30 novembre. A. C.) — Condé

brabans », un petit lot de diamants[1] et une liasse de billets portant la signature de Condé, qui n'avait pas grande valeur sur le marché[2]; mais le vendeur retrouva son compte dans d'autres affaires, missions, levées de troupes. C'était ce même Saint-Estienne que nous avons vu, en 1644, sortir assez piteusement d'une mauvaise affaire par le crédit du duc d'Anguien[3]. Abandonné de son protecteur, il put rentrer en grâce à la faveur des troubles et sut se rendre utile sans regagner la confiance ni mériter l'estime : un de ces négociateurs employés dans les affaires véreuses, parce qu'ils sont commodes à désavouer.

La querelle des quartiers d'hiver. M. le Prince et M. de Lorraine. Dès que les affaires de Rocroy et de Château-Regnault furent réglées tant bien que mal, Condé quitta ce pays perdu, agreste, et revint à Namur,

confia Linchamp à Nicolas de Gaureaux, sr du Mont, qui garda la place jusqu'à la paix des Pyrénées. Du Mont avait défendu Saumur en 1650 (voir p. 16). Sa fille épousa un frère de Bossuet, Antoine.

1. « Une boîte à portrait de 24 diamants à facettes pesant une once, onze esterlins et 27 grains; un pendant d'oreille pesant neuf esterlins et quinze grains; le tout dans une boîte de sapin enveloppée d'une toile et cachetée des armes du président Violé. » (Reçu de M. de Saint-Estienne, Bruxelles, 5 décembre 1653. A. C.)

2. Ces billets, successivement protestés, étaient encore entre les mains de Saint-Estienne le 21 novembre 1658. (État remis par lui. A. C.)

3. Voir t. IV, p. 287 et suivantes.

partout suivi de mille soucis. Rien ne lui cause plus d'irritation et de tracas que la querelle sans cesse renaissante des quartiers d'hiver ; il faut les disputer maintenant, non plus à l'ennemi par le fer et le feu comme l'année précédente, mais presque aussi violemment aux peuples ou aux alliés. Grossie par les levées, par tout ce qui sort des places perdues, de la Guyenne ou de Bellegarde, amalgame de mercenaires de tous pays, l'armée devient chaque jour plus difficile à loger. La situation de l'archiduc et de ses ministres ne laisse pas d'être embarrassante. Ne pouvant se passer des bandes rassemblées par deux princes sans terres, le vice-roi assigne à chacun un coin du domaine royal, et leur donne à dévorer un certain nombre de villes et de cantons. Survient-il entre ceux-ci quelque débat, quelque contestation de limites, c'est par d'étranges représailles qu'ils vident leur différend : « Si M. de Lorraine fait piller des lieux de mon district, j'en feray faire de mesme dans le sien », écrivait Condé[1]. Lui aussi tranchait du souverain, ne voulant le céder en rien à Charles IV, et, comme celui-ci, traitant de puissance à puissance avec le gouvernement des Pays-Bas. Il avait accrédité auprès de l'archiduc un

Le gouvernement des Pays-Bas et les neutres.

---

1. A Lenet; Namur, 8 février 1654. B. N.

diplomate de profession, jadis résident de France à Munster, le marquis de Saint-Romain, galant homme, qui transmettait les demandes, les réponses, et défendait les intérêts de son mandant avec plus d'application que d'autorité. Quand Lenet revint de Bordeaux, Saint-Romain s'empressa de lui céder la place et se retira, emportant l'estime de Condé et sans rompre avec lui[1]. Lenet avait plus d'ardeur et plus de souplesse, une grande habitude des Espagnols; il priait, menaçait. L'archiduc, affligé, cherchait un terme de conciliation; mais, ajoutait-il, « la mauvaise conduite que tiennent les troupes de M. le Prince est insupportable aux peuples, qui prendront les armes plutôt que de les recevoir en quartiers[2] ». Et quelle conduite pouvaient tenir ces hommes à qui l'on refusait tout, solde, vivres, abris ! — Fuensaldaña le prenait sur un autre ton; des deux parts on « s'échauffait » assez vite, puis de guerre lasse on transigeait : le comte en écrirait aux gouverneurs de province; il en référerait à don Luis

---

1. Il ne put obtenir l'autorisation de retourner en France que deux ans plus tard (août 1655). Rentré en grâce, Saint-Romain (Melchior de Harod de Senevas, marquis de) fut chargé de missions importantes, ambassade en Portugal, etc., et mourut octogénaire en 1674.

2. Lenet à M. le Prince; Valenciennes, 24 novembre 1653. B. N.

de Haro; mais avant que la réponse revînt de Madrid, les soldats de M. le Prince auraient le temps de mourir de faim! « Sans quartiers, je seray sans troupes, écrivait M. le Prince, le 30 octobre 1653; estant sans troupes, je seray hors d'estat de pouvoir servir les Espagnols; d'ailleurs le traité les oblige. Au besoin, qu'ils m'en fassent donner par le prince de Liège. »

L'Empereur fermait les yeux; on se passait du consentement du prince-évêque[1]; son territoire, celui de la princesse de Phalsbourg[2], étaient envahis, leurs sujets mis à contribution, pillés. Ceux-ci essayaient-ils de résister, de s'armer, ils étaient « taillés en pièces », et sur ce point M. de Lorraine était prêt à renchérir sur M. le Prince[3]. D'interminables négociations étaient engagées; si par hasard elles aboutissaient, c'était toujours au profit des princes et de leurs ministres, sans diminuer les charges et les gémissements des peuples.

Le premier ministre de Philippe IV ne savait à qui entendre. Fuensaldaña écrivait que les exigences, les prétentions de Condé perdaient la cause

Relations de M. le Prince avec le gouvernement de Madrid.

---

1. Maximilien de Bavière, électeur de Cologne et prince-évêque de Liège, mort en 1688.
2. Henriette de Lorraine. — Voir sa lettre à M. le Prince, Bonn, 29 octobre 1655. A. C.
3. Le duc de Lorraine à M. le Prince, 4 janvier 1654. A. C.

de l'Espagne; ses arguments étaient si pressants que don Luis de Haro fut sur le point « de retirer M. le Prince de Flandre », et le dit en ces termes au représentant officiel du prince [1], qui tomba des nues; car lui-même venait présenter une sorte d'ultimatum et s'apprêtait à exiger le rappel de Fuensaldaña. « Cet homme perd toutes les affaires, disait la dépêche de M. le Prince; il n'y a pas moyen que je continue plus longtemps à vivre de la sorte [2]. » Les deux antagonistes ne se parlaient plus : « Il y a quinze jours que M. le Prince a la fièvre, écrivait Lenet [3], et le comte de Fuensaldagne, qui loge à sa porte, ne l'a pas encore visité. » — « Il vit avec moi dans la dernière incivilité [4]. » — Le différend qui avait si vivement éclaté pendant la période active de la campagne s'aggravait tous les jours.

La façon d'agir de M. le Prince, son style, la forme de ses communications ne laissaient pas de surprendre et de troubler un peu ceux qui avaient mission de s'adresser en son nom aux dignitaires

---

1. Le comte de Fiesque à M. le Prince, 25 février 1654. — Le même à don Cristoval, secrétaire de don Luis, 2 mars 1654. A. C.

2. M. le Prince au comte de Fiesque, 8 avril 1655. Nombreuses dépêches et minutes. A. C.

3. Au comte de Fiesque, le 6 octobre 1653. B. N.

4. M. le Prince au même, 17 avril 1654. A. C.

formalistes de la cour d'Espagne : « Ses lettres ressemblent à des ordres de guerre », écrit Saint-Agoulin. — « C'est ainsi qu'il en use d'ordinaire, même avec femme, frère ou sœur », répond aussitôt Lenet[1]. — A ce moment, Saint-Agoulin, gentilhomme entendu et modeste[2], qui avait assez longtemps fait tout seul les affaires de M. le Prince à Madrid, était passé au second plan, relégué depuis plus d'une année aux fonctions de secrétaire par l'arrivée d'un personnage titré, qui avait pris le rang d'ambassadeur. Le comte de Fiesque était de

---

1. 26 juin 1653. B. N.
2. Gilbert de Chauvigny-Blot, Sr de Saint-Agoulin. Il mourut à son poste, à Madrid, le 25 juin 1655. Sa succession fut briguée par La Peyrère, un rêveur désœuvré qui s'était attaché à M. le Prince et dont nous reparlerons; elle échut à Mazerolles, un des messagers les plus actifs et les plus sûrs de Condé, qui se trouvait en mission à Madrid. Voici en quels termes il accueillit l'ordre d'y rester auprès de Fiesque : « Ma résignation aux volontés de S. A. me fait trouver de la douceur aux choses les plus amères » (à M. le Prince); « ce ne m'est pas une petite mortification, à l'âge où je suis, de me voir ériger en solliciteur de M. le comte de Fiesque » (à Caillet, 28 août 1655. A. C.).

Pour témoigner son empressement, Mazerolles commença par aller prendre les eaux à Saragosse. Il parvint à se faire relever de ces fonctions. Nous le retrouvons, en 1658, accrédité par M. le Prince auprès de la diète de Francfort; à ce moment on espérait que l'élection de l'Empereur serait suivie de la prompte conclusion de la paix. — Mazerolles avait des neveux de son nom, qui, souvent aussi, voyageaient pour le service de M. le Prince.

grande naissance, « avec de l'honneur, de l'esprit[1] », de bons services de guerre, ami des lettres et protecteur de Segrais. Marié à une des femmes galantes les plus décriées de la cour[2], il avait voulu échapper au ridicule en se retirant à Caen, d'où son dévouement à Condé le fit sortir pendant les troubles. « Il n'y a pas un meilleur homme au monde ny plus affectionné au service de Vostre Altesse »; mais il eut le malheur de « s'abandonner tellement à l'amour pour un objet indigne d'un pareil sentiment, qu'il finit par en perdre le sens[3] », mena la vie la plus étrange et tomba dans un discrédit com-

---

1. M. le Prince à Lenet, 19 mars 1653. B. N.

2. Gilonne d'Harcourt, veuve du marquis de Piennes, mariée en 1646 au comte de Fiesque, — une des « maréchales de camp » de Mademoiselle, qui la congédia en 1657, la jugeant « imprudente et peu affectionnée ». M. le Prince trouvait bon qu'elle profitât de l'occasion pour « rester à la cour et s'y faire appuyer de quelque personne de crédit, comme l'abbé Foucquet, afin d'empêcher qu'on inquiète le comte dans son bien ou dans sa famille » (Condé à Fiesque, 31 mars 1657, A. C.); mais le mari n'était pas de cet avis : « Je supplie V. A. de considérer que si ma femme demeure à Paris, elle fera cent impertinences, et qu'elle sera beaucoup mieux dans une de ses maisons. » (Fiesque à M. le Prince, 23 mai.)

Sur la comtesse de Fiesque, voir l'*Histoire amoureuse des Gaules,* les recueils de chansons et les mémoires du temps. Elle mourut en 1699, à quatre-vingts ans.

3. Lenet à M. le Prince, Barrière à Caillet, avril-octobre 1658. A. C.

plet¹. — Fiesque n'en est pas là encore ; mais voici les embarras de sa mission, déjà fort difficile, gravement compliqués par les messages assez déplaisants qu'il est chargé de transmettre. Condé menaçait de tout quitter et demandait ses passeports, un jour pour la Hollande, d'autres fois pour Rome ou Venise². Aucun mystère dans ces démarches ; c'était la fable de Bruxelles et l'écho en parvenait à Paris. Mazarin ne faisait pas grand fondement sur ces rumeurs : « Le dit prince seroit bien embarrassé si les Espagnols le prenoient au mot dans les menaces qu'il fait pour quitter leur party³. » La perspicacité du cardinal n'était pas en défaut : Condé était rivé aux Espagnols. Ses querelles avec le gouverneur général des armes lui causaient de violents accès de colère, parfois des rechutes de fièvre ; mais c'est à peine si ces incidents peuvent compter dans l'abîme de maux où il s'est plongé. Tout croulait au Midi comme au Nord ; tout retombait sur lui.

1. Charles-Léon, comte de Fiesque, mourut à son poste, à Madrid, en 1658. Sur sa mission et ses aventures, voir Documents et pièces.
2. Minutes de lettres à Fiesque, 31 janvier, 22 avril 1654, etc. A. C.
3. Mazarin à Fabert, 20 décembre 1653.

CHAPITRE VII

SOUMISSION DE BORDEAUX.

1652-1653.

Le prince de Conti rejeté dans Bordeaux (mars 1652). Comment Marchin commande l'armée des Princes. Balthazar. — Lenet aux affaires. Watteville. — Le vice-amiral de France du Daugnon et la flotte de la Charente. Il se vend à Mazarin (27 février 1653). — Le comte d'Harcourt a disparu et fait la partie belle à Marchin. Organisation du gouvernement de Bordeaux. — Le prince de Conti et Mme de Longueville. Désaccord avec Marchin et Lenet. — Madame la Princesse; sa soumission et son courage. Naissance d'un fils qui vécut sept mois. — Domination de l' « Ormée » soutenue par M. le Prince. — Complots pour remettre Bordeaux au Roi. Le père Berthod et le père Ithier. Courage du trésorier Filhot. — Blocus de Bordeaux. Cabale. Aymar de Chouppes. — Soumission de Bordeaux. Entrée des ducs de Vendôme et de Candale (3 août 1653).

Le prince de Conti rejeté dans Bordeaux (mars 1652). Comment Marchin commande l'armée des Princes. Balthazar.

En disparaissant pour s'engager dans la plus périlleuse des aventures, Condé semblait avoir emporté avec lui les dernières espérances de sa cause en Guyenne. Comme il sortait d'Agen (24 mars 1652), le comte d'Harcourt y entrait (27 mars), chassant devant lui le prince de Conti, qu'il pousse l'épée dans les reins jusqu'aux portes de Bordeaux, toutes prêtes à s'ouvrir, croyait-on, au général victorieux. Mais la direction des affaires militaires du parti est restée aux mains d'un homme de guerre consommé, muni d'instructions précises et capable de les remplir. Ralliant vivement les troupes des Princes, Marchin fait échec à l'armée royale, l'inquiète, la harcèle, arrête le premier essor du comte d'Harcourt. De loin, Condé suit son lieutenant, le soutient, le dirige, sans entraver sa liberté d'action; pendant seize mois, Marchin saura faire durer la lutte, et l'échec final ne sera pas son fait. Toute sa correspondance est marquée au coin du bon sens, et d'un tour original, mettant à nu l'incurable faiblesse de la situation, perdue par les conflits d'autorité, la pénurie financière : « Nous serons chassés comme des péteux d'église, si l'on ne se met en estat de dire nos raisons ; et comment le faire sans argent[1] ! » Son commandement était rude, et on l'accusait, à tort, d'avoir, par sa dureté, provoqué quelques tentatives de soulèvement militaire : les favoris ne comptent pas pour lui ; la faiblesse du prince de Conti, ses tolérances pour les protégés le désolent, et il n'admet pas que les officiers quittent leur corps pour aller s'amuser

1. Marchin à Lenet; Bergerac, 34 août 1652. B. N.

à Bordeaux : « M. le prince de Conti ne devroit point souffrir que chacun s'esloigne de cette sorte de son devoir ¹. » Sa jalousie, facilement éveillée, s'offusque d'entendre vanter les exploits du colonel Balthazar, qui semble échapper à son autorité : « M. le Prince a prins une méthode d'escrire à Balthazar, parlant de moy, à quoy je ne m'attendois point. Je croyois qu'il feroit la distinction de l'un et de l'autre, et seray bien aise qu'il sçache que cette comparaison m'est odieuse ². » Balthazar était l'idéal du partisan; ses coups de main jetaient le désarroi dans les troupes royales, et la surprise infligée à Montausier³ est le plus brillant incident de cette guerre. Condé, qui l'a vu à l'œuvre, voudrait le conserver, cherche à l'encourager sans froisser Marchin ⁴, persiste jusqu'au jour où il faut reconnaître que la méfiance de Marchin n'était pas en défaut : Balthazar n'attendit pas que la paix fût signée pour prendre

---

1. A Lenet. B. N.
2. Marchin à Lenet, 18 août 1652. B. N.
3. A Montanceix en Périgord, le 17 juin 1652. Sur Balthazar, ses services en Catalogne et sa vie, voir t. V, p. 159.
4. « Faites tous vos efforts pour qu'il (Balthazar) ne vende pas son régiment et pour que M. de Marchin se raccommode avec luy. — C'est un homme de service que j'aime et à qui j'ay obligation. » (M. le Prince à Lenet, 7 octobre 1652, 28 juin 1653. B. N.)

l'amnistie ; dès qu'il eut encaissé une obligation de 12,000 écus que Lenet lui remit au nom de Condé, il fit son accommodement et passa de l'autre côté[1].

La lutte ne pouvait se prolonger indéfiniment : donner du temps à M. le Prince pour négocier la paix, c'est tout ce qu'il était permis d'espérer ; Marchin ne se faisait aucune illusion et ne cessait de conseiller à Condé « de se remettre bien avec la cour ». Pour lui, son rêve est d'avoir les coudées franches : « Je seray, Dieu aidant, encore une fois général seul[2] ». Voilà le cri du cœur. Avec cela des mouvements de tendresse : « Assurez Madame la Princesse et mon petit duc de mon obéissance[3]. » En somme, il ne se laissait pas abattre et soutint la partie jusqu'au bout.

Près de Marchin nous retrouvons Lenet, qui le complétait bien ; à eux deux ils formaient le ministère en Guyenne, habituellement d'accord, ne se portant pas ombrage. Le contraste est frappant entre les deux hommes. Lenet a toujours la même puissance de travail, l'esprit prompt et juste, l'al-

Lenet aux affaires. Watteville.

---

1. Ce traité assurait à Balthazar les gouvernements de Tartas et de Roquefort avec promesse du commandement de la cavalerie en Catalogne.
2. A Lenet, 20 août 1652. B. N.
3. *Ibid.*

lure galante, charmant les dames par ses distributions de gants d'Espagne, qui lui arrivent plus facilement que les doublons. Parfois léger, brouillon même à certaines heures, il sait prendre un parti et en surveiller l'exécution ; c'est un agent précieux, parfaitement entendu en affaires, trop complètement peut-être, au dire de ses ennemis et de ses rivaux, qui l'accusent de ne pas oublier ses bénéfices, et ne lui pardonnent pas de savoir défendre la caisse du parti, si pauvrement garnie qu'elle soit, contre les assauts des besogneux. Marchin aurait voulu trouver son collègue moins parcimonieux; si parfois quelque démêlé survient entre les deux ministres, il est certain que la question d'argent est au fond, bien qu'il leur convienne de s'en prendre aux intrigues de Watteville : « Enfin, Monsieur [1], vous avez fait la chose du monde que j'appréhendois le plus, qui est de me brouiller avec M. de Marchin, le meilleur amy que j'aye au monde. Nous n'agirons plus, s'il vous plaist, comme amis ; je ne suis pas vostre dupe, encore que j'aye souvent fait semblant de l'estre. » La brouillerie ne dura guère entre le magistrat bourguignon et le soldat liégeois; mais elle était irrémédiable entre le premier et le gentil-

---

1. Lenet à Watteville, 2 novembre 1652. B. N.

homme comtois qui représentait le roi catholique.
— Disposant des vaisseaux et des soldats espagnols, avant tout préoccupé de servir la politique de son souverain, Watteville avait en Guyenne la même situation que Fuensaldaña aux Pays-Bas, et se trouvait exposé aux mêmes attaques, aux mêmes reproches, qu'il méritait peut-être par certains traits de son caractère : « Il n'y a jamais eu plus grand effronteur; sans luy, nous aurions Blaye, et les vaisseaux ennemis ne se fussent jamais assemblés. Il a perdu toutes nos affaires, et nous a pris 300,000 escus de nostre argent[1]. »

Le grief le plus sérieux invoqué contre Watteville était sa persistance à changer la destination des subsides envoyés de Madrid, arrêtant ces derniers au passage pour les affecter à diverses dépenses, au mépris des plus formels engagements. On considérait ce manque de foi comme la cause déterminante de la défection de du Daugnon.

Nous avons déjà parlé de cet étrange personnage, qui avait si lestement mis à la voile pour soustraire son escadre au canon le jour où fut frappé l'amiral de Brézé[2]. Précurseur des flibus-

<small>Le vice-amiral de France du Daugnon et la flotte de la Charente. Il se vend à Mazarin (27 février 1653).</small>

1. Lenet à M. le Prince, 1ᵉʳ mai 1653. A. C.
2. Le 14 juin 1646. Voir t. V, p. 440, note 1, et plus haut, p. 18, 104 et *passim*.

tiers, il vit aujourd'hui en son réduit de Brouage, gardé par ses dogues et ses forbans, prêt à lancer ses navires sur toute proie à sa portée, ou à les louer au plus offrant, exerçant au loin sur terre et sur mer une rude tyrannie, très haï, encore plus redouté, toujours à vendre, quoique toujours acheté.

Lié par un traité [1] avec Condé, il cherchait depuis longtemps à en conclure un plus lucratif avec Mazarin. Le fourbe était bien connu, bien jugé; mais il importait de lui ôter tout prétexte de trahison. Cet armement réputé si parfait et qui semble se dérober aux regards, voilé par un rideau d'écueils et de brouillards, exerce le prestige du mystère; sa valeur réelle est justement appréciée par Condé. M. le Prince considère que l'escadre embossée derrière l'île d'Oléron est le salut de la flotte espagnole engagée dans la Gironde, la sauve du blocus et peut-être de la destruction [2]. D'autre part, les Anglais ont l'œil sur la Charente, guettent les vaisseaux qu'elle cache dans ses marais. Guidés, inspirés par leur maître, les agents de Condé à Londres tirent habilement parti de la proximité des lieux pour

---

1. Du 22 septembre 1654.
2. Cette thèse est très fortement développée dans la lettre de Condé à Lenet du 19 août 1652. B. N.

évoquer le passé, faire revivre les souvenirs de la Rochelle et des guerres de religion. Rajeunissant de vieilles chimères, ils annoncent déjà la jonction de Blake, l'amiral anglais, avec le vice-amiral de France, le soulèvement général des huguenots, et ils laissent entrevoir la république protestante fondée, à bref délai, dans l'ouest de la France, sous l'égide de l'Angleterre puritaine, par l'épée du Grand Condé [1].

On voit quel prix s'attachait à la flotte de du Daugnon, quel rôle elle pouvait jouer dans les négociations et dans la guerre. Aussi M. le Prince, pénétré de l'importance capitale de cette affaire, ne cesse d'expédier à Brouage des lettres presque suppliantes pour se faire pardonner le retard des subsides [2], et il insiste auprès de Lenet pour qu'ample satisfaction soit donnée à cet insatiable allié : « Demandés à ma femme toutes ses pierreries, mesme le présent du roy d'Espagne; priés aussi ma sœur de me prester les siennes;

---

[1] « Vous me mandés que la cabale des huguenots va droit à la respublique; cela n'est pas si mauvais. Il est certain qu'elle ne pourra jamais arriver à ses fins; mais, conservant toujours cette pensée de respublique, elle empeschera les autres de songer à l'amnistie et demander la paix. » (M. le Prince à Lenet, 10 mars 1653. B. N. — Voir aussi toute la correspondance de Barrière. A. C.)

[2] 3 décembre 1652, etc.

engagés, vendés tout, jusqu'à mes terres, faisant plus d'estat de ses gouvernements que de tout mon bien [1]. »

Rien n'y fit. L'argent ne vint pas; les huguenots se tinrent cois; le pavillon anglais ne parut nulle part. Du Daugnon, qui ne se payait que d'espèces sonnantes et de récompenses effectives, conclut son traité avec la cour le 27 février 1653, vendant au Roi vaisseaux et forteresse. Un an plus tard, sous le nom de maréchal Foucaut, il prenait séance au parlement pour signer la condamnation de Condé. — Sa défection fit évanouir le dernier espoir de tirer quelque secours d'Angleterre, de débloquer la Gironde; coup irrémédiable porté à la cause des Princes en Guyenne, contre-partie écrasante d'un incident qui avait, quelques mois plus tôt, jeté le trouble dans les opérations des troupes royales.

Le comte d'Harcourt a disparu et fait la partie belle à Marchin. Organisation du gouvernement de Bordeaux.

Le comte d'Harcourt disparut subitement (10 août 1652), au moment où sa victoire semblait certaine. Saisi de la manie de la souveraineté, et parodiant l'aventureux voyage de M. le Prince, il traversa la France sous un déguisement et gagna Brisach, dont l'entrée lui était assurée par une série d'intrigues, et où il

---

1. M. le Prince à Lenet, 5 février 1653. B. N.

comptait fonder une principauté indépendante. L'armée du Roi resta plus de deux mois sans chef, le duc de Candale n'en ayant pris le commandement qu'à la fin d'octobre. Cet interrègne ouvrait à Marchin une carrière de succès; il y entra brillamment, mais ne put soutenir son effort, arrêté, accablé par l'état anarchique de Bordeaux : — désordre universel, dans la rue, dans les conseils, rivalités en haut, violences en bas, perfidie générale, complots, conflits sanglants, régime trop connu de confusion et de terreur, qui tient les bourses fermées, les caisses vides, épouvante les alliés, épuise les ressources, absorbe tout secours d'hommes ou d'argent, jette enfin l'armée extérieure, l'armée réelle, dans le marasme et la décomposition.

Le maniement des troupes et des finances appartenait aux deux ministres que nous avons nommés, Marchin et Lenet; leur compétence n'était pas contestable; peut-être manquaient-ils d'ampleur et de poids pour traiter, soit avec les grands corps constitués, églises, parlements, corps de ville, soit avec la noblesse, les grands seigneurs, l'étranger. Aussi M. le Prince avait-il organisé avec force précautions, au-dessus de ces deux délégués effectifs, une représentation du souverain. La combinaison qu'il adopta semblait devoir lier fortement son frère et sa sœur à ses intérêts, couper court à toute tentative d'accommodement séparé, enfin frapper les esprits, en montrant à la France, à l'Europe, la maison de Bourbon unie contre Mazarin. Les pouvoirs déjà donnés au prince de Conti furent étendus : il se trouva investi d'une véritable vice-royauté qu'il partageait avec Mme de Longueville, comme on voit dans les médailles de Rome ou de Byzance l'image des impératrices associée à celle des Césars. Le nom de Madame la Princesse, trop cher au peuple de Bordeaux pour être laissé à l'écart, fut maintenu à côté des deux autres. Le président Viole resta ministre sans portefeuille, dirions-nous aujourd'hui [1].

Le prince de Conti et Mme de Longueville. Désaccord avec Marchin et Lenet.

Condé se flattait d'avoir réussi à prévenir, tout au moins à limiter les rivalités ; il comptait sur la diversité des vues, sur le choc des ambitions pour établir une sorte de balance de forces et assurer un libre champ aux véritables dépositaires de sa pensée ; mais la machine était bien compliquée. Ces gouvernements équilibrés, pourvus de soupapes et de contrepoids, ne fonctionnent pas aisément : improvisés, ils se détraquent assez vite ; on en fit l'épreuve en Guyenne.

---

1. Il demeura peu de temps à Bordeaux et rejoignit M. le Prince à Paris au mois de juin 1652.

« Je vous ay laissé une entière disposition de toutes choses au delà de la Loire », écrivait Condé à son frère[1]. Celui-ci a pris au pied de la lettre ces paroles officielles, qui ne sont pas exactement confirmées par la correspondance ; mais avec de l'esprit, du savoir et du courage, il n'est pas en mesure de soutenir effectivement le rôle dont il n'a en quelque sorte que revêtu le costume. Mobile, capricieux, livré aux favoris et bientôt aux favorites, ayant le goût du plaisir, même de la débauche, avec des accès de dévotion qui le saisissent au retour de ses visites aux dames, il ne se mêle des affaires que pour les confondre. Le séjour de Bordeaux lui plaît plus que celui du camp ; mais ses velléités guerrières gênent fort Marchin ; nulle fermeté, nulle suite dans le commandement[2] ; son principal souci étant de paraître voler de ses propres ailes, il voudrait échapper à la direction de Lenet et s'affranchir du sentiment qui l'a jusqu'à ce jour retenu dans la dépendance de sa sœur.

Impérieuse, passionnée, Mme de Longueville

---

1. 16 février 1653. B. N.
2. Entre autres lettres de Condé, citons celle du 30 septembre 1652, où il gourmandait doucement son frère sur « son peu d'application », lui recommandant « de se résoudre à un peu plus de fermeté ».

supportait impatiemment l'allure émancipée de son jeune frère, jugeait sévèrement sa conduite, méprisait son entourage. C'était le moment de sa rupture avec La Rochefoucauld; les mouvements divers qui agitent ce cœur déchiré et qui doivent aboutir à la plus austère des pénitences, n'ont pas encore pris la forme de la résignation chrétienne et se traduisent aujourd'hui par un redoublement d'arrogance et d'amertume. La rupture fut bientôt complète. Chassé par le prince de Conti, il suffit à Sarasin, pour se rétablir en faveur, « de cesser de visiter Mme de Longueville et de pester contre elle[1] ». Les intrigants ont beau jeu. Condé s'afflige de cet antagonisme, multiplie ses lettres, ses conseils. Les amis interviennent; Saint-Romain, au moment de se retirer, s'efforce d'une façon touchante de pacifier le diffé-

---

1. Lenet à M. le Prince, 1er mai 1653. A. C. — Ajoutons que Sarasin ne se rendit pas moins agréable à son maître « en lui ménageant l'intrigue avec la petite Mme de Calvimont » (*Ibid.*). Cette maîtresse, bientôt affichée par le prince de Conti — avec un certain scandale, car il n'avait pas encore rompu le lien qui l'unissait à l'Église, — n'était pas par elle-même une influence bien redoutable, à en juger par l'impression que, dans une première entrevue, elle laissait à l'indulgent abbé de Cosnac : « Elle dit d'abord trois ou quatre choses qui me firent douter laquelle des deux étoit la plus surprenante, ou sa beauté ou sa sottise » (*Mémoires* de Cosnac); mais elle était avide et faisait commerce de sa protection.

rend qui s'envenime de plus en plus. Vers la fin tout s'apaise : le frère et la sœur se rapprochent dans une haine commune contre Marchin et Lenet, « qui perdent nos affaires, Balthazar peut le prouver » ; et pour montrer combien il est d'accord avec Mme de Longueville, Conti ajoute : « C'est de sa ruelle que je vous escris ; elle auroit signé la lettre si elle ne venoit d'estre saignée des deux bras à cause de sa fiebvre [1]. »

Étrangère à ces querelles, toute à ses devoirs de mère, au fils qu'elle élevait et à l'enfant qu'elle portait dans son sein, docile avant tout aux ordres de son mari, Madame la Princesse suivait invariablement les avis de Lenet ; son dévouement passif ne cherchant pas l'appui de sa popularité réelle, rien ne troublait son application à conduire à bon terme une grossesse laborieuse. Le 19 septembre 1652, elle donna le jour à un fils, qui fut tenu sur les fonts par les jurats de Bordeaux et reçut le nom de la ville, comme il avait été fait à Paris, au temps de la Ligue, pour le fils du Balafré, et en pleine Fronde pour le petit comte de Saint-Paul [2]. Le baptême fut différé jusqu'au

<small>Madame la Princesse ; sa soumission et son courage. Naissance d'un fils qui vécut sept mois.</small>

---

[1]. Le prince de Conti à M. le Prince, s. d. A. C.
[2]. François-Alexandre-*Paris* de Lorraine, né posthume, chevalier de Malte, mort en 1614. — Charles-*Paris* d'Orléans, duc de Longueville, tué en 1672.

10 février 1653 ; la duchesse de Longueville était marraine. Le parlement ne parut pas à la cérémonie, dont « les honneurs ne furent pas disputés à M. de Marchin [1] ». M. le Prince décida que le nouveau-né prendrait le titre de duc de Bourbon, bien que son père eût renoncé à obtenir ce duché par échange avec celui d'Albret, « mais parce que c'était le nom de la maison ». Cette prise de possession d'un titre, sans la sanction du Roi, était une véritable usurpation, qui aurait pu avoir des suites assez sérieuses ; mais Louis-Bordeaux de Bourbon ne vécut pas sept mois [2]. La mère semblait destinée à suivre bientôt son enfant ; un moment on désespéra de son rétablissement. Au milieu de ses souffrances, de sa douleur, elle voulait donner à son mari une dernière marque de son amour, le désigner par testament pour seul héritier si elle venait à disparaître avec ses deux fils [3]. Elle se remit lentement ; sa santé resta chancelante ; les épreuves de tout genre lui avaient laissé une sorte

---

1. M. le Prince à Lenet, 1ᵉʳ mars. B. N.
2. Il mourut le 11 avril 1653. — Les négociations entamées pour l'échange du duché d'Albret furent reprises plus tard, et leur conclusion donna aux Condé ce qui restait du duché de Bourbon, — le peu que le Roi voulut en donner, — assez du moins pour reconstituer la duché-pairie, et le vieux titre de la race appartint à la maison de Condé ; il disparut avec elle.
3. Lenet à M. le Prince, 28 octobre, 2 décembre 1652. B. N.

d'affaiblissement général dont les suites ne laissaient pas de causer beaucoup de soucis. Sa maison était fort en désordre; M. le Prince dut intervenir, exiger des réformes, envoyer des instructions directes à la dame d'honneur, Mme de Tourville, en écrire à Lenet. Il fallut chasser diverses personnes, entre autres un gentilhomme appelé Blinvilliers, accusé de conspiration, et que Madame la Princesse avait d'abord assez vivement défendu. Toutes ces mesures se prennent avec un caractère d'urgence, restent enveloppées d'un mystère qui donne à penser. Le ton de la correspondance se modifie légèrement : une ombre de mécontentement refroidit la tendresse dont l'émotion se traduisait dans les lettres précédentes; on voit se froncer le sourcil de Condé et poindre un nuage qui grossira plus tard. — Vaillante cependant, Claire-Clémence ne craignait pas d'affronter le tumulte de la rue, s'y faisait porter aux jours d'émeute. Dans une bagarre, un homme fut tué à côté de sa chaise.

La ville n'était pas moins agitée que le conseil; les divisions y prenaient un caractère plus aigu; deux camps sont bien formés; chaque parti est retranché et sous les armes : l'« Ormée » près des grands arbres de son faubourg; le parlement et les jurats, la « Fronde », dans le quartier opulent du « Chapeau rouge ». On vit se succéder les

<small>Domination de l' « Ormée », soutenue par M. le Prince.</small>

rencontres, les « journées », comme on disait à Paris il y a cent ans ; un vrai combat se prépare. Attaquée par la Fronde, l'Ormée repousse l'agression, s'empare de l'Hôtel de Ville, canonne les barricades et la citadelle des bourgeois. Le Chapeau rouge capitule. — L'Ormée domine, proscrit, impose des taxes, et pendant un an fait la loi au gouvernement décousu que nous avons décrit. Le prince de Conti hésite, essaye de résister, cède, change au gré des influences qu'il subit, et par ses flottements froisse tout le monde, irrite sa sœur, contrarie son frère, qui a peine à dissimuler son mécontentement; car Condé ne varie pas : en politique comme à la guerre, il ne songe qu'à la victoire, et poursuit le succès par tous les moyens, sans scrupules. Il correspond directement avec Villars, le chef de l'Ormée, l'engage à se modérer, le sermonne, mais avec une sorte de tendresse, loue son zèle, et signe « vostre meilleur amy ». On lui reprochait de sacrifier le parlement : « J'aime mieux me conserver Bordeaux sans parlement, répondait-il [1], que le parlement sans Bordeaux. Bastissés tousjours sur ce fondement... Si les mazarins continuent à s'opiniastrer, il faut les abandonner à mes amis plustost que de vouloir heurter

---

1. A Lenet, 12 septembre 1652. B. N.

l'Ormée pour satisfaire aux mouvemens des malintentionnés. — Appuyés tousjours le party le plus fort », dit-il ailleurs [1], et il conseille de réserver les « sévérités » pour les frondeurs, qui veulent transporter le parlement à Agen. M. le Prince ne voyait qu'un côté de cette triste médaille, et son jugement était en défaut. « L'anarchie augmente, nous ne vivons que par miracle », écrivait Lenet à Saint-Agoulin [2]. Et voici que les conspirations viennent encore enflammer les fureurs populaires.

Un capucin auvergnat arrivait modestement à Bordeaux au mois de décembre 1652 pour prêcher l'Avent et s'occuper des affaires de son ordre. Le secret de cette mission évangélique fut bientôt révélé au prince de Conti : le père Berthod, aumônier ordinaire du Roi, venait d'être un des agents les plus actifs de la soumission de Paris, et il était envoyé à Bordeaux pour y jouer le même rôle. On le surveilla d'abord avec mollesse, Conti ayant déjà quelque velléité de se ménager des intermédiaires avec la cour ; mais le plan du révérend père était si vaste, ses démarches si hardies qu'il ne fut plus possible de fermer les yeux. L'Ormée s'enflamma, dicta sa volonté, prit les armes. Tous

Complots pour remettre Bordeaux au Roi. Le père Berthod et le père Ithier. Courage du trésorier Filhot.

1. A Lenet, 10 mars 1653. B. N.
2. 24 décembre 1652. B. N.

les religieux furent chassés de la ville ; il y eut de nombreuses arrestations, des curés frappés et blessés, des sacristies saccagées. Berthod put s'échapper. La fureur populaire retomba sur celui qui l'avait secondé, le père Ithier, gardien des Cordeliers de Bordeaux, « homme d'esprit, de savoir et de mérite, estimé de Leurs Altesses », et ami intime de Lenet[1]. Il fut saisi, livré à une commission militaire. Marchin, qui la présidait, traita l'accusé fort rudement en paroles, mais lui sauva la vie en le condamnant à l'amende honorable et à la prison perpétuelle, malgré les clameurs des Ormistes, qui ne se méprenaient pas sur le vrai caractère de la sentence[2]. Les complots se multipliaient. Diverses tentatives de soulèvement militaire furent réprimées par la fermeté de Marchin ; mais dans la ville on prenait courage.

Jacques Filhot, ancien officier et trésorier de France à Montauban, fut arrêté au moment où il allait ouvrir une des portes au duc de Candale. Conduit devant Duretête, il fut soumis à la question la plus cruelle, et la supporta avec un admirable

---

1. Lenet à M. le Prince, 24 mars 1653. A. C.
2. En effet, le père Ithier sortit au bout de trois mois de son *in pace*, fut nommé à l'évêché de Glandèves et mourut en 1674.

courage, sans dénoncer un seul de ses nombreux complices [1].

Du Daugnon venait de consommer sa trahison; l'inaction de la flotte espagnole et la faiblesse de don Osorio avaient livré Bourg et ouvert la Gironde aux navires du Roi; toutes les positions un moment reconquises sur la haute Dordogne, dans la vallée de la Garonne, du côté des Pyrénées, Sarlat, le Mas-d'Agen, Mont-de-Marsan, ont été successivement perdues. Les ducs de Vendôme et de Candale, combinant leurs opérations, rejettent l'armée des Princes dans Bordeaux, dont le blocus est resserré. Cependant les régiments que Marchin a ralliés dans les faubourgs sont solides et fidèles, la ville est bien approvisionnée, le peuple en armes, organisé, très animé; d'autant plus attaché à M. le Prince que le retour du duc de Candale a ravivé la vieille haine contre le nom de d'Épernon. La résistance pouvait donc se prolonger; peut-être même serait-on en mesure de suivre les instructions envoyées de Namur et de reprendre l'offensive; encore le 15 mai (1653),

Blocus de Bordeaux. Cabale. Aymar de Chouppes

[1] Filhot guérit de ses blessures, fut nommé trésorier de France à Bordeaux, anobli et pensionné. En 1660, Louis XIV voulut le voir : « Eh bien, monsieur de Filhot, martyr de mon État, comment vous portez-vous de vos blessures? » — A la même époque, Condé lui écrivit pour exprimer ses regrets et son admiration.

Lenet l'espère et l'annonce à M. le Prince. C'est d'en haut que partit le signal de la dissolution finale.

Rappelons-nous cet officier d'artillerie qui, par une nuit sombre et pluvieuse, devant Fribourg, conduisait le duc d'Anguien au milieu des ouvrages abandonnés par l'ennemi [1]. Ce fut l'agent le plus actif de la dissolution du parti de M. le Prince en Guyenne. Retiré dans son pays, Aymar de Chouppes avait, depuis le commencement des troubles, varié souvent et avec adresse, se faisant congédier en temps opportun, passant d'un camp dans l'autre sans trahison formelle, et cependant assez mal récompensé de ses migrations. M. le Prince, arrivant outre-Loire, eut quelque satisfaction à voir cet ancien compagnon d'armes revenir vers lui, car il le savait bon officier, Poitevin, huguenot d'origine, très utile à employer; mais dès que Chouppes ne fut plus contenu par la présence de Condé, son caractère inquiet et jaloux reprit le dessus. Il avait espéré partager le commandement avec Marchin, sinon le supplanter; voyant celui-ci seul investi et bien ancré, il se dégage des affaires militaires, se donne au prince de Conti, devient un agent diplomatique, obtient une mission en Es-

---

1. Voir t. IV, p. 276.

pagne, d'où il rapporte des instructions directes et quelque argent. Sur ce point d'appui, il monte la cabale contre Lenet et Marchin, enrégimente tous les courtisans, les confidents, Matha, Auteuil, Sarasin, et « jusqu'au bon comte de Maure [1]. Jamais on ne vit cabale si obstinée. Nos petites finances seront vite épuisées et peut-estre on tombera tout d'un coup. Ces gens là n'en seroient pas faschés, croyant qu'en fondant la cloche ils trouveroient leur compte [2]. »

Lenet disait vrai : on voulait « fondre la cloche », c'est-à-dire livrer Bordeaux et accepter l'amnistie. Le prince de Conti était à la tête du mouvement et entraînait sa sœur, qui, mécontente de Lenet, mais incapable d'une bassesse, s'aperçut trop tard qu'on la rendait infidèle à Condé. C'est la fin. Le 20 juillet, les couleurs de l'insurrection, le drapeau rouge, disparaissaient, et le drapeau blanc flottait à tous les clochers. Écoutons encore Lenet [3] : « Le prince de Conti sort de la Bourse, où dans une assemblée tumultueuse il a passé à dire que la paix estoit dès à présent conclue. On va donner les ostages... Je ne puis vous dire quelle obligation vous avez à Bordeaux, qui a souffert toutes les

<small>Soumission de Bordeaux. Entrée des ducs de Vendôme et de Candale (3 août 1653).</small>

---

1. Lenet à M. le Prince, 1ᵉʳ mai 1653. A. C.
2. Lenet et Marchin à M. le Prince, 8 mai 1653. A. C.
3. Lenet à M. le Prince, 29 juillet 1653. A. C.

ruines imaginables et en est venu au dernier morceau de pain pour vostre service, et combien je blasme les Espagnols, dont la flotte rôde encore vers la tour de Cordouan, sans avancer ni se poster. »

Le 3 août 1653, les ducs de Vendôme et de Candale entraient dans Bordeaux soumis et vide de troupes. Plus de trace de l'Ormée. Duretête paya pour tous et fut roué, trois misérables pendus. Ainsi finit la guerre de Guyenne et s'évanouirent les dernières illusions de M. le Prince sur l'assistance ou la diversion qu'il pouvait attendre du Midi.

CHAPITRE VIII

LA VIE ET LES AFFAIRES HORS DE FRANCE.
LA CONDAMNATION.

1653-1657.

Suite de la capitulation de Bordeaux. Ce qui advint des troupes, de Mme de Longueville et du prince de Conti. — Marchin passe en Flandre, devient l'*alter ego* de Condé. — Lenet. Madame la Princesse à Valenciennes et à Malines. Les visites de son époux. — M. le Prince et Mademoiselle. Naissance de Mlle de Bourbon. — Condé dirige l'éducation de son fils. M. le Duc à Namur et aux Jésuites d'Anvers. — Embarras financiers. Luxe et misère. — M. le Prince à Bruxelles. Empressement de la noblesse. Les dames. Le portrait de Téniers. — Popularité de Condé. La bourgeoisie et les gens de guerre espagnols. — Les généraux et les gentilshommes de M. le Prince. Guitaut, Coligny-Saligny, Boutteville. Rivalités. Nouveaux départs. — Rares défections. M. et Mme Deshoulières. Vineuil. La Roque. La Marcousse. — Les amis de M. le Prince à Bruxelles et à la Haye. Condé et le maréchal de Gramont. Entrevue avec Montbas. — La liberté d'esprit des grands hommes de guerre. Lectures et goûts de Condé : les lettrés, les arts et la philosophie. Les genets d'Espagne. — L'expédition des affaires. Viole et Lenet. Le premier secrétaire Jacques Caillet ; sa famille. — Les agents de Condé. Princes recruteurs et autres. — Barrière et sa mission en Angleterre, 1652. Premiers succès. Rapports avec Cromwell. — Hauts et bas. Lutte avec les agents de Mazarin. — L'Angleterre s'allie à la France. Ruine et emprisonnement de Barrière. — Ébauche de négociations avec la Suisse et Malte. — Mission de Saller à Rome. Le cardinal de Retz. On veut exclure

Condé de la paix générale. Projets de médiation. — La reine de Suède; ses sentiments pour Condé. Son voyage aux Pays-Bas (septembre 1654). Questions d'étiquette. — Projet de confier le gouvernement des Pays-Bas à la reine; opposition de Condé. Christine ne voit pas M. le Prince et continue de l'admirer. — Recherche des agents de Condé en France. Marigny, Vineuil, Gourville. — Arrestation de Foucquet de Croissy. Le parlement retient la cause. — Les prisonniers de guerre : Coligny, Guyonnet. Doute sur leur situation; négociations. Les otages; Girardin. — Arrestation de Bertaut à Paris (31 mai 1653) et de Lebrun à Rocroy (septembre). — L'abbé Foucquet fait arrêter Ricous, serviteur de M. le Prince. Bertaut et Ricous jugés sommairement et exécutés (11 octobre). — Mme de Châtillon et Condé. — Détente. Échange des prisonniers de guerre. — Procès de M. le Prince. L'instruction. — Premier arrêt (19 janvier 1654). Sommations faites à Péronne. — Le prince de Condé condamné à mort (27 mars). Mariage de son frère. L'opinion.

Suite de la capitulation de Bordeaux. Ce qui advint des troupes, de Mme de Longueville et du prince de Conti.

Suivons les premiers pas de ceux qui, étrangers à la province, à ses aspirations, et n'y servant que la cause, les plans de Condé, viennent d'être dispersés par la capitulation de Bordeaux.

D'abord les troupes. L'engagement qui, selon les idées du temps et la tradition romaine, liait certains corps de troupes à la personne de M. le Prince, fut respecté[1]. Le régiment d'Anguien, les gardes, gendarmes et chevau-légers de Condé, divers détachements disséminés en Guyenne[2] reçu-

1. Ainsi fut fait à Montrond, à Bar-le-Duc, etc.
2. Entre autres les détachements de « Condé » et de « Montmorency », qui, ayant essayé, après la prise de Bordeaux, de fermer Périgueux aux troupes royales, furent désarmés par le peuple, et autorisés à rejoindre en Flandre la « portion principale ». Tous les autres corps dits de la maison

rent « étape et route » pour la Flandre. Sans être inquiétés, officiers et soldats rejoignirent le prince auquel ils avaient promis fidélité.

Autorisée à « se rendre dans une de ses maisons », Mme de Longueville s'arrêtait à Moulins, au couvent de la Visitation, où sa tante de Montmorency, Marie-Félice des Ursins, jadis la *Sylvie* de Théophile, aujourd'hui sœur Marie-Henriette, priait depuis vingt ans, et sous le cilice et la bure pleurait le décapité de Toulouse, le héros de Veillane et de l'île de Ré. Ayant puisé dans ses entretiens avec cette sainte la force d'accomplir le sacrifice de son orgueil, elle s'inclina devant son mari; M. de Longueville adoucit l'épreuve : « Il m'a reçue avec des joies infinies. Je ne demande plus rien à Dieu que la paix.[1] » A ce jour commence cette vie de recueillement et de pénitence, pratiquée avec une suite, une fermeté qui soutiendra les plus cruelles douleurs. Si un lien rattache encore au monde cette âme forte et toute en Dieu, c'est le désir ardent de faciliter à un glorieux frère le retour au devoir, c'est la volonté de rétablir

---

de Condé étaient déjà auprès de M. le Prince. Quant aux régiments levés dans les provinces ou amenés de Catalogne, ils furent licenciés; quelques-uns, celui de Balthazar par exemple, rentrèrent au service du Roi.

[1]. Mme de Longueville à Lenet; Acquigny près Louviers, 3 décembre 1654. B. N.

entre le cadet et l'aîné la concorde qu'au temps de ses égarements Anne-Geneviève se reproche d'avoir troublée.

Ce frère cadet était encore loin du repentir. Tout à la joie de se sentir libre, tout au feu de son ambition, Armand de Bourbon se rend, avec sa cour, à sa maison de Pézenas, où il eut la bonne chance de protéger les débuts de Molière, sans se douter qu'un jour sa dévotion ranimée condamnerait, en termes sévères, le théâtre et les comédiens. Bientôt il se défait de ses maîtresses et de ses abbayes, aspire, avec moins de fierté que d'ardeur, à obtenir la main d'une des fameuses nièces, n'importe laquelle, « c'est le cardinal que j'épouse ». Une alliance avec la maison royale, quel triomphe éclatant pour le fils de Pietro di Mazzara! Aussi s'empressa-t-il de rompre un engagement déjà conclu : la fiancée promise au charmant duc de Candale [1] fut donnée à un prince contrefait et malsain. Avec le visage et les vertus d'un ange, belle, douce, pieuse et charitable, Anne Martinozzi se montra digne de l'honneur d'un si haut rang, qu'elle paya au prix de sa santé ruinée [2]. Ce mariage valut au prince de Conti l'emploi de général d'armée, le

---

1. Sur le duc de Candale, voir t. V, p. 513.
2. Mariée le 22 février 1654, elle mourut en 1672, laissant deux fils.

commandement en Catalogne, puis en Italie. Il ne s'en tint pas là. On le vit solliciter une part dans la dépouille de son frère : établi à l'hôtel de Condé, il se fit attribuer la charge de grand-maître de France, ainsi que la jouissance des terres de Châteaubriant et de Saint-Maur.

Faut-il, pour juger ces démarches et cette prise de possession provisoire, s'attacher seulement aux apparences ? Sous ce masque de rapacité cynique, ne doit-on pas chercher un respectable sentiment de famille, une arrière-pensée de conservation et de restitution éventuelle? La réserve observée par M. le Prince, la modération inusitée de son langage fortifient cette impression. Certains passages de la correspondance semblent exprimer, en termes voilés, sinon une approbation formelle, au moins un consentement tacite. L'intervention persévérante et affectueuse de Mme de Longueville ne rencontra pas d'obstacle insurmontable et fut couronnée de succès : le prince de Conti fit les premiers pas; à propos d'un deuil de famille, des lettres d'un tour très noble et d'un sentiment élevé furent échangées entre les deux frères encore séparés[1], prélude de la réconciliation qui devait suivre la paix des Pyrénées.

1. M. le Prince à Mme de Longueville; Tournay, 4 octobre 1658. — Le prince de Conti à Mme de Longueville, Paris,

*Marchin passe en Flandre, devient l'*alter ego* de Condé.*

Exclu de l'amnistie, qu'il n'aurait pas acceptée, Marchin avait d'abord paru décidé à ne plus servir et parlait de se retirer dans son pays natal. On lui donna passeport pour Liège; mais il se ravisa promptement et alla s'offrir aux ministres du roi catholique, réclamant de gros arriérés de solde et un commandement de « général seul », prêt à conduire des levées en Catalogne ou des vaisseaux devant la Charente. Tout échoua : après quelques passes d'armes avec Fiesque et Mazerolles et une promenade maritime autour de l'île de Ré, Marchin gagna Londres, où il ne réussit pas mieux à se faire agréer au service d'Angleterre. Force lui fut de s'en aller assez penaud en Flandre et de reprendre sa place auprès de Condé, qui avait ses raisons pour recevoir l'enfant prodigue à bras ouverts.

Clinchamp venait d'être brusquement enlevé par une courte maladie [1]. Depuis le jour où ce capitaine d'aventure amenait en Gâtinais un contingent d'Allemands et d'Espagnols, il avait gagné la confiance de M. le Prince, qui se reposa sur lui pour bien des détails d'exécution; c'était son meilleur officier de troupes. Aussi appliqué,

---

17 octobre 1658; lettre envoyée par la duchesse à M. le Prince le 23 octobre. — A. C.

1. 23 août 1653.

aussi vigilant que celui qui vient de disparaître, Marchin a plus d'envergure et d'autorité ; son arrivée ne pouvait être plus opportune. Le voilà donc comme jadis aux côtés et sous la main de Condé.

Auprès d'un chef de ce caractère, les velléités d'indépendance ne sont pas de mise ; mais loin de lui on se soulage, et l'écho des propos tenus dans les villes d'eaux, sur les promenades, arrive jusqu'au cabinet de Mazarin. A Aix-la-Chapelle, en 1655, devant le cercle des baigneurs, Marchin et Coligny (un autre ambitieux déçu, jaloux et froissé) ne cachaient pas leur lassitude, leur mécontentement, et « la disposition où ils sont de rompre avec M. le Prince[1] ». En attendant que cette occasion se présente, ils ne bronchent jamais sous les yeux du chef et lui obéissent sans hésiter, souvent même avec entrain. Pendant quatre ans, Marchin va suppléer M. le Prince dans le commandement en chef ; c'est lui qui conduit l'infanterie, dirige le combat aux jours d'action générale, l'*alter ego* de Condé.

Frappé de la même exclusion que Marchin, et lié plus étroitement encore à la fortune de Condé, Lenet quitte Bordeaux avec Madame la Princesse et

Lenet. Madame la Princesse à Valenciennes et à Malines. Les visites de son époux.

---

1. Chanut à Mazarin ; la Haye, 14 octobre 1655. B. N.

monte, sans hésitation, sur le même navire à Lesparre, le 2 août 1653 [1].

Claire-Clémence reçut aux Pays-Bas le traitement d'une reine et la plus large hospitalité. Un des principaux personnages de la cour de l'archiduc, le comte de La Motterie [2], l'attendait à Dunkerque, où elle débarqua le 26 août. Partout l'ordre était donné de la loger avec magnificence, et de pourvoir, sans compter, à sa dépense et à celle de son train. Accompagnée de son fils, elle s'achemina lentement par Nieuport, Bruges, Gand, Audenarde, jusqu'à Valenciennes, où elle établit sa résidence [3]; lourde charge pour la ville, bientôt accrue par l'arrivée de Mme de Marchin et d'une suite nombreuse. Impossible cependant d'être plus gracieux que l'archiduc : par ses ordres, une troupe de comédiens partit de Bruxelles « avec chariots et escorte » pour donner à Valenciennes, devant l'illustre exilée, une série de représentations, toujours aux frais de l'échevinage, qui dut faire construire un théâtre à cette occasion.

Les prévenances du vice-roi offraient un contraste frappant avec l'apparente froideur de M. le

---

1. Lenet à don Luis de Haro; à bord de l'*Amiral*, 6 août 1653. A. C.
2. Voir t. V, p. 100, note 1.
3. 18 septembre.

Prince. Après tant d'épreuves, l'épouse courageuse et dévouée qui, sans cesse malade, venait de perdre un enfant et que la fortune semblait conduire dans les bras de son mari, dut attendre pendant huit mois une simple visite. Elle vit Marchin emmener sa femme[1]; elle vit partir ce fils, qui jamais encore ne l'avait quittée : Lenet, au retour d'une mission, lui enleva le duc d'Anguien pour le conduire à son père [2]. M. le Prince, au milieu de ses affaires, ne trouvait pas le temps d'apporter une parole de consolation et de tendresse. Enfin, le 30 juin 1654, Claire-Clémence fut appelée à Mons, où son mari arrivait d'autre part; ils passèrent la soirée ensemble dans une chambre d'auberge, et le lendemain chacun partit de son côté, l'un s'en allant à Bruxelles et à l'armée, l'autre retournant à Valenciennes.

Comment expliquer la bizarrerie de ces rapports, le mystère de cette entrevue si longtemps attendue? Faut-il y voir une indifférence inexplicable et poussée jusqu'au mépris? un témoignage cruel de mécontentement pour quelque cause inconnue? Ne peut-on pas croire qu'en se tenant loin de sa femme, M. le Prince voulait faciliter le succès de

---

1. Janvier 1654.
2. 13 octobre 1653.

certaine négociation engagée en dehors de lui, mais avec son aveu tacite?

C'était en effet le moment où Madame la Princesse adressait une requête [1] au parlement de Paris, réclamant la mainlevée de ses biens et demandant à rentrer en France. La position était délicate : il importait à Condé de bien marquer la séparation, d'éviter tout ce qui pouvait présenter une apparence de concert [2]. Mais la lettre au parlement ne fut pas ouverte; renvoyée au Roi, elle resta sans réponse. Les rapports entre les deux époux devinrent convenables; puis la guerre les rapprocha. Ramené à Valenciennes par des événements dont nous parlerons plus loin, et couvrant la retraite de l'armée d'Espagne, Condé se trouva retenu une quinzaine de jours auprès de sa femme [3]. L'ennemi se montrait; le baron de Roisin réclamait sa maison, prêtée pour quelques jours qui devenaient des mois; la ville, n'ayant reçu aucun secours de l'archiduc, menacée peut-être d'un siège, refusait de faire de nouveaux sacrifices pour l'entretien d'une princesse étrangère; il fallut chercher gîte ailleurs. Le choix tomba sur Malines, cité paisible, assez ecclésiastique, à l'abri des coups de l'ennemi. Là,

---

1. Datée de Valenciennes, 20 février 1654. A. C.
2. M. le Prince à Viole et Lenet, 22 janvier 1654. B. N.
3. Du 26 août au 12 septembre 1654.

nulle assistance pécuniaire à espérer sur place[1] ; rien que de rares et maigres subsides envoyés par M. le Prince ; diamants et pierreries avaient disparu depuis longtemps ; force fut de réduire le train, de vendre successivement chevaux, carrosses et jusqu'aux « habits » ; parfois le pain manquait, le maître d'hôtel ne trouvant plus crédit chez les plus humbles fournisseurs.

Madame la Princesse vécut ainsi péniblement plusieurs années, bien seule, avec deux ou trois dames et quelques serviteurs de plus en plus mécontents et difficiles à retenir[2] ; faisant de loin en loin quelque courte absence en des occasions solennelles, voyant rarement son fils, mais recevant de son mari des visites un peu plus fréquentes et assez intimes pour lui laisser un gage vivant de cette tendresse inégale.

La nouvelle d'une grossesse aussi peu attendue causa un certain émoi dans l'entourage de M. le Prince ; l'écho de cette surprise retentit assez loin pour mettre fin à des rumeurs qui circulaient depuis longtemps et que chaque indisposition de

<small>M. le Prince et Mademoiselle. Naissance de Mlle de Bourbon.</small>

---

1. Madame la Princesse à Lenet, s. d. (décembre 1654). B. N.

2. A Valenciennes, les serviteurs de Madame la Princesse avaient été accusés devant le magistrat de vouloir livrer aux Français les portes de la ville.

Madame la Princesse faisait revivre. On tenait Claire-Clémence pour perdue. Certains propos de son médecin étaient répétés, commentés, et les nouvellistes remariaient déjà M. le Prince. Les uns parlaient de la fille de Mme de Cantecroix, qui aurait apporté en dot les millions et les troupes de M. de Lorraine[1]. D'autres nommaient Mademoiselle et ceux-là n'étaient peut-être pas loin de la vérité.

Depuis la rencontre du faubourg Saint-Antoine, Mademoiselle s'associait à la gloire de Condé; le héros auquel elle croyait, non sans quelque fondement, avoir sauvé la vie et l'honneur, tenait depuis ce jour une grande place dans sa pensée. Quand il dut s'éloigner de Paris, elle le fit suivre par ses troupes, gendarmes, régiment d'Holac, etc., repoussa toutes les avances de la cour, et de sa retraite restait en rapports suivis avec le proscrit; les messagers allaient et venaient entre Namur ou Bruxelles et le château de Saint-Fargeau. Les lettres étaient intimes, presque tendres. Monsieur s'en émut, prit sa grosse voix, questionna sa fille, la menaça de sa colère et d'une opposition absolue. D'un ton dégagé, Mademoiselle fit une réponse dilatoire; elle savait ce que pesaient les résolutions de son père. Condé songeait-il sérieusement

---

[1]. L'archevêque d'Embrun à Mazarin, 16 juillet 1653. A. E.

à Mademoiselle, ou voulait-il le laisser croire? Quant à celle-ci, il est certain qu'elle n'était pas éloignée de cette pensée d'union. Soudain la scène change : Mademoiselle prête l'oreille aux ouvertures de la cour, elle veut que le colonel Holac ramène son régiment de Belgique; le ton des lettres n'est plus le même; aux épanchements de l'amitié succèdent quelques récriminations. Il n'y a pas rupture, mais on peut suivre les progrès du refroidissement et leur concordance avec certaines nouvelles qui arrivent de Flandre : Madame de Condé semble revenir à la vie, elle est grosse, elle accouche.

Née le 12 novembre 1656, la jeune princesse n'avait pas neuf mois que Mme de Fontevrault lui offrit sa succession : Jeanne-Baptiste de Bourbon[1] tenait à ce que sa crosse et sa mitre restassent dans la maison. Condé remercia l'abbesse de ses bonnes intentions, mais suggéra qu'il serait préférable d'attendre des temps meilleurs; il lui semblait prématuré de se prononcer sur la vocation religieuse de sa fille[2]. Auprès de ce berceau, la mère put oublier le chagrin que lui causait l'éloignement du duc d'Anguien.

1. Fille naturelle de Henri IV, née en 1608.
2. M. le Prince au comte d'Auteuil; 10 août 1657. A. C. — Mlle de Bourbon mourut le 28 septembre 1660.

Condé dirige l'éducation de son fils. M. le Duc à Namur et aux Jésuites d'Anvers.

Condé voulait que son fils fût élevé comme il l'avait été lui-même, virilement, et qu'il reçût la même instruction solide, complète et variée; fidèle à la tradition paternelle, il a recours aux procédés jadis employés par le prince Henri II. A Bordeaux déjà, il envoyait des instructions dans ce sens : acceptant avec empressement une vague ouverture de Marchin, il l'avait prié de suppléer à l'insuffisance du gouverneur d'Auteuil, d'avoir l'œil sur M. le Duc, et par ses visites, ses récits, ses conseils, de préparer de bonne heure l'enfant au glorieux métier des armes[1]. Il se rappelait le profit qu'à Dijon, dans sa jeunesse, il avait tiré de l'entretien du colonel liégeois. Marchin avait pris du goût pour « son petit duc »; l'enfant montrait d'heureuses dispositions, inspirait des sympathies. La capitulation de Bordeaux rompit ces liens éphémères. Condé résolut de prendre en mains l'éducation de son fils, et d'abord de l'isoler du gynécée. Peut-être faut-il voir dans ce parti bien arrêté un des motifs qui le retinrent loin de sa femme; lui seul pouvait aplanir les obstacles inséparables de la vie de l'exilé. Impossible d'assurer à cet enfant de dix ans la fixité du séjour, le calme, la retraite que sa propre

---

1. Marchin et Lenet à M. le Prince, 8 mai 1653. A. C.

enfance avait trouvés dans les murs de Montrond. Plus de toit! l'auberge, des ressources incertaines; Tout est fragile, précaire, difficile, jusqu'au choix des maîtres qu'il faut chercher à l'étranger ou recruter dans le cercle chaque jour plus étroit des compagnons d'exil!

A peine débarqué, M. le Duc fut conduit à son père, qu'il rejoignit à Rocroy. Bientôt l'enfant fut établi à Namur. Condé y résidait parfois auprès de lui, ou lui faisait de fréquentes visites, ne relâchant jamais sa surveillance, même quand la guerre ou les affaires le tenaient au loin. Henri-Jules — on l'appelait alors Henri-Louis pour ne pas prononcer un nom abhorré —. Henri-Jules, malgré ses travers, garda de cette vigilance, de ces soins, un souvenir reconnaissant; il professa toujours pour son père la plus vive tendresse et un dévouement absolu.

La maison, qui était montée à Bordeaux sur le pied de cinquante personnes et dix-huit chevaux, fut réduite au strict nécessaire, encore fort lourd. Un prétexte honorable permit d'éloigner le gouverneur; superfluité encombrante dans l'éducation, d'Auteuil devint à Paris un correspondant clairvoyant, un agent utile et sûr. L'écuyer La Fontaine, « homme fidèle, de bonnes mœurs et assidu au possible, ancien page du duc de Montmorency[1] », eut la charge de l'enfant, qui n'était ni grand, ni beau, mais robuste.

De bonne heure il montait vigoureusement le cheval que Barrière lui avait envoyé d'Angleterre[2]. Le « maintien » ne fut pas plus négligé que l'équitation, et Mme de Longueville se chargea de fournir le « maître à danser[3] ». Deux précepteurs jésuites, hommes de mérite, les pères La Falnère et Berger, enseignaient les lettres latines, la géographie, l'histoire, les mathématiques, et ne quittaient pas leur élève, qui sut profiter de leur enseignement. Dans la limite que comportaient les circonstances, rien ne fut négligé pour cultiver son esprit. Il était en rapports avec les hommes distingués de l'entourage paternel. Marigny, plus fait pour inspirer le goût du style poli que pour donner des leçons de morale, lui écrivait fréquemment en prose ou en vers, et n'a pas dédaigné de garder les réponses, dix lettres[4], revues peut-être par les précepteurs, car le tour en est un peu cherché.

Les Jésuites avaient un collège à Anvers; M. le Duc y acheva son éducation, comme son père

1. *Mémoires* de Lenet.
2. M. le Duc à Marigny, 7 octobre 1655. A. C.
3. M. le Prince à M. d'Auteuil, 6 janvier 1657. A. C.
4. Datées du 13 septembre 1655 au 3 février 1658. A. C.

avait fait au collège Sainte-Marie de Bourges. Il venait d'avoir quinze ans, lorsqu'il soutint publiquement ses thèses avec une fermeté et une maturité de jugement que des spectateurs bienveillants jugèrent au-dessus de son âge (1658). En couronnant le jeune vainqueur, le révérend président, habile, comme tous ceux de son ordre, à manier l'antithèse dans une latinité élégante et facile, profita de la présence de Condé pour risquer une comparaison un peu subtile entre la « poussière académique » dont le fils vient de se couvrir au combat de la thèse, et « cette autre poussière martiale » que le père soulève par les plaines en défendant les libertés de la Belgique [1].

Les dithyrambes du recteur ne faisaient guère illusion, et cette poussière allégorique ne pouvait voiler un désastre trop réel. Au milieu de toutes ces ruines, M. le Duc terminait de bonnes études; les maîtres ne lui ont jamais fait défaut. Il manquait parfois de vêtements, presque de nourriture; mais l'écuyer, les précepteurs, le cheval de

---

1. « ... hoc addito voto ut qua felicitate in academico pulvere suas theses propugnaverat filius, eadem in altero pulvere martiali serenissimus parens propugnaret, ac tueretur Belgii nostri urbes. » (Sanderus, *Chorographia sacra Brabantiæ*. 1659.)

selle, les livres, les fleurets, le maître à danser furent toujours respectés ; Condé ne permit jamais d'y toucher, même au plus fort de ses embarras financiers. Et Dieu sait si ces embarras étaient grands !

Embarras financiers. Luxe et misère. Misère ! ruine ! banqueroute ! tel est le refrain de mainte lettre adressée par M. le Prince à Fiesque, à Viole, à Lenet, ou par Lenet lui-même à Saint-Agoulin et autres. Certes on ne saurait accuser le roi catholique d'avoir volontairement manqué à sa parole ; mais il ne se montrait pas exact à remplir ses engagements. Souvent son trésor est vide ; il faut attendre les galions d'Amérique. La flotte des Indes arrive ; elle apporte l'abondance ; les fameuses « mésades[1] » ne vont-elles pas être enfin distribuées ? Non ; les places, la solde, le recrutement passent avant tout ; ce qui reste est absorbé par l'arriéré, aussitôt dépensé, prodigué. Encore était-il souvent difficile de mettre l'argent à couvert de certaines prétentions. Marchin et même Lenet écrivaient en Espagne pour obtenir une sorte de saisie-arrêt sur les fonds destinés à Condé et se faire envoyer directement le montant de leurs créances : « Leurs prétentions sont trop fortes ; les autres sont bien plus en

---

1. *Mesada,* mois, le traitement du mois.

nécessité qu'eux[1]. » Condé se défendait de son mieux, ne réussissait pas toujours : à Stenay il essayait de battre monnaie « au coin du Roy[2] »; vaine tentative. Aucune réserve; quand il y a retard ou déficit, comment s'en tirer ? Comment faire marcher trois maisons, celle de Madame la Princesse à Malines, de M. le Duc à Namur, de M. le Prince à Bruxelles? Vite, il faut congédier les bouches inutiles, « car je ne suis pas en estat de donner de l'argent à mes domestiques[3] ». Mais ces malheureux qui ont tout quitté pour suivre leur maître, où les envoyer? Le licenciement reste sur le papier. Et M. le Prince de courir à Anvers, le grand marché d'argent; les caisses sont fermées, les traites protestées, patagons et florins se cachent; quelquefois les lettres de change sont mauvaises[4], et le spectre de la banqueroute apparaît[5].

Cela explique bien des contrastes.

Voici Madame la Princesse sans feu à Malines; l'hôtesse fait mettre en prison le maître d'hôtel

---

1. M. le Prince à Fiesque, 9 juin 1655. A. C. — On voit poindre le conflit qui s'élèvera plus tard entre Condé et Lenet.
2. M. le Prince à Lenet; 19 mars 1653. B. N.
3. M. le Prince à Lenet et à Viole, 31 janvier 1654. B. N.
4. « La lettre de change de 15,000 écus, envoyée de Madrid à Madame la Princesse, est mauvaise. » (M. le Prince à Fiesque, 9 mai 1654. A. C., etc.)
5. « Je me vois à la veille de faire une banqueroute générale. » (M. le Prince à Fiesque, 16 juin 1655. A. C.)

qui ne la paye pas. Le train de guerre de M. le Prince a disparu ; lui-même vit au cabaret, se cache pour échapper aux reproches, aux lamentations de ses officiers, de ses serviteurs, qui meurent de faim. La Fontaine ne sait comment nourrir M. le Duc[1]. « Enfin, monsieur, écrit Condé au premier ministre don Luis de Haro, je supplie V. E. de considérer que sans de promptes assistances d'argent il ne me sera pas possible de continuer mes services au Roy avec honneur ny utilité... Je la supplie de me mander ce que S. M. C. veut que je devienne ; car tant que je n'auray point d'argent, que mes troupes seront sans recrues et sans remontes, mes officiers-généraux sans un sol, mes places desgarnies, tous mes amis dans la misère, moy, ma femme et mon fils dans une continuelle gueuserie, je ne sçay pas moy-mesme en

---

1. « Tout l'équipage de M. le Prince se vend pour payer sa despence... M. le Duc est à Namur, sans nourriture et sans habits... Madame la Princesse, après le reste de ses bagues, a vendu son carosse, ses chevaux et ses habits. » (Lenet à Saint-Agoulin ; Bruxelles, 14 juin 1654. B. N.) — « Je doute si j'oseray rentrer dans Bruxelles, à cause de la multitude des créanciers que j'y ay de toutes façons... Ma femme et mon fils s'accoustument à vivre de l'air. » (M. le Prince à Fiesque ; Mons, 30 novembre 1655. A. C.) — « Je suis résolu de me mettre dans le cabaret et de congédier le peu de gens qui me restent. » (Le même au même ; Bruxelles, 15 janvier 1656. A. C.)

quoy je puis estre propre au service de S. M. dans un estat comme celuy-là[1] ».

La veille ou le lendemain du jour où partaient cette lettre et vingt autres identiques, l'équipage de Condé est au complet; on le voit apparaître aux cérémonies avec une brillante suite de carrosses; il donne des repas, voire des bals, car il a fait venir ses violons et les a vêtus de neuf[2]; il est vrai qu'aux moments difficiles les violons prendront la pique ou le mousquet et s'en iront dans les régiments.

C'est qu'il y a un rang à soutenir; c'est qu'il faut étaler le luxe au milieu de la misère pour répondre dignement au grand accueil que Condé reçoit de toute la Belgique, fidèle aux nobles traditions d'hospitalité qui se sont conservées jusqu'à nos jours.

Dès sa première visite à Bruxelles, presque au moment où il venait de toucher le sol des Pays-Bas, « tout le beau monde était accouru » pour le rencontrer à une grande fête que lui donnait l'archiduc[3]. Il y eut d'abord quelque hésitation parmi les dames qui donnaient le ton, titrées « princesses ou grandes d'Espagne », fort entichées

M. le Prince à Bruxelles. Empressement de la noblesse. Les dames. Le portrait de Téniers.

---

1. 15 janvier 1656. *Minute* A. C.
2. M. le Prince à Viole et Lenet, 27 janvier 1654. B. N.
3. Caillet à Lenet, 10 mai 1653. B. N.

de leur rang et ne sachant comment serait réglée l'éternelle question des préséances; mais Condé, glissant adroitement sur les points délicats, se tira d'affaire par son urbanité et sa bonne grâce. Implacable dans sa fierté vis-à-vis des personnes royales ou de maisons souveraines, des ministres et hauts fonctionnaires, il faisait bon marché de l'étiquette avec les autres, avec les dames surtout, habituées à un tout autre accueil par les infants ou archiducs à l'allure gourmée, et si souvent froissées par les bouffonnes impertinences de M. de Lorraine. L'empressement fut très grand; on se disputait l'honneur de le recevoir; on courait chez lui dès que sa porte était ouverte, surtout s'il donnait à danser au coup d'archet de ses violons français[1]. Le moment étant venu de rentrer en campagne, on lui fit promettre de revenir l'année suivante. En effet, au mois de février 1654, une fois son fils bien établi à Namur et l'épineuse question des quartiers d'hiver réglée tant bien que mal, il vint fixer son domicile à Bruxelles, et continua d'y résider autant que le permettaient ses devoirs de général et de père, la fièvre, qui reparaît toujours, la gravelle qui se montre quelquefois, menaçant de tourner à la goutte, et surtout les

---

1. Guitaut à Lenet, 21 juin 1653. B. N.

cruels embarras d'argent. Toujours fort recherché, il pouvait à peine suffire aux invitations dont on l'accablait, « festins, banquets, comédies[1] ». Les dames se sentaient sous le charme de sa tournure élégante et martiale, de son esprit étincelant, de sa gloire; il en avait distingué particulièrement quelques-unes; mais l'entraînement était général : « Toutes en ce pays, nous aimons si parfaitement Vostre Altesse[2]... » et bien qu'il fût loin d'avoir une beauté régulière, elles se disputaient son portrait[3]. On s'adressa d'abord à Juste, qui, l'ayant déjà exécuté plusieurs fois[4], vint le recommencer à Bruxelles. Puis ce fut le tour du peintre des *Kermesses* et de la *Danse au cabaret,* transformé par la volonté de l'archiduc en peintre d'actions et de visages héroïques. Avec un pinceau précieux et une touche exquise de finesse, Téniers a fixé sur le cuivre ces traits séduisants dans leur étran-

1. Fuensaldaña à Lenet, 21 février 1657. B. N.
2. La comtesse de Vils à M. le Prince; Bruxelles, 18 janvier 1655. A. C.
3. « C'est à qui de nous aura l'avantage de dire : j'ay l'honneur d'avoir son portrait bien fait. J'escris à Mme de Lincourt que j'envie son bonheur, et la prie de m'envoyer un portrait de V. A. » (*Ibid.*)
4. Entre autres en 1646 (Madame la Princesse à Tourville, 23 mai. A. C.). Juste van Egmont, né à Anvers en 1602, mort en 1679. C'était le peintre à la mode. Il avait fait aussi le portrait de Marie de Gonzague.

geté; les contours semblent plus anguleux, l'œil paraît agrandi, le regard plus perçant encore, au milieu de ce visage pâli, amaigri, allongé par la fièvre, toujours encadré par une abondante et soyeuse chevelure au ton châtain doré[1].

Popularité de Condé. La bourgeoisie et les gens de guerre espagnols.

Ce n'était pas seulement au « beau monde », à la haute société qu'il savait plaire. Dans les villes qui ne sont pas écrasées par le poids des logements et de « l'ustensile[2] » et qui échappent aux ravages des troupes, sa popularité est générale et s'étend, à Bruxelles par exemple, jusqu'à l'hôtel de ville, au centre du commerce et de l'industrie, aussi bien que dans les quartiers aristocratiques de la rue aux Laines et de la ville haute. En quittant les salons de l'archiduc ou de la noblesse, après avoir assisté aux solennités de la Toison d'or, pris part aux chasses de la forêt de Soignes[3], il se mêlait volontiers aux réunions de cette bourgeoisie active, dont l'organisation avait résisté, en se modifiant, aux assauts de la tyrannie.

---

1. C'est le portrait reproduit en tête de ce volume. Il a été gravé par Lisebetten; estampe rare. David Téniers faisait aussi pour les vice-rois des tableaux de batailles. Voir le *Secours de Valenciennes* au musée d'Anvers.

2. Denrées et objets à fournir par ceux qui avaient des soldats à loger.

3. Voir les *Relations véritables des Pays-Bas*, Bruxelles, 10 mars 1657.

On sait quelle a été, quelle est encore la vitalité, la puissance des institutions communales dans les Flandres et dans tous les Pays-Bas, combien sont profondes leurs racines, vigoureux leurs rejets, qu'aucune compression n'a pu étouffer. Mais après la séparation des provinces du Nord et les événements qui s'y rattachent, ces institutions changèrent de caractère au sud du Wahal, dans la région qui restait catholique et royale, et cette transformation se réflétait dans les fêtes et les réunions.

Les *Gilden*, dont M. le Prince acceptait les diplômes et même les honneurs [1], n'avaient pas l'allure indépendante des confréries d'arquebusiers et des gardes civiques dont Hals et Van der Helst ont reproduit les joyeuses réunions : ces hommes replets, au teint coloré, vêtus de buffle et de velours, bouclés dans leurs cuirasses damasquinées, s'enveloppant dans les replis de leurs étendards aux couleurs éclatantes pour vider à longs traits leurs grands verres. Oublions les incomparables tableaux qui couvrent les murailles des musées d'Amsterdam et de Haarlem. Il faut nous figurer Condé suivant une de ces processions que le froid pinceau d'Alsloot a fait défiler devant nos

---

1. Il accepta le bâton de prévôt de la Confrérie de Saint-Antoine.

yeux[1] : au milieu des armes qui étincellent, dès dames aux brillants atours, des chevaux magnifiquement harnachés, les moines étalent leurs robes sombres, et les croix, les bannières d'église sont à peine voilées par la fumée des mousquets qu'on décharge.

Condé s'accommodait de ces traditions complexes, se prêtant volontiers aux usages du pays, et tous, nobles, peuple, bourgeois, lui savaient gré de sa cordialité. En somme, bien qu'en lutte perpétuelle avec Fuensaldaña, et quoiqu'il se plaignît du « peu de considération » que parfois on faisait de lui à la cour[2], sa situation personnelle était très forte aux Pays-Bas. Quelques démêlés des gentilshommes français avec le guet, des querelles de laquais, et même les clameurs excitées par la licence des soldats, ne portaient aucune atteinte au « grand crédit qu'il avait[3] » parmi les Belges et même parmi les gens de guerre espagnols. « Le prince de Condé court la même fortune que M. de

---

1. Voir au musée de Bruxelles le *Tir du Grand Serment*, la *Procession des Pucelles du Sablon*, etc.

2. « L'archiduc va au devant du duc François, un cadet de Lorraine, jusqu'à trois lieues; et pour moy il ne bougera pas de son appartement. » (M. le Prince à Fiesque, 9 mai 1654. A. C.)

3. Chanut, ambassadeur de France près les États-Généraux, au secrétaire d'État Brienne; 4 mars 1655. B. N.

Lorraine », disait un des principaux du gouvernement de la Haye en apprenant l'arrestation de Charles IV[1]. — « On n'oserait, tant il est aimé de nos soldats », répondit l'ambassadeur d'Espagne, don Esteban de Gamarra[2]. Les meilleurs officiers au service du roi catholique, Garcies, le prince de Ligne, le comte de Hennin, lui étaient absolument dévoués, et il inspirait une telle confiance aux vieux soldats des *tercios*, qu'il leur plaisait d'être conduits par les jeunes Français formés à l'école du vainqueur de Rocroy[3].

Ce ne sont pas les hommes capables de commander, les généraux, qui font défaut dans la petite armée de Condé, et toujours il peut « prêter » à ses alliés, moins bien partagés, des officiers d'élite. Sans doute les rangs de ses compagnons se sont éclaircis, s'éclaircissent chaque jour; nous avons nommé les absents de la première heure, et ceux qui successivement s'éloignent, écoutant les calculs de l'ambition ou obéissant au sentiment du devoir, ceux-ci, comme Tavannes, pour se retirer en leurs

Les généraux et les gentilshommes de M. le Prince. Guitaut. Coligny-Saligny. Boutteville. Rivalités. Nouveaux départs.

---

1. Sur l'arrestation du duc de Lorraine, voir plus loin, p. 394.
2. Dépêche de Chanut déjà citée. — « Vous estes aimé des Espagnols à un point qui n'est pas croyable », écrivait aussi Fiesque, de Madrid, à M. le Prince (13 mai 1654. A. C.).
3. « Tous les jours le comte de Fuensaldagne m'emprunte de mes officiers généraux pour commander leurs troupes. » (M. le Prince à Fiesque, 21 juillet 1655. A. C.)

maisons, ceux-là pour reprendre du service ou se rapprocher de la cour; l'excès de la misère pousse à bout les Duras [1]; une querelle force Baas à partir [2]; mais nombreux encore ceux qui restent et qui ont déjà paru ou paraîtront bientôt devant le lecteur.

La maison de M. le Prince était dirigée par Guitaut, qui remplissait alors les fonctions de

---

1. « Je me voy dans une misère telle qu'elle me fait desjà perdre deux des principaux officiers de mon armée, qui sont MM. de Duras. » (M. le Prince à Fiesque, 25 mars 1656. A. C.) — Huguenots, neveux de Turenne, sous lequel ils servirent jusqu'à 1648, et convertis en même temps que lui, les deux frères de Durfort suivirent M. le Prince et se retirèrent dignement au bout de cinq ans. Tous deux maréchaux de France, et morts plus qu'octogénaires. — Duras, « le meilleur officier de cavalerie qu'ait eu le Roi » (Saint-Simon), le plus bel et le meilleur homme de cheval qu'il y eut en France, devint, par alliance, cousin du Grand Condé, et refusa d'assister à ses funérailles, pour protester contre la réclusion de Madame la Princesse à Châteauroux. — Quintin, plus connu sous le nom de Lorges, qu'il illustra par ses services, sa droiture et la probité de sa vie. Sa belle retraite d'Altenheim (1675) arracha ces paroles au Grand Condé : « J'ose avouer quelques actions; mais je dis avec vérité que j'en donnerois plusieurs de celles-là et avoir fait celle que le comte de Lorges vient de faire. » Beau-père de Saint-Simon.

2. A la suite d'un duel avec Guitaut (Viole et Lenet à M. le Prince, 8 février 1654. B. N.), Jean de Baas, dont nous avons déjà parlé, se croyant en disgrâce, et malgré l'ordre formel de M. le Prince (lettre à Lenet, 20 mars), passa en Angleterre pour rejoindre son frère aîné, le baron de Baas, que Mazarin venait d'y envoyer. — (Sur les Baas, voir plus haut, p. 12.)

premier gentilhomme. Habituellement retenu auprès de la personne, il remettait, durant de rares absences, l'exercice de sa charge à Coligny-Saligny, considérable par la naissance et les services, mais sombre, jaloux, infatué de lui-même. Maintes fois Condé fit violence à sa propre humeur pour calmer cet ombrageux serviteur, sans arriver à s'emparer de ce cœur insaisissable ; Coligny restait amer, déclamant partout contre son prince, mais retenu par l'honneur, et « résolu à ne pas le quitter tant qu'il sera malheureux[1] ». Il tint parole, refusa, à la veille de la paix, les offres brillantes de Mazarin, et attendit la conclusion du traité des Pyrénées pour devenir l'ennemi mortel de Condé. En ce moment, il voit des rivaux partout, veut se battre avec Rochefort, accuse Guitaut de lui ravir la confiance du maître, et Boutteville de lui dérober les emplois militaires.

De tout cet état-major, c'est Boutteville qui grandit le plus vite; on compte déjà ses succès, et la défense de Bellegarde lui a fait grand honneur. C'est l'homme des reconnaissances, des partis, des coups de main. Encore éloigné par son âge du rang que lui assigne la supériorité de son intelligence secondée par le plus audacieux courage, il

---

1. *Mémoires* de Choisy.

est déjà assez haut placé dans la confiance de son général et dans l'estime de l'armée pour donner de l'ombrage à Marchin. Au fond de son cœur le rude soldat liégeois ne pardonne pas à M. le Prince l'élévation rapide de François de Montmorency, qui a le tort d'être le cousin, l'ami, l'élève du commandant en chef, et ce froissement avive les plaies d'amour-propre que nous avons déjà mises à nu. Ces rivalités sont de tous les temps, et en tout temps aussi elles ont été particulièrement ardentes dans les groupes d'émigrés ou même de mécontents. Elles compliquaient les embarras de M. le Prince ; mais, en somme, il n'avait pas à se plaindre de ses amis ; surtout il avait soin de ne pas décourager par d'inutiles reproches des hommes de valeur qu'un lien si frêle et purement moral retenait auprès de lui.

Rares défections. M. et Mme Deshoulières. Vineuil. La Roque. La Marcousse.
Tous sans doute n'étaient pas officiers d'expérience ou vierges de peccadilles ; le dévouement au prince proscrit avait fourni, pour sortir de France, un prétexte commode à maint duelliste, joueur, courtisan déclassé ; comme ce chevalier de Manicamp, l'ami du comte de Guiche, qui n'est pas trop bien traité par Bussy. Mais tous supportaient fièrement de cruelles épreuves. Il y eut quelques tentatives, facilement étouffées, de soulever les troupes. Celle du major de place de Rocroy,

Deshoulières, serait probablement ignorée s'il n'avait attiré le courroux de M. le Prince sur sa femme, « la belle Antoinette », la « Calliope française », qui chanta bergers et moutons; enfermée au château de Vilvorde comme complice de son mari [1], elle eut grand'peine à en sortir.

Nous l'avons déjà dit, Condé, souvent indulgent, beaucoup plus que ses allures et même ses actes ne le feraient croire, était sans pitié pour l'ombre de la trahison. Voici deux hommes qui ont été attachés à sa personne et fort avant dans sa confiance, le bel esprit Vineuil [2] et le capitaine des gardes La Roque [3]. Il les chasse avec mépris, les poursuit

---

[1]. Guillaume de La Fon de Boisguérin, s[r] des Houlières, capitaine dans le « petit Condé » et major de place à Rocroy. Il avait épousé en 1651 Antoinette du Ligier de La Garde. En 1656, Montal eut vent des menées de des Houlières. « C'est sa femme qui conduit tout », écrivait-il à Condé le 14 décembre. Arrêté le 24, le major de place fut envoyé le 27 à Bruxelles sous bonne escorte; il tenta de s'empoisonner et dut être porté en brancard au château de Vilvorde, où sa femme le rejoignit au mois de février 1657. Fort mal gardés, ils s'évadèrent le 31 août 1657 et purent gagner la France. — Voir L. Galesloot : *Madame Deshoulières emprisonnée au château de Vilvorde*. (Bruxelles. 1866.) — Mme Deshoulières mourut en 1694, un an après son mari.

[2]. « Pour Vineuil, c'est un coquin dont je ne veux pas ouyr parler. » (M. le Prince au comte d'Auteuil, 7 août 1657. A. C.) — Sur Vineuil, voir t. V, p. 293, et plus loin son arrestation.

[3]. Jean de La Roque avait signé pour Condé le traité de Maubeuge (26 octobre 1651). Nous ignorons la cause de sa

340 LES PRINCES DE CONDÉ.

de sa haine, les traque partout. Il y a là sans doute quelque secret livré, quelque ami vendu ; mais le voile qui couvre le mystère n'a pas été levé, Condé s'étant toujours refusé à donner aucune explication. Nous ne voyons qu'un seul traître bien avéré, bien affiché ; c'est « le coquin, qui, estant de grand'garde, passe à l'ennemi avec tout son régiment [1] ».

Les amis de M. le Prince à Bruxelles et à la Haye. Condé et le maréchal de Gramont. Entrevue avec Montbas.

Dans ce groupe d'hommes conduits sur la terre d'exil par des motifs si divers, la fidélité était la règle, la déloyauté l'exception. Presque tous jeunes, actifs, intelligents, on les voit, pendant la suspension des opérations militaires, entourer leur

---

disgrâce. Forcé au mois d'octobre 1653 de « remettre sa charge à S. A., qu'elle a reçue de bon cœur » (lettre de Lenet, 6 octobre 1653), et invité à quitter les Pays-Bas, il y était encore au mois de janvier suivant : « Je n'entends point de raillerie là dessus, écrivait Condé à Lenet; faites le pousser jusques hors du pays et faites le arrester pour le faire sortir. » (8 janvier 1654. B. N.) — Il fut remplacé comme capitaine des gardes par le lieutenant de Roches (Guy de Barbançois) que nous avons déjà vu à Lens, et qui conserva la charge jusqu'à sa mort (1682).

1. Condé à Lenet, 15 septembre 1655. B. N. — Le chevalier de La Marcousse (Pierre de Chissé) commandait le régiment de Saint-Aunais en Catalogne en 1645, et reçut en 1652 le brevet de maréchal-de-camp. Il suivit Balthazar à Bordeaux, où son régiment fut licencié par une clause spéciale du traité de juillet 1653. Il rejoignit Condé en Flandre, et prit le commandement d'un nouveau régiment, avec lequel il passa à l'ennemi au mois de septembre 1655.

général à Bruxelles, fiers de se montrer auprès de lui. Ceux qui ont plus de ressources et de loisirs poussent jusqu'en Hollande, comptant bien retrouver en pays neutre quelques vieux camarades moins engagés ou même attachés au parti contraire. A la Haye, leur centre est la maison du prince de Tarente, trop pauvre pour continuer la guerre à ses dépens, trop fier pour la faire aux frais d'autrui, et attendant chez ses parents par alliance le moment où il pourra se retirer dignement dans ses terres [1].

Là, Chanut, notre ambassadeur, aperçut Chastellux [2], La Suze [3] retour de Belfort, Persan et autres,

1. Son grand-père, Claude de La Trémoille, avait épousé Charlotte-Brabantine de Nassau, fille du stathouder Guillaume II. Sa mère était elle-même fille d'Élisabeth de Nassau, mariée au duc de Bouillon. Il était donc chez lui à la Haye. Son fils fut tenu sur les fonts par les États-Généraux et reçut les noms de Charles-Belgique-Hollande (18 juillet 1655). Autorisé à rentrer en France dès le mois de juin 1654, Henry-Charles de La Trémoille ne profita de la permission que dix-huit mois plus tard. Il resta en relations avec Condé, et repoussa les avances de Mazarin, qui se vengea en le faisant enfermer dans la citadelle d'Amiens, puis interner à Auxerre. En 1662, Tarente reprit du service en Hollande, puis se retira dans ses terres. Mort en 1672, après s'être converti au catholicisme. Il a laissé des *Mémoires*.
2. Un des vieux amis de Dijon, César-Philippe de Chastellux, frère puîné de celui qui fut tué à Nordlingue; ancien officier des gendarmes de Condé et maréchal-de-camp.
3. Gaspard de Champagne, comte de La Suze, d'une famille

mêlés parmi les « mazarins », parlant librement du bon temps dont tous espéraient le retour. M. le Prince était au courant de ces entretiens, les approuvait ; lui-même ne craignait pas de rencontrer d'anciens amis, adversaires du jour. Plusieurs fois, quand les armées se rapprochaient, il essaya de se ménager une entrevue avec le maréchal de Gramont, notamment en 1655. Cette date a son intérêt ; car elle suit d'assez près celle du grand procès, où le maréchal n'avait pas cru pouvoir se dispenser de siéger. L'accent ému des quelques phrases qu'on va lire prouve que Condé savait oublier : « Je ne puis m'accoutumer à vous faire la guerre, car enfin je ne dois ny ne veux estre vostre ennemy, et ne seray jamais autre que le meilleur amy et le meilleur serviteur que vous ayez au monde [1] ». Mais Gramont, passablement timoré,

---

alliée à la maison de Condé. Il s'était « fort bien défendu dans Belfort » (M. le Prince à Lenet, 17 février 1654. B. N.). — Son père commandait à Montbéliard vers 1637 (voir t. III, p. 263). — Il était séparé de sa femme, Henriette de Coligny, sœur de Gaspard tué en 1649. Fort belle et non moins galante, la comtesse de La Suze a laissé un volume de lettres et quelques poésies. Elle se fit catholique, afin, disait la reine Christine, de ne voir son mari ni dans ce monde ni dans l'autre; La Suze était huguenot. Nous avons d'elle un charmant portrait par Mignard.

1. Du camp de Vadancourt (près Guise), 1er juillet 1655. B. N.

tout Gascon qu'il était, se déroba toujours [1], non sans embarras, avec force excuses, prenant le ton badin qui lui était habituel, et qu'il accentuait alors pour ne pas « prester à la raillerie s'il paraissoit aussy dévot qu'il estoit devenu [2] » ; mêlant « la douleur de son cœur » à une méfiance à peine voilée. Surtout il eut soin de prendre ses précautions avec la cour, et avertit le premier président : « J'ay toujours mandé à M. le Prince qu'une entrevue dans la conjoncture présente seroit un grand contretemps. [3] »

Un autre frère d'armes, plus obscur, se montra moins prudent : appelé à Bruxelles par quelques affaires, M. de Montbas aperçut M. le Prince à la comédie, et, l'ayant salué, s'entretint avec lui. D'abord surpris de lui trouver « l'œil vif et sain », malgré la persévérance de la fièvre double tierce, il fut surtout frappé de la fermeté d'âme de son interlocuteur, de son calme et de son impartialité : pas un mot amer ; au contraire, beaucoup d'indulgence pour ceux qui le quittent, presque une apologie de leur conduite ; le « sentiment très net de

---

1. Gramont à M. le Prince; Saint-Quentin, 2, 5 juillet 1655. A. C.
2. Crofts à la reine de Pologne, 20 décembre 1652. A. C.
3. Gramont au premier président de Bellièvre, 18 juillet 1655. A. C.

son état, le plus malheureux où la fortune le pouvoit mettre »; mais nulle désespérance : « Je ne suis pas vieil; un homme de ma condition qui n'est pas un coquin peut revenir de bien loin. — Tout cela fut dit d'un esprit fort serein.[1] »

<small>La liberté d'esprit des grands hommes de guerre. Lectures et goûts de Condé : les lettres, les arts et la philosophie. Les genets d'Espagne.</small>
La sérénité, la liberté d'esprit au milieu des épreuves, des plus poignantes émotions, des revers, c'est, à tous les âges, le trait saillant des grands hommes de guerre. César lisait Homère pendant le siège d'Alésia. Napoléon emportait en Russie une bibliothèque de campagne, tous nos classiques. Frédéric, abandonné par la fortune, passait les nuits, après une défaite, à remanier des hémistiches dans une ode de J.-B. Rousseau. Condé, devant Lérida, expliquait à ses compagnons les *Commentaires* de César; à Namur, presque cerné par l'armée du roi très-chrétien, sans argent, à la veille d'être sans soldats, menacé de l'échafaud ou de la proscription perpétuelle, il relisait ses auteurs latins favoris, recommandant qu'on n'oubliât pas de lui envoyer le second tome de Tite-Live, car il allait achever le premier[2]. Et il se désolait quand ses fournisseurs de livres lui manquaient de parole[3].

---

1. Chanut à Mazarin; la Haye, 30 avril 1654. B. N. — Montbas avait aussitôt raconté la conversation à l'ambassadeur de France en Hollande.
2. M. le Prince à Lenet; Namur, 8 février 1654. B. N.
3. « Je croy que je ne recevray jamais les livres que vous

La vue des chefs-d'œuvre réunis dans les églises ou dans les galeries des grandes familles[1] développait chez lui le sentiment de l'art ; il se prit à examiner les toiles des maîtres, recherchant les beaux tableaux comme s'il pouvait les acheter un jour, et en effet il les acheta[2].

Il subissait la séduction de l'esprit, allant même jusqu'à goûter les saillies du fou L'Angéli, qui eut les honneurs d'une mention de Boileau[3]. C'est par la grâce et la promptitude de l'intelligence que Marigny s'était accrédité et se maintenait en faveur. Tout en recherchant les distractions d'une conversation légère, Condé ne reculait pas devant les discussions philosophiques ; les problèmes les plus

m'avez promis de m'envoyer. » (A Lenet, 27 janvier 1654. B. N.)

1. Il avait remarqué chez la princesse de Barbançon deux Van Dyck de premier ordre, le portrait de la princesse elle-même et celui du comte Henri de Berghes. Offerts ou achetés plus tard, les deux tableaux étaient à Chantilly en 1709 (*Inventaire* dressé en cette année, le plus ancien de nos archives). Ils y sont encore.

2. En voici la preuve. Le 30 juillet 1666, Condé ordonne de payer au sʳ de La Tour, qui avait été son trésorier de 1653 à 1659, la somme de 3,517 livres « que je luy dois pour reste de sa subsistance de Flandre et payement de *tableaux* que j'ay eus de luy dans ce temps-là » (A. C.).

3. *Satire* I. — C'était un valet d'écurie qui avait suivi M. le Prince en Flandre. Il sut divertir son maître, qui fit de lui son fou et le donna au Roi à son retour. L'Angeli mourut riche. Marigny disait : « De tous nous autres fous qui avons suivi M. le Prince, il n'y a que L'Angeli qui ait fait fortune. »

abstraits de la métaphysique ou de la théodicée étaient un jeu pour lui. Aujourd'hui il discute avec La Peyrère les systèmes bizarres de ce rêveur polythéiste[1], comme plus tard, blessé, malade en Hollande, il voudra entendre Spinosa, disserter avec lui.

A suivre dans ses mouvements et dans ses recherches cet esprit toujours alerte, — à voir ce brillant cavalier, si leste, si galant, si assidu

---

[1]. Grand ami de Bourdelot et à peu près de la même école, Isaac de La Peyrère, qui se donnait pour un gentilhomme huguenot, — gascon, cela ne fait pas de doute, — « hantait chez M. le Prince » dès 1643 (Gui-Patin) et finit par s'y établir. Très remuant, ayant la dénonciation facile, il se fit donner plusieurs missions pendant les troubles et cherchait à perdre tous ceux dont il convoitait les emplois, Fiesque, Mazerolles, Saint-Agoulin et autres. Il a imprimé plusieurs ouvrages; d'autres figurent en manuscrit dans nos archives. En posant la théorie de l'homme préadamite, il souleva une discussion qui a rempli plusieurs volumes. Il écrivit aussi un traité sur le rappel des Juifs, ce qui le fit soupçonner d'être judaïsant et attira l'attention de l'Inquisition. Enfermé dans la citadelle d'Anvers, il n'en sortit qu'en se faisant catholique et par la protection de M. le Prince, qui écrivit à son sujet deux lettres au Pape (B. N.). Né en 1594, La Peyrère mourut en 1677, retiré chez les Pères de l'Oratoire, à Notre-Dame des Vertus. On lui a fait cette épitaphe :

> La Peyrère ici gist, ce bon Israélite,
> Huguenot, catholique, enfin préadamite.
> Quatre religions lui plurent à la fois,
> Et son indifférence était si peu commune,
> Qu'après quatre-vingts ans qu'il eut à faire un choix,
> Le bonhomme partit et n'en choisit pas une.

auprès des dames, aimant la comédie, le bal, la chasse, maniant fièrement ces « genets » d'Espagne qu'il se faisait expédier de Saint-Sébastien[1], recherchant les hommes de lettres ou de sciences, curieux d'œuvres d'art, gai, de belle humeur, — comment soupçonner que ce même homme doit bien souvent cacher sa misère à Malines ou à Namur, luttant contre la fièvre ou la gravelle, dévoré de soucis, frappé par les souffrances morales plus encore que par la douleur physique, poursuivi par le cauchemar de la banqueroute et les cruels soucis du général sans cesse entravé dans ses plans, écrasé sous le poids des affaires, du travail qui l'attend partout et qu'il mène de front avec la guerre comme avec le plaisir ! Car c'est sur lui que tout retombe, si grands que soient le zèle et le dévouement qu'il rencontre autour de lui.

1. A l'origine, *ginete* en espagnol signifiait un cavalier armé à la légère ; mais par dérivation « genet » se disait en français de certains chevaux espagnols souples, maniables et bien proportionnés. Le genet d'Espagne était alors en grande réputation, considéré comme très supérieur au lourd cheval flamand. Condé voulait se remonter en Espagne ; on y choisissait pour lui de beaux chevaux de guerre qu'on embarquait à Saint-Sébastien pour Ostende (Caillet à son fils, 19 septembre 1654. B. N.). A leur arrivée ces chevaux étaient mis en dressage à l'académie, chez Savin (M. le Prince à Lenet, 3 juin 1655. B. N.).

L'expédition des affaires. Viole et Lenet. Le premier secrétaire Jacques Caillet; sa famille.

Lorsque Condé était à Namur ou avec ses troupes, Viole et Lenet, accrédités auprès du gouvernement de l'archiduc aux lieu et place de Saint-Romain, négociaient, agissaient à Bruxelles au nom de M. le Prince, comme faisait Fiesque à Madrid avec l'assistance de Saint-Agoulin ou de Mazerolles. Établie en apparence pour ménager la susceptibilité de deux hommes considérables et qui avaient rendu de grands services, cette association avait encore un objet moins connu. M. le Prince appréciait le savoir-faire, l'activité, l'intelligence et le jugement de Lenet. Moins perspicace, un peu brouillon, Viole inspirait plus de confiance; son dévouement semblait plus désintéressé; le lecteur a déjà pu remarquer que Lenet n'oubliait pas ses intérêts, sa position personnelle; quelques doutes planaient sur sa franchise. M. le Prince tirait bon parti de cette combinaison, dont le seul inconvénient était de lui imposer un surcroît de correspondance et de travail; mais il ne craignait pas la peine et faisait face à cet ensemble si compliqué d'affaires avec une activité, une méthode et une application remarquables; tous les fils restaient dans ses mains; il lisait tout; aucune question ne demeurait sans réponse; aucune instruction n'était omise; rien ne lui échappait.

La correspondance, déjà volumineuse, quoique

nous n'en possédions qu'une partie[1], est bien son œuvre; les minutes sont de sa main ou écrites sous sa dictée, et chargées, comme les copies, de corrections autographes. On devait lui écrire « sur du grand papier, avec des marges raisonnables, de façon qu'il pût inscrire ses réponses[2] ». Volontiers il développait les motifs de ses résolutions, recherchant et indiquant avec beaucoup de clarté les causes des erreurs ou des mécomptes. Sur les affaires de guerre, les moindres comme les grandes, et pour tout ce qui regarde les troupes, les places, son sens militaire n'est jamais en défaut et sa vigilance infatigable n'admet aucun relâchement.

Tout était expédié par les soins et le plus souvent par la plume du plus laborieux, du plus fidèle, du plus discret des serviteurs, le « premier secrétaire et intendant des finances de S. A. S.[3] », Jacques Caillet. Il avait été à bonne école : ancien commis du président Perrault, son entrée dans la maison remontait au temps du prince

---

1. Papiers de Condé à Chantilly et papiers de Lenet à la Bibliothèque Nationale.

2. M. le Prince à Viole et Lenet, 13 janvier 1654. B. N.

3. C'est à ce titre qu'il figure, à la date de 1660, dans le registre du personnel de la maison de Condé, conservé aux Archives Nationales, et postérieurement dans les registres et comptes à Chantilly.

Henri II. On peut dire qu'il fut l'ombre du Grand Condé : initié à ses plus secrètes pensées, associé à sa vie entière jusqu'au jour de la mort, sans bruit, sans prétentions, invariable dans ses habitudes de travail opiniâtre, se contentant d'obtenir pour ses nombreux parents de modestes emplois, et pour lui-même d'ajouter à son nom le titre du petit fief de Chamlot. Les Caillet étaient une tribu : Pierre, Antoine, Quentin[1], etc.; il y en avait

1. On peut constater dans les papiers de Condé l'existence de sept Caillet, attachés à divers titres au service de M. le Prince, oncle, frères, fils, cousins du premier secrétaire Jacques Caillet de Chamlot, qui était, sinon l'aîné, au moins le chef de la famille; maintenu en fonctions jusqu'à la mort du Grand Condé, il mourut en 1697. Son prédécesseur était Girard, que nous avons vu accompagner le duc d'Anguien dans ses premières campagnes; éloigné du service actif par l'âge et les infirmités, Girard avait pris sa retraite en 1654.
Les frères étaient : Pierre Caillet, l'aîné, prêtre du diocèse de Châlons, un des premiers théologiens de France, et le cadet, Quentin, qui devint secrétaire du duc d'Anguien.
Cousins germains : 1° Pierre, intendant à Rocroy en 1654; chargé de missions en Espagne (1658), en Pologne (1660 à 1663), il prend le titre de Denonville; il achète la terre de Theil en 1666, et signe tantôt Caillet-Denonville, tantôt Caillet de Theil; conseiller au parlement de Metz en 1665, puis au parlement de Paris en 1668; — 2° « Caillet le capitaine », en garnison à Rocroy dans les troupes de M. le Prince; en 1665 il sert en Pologne; nous le trouvons pour la dernière fois, en 1668, chez son frère, à Theil, « où il ne sait que faire de son épée ».
Leur père, Antoine Caillet, oncle de Chamlot, appelé habituellement « Caillet l'oncle », remplaça son fils Pierre comme

dans l'église, dans l'armée, dans la magistrature, celui-ci chanoine, celui-là capitaine d'infanterie, un autre conseiller, tous plus ou moins attachés à la fortune de Condé. Trois ou quatre frères ou fils assistaient le « premier secrétaire », qui, outre ses commis, avait à sa disposition chevaux et valets pour le service des estafettes[1].

Ce bureau si simplement organisé, mais dirigé par M. le Prince, animé de son souffle, n'avait pas que des questions de guerre ou de trésorerie à résoudre. En dehors des affaires militaires, financières ou personnelles, que de correspondances à suivre ! Que de négociations à conduire, souvent contradictoires ! Quelle foule d'agents à diriger, à entretenir, sans argent, avec des promesses ! Gentilshommes ou soi-disant tels, de rangs divers, et souvent d'origine douteuse, quelques-uns fort honnêtes, d'autres plus ou moins déclassés, disséminés hors de leur pays par les accidents, les scan-

Les agents de Condé. Princes recruteurs et autres.

intendant de Rocroy lorsque celui-ci fut envoyé en Espagne en 1658 ; il garda ensuite le titre d'intendant et resta jusqu'à sa mort au service de M. le Prince.

Un fils de Jacques Caillet était en 1654 à Madrid auprès du comte de Fiesque. Un cousin d'autre nom, Pierre Gratian, portait à Bruxelles le titre de « conseiller et secrétaire ordinaire », ainsi que Dominique Chauveau, que nous retrouverons plus tard en compagnie de Gourville.

1. A Bruxelles, en 1654, il entretenait dix-huit chevaux et dix valets. (Caillet à son fils, 19 septembre 1654. B. N.)

dales, les malheurs de la vie privée, les démêlés avec la justice. On en rencontrait dans mainte capitale, recruteurs, diplomates, cherchant pour M. le Prince ici des alliés, là des soldats, ou s'efforçant de créer des embarras aux représentants de la France.

Recruteurs, tous l'étaient plus ou moins; c'était même la grande affaire : regarnir les rangs de ces régiments venus de France et qui n'eurent bientôt plus que leurs cadres. Mais les racoleurs expédiés par M. le Prince ne suffisaient pas à la besogne; il en trouvait de plus puissants en Allemagne et de la plus haute volée; nous ne nommerons que ceux qui appartenaient aux maisons souveraines : Christian, duc de Mecklembourg[1]; Jean-Adolf, duc de Holstein[2]; Ulrich, duc de Wurtemberg, celui-là conduisant lui-même et très bien les troupes qu'il avait levées, visant même plus loin — sur un bruit que Jean-Casimir était mourant, il voulait assurer à M. le Prince la couronne de Pologne, il devançait les temps[3]; — les comtes de Hohenlohe, quatre à cinq pour le moins[4]; on les

1. A M. le Prince, 25 août 1655. A. C.
2. Au même, Pleen, 10 mars 1655. A. C.
3. Le duc de Wurtemberg à Caillet; Stuttgart, 8 janvier 1655. A. C.
4. Au dire de Mazerolles; lettre à M. le Prince, 19 mai 1658. A. C.

appelait MM. d'Holac. Plusieurs servaient; l'un d'eux commandait les troupes de Mademoiselle, qui avaient suivi Condé aux Pays-Bas; quand les dispositions de cette princesse changèrent, Jules de Hohenlohe essaya de ramener sa petite bande en France; mais M. le Prince coupa court, garda les soldats et mit le chef en prison[1]. Il connaissait la difficulté de retenir tous ces mercenaires, de prévenir leurs complots, leurs coalitions; il les soumettait à une discipline rigoureuse, et nous pourrions citer maint exemple de sa vigilance et de sa sévérité[2].

1. Octobre 1656. — Jules de Hohenlohe mourut l'année suivante, et Condé donna son régiment à son frère Henri.
2. Arrestation du colonel Stelmacher, etc. — La reine Christine ayant offert de mettre des troupes à la disposition du roi catholique, M. le Prince fit ressortir quel danger présenterait l'entrée des Suédois aux Pays-Bas au moment des grands succès du roi de Suède en Pologne; puis, examinant le cas où la reine Christine ferait ses levées en Allemagne, et se rappelant l'histoire des Weymariens, il continuait : « Si S. M. C. veut employer de l'argent en des levées d'Allemands, il vaut beaucoup mieux qu'Elle le donne pour fortifier les vieilles troupes, comme celles de M. le duc de Virtemberg, les Lorrains et les miennes, qui se feront à moins de frais et luy rendront beaucoup plus de services qu'Elle n'en tireroit de tout ce fatras de levées que la reyne de Suède pourroit faire. Outre cela, il faut considérer l'incommodité qu'il y a pour un païs d'avoir ainsy un corps d'estrangers, tesmoing le corps de M. d'Erlach (Weymariens) en France, où on n'a point eu de cesse qu'on ne s'en soit deffaict, et dont il ne reste plus en France que quelques corps particuliers de régiments qu'on

O'Meara, Géraldin et autres rassemblaient les Anglais et surtout les Irlandais, épaves des guerres civiles. Eux aussi donneront bien de l'embarras à Barrière, dont nous allons raconter la mission et les épreuves.

<small>Barrière et sa mission en Angleterre (1652). Premiers succès. Rapports avec Cromwell.</small> Dès le mois de mars 1652, nous trouvons à Londres Henri de Taillefer, sieur de Barrière, accrédité auprès du Parlement de la république d'Angleterre par lettre signée Louis de Bourbon et adressée à Cromwell[1]. D'une bonne famille du Midi, proche parent des Chabot, Barrière figure un moment parmi les volontaires qui entouraient le duc d'Anguien et joue un rôle dans l'aventure de Tancrède; puis on perd sa trace[2] jusqu'au jour où les pouvoirs de M. le Prince vont le chercher de l'autre côté de la Manche pour le tirer de l'obscurité et de la misère. Il fut d'abord adjoint au marquis de Cugnac, petit-fils du maréchal de La Force, qui n'avait pas de caractère officiel et ne tarda pas à rentrer en France. Mazerolles passa

---

y souffre encore, mais non pas en nombre plus considérable, à cause de l'embarras et de la peine qu'on en avoit. » (A Fiesque, 5 novembre 1655. A. C.)

1. Barrière à M. le Prince; Londres, 15 avril 1652. A. C.

2. Il paraît cependant avoir obtenu une commission de maréchal-de-camp au milieu des agitations de 1649 et rejoint Mme de Longueville à Stenay en 1650. — Sur Barrière, voir t. IV, p. 47, note.

plusieurs fois la mer, allant et venant, chargé d'instructions, jamais d'argent. Marchin et Lenet parurent aussi un moment à Londres, l'un avec des visées toutes personnelles, l'autre voulant prendre langue, sans donner aucun secours à Barrière, qui porta seul le poids de la responsabilité diplomatique et surtout financière.

Les républicains d'Angleterre voyaient avec une certaine jalousie l'hospitalité accordée par la cour de France aux fils de Charles Ier. Condé se trouvant aux prises avec l'armée qui comptait le duc d'York parmi ses officiers généraux, et la fortune semblant lui sourire, les dispositions du gouvernement de Whitehall, ne pouvaient qu'être favorables à M. le Prince et à son envoyé. Aussi ce dernier rencontra-t-il quelque facilité pour lever des gens de guerre; il eut accès au conseil d'État, voire des entrevues avec le « général »; et quand Cromwell put donner une formule à sa puissance, l'orner d'un titre régulier et sonore, Barrière fit ressortir l'importance de ce changement : « M. le protecteur a maintenant l'autorité du Roy et mesme plus grande, puisqu'il aura une armée entretenue de vingt mille hommes de pied et dix mille de cheval, avec quoy un homme peut maintenir son autorité[1]. »

1. A Lenet, 2 janvier 1654. B. N.

Condé se laissa convaincre et s'empressa d'adresser une chaude lettre de félicitations « à Son Altesse le Protecteur de la république d'Angleterre ». Cromwell ne voulut pas être en reste de compliments : « Je tiens M. le Prince, disait-il un jour, pour le plus grand capitaine, non seulement de nostre âge, mais qui aye esté depuis longtemps »; puis reprenant son ton puritain : « Ah! s'il y avoit moyen qu'il se fist de nostre religion, ce seroit le plus grand bien qui pourroit arriver à nos églises[1]. »

Les églises! Prétexte, manœuvre, ou conviction, le souci de secourir les « églises », d'assister les huguenots, que l'on croit ou que l'on feint de croire en armes, se fait jour, reparaît sous diverses formes dans les entretiens du Protecteur, dans les réponses de « ces messieurs du parlement ». C'est pour faire triompher la Réforme qu'on pourrait tendre la main à l'Espagne, qu'on laisse même espérer un concours actif, flotte, armée[2]!

Hauts et bas. Lutte avec les agents de Mazarin.

Si vagues qu'ils fussent, les encouragements ne tardèrent pas à devenir de plus en plus rares.

1. Barrière à M. le Prince, 25 décembre 1654. A. C.
2. « Le Protecteur a fait dire à l'ambassadeur d'Espagne qu'il avoit résolu d'employer contre la France 30 navires de guerre, 12,000 hommes de pied, 6,000 de cheval, et un esquipage d'artillerie. » (Barrière à M. le Prince, 15 mai 1654. A. C.)

Protecteur et ministres n'accordaient ces semblants d'assurances que pour attirer dans leur caisse les doublons d'Espagne, se mettre en mesure de profiter de quelque accident et surtout amener Mazarin à concéder tout ce qu'on attendait de lui. L'envoyé du cardinal s'entendait répéter, en termes presque identiques, ce qui avait été dit à don Alonzo de Cardenas ou à l'agent du prince de Condé. Cela variait selon les nouvelles ou les rumeurs. Survient-il quelque incident heureux pour la cause de M. le Prince, comme lorsque les délégués bordelais vinrent proposer d'ouvrir la Gironde aux flottes et au commerce anglais[1], Barrière est accueilli, presque choyé; mais le plus souvent il se morfond dans les antichambres, d'où il sort éconduit pour courir à l'autre bout de Londres et tâcher de tirer quelques livres sterling des marchands de la Cité. On ne saurait se figurer tout ce que produisit le cerveau de cet ingénieux Gascon, par quels contes, par quelles fables il parvint à se faire avancer de l'argent sur des garanties imaginaires ou sut arrêter au passage quelques parcelles de l'or qui

1. Au mois d'avril 1653, la ville de Bordeaux expédia en Angleterre trois députés, les bourgeois Blarut et Dézert, et le s^r de Trancars, conseiller au parlement. Nous les trouvons à Madrid l'année suivante. Trancars entra au service de M. le Prince, et succéda à Guyonnet en 1655 comme surintendant de la justice militaire. Voir plus loin, p. 378.

arrivait d'Espagne. Il lui fallait faire des levées, vivre, soutenir la lutte contre M. de Bordeaux [1], qui négociait officiellement au nom de la France, et contre les agents plus ou moins occultes de Mazarin. La partie était surtout difficile à jouer quand il se trouvait aux prises avec un Gascon encore plus madré que lui, l'aîné des frères Batz [2]. Tout ce monde avait la bourse pleine, et lui pas une obole ! Du traitement fictif qui lui avait été accordé, à peine avait-il pu toucher quelques miettes depuis longtemps dévorées. Les dettes l'écrasent ; plus ombre de crédit ; poursuites incessantes.

Cependant il se maintint assez longtemps en

---

1. Conseiller d'État et intendant de Picardie, expédié à Londres en décembre 1652 avec les pouvoirs du Roi, Antoine de Bordeaux eut bientôt le rang d'ambassadeur et resta en Angleterre jusqu'à la paix des Pyrénées. Chancelier de la reine Anne d'Autriche en 1660, il mourut le 7 septembre de la même année.

2. Barrière à M. le Prince, 12 avril 1654, et *passim*. A. C. — Sur les Batz, voir plus haut, p. 12. — Paul Batz, dit le baron de Castelmore et plus souvent appelé le baron de Baas, eut quelque temps le titre de « commissaire adjoint à l'ambassadeur du Roi pour la négociation de la paix » ; mais sa mission officielle fut brusquement interrompue : accusé de complicité avec le colonel Girard et autres conspirateurs royalistes, il fut interrogé par Cromwell lui-même et expulsé d'Angleterre au mois de juin 1654. Y révint-il officieusement ? Fut-il suppléé, comme on le croit, par son frère d'Artagnan, si entendu aux déguisements ? C'est ce que nous n'avons pu vérifier.

équilibre, se laissant parfois aller à l'espoir, mais sans beaucoup d'illusions ; lorsqu'on s'inquiéta d'un retour offensif du parlement contre Cromwell, il écrivait[1] : « Le parlement ne sauroit nous estre moins favorable que le Protecteur, qui nous a si vilainement fourbés dans toutes nos négociations. » Et quand on lui parlait des sympathies anglaises pour l'Espagne : « Tout le conseil est porté contre l'Espagne, répondait-il, toute l'Angleterre désirant avec passion qu'on attaque les Indes[2]. »

Enfin la victoire semble infidèle à Condé ; il ne dispose plus de Bordeaux, ni des vaisseaux de du Daugnon ; les huguenots ne bougent pas ; l'or d'Espagne n'est pas venu à temps. — Mazarin a chassé les Stuarts, promet Dunkerque, laisse aux Anglais le champ libre en Amérique. — Cromwell se décide, conclut le traité avec la France[3] ; le duc d'York et quelques Irlandais passent au service d'Espagne, faible compensation du concours que nous verrons donner à l'armée française par les

L'Angleterre s'allie à la France. Ruine et emprisonnement de Barrière.

---

1. A M. le Prince, 18 septembre 1654. A. C.
2. Les Indes occidentales, c'est-à-dire l'Amérique. — Barrière à M. le Prince, 1ᵉʳ juin 1654. A. C.
3. Le traité de paix, commerce et navigation entre la couronne de France et la république d'Angleterre fut signé le 24 octobre 1655. Au mois de novembre 1655, l'Angleterre déclara la guerre à l'Espagne. Le traité d'alliance entre la France et l'Angleterre fut conclu le 24 mars 1657.

« Côtes de fer » (*Ironsides*) d'Edgehill et de Worcester.

Ce fut le coup de grâce pour Barrière. L'orage qui grondait depuis longtemps éclate : le voilà en prison à la requête de ses créanciers [1] ; à grand'peine on l'en fait sortir. Un moment il eut un regain d'influence, fut chargé des affaires d'Espagne à Londres quand l'ambassadeur fut rappelé. Condé s'empressa de mettre en lumière la situation de son agent, de faire valoir les services que l'on en pouvait attendre : « M. le Protecteur voit Barrière de fort bon œil, luy fait toutes sortes de bons traitements et semble vouloir renouer avec l'Espagne par mon entremise et par celle de Barrière [2]. » Mais Cromwell ne « renoua » pas ; les « bons traitements » s'évanouirent, et Barrière retourna en prison. Vainement M. le Prince, moins que jamais en mesure de l'assister d'argent, cherchait à l'aider de sa plume et de sa parole, priait, sollicitait, s'adressait à Fuensaldaña, à Cardenas, écrivait à Madrid en termes pressants [3] pour qu'on accordât quelques secours à ce « pauvre garçon ; ils le feront

1. John et Edward Bushell, *merchants,* novembre 1654. A. C.
2. M. le Prince au comte de Fiesque, 5 novembre 1655. A. C.
3. M. le Prince au comte de Fiesque, janvier, février 1656, et *passim.* A. C.

pourrir en prison¹ ». Ainsi finit la mission de Barrière et la négociation de Condé avec Cromwell.

En changeant les proportions, les noms de lieux ou de personnes, on trouvera dans le récit qui précède le tableau des vissicitudes qui attendaient la plupart des agents diplomatiques de M. le Prince. La négociation confiée à Barrière était la plus délicate de toutes et même la plus importante², si l'on excepte la mission que les représentants de Condé avaient à remplir auprès du gouvernement espagnol. Ici la situation est toute différente : M. le Prince est à la solde du roi catholique; son ambassadeur à Madrid est surtout un fondé de pouvoirs ; aussi les noms de Fiesque et de Saint-Agoulin, leurs faits et gestes, ont-ils figuré dans le récit des événements de guerre, leurs démarches se trouvant comme enchevêtrées dans les opérations militaires.

Ébauche de négociations avec la Suisse et Malte.

Hors de Londres et de Madrid, nulle négociation suivie et serrée; quelques messages, des lettres

---

1. 1ᵉʳ avril 1656. A. C. — Barrière sortit de prison trois mois plus tard et se retira en Hollande. En 1657, il obtint de Condé la permission d'aller solliciter à Madrid le payement de ce qui lui était dû. Il y resta jusqu'à la paix, puis se retira chez lui.

2. Nous sommes d'ailleurs plus particulièrement éclairés sur cette ambassade et sur celle de Fiesque, la correspondance de ces deux agents ayant été conservée.

échangées. De bonne heure, Condé avait fait une tentative auprès des treize Cantons suisses [1]; mais la fidélité traditionnelle des confédérés, leur respect pour les traités qui les liaient au « grand et bon ami » le roi de France, ne laissaient au prince séparé de sa patrie aucun espoir de réussir de ce côté.

Des offres lui étaient venues de Malte. Le grand-prieur de Navarre, aspirant à la succession du grand-maître Jean-Paul Lascaris, alors au plus mal, avait fait espérer le concours des chevaliers et de leurs galères [2]. L'affaire n'alla pas plus loin. Ce qui se passait à Rome était plus sérieux.

Mission de Saller à Rome. Le cardinal de Retz. On veut exclure Condé de la paix générale. Projets de médiation.

MM. les Princes avaient été représentés plusieurs années auprès du Saint-Siège par Mathieu de Montreuil, abbé à la façon de Marigny, poète à la mode, honoré d'un sarcasme de Boileau [3], et « un des plus jolis garçons qu'on pût voir [4] ». Mais cet élégant ambassadeur avait rejoint Condé

---

1. M. le Prince aux treize Cantons suisses, 24 juillet 1652; envoi de M. de Girolles. (*Minute* A. C.)

2. Le grand-prieur de Navarre, J.-D. Martin de Redin, à M. le Prince; Malte, 30 juin 1655. A. C. — Il fut élu grand-maître deux ans après, à la mort de Jean-Paul Lascaris.

3. On ne voit point mes vers, à l'envi de Montreuil,
Grossir impunément les feuilles d'un recueil.

Sur Montreuil, voir plus haut, p. 53.

4. *Mémoires* de Retz.

en Flandre lorsque le pape Innocent X (Panfili) fut remplacé par Alexandre VII (Chigi), janvier 1655.

« Les Espagnols sont très resjouis d'avoir le pape qu'ils ont, écrivait Fiesque le 15 mai. Il importe que V. A. ait des intelligences directes avec le pape sans l'intermédiaire des Espagnols. » M. le Prince fit aussitôt partir Saller, « brave et honnête garçon [1] », de peu d'étoffe, mais suffisant à occuper le poste jusqu'au jour où il faudrait envoyer « une personne de considération », comme le président Viole. — « Surtout, recommandait Condé, qu'on ait soin de me prévenir s'il s'advance quelque chose en la paix [2]. » C'était là le point essentiel. Le père commun de tous les fidèles pouvait toujours intervenir comme un missionnaire de paix et de concorde; il importait d'avoir accès auprès de lui.

Dans toutes les négociations entreprises pour ménager à M. le Prince un accommodement avec la cour de France, dans celles même qui encore aujourd'hui se prolongeaient avec plus ou moins de suite et de mystère, on s'était toujours heurté à deux obstacles insurmontables : la volonté du Roi et de la Reine, la fourberie de Mazarin d'une

1. *Mémoires* de Mademoiselle.
2. M. le Prince au comte de Fiesque, 9 juin, 14 juillet 1655. A. C.

part, et de l'autre les engagements pris avec l'Espagne. Condé ne voulait pas décourager ses amis; mais une expérience déjà longue l'avait amené à reconnaître qu'il lui était à peu près impossible de conclure un arrangement personnel sans accepter des conditions humiliantes ou sans perdre son renom de loyauté. Seule, la paix générale pouvait le tirer honorablement de l'impasse. Tout espoir serait perdu si cette paix se faisait sans lui, en dehors de lui, contre lui; c'est le coup que ses adversaires cherchaient toujours à lui porter, c'est à le parer qu'il devait s'appliquer sans relâche. Pour gagner cette suprême bataille, il fallait se tenir au courant, guetter le moment critique. Tel était le but des voyages de Marigny en Italie, en Allemagne, des missions de Saint-Estienne ou de Mazerolles auprès de l'Empereur et des électeurs au moment où la diète se réunissait [1].

Cet objet essentiel devait fixer l'attention constante de Fiesque à Madrid, de Saller à Rome. Ce dernier avait été un moment inquiété, menacé par l'ambassadeur de France, et obligé de se retirer à Naples, ce qui mit M. le Prince en grand émoi [2]; mais le Pape intervint. L'envoyé de Condé revint à Rome, et sa modestie seule l'empêcha de prendre

1. 1654; 1657.
2. M. le Prince au comte de Fiesque, 14 juillet 1655. A. C.

« le caractère des ministres des princes souverains, que le pape lui donnait[1] ». En somme, il put remplir sa mission, assisté au besoin par le cardinal de Retz, qui, devenu à son tour un des hôtes de la ville éternelle[2], faisait aujourd'hui profession de dévouement à M. le Prince et entretenait avec lui des rapports intimes. Au mois de janvier 1656, Saller crut pouvoir donner quelque lueur d'espoir, et Condé insista auprès de Fiesque pour qu'on se prêtât à Madrid aux vues du Saint-Père[3]. Il était alors préoccupé de la tournure que pourraient prendre les négociations, et entrevoyait un péril dont il s'exagérait peut-être la gravité.

Mazarin venait d'échanger quelques communications avec Fuensaldaña; don Luis de Haro ne l'avait pas caché à Fiesque, rapportant même ce propos du cardinal : « La paix serait faite en

1. Marigny à M. le Prince; Rome, 3 mars 1657. A. C.
2. Évadé le 8 août 1654 du château de Nantes, le cardinal de Retz, archevêque de Paris depuis le 21 mars, put gagner Belle-Isle, d'où il écrivit à Watteville le 4 septembre pour témoigner « de sa sincérité et de sa passion d'acquérir les bonnes grâces de M. le Prince » (A. C.). Débarqué à Saint-Sébastien le 12 septembre, il s'empressa d'exprimer à don Luis de Haro « son désir de s'unir avec M. le Prince », s'embarqua à Vinaroz et arriva en Italie le 3 novembre. Il entra en relations avec Condé par l'intermédiaire du duc de Noirmoutier en France et de Marigny en Italie.
3. M. le Prince au comte de Fiesque, 15 janvier 1656. A. C.

vingt-quatre heures si M. le comte de Fuensaldaña se voulait aboucher avec moi. » C'est tout ce que Condé craignait, ne doutant pas que dans ce cas ses intérêts et ceux de ses amis ne fussent absolument sacrifiés, car il en était alors au point le plus aigu de sa querelle avec le comte. Aussi demandait-il qu'une déclaration publique du roi catholique rendît impossible toute combinaison qui servirait la haine de Mazarin contre lui; l'Europe devait être informée que la paix ne se ferait pas sans que M. le Prince y fût compris. Cette déclaration ne fut pas jugée nécessaire; les passeports ne furent pas donnés à Fuensaldaña, mais à don Gaspar Bonifaz [1], et Condé se trouva rassuré.

Sans doute Mazarin avait grand intérêt à séparer M. le Prince du roi catholique, et il excellait à semer ainsi la division, à faire toucher du doigt les avantages que chaque partie pouvait recueillir en désertant son alliée. Mais parmi tant de démarches qui se croisaient, parfois un peu louches, sous le coup de récriminations souvent amères, il faut reconnaître que les deux parties contractantes observèrent leur parole avec une exacte probité, apportant une véritable recherche de délicatesse à se garder contre tout semblant de défection.

---

[1]. M. le Prince au comte de Fiesque, 19 février 1656. A. C.

Les passeports remis à Bonifaz ne lui furent pas de grand usage, et Saller ne parvint pas à faire accepter au Saint-Père le rôle de souverain arbitre qu'on lui destinait. Cette médiation active ainsi délaissée par le pape, une femme, une reine, aujourd'hui sans États, aurait été toute prête à l'exercer avec ses allures fantasques, altières, et tout d'abord avec une partialité hautement avouée pour M. le Prince.

La fille du grand Gustave, Christine, reine de Suède, croyant sentir son cœur agité de mouvements héroïques comme par une sorte d'hérédité, avait été de bonne heure frappée d'admiration pour les actions du duc d'Anguien. « Quelle envie je lui porte! Je ne serai point contente que je ne me sois trouvée à une bataille! » Et elle félicitait en termes enthousiastes le capitaine qui venait de venger dans les plaines de Nördlingen l'affront reçu jadis par les armes de Suède[1]. A deux reprises, elle avait essayé d'intervenir en sa faveur dans les agitations de la France[2]. Mais elle descend du trône (juin 1654), et son premier soin est d'écrire à Condé pour lui démontrer la grandeur de cette résolution.

La reine de Suède; ses sentiments pour Condé. Son voyage aux Pays-Bas (septembre 1654). Questions d'étiquette.

1. Arckenholtz, *Mémoires concernant Christine, reine de Suède*, I, 85. — La réponse de Condé est fort belle. (*Ibid.*)
2. Notamment en 1650. Voir ci-dessus, p. 51.

M. le Prince ne se laissa pas convaincre; il fut surtout frappé des circonstances bizarres qui accompagnèrent l'abdication et le voyage de la reine. A peine la sait-il à Bruxelles qu'il exprime « sa curiosité de voir cette dame qui abandonnait si facilement la couronne, pour laquelle nous autres nous combattons, après laquelle nous courons toute notre vie sans pouvoir l'atteindre ». Cette curiosité était réciproque. Christine accourait aux Pays-Bas, « disant à tout le monde qu'elle souhaitait passionnément de voir le prince de Condé ».

Celui-ci était au milieu de son armée, lorsqu'il fut informé du désir de la reine (septembre 1654). « Si l'honneur m'avoit permis d'aller la voir avant que mes troupes fussent en quartiers, j'y aurois couru à toute bride [1]. » Mais quand l'accomplissement de ses devoirs militaires lui eut rendu sa liberté de mouvements, il crut devoir prendre certaines précautions, s'attendant à un changement d'humeur, à quelque surprise désagréable, car il savait la reine circonvenue par ses ennemis : — d'abord ce protée de Bourdelot, qui, débarrassé de son bonnet de médecin et de sa férule de précepteur, était devenu le factotum de la cour de Stockholm. Pour les Suédois, Bourdelot est le

1. M. le Prince au comte de Fiesque; s. d. — B. N.

mauvais génie de Christine; il lui apprend à jurer, l'a rendue athée, pis que cela, la pousse à se faire catholique! sa transformation est complète : — ce ne sera pas la dernière — on le soupçonne d'être déjà, et il sera bientôt publiquement, « mazarin » enragé. — Puis don Antonio Pimentel, tout récemment résident d'Espagne à Stockholm, aujourd'hui attaché à la personne de la reine, qu'il gouverne absolument [1]; le rang d'ambassadeur, auquel il prétend, ne lui est guère reconnu que par ceux qui ont besoin de lui; créature du comte de Fuensaldaña, il est, à ce titre, considéré par Condé comme un adversaire déclaré.

Viole fut envoyé à Anvers pour sonder le terrain. « Viendra-t-il ce soir? » demanda brusquement la reine en voyant le président entrer. — « Il meurt d'impatience d'avoir l'honneur de voir Votre Majesté; mais les mauvais chemins, et la nécessité de s'habiller de noir, la cour étant en deuil, lui ont causé quelque retard; il arrivera demain sans faute. » Puis il fallut s'expliquer sur le point délicat : « M. le Prince croit avoir toutes sortes de raisons de prétendre un traitement pareil à celui qu'on rend à M. l'archiduc. — Le comte de

---

1. *Mémoires* de Woerden. — Don Antonio Alonzo Pimentel de Herrera y Quinones, comte de Benavente, mêlé à toutes les négociations de France, mort en 1671.

Fuensaldaña m'a dit que dans le règlement fait par S. M. Cath. il y avait quelque différence. » Et il fut impossible de sortir de là.

« Ce n'est pas comme M. l'archiduc, c'est comme l'Empereur et le Roi que je voudrais recevoir M. le Prince, disait encore la reine; mais je suis obligée à des ponctualités bien contraires à mon humeur. » — Et Viole de répartir : « Toutes ces cérémonies déplaisent fort à M. le Prince; mais ce sont des manières reçues dans le monde, dont on ne peut se dispenser. Après la première audience, M. le Prince espère de la bonté de S. M. qu'Elle voudra bien vivre avec lui en toute liberté. »

Viole ne put rien obtenir. Lenet fit plusieurs voyages, non moins infructueux. La reine s'animait de plus en plus, prodiguant les blasphèmes, *par la tête Dieu! par la mort Dieu!* et le reste. Quant à Condé, il apportait dans le différend beaucoup de bonne humeur et même de gaîté; sans se faire annoncer, il vint à Anvers et profita d'un moment où « la chambre » était pleine de courtisans pour s'y glisser. Christine le distingua « dans la presse de toute sa suite », marcha droit sur lui; il s'inclina profondément et sortit. La reine parut touchée du procédé : « Guitaut vint me dire de sa part qu'elle estoit au désespoir que je n'eusse pas subject de me louer d'elle, qu'elle s'informeroit et me feroit le traitement qui m'estoit deu, me demandant pardon de ne l'avoir pas fait plus tost. » Mais voici que M. le Prince apprend à quoi se borne la concession annoncée : la reine consent « à le recevoir comme le prince François de Lorraine, c'est-à-dire à peu près comme M. le duc d'Aerschot ou M. de Castelmore » (un des Baas).

— Quel comble d'honneur! Cette reine dépouillée de ses États prétend mettre le premier prince du sang de France sur le même rang qu'un cadet de Lorraine!

Ce fut la conclusion : « Je suis bien avec tout le monde à Bruxelles, écrivait Christine à son amie, la belle baronne Sparre (1655)[1], excepté avec le prince de Condé, que je ne vois qu'à la comédie ou au cours. » — De son côté, Condé avait vivement ressenti le procédé de la reine, et quand le bruit se répandit que cette princesse allait être appelée au gouvernement des Pays-Bas, il fit une déclaration très nette : « Si la reine de Suède doit gouverner ce pays cy, je n'y pourray rester; il faudra que je prenne party ailleurs[2]. »

Projet de confier le gouvernement des Pays-Bas à la reine; opposition de Condé. Christine ne voit pas M. le Prince et continue de l'admirer.

---

1. Ebba Sparre, mariée au comte Jacques Casimir de la Gardie.
2. M. le Prince à Fiesque, 24 juillet 1655. A. C. — Selon M. le Prince, c'était Fuensaldaña qui poussait la reine Christine pour gouverner sous son nom, avec Pimentel comme mestre-de-

Au fond, Condé avait cru à un coup monté par Fuensaldaña et son compère Pimentel pour le rabaisser, l'humilier et le pousser à bout[1]. Il tenait saint Louis et Robert le Fort pour d'aussi bons ancêtres que Rodolphe de Habsbourg; ruiné, proscrit, il rejetait plus que jamais la prétendue supériorité des archiducs sur les princes du sang royal de France. Ce n'est pas un puéril orgueil, mais un juste sentiment de fierté de race, de fierté nationale qui l'inspirait dans toutes ces querelles de préséance. C'est le même sentiment qui le décidait, presque enfant, à braver la foudre plutôt que de céder le pas au cardinal de Lyon, frère du tout-puissant Richelieu, — plus tard, au plus fort de ses nécessités, à tenir tête à M. de Lorraine, — aujourd'hui à faire respecter ses prérogatives par le roi d'Espagne et ses ministres : « Ajustez cela, écrivait-il un jour à Fiesque[2] à propos de je ne sais quelle contestation, ajustez cela comme vous le jugerez à propos pour la satisfaction de S. M.

camp-général, et pour barrer la route à don Juan d'Autriche, au cas où l'archiduc serait appelé ailleurs. A ce propos, le comte de Fiesque eut avec don Luis de Haro un entretien qui n'était pas de nature à rassurer Condé. (Fiesque à M. le Prince, 28 septembre 1655. A. C.)

1. « C'est le comte de Fuensaldagne qui m'a valu toutes les mortifications que j'ay eues de la reine de Suède. » (M. le Prince à Fiesque; 21 juillet 1655. A. C.)

2. 21 juillet 1656. A. C.

Cath. et de don Luis de Haro, mais de telle sorte que je maintienne la dignité de mon rang, et que je ne fasse rien qui soit contre mon honneur ni au-dessous de ma naissance. »

La reine Christine ne s'y méprit pas. Quinze ans plus tard, elle écrivait : « Ce prince a la tête remplie de la vaste idée de l'autorité royale de France[1]. » Son admiration pour Condé survécut aux querelles d'étiquette ; les témoignages en sont nombreux. Écoutons le jugement qu'elle prononce au plus fort de leur contestation pour le trône de Pologne (1669) : « La fortune dispense les couronnes comme il plaît au hasard. Si la justice en était la dispensatrice, cette couronne appartiendrait au prince de Condé, qui est de tous les prétendants le plus digne de la posséder. » Et au milieu d'imprécations contre les Français au moment de la guerre de Hollande (1672), apprenant que Condé était grièvement blessé, elle s'écrie : « Cet accident est plus important pour les Hollandais qu'une victoire complète. J'estime la personne de M. le Prince plus que toutes les forces de la France ! » Enfin, lorsqu'elle apprit la mort de ce héros, elle écrivait à Mlle de Scudéry : « Comment avez-vous pu laisser mourir M. le Prince sans

---

1. Instruction donnée par la reine de Suède, 1668. *Apud* Arckenholtz, III, 344.

parler de lui en prose ou en vers! Quelle perte pour la France! Quelle perte pour le siècle, dont ce grand homme était un des plus beaux ornements! »

<small>Recherche des agents de Condé en France. Marigny. Vineuil. Gourville.</small>

Mazarin ne paraissait pas croire à la sincérité du désaccord qui avait éclaté aux Pays-Bas entre Condé et la reine de Suède [1]; il rattachait cet incident à un ordre particulier de trames et de manœuvres qu'il imputait à son adversaire et dont sa haine croyait retrouver partout les symptômes alarmants. Les négociations conduites ou encouragées par Condé n'avaient pas toutes pour but de lui procurer des ressources pour la guerre ou d'avancer la conclusion de la paix générale. Il en était d'autres, non moins sérieuses, entamées en dehors de lui, mais non à son insu, approuvées même sous certaines réserves, et qui tendaient à faciliter son retour en France, son accommodement, sa soumission plutôt, avec quelques ménagements pour sa fierté. Mazarin ne s'y prêtait guère : il considérait, tout au moins affectait de considérer Condé comme beaucoup moins dangereux aux Pays-Bas qu'en France, où, « par son humeur inquiète et turbulente, il nous fera en six mois plus de mal qu'il n'en fera en six ans au service du roi d'Espagne [2] ».

1. Billet sans adresse. 1655. B. N.
2. Mazarin à M. d'Avaugour, 11 décembre 1654.

Cette opinion de Mazarin, très arrêtée, tout au moins très affichée, explique l'âpreté avec laquelle il poursuivit et fit poursuivre ceux qui, à l'intérieur, s'occupaient des intérêts de Condé. Essayant de jouer au Richelieu, il voudrait frapper de terreur quiconque pense encore à M. le Prince, et il cherche des exemples à faire.

Tout d'abord [1] son choix se fixa sur Marigny, dont il redoutait la finesse, l'intrigue, les relations : « Profitez de la conjoncture pour châtier ce drôle rigoureusement; et si l'amnistie vous gêne, guettez l'occasion qui ne peut manquer; il ne donnera que trop de matière. » Ainsi « recommandé », étroitement surveillé, le poète satirique put se dérober quelque temps aux recherches; puis, le péril augmentant, il gagna Bruxelles et reprit son métier de voyageur au service de M. le Prince, consacrant à l'éducation littéraire du duc d'Anguien les loisirs que ses missions lui laissaient.

Également signalé par la police de Mazarin, Vineuil fut moins heureux. Arrêté en Champagne, il resta plus d'un an à la Bastille, et courait chance de n'en pas sortir vivant, lorsque Mme de Châtillon lui ouvrit les portes. Alla-t-il jusqu'à rendre à

---

[1]. Avant même de rentrer à Paris (lettre écrite de Sedan le 20 octobre 1652).

l'abbé Foucquet, par l'intermédiaire de la belle duchesse, quelque service qui ne fut pas du goût de M. le Prince? Il est certain que Condé ne voulut pas le tolérer en Flandre, et, à tort ou à raison, dénonça partout la conduite de « ce coquin ».

Gourville aussi avait été fort avant dans la confiance de M. le Prince et fut un moment en péril. Moins lettré que les précédents, et beaucoup meilleur homme d'affaires, il sut se rendre utile ailleurs, et, se consacrant aux intérêts de son ancien maître, le duc de La Rochefoucauld, il fit si bien que, sans trahison, il gagna les bonnes grâces de Mazarin.

Arrestation de Foucquet de Croissy. Le parlement retient la cause. Les arrestations se multipliaient; mais on n'enfermait que des misérables et des inconnus, modestes serviteurs des princes, commis, valets de pied, vivandiers, dénoncés pour avoir remis des lettres, porté un message, ou bien d'obscures victimes des rancunes amoureuses de l'abbé Foucquet, comme ce joli petit abbé Cambiac, si souvent nommé par Bussy. Les hommes de marque étaient en fuite, ou s'abritaient les uns de l'amnistie, les autres de divers traités.

Enfin un des magistrats « relégués » par la déclaration royale d'octobre 1652 est arrêté en rupture de ban par le chevalier du guet (12 mars 1653). C'était un conseiller au parlement de Paris, fort connu, mêlé depuis plusieurs années à toutes les négociations, même à celle de Munster, à tous les accommodements, celui de Turenne en 1651 par exemple, à toutes les intrigues des deux frondes. Intermédiaire habituel de la Palatine, Foucquet de Croissy, se croyant couvert par l'assentiment tacite du cardinal, était revenu à Paris sans trop de mystère; mais le moment était mal choisi : on cherchait un complot; des lettres compromettantes avaient été saisies. Croissy fut logé au Bois de Vincennes, et le Roi avait nommé quatre commissaires pour travailler à l'instruction de son procès, lorsque le premier président de Bellièvre intervint : « Cette forme de nommer des commissaires avait paru extraordinaire et sans exemple[1] » ; la cause fut renvoyée au parlement. C'était un coup perdu. Qu'attendre d'une procédure dont la lenteur normale allait être volontairement prolongée ?

Ainsi les prisonniers d'État manquent ou échappent. Il y avait bien les prisonniers de guerre; on en ramassait tous les jours. Voilà des Français, des rebelles; de ce chef ne pouvait-on les atteindre ? La matière était délicate.

Les prisonniers de guerre; Coligny, Guyonnet. Doute sur leur situation; négociations. Les otages; Girardin.

Était-il loisible de pendre ou décapiter des

---

1. *Mémoires* d'Omer Talon.

hommes auxquels on avait reconnu la qualité de belligérants? Cela s'était vu au cours de la guerre civile, en Guyenne, Saintonge ou ailleurs, quand il fallait dissiper, épouvanter des bandes de paysans. Et encore que de récriminations, que de représailles après ces exécutions sommaires! Mais ici on est en face de généraux, d'officiers, de soldats. Presque tous sont couverts par des capitulations, appartiennent à des troupes qu'on a vues marcher en corps à travers toute la France, conduites jusqu'à la frontière par des trompettes à la livrée du Roi. Quelle était la durée, la limite de la sûreté donnée par ces traités partiels? Les avis étaient partagés. Ceux qui n'étaient pas formellement compris dans ces conventions pouvaient-ils en réclamer le bénéfice, alors qu'ils continuaient de porter les armes contre le Roi malgré les édits? Quelle était leur situation, celle de Coligny par exemple, qui venait d'être pris dans le château de Couvin (avril 1653)? On le retenait en prison, on refusait de l'échanger, lui et d'autres désarmés sur le champ de bataille. Il y avait aussi des cas complexes : Guyonnet, conseiller au parlement de Bordeaux, homme de parti, très ardent, avait rejoint M. le Prince, qui lui avait confié les fonctions de surintendant de la justice militaire. Il est blessé et pris en combattant. Est-ce un prisonnier de guerre? Sa vie était en grand péril[1].

Toujours fidèle et dévoué à ses amis, M. le Prince ne perdit jamais de vue ceux qui tombaient dans les mains de ses adversaires ; il les suivait avec sa ténacité habituelle, négociant, menaçant, frappant à toutes les portes, annonçant des représailles, se nantissant de gages. A tout prix, il voulait sauver ceux qui s'étaient battus pour lui.

Les officiers du Roi faits prisonniers par ses troupes étaient mis en lieu sûr, et il tâchait de s'en faire céder par les Espagnols, grossissant par tous les moyens, sans scrupule, le nombre des otages dont il pouvait disposer. Un de ses partis alla enlever jusqu'aux portes de Paris, à Saint-Cloud, un financier, le s[r] Girardin, qui fut aussitôt conduit à la citadelle d'Anvers ; on comptait bien tirer de lui la rançon de cinq à six officiers[2].

1. Nous plaçons ici cet incident pour compléter le tableau. Guyonnet fut pris au mois de juin 1655, s'échappa et mourut peu après. (Talon à Caillet, 18 juin 1655. M. le Prince à Fiesque, 26 juillet. A. C.)

2. Girardin mourut avant de « s'être mis à la raison » (M. le Prince au comte d'Auteuil, 25 août 1657. A. C.), et sa mort coûta la vie au hardi partisan qui l'avait enlevé. Pris à son tour dans une escarmouche, Barbesières (Geoffroy de La Roche-Chémerault, maréchal-de-camp) fut aussitôt mis en jugement pour ce fait de rapt, et condamné à mort sur le réquisitoire du procureur général, Nicolas Foucquet. M. le Prince avait multiplié les démarches pour sauver la vie de « ce pauvre garçon », et s'indigna qu'on eût « coupé le col à un officier

Les bureaux des secrétaires d'État, le parquet du procureur général, étaient encombrés de ces affaires, qui n'avançaient pas plus que le procès Croissy, lorsque les limiers de l'abbé Foucquet mirent la main sur un magistrat de rang inférieur, mais plus redoutable que le bruyant conseiller.

<small>Arrestation de Bertaut à Paris (31 mai 1653) et de Lebrun à Rocroy (septembre).</small> Christophe Bertaut, maître des eaux et forêts en Bourgogne, consacrait son activité, sa fortune, assez considérable, au service du gouverneur de la province, dont il était connu depuis longtemps. Le voilà en relations avec Mme de Châtillon, et par contre-coup signalé à l'abbé Foucquet. Vaguement accusé, ou seulement soupçonné de complot, il fût arrêté le 31 mai 1653 et mis au secret; peut-être était-il déjà oublié lorsqu'une lettre indignée du duc de Noirmoutier parvint à Paris

---

pris à costé de moy les armes à la main » (nombreuses lettres, mai-octobre 1657. A. E. — B. N. — A. C.). Il faut reconnaître que Barbesières n'était pas un simple prisonnier de guerre.

Autre fait du même ordre, quoique également postérieur. Un conseiller au parlement, Vallée de Chenailles, accusé de complot avec un capitaine d'infanterie pour livrer Saint-Quentin à Condé, s'en tira avec une sentence de bannissement. C'était le rachat d'un sieur de La Roque-Saint-Chamarant, que M. le Prince détenait à Linchamp, et auquel il avait promis, « sans nulle différence, le traitement qui seroit fait au s^r Chenailles ». (M. le Prince à Du Mont, 4 février 1657. B. N.)

et souleva une vive émotion. Condé venait de communiquer au gouverneur de Charleville[1] l'interrogatoire d'un nommé Lebrun, arrêté le 13 septembre à Rocroy, au moment où il allait entreprendre contre la vie de M. le Prince. Ce Lebrun, qui s'était adjoint un certain baron de Veillac, s'était présenté chez Condé comme un officier retiré, tout prêt à se faire courtier d'embauchage; il donnait une liste d'anciens camarades dont il avait parole. Ses offres furent accueillies; voyage, échange de lettres[2]; mais, au retour, son attitude éveilla les soupçons. Saisi et questionné, il déclara qu'il s'était offert à Basile Foucquet pour tuer M. le Prince, que l'abbé l'avait conduit à Mazarin, que le cardinal, écartant l'idée d'un simple assassinat, lui avait promis une magnifique récompense s'il réussissait à dresser une embuscade et à prendre Condé mort ou vif[3]. Avons-nous besoin d'ajouter que le procès-verbal de cet interrogatoire ne fut pas tenu secret? c'est la pièce dont le duc de Noirmoutier avait reçu copie. Bien d'autres en eurent connaissance.

1. Le duc de Noirmoutier à M. le Prince; Charleville, 16 septembre 1653. A. C.
2. Lebrun à M. le Prince, mai 1653. A. C. — M. le Prince à Lebrun, 22 mai 1653. B. N.
3. Interrogatoire de Lebrun, publié à la suite des *Mémoires* de Lenet, édition Michaud.

L'abbé Foucquet fait arrêter Ricous, serviteur de M. le Prince. Bertaut et Ricous jugés sommairement et exécutés (11 octobre).

Directement mis en cause, l'abbé témoigna une grande indignation, supplia le cardinal de l'autoriser à se rendre de suite à Rocroy pour y être confronté avec Lebrun; s'il ne parvenait pas à confondre ce misérable, il s'offrait à la vengeance de M. le Prince[1]. Comme on peut croire, Mazarin n'agréa pas la proposition : « C'est une raillerie ce que vous proposez. Vostre réputation est trop bien establie pour recevoir quelque atteinte par le rapport d'un coquin comme ledit Lebrun, ny mesme par tout ce que peut dire ledit prince[2]. » Mais la riposte ne se fit pas attendre.

Le 23 septembre, dix jours après l'incident de Rocroy, un serviteur bien connu de M. le Prince, Ricous, fut arrêté à point nommé, sur la grand'route, à Pierrefitte, comme il se rendait à Mello, chez Mme de Châtillon. L'abbé Foucquet était bien informé. Ricous avait été placé auprès de Condé par Mme de Châtillon ; sa belle-sœur était au service de la duchesse. Son frère, soutenu par la même protection, dirigeait à Bruxelles, comme maître d'hôtel, la maison de M. le Prince, dont il avait, dont il garda toujours la confiance intime et justifiée[3].

---

1. L'abbé Foucquet à Mazarin, 2 octobre 1653.
2. Mazarin à l'abbé Foucquet, 6 octobre 1653.
3. Les Ricous, originaires du Midi, sont presque aussi nombreux que les Caillet. — Deux frères d'abord : c'est le cadet que

La cause du nouveau prisonnier ressuscita celle qu'on avait déjà presque oubliée; les deux instances furent confondues. Accusés de complot contre la vie de Mazarin, Bertaut et Ricous furent traduits devant une commission établie à l'Arsenal et très irrégulièrement formée. Malgré leurs protestations, aucune des formes garanties par les édits ne fut observée. Basile Foucquet brusqua l'affaire, précipita les interrogatoires, infligea les plus cruelles tortures. La procédure était achevée le 6 octobre, l'arrêt rendu le 11; aussitôt la sentence arrachée aux juges, l'abbé la fit exécuter[1].

l'abbé Foucquet fit rouer; l'aîné, celui qu'on appelait « Ricous de l'hôtel de Condé », marié par Mme de Châtillon à une Fullerton, fut envoyé en 1647 par cette duchesse à M. le Prince, qu'il ne quitta plus. Sa femme était restée au service de Mme de Châtillon. Fait prisonnier à la batailles des Dunes, il figure ensuite sur tous les états de la maison qu'il dirige. Nous le retrouverons en rapports avec le cardinal de Retz et avec Molière, puis gentilhomme du prince Henry-Jules en 1692.

Son fils aîné, Louis-Gaspard, aide-de-camp de M. le Prince à Seneffe en 1674, commandait en 1682 la compagnie de grenadiers du régiment d'Anguien. Envoyé par Louis XIV à Munich, il devint lieutenant-général de l'armée bavaroise. — Cordon rouge.

Le second fils fut chevalier de Malte et capitaine de vaisseau. Nous n'irons pas plus loin.

1. Bertaut et Ricous furent étranglés dans leur prison avant d'être mis sur la roue. — On a dit et répété qu'ils furent exécutés par représailles du supplice de Lebrun, pendu séance tenante après son premier interrogatoire. C'est le contraire qui

Bertaut était un magistrat riche, considéré ; la famille de Ricous était nombreuse, honorable ; tous deux hommes d'action, très animés contre Mazarin et capables d'entreprendre ; mais rien du coupe-jarret ni chez l'un ni chez l'autre. Existait-il aucune charge contre eux? Il est permis d'en douter, tout le dossier ayant été immédiatement détruit par l'abbé.

<small>Mme de Châtillon et Condé.</small> C'est ce qui devait rassurer Mme de Châtillon. Cependant elle prit peur, ou feignit de prendre peur. Mazarin la crut réfugiée à Bruxelles[1] ; nous n'avons trouvé aucune trace de ce voyage ; il est plus probable qu'elle se contenta de mener quelque temps une vie mystérieuse, sans prendre la peine d'interrompre ses relations avec Basile Foucquet. Un moment arrêtée[2], elle reste sous la garde de l'abbé. Il savait tout par elle, et lui avait ménagé avec Mazarin un « accommodement recherché à genoux[3] ». Son indiscrétion, bien récompensée sans doute, fit manquer l'entreprise de Péronne,

---

est plutôt exact. Nous trouvons le procès-verbal d'un second interrogatoire subi par Lebrun le 18 novembre, plus d'un mois après la mort de Ricous. (A. C.)

1. Mazarin à l'abbé Foucquet, 18 novembre 1653.
2. A Mello, le 20 novembre 1655.
3. Mazarin à Bartet, 20 août 1654. — Quand vint l'heure de la satiété, Basile Foucquet porta ses hommages à la comtesse d'Olonne (1658).

qu'Hocquincourt avait promis de livrer à Condé. La chose était si publique, les apparences si peu favorables à Mme de Châtillon, que plusieurs amis de M. le Prince crurent devoir le prévenir et peut-être lui mettre les preuves sous les yeux. De Madrid même on l'avertissait. Mais il ne voulut rien entendre, n'admettant pas que la compagne de ses jeunes années, la veuve de son meilleur ami, Isabelle de Montmorency, l'eût ainsi trompé et trahi, et attribuant au « malheur », aux accidents, le mauvais succès de Péronne et la mort de Ricous. Il renouvela ses ordres, prescrivit de tenir toujours la duchesse au courant de ses affaires, et même il exigea que Mme de Longueville renouât avec sa cousine des rapports un moment interrompus[1]. « Je désire que Mme de Châtillon et ma sœur soient tousjours bien ensemble. Vous me ferez plaisir de m'informer tousjours de ce que vous apprendrez de la duchesse[2]. »

Ce court et odieux procès reste enveloppé d'un certain mystère, en partie éclairé par d'étranges coïncidences. Le supplice des deux victimes marque comme un temps d'arrêt; les ressorts se détendent; les obstacles qui entravaient l'échange des prisonniers de guerre s'aplanissent : Coligny put rejoindre

<small>Détente. Échange des prisonniers de guerre.</small>

1. M. le Prince au comte de Fiesque, s. d. A. C.
2. M. le Prince au comte d'Auteuil, 12 avril 1657. A. C.

son général[1], et Croissy fut relâché[2]. En somme, l'autorité du Roi se rétablissait sans réaction violente. La guerre se poursuivait avec son cortège habituel d'horreurs, incendies, dévastations, pillages ; les prisons furent un moment remplies ; on vit d'iniques persécutions, des abus de pouvoir, des actes de prévarication. Mais si l'on considère ce qui se passait aux Pays-Bas soixante ans plus tôt, et à l'heure même, de l'autre côté de la Manche, les carnages d'Irlande, les supplices d'Angleterre, le temps où Mazarin gouverne apparaît comme une ère de modération, sinon de justice et de probité.

Procès de M. le Prince. L'instruction. Un grand et solennel procès qui va s'ouvrir laisse dans l'ombre les débats accessoires.

Trente jours après sa sortie de Paris (13 novembre 1652), M. le Prince était proclamé « criminel de lèse-majesté, perturbateur du repos public et traître à sa patrie ». Acte souverain, émané de la puissance royale, la déclaration avait, hors la

---

1. Échangé contre le comte de Grandpré, Coligny-Saligny était à Bruxelles en décembre 1654.

2. Libéré en janvier 1654, à charge de passer en Itatlie, Croissy se mit en route assez mécontent des Princes, dont il ressentait la froideur (voir sa lettre du 13 avril au premier président). Pendant son exil, qui dura quatre ans, il eut peu de rapports, et assez maussades, avec Condé. — On le retrouve à la Bastille en 1659.

forme, la valeur et les effets d'un arrêt; elle frappait aussi le frère, la sœur de Condé, leurs principaux partisans, « déchus de tous honneurs et dignités, leurs biens à nous acquis et confisqués, leurs meubles saisis, les deniers provenant de la vente des meubles et du revenu des immeubles appliqués au payement de nos gens de guerre. Nous voulons, ajoutait le Roi, qu'il soit procédé, sans délai, à la diligence de notre procureur général, contre leurs personnes, postérité et mémoire ».

Un an s'écoule, et cette procédure n'est pas commencée. De grands changements se sont accomplis : soumission de Bordeaux, fin de la guerre civile, l'amnistie acceptée par le prince de Conti, Mme de Longueville et bien d'autres. Passé sur la terre étrangère, M. le Prince combat au milieu des ennemis. Le moment semble venu de le frapper par une sentence solennellement rendue, de le faire juger, avec ses adhérents, par ce parlement qui l'a si souvent acclamé, et qui, décrié, désarmé comme corps politique, est encore accepté comme la première cour de justice du monde.

Le chancelier, Pierre Séguier, le premier président de Bellièvre, deux conseillers et un des substituts du procureur général furent chargés de l'instruction[1]. Elle fut promptement terminée; parmi tant de témoignages et de preuves, les commissaires n'avaient que l'embarras de choisir. Ils retinrent, pour former leur dossier, un certain nombre de pièces, celles surtout qui incriminaient les co-accusés : lettres saisies ou livrées, ordres pour la levée des contributions et des gens de guerre, commandements adressés à des maires ou gouverneurs de places, procès-verbal de la torture infligée au trésorier de Montauban[2], supplice de quelques espions, incendies, pillages, etc.

Premier arrêt. (19 janvier 1654). Sommations faites à Péronne.

Le 19 janvier 1654, le Roi étant au haut siège, l'avocat du Roi, Hiérosme Bignon, portant la parole, la cour de parlement, suffisamment garnie de pairs, arrêta que des sommations seraient adressées au prince de Condé et à ses complices.

Faut-il donner ici la liste de ces complices? Le lecteur les a déjà nommés, et notre récit n'est que le développement des faits incriminés.

Pas d'interrogatoire; aucune contestation; tout pouvait être achevé en cette première audience et la sentence prononcée. Mais, saisis soudain d'un grand amour de la forme, le chancelier et les ministres cherchaient aussi à frapper les esprits, à les émouvoir par la répétition des actes et la

---

1. Ordonnance du 21 décembre 1653.
2. Filhot, voir plus haut, p. 304.

succession des cérémonies. Les sommations furent faites à Péronne, place de seconde ligne, peu exposée, et cependant assez rapprochée (du moins voulait-on le croire) des lieux où les principaux accusés se trouvaient notoirement groupés. Ce fut une grasse semaine pour les huissiers du parlement et pour ceux que leurs fonctions appelaient dans la petite ville picarde : promenades au son du tambour devant les murailles, lectures à haute voix, entremêlées de longs et copieux festins, aux frais des accusés.

Les formalités accomplies, la sentence fut prononcée le 27 mars, à huis ouvert, le Roi séant : « Ledit Louis de Bourbon était condamné à souffrir la mort, l'exécution faite par justice, et publiée en la forme qu'il plaira au Roy. » L'arrêt reproduit d'ailleurs, presque dans les mêmes termes, le dispositif de la déclaration du 13 novembre. Il garde le silence sur un point essentiel signalé dans cette déclaration par un mot menaçant : « Il sera procédé contre la postérité... » avait dit le Roi. La sentence omet cette injonction. La déchéance n'atteignait que le condamné; les droits imprescriptibles, base de tout état monarchique, étaient respectés.

<small>Le prince de Condé condamné à mort (27 mars). Mariage de son frère. L'opinion.</small>

Quant aux biens, le jugement donnait une garantie nouvelle. La confiscation, prononcée le 13 novembre par le Roi en son conseil, pouvait être considérée comme exécutoire. La sentence replaçait le condamné dans le droit commun : le délai de cinq ans, qui lui était accordé pour purger sa contumace, s'étendait à toutes les peines édictées dans l'arrêt : aucune aliénation de biens-fonds n'était loisible pendant cette période. Ce point fut établi avec beaucoup de force dans plusieurs arrêts du conseil[1], qui écartèrent les prétentions des créanciers et même celles du fisc sur les immeubles, en réglant l'emploi des revenus. De fait, la condamnation par contumace sauva la fortune de la maison de Condé : au moment où expirait la période de protection, la paix allait être signée.

L'effet produit au dehors ne répondit pas à l'attente des promoteurs de l'instance. Cet arrêt de mort, ces formules terribles de déchéance, de confiscation et de supplice accumulées sur la tête du vainqueur de Rocroy et de Lens disposaient à l'oubli des fautes et ramenaient le souvenir des exploits accomplis. Hors du cercle du Palais, le procès avait passé presque inaperçu ; la curiosité faisait défaut : pas un accusé présent, tous hors d'atteinte ; le résultat connu d'avance. Pour la foule, le

---

[1]. 15 juillet 1655, 24 septembre 1657, etc.

spectacle des effigies suspendues au gibet de la Grève[1] ne remplaçait pas la sanglante tragédie de l'échafaud.

Il y eut bien quelque émotion quand on connut la liste des juges. Alors que tant de pairs de France, même des indifférents, s'étaient excusés d'obéir à la lettre close du Roi, on s'étonna de rencontrer certains noms au bas de la sentence; nul ne causa plus de surprise que celui du duc de Guise. Le héros de l'aventure de Naples oublia qu'arraché par Condé, Condé seul, à une dure captivité, il s'était reconnu « obligé d'estre éternellement, sans réserve, au péril de sa vie, et contre toute la terre, serviteur de M. le Prince[2] ». Aucun

---

1. Ces tableaux représentaient les complices de Condé exécutés en effigie aux termes de l'arrêt du 27 mars. En ce qui regarde M. le Prince, on a vu que le parlement n'avait pas réglé le mode d'exécution en effigie. Le Roi n'y pourvut pas.

2. Le duc de Guise au prince de Conti; Vittoria, 5 juillet 1652. B. N.; — à M. le Prince; Bordeaux, 4 septembre 1652. A. C. — N'ayant jamais eu à se louer du duc de Guise, séparé de lui par tant de souvenirs anciens ou récents, Condé n'était pas plus tôt en rapports d'alliance avec le gouvernement espagnol qu'il s'appliquait à faire relâcher le prisonnier retenu depuis trois ans dans la tour de Ségovie. La résistance fut vive à Madrid; mais M. le Prince multiplia les instances, les démarches, avec une véritable recherche de générosité; lorsqu'un moment il crut la paix assurée, il écrivit à Lenet : « Ce me sera une satisfaction extrême que ledit sieur de Guise me soit obligé toute sa vie de sa liberté, sans

scrupule ne l'arrêta quand il fallut signer la condamnation de son bienfaiteur.

Le premier arrêt était déjà prononcé, on attendait la sentence d'un jour à l'autre, lorsqu'un soir (22 février) on vit tout en liesse dans le Louvre illuminé; la fête n'eût pas été plus brillante pour un mariage royal : le frère du condamné conduisait à l'autel la nièce du premier ministre.

Ce contraste choqua. Un retour se faisait dans l'opinion. Voici ce qu'écrivait en sortant de l'audience un magistrat qui avait siégé au banc des conseillers d'État[1] : « Dieu veuille ramener M. le Prince à son devoir, disposer l'esprit de Leurs Majestés à lui pardonner ses fautes, et lui faire la grâce de les réparer par ses bons services à l'avenir ! »

C'était bien le sentiment du public.

attendre qu'elle luy soit rendue par le traité de la paix générale » (25 mai 1652). Six semaines plus tard, le duc de Guise sortait de prison et s'empressait d'offrir à Condé « toute ma vie en récompense de la liberté que vous m'avez donnée ». — Sur le duc de Guise, voir t. III, p. 443, note, et t. V, p. 18, 110, 338.

1. André d'Ormesson.

CHAPITRE IX

LA LUTTE AVEC TURENNE :
ARRAS, VALENCIENNES ET CAMBRAI.

1654-1657.

Arrestation de M. de Lorraine (25 février 1654). La campagne retardée. — Turenne attaque Stenay. L'armée d'Espagne investit Arras (3 juillet), ouvre la tranchée (nuit du 14 au 15). — Le siège. L'armée de France ; ses manœuvres. Turenne. La Ferté. Hocquincourt. — Le « secours » (nuit du 24 au 25 août). Succès des Français ralenti par M. le Prince. — « La retraite d'Arras. » « Tout était perdu et il a tout sauvé. » Ralliement à Cambrai et Bouchain. Le récit de Woerden. — Inaction de l'archiduc. Prise de Stenay, Clermont, Landrecies (14 juillet 1655) par les Français. — Manœuvres le long de l'Escaut. Condé à l'arrière-garde (14 août). — Lettre de Turenne à Mazarin remise à M. le Prince. Réplique de Condé. — Démêlés et rupture. — Entreprises manquées. Léopold et Fuensaldaña remplacés par don Juan d'Autriche et le marquis de Caracena. Condé traite le nouveau vice-roi (10 mai 1656). — Turenne investit Valenciennes (15 juin). — L'armée d'Espagne à Famars (1er juillet). La cense d'Urtebise. Incidents du siège. — Le secours de Valenciennes (15-16 juillet). L'armée de La Ferté détruite. — Retraite de Turenne. Il prend position sous le Quesnoy. — Les armées en présence (18, 19). Le 20, les alliés lâchent prise. — Prise de Condé par les alliés, de la Capelle par Turenne. — Turenne perd Saint-Ghislain (7 mars 1657) et investit Cambrai. M. le Prince à Bouchain (29 mai). — Fait d'armes du 30 mai. La cavalerie de M. le Prince traverse l'armée de Turenne et dégage Cambrai. — Fin de la campagne de 1657. L'agonie militaire.

<small>Arrestation de M. de Lorraine 25 février 1654). La campagne retardée.</small>

« J'ay veu les gazettes et l'arrest de nostre penderie, dont je ne me mets guère en peine », écrivait M. le Prince le 30 janvier 1654 [1]. Cette indifférence était-elle aussi absolue que Condé voulait le faire croire? En tout cas, il se sentit plus directement touché quelques jours plus tard par le coup qui frappait à côté de lui un ennemi personnel. M. de Lorraine était arrêté le 25 février comme il entrait chez l'archiduc. Sans souci des principes, des usages qui règlent les relations entre peuples ou souverains, le roi catholique fit conduire Charles IV à Tolède et l'y retint enfermé comme un prisonnier d'État. Entre la situation du prince détenu et celle de Condé, l'analogie était frappante. Ne venait-on pas de créer un précédent qui pourrait être invoqué plus tard? Beaucoup le pensaient; une sérieuse atteinte semblait portée à la sécurité de Condé. Le mieux était de ne laisser percer aucune défiance; la position était forte [2], et le gouvernement de Madrid prodiguait les décla-

---

1. A Viole, Lenet et Marchin, atteints comme lui par l'arrêt du 19 janvier. La sentence de mort n'était pas encore prononcée, mais implicitement contenue dans ce premier arrêt.
2. Voir plus haut le propos de l'ambassadeur d'Espagne à la Haye.

rations rassurantes : l'arrestation de M. de Lorraine devait être interprétée dans le sens le plus favorable aux intérêts de Condé; la mesure était toute de protection pour lui, et avait pour objet de déjouer les entreprises de cet aventurier couronné, que l'on savait « enragé et prest à se porter aux dernières extrémités [1] ». C'est ce qui fut admis; Condé n'envisagea l'acte et ses résultats qu'au point de vue militaire. Les généraux et les alliés du roi catholique pouvaient-ils compter sur les officiers, les soldats, liés par serment au chef qui venait d'être ainsi enlevé? Il y avait des précautions à prendre, des cantonnements à modifier, quelques changements à introduire dans le personnel. Tout cela demandait du temps, retardait l'ouverture de la campagne. — Du côté de France, il avait fallu mettre à la raison « l'homme gros et court », dont la faible cervelle, plus détraquée que jamais, semblait avoir perdu jusqu'au sentiment de l'honneur : le comte d'Harcourt se préparait à livrer Philisbourg et Brisach à l'Empereur. Castelnau et La Ferté, envoyés avec des troupes, l'amenèrent à composition, rétablirent l'autorité du Roi dans ces deux grandes places. L'Alsace sauvée, c'est un service d'escorte qui retient l'armée fran-

---

1. Le comte de Fiesque à M. le Prince; Madrid, 1er avril 1654. A. C.

çaise : entouré de ses soldats, Louis XIV va se faire sacrer à Reims. — Le caractère de l'archiduc s'accommodait de ces délais ; Fuensaldaña se perdait dans l'examen des plans ; M. le Prince rongeait son frein. Turenne mit un terme à cette période d'indécision par une résolution inattendue, habile à tous les points de vue.

<small>Turenne attaque Stenay. L'armée d'Espagne investit Arras (3 juillet), ouvro la tranchée (nuit du 14 au 15).</small> Le voyage du roi très-chrétien avait conduit son armée en Champagne, à la lisière de l'État que Condé cherchait à se créer le long des côtes de Meuse, dans l'Argonne, entre le Luxembourg et les Pays-Bas. De ce petit empire déjà bien écorné, il reste la forteresse illustrée par le rôle qu'elle a joué dans les campagnes précédentes : Turenne mit le siège devant Stenay. Le coup portait droit. Condé le ressentit comme une offense personnelle, brûlait d'y répondre. C'était aussi un brandon de discorde jeté dans le camp des alliés, et le désarroi de leurs conseils parut un moment incurable.

Ni les Espagnols, ni les Lorrains ne songeaient à secourir la place attaquée, les premiers ne voulant, à aucun prix, se laisser entraîner loin des villes et des territoires dont ils convoitaient la conquête ; encore moins les seconds étaient-ils disposés à maintenir en possession celui qu'ils considéraient comme un spoliateur ; n'oublions pas que Stenay et le Clermontois avaient été arrachés à

Charles IV. Le secours de Stenay fut écarté. Fuensaldaña, hésitant à lancer l'armée de son roi dans les entreprises hasardeuses, proposait les petits sièges, la Bassée ou Béthune. M. le Prince répliqua qu'aux opérations de ce genre les forces s'usent sans résultat. Il fit adopter le siège d'Arras, conquis depuis quatorze ans et devenu un des boulevards de la France. La place fut investie le 3 juillet.

Que de souvenirs la vue de ces lieux dut ranimer dans le cœur de Condé! Ses premières armes de 1640, son entrée dans Arras avec les Français vainqueurs; — la campagne de 1648, la place qui servit de pivot aux opérations couronnées par la glorieuse bataille de Lens! — Et aujourd'hui il reparaît, conduisant l'étranger à l'assaut de ces mêmes murailles. Les événements effacent les dernières illusions qui pouvaient engourdir les remords du prince rebelle; chaque jour il voit s'élargir le fossé qui le sépare de la patrie et du devoir!

Entouré de bouquets de bois et de marais, bien bâti, avec une grande place monumentale et un élégant hôtel de ville, Arras forme comme une oasis enfoncée au milieu du plateau dénudé de l'Artois. Pour distinguer le mamelon surmonté par l'abbaye de Saint-Waast, il faut descendre jusqu'au fond de la vallée de la Scarpe, qui baigne le front nord; un ruisseau, le Crinchon, pénètre dans la ville par le sud et la traverse. Déjà forte en 1654, la place n'avait pas reçu le complément dont l'a dotée Vauban, la citadelle, les fossés profonds, les enceintes successives.

A deux lieues au nord-ouest, deux hautes tours jalonnent encore aujourd'hui l'emplacement de l'antique abbaye du Mont-Saint-Éloi, position dominante à laquelle les hauteurs de Mouchy-le-Preux font comme pendant à l'est, presque à la même distance[1] ; — sortes de vigies gigantesques naturellement indiquées à l'assaillant, soit qu'il menace la place ou qu'il veuille forcer les lignes élevées par l'assiégeant. De longs glacis s'étendent entre la Scarpe et ces deux sommets. Plus près de la place, autour de la rivière et de ses affluents, le terrain est plus tourmenté ; des ravins, peu remarquables à distance, mais assez profonds et assez larges, se prêtent à des manœuvres variées et à ces surprises tactiques qui, suppléant à l'infériorité du nombre, donnent un répit au plus faible et modifient le caractère des engagements. On verra quel parti Condé sut tirer de ces accidents de terrain en accomplissant le fait d'armes mémorable auquel nous comptons nous attacher.

Les États des provinces belges avaient large-

---

[1]. Mont-Saint-Éloi, cote 126 ; distance d'Arras, 8,500 mètres. — Mouchy-le-Preux, cote 122 ; distance d'Arras, 8,800 mètres.

ment fait les fonds pour le siège; douze mille pionniers suivaient les troupes, dont l'effectif montait à environ vingt-huit mille hommes. Grâce à ces ressources, une circonvallation, dont le périmètre ne mesurait pas moins de six lieues, fut élevée en quelques jours. Les quartiers d'Espagne, Fuensaldaña, Garcies, don Fernando de Solis, étaient au nord; le cours de la Scarpe les séparait du reste de l'armée. Par le pont de pierre d'Avesnes[1] et par plusieurs ponts de bateaux, ils communiquaient à l'est, vers Anzin-Saint-Aubin, avec les Lorrains, et à l'ouest avec l'archiduc, logé à la Cour-aux-Bois, au delà du faubourg Saint-Sauveur, en face de Mouchy-le-Preux. Le prince de Ligne et le duc de Wurtemberg reliaient l'archiduc à M. le Prince, logé vers le sud, à Aigny, sur le Crinchon. Le camp des Lorrains se développait entre ce ruisseau et la Scarpe.

La tranchée fut ouverte dans la nuit du 14 au 15 juillet, et deux attaques dirigées contre un saillant au sud-est, la corne de Guiche[2], mauvais choix qui avait donné lieu à une vive discussion

1. Ce pont conduisait à l'abbaye d'Avaine ou Avesnes, sur la Scarpe, à l'est d'Arras.
2. La corne de Guiche couvrait la courtine entre les bastions de Ronville et des Capucins, au sud-est, près du lit marécageux du Crinchon. Cet ouvrage a disparu lors de l'érection de la citadelle. Son nom fait supposer qu'il avait été construit

entre M. le Prince et Fuensaldaña. Dans les diverses périodes du siège, à chaque incident, on vit éclater cet antagonisme de trois volontés qu'il fallait amener à concourir au même but, répétition du conflit dont nous avons suivi les phases durant la campagne précédente. Voilà bien les mêmes personnages : Fuensaldaña, plus compliqué, plus tortueux que jamais ; Condé, avec son esprit précis, sa fougue, sa hauteur de vues et de caractère. Une nouvelle figure apparaît sous le nom de Lorraine : celui qu'on appelle le duc François a pris la place de son frère emprisonné ; il est là guettant le moment de mettre l'épée de Lorraine dans l'autre plateau de la balance, et, jusqu'à ce que l'heure sonne, décidé à ménager, à conserver intactes les troupes qu'il destine secrètement à un autre rôle ; silencieux, cherchant à dissimuler une pensée que tout le monde devine, et tâchant toujours de se soustraire sans bruit à l'exécution des ordres qui contrarient son plan. L'attachement à ce système donne la clef d'actes que nous aurons à signaler, explique l'attitude observée dans certaines circonstances par les généraux lorrains, et qu'en d'autres temps on ne pouvait attendre d'hommes de la valeur et du caractère de Ligniville.

pendant que le maréchal de Guiche (depuis duc de Gramont) commandait dans Arras.

Les premiers travaux d'approche étaient à peine ébauchés quand on aperçut force travailleurs qui remuaient de la terre aux environs de Mouchy-le-Preux (19 juillet). C'était Turenne, qui, laissant à Fabert un corps de siège et le soin d'en finir avec Stenay, amenait au secours d'Arras une partie de l'armée dont il partageait le commandement avec La Ferté. Cela faisait peu de monde, quatorze à quinze mille hommes; le maréchal crut devoir prendre d'autant plus de précautions, que son collègue était homme à donner beau jeu à M. le Prince, toujours prompt à punir les fautes commises en face de lui. Les voitures restèrent donc chargées, les troupes sous les armes jusqu'à ce que la hauteur et le village fussent retranchés; mais personne ne sortit des lignes espagnoles, les instances de Condé s'étant brisées contre la force d'inertie de Fuensaldaña. Turenne put achever ses ouvrages et s'établit à Mouchy-le-Preux, portant la cavalerie jusqu'au bord de la Scarpe, à Pelves[1], où La Ferté prit position et jeta des ponts pour manœuvrer sur les deux rives. Enhardis par ce début, les chevau-légers français battirent la campagne, enlevant les postes, coupant les communications, changeant les rôles, infligeant à l'assié-

Le siège. L'armée de France; ses manœuvres. Turenne. La Ferté. Hocquincourt.

---

1. 2 kilomètres au nord-est.

geant un véritable blocus. Bientôt l'armée de secours se mit en mouvement tout entière, exécuta autour de la place une sorte de marche militaire, délogea les Espagnols de Saint-Pol et même du Mont-Saint-Éloi. Un moment elle s'enfonça dans le sud, tenant la direction de Péronne, puis reparut renforcée par le maréchal d'Hocquincourt, qui apportait les clefs de Stenay. Turenne établit ce nouveau contingent (cinq à six mille hommes) au lieu dit le Camp de César, près du confluent de la Scarpe et du Gy [1]; de là il revint jusqu'aux lignes de circonvallation et les « côtoya » lentement à demi-portée de canon, non sans péril et même avec quelques pertes, mais avec grand profit; car il put observer et juger le côté faible, déterminer le point d'attaque. On s'étonnait autour de lui : « Je ne ferais pas une telle imprudence devant les quartiers de M. le Prince, mais je défile devant ceux des Espagnols; je connais leur esprit de subordination, leur respect de l'étiquette; avant qu'on ait pu arriver jusqu'à l'archiduc et obtenir de lui l'ordre de m'attaquer, je serai loin. » Tout se passa comme il l'avait prédit; Condé l'a depuis raconté au duc d'York.

Cette reconnaissance ne suffit pas au maréchal;

---

1. Environ 7 kilomètres ouest d'Arras.

le lendemain ou le surlendemain, à la faveur d'une escarmouche de cavalerie, il essaya de la renouveler; mais « il ne put s'y arrêter longtemps à cause du grand feu de canon des ennemis et de leur diligence à monter à cheval[1] » ; le hasard de la guerre l'avait amené cette fois devant le quartier du prince de Condé.

A chacune de ces opérations, de ces témérités, on pourrait dire de ces bravades, celui-ci demandait que l'on répondît par une action immédiate et vigoureuse ; surtout que l'on profite de cette étrange répartition de l'armée de secours en deux corps établis l'un à l'est, l'autre à l'ouest de la place, séparés par une grande distance, par mille obstacles, incapables de se prêter le moindre appui. Il n'obtenait que des demi-mesures tardives; on faisait sortir quelques escadrons confiés à Marchin ou à Ligniville, et quand ils rentraient, l'un sans avoir rien pu faire, l'autre sans avoir rien tenté, leurs rapports devenaient l'objet de discussions interminables, qui n'aboutissaient à aucun résultat. Le conseil restait impassible dans sa résolution : « Nous ne sommes pas ici pour donner des batailles, mais pour prendre Arras, répétait Fuensaldaña. — Bien, monsieur, finit par

---

[1]. *Mémoires* du duc d'York.

lui dire Condé, bien ! nous ne donnerons pas la bataille, on nous la donnera; nous serons battus, et nous ne prendrons pas Arras. »

Les progrès du siège étaient lents. Reconnaissant la compétence de M. le Prince, les alliés lui avaient abandonné la direction des travaux; mais son application, son savoir, son esprit fertile en inventions, ne pouvaient corriger l'erreur fondamentale, la disposition défectueuse des attaques. Il avait d'ailleurs trouvé dans le gouverneur Montdejeu [1] un adversaire digne de lui, moins savant, aussi actif, presque aussi ingénieux, disposant d'une belle garnison et contenant avec rigueur les sympathies espagnoles de la population. Cependant quarante jours s'étaient écoulés depuis l'ouverture de la tranchée ; l'assiégé laissait percer un certain découragement; la place semblait être à bout de ressources. Condé cherchait à hâter le dénoûment

---

[1]. Jean de Schulemberg, comte de Montdejeu, servait depuis l'âge de seize ans et devint maréchal de France en 1658. Un de ses aïeux, d'origine allemande, avait été page de Louis XI. — Fort bon officier, mais impérieux, avide, il eut de fréquents démêlés avec les habitants d'Arras et vivait mal avec sa femme, Madeleine du Roure. Celle-ci, s'étant sauvée et mise sous la protection du parlement, fut enlevée *manu militari* et ramenée au domicile conjugal avec une escorte de cavalerie. — Montdejeu n'était guère aimé à la cour; mais on redoutait son autorité dans une ville si importante et si souvent menacée. Enfin on se décida à le déplacer en 1664; il eut alors le gouvernement du Berry et mourut en 1671.

sans laisser aux maréchaux le temps de porter ce coup décisif que Montdejeu attendait, que tant de symptômes faisaient prévoir et que l'apathie de l'assiégeant provoquait.

Le 24 août, M. le Prince avait passé la soirée à la tranchée pour presser le travail. Vers minuit, il rentrait à son logis et mettait pied à terre, lorsque le baron de l'Aubespine, envoyé par Fuensaldaña, l'informa que les troupes de Turenne et de La Ferté avaient quitté leur camp de Mouchy-le-Preux à la tombée de la nuit et contournaient les lignes par le nord; il fallait s'attendre à une prompte attaque dirigée contre les quartiers d'Espagne, quartiers dégarnis, car le corps de Solis fournissait cette nuit la garde de tranchée et n'avait que trois cents hommes d'infanterie pour garder trois mille pas de lignes. Le baron était passé par le quartier de Lorraine pour donner à Ligniville l'ordre d'observer les troupes d'Hocquincourt[1], et, si elles remuaient, de marcher parallèlement, sans sortir des lignes, au secours des quartiers établis sur l'autre rive de la Scarpe. Ligniville n'en fit rien. Quant à Condé, il donna aussitôt aux six escadrons de piquet, commandés chaque nuit dans son armée, l'ordre de se diriger

Le « secours » (nuit du 24 au 25 août). Succès des Français ralenti par M. le Prince.

---

1. Postées au Camp de César, près d'Etrun, à l'ouest.

sur le point menacé. Lui-même, remontant à cheval, distribua les postes à ses lieutenants-généraux et fit prendre les armes à ses troupes.

Une heure vient de sonner. Trois coups de canon retentissent dans le silence de la nuit. Ce signal annonce l'approche de l'ennemi ; une vive clarté a trahi sa position et son plan : le vent ayant fait flamber les mèches des mousquets, cette ligne de petites flammes a tracé le front de l'armée française, qui, divisée en quatre corps, est déjà au pied de la circonvallation sur la rive gauche de la Scarpe. — M. le Prince court au canon ; il est joint par un gentilhomme de la chambre de l'archiduc, le marquis de Treslon : Son Altesse prie Condé de se rendre au plus vite au quartier général de la Cour-aux-Bois. L'obscurité était grande, le chemin embarrassé ; il ne fallut guère moins d'une heure pour franchir la distance. Léopold attendait avec anxiété : « Les lignes sont forcées, s'écrie-t-il ; le quartier de Solis est envahi. *Che bisogna fare ?* » — Comme M. le Prince ne savait pas l'allemand et que l'archiduc maniait difficilement le français, tous deux s'entretenaient en italien dès qu'ils étaient tant soit peu émus ou pressés. — *Che bisogna fare ? Rompere la testa ai nemici, se no la romperanno loro a noi.* « Casser la tête aux ennemis, ou ce sont eux qui nous la casseront. Je n'ai que quatre gentilshommes avec moi ; mais voulez-vous donner à vos troupes l'ordre de m'obéir? je ferai ce que je pourrai. » L'ordre est aussitôt donné ; M. le Prince repart avec les gardes de Son Altesse Impériale. Sur son chemin, il rencontre le prince de Ligne, le duc de Wurtemberg, qui, comme lui, marchaient au feu, rallie quelques régiments, ses escadrons de piquet qui s'étaient égarés, et ainsi, sans s'arrêter, il forme un gros de douze cents chevaux. Tout à coup il sent la terre trembler avec un bruit familier à ses oreilles : c'est la cavalerie de Solis (environ quinze cents chevaux) qui approche, se retirant au grand trot : — « Halte! crie Condé au prince de Ligne ; rassemblez votre troupe ou elle va vous échapper au contact de ces fuyards », et il s'avance seul, l'épée à la main. — L'aurore allait poindre. — Il reconnaît « un homme de qualité » qui commandait cette cavalerie : « Mais vous vous trompez ; l'ennemi n'est pas où vous allez ; il est derrière vous. — Tout est perdu ! » répond le commandant en saluant de l'épée et en continuant sa course.

Dans le récit dicté par M. le Prince, le nom est resté en blanc ; « cet homme avait donné en mainte occasion des marques de courage », et Condé ne voulait pas le déshonorer pour une heure de faiblesse. Le passage rapide de cette masse a déblayé les ponts où affluaient déjà les débandés, les voitures. M. le Prince profite de ce moment pour faire franchir la Scarpe à ceux qui le suivent, quinze cents chevaux maintenant, car il en a encore rallié. Ses escadrons reformés, mis en route, le lever du jour lui montre une forte colonne qui semble s'offrir à lui comme une proie; c'est le « secours » que Turenne dirige vers la place après avoir pénétré dans les lignes. M. le Prince charge aussitôt, culbute gens de pied et de cheval, les suit et s'arrête en face de l'infanterie de France qui achève de se mettre en bataille, le dos aux retranchements qu'elle a forcés. Derrière elle des travailleurs rasent les lignes, ouvrant la voie aux chevau-légers qui arrivent en grand nombre et se rangent à côté de l'infanterie. M. de La Ferté commande cette cavalerie; il n'attendra pas que ses quatre mille chevaux soient réunis pour attaquer et dissiper les téméraires qui prétendent retarder le succès de l'armée du Roi. Ces dispositions n'échappent pas à l'œil exercé de M. le Prince, qui connaît bien celui à qui il va avoir affaire, car il l'a vu à l'œuvre, brave, mais glorieux et sans jugement : rappelons-nous ses bévues sur la bruyère de Rocroy.

Il y a entre Sainte-Catherine et Roclincourt un

de ces ravins difficiles que nous avons signalés ; La Ferté devait le franchir pour donner sur la troupe de M. le Prince. C'est à ce passage que celui-ci guettait la jactance de son adversaire. Au premier faux mouvement il fond sur lui, et, malgré l'infériorité du nombre, l'aborde si rudement que la cavalerie de La Ferté est désemparée pour plusieurs heures. Puis il s'arrête et reprend sa position. De l'autre côté du ravin, Turenne aussi arrête son infanterie et reste immobile.

Le jeune duc d'York, depuis Jacques II, qui servait comme lieutenant-général dans l'armée française et servait bien, — montrant du sang-froid, l'aptitude au métier, l'intelligence du détail de la guerre, — ne put cacher la surprise que lui causait cette inaction : « M. de La Ferté est hors d'affaire, répliqua Turenne ; notre succès est assuré ; faut-il, par gloriole, donner prise à celui qui est là ? » — A la vigueur du coup porté, à la halte opportune, à cette façon de mener la troupe bride en main, de la lancer et de l'arrêter tour à tour, il avait reconnu la manière de M. le Prince et deviné sa présence.

Condé savait qu'un avantage inespéré n'était pas à pousser au delà du but ; il se contentait d'avoir troublé, ralenti l'armée française, donné le temps de sauver le gros de l'armée d'Espagne.

<small>« La retraite d'Arras ». « Tout était perdu et il a tout sauvé ». Ralliement à Cambrai</small>

et Bouchain.
Le récit
de Woerden.

L'archiduc, survenant, vit la fin de ce brillant engagement. *Va bene! va bene!* cria-t-il. — *No, va male! va male!* riposte M. le Prince. Exposant brièvement la situation, il invite Léopold à profiter de l'accalmie pour rassembler les épaves de son armée et se retirer en bon ordre sur Douai. Déjà les pillards avaient passé la Scarpe, les ponts de bateaux étaient rompus, les passages obstrués. Cependant l'archiduc put sortir des lignes avec ses gardes, les généraux et presque toute l'infanterie d'Espagne. En plaine, l'ordre se rétablit, et la retraite sur Douai s'accomplit sans encombre.

M. le Prince était resté en bataille avec ses escadrons, ceux du prince de Ligne et du duc du Wurtemberg, qui depuis le commencement de l'action n'avaient pas cessé de le seconder vaillamment. Une fois l'archiduc et son infanterie dégagés, il ramena vivement toute cette cavalerie jusqu'à son quartier, au sud de la place. Rien n'y manquait : Marchin avait maintenu chacun dans le devoir, écartant les coureurs ennemis, les débandés. Les tranchées étaient proches[1]; Condé y court, les trouve pleines de monde, fait sortir ceux qui étaient entrés la veille et qu'on avait oublié de relever, les réunit à ses gens de

---

1. Le quartier de Condé était vers Aigny, les attaques en face de la porte Ronville.

pied et les voit tous défiler devant lui ; on pouvait se croire à la parade. Comme le passage de la Scarpe et la route de Douai étaient interceptés, il donna la direction sur Cambrai, prescrivant de ne pas rompre les rangs et de « marcher en gens de guerre ».

Il était temps : joignant à la cavalerie de la place les premiers escadrons introduits par l'armée de secours, le gouverneur d'Arras sortait avec deux mille chevaux pour fondre sur les gardes de tranchée ; mais, au lieu d'une infanterie éperdue, il rencontre les chevau-légers de M. le Prince et reçoit un accueil qui le décide à rentrer promptement. « Après avoir fait marcher devant moi jusqu'au dernier fantassin et goujat, je pris le parti de me retirer au petit pas, en tenant les plaines à côté du grand chemin de Cambrai, n'étant suivi ni harcelé de personne[1]. » Comme il cherchait un passage à travers les marais et les bosquets qui marquent le cours de l'Agache entre Marquien et Arleux, il découvrit un gros de cavalerie qui sem-

[1]. Récit fait par Condé au baron de Woerden. — Le canon et les bagages étaient perdus. Dans une première dépêche (27, de Valenciennes), M. le Prince estimait à trois cents la perte en hommes; les rapports français disent trois mille; la vérité doit être entre les deux. Les Lorrains en eurent la plus plus grosse part, s'étant retirés si précipitamment qu'ils oublièrent dans une redoute un millier de fantassins.

blait embusqué. L'anxiété fut grande un moment ; faudrait-il se frayer un passage avec des hommes et des chevaux à bout de forces et de courage? On reconnut les Lorrains ; la joie de retrouver toute une aile de l'armée fit oublier un moment leur inaction de la nuit, la précipitation de leur retraite.

A quatre heures du soir, Condé arrivait sous les murs de Cambrai. Il refusa d'y entrer et coucha dans le carrosse du comte de Salazar pour ne pas se séparer de ses soldats. Le lendemain, 26, il fit sa jonction à Bouchain avec les troupes de l'archiduc, « et il eut, dit un témoin oculaire, un ami, la honte de s'entendre acclamer comme un sauveur par tous les officiers et soldats espagnols [1] ».

En usant de cette forme, Lenet entend-il seulement faire allusion à la répugnance bien connue de Condé pour les louanges? Ou faut-il lire : ces éloges atteignaient douloureusement le cœur de M. le Prince ; il rougissait de s'entendre traiter de sauveur par les ennemis de la France? Ceux-ci cependant avaient raison. Grâce à Condé, l'armée d'Espagne, qui aurait pu être anéantie, se trouvait ralliée au bout de vingt-quatre heures, à

---

[1]. *Papiers de Lenet.* B. N.

quelques lieues, presque entière. Aussi est-ce à bon droit que la « Retraite d'Arras » figure au premier plan sur les banderoles brisées, dans le tableau du *Repentir* de la Galerie de Chantilly.

Au cours de la dernière année de sa vie, 1685, M. le Prince reçut à Chantilly la visite du baron de Woerden, d'origine hollandaise, ancien serviteur de l'Espagne, soldat et négociateur, homme d'esprit et d'expérience. Woerden présenta à son hôte les *Mémoires* de Fuensaldaña, dont il avait été le disciple, le confident, le compagnon fidèle. Condé lut le manuscrit tout d'une traite, puis il rappela Woerden, et, confirmant l'exactitude générale des récits de son ancien adversaire, il tint à les compléter, à les rectifier sur un point. Malade, cloué par la goutte sur sa chaise, il parla de sept heures à minuit et raconta, « avec une précision et une animation extraordinaires », tout ce qu'il avait accompli dans la nuit et dans la journée des 24-25 août 1654. « La retraite d'Arras est ma plus belle action, répétait l'infirme en agitant ses mains déformées ; je tiens à ce qu'elle soit exactement connue et à ce qu'elle ne passe pas défigurée à la postérité[1]. » Et il avait le droit de rappeler ce souvenir avec fierté. Dans aucune

---

1. Woerden a immédiatement fixé ce récit sur le papier et

occasion, son caractère ne s'est montré avec plus de suite et de force. Seul, tout seul, au milieu de la nuit noire et de la déroute, il soutient, relève ceux qui l'entourent ou qu'il approche, depuis l'archiduc jusqu'au dernier des soldats, et il semble leur faire part de son beau courage, ce « courage de deux heures du matin » si admiré, si envié! Pendant dix heures terribles il se dévoue sans relâche pour sauver des troupes qui ne sont pas les siennes ; aucun incident ne le trouve en défaut ; rien ne réussit à troubler la lucidité de son intelligence ou la fermeté de son cœur ; on ne peut surprendre une minute de cet affaissement passager auquel les plus grands hommes n'ont pas toujours échappé. — « Tout était perdu, et il a tout sauvé [1]. » — Même en cette très injuste cause, comme dit Montaigne, un tel exemple d'abnégation, de persévérance et de vertu guerrière commande notre admiration.

<small>Inaction de l'archiduc. Prise de Stenay, Clermont, Landrecies (14 juillet 1655) par les Français.</small> M. le Prince fut le premier atteint par la victoire des Français : La Ferté alla prendre Clermont en Argonne. C'était le complément de la prise de Stenay [2] ; il ne restait plus rien à Condé

---

l'a inséré dans les précieux mémoires dont la bibliothèque de Cambrai possède l'original.

1. Lettre du roi d'Espagne.
2. Meille et Chérisy, deux officiers de valeur, sortirent de

de son domaine du Clermontois, plus un vestige
de ses possessions aux frontières de Champagne.
De son côté, Turenne fit un pas en avant dans le
Nord, s'empara du Quesnoy. Les deux conquêtes
avaient une certaine valeur politique ou stratégique, mais qui ne répondait pas à l'importance
d'un événement aussi considérable que le secours
d'Arras. Il fallut compter avec l'armée espagnole
qui, au lendemain de son échec, se retrouvait
presque intacte en hommes; non moins habile à
créer des ressources pour l'organisation qu'à soulever dans le conseil des objections à tous les
projets, Fuensaldaña pourvut rapidement à ce qui
manquait. Si l'archiduc avait pu, lui aussi, se
relever du coup qui frappait son armée, s'il avait
laissé à Condé pour la direction des opérations
cette initiative qu'il lui abandonnait pendant le
tumulte du 25 août, peut-être aurait-il tiré parti
de l'affaiblissement des armées françaises, de

Clermont en Argonne le 22 novembre 1654. Déjà, le 5 août,
Stenay avait été rendu par Chamilly : Nicolas Bouton, celui-là
même qui conduisait Anguien-infanterie dans la vigne de Fri-
bourg, fut aussitôt pourvu par Condé du gouvernement de la
Capelle. Il se retira avant la fin de la guerre, d'abord en
Franche-Comté, puis en son pays de Bourgogne. Son second
fils, Hérard, n'avait jamais quitté M. le Prince, qu'il suivit jus-
qu'à la paix; mort lieutenant-général en 1673. Le fils aîné,
Noël, était resté dans l'armée du Roi, et devint maréchal de
France.

leurs séparations fréquentes, de l'embarras que causait à Turenne le partage du commandement avec La Ferté. Il n'en fit rien et ne se montra ni mieux inspiré, ni plus actif au début de la campagne de 1655.

Condé l'avait cependant bien conseillé. Montrant l'armée française divisée en trois corps, il voulait opposer la concentration opportune à la dissémination prolongée; s'appuyant de calculs précis, il indiquait comment l'armée espagnole pouvait se rassembler, « marcher en force », fondre sur les ennemis et les surprendre, soit encore dispersés, soit au milieu de leur concentration, soit enfin au début de l'investissement d'une place[1]. Fuensaldaña préféra une disposition symétrique en trois corps, qui lui permettrait de s'opposer partout aux entreprises de l'adversaire. — M. le Prince avait posé les principes; Turenne se chargea de la démonstration.

Négligeant le dispositif symétrique des Espagnols, il se concentre à leur barbe et marche hardiment sur Landrecies. Quand l'archiduc parut sur les hauteurs de Catillon avec plusieurs jours de retard, les Français étaient retranchés avec deux

---

[1]. Le tout est exposé magistralement dans une lettre de Condé au comte de Fiesque, 21 juillet 1655. A. C.

mois de vivres dans leurs lignes; Landrecies capitula le 14 juillet.

Voulant continuer cette guerre de positions qui lui avait médiocrement réussi, Léopold chercha un poste où il pût observer, et attendre encore une fois que le dessein de son adversaire fût prononcé. Il remonta en Hainaut et se retrancha derrière les marais de la Haine, occupant Mons, Saint-Ghislain et Condé pour assurer ses subsistances et ses débouchés.

À la cour, on pressait Turenne d'attaquer cette position. Le jeune roi avait suivi son armée à Bavay (11 août); l'occasion était belle pour lui donner le spectacle d'une bataille rangée. Mais « Turenne fut fidèle aux deux maximes : n'attaquez pas de front les positions que vous pouvez obtenir en les tournant; — évitez le champ de bataille que l'ennemi a reconnu, étudié, choisi, et surtout fortifié [1] ». Il résolut de passer l'Escaut en amont de son confluent avec la Haine et de le repasser en aval, pour déboucher derrière les lignes espagnoles et les faire tomber sans les aborder de front. L'archiduc n'attendit pas la fin de l'opération; dès que les Français eurent traversé une première fois l'Escaut à Neuville, un

Manœuvres le long de l'Escaut. Condé à l'arrière-garde (14 août).

---

1. *Mémoires* de Napoléon.

peu au-dessous de Bouchain, il franchit le fleuve de son côté, puis il se mit à remuer de la terre entre Valenciennes et un petit bois détaché du grand massif de Raismes.

Cette fois la bataille paraissait imminente ; mais, repris de ses hésitations, l'archiduc ne l'accepta pas ; il redescendit la rive gauche de l'Escaut, et se retira assez lentement sur la place de Condé (14 août). Obligé, non sans chagrin et sans dépit, de suivre le mouvement, M. le Prince se chargea de l'arrière-garde, quoiqu'il ne fût pas de jour, et couvrit la retraite avec son habileté et sa fermeté ordinaires. D'abord, il masqua le départ de l'armée en distribuant la cavalerie dans les postes quittés par l'infanterie, ce qui donna le change aux Français. Quand ceux-ci virent qu'on ne tirait pas le canon, ils marchèrent droit aux retranchements ; mais le gros était déjà loin et le rideau avait disparu. Tout le long du défilé et des marais qu'il fallait traverser ensuite, les chaussées ou ponceaux étaient garnis de mousquetaires. A chaque décharge succédait aussitôt un retour offensif des escadrons que M. le Prince groupait avec art, conduisait lui-même, les faisant paraître ou disparaître, avancer ou reculer successivement. Surpris de se voir ainsi disputer le terrain pied à pied, ne pouvant distinguer ce qu'il avait devant lui, Castelnau[1], qui commandait l'avant-garde française, ralentit son mouvement pour attendre l'infanterie. — M. le Prince venait de fournir sa dernière charge et s'apprêtait à franchir le pont qui menait sur la rive droite de l'Escaut, lorsqu'il reconnut d'anciens amis parmi les cavaliers arrêtés assez près et en face de lui. « Il demanda à parler sur parole ; nos volontaires et nos officiers de la tête tinrent cette conférence à beaucoup d'honneur[2]. » L'entretien terminé, M. le Prince fit rompre les trois escadrons qu'il avait gardés sous sa main, et traversa au pas le pont de l'Escaut, ainsi que les prairies inondées. Suivi de très loin, sans être inquiété, il rejoignit le gros de l'armée sous les murs de Condé ; tous ensemble continuèrent la retraite jusqu'à Tournay.

Mais l'affaire n'en resta pas là. De son camp devant Condé, Turenne rendit compte à Mazarin. Pour faire parvenir sa lettre à Bavay, il la confia à « un garçon qui devait passer l'Escaut à nage ». Ce porteur fut arrêté, la lettre saisie et remise à M. le Prince. « On a trouvé, disait Turenne,

Lettre de Turenne à Mazarin remise à M. le Prince. Réplique de Condé.

---

1. Premier lieutenant-général de l'armée avec autorité sur les autres. (Turenne à Mazarin, 24 juin. A. E. — Voir, dans les *Mémoires* de Bussy, les démêlés auxquels cette décision donna lieu. Sur Castelnau, voir t. IV, p. 325.)

2. *Mémoires* de Bussy.

l'armée des ennemis dans un vieux camp proche de Valenciennes. Ils y ont faict travailler toute la nuict et c'est le plus beau poste du monde. Il y a eu grande contestation entre M. le Prince et les Espagnols, le premier voulant, à ce qu'il a dict, y demeurer; enfin les Espagnols l'ont emporté et ont marché. Ils n'avoient point de bagage avec eux, ce qui est cause qu'ils n'ont point faict de perte considérable. On a suivi leur arrière-garde jusques à Condé, où, ayant rompu le pont, leur dernier escadron a passé à nage. Ils ont laissé le canon à Valenciennes, ne pouvant le retirer... C'est M. de Castelnau que j'ay faict suivre l'arrière-garde de M. le Prince. Il a trouvé que l'on a faict assés grande diligence[1]. » — Quand M. le Prince brisa le cachet de cette lettre saisie, il était déjà de fort méchante humeur, outré de se voir sans cesse laissé en plan ou désarmé par des ordres contradictoires. Il avait d'ailleurs, à propos de lettres, une petite vengeance personnelle à exercer. On avait intercepté quelques mois plus tôt une sienne épître[2], où il exposait, sous une forme légère, les misères de sa situation : « Si on ne veut pas marcher, eh bien! qu'on me le dise! J'achèteray des castagnettes, et

---

[1]. Turenne à Mazarin; au camp près de Condé, 14 août 1655. A. C.

[2]. Du 17 avril 1654.

je danseray de mon costé. » L'image de Condé dansant avec des castagnettes devant le comte de Fuensaldaña parut plaisante; le maréchal de Gramont en fit des gorges chaudes avec Mazarin, et toute la cour en fut divertie. Condé le sut; le rôle de plastron n'était pas de son goût; et tout cela lui revenait en mémoire tandis qu'il lisait le récit de Turenne. Il y releva plusieurs inexactitudes, un ton dégagé, suffisant, et avec les obscurités, les réticences familières à Turenne, des insinuations malveillantes. Se croyant offensé dans son honneur de soldat, il adressa aussitôt au maréchal la lettre véhémente qu'on va lire :

Démêlé et rupture.

« Monsieur, je vous advoue que je n'ay pas eu une petite surprise quand une lettre que vous escrivés à M. le cardinal Mazarin m'est tombée entre les mains. Je vous envoie la copie afin que vous voyés que je n'ay pas peu de subjet de me plaindre de vous. Je ne trouveray jamais estrange que vous tiriés sur nous tous les advantages que vous pourrés quand ils seront véritables, mesme quand je les vois augmentés dans les relations de M. Renaudot [1]; je donneray cela à la coutume. Mais de voir dans une lettre escrite et signée de vostre main que nostre retraite a esté si précipitée

---

1. La *Gazette.*

que le dernier escadron a esté obligé de passer la rivière à nage, — que nous avons laissé le canon à Valenciennes pour ne l'avoir pu retirer, — et que j'ay dict qu'il y avoit eu une grande contestation entre les Espagnols et moy pour demeurer au poste de Valenciennes, — ce sont des choses si esloignées de la vérité, qu'à moins de cognoistre parfaitement vostre escriture je n'aurois pas cru que cette lettre-là vînt de vous. Je n'ay parlé qu'à MM. les comtes de Guiche, de Vivonne, du Plessis, prince de Marsillac, Puiguillen, de Ranty, Fortilesse, du Fay et du Bouchet; ils sont tous trop gens d'honneur pour dire que je leur ay parlé de la contestation que vous dites, et je me soubmets volontiers à leur tesmoignage. De vingt ou vingt-cinq pièces de canon que nous avons dans l'armée, nous en avons envoié deus à Valenciennes ; et si nous avons bien retiré les autres, il me semble que ces deus-là seroient aussy bien venues, si nous l'avions voulu ; car effectivement vous sçavés que vous ne nous avés pas pressés. Si vous aviés esté à la teste de vos trouppes, comme j'estois à la queue des miennes, vous auriés vu que nostre dernier escadron n'a pas passé la rivière à nage[1] ; MM. de

---

1. « Je vous asseure qu'ils n'ont point esté obligés de se

Persan et de Duras estoient à la teste, et moy je passay avec le pénultième ; je vous asseure que nous ne vismes pas une seule de vos trouppes dans toute la prairie et qu'il n'y avoit que quelques desbandés. Je ne crois pas que M. de Castelnau vous l'ait dict ; il sçait trop bien que depuis le premier pont, où nos trouppes ne se laissèrent pas pousser, — et où les siennes ne passèrent que longtemps après que nous l'eusmes quitté, — ses escadrons n'approchèrent pas les nostres de deus mille pas. Ces messieurs dont je vous ay parlé cy-dessus, qui sont de vostre armée, furent assés longtemps avec moy, et je leur laissay assés voir nostre marche pour qu'ils en rendent tesmoignage[1]. Enfin, je ne prétens pas tirer advantage d'une retraite qui n'a pas esté belle parce que nous n'avons pas esté pressés ; mais aussy je prétens que vous ne tiriés pas advantage de choses qui ne sont pas véritables. J'ay cru, pour satisfaire à ce que je doibs à mon honneur, vous devoir mander cecy, et vous prier, quand vous parlerés une autre

sécher après avoir passé la rivière à nage et que nostre pont ne fut deffait que longtemps après qu'ils furent passés. » (M. le Prince au maréchal de La Ferté, 18 août. A. C.)

1. « Ces messieurs que je vous ay nommés et qui marchèrent longtemps avec mon dernier escadron, virent que nostre retraite ne se fit jamais qu'au petit pas. » (M. le Prince au maréchal de La Ferté, 18 août. A. C.)

fois des actions où j'auray quelque part, de les vouloir dire dans la vérité. J'en ay tousjours usé de mesme envers vous, et quand vous avés servy soubs moy et depuis que nous nous faisons la guerre; je continueray d'en user ainsy [1]... »

Les *Mémoires* de Turenne avancent que « M. le Prince écrivit aussi à beaucoup d'officiers de l'armée du Roy, comme voulant faire un manifeste, et manda à M. le maréchal de La Ferté que M. de Turenne ne parlait pas de lui en bons termes dans sa relation ». Cela n'est pas exact. Condé n'écrivit qu'à La Ferté et à Castelnau, rectifiant le récit de Turenne avec une petite flatterie à l'adresse de La Ferté [2], mais sans aucune allusion aux rapports qui existaient entre les deux maréchaux. Avec de justes ménagements pour son chef, Castelnau, dans sa réponse, donna raison à M. le Prince. « Je suis obligé de dire, comme je fis après cette action, que la cavallerie à qui nous eusmes affaire soustint nos charges avec toute la vigueur possible; il ne pouvoit guère estre autre-

---

1. *Papiers* de Lenet. B. N.
2. « Je vous escris seulement pour vous désabuser d'une impression que vous pourriés avoir si M. de Turenne vous avoit dit la mesme chose qu'il a escrite... Si vous eussiés eu l'avant-garde, vous n'auriés pas parlé de mesme de ce qui s'est passé, car vous l'auriés veu... » (M. le Prince au maréchal de La Ferté, au camp de Tournay, 18 août. A. C.)

ment, Vostre Altesse y estant en personne. C'est ce qui fit que je ne voulus pas tenter davantage de passer le défilé du pont avant d'avoir mon infanterie et de me voir soustenu de nostre armée, ne sachant pas ce qui estoit à vostre arrière-garde et le pays estant un peu couvert; c'est ce qui donna plus de temps aux troupes de Vostre Altesse de passer le pont de l'Escaut auparavant que nous pussions y arriver. Je n'ay point veu passer d'escadron à la nage; il est néanmoins vray qu'un officier qui estoit allé devant l'a dict à M. de Turenne, et il peut arriver que, comme il y avoit beaucoup d'eau dans la prairie, il le jugea ainsy; mais nous ne poussâmes pas en cet endroit-là, par la raison que j'ay desjà dicte à Vostre Altesse [1]. »

Turenne était au milieu d'un cercle d'officiers

---

[1]. Castelnau à M. le Prince, camp de Boussu, 22 août 1655. A. C. — Dans l'entourage de Turenne, on rejetait tous les torts sur Castelnau, qui se serait laissé jouer par M. le Prince et l'aurait mollement suivi (*Mémoires* du duc d'York, etc.). Mais, selon le dire d'un contemporain, Castelnau « ne péchait que par sa chaleur à la guerre », et son caractère le met à l'abri de ces reproches. — Condé attachait un grand prix au témoignage de ce galant homme, et il avait conservé sa réponse, qui est la pièce essentielle, la « preuve ». Elle est inédite. Les autres lettres, savoir celle de Turenne à Mazarin, celles de Condé à Turenne, à La Ferté, à Castelnau, ont été insérées dans l'édition des *Mémoires* de Turenne donnée par MM. Champollion (collection Michaud et Poujoulat).

lorsque la lettre de Condé lui fut remise. Il la lut à haute voix sans commentaire. Après un long silence, il rappela le trompette de M. le Prince et menaça de le faire châtier si jamais il rapportait une lettre pareille. Aucune réponse ne fut envoyée.

Est-il besoin d'ajouter que cet échange de sarcasmes et de lettres amères ravit Mazarin? Ne craignant rien tant qu'un retour d'accord entre Turenne et Condé, il mit tout en œuvre pour aviver le ressentiment du maréchal et rendre la rupture complète; c'est ce qui arriva. On se rappelle que les relations entre les deux capitaines, affectueuses dans la jeunesse, restèrent cordiales quand ils servirent ensemble. Condé rendit toujours la plus éclatante justice au mérite de Turenne; il ne négligea rien pour l'arrêter sur la pente de la défection ni pour le rétablir dans le service en 1649. Turenne se battit pour Condé prisonnier. — Lorsqu'à la majorité du Roi le maréchal abandonna le parti de M. le Prince, leurs rapports se refroidirent sans cesser d'être courtois, même au milieu de la guerre; à dater de ce jour ils furent interrompus. Avec des éclairs d'impartialité, Condé, aigri, froissé, emporté par son tempérament, se laissa aller souvent à de grandes vivacités de langage en parlant de son rival. Turenne, plus gourmé, se contint davantage, mais sans cacher sa disposition et la sévérité persévérante de ses jugements. Les rapports ne reprirent qu'à la paix, avec une réciprocité complète dans la déférence et la profonde estime, mais sans jamais revenir à l'intimité des anciens jours.

Libre de terminer la campagne à sa guise, Turenne établit son avancée sur la Haine et rentra en France, laissant de grosses garnisons à Condé et à Saint-Ghislain, dont il s'était facilement emparé. Un moment, M. le Prince espéra opposer à ces conquêtes l'occupation de Péronne et de Ham; prendre pied sur la Somme, cela valait bien les positions perdues en Hainaut. Mais le maréchal d'Hocquincourt, qui devait livrer les deux places, conclut avec Mazarin un traité plus avantageux; l'affaire échoua; aucun succès ne compensa les échecs essuyés par l'armée d'Espagne durant les dernières années. Ces incidents achevèrent de perdre l'archiduc et son maréchal-de-camp-général auprès du gouvernement de Madrid. Tous deux furent relevés de leurs fonctions. Fuensaldaña, usé, cassant, avait offensé tout le monde; il avait fait congédier Isembourg [1]; Léopold ne lui parlait

Entreprises manquées. Léopold et Fuensaldaña remplacés par don Juan d'Autriche et le marquis de Caracena. Condé traite le nouveau vice-roi (10 mai 1656).

---

1. Ernest, comte d'Isembourg, mort en 1664. On se rappelle sa brillante conduite à Rocroy, où il commandait l'aile droite de l'armée d'Espagne. Il n'eut plus d'emploi militaire

plus ; Condé envoyait lettres sur lettres en Espagne pour demander l'éloignement du ministre intraitable auquel on imputait cette longue suite de revers. Cependant celui-ci laissait tous les services assurés, une armée de dix-huit mille hommes de pied, douze mille chevaux, un train de vingt-huit pièces de canon, etc. Quant à Léopold, il avait, après son malheur de Lens, médiocrement profité des avantages que lui offrait la situation intérieure de la France. La fortune lui donne successivement Turenne et Condé pour lieutenants : avec le premier, il est battu à Rethel ; avec le second, il perd places sur places et se fait bousculer devant Arras. Il n'avait pas su retenir les Lorrains, qui, dociles aux ordres de leur prince prisonnier, venaient de passer au service du roi très-chrétien [1]. On le trouvait trop Allemand, lent, fatigué, découragé ; il était temps de le renvoyer à sa musique et à ses tableaux [2].

Le marquis de Caracena, nommé capitaine-

après le départ de don Francisco Melo. Devenu chef du conseil des finances, il fut exilé dans ses terres.

1. « Le 22 novembre 1655, l'armée de Lorraine en corps quitte les ennemis et s'établit aux environs de Guise ; le duc François, ses enfants et Ligniville y sont ; mais au lieu d'amener les troupes, les troupes les ont amenés. » Cette assertion de Mazarin (à la Reine. A. E.) est confirmée par la correspondance de Condé avec Fiesque.

2. Il mourut le 20 novembre 1662.

général des États de Flandre, arrivait d'Italie avec une belle réputation ; il était connu aux Pays-Bas, avait des services et des blessures ; sa personne était agréable ; il parlait bien, sans être possédé, comme son prédécesseur, du démon de la contradiction ; en somme, moins revêche que Fuensaldaña, mais aussi moins capable, superficiel et peut-être intéressé [1]. — Le nouveau vice-roi, don Juan d'Autriche, est une figure plus remarquable et qui mérite de nous arrêter. Sa mère, la Calderon, comédienne fort jolie, gaie, d'un caractère sûr, passait pour n'avoir eu aucune intrigue avant la courte et illustre relation à laquelle don Juan devait le jour ; dès sa grossesse déclarée, elle fut séquestrée et ne quitta plus le cloître, où elle vivait d'une modeste pension mal payée ; une manœuvre d'Olivarès tira le fils de l'obscurité. Voulant assurer la fortune d'un sien bâtard, fort mauvais drôle, tantôt goujat, tantôt mousquetaire, embarqué sur les galions des Indes ou roulant dans les tripots de Madrid, le comte-duc eut l'adresse d'amener Philippe IV à reconnaître le fils de la comédienne ; les deux enfants naturels furent légi-

1. Don Luis de Benavides, marquis de Caracena (mort en 1668), commandait la cavalerie de Flandre en 1646 ; gouverneur de l'État de Milan (1648), il permuta en 1656 avec don Luis Perez de Vivero, comte de Fuensaldaña, qui revint, en 1661, aux Pays-Bas, pour y mourir en arrivant.

timés le même jour. Déclaré grand d'Espagne et richement marié, le fils d'Olivarès quitta tout pour retomber dans la crapule[1]; un grand poète l'a ressuscité sous les traits de don César de Bazan.

— Don Juan[2] réussit mieux. Son précepteur, homme de mérite, le jésuite Lafaille, lui donna une instruction complète. Il était beau, un peu gras, spirituel, sans profondeur, vaniteux à l'excès. Dès qu'il fut à flot, il trancha de l'infant; mais il avait su se contenir d'abord, réussit à conquérir l'affection de son père et obtint assez vite de hauts emplois; la reprise de Naples et celle de Barcelone lui donnèrent un grand prestige. Ambitieux, avec des accès d'indolence, très brave à l'occasion, il venait de montrer une grande vaillance dans un combat avec les corsaires barbaresques, qui attaquèrent sa galère entre Barcelone et Gênes. Arrivé près de Diest, le nouveau vice-roi se croisa avec son prédécesseur et le quittait après une courte et froide entrevue, lorsqu'il rencontra M. le Prince aux portes de Louvain. Soutenant son rôle, cherchant à déguiser sa profonde misère sous un luxe

---

1. *Mémoires* du baron de Woerden.
2. Né en 1629, don Juan fut rappelé des Pays-Bas en 1659, après avoir perdu la bataille des Dunes. Devenu premier ministre sous le règne de Charles II (1677), il fit le mariage du roi avec Marie-Louise d'Orléans et mourut peu après (1679).

d'emprunt, Condé arrivait de Bruxelles avec « une suite fort leste de douze carrosses » et traita don Juan magnifiquement, comme un souverain qui en reçoit un autre (10 mai). Le vice-roi alla visiter Mme de Condé à Malines ; l'accord semblait parfait entre les deux princes, qui travaillaient activement à préparer la campagne. Mais ils furent devancés par l'armée ou plutôt par les armées françaises.

Celle de Turenne se rassemblait à Marle, celle de La Ferté à Rethel. Soit par crainte de jeter ce dernier dans le parti des mécontents, soit par un reste de défiance et pour ne pas trop grandir Turenne, le cauteleux Mazarin avait maintenu la division du commandement. Cette fois, La Ferté était malade, en sorte qu'au début de la campagne Turenne eut ses coudées franches ; mais son collègue le joignit plus tard, au moment le plus critique des opérations ; à peu près le même que jadis, moins jovial, plus lourd, toujours vaillant, brutal, court d'esprit et plus suffisant que jamais. *Turenne investit Valenciennes (15 juin).*

Après quelques mouvements préparatoires, ces deux armées, environ vingt-quatre mille hommes, s'étaient réunies sous la direction de Turenne, et, le 15 juin, le maréchal écrivait à Mazarin : « Ayant marché auprès de Tournai, j'ai trouvé un corps de quatre régimens et de mille chevaux campé sous la porte. J'ai aussitôt fait retourner la cavalerie et marcher toute la nuit ; de sorte qu'aujourd'hui on prend les postes autour de Valenciennes... C'est un fort grand siège. »

Turenne avait raison ; c'était un fort grand siège, et toute l'histoire militaire de Valenciennes a justifié cette opinion[1].

1. En 1677, Louis XIV entra dans Valenciennes douze jours après l'investissement, on ne peut pas dire après un siège de douze jours, car les opérations furent brusquement terminées par l'inspiration de Vauban, qui voulut s'emparer de l'ouvrage couronné en plein jour, et par l'audace des mousquetaires du Roi, qui transformèrent l'attaque d'un ouvrage ébranlé en un véritable assaut donné au corps de place intact. Notre illustre ingénieur compléta les défenses de cette belle conquête. Ces travaux terminés, il calculait que la place régulièrement assiégée et honorablement défendue pouvait fournir une résistance de six semaines. — Or, en 1793, attaquée par une armée de 150,000 hommes, dont 60,000 présents au corps de siège, avec 347 bouches à feu, — défendue par une garnison de 11,463 hommes, avec 172 pièces, — Valenciennes soutint un siège de trois mois et fut bombardée sans relâche par 75 batteries pendant quarante-trois jours et quarante-trois nuits. Lorsque la garnison sortit (1er août), elle était réduite à 4,597 hommes (dont 600 blessés laissés dans les hôpitaux), presque tous atteints de la gale ou du scorbut. Un grand nombre d'habitants avaient péri. Les autres sortaient de leurs souterrains, pâles, affamés, couverts de lèpres. — Il y avait eu quelques troubles, inévitables dans une ville aussi populeuse et où les divisions politiques étaient profondes. Malgré les récriminations auxquelles ces incidents ont donné lieu, la résistance fut glorieuse pour les habitants, les troupes et le gouverneur : — Ferrand de Lacaussade fit sa première campagne à douze ans comme lieutenant dans Normandie-infanterie. Capitaine et blessé à Clostercamp, il reçut la croix

L'Escaut, qui traverse la place du sud au nord, séparait en deux groupes les quartiers de l'armée française. Celui de Turenne, sur la rive droite, couvrait un terrain ondulé, coupé par un assez gros ruisseau, la Rhonelle; ses lignes s'appuyaient au fleuve, vers le nord près de l'abbaye de Sainte-Sauve, au sud à environ mille mètres en aval de Fontenelle, maison des filles de Citeaux; cette partie de la circonvallation mesurait près de deux lieues. Avec un moindre périmètre, les lignes de La Ferté s'étendaient sur la croupe accentuée qui domine Valenciennes à l'ouest et recouvre le gisement houiller auquel elle a donné son nom, le Mont-Anzin; à ses deux extrémités, la circonvallation de la rive gauche aboutissait aussi à l'Escaut. Ce quartier, bien concentré et en partie couvert par le massif forestier de Raismes, semblait moins menacé que celui de la rive droite. Turenne en jugea autrement : profitant de la disposition des lieux, il créa, sur un contrefort du Mont-Anzin qui s'étend jusqu'à la place, une sorte de réduit solidement retranché et palissadé; mais le maré-

de Saint-Louis en 1767. Major de place à Valenciennes en 1773, élu commandant de la garde nationale en 1792, nommé général de brigade en août 1792, et de division en mars 1793. Préfet de la Meuse-Inférieure en 1802. — Schérer reprit Valenciennes en 1794 après un mois de siège. — La place résista en 1815 aux attaques des alliés.

chal de La Ferté, ayant rejoint le 4 juillet, jugea la précaution superflue, sourit de la timidité de son collègue, et se hâta de faire raser cette seconde ligne. Déjà la ville était canonnée et la tranchée ouverte. Déjà aussi l'armée de secours avait pris position.

L'armée d'Espagne à Famars (1er juillet). La cense d'Urtebise. Incidents du siège.

Le 29 juin, des hautes tours de Valenciennes, on découvrit les colonnes en marche vers Haspres et Douchy, dans la direction de Bouchain. Le 30, don Juan écrivait de Thian[1] aux habitants de la bonne ville, et le lendemain son armée s'arrêtait à portée de canon des lignes de Turenne, entre Famars[2] et Préseau. Pendant la nuit, un gros détachement passa sur la rive gauche; le 2 juillet, à la pointe du jour, Condé, Caracena, le prince de Ligne, Marchin, reconnurent cette face des retranchements français, ce qui donna lieu à quelques escarmouches; puis ils repassèrent le fleuve, laissant un poste à la cense d'Urtebise.

Au sud-ouest de Valenciennes, isolé, au point culminant du plateau, un groupe de bâtiments ruraux formant un vaste rectangle, fermé de hautes et épaisses murailles, domine toute la contrée : c'est la cense d'Urtebise. C'est là que Louis XIV,

1. 9 kilomètres sud-ouest de Valenciennes, rive droite de l'Escaut.
2. 5 kilomètres 1/2 sud-est de Valenciennes.

à cheval, à la tête de ses troupes sous les armes, en face de Guillaume, s'arrêta, tint conseil, et finit par renoncer à l'espérance de la victoire, non par crainte du péril, mais pour ne pas exposer le Roi aux risques d'une défaite. — Quelle vue! et que de souvenirs! — Dans le fond, Valenciennes, cachée au milieu des arbres, et les prairies boisées, marécageuses de l'Escaut, large ruban vert qui se déroule jusqu'à Condé. Plus près, devant l'ouvrage couronné que les mousquetaires de 1677 enlevèrent avec une si incroyable audace, le monument élevé à la mémoire du général en chef Dampierre[1], tué en 1793, l'aïeul du vaillant officier qui, soixante-dix-sept ans plus tard, tomba sous les murs de Paris à la tête des mobiles de l'Aube! Et là-bas, à l'ouest, sous le nuage de fumée noire que vomissent des centaines de cheminées, ce rideau de Denain où Villars, saisissant avec un admirable à-propos l'erreur d'un grand capitaine, perça les lignes du prince Eugène et sauva la France épuisée!

Cette position d'Urtebise resta occupée quinze jours sans que l'armée de secours en fît usage pour

---

1. Picot, comte de Dampierre, était l'ami de mon père; en 1791 et pendant les premiers mois de 1792, leurs deux régiments de dragons formaient une brigade, qu'en vertu de son ancienneté Dampierre commandait comme colonel-brigadier.

appuyer aucune manœuvre. Le duc de Wurtemberg d'abord, puis Marchin, s'établirent assez loin, sur la rive gauche, au débouché des grands bois, gardant les routes de Douai et de Lille, observant le cours de l'Escaut inférieur. Mais don Juan et M. le Prince demeurèrent sur la rive droite dans leur camp de Famars[1]; devant leur front ils occupaient un mamelon assez élevé, le mont Hawie[2], qui commandait l'extrémité sud-ouest des lignes de Turenne et qui fut garni de canons. De son feu presque incessant, cette batterie incommodait le quartier des Lorrains, que leur défection récente, bien justifiée cependant, mettait en butte au ressentiment particulier des Espagnols. Les tentatives faites pour déloger cette artillerie restèrent sans résultat et ces escarmouches ne donnèrent lieu à aucun engagement sérieux. Du côté de la place, les sorties étaient fréquentes et bien soutenues. Cette défense énergique fait honneur au gouverneur, duc de Bournonville[3], aux troupes de ses lieutenants,

1. Bien connu de tous ceux qui ont étudié l'histoire des guerres de la Révolution.
2. Le mont Hawie ou mont Ouy figure, sans être nommé, sur la carte d'état-major, à environ 1,500 mètres nord-ouest de Famars.
3. Bournonville, grande famille des Pays-Bas, issue des comtes de Guines. — Alexandre, duc de Bournonville, frappé de disgrâce à la mort de l'infante Claire-Eugénie, passe (1634)

La Motterie et don Francisco de Menesses, aux compagnies bourgeoises et à toute la population. Signalons deux corps recrutés parmi les ouvriers : les « bigorniaux », habiles à manier leurs « bigornes » ou bâtons ferrés aux deux bouts, et les hommes des charbonnages (déjà exploités) qui, enfermés dans la ville, furent employés comme mineurs; leurs fourneaux, bien et rapidement poussés, étaient devenus la terreur des têtes de sape françaises.

Cette lutte semblait absorber l'attention de Turenne. On s'explique difficilement — et nous osons le répéter après Napoléon — qu'il n'ait rien entrepris pour se délivrer de l'étreinte de l'armée de secours. Ses troupes étaient supérieures en nombre et en qualité, ses retranchements faibles ; nul doute que Condé ne cherchât la revanche d'Arras; tout conseillait donc de prendre l'offensive. Mais le maréchal était-il assuré de trouver chez son collègue un concours intelligent? N'espérait-il

---

en France, où son second fils, Ambroise-François, continuant de servir, est créé duc et pair en 1652 et conserve son nom. Mais ce titre fut aussi porté par Alexandre-Hippolyte-Balthazar, comte de Hennin, fils aîné d'Alexandre. C'est celui qui défendit Valenciennes et qui, en 1674, fut battu par Turenne à Türckheim; mort en 1690, marié à Jeanne-Ernestine-Françoise, princesse d'Aremberg. — Il y avait donc, en 1656, deux ducs de Bournonville : l'un en France et l'autre aux Pays-Bas.

pas que l'ardeur de Condé serait paralysée par l'esprit formaliste et les procédés cérémonieux des Espagnols[1], ce qui donnerait le temps d'attendre la chute de Valenciennes sans risquer une bataille toujours incertaine en face d'un adversaire tel que Condé? L'inaction de l'armée extérieure semblait mieux justifiée. Maîtres de la campagne, tenus au courant de la situation de la place, les deux princes avaient tout avantage à laisser l'assiégeant, bloqué dans ses lignes, user ses forces et ses ressources, jusqu'au jour où la situation des assiégés commanderait un effort. Et cependant, par le jeu des écluses d'amont, ils troublaient l'ennemi, renversaient ses travaux, tout en formant à Bouchain un amas d'eau qui, lâché à l'heure dite, coupera comme un torrent l'armée française en deux tronçons.

Le « secours de Valenciennes » (15-16 juillet). L'armée de La Ferté détruite. — Le premier symptôme du réveil de l'armée de secours fut le départ du bagage expédié sur les derrières. Enfin, dans la nuit du 15 au 16, don Juan, M. le Prince et leurs troupes traversèrent l'Escaut sur onze ponts un peu en deçà de Denain. Le passage commença vers dix heures du soir. Un petit feu allumé derrière la cense d'Urtebise, et caché à l'ennemi par le relief de l'édifice et du terrain, servait de point de direction. Le canon du

---

1. Nous essayons de traduire ici deux mots essentiellement espagnols : *formalidad* et *ponderacion*.

mont Hawie tirait par intervalles, pour couvrir le bruit, en attirant l'attention des gens de Turenne; d'ailleurs un grand silence fut observé dans les colonnes. Le mont Hawie s'était tu à son tour lorsque, à une heure et demie du matin, trois coups tirés par ses plus grosses pièces donnent le signal de l'attaque. L'armée du roi catholique a terminé son déploiement et s'apprête à escalader les retranchements. De nombreux pots à feu s'allument, éclairent la scène. En tête marchent les enfants perdus et les grenadiers, prêts à lancer ce projectile de main, précurseur de l'obus. L'infanterie les suit en ordre de bataille. Derrière les combattants, les travailleurs sont rangés, prêts à raser les lignes pour ouvrir passage à la cavalerie. Aux premiers coups de feu, tous s'avancent à la fois : don Juan, Caracena et les gens de pied d'Espagne à droite, le long de l'Escaut; puis les Wallons du prince de Ligne, donnant la main à Condé, qui tient le centre sur la hauteur, du côté de Saint-Amand. Marchin, venant d'une autre direction et chargé de la fausse attaque, à la gauche, vers Beuverage, rencontra moins de difficultés matérielles que ses camarades et s'engagea avant eux; mais il fut rudement abordé et deux fois repoussé par les Gardes suisses. Au centre, l'obstacle était plus redoutable et l'action devait être décisive.

De l'armée française, « Piémont » est le premier sur pied, culbute les enfants perdus, repousse « Persan ». Il est enveloppé ; les gendarmes le soutiennent. — A Rocroy, le duc d'Anguien avait rallié ce vaillant régiment autour du drapeau de Jean de Médicis. Hélas ! c'est Condé qui aujourd'hui charge, enfonce les « bandes noires », dispute aux gendarmes l'étendard qu'ils portaient à Lens ! — La Ferté a rassemblé plusieurs escadrons ; il vient aux mains avec sa vaillance, son étourderie ordinaires, et se heurte dans l'ombre à la cavalerie de Condé. Cette fois il fut non seulement battu, mais blessé et pris. La débâcle devient alors complète et marche comme la foudre. Les trois attaques formaient une ligne d'échelons obliques devant lesquels tourbillonnent, défilent les fuyards. Ceux-ci, après avoir cherché à traverser la rivière au-dessus de la place, refluent vers la route de Condé ; d'un côté, l'inondation a enlevé les ponts, les barrages ; de l'autre, Marchin, qui a enfin pu pénétrer dans les lignes, barre la chaussée. A la faveur des ténèbres, deux à trois mille hommes, sans armes, demi-nus, purent gagner la petite place de Condé. Tout le reste de l'armée de La Ferté fut tué ou pris. C'était la revanche d'Arras [1].

---

[1]. Le soir même, M. le Prince visita La Ferté sur son lit

Marchant avec l'échelon de droite, qui avait rasé le pied des murailles et trouvé peu de résistance, don Juan était entré avant l'aube à Valenciennes. M. le Prince, arrivant entre cinq et six heures du matin sur la place du Grand-Marché, comptait bien n'y plus trouver le vice-roi ; mais don Juan, retenu par les félicitations, la foule, le vin d'honneur, le *Te Deum*, la garde bourgeoise, n'avait pas poussé jusqu'au camp de Turenne et

et lui fit force compliments, assaisonnés de sarcasmes à l'adresse de Turenne : « S'il n'écoutait que son cœur, il aurait aussitôt remis le maréchal en liberté ; mais l'état de ses affaires ne lui permettait pas de négliger cette occasion de tirer quelque argent du cardinal Mazarin. » La Ferté, rétabli, eut la permission d'aller à Paris sur parole ; puis il dut passer de tristes jours à Rocroy, sous la garde de Montal, jusqu'à l'arrivée des 80,000 livres exigées pour sa rançon (décembre 1656. A. C.). — De son armée, trois à quatre mille soldats et quelques centaines d'officiers étaient prisonniers comme lui ; parmi ceux-ci, plusieurs officiers généraux, Gadagne, Puységur...; nombreux trophées enlevés ou ramassés. — M. le Prince avait perdu un de ses lieutenants-généraux, Saint-Ibal, cet infatigable conspirateur dont nous avons déjà parlé, à certains moments ennemi acharné de Condé, et naturellement devenu aujourd'hui une des colonnes de son parti. Presque tous les capitaines « de Persan » étaient tués, Marchin grièvement blessé. — Le musée d'Anvers possède un curieux tableau de Téniers, qui représente *le Secours de Valenciennes,* avec les portraits de don Juan, de M. le Prince et de leurs principaux lieutenants. Ce tableau-plan, qui rappelle la disposition des toiles de la galerie de Chantilly, confirme les dépêches et relations contemporaines qui nous ont fourni les éléments de notre récit.

s'était borné à faire sortir six petits escadrons des « bandes d'ordonnance » qui lui servaient d'escorte. Sans s'arrêter, Condé court sur leurs traces ; à peine hors des murs, il rencontre les restes de cette troupe rapportant le corps de son vaillant chef, un Mérode, le marquis de Treslon [1]. Le camp est vide, jonché de débris, de voitures, de canons abandonnés. Plus loin les chevau-légers du maréchal, déjà hors d'atteinte, couvrent la retraite de l'infanterie, qui marche en ordre de bataille dans la direction du Quesnoy.

<small>Retraite de Turenne.
Il prend position sous le Quesnoy.</small>
Deux ans plus tôt, devant Arras, Condé avait pu secourir ses alliés espagnols surpris et séparés de lui par la Scarpe. Sous les murs de Valenciennes, dans des circonstances analogues, Turenne ne put sauver La Ferté. Dès le début du siège, il cherchait à mettre son collègue à couvert en créant sur le Mont-Anzin ce réduit si imprudemment démoli ; il ne l'a pas abandonné cette nuit. Aux premiers coups de feu, les deux régiments les plus rapprochés traversaient le fleuve qui déborde ; mais les

---

1. Les *Relations véritables* portent le marquis de Treslon sur la liste des blessés. Dans son récit du siège de Valenciennes (récemment publié avec d'excellentes notes par M. Maurice Hénault), Simon Le Boucq dit que le marquis mourut presque aussitôt de ses blessures. Albert de Mérode, marquis de Treslon, mourut, le 4 août. Il était capitaine en chef des gardes espagnoles à Bruxelles, et grand veneur héréditaire en Flandre.

eaux montent : ceux qui essayent de les franchir sont submergés ; toute communication devient impossible, et la défaite de La Ferté est aussi rapide que les progrès de l'inondation. Le désastre est irréparable ; la moitié de l'armée est perdue ; si le maréchal hésite, tout disparaîtra dans le gouffre ; le devoir est de sauver ce qui reste.

En mainte rencontre Turenne avait déjà donné de grandes marques de fermeté dans les revers, de sang-froid et de jugement dans les circonstances difficiles ; son habileté à conduire les troupes était connue, admirée, et on pouvait suivre la marche ascendante de son génie stratégique. Jamais encore la puissance de sa pensée n'avait conduit sa prudence au degré d'audace où nous allons le voir arriver ; il va atteindre la dernière limite de ce qu'un chef peut obtenir de ses soldats ; la profondeur, la pénétration de son esprit se dévoilent ; on devine l'homme qui conduira les immortelles campagnes de 1673 et 1674, qui, à Türckheim, attaquera une heure avant le coucher du soleil pour ne pas laisser à un ennemi trois fois plus nombreux le temps de se relever d'un coup sûrement préparé et inopinément frappé ; — qui, à Salzbach, sera tué au moment où il se place le dos à l'Empire, la face à la France, pour forcer Montecuccoli à lui céder la vallée du Rhin !

En ce jour, 16 juillet 1656, après avoir tiré son infanterie et sa cavalerie des lignes, — où il abandonne son artillerie et ses équipages, tout, hors les hommes et les chevaux, — Turenne traverse la plaine au pas, en grand ordre, et s'arrête à trois lieues et demie, appuyé à la place du Quesnoy. La position est belle ; mais pas un outil pour la retrancher, pas un canon à mettre en batterie (hors trois ou quatre pièces légères), rien que les armes, la poudre et les balles portées par les fantassins ou cavaliers. La petite forteresse n'offre que de bien minces ressources[1] et il ne faut pas les épuiser ; l'armée est réduite de moitié, les courages sont abattus; sans doute la marche continuera le lendemain, le soir même, sur Landrecies et les frontières de France; cela semble inévitable. Mais quelle alarme, quel trouble causerait cette retraite! Quelles en seraient les conséquences! M. le Prince rentrant en France vainqueur à la poursuite de Turenne vaincu, c'est la faction ranimée, le soulèvement de mainte province, le renversement de l'État! Aucun moment n'a été plus critique[2]. Turenne le comprend ; son parti est pris,

---

1. Le gouverneur, Beauvau, écrivait à Mazarin, le 24 juillet, qu'il manquait de canon et de fourrages (A. E.).
2. L'Europe avait les yeux fixés sur Valenciennes : « Ce siège est considéré comme une crise dans les affaires

et pour le marquer il arrête au passage quelques chariots revenant à l'aventure, fait déposer le bagage, dresser des tentes. Avec cette poignée d'hommes abattus, à peine armés, mal munis, il fera ferme en face de troupes nombreuses, enflées de leur victoire. Par sa contenance, il retiendra les siens, arrêtera l'ennemi.

Deux jours s'écoulent dans l'attente. Don Juan a voulu jouir de son triomphe, laisser à ses soldats le temps de recueillir le butin. Le 18 juin, l'armée du roi catholique s'approche du Quesnoy. L'infanterie de France se met sous les armes; les chevaux sont sellés; mais les charges restent à terre, les cavaliers à pied, les voitures dételées, les tentes dressées; nul préparatif, nul indice de départ. Un chevau-léger ayant essayé de charger son cheval, Turenne court sur lui le pistolet haut;

Les armées en présence (18, 19). Le 20, les alliés lâchent prise.

publiques, qui doit finir la guerre ou la rendre éternelle, affermir la fortune du cardinal Mazarin, ou rassembler des quatre coins de l'Europe les forces et les mains des hommes pour le jeter à terre », écrivait Marigny à M. le Prince, de Florence, le 5 août; et quelques jours plus tard (19), à la nouvelle du secours : « M. le cardinal de Retz a quitté cette ville pour s'approcher de Paris, afin d'estre en estat de profiter des occasions qu'il espère du succès de vos armes » (A. C.). — Sur le point de s'unir à la France, Cromwell faillit rompre : « M. le protecteur a esté affligé extrêmement de la victoire de Valenciennes; cela a rompu le dessein que la France avoit d'assiéger Dunkerque par terre et M. le protecteur par mer. » (Barrière à M. le Prince. A. C.)

si l'homme ne s'était jeté à terre, il était tué. Personne ne bouge; tous ont le cœur serré par l'anxiété. — Le maréchal détache quelques escadrons pour disputer le passage des ruisseaux qui sont devant le front. L'avant-garde des ennemis s'arrête comme surprise, leurs généraux s'avancent pour reconnaître, admirent cette armée immobile; la position semble forte; que cache cette attitude résolue? un piège? une manœuvre? un renfort? — Le soir arrive; la bataille sera sans doute pour le lendemain; mais la journée du 19 se passe; on tient conseil autour de don Juan, et la nuit surprend encore Français et Espagnols campés en présence.

Le 20, à la pointe du jour, les tambours du roi catholique battent aux champs; toute son armée se met en marche par sa droite; Turenne crut un moment qu'il allait être tourné, mais l'ennemi change de direction et s'éloigne. Ce spectacle avait quelque chose de si étrange que les témoins, les acteurs n'en pouvaient croire leurs yeux: « Serait-il vrai, dit Bussy dans ses *Mémoires*, que M. le Prince, par un reste d'amitié pour sa patrie compatible avec son honneur, eût donné les mains à cet excès de prudence des Espagnols! » Oui, M. le Prince avait souvent des accès de repentir, des retours de tendresse pour sa patrie, mais non sous cette forme ni dans de tels moments. Oui, les mouvements de son cœur étaient parfois plus forts que les sophismes dont sa raison cherchait à se bercer : lorsqu'on lui présenta un étendard enlevé au régiment du Roi, il fut fort ému et le renvoya aussitôt, « pour marquer le profond respect que j'ay toujours pour la personne du Roy[1] » ; mais une fois en présence, il ne voyait plus que des ennemis à vaincre. L'attitude de Turenne ne lui faisait pas illusion, et il avait sollicité, pressé don Juan d'engager le combat. Quand il dut renoncer à triompher de l'indécision du vice-roi, il proposa et fit adopter l'attaque de la petite place qui portait son nom, moins pour s'emparer de cette forteresse et de ses écluses que pour y enfermer, y paralyser ceux qui s'y étaient jetés après la surprise du 16 et enlever à Turenne un renfort de trois à quatre mille hommes. Cet aveu d'impuissance et ce départ, quel qu'en fût l'objet, valaient une victoire pour la France.

Mazarin ne semble pas avoir compris la grandeur de la conduite de Turenne, l'importance du

Prise de Condé par les alliés, de la Capelle par Turenne.

---

[1]. M. le Prince au marquis de Montpezat, mestre-de-camp du régiment du Roi, 30 août 1655. A. C. — Cet étendard avait été pris dans un fourrage. Le jeune roi refusa de l'accepter, « ayant bien assez des trophées recueillis par ses troupes sur le champ de bataille ». C'est bien déjà Louis XIV qui parle.

service rendu au Roi. Il pressait le maréchal d'agir, lui demandait un effort dont l'armée était incapable, exigeant qu'on secourût la place assiégée; et Turenne s'excusait de ne pas obéir, sans aigreur, mais avec fermeté, sincérité, et un certain chagrin : « Si je comptois sur cette armée comme n'ayant pas esté devant Valenciennes, — je dis ce qu'il y en a ensemble, — je prendrois assurément un mauvais fondement; je croy que Vostre Éminence sçait bien que je ne crains pas plus qu'un autre de me mettre dans une affaire ; mais quand je croy voir qu'il n'y a pas apparence qu'il en arrive du bien, et qu'il peut aisément en arriver de grands maux, je suis persuadé qu'Elle trouve bon qu'on ne s'y engage pas[1]. » Il avait mieux fait « que de s'engager dans une affaire » ; il avait sauvé son armée, et, au moment même où le ministre semblait gourmander son insouciance, il prolongeait la résistance de Condé par un ravitaillement des plus hardis. « Il n'y a guère au monde que le maréchal de Turenne, qui, en présence des ennemis beaucoup plus forts que lui, fît un détachement aussi considérable. Il faut bien posséder la guerre pour en user ainsi, et ce sont là des coups de maître[2]. » Puis il s'enfonce en

1. 31 juillet. A. E.
2. *Mémoires* de Bussy.

Artois et menace Saint-Venant sur la Lys. Il gagne ainsi du temps pour recevoir du renfort, tient les ennemis troublés, incertains sur ses projets, les attire au milieu des places françaises; là peut-être la fortune lui offrira la chance d'un combat avantageux. Du Passage venait de rendre la place de Condé après une bonne défense (17 août); la capitulation sauvait ses troupes, mais lui imposait une promenade dans le Luxembourg qui devait le tenir longtemps éloigné de l'armée. C'est tout ce que désirait M. le Prince. Il entraîne aussitôt les Espagnols sur les traces de Turenne.

Pour suivre les deux capitaines, il faudrait tomber dans les redites, refaire le tableau que nous avons déjà tracé. Devant Lens, Turenne se dégage par une manœuvre habile et refuse un combat qui s'annonce dans de mauvaises conditions. Près d'Houdain, serré par Condé, il n'a que le temps de saisir une position au vol, mais s'y retranche lentement, « en maintenant ses troupes dans le calme ». Une autre fois, le maréchal « eût bien poussé l'arrière-garde des alliés, si M. le Prince n'eût tracé sur notre flanc gauche un mouvement offensif qui donna jalousie ». Ainsi, en mainte occasion, les antagonistes se retrouvent, et, malgré l'aigreur de leur différend, se respectent et se reconnaissent toujours. Ah! si les deux capitaines, délivrés de toute entrave, avaient toujours été libres d'attaquer, parer, riposter à leur guise, quel intérêt nouveau s'ajouterait à l'étude de cette guerre qui a fixé l'attention de Napoléon, qu'il n'a pas dédaigné de raconter et de critiquer!

Les Espagnols, renonçant à tenir la campagne et entraînant M. le Prince comme toujours, remontent en Hainaut pour reprendre Saint-Ghislain aux Français. Le cardinal recommence ses instances auprès de Turenne; mais celui-ci ne s'en trouble pas : « Condé et Saint-Ghislain sont situés de façon qu'on ne peut les conserver après avoir manqué Valenciennes. Condé est pris; on ne pourra sauver Saint-Ghislain. » La fortune fut moins favorable aux alliés que Turenne ne le pensait. Il suit son dessein: une de ces marches rapides et bien ordonnées dont il avait le secret l'amène sous les murs de la Capelle; la place n'est pas grande, mais elle a un certain prestige; ce sont les gens de M. le Prince qui l'occupent[1], et Turenne veut

1. Au moment où il sauvait l'armée d'Espagne devant Arras, M. le Prince perdait les dernières places de son domaine, Clermont et Stenay. En compensation, le roi catholique lui offrit la Capelle et le Catelet (octobre 1654). M. le Prince hésita : le présent était onéreux, les petites places difficiles à garder, mais précieuses comme gages pour les négociations. Moyennant certains arrangements pour l'entretien des garnisons, Condé accepta, mit Chérisy au Catelet et Chamilly dans la Capelle. La Capelle fut perdue au bout de deux ans;

un succès. Déjà renforcé en hommes et remonté en chevaux, il donne à du Passage le temps de lui amener la grosse garnison sortie de Condé, recouvrant ainsi l'égalité numérique. Il a surtout rendu la confiance, relevé les courages, retourné les rôles, et son ton n'est plus le même : « L'armée est bien disposée pour une attaque générale, au cas que l'ennemi veuille donner aux lignes », écrit-il à Mazarin le 24 septembre[1]. Ces « bonnes dispositions » ne furent pas mises à l'épreuve. L'armée d'Espagne, sans solde, sans vivres, ruinée par la désertion, dut lever le blocus de Saint-Ghislain et n'approcha de la Capelle que pour y voir entrer les troupes françaises. Puis elle disparut, rentrant dans ses quartiers d'hiver. Qui eût dit, deux mois plus tôt, que la campagne se terminerait ainsi ?

Il tardait à don Juan de relever le prestige des armes de son roi. Dès les premiers jours de l'année 1657, il reprenait, sous l'inspiration de Condé, l'entreprise manquée vers la fin de l'année précédente, et rouvrait la campagne par l'attaque de Saint-Ghislain, dont il se rendit maître le 7 mars. Mais cet effort l'épuise ; tout semble permis à l'ar-

Turenne perd Saint-Ghislain (7 mars 1657) et investit Cambrai. M. le Prince à Bouchain (29 mai).

mais le Catelet resta à M. le Prince jusqu'à la paix, ainsi que Rocroy (Montal) et Linchamp (Du Mont).

1. A. E.

mée française. Un traité conclu entre le roi très chrétien et la république d'Angleterre paraît devoir appeler la guerre dans la Flandre maritime. Les ressources de l'Espagne s'accumulent dans cette région; ailleurs les places sont dégarnies. Les premiers mouvements de Turenne répondent à ces dispositions. Il se dirige vers la mer; déjà il est près de Montreuil, lorsque, tournant brusquement et marchant jour et nuit, il investit soudain Cambrai.

Rien ne manque aux fortifications de cette place; l'Escaut arrose les fossés; à l'est, sur le mont des Bœufs, une vaste citadelle, aux défenses compliquées, exerce au loin son commandement. L'archevêque est prince de l'Empire, et cette dignité a toujours été l'objet de mainte convoitise; Mazarin ne l'a jamais perdue de vue. La ville, grande, industrieuse, abonde en ressources de tout genre; là s'organisent les bandes qui vont brûler des hameaux, rançonner ou piller des villes tout le long de notre frontière. L'occasion semble favorable : les dernières mesures prises par don Juan ont réduit la garnison à un chiffre misérable; Turenne se croit assuré d'un prompt succès. Nul coup ne pourrait atteindre plus directement le gouvernement des Pays-Bas.

Resté d'abord près de Saint-Ghislain pour veiller sur la conquête que l'Espagne lui devait et pour refaire sa cavalerie, constant objet de ses soins, M. le Prince s'acheminait tristement, avec ses quatre mille cinq cents chevaux, vers le rendez-vous donné à l'armée active, bien réduite. Il entrait à Boussu (29 mai), lorsqu'un message de Druhot, gouverneur de Bouchain, lui apprit l'investissement de Cambrai. Aussitôt on sonne à cheval, et toute cette cavalerie repart, traverse Valenciennes et, d'une traite, arrive le soir même à Bouchain. Là, M. le Prince questionne, s'éclaire ; les renseignements du gouverneur sont précis : Turenne est établi devant la place investie avec sa cavalerie, face à Bouchain ; son canon le rejoint ; tout autour des murailles, l'infanterie remue de la terre ; après-demain, demain peut-être, l'assaillant sera logé sur la contrescarpe ; Cambrai est perdu ! Cependant, avec une grande diligence, beaucoup d'audace, on pourrait tenter le secours ; mais c'est une opération bien hasardeuse, pleine de risques, « auxquels Son Altesse Sérénissime ne saurait s'exposer. — Non, Son Altesse Sérénissime ne s'exposera pas, répond M. le Prince en goguenardant ; mais avant vingt-quatre heures, M. le gouverneur de Bouchain apprendra que M. le Prince a perdu un grand combat ou que Cambrai est secouru. Allons ! il me faut un bon guide. »

Tandis qu'on cherche le guide et que les chevaux soufflent, M. le Prince, avec Druhot et deux ou trois officiers, pousse une pointe dans la direction de Cambrai, reconnaît les postes ennemis et rentre après s'être assuré de l'exactitude des rapports qu'il a reçus.

Au confluent de la Sensée et de l'Escaut, la petite place de Bouchain tient la clef des écluses, et, pour le maniement des inondations, joue au-dessus de Valenciennes le même rôle que Condé au-dessous. Cambrai est à quatre lieues en amont. La grande route, couronnant un coteau de faible relief, suit la rive droite de l'Escaut, à douze cents mètres (en moyenne) du lit de la rivière ; près de Cambrai, en face de Pont-d'Aire, l'écart est réduit à six cents mètres. Toute cette zone comprise entre la rivière et la route est marécageuse, semée de bouquets de bois, coupée par de petites chaussées. C'est au travers de ce fouillis de broussailles et de flaques d'eau, par les sentiers et les passerelles, que Condé comptait mener sa cavalerie jusqu'aux murs de Cambrai.

Fait d'armes du 30 mai. La cavalerie de M. le Prince traverse l'armée de Turenne et dégage Cambrai.

Son guide était un prêtre nommé Guérin, grand chasseur habitué à chercher le gibier d'eau parmi les mares, les bosquets ; il connaissait tous les passages ; mais la nuit était noire. Au plus touffu, à trois ou quatre mille toises de Cambrai, il s'égare, et son hésitation jette quelque trouble dans la colonne; on se dégage avec peine des ronces et des trous. M. le Prince fait appuyer à gauche, trouve, le long de la grande route, un terrain ferme où il reforme sa cavalerie en quatre échelons : 1. Boutteville; 2. Condé; 3. Coligny-Saligny; 4. Persan. Il était décidé à ne plus rentrer dans les fourrés et les marais.

Songeait-il seulement à sortir du dédale où l'avait engagé son guide? ou plutôt n'avait-il pas, par une inspiration soudaine, pénétré la pensée de son adversaire et résolu de la déjouer? Ne s'était-il pas dit : « Le maréchal m'attend; il me connaît trop bien pour croire que je viendrai par la grande route; c'est dans la vallée marécageuse qu'il est posté pour me recevoir débouchant par les sentiers, au milieu des fondrières? » Et c'était bien cela.

A douze cents toises de Cambrai, la grande route était gardée par deux régiments, « Clérembault » et « Mazarin ». Au premier « Qui vive? » des vedettes françaises, M. le Prince fait charger sans répondre; défense de riposter aux coups de feu, défense de s'arrêter pour ramasser un prisonnier, secourir un blessé. — Condé faillit être victime de la consigne : au moment du choc, pris corps à corps par un capitaine de « Clérembault », il ne fut assisté de personne et se défit à grand'peine de son adversaire. — La masse a tout renversé, et les quatre brigades continuent leur course rapide; M. le Prince les conduit. En approchant de Cambrai, il appuie encore à gauche; le profil des ouvrages qui couronnent le mont des Bœufs, se dessinant sur un ciel moins sombre, indique la direction; il évite ainsi de donner en plein dans l'infanterie de Turenne, mais n'en essuie pas moins une fusillade assez vive. Enfin il s'arrête à la palissade, au pied des hauts talus de la citadelle, devant la porte Neuve, qui donne accès dans la place, mais qui restait fermée; ce fut un instant critique. Le gouverneur Salazar, accouru au bruit et craignant une surprise, s'apprêtait à la repousser énergiquement. Qu'on juge de sa joie quand il reconnut M. le Prince, avec quel empressement il ouvrit ses barrières, et comme il accueillit cette brave troupe qui arrivait presque entière, ayant laissé sur le chemin et dans les lignes françaises trois cents hommes tués, blessés ou démontés. Deux heures du matin sonnaient (30 mai).

Turenne avait bien entendu les coups de pistolet et le mouvement des chevaux du côté de la grande route; mais le bruit cessant, comme on entendait d'autres chevaux qui suivaient la rive gauche (un petit corps conduit par Druhot, « la fausse attaque »), et comme le tumulte de la cavalerie cherchant un passage dans les fourrés avait frappé son oreille, il pensa que les colonnes de droite et de gauche n'étaient que des ailes volantes, et que M. le Prince cheminait avec son gros au travers des marais. Les premiers rapports reçus des régiments bousculés ne le détrompent pas ; il persiste à croire qu'il n'est passé qu'un détachement de peu d'importance et continue d'attendre. Quand il se décide à rallier son monde et à regagner son camp, le jour allait paraître, et le maréchal découvre quatre mille chevaux en bataille sur les glacis et le chemin couvert, au pied de la citadelle de Cambrai. Il ne demanda pas le nom de « celui qui était là », donna aussitôt l'ordre de charger le bagage, d'atteler les pièces, commença sa retraite et ne s'arrêta qu'à Saint-Quentin.

Le secours de Cambrai, entrepris avec audace, dans les circonstances les moins favorables, exécuté avec précision et un succès complet, déconcertait les plans de Turenne, rejeté en Picardie. L'impression sur l'esprit des peuples fut considérable ; tout le pays wallon tressaillit de joie, retentit d'acclamations en l'honneur de Condé. Une médaille fut frappée à l'image de Notre-Dame-de-Grâce, objet de la vénération du Cambrésis ; au revers, la figure de la ville, avec cet exergue : *Condeo liberante.*

<small>Fin de la campagne de 1657. L'agonie militaire.</small>

Mais ce ne fut qu'un répit. On laissa à Turenne le temps de se recueillir, de reprendre ses combinaisons de marches et d'opérations : manœuvrant tout le long du front de bataille, il prit Montmédy en Luxembourg, et Saint-Venant en Artois. M. le Prince avait beau pénétrer les desseins du maréchal, don Juan laissait toujours passer le moment d'exécuter les projets de Condé. Rien ne put arracher les généraux espagnols à leur solennité, secouer leur torpeur. Pour donner signe de vie, pour ranimer les courages qui s'éteignent, Condé et ses lieutenants sont réduits à d'obscures et périlleuses entreprises, aux plus médiocres emplois : convoyer, ravitailler, piller des magasins, enlever ou saccager des récoltes, lever des contributions. Dans une de ces courses, Montal soutint, contre Grandpré, un combat inégal, et rentra dans Rocroy couvert de gloire, mais si maltraité que M. le Prince, le croyant anéanti, avait déjà pourvu à son remplacement [1]. Un coup de main sur Calais, où l'on serait entré à marée basse, comme jadis le duc de Guise, échoua pour deux heures de retard. Boutteville, plus heureux, eut la chance de

---

1. Montal à M. le Prince, 5 septembre 1657. — M. le Prince à Guitaut, 16 septembre. A. C.

réussir dans une attaque de convoi, qu'il transforma en brillant combat. Ce fut le chant du cygne. Vers la fin de l'année 1657, Turenne fait jonction avec l'Anglais; la prise de Mardick sera le préliminaire de l'attaque de Dunkerque. L'agonie militaire du prince rebelle commence; à l'an prochain le coup de grâce!

———

Hannibal dans le Brutium, Condé aux Pays-Bas : quel parallèle pour un Plutarque!

Le fils de Barca défiant toutes les forces de Rome et restant quatorze ans au fond de l'Italie, oublié par Carthage; — Louis de Bourbon, sans argent, sans États, soulevant l'apathie des vice-rois, et fournissant six campagnes entre la Marne et l'Escaut : — le premier commandant une grande armée victorieuse devant l'ennemi qu'il a toujours battu; le second, avec sa poignée de Français, à côté d'adversaires de la veille, en face des troupes et des généraux qu'il avait l'habitude de conduire à la victoire!

Que ne peut-on oublier la cause, l'injuste cause, pour ne considérer que le caractère et l'art!

Le tableau de Chantilly a raison; il faudrait

déchirer ces pages de l'histoire du héros, crier à la renommée : *Sileat!* et lui arracher sa trompette.

Mais le regard reste attiré par cette liste de combats soutenus, de villes gagnées ou dégagées, de revers atténués par la vaillance et le génie d'un seul homme.

FIN DU SIXIÈME VOLUME.

PIÈCES
ET
DOCUMENTS INÉDITS

LIVRE VI, CHAPITRE PREMIER.

LES PRINCES EN PRISON.

DE BAR A MAZARIN.

Vincennes, 25 janvier 1650.

Monseigneur le Prince désire que je sache sy on luy veut permètre de donner par procurasion pouvoir à quelqun d'agyr en ses affaires; et luy demandant le nom de seluy qu'il veut choysyr, il me respond qu'il me le dira après la permission; ce diférement ne peut venyr que de l'ospinion qu'on arestera la personne en laquelle il aura tesmoigné prandre une confience particulière. Il désire encore pour confesseur le père Bouché, jésuite, le jour de la Chandeleure, Monseigneur de Conty le père Talon, jésuite, Monsieur de Longueville le père François, cordelier au grand Couvant. Mr Perrault veut ausy donner une procurasion à Mr Serrar son beau-frère... Vostre Esminence me fera resevoir dens ses heures de loysyr des instructions pour randre ma conduite agréable. Monseigneur le Prince m'a forsé à luy dire que ses pensées à chercher sa liberté par autre voye que les ordres du Roy n'estoyent pas son mieux, que j'estois homme à préférer ma gloyre et mon honneur dans une extrémité à toutes autres considérasions.

Monseigneur de Conty demende toujours Mr Guénau, médecin, ou Mr Dupré sy le premier est malade. A. E.

LE TELLIER A MAZARIN.

Paris, 13 février 1650.

Mr le Coadjuteur est allé ce matin trouver S. A. R. pour luy faire voir un billet qu'un prebtre luy avoit donné, qui portoit que l'on debvoit tenter aujourd'huy après midy de faire esvader les Princes, qu'on avoit gaigné la garnison du château, qui debvoit se saisir de Mr de Bar estant à vespres, puis aller attaquer le Donjon, dont elle se promettoit de forcer les portes; qu'il debvoit y avoir de la cavalerie au dehors pour recevoir les Princes à leur sortie et les emmener. S. A. R. a aussitost envoyé cet advis à Mr de Bar par diverses personnes qui y sont allées à divers temps. L'on a fait battre l'estrade à l'entour du château, sans qu'il s'y soit trouvé un seul cavalier; l'on a mesme esté dans tous les villages circonvoisins, où l'on a apris qu'il ne s'estoit fait aucune assemblée.

Sur le soir est venu un autre advis qu'on prétend estre plus asseuré que le premier; il porte que plusieurs sergents et soldats ont esté effectivement gaignés jusques au nombre de quarante, qu'ils ont des ferremens par lesquels ils prétendent s'introduire assez facilement dans le Donjon, et qu'ils se sont engagés à cette entreprise sur la promesse qu'a fait Madame la Princesse de donner quatre cens mil livres à ceux qui procureroyent la liberté à Mrs ses fils et gendre. J'ay eu commandement de S. A. R. d'en donner part à Mr de Bar et de luy mander qu'il ne s'en ouvre point, parceque ce seroit oster le moyen d'en descouvrir la vérité, laquelle on se promet de tirer, mais bien d'observer soigneusement la garnison, de voir si l'on ne trouveroit point ces ferremens, et, comme en cas que cela soit, la chose ne peut avoir esté tramée qu'avec des sergents ou soldats de la garnison, d'observer et faire suivre ceux qui vont et viennent à Paris; qu'on croit qu'il ne doibt point sortir du Donjon; qu'en faisant boucher de bon moillon les fenestres qui sont si basses qu'un homme y peut toucher de la main, et tenant les trois portes bien fermées, il n'y aura rien à craindre; et que, quand il viendroit à estre attaqué par la garnison du dehors, il pourroit estre secouru assez à temps; qu'il seroit à propos qu'il essayât de diminuer le nombre des gardes du corps employés dans le Donjon pour y mettre en leur place des personnes fidelles et asseurées. Ce dernier avis vient de bon lieu, estant donné par des personnes qui n'ont nulle adversion pour les prisonniers, mais qui ont cru s'en debvoir descouvrir par l'apréhention qu'ils ont du malheur qui arriveroit au royaume s'ils estoyent en liberté. On croit qu'il y a des gens de condition qui négocient cette affaire avec quelques sergents ou caporaux de la garnison. Je ne doibs pas vous céler que Mr de Rohan et Mr de Saint-Aoust en sont soubçonnés, sans que j'en aye aucune autre cognoissance que par le raport qui m'en a esté fait. On fait grande réflexion sur ce qu'en ce mesme temps là Messrs de St-Simon sont partis de Paris pour se retirer en leurs maisons, ayant pris la peine de passer chez moy pour m'en advertir, et le duc m'a adjousté qu'il estoit bien ayse de se retirer afin de n'estre point meslé dans les choses qui se pourroyent passer.   A. E.

MADAME LA PRINCESSE A CHANTILLY. SA FUITE.

BOURDELOT A LAVOCAT.

Chantilly, 1er mars 1650.

M. Lenet de Bourgogne arriva hier au soir icy; Madame en a receu une fort grande consolation. Mme de Chastillon, Mlle de La Berge d'un costé, Madame la Princesse la fille et Mme de Gouville de l'autre, sont dans les remèdes affin d'avoir quelque occupation à Chantilly, qui est le lieu du monde où l'on a le moins d'affaires. Hier Mme d'Aiguillon envoya complimenter Madame la Princesse la fille, ce qui nous surprit beaucoup. Madame a receu de grands complimens de Mr du Vigean et de Mme de Richelieu, qui n'ont pas moins surpris après ce qui s'est passé. Nous avons icy un Capucin qui fait des prédications admirables. Je feray mon carnaval avec Mr de la Hode, qui ne fait ses débauches qu'avec de l'eau béniste.

A. C.

DU VOULDY A LE TELLIER.

Chantilly, 17 avril 1650.

Je né sçay pas si c'est Madame la princesse de Condé que j'ay veue ce matin dans sa chambre au retour de la messe, où elle estoit allée par la tribune à cause de son indisposition qui ne luy permet pas de sortir, ou bien si c'est une personne qui luy ressemble que l'on suppose en sa place; j'ay tousjours creu que c'estoit elle mesme, tous ses officiers estant icy, qui la servent tous les jours dans son cabinet, où ses femmes et filles viennent prendre la viande pour la porter à Madame dans son lit, qu'elle n'a point quitté qu'aujourd'huy pour entendre la messe depuis que je suis arrivé. Mʳ Hénault, médecin, qui la fit seigner avant hier, et hier luy fit prendre quelques remèdes, vous en pourra asseurer mieux que moy, qui suis le plus trompé de tous les hommes si ce n'est elle mesme ; il est arrivé d'hier au soir à Paris.

Je vous supplie de croire, Monseigneur, que si je m'appercevois de quelque chose qui me pust faire soubçonner le départ de Madame la princesse de Condé, je ne manquerois pas de vous en donner advis le plus promptement qu'il me seroit possible ; mais je vous peus asseurer que, si mes yeux ne me trompent, Madame la Princesse est à Chantilly, véritablement un peu changée de sa maladie. Ce seroit bien manquer de respect que d'aller souvent dans sa chambre faire tirer le rideau de son lit pour observer son visage et contre l'ordre que j'ay receu de vous, ce qui faict que je m'en rapporte à ce que tout le monde de la maison m'en dit et à ce que j'en peus cognoistre au visage d'une femme qui a beaucoup de cornettes et de coiffes qui luy en couvrent une partie, outre que je m'attache de plus à Madame la Princesse la douairière, que je ne vois pas dans le pouvoir ny dans la volonté de partir demein suivant l'ordre qu'elle en receut avant hier de S. A. R. ; je la vis hier disposée, comme je me suis desjà donné l'honneur de vous mander, d'envoyer encore un gentilhomme pour avoir du temps jusques à ce que le courier qu'elle a despesché à la Reyne fust de retour, dont elle espère beaucoup. L'on peut dire de Chantilly que la moitié est infirmerie et l'autre un couvent, la pluspart estant malades et l'autre toujours en prière dans la chapelle. Mʳ Courtin est icy d'hier au soir avec un, deux ou trois de ses amis, et s'en retourne aujourd'huy. C'est tout ce qui s'est passé depuis ma dernière. J'ay veu aussi Monseigneur le duc d'Anguien dans son lit, enrumé.   A. E.

MADAME LA PRINCESSE A BORDEAUX.

LA ROUSSIÈRE A LAVOCAT.

Bordeaux, 21 juillet 1650.

Le parlement, conjointement tous les bourgeois de ceste ville, ont donné l'arrest d'union et protesté de maintenir et protéger Madame la Princesse et Monseigneur (le Duc), et tous ceux qui sont avec eux, ce quy fait croire que la cour sera satisfaite et qu'elle ne passera plus avant. Tout est bien résolu ; sy MM^{rs} de Paris l'estoient autant, ils auroient plus d'honneur qu'ils n'en ont. Il faut attendre la volonté du maistre, qui donne loy à toutes choses. A. C.

MADAME LA PRINCESSE A FILSJEAN.

20 septembre 1650.

Monsieur Filsjean, nonobstant tous mes ordres, se tiendra ferme à ma seurté à Bourdeaux ou à Paris, avec pouvoir de soliciter la liberté de monsieur mon mary et de mes beaux frères, et permission à madame ma belle-mère d'aller à Paris ; à mesme fin ne rompra pourtant pas, mais reviendra sçavoir ma dernière volonté, ne se relaschera en rien ny pour rien de la liberté de mesdames de Bouillon et autres prisonniers, ny du gouvernement de monsieur de La Rochefoucault. B. N.

« LETTRE POUR LANGLADE. »

Bordeaux, 5 octobre 1650.

Nous avons appris le voyage de Madame la Princesse à Bourg et la conférence de Mr de Bouillon avec M^r le Cardinal, ses caresses et sa bonne chère. Il n'est personne qui n'en ayt esté surpris, et il eût esté à souhaitter que ceste entreveue eût esté cogneue pour empescher la diversité des sentimens; vous sçavés qu'ils sont différans sur touttes choses en cette ville autant qu'en lieu du monde, et sur une matière qui semble assés futille, nos politiques ne manquent pas d'espéculations. Ceux qui, à mon sens, en jugent le plus sainement en jugent comme vous, et ne doibvent pas porter plus loing leur pensée sur cette entreveue qu'à la liberté d'un mary, pour laquelle rien ne doibt rester intenté à une femme. Il y en a qui s'imaginent que les plus fiers et les plus attachés à ce party ne le doibvent plus estre, puisque les chefs les plus intéressés ont relasché et veu leur ennemy; et ceux qui en parlent plus malitieusement disent que ç'a esté pour se justiffier de touttes les choses passées et de mettre toutte la faulte sur le parlement et cette ville. Je ne voys pas que cette pensée ayt fait grande impression et je ne crois pas qu'elle desbauche personne. Pour moy, qui ne philosophe point, je n'ay rien sur le cœur, pourveu que le voyage ne soit pas infructueux. Je ne trouve néantmoins pas de quoy espérer de grands advantages, et j'appréhende que la jalousie qui en naistra ne faira pas nos affaires, je dis la liberté des prisonniers, car en ce bien je fais consister tous les nostres. Celluy qui vous rendra ce billet vous dira ce qu'il a veu de l'entrée du Roy en cette ville. Leurs Majestés ont voullu se retirer et prendre du repos. Le parlement, en corps et robes rouges, les yra demain saluer à deux heures après midy. Hier matin, les jurats vinrent au palays nous porter un ordre qu'ils avoient receu du sieur de Saintot de la part du Roy de visiter Son Éminence; sur quoy ils nous demandoient nos sentimans et nos ordres. Elle ne feut jamais si hautement frondée. Il passa néantmoins de 26 à 22 qu'on diroit aux jurats d'en uzer comme ils verroient bon estre et suyvant leur prudence; les 22 le leur voulloient deffendre positivement, voyant bien que c'estoit autremant le leur permettre. Je ne voys pas de grandes dispositions à ce qu'il reçoive de grands complimants icy. Il y aura néantmoins des particulliers qui se destacheront pour le veoir. Il est entré dans le carrosse du Roy et de la Royne, à la portière, saluant tout ce qui paroissoit aux fenestres ; le cortège n'estoit que de dix ou douze carrosses en cette ville.   B. N.

MADAME LA PRINCESSE A MONTROND.
LA PRINCESSE DOUAIRIÈRE A CHATILLON.

BOURDELOT A Mlle CAPON, FEMME DE CHAMBRE DE MADAME LA PRINCESSE DOUAIRIÈRE, A CHATILLON.

Poitiers, 19 octobre 1650.

J'attens les responses de celles que je vous ay escrittes de Coutras et de Bourdeaux par Mrs Lenet et Gourville. Vous verrés la relation de nostre voyage, que j'ay laissée dans le paquet de M. Lavocat. J'y adjousteray qu'estant malade à Saintes, Mrs les députés du clergé, qui sont de mes amys tous en particulier, me sont venus voir ; ils vont, à ce qu'ils témoignent, avec une bonne résolution pour opérer quelque choze pour M. le prince de Conty. Ils témoignent estre dans le dernier déplaisir de la disgrâce de Mrs les princes ; toute la France en fait de mesme, et à tous ceux que nous voyons le cœur parle. La vertu et la surprise de la générosité de M. le Prince font de merveilleux effets dans l'âme de tout le monde. M. l'évesque d'Angoulesme a parlé à M. le Cardinal avec toutte liberté imaginable ; M. l'évesque de Saintes est dans les mesmes sentimens et toutte la France. A la cour la sortie des princes est souhaittée tout hault de tout le monde et dans l'armée mesme, et la Royne en quelques rencontres n'a témoigné aucune animosité contre la maison, au contraire beaucoup d'estime ; je voudrois vous en pouvoir dire des particularités qui m'ont esté confiées. Ce fut la Royne qui proposa la suitte de la cour pour Mme la Princesse et M. le duc d'Anghuien, qui eust esté élevé près du Roy. La chose estoit honeste, et eust esté un moyen admirable pour faciliter la sortie de M^rs les princes, une princesse se rendant agréable à Leurs Majestés, s'aquérant des créatures et faisant taire par sa présence les ennemys de sa maison. Aussy cette proposition fut elle fort combatue par gens qui se sont formellement déclarés contre nous. Je ne suis nullement du conseil ; mais je ne trouve point que cette proposition fust si horrible ny si captieuse qu'on l'a voulu faire passer. La conséquence que j'en tire, c'est que le cœur de la Royne s'attendrit ; je ne sçay si les fatigues qu'on luy a donées en sont cause, ou qu'elle regarde plus désintéressément l'innocence de M. le Prince ; mais on parle tout autrement de luy au cabinet qu'on ne faisoit il y a huit moys. Le party eust esté abominable de se retirer aux pays estrangers ; nos ennemys conjurés ne demandoient pas autre choze ; par leurs raisonemens je juge ce qui nous doit estre avantageux ou non ; mais j'ay des souhaits tout contraires aux leurs. Je vous demande pardon si je me suis emporté dans ce raisonnement politique ; la part que je prens aux chozes qui se passent me fait souvent échaper hors des termes de la médecine.

Vous prendrés la peine de dire à S. A. que M. le Duc ne se porta jamais mieux ; c'est la persone du monde la plus raisonable. Il donne à souper à M. le vicomte de Montbas aujourd'huy. Hier il soupa en public avec Mad^e sa mère et force monde, qu'il charma par les bonnes choses qu'il dit. Il me demande souvent si j'escris à S. A. et que je ne l'oublie pas. Il est d'un naturel admirable et ayme Madame autant qu'il se peut, et fera fort bien sa cour, je vous en respons. Dieu le veuille conserver. Je n'ay jamais veu d'enfant si docile, si

bien né, ny qui ait pris sitost le goust des bonnes chozes ;
je serois huit jours avec luy sans sortir que je ne m'ennuye
point, tánt il est agréable. On a reporté à M. le Prince que je
n'avois à Bourdeaux aucune assiduité près de M. le Duc ;
hormis le temps qu'il y a eu des blessés de considération,
come Mrs Guitaut, La Roussière et autres, il n'y a point eu
barbet plus attaché que moy.   A. C.

LA DUCHESSE DE CHATILLON A LENET.

19 novembre 1650.

J'ay reseu vos deux lettres, et dès que ceste pauvre femme
(Madame la Princesse douairière) a eu un moment de relâche,
ce qui est très rare, je lui ay tesmoigné vostre desplésir,
qui est bien juste, car l'on ne soroit jamais estre plus mal
qu'elle (Madame la Princesse) est pour moy. Je ne doute point
que je ne devienne tout au moing folle de ceste affaire icy,
car en vérité je ne say ce que je fais. Je doute fort que j'accorde à Madame la Princesse la permission de revenir isy. J'ay
envoyé à Fontainebleau demander Mr Vautier à la Reine, et
après il leur poura dire une chose dont M^r le Cardinal doute,
qui est de la maladie de Madame. Pour moy, tout ce que je
puis est de prier Dieu de nous la conserver, et si cela est
c'est un vray miracle.

On m'assura hier que le courier que vous avés envoié à la
cour a esté tout à fait volé. M^r le duc d'Orléans a envoié icy
Mr de Beaufort et casy toute la France. Il ne se passe jour que
je n'escrive deux cent lettres et que je ne verse un sau de
larmes ; après cela ne vous estonnés pas si je ne say ce que
je dis, et croiés que rien ne me peut empescher d'estre toute
ma vie vostre très humble servante.

Si M. de Colligny est avecque vous, faitte luy mes compliments et à tous ceux de ma connoissance, mais surtout à
Mlle Gerbier.   B. N.

MADAME LA PRINCESSE A M. LE PRINCE.

Montrond, 22 décembre 1650.

Ce dernier malheur de vostre maison [1] redouble mon affliction par celle que je say que vous resseverés et messieurs mes beaux frères, que je suplie prendre part à cette lettre, n'ayant pas la permission de leur escrire, vous supliant de croyre qu'il n'y a ryen que je ne voulusse faire pour soulager le moindre de vos maux. J'essaye de divertir les miens avec mon fils, qui a esté ravy de la lettre que vous luy avez faict l'honneur de luy escrire ; je vous envoye la description de sa disposition et de ses occupations ; je croy que vous y prendrés plaisir, et que vous me ferés la grase de continuer à croyre que je suis à toute espreuve —

Vostre très humble servante.
CLAIRE-CLÉMENCE DE MAILLÉ. A. C.

SITUATION DANS LE NORD ET A PARIS.
LES PRINCES A MARCOUSSIS, PUIS AU HAVRE.

LA DUCHESSE DE LONGUEVILLE A LENET.

Stenay, 22 août 1650.

On nous parle sy diversement de vos affaires que nous en sommes dans une incertitude cruelle, estant sy fort à désirer qu'elles soient comme quelques uns des bruits qui en courent nous les représentent, et sy fort à craindre qu'elles prennent

---

1. La mort de Madame la Princesse douairière.

le train dont les autres nous assurent, qu'on ne peut avoir un moment de repos sur un subject sy douteux et sy important. Vostre costé cause aussy touttes nos inquiétudes, car pour le nostre il va à souhait. Nostre armée, après avoir pris Rethel, commence aujourd'huy à advancer en France du costé de Rheims, mettant toutte la Champagne dans une espouvente telle qu'elle la donnera bientost à Paris; de sorte que, sy vous esludés tous les accomodements qu'on vous propose, il y a lieu d'espérer que nous nous revérons tous à Paris. J'ay envoié une partie de mes pierreries en Hollende pour les engager pour vous faire avoir des vaisseaux. Je donnerois d'aussy bon cœur mon sang, sy il estoit aussy utile. Je crois que vous n'en doutés pas ny que je ne sois toutte à vous. Faittes mes compliments à messieurs vos généraux et à Madame ma belle-sœur. Je pense que la nouvelle de la naisance du fils de M^r d'Orléans ne la resjouira pas plus qu'elle m'a resjouie. C'est à mon nepveu à qui il en faut faire des doléances.   B. N.

LE TELLIER A MAZARIN (*analyse*).

Paris, 4 septembre 1650.

« V. É. aura appris ce qui a obligé à faire sortir les Princes du Bois de Vincennes pour les mener à Marcoussi, et tout ce qui s'est passé en ce subject. Il avoit esté résolu que de là ils seroient conduits droit au Havre. » Les troupes étaient arrivées pour l'escorte, « mais S. A. R. a désiré qu'on différât de faire partir les Princes, si bien qu'ils sont encore à Marcoussi. » — Ce qui fait hésiter S. A. R., ce sont « les instances de M. de Beaufort et du coadjuteur pour faire que les Princes soient mis dans la Bastille ». Ils n'en viendront pas à bout, et le pis qui peut arriver est que les Princes soient ramenés au château de Vincennes. « Au cas qu'on puisse obtenir qu'ils soient conduits au Havre, il sera donné si bon ordre à tout qu'il n'en pourra mésarriver, non plus que tandis qu'ils demeureront à Marcoussi. Goville, du régiment de M. le Prince, y est allé pour essayer de débaucher La Villette, lui offrant dix mille pistoles s'il vouloit sauver les Princes, et en outre l'amitié de MM. de La Motte et du duc de Richelieu. » — Message de l'archiduc et réponse du duc d'Orléans. Placards au nom de M. de Turenne, qui parlent de la paix. Taxe imposée pour secourir le Roi à l'approche de ses ennemis. Les Espagnols à Fismes et à Braisne ; on croit à leur prochaine retraite, quoique Turenne presse fort l'archiduc d'avancer ; mais celui-ci craint que sa marche ne donne lieu aux Princes de s'accommoder, ce qui le laisserait dans l'embarras.   A. C.

Paris, 6 septembre 1650.

Demande « promptement les ordres de la Reine, et les intentions de V. É. sur le départ des Princes du château de Marcoussi ». — Irrésolution de S. A. R. sur la crainte que lui donnaient M. de Beaufort et le coadjuteur d'un soulèvement de Paris si on en voyait éloigner les Princes. Changement des troupes de l'escorte, les anciennes ayant été travaillées par les partisans des Princes. Depuis que les Princes sont à Marcoussis, M. de Beaufort et le coadjuteur se vantaient que S. A. R. serait maître de leur personne, que la garde en serait ôtée à de Bar, même qu'on se déferait de celui-ci d'un coup de pistolet. S. A. R. a dit au garde des sceaux qu'elle voulait qu'un des siens eût la garde des Princes conjointement avec de Bar. Tout cela fait craindre que M. de Beaufort et le coadjuteur n'aient gagné l'esprit de S. A. R. en lui persuadant de se rendre maître de la personne des Princes pour les conduire où bon leur semblerait. En conséquence Le Tellier demande des ordres de la Reine pour surseoir au transport des Princes et les laisser à Marcoussis jusqu'au retour de LL. MM. Une lettre de la Reine doit être adressée pour cela à de Bar, motivée sur les projets des partisans des Princes d'attaquer l'escorte pendant leur translation au Havre. Demande en outre un ordre particulier adressé à lui-même et au garde des sceaux pour les faire réintégrer à Vincennes quand les ennemis se seront éloignés. — Envoi de munitions de guerre et de bouche au château de Marcoussi. On est contraint d'emprunter l'argent pour cette dépense, parce qu'on ne peut rien tirer du surintendant [1].

A. C.

Extrait d'une lettre de
CHANUT, AMBASSADEUR DE FRANCE EN SUÈDE.

19 novembre 1650.

Voicy le discours que tint la reine de Suède : « Vous savez que j'ay toujours beaucoup estimé les vertus de Monsieur le prince de Condé, et que j'ay eu desplaisir que le bien de l'Estat de France ait obligé la Reine de s'assurer de sa personne. Elle me fit l'honneur de m'escrire comme à son amie les motifs qui l'avoient portée à cette résolution; ce n'estoit point à moy à en prendre connoissance; je les jugeay très justes puisqu'il luy avoient paru tels, et, ma première affection estant pour la Reine et le Roy son fils, j'eus seulement compassion que la condition du prince fust telle que la raison d'Estat lui otast la liberté. Maintenant que Dieu a béni la condition de la Reine, que le dedans du royaume est en paix et que les approches de la majorité du Roy peuvent donner d'autres pensées, je voudrois savoir si Leurs Majestés, se trouvant disposées par les raisons solides de l'intérest public à user de grâce envers les Princes, trouveroient à propos d'en estre priées par une personne à l'entremise de laquelle on croira qu'elles auront déféré quelque chose, et qui puisse leur

---

[1]. Le défaut de place ne nous a pas permis de publier *in extenso* ces deux lettres de Le Tellier. — La même raison nous oblige à faire, parmi d'innombrables documents, un choix très restreint. On ne trouvera pas ici certaines pièces dont des extraits plus ou moins longs sont reproduits dans le texte.

répondre de l'exécution de ce que Monsieur le Prince leur promettra; car si j'apprends que les choses soient à ce point de maturité et que la Reine agrée que je rende cet office, j'emploieray très volontiers mon crédit auprès d'elle, et je me tiens assurée que, le prince de Condé m'ayant engagé sa parole, je pourray sûrement entrer sa caution; mais si cette intercession n'est pas encore de saison, ou que Leurs Majestés veuillent que la grâce qu'elles feront soit ménagée par quelque autre voie, je ne voudrois pas les solliciter contre leur intérest ny m'exposer à une prière sans succès. Pour cela je souhaite que, faisant connoistre mon intention à la Reine, vous soyez assez informé de la sienne pour me dire si ma médiation sera bien reçue. »

La reine de Suède ajouta à ce discours de longues protestations d'amitié et de respect pour les personnes de Leurs Majestés, et de l'intérest qu'elle prenoit en la paix intérieure de la France; et, sans attendre ma réponse, comme ne jugeant pas que j'en eusse aucune à luy faire, elle me dit qu'estant délivrée des affaires de la diète, elle auroit plus grand loisir de me parler sur ce sujet. A. C.

LA ROUSSIÈRE A LENET.

Paris, 23 décembre 1650.

Le Parlement continue ses assemblées; tous messieurs de la grand'chambre et les présidents des Enquestes et partie des conseillers ont opiné tous d'une voix, concluant à faire des remontrances verbalement et par escrit à Leurs Majestés pour la liberté des princes, et partie y adjoustent et pour l'esloignement du Masarin, et qu'il sera desputé vers Mgr le duc d'Orléans pour estre prié d'estre l'entremetteur de la liberté des dits princes. L'on ne doute que ceux qui restent à opiner ne concluent tous de mesme; ils rentreront jeudy prochain, et l'on espère que vendredy ou samedy ils auront tous délibéré.

Nous les voyons tous bien intentionnés et résolus d'agir vigoureusement; la bataille gagnée les a plus animés qu'ils n'estoient, et tous les faus bruicts et fourbes que l'on a fait coure les choquent extrêmement. M. de Turenne n'est point mort; il se porte fort bien et n'est que blessé légèrement au bras, et s'est retiré avec toute sa cavalerie au petit pas. Il a perdu son infanterie, qui n'estoit que deux mille hommes au plus. — L'armée du Roy a perdu plus de gens que n'a fait M. de Turenne; M. le mareschal du Plessis a perdu son fils et trois autres mareschaux de camp, le vicomte de Courval, d'Alvimar, et Toubal. La relation que l'on vous a envoyé vous aprendra les autres, quy sont en grand nombre. M. de Bouteville est blessé au bras, mais légèrement, et pris avec M. d'Aucourt.

Hier au soir, l'on porta le corps de feue Madame des Jésuites de Saint-Louis aux Carmélittes, où elle fut enterrée; l'on fait ce matin un service solannel dans l'esglise des Cordeliers, où les cours souveraines assisteront.

Messieurs nos Princes se portent fort bien tous trois. Faittes moy la faveur, je vous suplie, d'assurer Madame de mes très humbles obéissances et respects pour service.   B. N.

DÉLIVRANCE DES PRINCES.

BILLET D' « ARTAMÈNE » (M. LE PRINCE).

2 janvier 1651.

Tesmoignés bien à nos amis nostre reconnoissance, et surtout à Brutus (Viole), à qui nous devons tout. Dittes-luy que j'ay donné ordre aux sieurs Ferrant et Lavocat d'ajuster les choses avec Mme de Chastillon, en sorte qu'elle ait tout ce que madame luy a donné et que cela n'embarrasse pas nostre accomodement de mon frère et de moy. Voyés les mesme là-dessus pour qu'elle puisse en estre au plus tost en possession et avec honneur. J'attends leur responce pour escrire à ma femme de luy envoyer les pierreries, et eus donneront ordre pour Merlou et les meubles. Asseurés bien Mme de Chastillon de nostre service et priés la de nous vouloir escrire souvent; ce nous sera une grande consolation.   B. N.

BILLET DE M. LE PRINCE « POUR BRUTUS ».
(LE PRÉSIDENT VIOLE).

6 janvier 1651.

Vostre billet nous a donné la plus grande joie du monde, nous apprenant la manière dont vous avés achevé nostre affaire du parlement, et l'espérance que vous avés d'en conclure une qui est bien plus importante encor. Nous vous envoions tousjours les pouvoirs pour ne pas perdre temps, et nous remettons le surplus à vostre affection et à vostre conduitte, desquelles nous espérons tout. Asseurés vous de nostre tendresse et de nostre estime et que nous vous honorons au dernier point.   A. C.

POUVOIRS DONNÉS PAR LES PRINCES AU PRÉSIDENT VIOLE.

Au Havre, ce 6 janvier 1651.

Nous donnons pouvoir à M^r le président Viole de traiter avec Monseigneur le duc d'Orléans en nostre nom, et promettons d'observer et exécuter inviolablement les choses qu'il luy promettra de nostre part.

Sig. Louis DE BOURBON, ARMAND DE BOURBON,
HENRY D'ORLÉANS.

Nous prions nos amis de promettre et exécuter les choses

que Mʳ le président Viole leur dira de la part de monsieur le duc d'Orléans et de la nostre[1]. (*Mêmes signatures.*)   A. C.

LE COMTE DE MAURE A LENET.

5 février 1651.

J'ay reçu vos lettres des 23ᵉ et 27ᵉ de janvier, et, ayant sceu tout présentement que l'on vous despéchoit un courier, je n'ay eu le temps que de vous faire ce mot pour vous dire que j'aurois fort désiré que vous eussiez veu la délibération d'hier. Nous demeurasmes au palais jusques à cinq heures du soir. Monsieur le duc d'Orléans y a parlé admirablement et s'est rendu garent des parolles que messieurs les princes donneroient et que c'estoit une chose inutille de négocier avec eux pour chercher des seuretez avant que de les mettre en liberté, et a bien destruit le soupson que la cour vouloit mettre dans le parlement que Monsieur et les Frondeurs n'avoient pas envie que les princes sortissent. Et l'union paroit si véritable et si puissante que la seulle chose qu'il y auroit à craindre seroit que la cour, n'espérant plus d'avoir aucune part à la deslivrance des princes, sy elle pouvoit sortir de Paris différast quelque temps à exécuter les parolles données pour leur liberté affin d'essayer de regaigner Monsieur ou de diviser le peuple d'avec le parlement, ce qui ne me semble pas à craindre, n'y ayant pas assez d'argent ni d'authorité pour faire ny mal ny peur à tous ceux qui s'opposent au cardinal, et l'engagement de Monsieur estant si grand et si publicq. La foulle et la confiance que j'ay veue ces deux jours au Luxembourg et au palais m'a fait souvenir des premières journées du party de Paris, qui estoit le plus puissant qui se feust jamais veu. Celuy-cy l'est encores beaucoup plus par la présence de Monsieur, par le prétexte de la

---

1. De la main de M. le Prince. — Les trois billets de Condé que nous donnons ici sont écrits à l'encre de Chine sur de petits morceaux de papier.

prison des princes et par ce que Monsieur le Prince ne protège plus le Mazarin. Le premier président a fort asseuré de la part de la Reyne que le maréchal de Gramont a l'ordre pour ramener les princes et qu'elle ne sortiroit point de Paris. L'on ne laisse pas de craindre cela, et, sy Monsieur le duc d'Orléans n'estoit scrupuleux sur ce qui regarde la personne du Roy, il auroit pourveu à empescher que le cardinal ne l'emmenast à ceste heure, comme il fit il y a deux ans. Il a dict et mandé aux principaux officiers de la maison du Roy qu'ilz luy respondroient sur leur vie de sa personne s'ilz consentoient à la sortye du Roy. Ilz ont fort bien respondu, et l'on ne doute point que la plupart n'appréhendent plustost que de désirer la sortye du Roy, qui causeroit sans doute la guerre civile, sy ce n'estoit que la cour allast en Normandie pour monstrer à messieurs les princes qu'elle n'auroit pas esté forcée par ce qui se passe dans Paris à les mettre en liberté. Je viens de voir présentement monsieur le duc d'Orléans, lequel paroist de plus en plus ferme et constant dans les résolutions qui ont esté prises, et l'on continue ceste sepmaine les délibérations du parlement contre le cardinal. Touttes les dames vous baisent les mains. B. N.

LA REINE A MAZARIN.

Sans date.

Mon cousin, estant important de trétair avec mes cousins les princes de Condé, de Conty, et duc de Longueville auparavant que de les mètre en liberté, je vous fais celle-cy pour vous dire que je désire que vous vous y enploiés, vous asseurant que je feray exécuter ponctuellement tout ce dont vous conviendrés avec eux au nom du Roy, monsieur mon fils, et du mien. Je suis, mon cousin, votre bonne et affectionnée cousine. A. C.

MADAME LA PRINCESSE AU DUC D'ORLÉANS.

13 février 1651.

Je ne puis différer davantage les très humbles remerciements que je dois à V. A. R. des soings extraordinaires qu'elle prend pour Monsieur mon mari et de la générosité avec laquelle elle agit pour sa liberté. Vous sçavés, Monseigneur, que lorsqu'il en a jouy, il l'a toute employée au bien de l'Estat, au service du Roy et à celui de V. A. R. Jugés ce qu'il fera le reste de ses jours, puisqu'il tiendra de Sa Majesté, par vostre entremise et par vostre aucthorité, ce que le cardinal Mazarin lui avoit ravy par une oppression violente. Je ressentis à Bourdeaux des effetz de l'une et de l'autre quand V. A. R. eust la bonté de conclure dans le parlement de Paris un traicté qui m'a garantie des maux qu'il m'avoit préparés. Je prie Dieu, Monseigneur, qu'il pardonne à ce malheureux tous ceux qu'il m'a faict souffrir, et ma sattisfaction est toute entière quand je considère qu'ung aussi grand prince que vous, cet auguste sénat et tant de gens de bien de tous les ordres ont, à vostre exemple, faict cognoistre à la Reyne l'innocence de M^r mon mary et celle de mes beaux-frères. Je nourriray mon fils dans les mesmes sentimens qu'ilz ont tous d'honnorer parfaictement V. A. R. Je lui inspireray les mouvemens de recognoissance qu'il doibt avoir pour un bienfaict qui lui rend en mesme temps Monsieur son père et soubtient sa maison. En mon particulier, Monseigneur, j'essayray de vous faire recognoistre par toutes les actions de ma vie que je suis, avec tout le respect que je doibs... B. N. (*Minute.*)

VIALARD A LENET.

Paris, 15 février 1651.

Bien que vous ne m'aiez pas vouleu faire un mot de responce à deus de mes lettres, je ne cesseray pas de vous escrire celle-cy pour vous assurer tousjours de mes services et pour vous aprendre comme Son Altesse doit estre icy demain sens faute. Je l'ai lésée à huit lieues du lieu de sa prison. Je vous diray aussy comme c'est le cardinal quy l'a mise en liberté. Aiant seu que Messieurs de La Rochefouquaut, Arnaud, Violle et Comminge venoient avec ordre de sortir Monseigneur, il marcha toute la nuit pour se trouver au Havre avant que ces Messieurs arrivassent, ce qu'il fict. Et comme il avoit un pouvoir de la Rainne dont il s'estoit meuny avant qu'il partit de la cour, il s'en servit et le mit dehors une heure après; d'où Monseigneur partit bien tost après avoir faict voir cet ordre à Mr de Bar. On croit que son dessein estoit de faire sortir le Roy de ceste ville et d'asembler toute l'armée et de mestre Monseigneur à leur teste pour faire la guerre aux frondeurs. Présentement il en arivera ce quy pourra; Son Altesse est en liberté, quy est tout ce que nous demendions. Jamais vous ne le vites sy fier à ceus qu'il faut et sy obligent à ceus quy l'ont servy. B. N.

LIVRE VI, CHAPITRE II.

LA FAUTE.

LA DUCHESSE DE LONGUEVILLE A M. LE PRINCE.

Stenay, 24 février 1651.

Gourville vous dira pourquoy je ne puis partir lundi comme ma lettre vous en assure, et les raisons qui m'obligent à attendre la response des Espagnols devant que de commencer mon voyage. Je m'assure que vous ne les désapprouverés pas et que vous voudrés bien nous faire obtenir avec le plus de promptitude que vous pourrés une suspension d'armes sur la Meuse, qui sera la chose du monde qui autorisera le plus mon voyage, qui fera le plus de plaisir à Mr de Turenne et qui me donnera le plus de confiance avec les Espagnols. Je ne vous en supplie donc plus après que Gourville vous en aura dit les raisons, puisque vous connoistrés mieux par vous-mesme la nécessité de la chose que je ne vous la puis montrer. Adieu, mon très cher frère, je meurs d'envie de vous voir et de vous assurer que je suis plus à vous qu'à moy-mesme.

Mr de Turenne, qui est icy, me prie de vous faire de grands compliments, et moy je vous dis qu'il achève l'affaire comme il l'a commencée, c'est-à-dire avec des sentiments et un procédé si obligeant pour vous que je crois vous le devoir mander, sachant bien que cette nouvelle ne vous déplaira pas.

A. C.

TURENNE A M. LE PRINCE.

Stenay, 20 mars 1651.

J'ai prié Mr de Beauvau d'aller à Paris, qui outre cela a esté bien aise d'aller rendre ses devoirs à V. A. Je lui ai parlé assés souvent de lui pour ne douter pas qu'elle ne le considère comme une personne qui l'a fort bien servi durant sa prison. Je lui ai donné un mémoire touchant les moiens de sortir bientost de cette affaire icy, et que je trouve fort aisé, estant nécessaire que les Espagnols se déclarent s'ils veulent la paix ou non. Je suis fort aise que ce soit Mr de Croissi qui soit venu icy. Je lui dirai toutes les choses que je sçai qui pouront lui servir. J'ai aussi entretenu Mr de Beauvau sur le suject de M^r le cardinal Mazarin et de toutes les choses qui sont à ma cognoissance...

A. C.

CROISSY A M. LE PRINCE.

Stenay, 21 mars 1651.

J'escris amplement à Mr de Brienne sur le subjet de ma négotiation, et j'addresse mon pacquet à M^r de St Romain, ou, en cas qu'il fust absent, à Mr Courtin. Comme tout vostre intérest, Monseigneur, est à dégager honorablement Mr de Thurenne d'avec les ennemis, il est à propos que vous me faciez envoier des ordres favorables. Il ne se peut rien adjouster à ceux que vous avez faict résoudre pour la suspension. Il ne reste à V. A. que de prendre les mesmes sentimens sur toutes les difficultés que j'ay remarqué dans ma dépesche; elle est dans le sens de la lettre que Mr de Thurenne vous escrit, et je vous prie de croire que dans cette affaire nous agirons tousjours d'un mesme esprit, jusque là mesme que je conviens avec luy de déclarer la guerre au Mazarin et aux habitans de Bouillon qui le protègent; nous avons aujourd'uy envoié nos partis à la campagne pour ce subjet...   A. C.

TURENNE A M. LE PRINCE.

Stenay, 1er avril 1651.

Je n'ai rien à ajouster à ce que je me suis donné l'honneur d'escrire à V. A. par Mr de Beauvau. Mr de Croissi lui rend compte de sa négociation, et comme le député de M^r l'Archiduc, ayant dit qu'on n'avoit ni pouvoir ni volonté en Flandre pour une sursance d'armes, a fait cognoistre qu'il croioit qu'il avoit pouvoir pour la paix; sur ce que Mr de Croissi lui a demandé positivement s'ils avoient pouvoir en Flandre pour la paix générale, il a envoié un courier à Bruxelles, et celui-ci envoie à la court pour savoir si on aura agréable de traiter du costé de Flandre, en cas qu'ils ayent le pouvoir. V. A. peut bien juger que je serai très aise que l'on ait promtement pris une voie de traiter par quelque costé, ne désirant point que mon séjour icy peust faire croire qu'il y eust auquun de mes intérests meslés en ceci, hors celuy de ma parolle avec Madame vostre sœur, et je serai ravi de prendre toutes les voies un peu honestes pour sortir de ceci. V. A. peut faire fondement là dessus, et que je serois très aise d'avoir l'honneur de la voir promtement, ayant beaucoup de joie de quoi les affaires de Mr de Bouillon sont achevées, et vous estant, Monsieur, très obligé de la bonté extrême que vous avés eue en cela pour lui.

Mr de Croissi vit très bien avec moy et se conforme entièrement à toutes les choses que je désire.   A. C.

CROISSY AU GARDE DES SCEAUX.

3 avril 1651.

La lettre que j'eus l'honneur de vous escrire hier estoit toute fermée et le gentilhomme qui vous la devoit rendre prest à partir lorsque je reçus celle que vous m'avez fait l'honneur de m'escrire en date du 26, par laquelle vous désirez estre informé des intentions de M^r le mareschal de Thurenne. Elles me paroissent les meilleures du monde, et sa conduite la plus nette. Il désire de se rendre auprès du Roy et le veut faire de bonne grâce, sans traité et sans condition, et donner à connoistre par ce procédé qu'il n'a eu autre pensée ny autre intérest que de servir M^r le Prince. Tout ce qu'il souhaite, c'est de sortir honnestement d'avec les Espagnols, voir les choses acheminées à la paix, du moins la France en faire les avances comme elle a desjà fait par la proposition d'une suspension.

Pour ce qui est de ses troupes, il n'a autre dessein que de les faire passer au service du Roy; je ne crois pas qu'il stipule aucune chose pour cela ny argent, ny mesme qu'il se réserve le commandement sur icelles; mais toute la difficulté sera à les tirer d'avec celles des ennemis, qui prétendront peut estre d'en vouloir disposer, au moins de celles qui ont esté levées de leurs deniers. Il vous prie de luy en faciliter les moyens, envoyant des ordres aux gouverneurs des places frontières de les laisser passer et leur donnant quelque quartier pour les refaire. Je suis persuadé que vous en tirerez de bons services, et comme elles ont esté fort maltraitées dans ce party, elles seront plus esloignées de s'engager dans aucun autre que sy elles n'y avoient jamais esté. Au moins quand vous n'en tireriez aucun avantage que celuy de les oster aux Espagnols, il vous en seroit fort considérable. Si la Reyne désire des assurances par escrit de la fidélité de Mr de Thurenne, je ne doute pas (quoique je ne luy en aie jamais parlé) qu'il ne vous les donne; mais je crois qu'elles seroient inutiles. Je ne mande pas ces particularités à Mr de Brienne pour les raisons que vous pouvez suppléer; mais vous pouvez en assurer Sa Majesté.

Nous ne savons pas encore icy au vray où M^r le cardinal Mazarin se retirera. (*British Museum,* Londres.)

NOUVELLES DE PARIS.

12 avril 1651.

M^r le prince de Conty, ayant demeuré quelques jours sans aller à l'hostel de Chevreuse, a donné sujet de croire à quelques uns que son mariage ne se feroit pas; mais on assure que Monsr le Prince a dit qu'il observeroit religieusement toutes les parolles qu'il avoit données, et d'autant plus que l'approbation en a esté donnée par Leurs Majestés il y a plus de trois semaines, et l'on croit que ce mariage se fera lundy prochain.

Le 10, M^r le Prince fut voir M^r le Coadjuteur, qui supplia S. A. de le dispenser de luy aller rendre ses devoirs, et luy dit qu'il appréhendoit que l'honneur qu'elle luy faisoit (ne donnast sujet à la Reyne de le tenir suspect. S. A. le supplia de retourner au palais d'Orléans, dont il s'excusa le mieux qu'il put.

Le mesme jour, Mᵣ le président Le Coigneux estant retourné au palais d'Orléans, S. A. R. envoya avertir aussytost Mᵣ le Prince, lequel y estant venu, le premier leur dit que la Reyne ne vouloit point oster les sceaux au premier président ny chasser Mʳˢ Le Tellier et Servien; à quoy S. A. R. repartit qu'elle ne consentiroit jamais à aucun accommodement que cela ne fût et que c'estoit inutillement perdre du temps, et renvoya ce président sans le vouloir escouter davantage, ce que Mʳ le Prince approuva.

Mʳ Moran a mandé de Cluny que, lorsqu'il y estoit arrivé, il y avoit trouvé l'esprit des moines disposé à eslire un d'entre eux pour leur abbé, mais qu'il avoit si bien fait auprès d'eux qu'il les avoit ramenés à eslire Mʳ le duc d'Anguien et qu'il n'attendoit que l'heure qu'ils se dussent assembler pour cela.

Mʳ de Chavigny fut hier à 10 heures du soir incognito au palais d'Orléans voir S. A. R., où il entra par un escalier dérobbé dans la chambre de Sadite Altesse, et qu'il eut conférence particulière avec Monsieur et Mʳ le Prince, ce qui a donné lieu de croire qu'il y avoit apparence d'accommodement.

Le bruit court que Mʳ de Chasteauneuf sera rapellé dans le conseil avec la qualité de chancelier, laquelle il n'exercera point.

Ce matin le Roy est allé à la chasse au Bois de Boulogne, ce qui a fait que Mʳ le duc d'Orléans et Mʳ le Prince y sont allés du costé de Meudon. A. C.

29 avril 1651.

Enfin le retour de Mʳ le Prince d'avant hier matin a détrompé les esprits qui se figuroient qu'il se voulût établir une puissance formidable par une attache qu'ils lui croyoient à vouloir avoir le gouvernement de Guyenne, Blaye et Puymirol pour la Bourgogne, l'admirauté pour la charge de grand maître, et par procurer l'Auvergne voisine de la Guyenne à son amy Mr de Nemours, et faire le mariage de Madame de Chastillon avec le comte d'Ognon (du Daugnon) pour se l'acquérir à soy, et conséquemment estre assuré de sa place, qui est aussi voisine de la Guyenne et elle mesme des plus importantes et considérables de France; ayant S. A. plus tost hasté son retour pour tesmoigner son indifférence pour ces choses, que pour recevoir l'effet des assurances qui luy ont esté portées à Chantilly, tant de la part de la Reyne par Mr de Gramont, que par Mr Viole de la part de S. A. R., qu'il trouveroit le conseil tout disposé à luy donner telle satisfaction qu'il pourroit souhaiter sur toutes ces choses là, S. A. ayant particulièrement, sur le sujet du gouvernement de Guyenne, généreusement déclaré à la Reyne qu'il se désistoit de toutes les prétentions qu'il y avoit eues, qui n'avoient pour fondement que l'offre qui luy en avoit esté faite par Sa Majesté, sans laquelle il n'y auroit point pensé et ne l'avoit fait principallement que pour complaire en cela à Sa Majesté.

L'eschange de Guyenne n'estant sur le tapis que parceque le Roy avoit promis par la paix de Bordeaux un autre gouverneur à la province, n'y ayant pas pareil engagement pour la Provence, l'on parle d'y renvoyer le duc d'Angoulesme après la majorité du Roy.

Le sr Guyonnet, conseiller de Bordeaux, l'un des députés de ce parlement, a esté à Chantilly rendre compte à Mr le Prince de ce qui s'est passé à Bordeaux, tant au parlement que maison de ville. Mr d'Espernon a mis depuis entre les mains de la Reyne sa démission du gouvernement de Guyenne.

Madame de Chevreuse est bien remise auprès de la Reyne, qu'elle visite souvent depuis le 24 qu'elle fut au Palais-Royal. L'offre qu'elle a faite à Sa Majesté de sa principauté de Kerpen près Cologne pour demeure du cardinal Mazarin n'a pas nuy à son accommodement, et l'on ne désespère pas du mariage différé du prince de Conty avec Mademoiselle sa fille.

Le conseiller Friquet, en sa conférence avec Mr de Croissy à Stenay, luy dit pour conclusion qu'il ne falloit point parler de trêve, mais de paix, et s'addresser pour cela au nonce du pape et à l'ambassadeur de Venise comme médiateurs ; sur quoy l'on a envoyé le marquis de Sillery à Bruxelles pour sçavoir si l'archiduc avoit pouvoir de traitter, afin, en ce cas, de luy proposer une entreveue de Mr le duc d'Orléans et luy sur la frontière ; mais les avis de Bruxelles portent qu'il n'a pouvoir aucun de traitter de paix ny de trêve.   A. C.

LE VICOMTE D'AUBIJOUX A LA REINE DE POLOGNE.

12 mai 1651.

Vous savez que Madame de Chevreuse et le jeune évesque de Paris estoient et sont peut-estre encore les deux personnes auxquelles Monsieur a le plus de confiance. Vous savez aussy sans doute que ces deux personnes luy ont toujours persuadé que la seule marque que Condé luy pensoit donner d'estre véritablement attaché à ses intérests estoit de souffrir le mariage de Conty avec la fille que vous savez. Les intérests de Madame de Longueville et de son galant s'estant trouvés directement opposés à cela, tout rompit et cette rupture a défait toute la liaison qui avoit esté faite entre ces deux cabales, jusques à ce point que Condé a demandé l'éloignement du jeune évesque de Paris. La Reine l'a refusé, croyant, comme il est arrivé, que Condé s'imagineroit que c'estoit à la prière de Monsieur ; que ce soupçon, joint à celuy qu'avoit déjà donné la rupture du mariage, pourroit obliger ces deux personnes à rompre entièrement, à quoy le jeune évesque et la fille s'estoient engagés de servir puissamment ; et la Reine prétendoit, si cela fust arrivé, de joindre ou Condé ou Monsieur à ses intérests, et par ce moyen estre assez forte pour exécuter le dessein qu'elle a toujours du retour de Mazarin; mais Condé et Monsieur n'ayant point rompu et estant apparemment en bonne intelligence, quoy qu'il y ait quelque petite méfiance entre eux, toute la cour est dans une incertitude si grande qu'il n'y a point d'affaire qui ne change de face vingt fois le jour...

La sœur de V. M. n'est pas satisfaite du prochain retour de son mary, que l'on ne croit pas d'humeur à souffrir patiemment les fréquentes visites de Madame de Longueville et sa compagnie. A. C.

M. LE PRINCE AU PARLEMENT DE DIJON.

Saint-Maur, 8 juillet 1651.

J'ay creu qu'il estoit important au service du Roy de vous informer des raisons que j'ay eu de me retirer de la cour, et ce qui s'est passé depuis le temps que je suis dans ma maison de St-Maur, afin que mes ennemis et ceux de l'Estat ne donnent aucune mauvaise interprétation à mes actions, qui ne seront jamais esloignées du service que je dois au Roy.

Le cardinal Mazarin, ayant eu assés de crédit sur l'esprit de la Reyne pour la faire consentir à ma détention, a continué, par l'entremise de ses créatures, de me rendre de mauvais offices auprès de Sa Majesté, et, sans considérer les suittes fascheuses de mon emprisonnement et les désordres qu'il a causé dans l'Estat, nous leur avons veu pratiquer les mesmes artifices dont l'on s'estoit servy auparavant que de m'arrester.

L'on a semé les bruictz dans le peuple afin de me décrier ; mes actions les plus inocentes ont esté calomniées, et les indifférentes interprétées malicieusement contre moy. L'on ne s'est pas contenté de travailler à préparer le peuple par les mauvaises impressions qu'on luy a voulu faire prendre de ma conduite ; les créatures du cardinal Mazarin ont agy dans le cabinet ; elles ont fait effort auprès de la Reyne et ont voulu engager toutes sortes de négociations avec les personnes qu'on a creu qui ne m'estoient pas favorables, sur l'espérance d'en estre fortifiées contre moy et que ce commerce faciliteroit l'exécution de leur dessein. Ils ont desjà commencé d'agir auprès du Roy, et l'intérest que vous avés pris dans ma liberté, et l'arrest qu'ensuite vous avés donné contre celuy qui estoit l'auteur de mon emprisonnement ont esté calomniés de faction et de cabale ; ils ont voulu faire passer vos actions de justice pour des entreprises contre l'authorité royale, ont condemné les parlements afin de mieux justiffier le cardinal Mazarin et disposer l'esprit du Roy à son retour lorsqu'il sera majeur, au préjudice de vos deffences, de l'intérest que vous avés à maintenir vos arrestz, de la tranquillité publique, qui ne sçauroit estre affermie que par son esloignement.

Les soins que S. A. R. et moy avons pris de rompre un commerce si préjudiciable au service du Roy et au repos de l'Estat n'ont de rien servy, et les deffences que Messieurs du parlement de Paris ont réitérées d'avoir aucune communiquation avec luy ont esté inutilles. Nous avons veu, en mesme temps qu'ilz les renouvelloient, M^r le duc de Mercœur partir d'auprès du Roy pour l'aler trouver ; nous avons sceu qu'on négotioit à Sedan ; nous avons veu le lieutenant de Brisach se rendre maistre d'une place si importante, en chasser le Sr de Tilladet pour avoir luy seul l'agrément et l'avantage de la remettre entre les mains de cet estranger. Ce n'est pas le seul préjudice que la France en a receu ; il a affecté de tenir toutes choses en suspand ; il a empesché que les conseilz que S. A. R. et moy avons donnés pour mettre ordre aux affaires publiques et parvenir à la paix générale ne fussent escoutés, afin que les peuples qui ont eu subjet d'espérer, par sa retraite et par ma liberté, la fin des maux qui les affligeoient, perdissent les justes espérances qu'ilz en devoient concevoir, et qu'ilz eussent ressenty en effet, sy les créatures qu'il a dans le conseil n'eussent opposé leurs intrigues et le crédit qu'ilz conservent auprès de la Reyne pour empescher les bons desseins de S. A. R. et les nostres aussy.

Nous avons eu ce desplaisir de voir toutes choses comme abandonnées, ou du moins suspendues jusques à ce que le cardinal Mazarin eust envoyé ses décisions du lieu où il s'est retiré. Le crédit qu'il a tousjours conservé et que ses créatures ont employé contre nous a commencé de nous donner beaucoup de soubçons et de deffiance, qui ont augmenté dans nostre esprit dès lors que nous avons esté obligés de leur faire connoistre que nous ne pouvions jamais consentir au retour de leur maistre; ce qui les a obligés de renouveller leurs soins afin de nous nuire. En effet, peu de jours avant nostre despart, nous avons esté avertis, de plusieurs endroictz, d'une entreprise qu'ilz avoient contre nous, et en avons en ce mesme temps informé S. A. R., comme il a eu la bonté d'en rendre tesmoignage à Messieurs du parlement de Paris. Nous aurions continué de vivre dans les soubçons et la deffiance, ayant peine à nous résoudre de quitter la cour, si nous n'eussions esté avertis, la nuict mesme de nostre départ, qu'ilz la 'vouloient exécuter, et que, pour cet effet, les soldats du régt des gardes avoient ordre de s'assembler soubz leurs drapeaux, et que l'on en avoit veu, en divers endroitz, plusieurs troupes.

Et comme nous sommes obligés de ne rien négliger dans une occasion si importante à nostre seureté, nous voulusmes en estre particulièrem^t informés; et, en effet, on nous raporta que plus de deux cens hommes estoient desjà assemblés, et que le reste des compagnies venoient à leurs rendés-vous. Une assemblée si extraordinaire, à deux heures après minuict, dans le voisinage de nostre hostel, nous confirma la vérité des avis que nous avions receu ce mesme jour, et de tous les soubçons et les deffiances qui avoient précédé. Ce qui nous obligea de nous retirer icy, afin de nous mettre en seureté contre l'entreprise des mesmes personnes qui ont déjà procuré nostre emprisonnem^t. Et de fait, en sortant du faubour St Germain, nous rencontrasmes quarente chevaux qui marchoient en ordre de gens de guerre. Nostre première pensée fut d'en donner avis à S. A. R., d'en informer Messieurs du parlement de Paris; et M^r le prince de Conty, mon frère, fut luy-mesme tesmoigner à la compagnie la nécessité que nous avions eue de nous mettre à couvert des accidens que nous avons desjà esprouvés, que c'estoit le seul motif de nostre retraite, et de prévenir, par ce moyen, les désordres qu'une telle violence auroit causés dans l'Estat; que nous n'avions aucune prétention ny pour nous ny pour nos amis, et que nous ne demandions que la seureté que des personnes de nostre naissance doivent trouver auprès du Roy en le servant fidellement comme nous avons tousjours faict et comme nous protestons de faire toute nostre vie; ce qui ne pouvant estre jusques à ce que l'esloignement des créatures du cardinal Mazarin luy oste entièrement l'espérance de retour, et restablissant la confiance nécessaire à la réunion de la maison royale et à la tranquillité publique, nous avons déclaré à S. A. R. et à Messieurs du parlement de Paris qu'aussitost que les s^{rs} Servien, Le Tellier et Lyonne seroient esloignés, nous ne manquerons pas de nous rendre auprès de Leurs Ma^{tés}, afin d'y continuer nos soins au service du Roy et de l'Estat; et nous pouvons vous asseurer qu'une déclaration si désintéressée et si avantageuse à la France a esté receue par S. A. R. et Messrs du parlement de Paris aussy favorablement que nous pouvions espérer. B. N.

M. LE PRINCE AU DUC DE LONGUEVILLE.

Paris, 19 août 1651.

J'ay prié Mr Priolo de vous aler trouver en diligence pour vous avertir de l'affront signalé qu'on m'a faict; je croy qu'après un coup comme celuy là il n'en reste plus à faire que le dernier coup de ma perte. J'attens de vostre bonté que vous ne m'abandonerés pas dens une occasion si pressante, où il y va de mon honneur et de ma vie. J'ay chargé Mʳ Priolo de vous dire là dessus mes sentiments; je vous supplie me mander franchement les vostres. B. N.

LE DUC D'ORLÉANS A M. LE PRINCE.

31 août 1651.

J'ay bien voulu vous informer que j'ay tesmoigné au comte de Brienne que j'estois tousjours dans les mesmes sentimens, ou qu'on fist cognoistre que les sugets de deffiance qu'on a faict paroistre de vostre conduitte sont sans aucun fondement, ou bien que l'affaire se poursuyvist au parlement. Je vous conjure de tout mon cœur de croire que je fais une estime si particulière de vostre amitié que je ne souhaite rien plus passionnément que de vous donner non seulement en cette rencontre des preuves essentielles de la mienne, mais encore en toutes celles qui se présenteront jamais que je suis aultant qu'on le peut estre

Vostre très affectionné cousin... A. C.

M. LE PRINCE AU DUC D'ORLÉANS.

13 septembre 1651.

Comme je ne doubte point que mes ennemis ne donnent de mauvaises impressions à Sa Majesté et au publicq de mon esloignement de la cour et de Paris, je me promets de la bonté de V. A. R., qui a une parfaite connoissance de ma conduite depuis ma liberté, que vous ne refuserés pas de rendre tesmoignage à la vérité dans une occasion qui est si importante à mon honneur et à ma réputation.

V. A. R. sçait qu'ayant non seulement donné les justes ressentimens que je pouvois avoir de ma prison à ce que je croyois devoir au publicq, mais ayant faict de ma part tout ce qu'on pouvoit désirer pour faire connoistre que j'en avois

mesme perdu le souvenir, néantmoins il n'y a point d'artifice
que l'on n'ayt pratiqué pour m'en rappeller la mémoire par les
nouveaux ombrages qu'on m'a donné d'une semblable entreprise. La division qu'ils ont voulu mettre entre V. A. R. et
moy a esté un de leurs plus grands efforts, lequel n'ayant pas
réussy dans le changement qu'ils voulurent faire le lundy
sainct dans le conseil du Roy sans vostre consentement et ma
participation, ils n'ont rien oublié depuis pour me descrier et
me donner les derniers soubçons, jusques à concerter les
moyens de m'arrester une seconde fois; ce qui, joinct aux
froideurs que la Reyne me tesmoignoit en toutes occasions,
m'ayant obligé de me retirer à St Maur, V. A. R. sçait
qu'aussytost je luy en donnay advis et au parlement, où vous
me fistes l'honneur de desclarer plusieurs fois que mes
deffiances estoient justes et légitimes, et vous interposastes
ensuitte vostre authorité avec celle de cette compagnie pour
me faire donner mes seuretés par l'esloignement des sieurs
Servien, Le Tellier et Lyonne, sans espérance de retour, et
par la parolle Royalle dont vous me fistes l'honneur de vous
rendre garand que je pouvois veoir Leurs Majestés sans aucune
crainte et que j'en recevrois un favorable accueil. Le lendemain j'eus l'honneur de rendre mes respects au Roy et à la
Reyne, mais avec si peu de satisfaction que la froideur que
l'on y fist paroistre me donna lieu de doubter que les impressions que mes ennemis leur avoient donné de mes déporte-
mens ne fussent pas entièrement effacées de leur esprit. Cela
me rendist retenu à ne continuer pas mes visites au Palais
Royal, comme je le désirois avec passion, et ce d'autant plus
qu'au mesme moment que Leurs Majestés paroissoient pourveoir à ma seureté et à celle du publicq par l'esloignement
des sieurs Servien, Le Tellier, et Lyonne, elles proposoient de
mettre en leurs places et dans les employs les plus considérables des personnes qui m'estoient encore plus suspectes que
ceux qu'on venoit d'oster, par les liaisons qu'elles avoient

avec le cardinal Mazarin, ainsy que les instructions dont Ondedeï estoit porteur en font foy et desquelles vous avés une parfaite connoissance. Je fus contrainct d'en tesmoigner mon mescontentement, qui, ayant donné lieu à des discours qui me taxoient d'intérest particulier, je me sentis obligé d'en faire connoistre au parlement les véritables causes, mesme d'en faire charger le registre, attendant que le temps en descouvrist la vérité, ce qu'il a faict enfin à mon advantage.

Cette opposition juste que V. A. R. appuya ne servist qu'à les rendre plus hardys, jusques à me susciter soubs le nom du Roy une calomnie que j'avois intelligence avec les ennemis de l'Estat, laquelle n'ayant pu soustenir que par une violence qui n'a point d'exemple et qui estoit digne de punition, ils firent tout ce qu'ils peurent pour éluder par des remises de jour à autre la réparation que j'en avois demandée, dans l'espérance qu'ils avoient de gagner la majorité, qui estoit cette conjoncture favorable qu'ils attendoient avec tant d'impatience pour l'exécution de leurs entreprises contre ma personne et de leur establissement, qu'ils n'avoient différé que pour le faire avec plus de hauteur. Et, afin de me dresser un piège, ils firent enfin, après plusieurs délays et seulement la veille de la majorité, résoudre la response aux remonstrances du parlement sur le subject de mon accusation et en faire expédier une déclaration fort avantageuse en apparence, quoyqu'en effect elle ne le fust pas, s'imaginant que, m'ostant le prétexte que cette accusation me donnoit de ne point veoir Leurs Majestés, il faudroit ou que je m'exposasse à leur ressentiment ou que je donnasse lieu par ma retraicte à consommer l'establissement qu'ils méditoient il y avoit si longtemps.

En effet, n'ayant pas jugé à propos de me présenter devant Sa Majesté, parce que ma justification n'avoit pas encore esté publiée en sa présence comme le parlement l'avoit ordonné, et aussy que les gens de guerre et nombre de gentilhommes qu'on faisoit venir de toutes parts m'estoient de nouveaux subjects de deffiance, quoyque j'eusse tesmoigné à V. A. R. l'empressement que j'avois pour terminer cette affaire par un accommodement honorable et utile au publicq, mesmes au subject des trouppes qui sont soubs mon nom, contre lesquelles on pressoit des ordres que V. A. R., qui en prévoyoit les conséquences, avoit tousjours arrestés, et m'estant donné l'honneur de vous escrire de Trie, où j'estois allé visiter M\u1d63 de Longueville mon beau frère, pour obtenir de Leurs Majestés une surséance de quelques jours de l'establissement de ces nouveaux ministres et du licentiement des dites trouppes, la Reyne ne voulut jamais accorder à V. A. R. les trois jours qu'elle luy demanda, dans lesquels je vous asseurois d'exécuter tout ce que vous m'ordonneriés, ayant remis tous mes intérests entre vos mains.

Et bien que vous eussiés tesmoigné vostre opposition à ce changement de ministre comme faict contre vostre consentement, avant qu'on m'en eust donné connoissance, on n'a pas laissé de chasser avec outrage M\u1d63 le Chancelier contre la déclaration et la liberté publique, de disposer des sceaux, faire un premier ministre et un surintendant nonobstant vostre empeschement, et en mesme temps j'appris qu'on avoit donné ordre pour licentier ou charger les trouppes qui sont soubs mon nom, pour à quoy parvenir plus facilement V. A. R. sçait qu'on a séparé celles qui sont aussy soubs son nom du corps de l'armée, dans la croyance que l'on a eu qu'elles n'authoriseroient pas cette violence ; ce qui estant une entreprise contre vostre authorité et qui m'ostoit la confiance que j'avois pris jusques icy en vos paroles, puisqu'il semble que l'on ayt voulu faire veoir par cette action que l'on pouvoit tout sans vous, V. A. R. ayant mesme eu la bonté de me tesmoigner qu'après cette conduicte elle ne me pourroit plus donner de seureté, j'ay eu raison de me persuader que tout ce que la cour avoit paru faire en ma faveur n'estoit que déguisement pour me mieux surprendre. Et V. A. R. ayant ensuitte déclaré au

Roy qu'elle ne pouvoit plus assister à ses conseils, j'ay estimé que par une retraicte il m'estoit permis de pourveoir à ma seureté; ce que V. A. R. ayant mesme agréé, je luy en rends mes très humbles remerciemens, ne doutant point qu'elle ne veuille achever ce qu'elle a commencé, et que le parlement, qui verra que dans le commencement de la majorité, où le Roy n'a pas moins besoing de vostre assistance (qui luy a tousjours esté si avantageuse) et d'un bon conseil, on en a faict un autre que pendant la Régence, contre vostre volonté et sans ma participation, tout composé de personnes engagées avec le cardinal Mazarin, et qui d'ailleurs n'est pas moins contre la raison que sans exemple, puisque de droict les princes du sang sont conseillers nés de l'Estat, et que l'histoire ne nous apprend point que dans l'aage où est à présent le Roy, quelque abus que l'on ayt faict de son authorité, son conseil n'ayt esté remply d'aucun prince du sang, cette compagnie jugera sans doubte raisonnables et secondera vos bonnes intentions pour y apporter les remèdes proportionnés à la grandeur du mal et des suittes que cette entreprise peut avoir, vous asseurant que j'y contribueray de ma part tout ce qui sera en mon pouvoir et que je demeureray inséparablement attaché aux intérests de V. A. R.   B. N.

LIVRE VI, CHAPITRE III.

LA GUERRE CIVILE EN PROVINCE.

LA PRINCESSE PALATINE A LA REINE DE POLOGNE, SA SOEUR.

Sans date (1ᵉʳ octobre 1651).

M^r le Prince se desclare tout à fait et les peuples sont fort émus. Le Roy et la Reyne sont présentement à Fontainebleau.

Le conseil n'est composé que de M⁰ de Châteauneuf et du mareschal de Villeroy; car le premier président et le marquis de La Vieuville demeureront icy, où Monsieur est malcontent. Le coadjuteur, dont V. M. a entendu parler bien des fois, n'est pas dans la mesme fortune qu'il estoit auparavant, son crédit estant diminué auprès de Monsieur, et la Reyne d'ailleurs n'ayant pas la dernière confiance en luy. Il ne laisse pas d'espérer le chapeau de cardinal, dont il a envoyé la nomination à Rome que le Roy lui en a donnée. L'on croit que Mʳ le Prince la traversera par la prétention du prince de Conty, et l'on dit que le coadjuteur, qui s'en est douté, a envoyé au pape le traité que l'on avoit fait avec luy, où l'on cédoit le chapeau de cardinal en sa faveur au nom du prince de Conty, qui en avoit donné le pouvoir. L'on dit aussy qu'il y joint les promesses de mariage du prince de Conty pour Mˡˡᵉ de Chevreuse, et qu'il prétend par là faire voir que le prince de Conty s'est desparty de la nomination en sa faveur, et faire esclater aussy les manquements des paroles que l'on avoit données.

La cour doit partir demain pour s'en aller à Bourges, où le prince de Conty et Mᵐᵉ de Longueville se sont retirés. On doute que cette ville aye dessein de tenir; si cela est, on ne fera rien de ce costé là, parceque le Roy n'est pas en estat d'y faire un siège. Le comte d'Harcourt s'en va en Guienne, où il s'avance quelques troupes. L'on croit que le Roy le suivra de près et que l'on pourroit bien donner une bataille, qui seroit asseurément fort sanglante. L'on est icy fort estonné et l'on craint que Paris ne se soulève aussy quand le Roy sera plus esloigné.

Mʳ de Longueville a fort embarrassé les esprits jusques à présent, et la vérité est qu'il n'a pas moins promis à la Reyne qu'à Mʳ le Prince; la question est de savoir auquel des deux il doit manquer.

Mʳ de Bouillon et Mʳ de Turenne sont partis hier, et quoique l'on dise que ce n'est qu'un voyage de deux jours, je croy qu'ils veulent voir si, en donnant de l'ombrage à la cour, on leur accordera leurs prétentions de principauté, et, au cas que l'on ne les satisfasse pas, se jeter dans le party de M' le Prince, qu'ils rendroient asseurément fort considérable, M' de Turenne, par son mariage avec M¹¹ᵉ de La Force, pouvant se rendre le chef de tous ceux de la religion.

Cependant la noblesse demande les estats; le lieu n'en est pas encore résolu, et je croy que si l'on ne les accorde pas il est malaisé de remédier aux désordres de l'Estat. — M' le cardinal est toujours à Brulle (Brühl); le dessein n'est pas encore prest de le faire revenir, quoyque chacun le pense; mais peut-estre que si les brouilleries continuent, comme il n'y aura plus guère de choses à mesnager, il pourroit bien revenir. — V. M. peut juger par l'estat où sont icy toutes les affaires que nous sommes à la veille de voir bien encore de plus grands maux, les remèdes estant difficiles à trouver dans la division mesme qui se trouve dans le conseil, M' de Châteauneuf et le mareschal de Villeroy estant ennemis du premier président; enfin chacun prévoit de grands malheurs et on ne sait tantost plus de quelle manière on y pourra remédier.

Je diray à V. M. que Mademoiselle a de grandes espérances du mariage du Roy et je ne croy pas impossible que la chose pust réussir. A. C.

M. LE PRINCE AU MARÉCHAL DE GRAMONT.

Sans date (octobre 1651).

J'ay esté ravy de treuver icy Valance pour vous faire scavoir de mes nouvelles et vous asseurer de mon service très humble. Il vous dira touttes les nouvelles d'icy; c'est pourquoy je ne vous en manderay point d'autres, si ce n'est que nous y attendons les *banselles* qui viennent de Catalogne; quoyqu'elles ne soint pas bien fortes, elles ne laisseront pas de servir à aguérir nos nouvelles troupes, et le bonhomme Marsin ne me sera pas inutile. Je sçay bien que ces nouvelles là ne vous plaisent pas, puisqu'elles ne sont pas conformes au dessain que vous avés toujours eu de me voir bien à la court; mais au moins vous ne pouvés pas estre fasché de me voir en estat de m'empescher d'estre accablé. L'homme gros et court et ses lieutenens généraus Sauvebeuf et Simarcon jurent qu'ils n'y en a pas icy pour un desjuné pour eus; et moy je vous jure qu'ils se trompent. Je ne puis m'enpescher de vous dire que je suis au désespoir, touttes les fois que je vous escris ou que je songe à vous, de nous voir faire les choses l'un et l'autre si contraires à nos inclinations; car enfin je suis seur qu'elle nous portent à n'estre point séparés, et je ne voy pas que nous puissions si tost estre ensemble. Conservés moy avec tout cela vostre amitié, et croiés que la tendresse que j'ay pour vous ne sçauroit diminuer.

C. P.

M. LE PRINCE AU COMTE DE GUITAUT.

Sans date (octobre 1651).

Je viens de recevoir vostre lettre. Je vous envoye vostre lettre pour M' le premier président, datée de St-Macaire. Pour M' de Marsin, j'ay envoyé à M' de Montespan dès ce matin pour le prier de donner ordre à son passage. J'ay aussy envoyé M" de Thodias, de Jonsac et de Montesquiou audevant de lui pour faciliter son passage. De vostre costé, n'espargnés rien pour cela; car c'est la plus importante affaire du monde. Avertissés moy à tous momens de tout ce qui se passera dans cette affaire et à Toulouse, et asseurés-vous que je vous aime audelà de ce que vous pensés... Travaillés aussy à bien asseurer le passage de Verdun, en cas que M' de Marsin prenne cette route, et j'y travailleray de deçà. *(Archives d'Époisses.)*

8 octobre 1651.

J'ay reçu vostre lettre par laquelle vous me mandés le passage de Mr de Marsin. Je luy mande de voir les moyens de s'assurer de Muret et de Grenade, et le prie de faire avancer ses troupes sous le commandement de Mr de Monpouillan du costé de Moissac, et de venir icy en diligence, parceque j'en veus partir bientost pour aller en Périgord. C'est pourquoy il est à propos, à cette heure que Mazeroles est là, que vous reveniés le plus tost qu'il se pourra, et que Mazeroles travaille au reste des choses que vous aviés charge de faire particulièrement. Qu'il me mande par vous s'il a de l'argent de Daliès.

(Ibidem.)

Agen, 10 octobre 1651.

J'ay reçu la lettre que vous m'avés escrite par le gentilhomme de Mr de Pibrac. Je pars demain pour m'en aller en Périgord. Je laisse icy Mr de Marsin pour y commander. Je vous envoye les ordres pour ceus de Grenade et pour Mr Foucaut, et la commission pour Pibrac. Faites luy entendre que je ne veus point du tout de fusiliers. Je luy envoye aussi un ordre pour commander à Verdun; mais ne le luy donnés pas si vous le jugés à propos. Faites luy entendre que je n'ay point d'argent et que je luy en enverray aussytost que j'en auray. Si Mazeroles est là, je seray bien aise de vous voir au plus tost; mais prenés garde à vostre seureté. *(Ibidem.)*

LE MARÉCHAL DE GRAMONT A CHAVIGNY.

Bayonne, 30 octobre 1651.

Je vous rends mes humbles grâces de la continuation de vostre souvenir. Vous voyez bien que M. le Prince se moque de l'accommodement, et je croy que la meilleure marque qu'il en puisse donner est d'envoyer Vineuil à Monsieur pour luy porter sa responce. Pour moy, Monsieur, je vous asseure que je me précautionneray autant qu'il me sera possible, et qu'encores que je ne prétende que peu ou point d'assistance de la cour, je deffendrois vertement mon terrain. C'est une chose pitoyable de voir périr l'Estat et d'espérer si peu de remède à nos maux par un gouvernement qui, jusques à cette heure, paroist le plus létargique qu'on sçauroit imaginer, et de cognoistre que de l'austre costé M. le Prince ne travaille que pour les Espagnols; car pour luy je vous responds qu'il n'y gagnera rien et qu'il n'y aura que ces bons Messieurs qui y trouveront leur compte. A. N.

M. LE PRINCE AU PRÉSIDENT VIOLE.

Camp de Saint-Savinien, 27 décembre 1651.

Vous ne scauriés croire avec quelle joye j'ay appris par vostre lettre la résolution de mon frère pour son voyage d'Agen. Vous me ferés grand plaisir que de me mander à toutes occasions les nouvelles de ce pays là et de ce que sa présence y aura opéré.

Pour ce qui est de l'affaire dont vous me mandés que vous avés parlé à M*r* de Remond pour Bourg, si la chose est faisable ou non, faictes le sçavoir à M*r* Lenet, qui est à Talmont, afin qu'il prenne ses mesures sur ce que vous lui en escrirés. Donnés moy souvent advis de toutes choses.

Vous ferés sur le chapitre de l'argent tout ce que vous jugerés estre le meilleur. Voiés un peu le destail de cette proposition de la marine de Vatteville et faictes le moy sçavoir. A. C.

M. LE PRINCE A LENET.

Camp de Saint-Porchères, 22 décembre 1651.

Sur l'advis que M*r* le comte du Daugnion m'a donné que le vent est présentement fort bon pour sortir de la rivière et qu'il est de la dernière importance que les vaisseaux soient envoyés dans ses costes, je vous escris ce billet despuis celuy de ce matin, que vous porte un païsan de Talmont, pour vous prier de faire instance pour cela auprès de Mr de Vatteville et de ne pas différer d'un moment d'envoyer ses vaisseaux à Mr du Daugnion. Vous advertirés aussi ledit sieur de Vatteville que je vas marcher avec l'armée pour passer la Charente par Taillebourg, espérant qu'il se pourra rencontrer occasion de combattre les ennemis. Je vous donne cet advis aussy affin que, quand vous me viendrés rejoindre, vous preniés vostre chemin par Pons et par Xaintes. B. N.

M. LE PRINCE AU PRÉSIDENT VIOLE.

Saint-Savinien, 1er janvier 1652.

Monsieur Viole sçaura qu'il y va du salut de l'armée et du nostre d'avoir cinquente mil francs, mais promptement; c'est pourquoy je le prie de faire le dernier effort pour les avoir et me les envoier au plus tost. Je sçay bien que la prière est inutile, n'y en ayant point présentement; mais il y va de tout, et je croy qu'il poura treuver à les emprunter de mes amis; il ne faut espargner ny pierreries ni vesselle d'argent. Je seray bien aise d'en avoir responce au plus tost et l'argent mesme s'il se peut. A. C.

Sans date (janvier 1652).

Mr de Marsin me preste dis mil francs, qui feront, avec les cinquente mil francs que vous me ferés treuver, si vous pouvés, vint mil escus qui me sont nécessaires. Vous en donnerés le receu à Madame de Marsin, et me les envoirés au plus tost à Talmont avec le reste de la somme. A. C.

M. LE PRINCE AU DUC D'ORLÉANS.

Camp de Brisambourg, 4 janvier 1652.

J'ay appris que M'r le cardinal Mazarin estoit en France, que ses troupes y entroient et se disposoient à venir contre moy. Je croy que V. A. R. reconnoist bien présentement la justice de mes armes ; j'espère que toute la France et le parlement de Paris particulièrement en seront persuadez, et je ne doubte point que V. A. R. n'achève de destruire ce qu'elle a desjà si bien esbranlé; elle m'a fait l'honneur de me dire mille fois que si jamais il entroit en France, elle tascheroit de l'en faire sortir par toutes sortes de voies. C'est à cette heure que l'honneur vous en est deub. Cependant, Monseigneur, je vous offre ma personne, mes amis et tout ce qui deppend de moy pour concourir avec vous à un ouvrage si avantageux à l'Estat et si honorable à V. A. R. La paix générale, le repos du royaume et de toute la chrestienté s'en ensuivront nécessairement. J'attends avec impatience les ordres de V. A. R. et la supplie très humblement de croire que je suis avec tout le respect imaginable...

A. C. (*Minute.*)

M. LE PRINCE A MACHAUT.

Camp de Brisambourg, 4 janvier 1652.

M'r de Machaut et M'r de Gaucourt sauront, si touts deus y sont (si il n'y en a qu'un, celuy qui y sera) que j'ay reçu les lettres que m'a apportées Dupuy de la part de M'r de Machaut, par où j'aprens l'entrée du cardinal et de ses troupes, la disposition de Paris, celle de M'r, celle du premier président et l'effort qu'on faict de touts costés pour m'opprimer avant que les peuples de France aient eu loisir de faire ce qu'il fault contre le dit cardinal, et ils demandoient mes ordres là-dessus. Premièrement, j'escris une lettre à M'r, que je vous envoie ouverte, par laquelle je le presse de faire ce qu'il fault, autant honestement et fortement que je le puis. Il fault luy parler de mesme force et luy faire comprendre que, si il me laisse accabler avant que se desclarer, qu'après il le sera bientost, et que quand mesme le cardinal n'entreroit pas sitost, que si ses troupes entrent et que touttes les autres me poussent, elles luy feront le chemin si net, qu'après il entrera tout à son aise et que luy ne pourra plus y remédier ; que si il prend son temps à cette heure, il acquierrera la plus grande gloire du monde ; il m'obligera, chassera pour tousjours son ennemy et fera la paix générale ; car luy et moy en serons les maistres, luy du costé de la France et moy de celuy d'Espagne ; — que pourveu que nous nous entendions bien, en peu il peut estre infiniment fort ; car il aura ses troupes que Mr de Nemours joindra dès que il luy ordonnera avec les miennes, les Loreines et ce qu'il voudra des Espagnoles, sans les levées qu'il fera dans Paris et dans les provinces ; — que s'il retarde davantage, il faudra ou que je me perde sans pouvoir empescher le cardinal de revenir, ou que je m'accommode avec luy, ce que je ne feray pourtent qu'à l'extrémité et qu'après que Mr n'aura plus voulu de moy. Voilà pour Monsieur.

Pour le coadjuteur, il fault le descrier auprès de Mr, luy montrant que c'est la suite de son traitté avec le cardinal qui le fait revenir, le descrier dans le parlement et dans le peuple, et tesmoigner à Mr que je ne le puis souffrir, et luy faire entendre que s'il abandonoit le coadjuteur absolument, je pouray m'accommoder avec Châteauneuf ; luy en donner des espérances, mais non pas des paroles ; on peut là-dessus faire agir Croissy, en luy en donnant mesme les mesmes espérances et luy faisant des amitiés de ma part.

Pour le premier président, il fault le faire sortir de Paris à quelque pris que ce soit, et empescher qu'on ne l'y retienne, et mesme l'en chasser si on prend les armes.

Je vous envoie une lettre pour le parlement, dont vous vous

servirés si vous le jugés à propos ; sinon vous la supprimerés ; vous la pourés faire présenter par Gaucourt, ou par quelque autre, comme Fontrailles, ou que vous aviserés, et vous la remplirés de son nom, afin que il aie audience du parlement et la créance. Je vous remets à luy faire dire ce qu'il fault et ce que vous autres jugerés à propos. Vous pourés concerter l'affaire avec Mʳ de Chavigny. Mʳ de Gaucourt sçait mes sentiments sur toutes choses. Vous estendrés ma créance autent que vous pourés ; mais vous ne m'engagerés à rien sur la pais que conformément à ce que j'ay chargé Gaucourt. Vous ferés imprimer ma lettre à Mʳ et la ferés courir par Paris. Il ne nuiroit de rien aussy d'embarquer une négociation avec les gens du cardinal, et luy faire espérer que, quand il sera venu, je m'accommoderay avec luy, affin de l'engager davantage à entrer. A. C. (*Minute autog.*)

M. LE PRINCE AU PRÉSIDENT VIOLE.

Pons, 10 janvier 1652.

Je vous envoie l'instruction de Mʳ de Fontrailles pour la garder parmy mes plus secrets papiers, après que vous l'aurés faict voir à ma sœur.

Je vous envoie aussy une response par laquelle vous vérés comme j'ay coulé l'affaire du coadjuteur, en sorte que on sera maître de faire ce qu'on voudra, et ainsy, obligent Mʳ à nomer les intérests de mon frère avec les miens, et mon frère disent que son intérest est d'estre cardinal, cela exclut nécessairement le coadjuteur. A. C.

MÉMOIRE REMIS PAR FONTRAILLES A M. LE PRINCE.

Pons, 10 janvier 1652.

Encore que le cardinal Mazarin ne feut pas entré en France lorsque je partis de Paris, néantmoins son séjour à Dinant, les conférances continuelles qu'il avoit tant avec plusieurs mareschaux de France que presque tous les gouverneurs des places frontières, ne laissoit point lieu à S. A. R. de doubter qu'il n'eût formé le dessein d'y rentrer, affin d'achever de ruiner l'Estat, que sa mauvaise administration a mis dans le désordre où tout le monde le voit. Sa dite Altesse Royale, aprés avoir en vain espéré que la Reine, touchée de cette calamité publique, quiteroit enfin la pensée et le dessein de remètre ce flambeau dans le royaume, voyant que bien loing d'avoir une si juste et si sainte pensée, elle contribue avec une passion extraordinaire toutes les choses qui dépendent d'elle et de son authorité dans l'Estat affin de faire revenir ce pernicieux et ignorant ministre, toutes ces choses ont obligé S. A. R. de changer de conduite, et, en se déclarant et faisant déclarer tout le monde, s'oposer aux désordres que l'arrivée dudit cardinal va causer; et pour cela il m'a commandé de venir trouver Monseigneur le Prince, pour, après l'avoir asseuré de son entière et inviolable affection, luy rendre une lettre de créance de sa part, et parceque mondit seigneur le Prince a désiré que je luy baillasse ma créance par escrit, je l'ay fait d'autant plus volontiers que je suis asseuré que le dessein de S. A. R. est de luy donner toute sorte de satisfaction.

S. A. R. m'a commendé de dire à Monseigneur le Prince qu'il désire faire une union et une liaison entière avec luy, en sorte que leurs intérêts deviennent communs, et qu'ils ne puissent jamais entendre à nulle sorte d'accomodement l'un sans l'autre et sans l'exclusion entière du cardinal Mazarin. Il m'a commendé encore de luy dire qu'aiant un ennemy commun à combatre, ce n'estoit point le temps de songer aux inimitiés particulières, et qu'ainsi il souhaiteroit que Monseigneur le Prince voulût oublier à sa considération les subjects de plainte qu'il pourroit avoir contre ceux qui sont de son parti et capables de servir. Et parce que S. A. R. ne doubte pas que Monseigneur le Prince ne concoure avec elle à la conservation et à la restauration de l'Estat, elle m'a commendé de l'asseurer qu'elle contribuera tout ce qui dependra d'elle pour luy faire obtenir toutes les choses qui pourront contribuer à luy faire avoir une entière seurté et à luy faire obtenir tous les avantages qu'il pourra souhaiter tant pour luy que pour les persones qui sont engagées dans son parti. A. C.

LE DUC D'ORLÉANS A MARIGNY.

Sans date (janvier 1652).

Marigni, jusques à cette heure, le peu de frais sujets et la goute m'avoient empêché de vous escrire; mais maintenant que je me porte bien et que Croisi a gagné son procès et a fait donner l'avis qu'il désiroit, je crois que c'est un assés beau subject pour vous escrire et pour vous faire voir que La Serre n'est .pas menteur. La bibliothèque (de Mazarin) se vend demain. Les commissaires sont partis pour faire fermer les passages. Toutes mes troupes s'acheminent sur les rivières pour empêcher le passage de l'amy. Il ne reste plus qu'à mettre les ballades en campagne, qu'il craint plus que venin d'aspic; et il en est besouin pour rabatre l'orgueil de cet homme qui voit qu'on l'exalte et qu'on le jète en métal, et qui croit prendre M. le Prince comme dans un tramail avec la cole (?) de écharpes vertes conduites par le maréchal d'Hoquinculo (qui a changé de nom et en a pris, comme vous voyés, un italien). Mais j'espère que ces projets ne réusiront pas et que le villain s'en ira comme il estoit venu, et que tous les bons françois et frondeurs se ralians, nous le chaserons une seconde fois de ce frondeur climat, vous assurant que j'auray éternellement le bon frondeur David sur ma cheminée, à qui je feray tous les jours mon oraison pour obtenir du Seigneur qu'il me face la grâce de bien fronder. A. C.

M. LE PRINCE A LENET.

Bergerac, le 4 février 1652.

J'ay receu vostre lettre; l'envoy des 34 mil patagons m'a mis dens une si horrible colère que je n'en suis pas consolable; une fois pour touttes, dittes à Vateville que si dens la fin de feuvrier je n'ay mon argent et mes hommes et mes munitions, qu'ils ne doivent pas espérer daventage à moy; je suis pressé de touts costés; les ennemis m'estreignent; le pais se ruine; je me vois réduit à la dernière nécessité; je n'ay de leur part ny secours ny argent; jugés après cela ce que je dois faire. Pour cette fois cy seulement recevés l'argent, mais protestés que j'ay encore cette considération pour S. M. C., mais qu'après cela je n'en auray plus. Je vous le dis sérieusement et je vas prendre mes mesures là dessus; c'est à Mr de Vateville à y remédier; il fault qu'il fasse l'afaire de l'entreténement des vaisseaus de Mr du Dognon, et pour les miens il les fault envoier à Bordeaus et les désarmer et faire servir leurs hommes; mais il fault prendre garde que rien se perde, affin qu'on les puisse armer quand on voudra. Il fault aussy envoier deus vaisseaus espagnols à Mr du Dognon et deus frégates à Libourne. On se plaint à Bordeaus qu'on areste les bateaus de marchandise à Bourg; donés y ordre. Convertissés promptement les esprits. Le petit Basque vous dira qu'il n'y a point d'autre argent à St Sébastien et qu'il n'en est point venu dans d'autres frégates, et que celles dont ils parlent sont alées en course du costé de Bretagne. Je vous prie de faire diligence et porter tout à Bordeaus, où je vous envoiray promptement mes ordres pour la distribution de cet argent. Cependant ne faites point doner les 3 mil patagons pour le biscuit, mais portés les avec vous, et si vous en pouvés tirer daventage faites le, car le Basque dit qu'il y avoit quatre vint et dix mil escus sur le vaisseau qui est venu et qu'il en est asseuré. Je n'ay point receu l'*Historia de los Moros*.   B. N.

FONTRAILLES A M. LE PRINCE.

Paris, 11 février 1652.

N'estant parti qu'un courrier, qui feut le lendemain de mon arrivée en cette ville, je n'ay peu rendre plus tôt conte à Vostre Altesse du succès de ma négotiation. Je luy dirai que j'eus une joye extrême de trouver le traitté d'entre Monsieur et Vostre Altesse signé comme elle l'eut peu désirer et selon les mémoires qu'il luy avoit pleu me donner ; mais comme il est nécessaire que ces signatures soient suivies des effets, j'estois persuadé qu'il faloit oster tous obstacles qui peussent aider S. A. R. à l'entretenir dans une certaine lenteur qui luy est naturelle et qui est la ruine des affaires comme celles ci, où vous estes conjointement embarqués. Ainsi, Monseigneur, aiant descendu de cheval au palais d'Orléans, après que Monsieur m'eust dit qu'il avoit signé le traitté, il me demanda vostre résolution sur l'affaire de M*r* le coadjuteur. Je luy dis qu'il ne faloit pas qu'il doubtât que Vostre Altesse n'eust une entière defférance à ce qu'il désireroit d'elle; mais que c'estoit à luy à considérer les seurtés que l'on peut prendre avec cet homme. Il me respondit avec grande joye : « Je vous en respons », et incontinant passa dans la galerie où estoit le coadjuteur pour luy dire cette bonne nouvelle. Après, estant venu disner chez *la Mule* (Chavigny), je y trouvé M*r* de Beaufort; et aiant montré au maistre du logis les choses dont j'estois chargé, il feust d'avis de dire à M*r* de Beaufort ce que j'avois dit à Monsieur touchant le coadjuteur, qui ne le trouva pas mauvois; mais le bruit s'en estant espandu, l'alarme feut extrême, premièrement dans la cabale de la maison de Monsieur contraire au coadjuteur. Je crois que M*me* de Monbázon voulut que M*r* de Beaufort en dit son avis; si bien que *la Mule* (Chavigny) feut d'avis que je demandasse de la part de V. A. que le coadjuteur, pour que l'on se peût fier en luy, fît une renonciation entière tant de son chapeau de cardinal que de tous autres avantaiges tout autant de temps que le cardinal Mazarin seroit dans le royaume, qu'il l'escrivît au pape, qu'il le dit au nonce et qu'il le preschât dans Saint-Paul, et que particulièrement il renvoiât sa nomination à la court avec une rupture entière. J'ay suivi cette affaire, Monseigneur, avec le plus de chaleur qu'il m'a esté possible, jusques à m'en atirer les plaintes de S. A. R. sur ma conduite et mon emportement. Je dirai bien à V. A. que si *la Mule* (Chavigny) ne m'eust obligé à faire cela, mon inclination n'i estoit nullement, et que pour les autres qui m'ont voulu calomnier ici je me feusse bien gardé de quiter mon premier sentiment, que j'avois en quelque façon fait gouster à V. A. Mais lorsque je vois un homme esclairé, désintéressé et que justement vous tenés pour vostre très fidelle serviteur, je crois, Monseigneur, ne point faillir en defférant entièrement à ses advis, comme j'ay fait; car pour la plus grande part de ceux qui se font ici de feste pour le service de V. A., il ne seroit point malaisé d'en dire la cause sans qu'elle y ait nulle part à cela. Je n'entens pas parler des bons, anciens et serviteurs cordiaux qu'elle a ici, car elle y en a de toutes manières et qui la servent avec une affection incroiable.

Je prendrai la liberté, Monseigneur, de représenter naïvement à Vostre Altesse l'estat des affaires de deçà, selon le peu de cognoissance que j'en ai. Les cabales de la court sont assés considérables, tant dans la maison de Monsieur que dans le parlement et la ville de Paris. Ce n'est pas qu'elles soient assés fortes pour faire faire rien de considérable pour le C. Mazarin, dont le nom est tousjours en horreur partout; mais elles ne laissent pas de nuire, en portant obstacle à toutes les choses qui vont à l'avantaige du parti, et la présence seule des personnes qui forment ces cabales est une chose très pernicieuse... Monsieur est rempli de toutes bonnes intentions; la plus grande partie du parlement se trouve très bien disposée et la ville de Paris de mesme; mais il manque d'un homme pour faire agir tout cela. Vous scavés que Monsieur n'a pas l'aplication qu'il seroit à souhaiter; mais si V. A. estoit ici et qu'elle ordonât au nom de Monsieur et du sien, il est indubitable qu'elle feroit toutes choses sans peine. Là où sera la personne de V. A., c'est où sera le fort de la guerre, veu principalement qu'elle a ici de très bonnes troupes et des places fortes, sans conter celle de Paris; et ainsi la diversion est asseurée, et vostre gouvernement délivré. Si vous demeurés en Guienne, je ne voudrois point respondre à V. A. ni des choses qui arriveront ici, ni du temps que l'on ira à vostre secours. Je ne vois personne qui ne croie voir V. A. ici au premier jour, parcequ'ils voient que c'est le seul parti qu'elle a à prendre; vos ennemis l'apréhendent plus que la mort, et vos serviteurs l'espèrent comme leur salut. J'en touche un mot en passant à S. A. R., qui, je crois, ne vous priera pas de venir, mais qui sans doubte ne sera pas faschée de vous voir auprès d'elle... A. C.

LE DUC D'ORLÉANS A M. LE PRINCE.

Paris, 4 mars 1652.

Vous sçaurez sy particulièrement par le Sr de Chantemesle le passage de l'armée que commande mon nepveu le duc de Nemours par Mante, et comme la nouvelle de la capitulation d'Angers a obligé mon nepveu le duc de Beaufort, qui estoit déjà près de la ville du Mans, à retourner sur sa route pour se joindre à ladite armée, que je puis bien m'en remettre entièrement sur luy pour vous dire qu'encores qu'on vous ayt desjà envoyé un pareil mémoire à celuy que vous trouverez avec cette lettre touchant ce que mon frère le duc de Lorraine a tesmoigné désirer pour se joindre avec toutes ses troupes dans nos inthérests, j'ai creu vous en debvoir envoyer un duplicata, afin que j'en aye vostre sentiment par la voie la plus prompte. A. C.

CROISSY A M. LE PRINCE.

Sans date (mars 1652).

La plus commune opinion est que le cardinal Mazarin, qui se voit périr par le temps et qui considère que la campagne approche, voudra hazarder un combat général; et en effet de toutes parts les trouppes marchent; celles de Picardie, sous les ordres de Mr d'Elbeuf et du mareschal d'Aumont, celles de Champagne, sous le commandement de Mr de Vaubecourt, s'advancent pour suivre Mr de Nemours; celles de Bourgogne et quelques régiments qu'on détache du Berry joignent celles qui sont sous les ordres de Mr le mareschal d'Hoquincourt.

Ce qui donne subject aux Mazarins d'espérer et à nous de craindre, c'est que nous voyons que l'armée de Mr de Nemours et celle de Mr de Beaufort sont destituées de chef qui ayt assez d'auctorité pour maintenir ces corps estrangers, et assez d'expérience pour hazarder sous leur commandement la décision d'une bataille; et il n'y a que cela seul qui vous puisse empescher de finir les affaires aussy glorieusement et advantageusement que vous pourriez désirer.

Nous avons icy retenu le Sr de Chantemesle pour vous porter les nouvelles asseurées du passage de l'armée sur le pont de Mantes. Mr de Sully a rendu en cette occasion un service très important; Mr de Chavigny s'y est fort employé. A présent l'on va travailler à s'asseurer autant que l'on pourra de la rivière de Loire et de fortiffier d'hommes le passage de Jergeau, dans lequel Mr de Beaufort en a desjà laissé quelquesuns. Ceux que l'on avoit mis dans la Charité en sont sortis par la négligence de celuy qui les commandoit en l'absence du Sr Langeron.

On taschera d'obliger S. A. R. d'aller à Orléans. L'on juge l'importance de ce voyage; Mr de Chavigny y travaille.

Mr de Rohan est accommodé. Il est excusable s'il ne s'est

pas trouvé en estat d'attendre le secours, qu'il ne pouvoit espérer que de la jonction des deux armées, et l'on n'est pas blâmable de n'avoir rien voulu hazarder auparavant qu'elle fust faite.

Mr le comte de Fiesque est de retour de Normandie. Enfin Mr de Longueville luy a donné parole d'entrer dans le party; Anctoville doibt aujourd'huy arriver de sa part pour signer les conditions du traicté. A. C.

M. LE PRINCE AU PRÉSIDENT VIOLE.

Astaffort, 11 mars 1652.

Le chapeau du coadjuteur me désespère; je feray pour cela tout ce que l'on voudra; on n'a qu'à dire. Au surplus des affaires, je m'en remets à ce que vous dira Fourilles. Hastés Mr de Nemours de vostre costé, et mandés moy si vous croyés que je doive aler à l'armée de delà et quend. J'ai traitté avec le comte allemand[1]; il nous amènera trois mil hommes à la fin de may; faites luy honneur et faites luy treuver un vaisseau ou marchant ou autrement. Il est vain et de grande condition; trettés le bien. Il me tarde d'avoir des nouvelles de Fontrailles et de Croissy sur le subject du coadjuteur et sur tout le reste. Je croy que cela produira quelque chose en bien ou en mal pour nous; car ou il se desclarera contre la court, ou il emportera Monsieur contre nous; la chose ne peut plus guière durer. Mandés moy un peu au long vos sentiments sur tout cela. Songés à Saintes promptement, je vous prie; le munitionnaire sert assés mal; il ne nous tient pas parole. Escrivés à Chambon l'exemple de Miradoux et que je n'attens pas moins de luy et de ceus qui sont avec luy, que ce que ceus de Miradoux ont faict. A. C.

1. Jean Woichard, comte de Wertzowey, fit des levées pour M. le Prince en Luxembourg et en Allemagne (1652-1653). Quelques-unes de ses lettres, souvent écrites en latin, sont conservées dans les *Papiers de Condé*.

Agen, 15 mars 1652.

Je croy que c'est à cette heure le temps de prendre nos dernières résolutions, soit pour que je m'en aille à l'armée de delà, soit pour mon séjour icy. Je vous prie donc de bien tout examiner avec ma sœur et mon frère, et de prier mon frère de ma part de venir icy au plus tost, bien instruit de vos sentiments. Après qu'il sera venu, je pouray aler à Bordeaus y prendre les dernières résolutions; mais je n'oserois quitter cecy sens que mon frère y soit plus tost. Cependant vous devés tenir la chose secrette, en sorte qu'âme du monde que vous trois n'en aie cognoissance; je n'excepte personne, seulement faudra-t-il le dire à Mr Lenet, affin qu'il fasse tenir une bonne frégate toutte preste à Royan, mesme plus loin, en sorte qu'elle soit hors de la rivière; et si on juge que je m'en doive aler, je pourray aler par mer si le vent est bon, et si il est contraire je prendray un autre party; et on pouroit en mesme temps, sous quelque autre prétexte, envoier la bonne galère à Castillon, et je pouray là m'embarquer et aler où il faudra, ou bien par terre. Si aussy il ne fault pas que je m'en aille, il n'y aura rien de perdu pour cela; mais il est à propos que Mr Lenet avertisse bien Vateville de n'en dire mot, et que la frégate soit bonne. Hastés le voiage de mon frère; qu'il fasse venir des munitions; toutes les places en sont desgarnies. Qu'il prenne son prétexte de venir sur ce qu'il a impatience de me voir. Le plus tost qu'il viendra sera le meilleur.

A. C.

Agen, 17 mars 1652.

Je vous envoie ce courier pour vous porter une lettre de Mr de Chavigny que j'ay reçue par Chavagnac, qui vient d'ariver. J'en ay aussy une de Croissy, mais on la deschiffre; quand elle le sera je vous l'envoiray. Cependant je juge toujours de plus en plus que mon frère n'a point à perdre de temps de venir icy et qu'il le doit au plus tost. C'est à luy à voir s'il ne luy fault pas quelque escorte, car les ennemis pourroient faire passer de petits partis; cela pourtant est bien difficile après les précautions que j'ay apportées. Il est bon que vous preniés garde à cette heure au Médoc; car l'aproche des ennemis leur pouroit faire lever le masque, et je croy qu'il est bien important que vous y envoiés quelqu'un. J'ay envoyé de l'infanterie dans le château de Nérac et dans les postes le long de la rivière. Les ennemis marchent à Nérac et Condom. Je ne sais si ils oseront attaquer l'un ou l'autre. Mr Mosnier s'est jetté dans Condom avec Marche et le régiment de Pibrac; il me mende que les habitens sont bien intentionés. Les gardes se sont rendus; mais il s'en est sauvé plus de cent; ils n'en enmènent de prisoniers que sis vint; encore se sauvent-ils à pied la pluspart; il fault les remonter à quelque pris que ce soit. J'ay envoié de l'infenterie à Bazas. A. C.

Sans date (Agen, vers le 20 mars 1652).

J'ay receu la lettre de Mr de Chavigny que vous m'avés envoiée et veu vos sentiments et ceus de ma sœur pour mon voiage. Je vous prie de venir icy avec mon frère en diligence bien instruit des sentiments de ma sœur et de faire tenir le vaisseau prest; ce n'est pas que je n'aie dessein d'un autre costé en cas que j'y voie jour, et c'est pour cela que je vous veus voir; mais si cela ne se peut, je prendray la voie du vaisseau. A. C.

LE DUC DE ROHAN AU DUC D'ORLÉANS.

Langennerie, 28 mars 1652, à deux heures du matin.

V. A. R. aura appris les difficultés qu'ont fait ceus d'Orléans de laisser entrer Mademoiselle, Mr de Turenne s'estant présenté avec ses troupes au mesme temps qu'elle à leurs portes, et la cour s'estant advancée à Cléry dans le dessein d'y entrer, mesme sans M^r le cardinal Mazarin, s'ils trouvoient des dispositions aux peuples telles qu'ils les désiroient; et je viens d'avoir présentement nouvelles de Mademoiselle qu'après un refus opiniâtre les bateliers ont favorisé son entrée par une échelle, à quoi elle a bien voulu s'exposer dans la confiance que le peuple agiroit avec chaleur pour les intérests de V. A. R., quoyque les principaux de la ville paroissent absolument contraires.

J'ay appréhendé le succès de son entreprise et n'ay pas oublié de lui en faire voir les inconvénients. Elle a jugé devoir tout hasarder dans une affaire de si grande importance et dans laquelle elle estoit commise, et il y a lieu de croire que les choses luy réussiront si ce peuple continue dans la chaleur qu'ils luy ont tesmoignée. Elle voulut absolument, sur les difficultés que l'on fit naistre pour empescher que j'eusse l'honneur de l'accompagner, que j'attendisse icy l'évènement des choses avec Mr de Valon et trois cents chevaux de son escorte, qu'elle ne jugea pas devoir approcher plus près, afin de lever tous les ombrages qu'ils ont qu'elle soit venue pour mettre garnison dans la ville. J'obéis avec grand'peine, et comme ils disoient que je serois le prétexte du refus qu'on luy vouloit faire, je pris le party qu'elle m'ordonna; et Mr de Flamarens, qui revint au devant d'elle, nous avoit assurés que, pourvu qu'elle se présentast peu accompagnée, elle entreroit et se rendroit la maistresse sans aucune difficulté; personne n'est sorty depuis qu'elle est entrée dans la ville et j'en attends des nouvelles que j'enverray à V. A. R. en toute diligence. Cependant Mr de Beaufort me vient de mander qu'il a advis que les ennemis ont passé le pont de Gergeau dans le dessein de donner bataille, ce qui est si peu vraisemblable qu'il est constant que M^r d'Hoquincourt et ses troupes estoient hier avec le Roy sur le chemin de Blois à Cléry, et s'il n'y a qu'un parti de celles de Mr de Turenne, elles passeront apparemment mal leur temps. Nous allons monter à cheval pour approcher d'Orléans et j'informeray soigneusement V. A. R. de toutes choses.

(*British Museum*, Londres.)

CROISSY A CHAVIGNY.

Orléans, 29 mars 1652.

... Nos deux généraux sont incompatibles, et il fault absolument désespérer du party si l'on les laisse plus longtemps ensemble. Mademoiselle vient de sortir du conseil de guerre qu'on a tenu dans le fauxbourg, où ils se sont trouvés tous deux avec tous les officiers principaux. Il y a eu deux advis proposés, l'un d'aller à Blois, de saisir ce poste avec celuy de Baugency; l'autre, a esté de costoier la marche du Roy, se poster auprès de Gien, consommer toute la subsistance jusques à la rivière du Loing et s'assurer du poste de Montargis pour couvrir Paris. Mr de Nemours estoit du premier, et avec luy Tavanes, Lanques, Vilars; Mr de Beaufort estoit du second, et avec luy Clinchamp, Valon, Coligny, Gauvile; Flammarens. Mademoiselle a voulu absolument que Ber... et moy disions nostre advis à tous deux; nous avons esté pour Montargis. J'oubliois à vous dire que c'estoit ausy le sentiment de Mr de Rohan; Mademoiselle a pris ausy ce mesme party. Mr de Nemours s'en est plaint extraordinairement; et comme il y a longtemps que les semences de division sont entre Mr de Beaufort et luy, il luy a dit quelques parolles fascheuses, et enfin la chose est allée jusques au point que de parolles en parolles il y a eu des démentis donnés, et se sont mis l'un et l'autre en debvoir de se frapper; l'on s'est mis entre eux deux, et puis après tous les amis se sont séparés de costé et d'autre. Enfin l'on s'est entremis pour les accommoder, et Mademoiselle a tant faict qu'ils se sont embrassés et ont promis d'oublier le passé. Mr de Rohan, qui n'a pas encor entré dans Orléans, est à l'armée; et sens doubte, comme il a desjà beaucoup contribué à l'accommodement, il empeschera par sa prudence que les choses ne s'aigrissent. Cependant l'aigreur demeure dans leur esprit, et il me semble qu'il est bien difficile qu'ils en reviennent. Il pourra mesme y avoir difficulté sur l'exécution de l'ordre; ainsy il me semble qu'il est de la dernière importance que Monsieur leur envoie un nouvel ordre de ce qu'ils ont à faire, et les oblige aultant qu'il poura de bien vivre ensemble, quoyqu'à mon sens la chose soit impossible. Vous pourez faire vos réflexions; je vous mande la chose comme elle s'est passée; faictes moy l'honneur de tesmoigner à S. A. R. que je vous en ay rendu compte, et me croiez tout à vous. A. E.

MADEMOISELLE A M. LE PRINCE.

9 avril 1652.

Je m'étés toujour bien atendue que vous ne seriés pas plus tost isi que nous et les Masarins nous en apersevrions; je suis ravie que s'et été pour eus de la manière qu'ils le mérite, et il ne pouvet rien ariver de plus aventageus que de comanser par se que j'aprans par votre lettre, que je viens de resevoir. J'envoie se jentilhomme sur le champ vous asurer de la joie que j'en ay. J'ay ositost doné par de se bon sucsès[1] à tous les ofisiers d'isi, et j'espère de n'avoir jamais que de bonnes nouvelles de votre par; mes surtout je prie Dieu qu'il vous conserve... A. C.

1. Le combat de Bléneau.

LIVRE VI, CHAPITRE IV.

LA GUERRE CIVILE A PARIS.

AVRIL-JUILLET 1652.

M. LE PRINCE AU PRÉSIDENT VIOLE, A BORDEAUX.

Paris, 1ᵉʳ mai 1652.

Je vous despesche Mʳ l'abbé de Sillery pour vous donner advis que le roy et la reyne d'Angleterre vinrent dernièrement proposer à Monsieur que le Roy seroit bien aise d'entendre à un traicté de paix, et que si on vouloit luy envoyer quelques personnes pour cela, il escouteroit volontiers ce qui luy seroit proposé pour s'y acheminer. Là dessus MMʳˢ de Rohan, Chavigny et Goulas furent despeschez à la cour, où l'on eut d'abord quelque parole que le cardinal Mazarin s'en iroit; mais le jour d'hier ces Messieurs, après avoir esté longtemps à l'audience sans pouvoir tirer une response positive sur cet article, il leur fut enfin dit que le Roy ne pouvoit se résoudre à cet esloignement; ils s'en revinrent donc sans passer outre, et avec cette opinion que tout estoit rompu; mais comme ils furent sur le point de partir pour retourner icy, on leur dit qu'il ne falloit pourtant de rien désespérer, ny perdre la pensée de renouer cet accommodement. La chose jusques à cette heure en est demeurée là; je croy qu'on y viendra. J'obtiendray en mesme temps un passeport de la cour pour vous faire venir, et un pour deux de Mʳˢ du parlement pour qu'ils puissent agir de deçà pour les intérests de leur compagnie, et, si cela est, je croy que pour ne mescontenter personne il en faudra choisir un de la grande et un de la petite fronde.

Je vous envoie plusieurs lettres ouvertes que j'escris en créance, l'une sur mon frère, ou sur vous en son absence, pour le parlement, et les autres sur vous seul touchant ces propositions de paix. Dictes à tous mes amis que leurs intérests ne seront pas oubliés en cas d'accommodement, mais qu'il n'y a pas encore eu lieu d'en parler, le premier et principal article des propositions, qui est l'esloignement du cardinal, n'ayant pas esté vidé. J'ay plusieurs autres choses à vous dire; mais comme elles seroient trop longues à mettre dans une lettre, je remetz à vous les faire savoir par la personne de créance que je vous envoyeray, si la chose vient à se raccrocher, pour vous en donner avis. Cependant il ne faut pas laisser de continuer à se précautionner et à donner les ordres nécessaires pour la guerre, comme s'il ne s'estoit parlé de rien... Que tous ces bruits n'empeschent pas qu'on continue à faire les mesmes choses dans la guerre comme auparavant.

Tachez de sçavoir de tous ces M^{rs} quels peuvent estre leurs intérests et donnez m'en avis.

Si ma sœur veult venir, il faudra, quand elle aura son passeport, qu'elle fasse diligence, car ou il n'y aura pas d'accommodement du tout, ou, s'il se renoue, il ira bien viste. J'ay chargé l'abbé de parler à mon frère d'une affaire de Provence; mandés m'en au plus tost la response.

A. C.

LE TELLIER A TURENNE.

Saint-Germain-en-Laye, 3 mai 1652.

Auparavant que le Roy fut arrivé icy, M^{rs} les Princes avoyent faict rompre les ponts de St-Cloud et de Neuilly pour incommoder le service de la cour à Paris, et y avoyent establis des troupes afin d'empescher qu'on ne travaillast à les rétablir, et

depuis ils ont faict faire des travaux afin d'estre d'autant plus en estat de résister si on les en vouloit chasser, ce qu'on auroit faict avec les troupes qui servent auprès du Roy si on l'avoit pu faire avec quelque secret ; mais comme ils sont advertis des résolutions que l'on prend d'icy auparavant qu'elles puissent estre exécutées, S. M. m'a commandé de vous faire scavoir qu'Elle désire que vous envoiez recognoistre les postes de St-Cloud et de Neuilly par un officier capable d'en bien juger et qu'ensuite vous donniez advis si vous ne pouvez pas destacher des troupes de vostre armée pour faire cette exécution là, qui sera d'autant plus aysée que M^{rs} les [Princes, ne sachant point qu'il se fasse aucun mouvement des troupes qui sont auprès du Roy, ne se desfieront point de celles que vous pourrez y envoyer. Vous observerez, si vous plaist, que le secret soit gardé et que personne que vous, Monsieur le mareschal d'Hoquincourt, auquel j'escris en ceste conformité, et celuy que vous choisirez pour cette expédition, n'en aye cognoissance.
A. C.

M. LE PRINCE A MARIGNY, A BORDEAUX.

Paris, 4 mai 1652.

J'ay receu vostre lettre touchant le petit succès qui m'es arrivé. Je vous remercie de tout mon cœur de la joie que vous m'en avés tesmoignée. Pour moi, j'en auray tousjours beaucoup quand je pourray rencontrer les occasions de vous faire paroistre mon ressentiment de la part que vous prenés à tous mes intérests. Conservés moy tousjours vostre bonne volonté et croyés moy entièrement à vous.

Je seray bien aise que vous veniés icy, si cela se peut.
A. C.

DON LUIS DE HARO A M. LE PRINCE.

Madrid, 6 mai 1652.

Nouvelles sont arrivées en cette cour de la victoire que vous avez obtenue près de la Loyre contre les ennemis, et qu'elle est deüe uniquement à vostre disposition et vostre valeur. Le Roy en a receu un contentement non pareil, et moy toute la joye qui correspond au particulier estime que je fais de l'honneur de vostre amitié ; et elle sera entièrement accomplie quand j'auray apris que vous avez esté bien servi en cette occasion de M⁽ʳ⁾ le baron de Clinchamp, et des troupes du Roy qui sont à sa charge, et qu'il fasse le mesme en toutes les autres qui se pourront acheminer à vostre plus grande gloire et accroissement...

On vous aura desjà mandé le passage qu'aura faict un nombre d'infanterie espagnole pour le renfort de nostre armée navalle ; il passera aussy incontinant un grand vaisseau de guerre, qui estoit en Biscaye ; car encore qu'il a esté destiné pour le siège de Barcelone, le Roy a désiré tesmoigner en cette occasion, comme le fera en toutes les autres qui se présenteront, la générosité avec laquelle il veut préférer tousjours la protection de vos intérêts à touts les autres de sa monarchie.

Nostre flotte n'est pas encore arrivée, ce qui nous tient réduits à une extrémité incroyable ; mais nonobstant cela je feray cependant tous les efforts imaginables pour vous assister, avec tout ce qui sera possible, comme vous l'aurez peu connoistre parce qu'on a faict jusqu'icy ; et estant arrivée, je vous asseure derechef que non seulement vous serez satisfaict de tout ce qui vous est deu suivant le traicté, mais aussy que j'espère que vous connoistrez tout clairement combien je désire mériter l'honneur de vostre confidence et amitié; et en outre vous aurez aussy entendu, Monsieur, comme il a esté convenu icy avec l'admiral Jacques Gouverneur une levée de trois mille hommes de pied, et qu'il aille joindre nostre armée avec six navires de guerre qu'il doibt amener de Flandre, comme vous l'aura mandé Mʳ de Saint-Agoulin, auquel je me remets en cecy, et tout ce qu'il a sollicité icy de vostre part...

A. C.

CROFTS A LA REINE DE POLOGNE.

Paris, 7 mai 1652.

Je ne vous ay point escrit par la voie ordinaire, ayant esté avec le roy mon maistre au devant de M. de Lorraine, qui est dans cette ville depuis dimanche dernier, logé au palais d'Orléans. Il en est reparti aujourd'huy et est allé joindre ses troupes, qui sont de huit mille hommes combattants, à savoir cinq mille chevaux et trois mille fusiliers, et doit passer la rivière de Seine sur un pont de bateaux qu'on luy donne en cette ville, à un lieu nommé le Port Langlois, et de là promet aller secourir Etampes, qui est fort pressé ; et si il n'y arrive devant trois jours d'icy, l'on espère emporter la place. Il y a déjà eu force gens de tués ; le chevalier de La Vieuville mourut de ses blessures la nuit passée à Corbeil ; le marquis de Varde a eu l'extrême onction, et, l'on croit, n'en réchappera pas ; et l'on dit que la cour est plus obstinée que jamais contre la paix, ayant envoyé déjà à Lyon savoir si l'on y recevra le Roy, où l'on dit que le cardinal le veut mener, pour son escorte, en cas qu'il se trouve obligé à sortir de France ; mais je crois que ce sera le plus tard qu'il peut, et croit qu'il sera mieux de demeurer et hasarder le tout plustost que d'accorder aux demandes de M. le Prince pour la paix, qui demande pour luy un remboursement de tous ses frais depuis la guerre sur les rentes de Bordeaux et Guyenne, le gouvernement d'Auvergne pour M. de Nemours, celuy de Poitou pour M. de La Rochefoucauld, avec un dédommagement entier aussy de tout ce qu'il perd ; à M. de Rohan son gouvernement d'Anjou ; à

M. du Dognon la restitution de la Rochelle, de Ré, Brouage, et un brevet de duc et pair ; à Marsin un baston de mareschal de France ; et à M. le prince de Conty et à luy-mesme, la restitution de tous leurs gouvernements, en paix et tranquillité ; et à Jarzé, qui est maintenant dans cette ville, la restitution de sa charge de capitaine des gardes du petit Monsieur, que la cour avoit donnée à Laigues, et plusieurs autres demandes dont je ne me puis souvenir ; sans compter les demandes de M. le duc d'Orléans, qui veut, outre le tout, le départ du cardinal, dans lequel on ne l'a jamais vu si obstiné. Voilà comme le tout a changé de face depuis ma dernière lettre, et le tout par l'arrivée du duc de Lorraine, que la cour croyoit estre assurée ne devoir pas venir. Cependant la cour demeure fort obstinée de son costé, ayant pain de munition pour leur armée pour six mois d'avance et autant pour la nourriture de la maison du Roy ; et si M. l'archiduc vient, que M. de Lorraine dit estre avancé jusques à Soissons sur sa marche en deçà, l'on verra trois armées espagnoles en France, ruinant et ravageant partout sans aucune opposition. Cependant il y a toujours des traités sur pied, et nous tachons, par l'accord de M. de Lorraine, de l'engager avec le roy mon maistre qu'ils soient par le consentement des deux partis arbitres de leurs différents, et ainsy aller à la paix générale ; mais il n'y a que Dieu qui sache ce qui deviendra de tout. Cependant la reine d'Angleterre s'est retirée dans Chaillot, et nous sommes icy au Louvre dans un assez déplorable estat, et moy le seul Anglois hors de la dernière misère par la bonté de Vos Majestés, que je me trouve obligé de reconnoistre toute ma vie. Les divertissements de M. de Lorraine pendant qu'il a esté dans Paris ont esté : la première soirée qu'il arriva, il ne voulut point entrer en consultation avec Monsieur et Messieurs les princes, quoyque l'on luy pust dire, mais demeura toute la soirée dans le cabinet de Madame, où il entretint Madame de Monbazon, et de là fut avec elle chez elle, d'où il ne revint qu'à quatre heures du matin ; et ce jour mesme devant disner vint visiter nostre roy, l'après disner fut visiter sa femme, mais ne l'appelant jamais que sa cousine, et ne luy parla que trois paroles, mais s'occupa, tout le temps qu'il y estoit, à entretenir d'autres femmes. De là il revint tout seul au cours, et dans la rue rencontra le carrosse de Mme de Chastillon, qu'il n'avoit jamais vue que le soir auparavant, et l'arresta, disant qu'il vouloit que le cocher l'y attelast et qu'il le vouloit trainer, et après, la suivant au cours, prit une trentaine de citrons, qu'il jettoit sous les roues à mesure que le carrosse marchoit; et après avoir fait deux tours comme cela, il se mit à la fin dans le carrosse avec Mlle de Chevreuse, et au retour du cours fut avec elle à la place Royale chez Mme de Gimené[1], où il se déguisa en religieuse et se promena jusques à une heure après minuit dans la place, appelant Mlle de Chevreuse sa sœur, et se disant luy Mme de Pons, sœur de Mlle de Chevreuse et abbesse de Pons; et M. le Prince, ayant affaire à luy, et le sachant à la place Royale, l'y fut chercher; mais à mesure qu'il s'en approchoit, il se cachoit de luy derrière les arcades et ne luy parloit point. Hier il fut à Chaillot visiter nostre reine, et partit ce matin tout seul avec son valet de chambre pour aller joindre son armée, et fut arresté à la porte St-Antoine pour n'avoir pas de passeport pour sortir; et en attendant que son passeport vint, il alla attendre aux Jésuites, et maintenant est parti, et nous entendrons bientôt comme il se sera gouverné dans le secours d'Etampes..... A. C.

LE DUC D'ORLÉANS A M. LE PRINCE.

Paris, 16 juin 1652.

J'ay jugé à propos de faire séjourner pour cette nuit vos troupes à Charenton, où celles de Lagny les doivent joindre; je vous prie de me faire savoir si on les fera avancer pour

---

1. Guémémée, — se prononçait Guimenée.

prendre les postes de S¹-Cloud et du port de Neuilly ou de faire telle autre marche que vous aviserez. A. C.

L'ABBÉ VIOLE A LENET.

Paris, 23 juin 1652.

Ce matin j'ay receu la vostre du 17, dont je vous rend mes très humbles grâces; mon frère m'a montré celle que vous luy escrivés, où [vous ne cessés pas vos civilités pour moy; je vous assure que vous n'en devés point user avec ces cérémonies; vous m'estes très considérable] par toutes raisons, et tant que le [malheur du temps vous [rendera absent, je ne manqueray aucunement à vous donner avis [des choses] qui vienderont à ma connoissance.

Jeudy matin, le Parlement s'assembla, où M⁽ᵐ⁾ les Princes se rendirent pour délibérer sur la relation qu'avoit faict M⁽ʳ⁾ le président de Nesmond. M⁽ʳ⁾ le Doyen fut d'avis de renvoyer à la cour pour demander la conférence, à laquelle députeroit la compagnie aussy bien que M⁽ʳˢ⁾ les Princes. M⁽ʳ⁾ de Broussel fut d'avis contraire et dict qu'il suffisoit d'avoir si souvent député sans avoir eu jusques icy aucune bonne responce, que ce qu'il jugeoit nécessaire dans l'affaire présente estoit d'envoyer les gens du Roy chargés de la déclaration de M⁽ʳˢ⁾ les Princes registrée au parlement, et à l'hostel de ville. A peyne eut-il achevé son opinion que M⁽ʳ⁾ dict qu'il se trouvoit mal, qu'il prioit la compagnie de continuer, et se leva; la compagnie dict qu'il falloit remettre au lendemain. Cependant M⁽ʳ⁾ Prévost prist la parolle pour [dire que ces remises estoient facheuses, et cependant qu'il falloit vivre, que pour luy il manquoit de pain. M⁽ʳ⁾ Bitault reprit cet emportement et dict qu'il ne lui estoit pas bienséant de se plaindre, qu'outre les quarante mille livres de rente que l'on sçavoit bien qu'il avoit, si l'on vouloit encore l'on pouvoit luy faire rendre conte de plus de cent mille livres dont il estoit redevable des deniers qu'il avoit maniés dans la guerre de Paris. Prévost luy repartit qu'il estoit un imposteur; il y eut quelques injures de part et d'autre, qui n'aboutirent qu'à divertir la compagnie sans rien faire.

L'on eut nouvelle l'aprés dinée que le mareschal de Turenne avoit détaché de son armée quatre cents hommes, deux d'infanterie, deux de cavalerie, soubs la conduitte de Mr de Castelnau Mauvissière, pour aller occuper le poste de Lagny à la place de ceux que M^r le Prince en avoit faict sortir; ils n'y furent pas plustost arrivés, qu'ils firent racommoder le pont, et depuis y sont tousjours demeurés, faisant comme les autres des dégasts par toute la campagne; et sur un autre advis qui ariva à M^r le Prince que le mareschal de Turenne marchoit d'un autre costé au boys de Vincennes, il prit cinq cents chevaux avec luy pour y aller, et, encore qu'il n'y trouva rien, l'effroy que cette aproche avoit jetté dans tous les vilages aux environs, qui obligeoit tous les paysans de se retirer à Paris, obligea aussy M^r le Prince, pour les assurer, de faire à son retour que M^r envoya quérir quelques colonels pour les prier de faire que leurs compagnies ou quelqu'unes d'entre elles, l'une après l'autre, allassent en garde au boys de Vincennes, ce qui a continué de se faire jusques à maintenant, bien que M^{rs} de l'hostel de ville ayent trouvé mauvais que le premier colonel aye obéy aux ordres de M^r le duc d'Orleans et sans prendre le leur. Ce mesme jour le Roy, la Reyne et le cardina furent de Melun disner à Fontainebleau, où ils passèrent la journée, et le marquis de Richelieu relâché à la prierre de Mr de Chavigny, quoyque le motif de son voiage à Paris fut pour venir s'offrir à M^r, poussé par quelque desplésir qu'il avoit receu à la cour. Le vendredy, l'on croyoit que l'asemblée se continuroit par le soulagement du mal de Son A. R.; M^r le Prince allant à son ordinaire pour le prendre, il trouva qu'il se faisoit saigner, ce qui luy fit demander ce qui luy plaisoit

qu'il fit; Mʳ luy dict de ne pas laisser de venir au Palais, qu'il
envoyroit Frémont faire ses excuses. Mʳ le Prince ariva et
trouva dans la cour et dans la salle une foulle de peuple dont
les uns crioient *la paix à quelque prix que ce soit,* les autres
union du parlement avec le peuple et point de Mazarin.
Son Altesse se tourna fermement aux premiers, leur demandant
s'ils désiroient la paix avec Mazarin; comme c'estoit des gens
gagnés par argent, à cette interrogation ils manquèrent de
responce; et Mʳ le Prince, qui ne les connoissoit pas des siens,
en prist un ou deux et leur demanda ce qui leur faisoit tenir
ce discours. Il sceut à l'heure mesme que l'abé Fouquet et
le lieutenant criminel leur avoient donné une pièce de dix
sept sols, et ils estoient en nombre seize. Mʳ le Prince leur
dict de se retirer; mais ils n'en eurent point le loisir qu'ils
n'eussent receu le salaire de leurs fausses clameurs; car les
seconds les traittèrent comme n'estant point de leur troupeau.
Cependant Mʳ le Prince entra dans la grande chambre, fit le
récit de ce qu'il venoit de veoir et d'ouyr; et dans ce temps
Mʳ de Frémont ariva de la part de Mʳ dire qu'il prioit la compagnie de l'excuser, que son mal continuoit, mais que l'affaire
estoit de si grande conséquence que le délay estoit fâcheux; qu'il
laissoit à la discrétion de la compagnie de délibérer ou de ne pas
délibérer, et que, si elle jugeoit à propos de diférer au lendemain, il feroit son possible pour s'y trouver; sur quoy tout le
monde conclud à attendre au lendemain. Mais, parce qu'il restoit du temps, l'on fut d'avis de travailler à l'affaire des pauvres
pour, en soulageant leur misère, nous décharger du nombre
et de la peyne que l'on souffre, ne pouvant faire un pas
que l'on n'en soit acablé et que l'on n'en rencontre de morts.
Le parlement se cautisa à dix mille escus, soit pour employer à leur nécessité ou pour les faire travailler au canal;
cela se passa doucement; mais la sortie du parlement ne fût
pas de mesme; ce peuple s'estoit augmanté, et tous lassés que
l'on ne met aucune fin à ces affaires, d'un commun accord ils

se jettèrent sur ceux qu'ils soupçonnoient du parlement; ils auroient déchiré le président Bailleul, sans Mʳ de Beaufort qui le prit entre ses bras; Mʳ de Maisons se vid présenter un poignard; Mʳ Le Cogneux essuya quelques coups, et de l'austre costé il y eut trois conseillers qui creurent que ce seroit leur dernier jour, Barillon, Vassan, Bonneau; et cependant que ce désordre se faict dans la salle, dans la cour l'on se jette sur Mʳˢ de Thoré, Fanaye, Botru le fils, qui furent contraints de se sauver dans une maison, où Mʳ le Prince et mon frère furent les délivrer avec bien de la peyne et essuyant eux mesmes quantité d'injures; ce fut le tout pour l'heure. Mais sur les trois heures, ce mesme peuple, qui s'estoit donné rendez-vous à la place Royalle, s'y trouva en bon nombre. Mʳ de Beaufort y veint pour les haranguer et tâcher de les modérer; mais ils s'irritoient davantage; il fut contraint d'entrer dans leurs sentiments et dict qu'il se chargeoit de leur donner le nom des Mazarins, qu'il falloit les masacrer, qu'ils fissent une requeste où ils exposassent leurs intentions, qu'il la présenteroit luy-mesme à Mʳ, et qu'il leur donnoit heure pour le lendemain le trouver à l'entrée du parlement. Sur cette assurance, ils se retirèrent, mais cette assemblée laissa une grande allarme à tout Paris, qui passa jusques au palais d'Orléans, où Mʳ parut fort inquiet et de ce bruict et de ce qui arriveroit à l'assemblée pour la résolution de l'affaire, ne voulant point absolument de conférence, qu'il ne députeroit point à la cour tant que le Mazarin y seroit. Comme je vids Mʳ le Prince chagrin de la peyne où paroissoit Mʳ, et qu'il se disposoit à ne point venir le lendemain au parlement, je lui dis qu'il y avoit pis, et que Mʳˢ les présidents estoient de concert de ne s'y point trouver eux mesmes, qu'ils acusoient en quelque manière Son A. et Mʳ de ce qui estoit arivé, qu'il falloit y prendre garde, qu'interrompant l'assemblée il pouvoit survenir quelque émotion. Cependant l'on donna ordre de faire garde par tous les quartiers durant la nuict, ce qui fut exécuté avec tant de bruict que peu de gens dormirent. Le samedy, dès six heures, les huissiers coururent partout pour dire qu'il n'y auroit point de parlement, ce qu'ayant apris Leurs Altesses, ils envoyèrent tous deux quérir mon frère pour veoir ce qui estoit à propos de faire. L'on jugea que M⁰ le Prince et mon frère iroient chez M™ les présidents, non seulement pour s'esclaircir du soupçon qu'ils avoient pris contre luy, mais encore de la conséquence qu'il y avoit de ne point interrompre les assemblées. Son A. reussit si bien, que, s'il n'eust point esté si tard, l'on auroit assemblé l'après disnée; mais ce ne sera que mardy. L'après disnée, M™ les présidens fûrent veoir M⁰; ce mesme peuple qui s'atroupe tous les jours au palais d'Orléans s'y trouva, aussy forcené qu'auparavant; et par malheur le président de Maisons veint à sortir le premier; l'on se jetta sur luy, et, si M⁰ le Prince ne fust venu à son secours, il auroit esté plus maltraitté que le jour précédent. M⁰ fut contraint de luy donner un carosse pour se démesler de cette troupe. En un mot, c'est une émotion universelle; et, si l'on n'a bientost quelque nouvelle de la paix ou que l'on ne fasse quelque chose, sans doubte que ce sera un esgorgement et un pillage ouvert.

Vendredy le mareschal de Turenne décampa de Villeneuve-Saint-Georges avec toute son armée, et la fit filer à Lagny pour passer dans la France (l'Ile-de-France), et le Roy doibt partir demain de [Melun pour Meaux, et de là passer à Compiègne, à ce qui se dict. L'armée de M⁰ le Prince est tousjours au poste que je vous ay mandé.]

Le mareschal de La Ferté doibt joindre l'armée cette septmaine..... B. N.

LIVRE VI, CHAPITRE V.

LA SOUMISSION DE PARIS.

LE COMTE DE FUENSALDAÑA A M. LE PRINCE.

Cambrai, 6 juillet 1652.

Il faut que je confesse avec grand mien ressentiment que les sommes que V. A. a receu n'ont pas esté si grandes ny si ponctuelles comme on vous les a promis, encores qu'elles ayent esté considérables dans le temps présent et des accidents du retardement de la flotte et siège de Barcelone, qui sont inopinément survenus et ne se sont peu prévenir. Vous avés eu les quatre mil hommes, la plus grande part en Guyenne, et une armée navale qui a asseuré les ports et le commerce d'icelle province; et cinq mil hommes des pays de par deçà, de telle qualité qu'avés tesmoigné en avoir satisfaction, et ont encor tasché de la mériter ès factions qui se sont présentées ; outre ce, l'armée entière de M. le duc de Lorraine, sans y estre obligé; encores qu'il n'a assisté au party en tout ce qu'il auroit bien sceu faire, si est-ce qu'il n'a pas laissé de couster des sommes considérables au roy d'encheminer en vostre assistance, et fait perdre les progrès que ses armes eussent peu faire avecq un tel renfort, abandonnant encore aujourd'huy les mesmes, et pour suppléer le délay en l'envoy des trois mil chevaulx qui volontairement vous ont esté offerts. On applicque maintenant les forces de toutes ces provinces pour vostre secours, et ce avecq beaucoup de contentement du roy mon seigneur, comme auroit aussi esté faict avecq tout le surplus, ne fussent esté les embaras cy dessus reférez.

Nonobstant tout cela, je ne puis laisser de confesser que si vous désiriez chercher des prétextes pour sortir de l'obligation en laquelle vous estes entré avecq S. M., vous en pourriez bien trouver ; mais vous confesserez aussy qu'estant ainsy comme il vous plaist me dire, on n'a pas manqué non plus icy de nous asseurer depuis desjà plusieurs jours que vostre ajustement estoit faict, et ce avecq tant de particularités que le roy mon seigneur eust assez de matières d'escoutter les propositions de paix bien avantageuses qui luy ont esté faictes à vostre exclusion, si son intention n'estoit de religieusement garder et accomplir tout ce qu'il vous a promis. En ces deux points, je m'eslargirois davantage, ne fust que le marquis de Yennes, qui est le porteur de ceste, s'en va informé de tout, suppliant V. A. de luy donner entierre créance, si bien en ce particulier qu'en tout ce que de plus il luy rapportera. Seulement ce qu'avec vostre permission je ne sçaurois approuver sont les impressions que je voids qu'on vous a données de ma mauvaise conduitte, que je voudrois tirer la guerre en longueur, préférant mes intérêts aux communs et au service de mon roy, lequel sans aucune doutte est de parvenir à une paix avecq les qualités que l'on en peut espérer parmy vostre intervention ; et pour ce qui me touche en mon particulier je m'asseure que vous me ferez cette justice de rien croire de ce qui soit contraire à mon obligation et manière en laquelle j'ay toujours procédé depuis que le party a esté formé ; et pour ainsy continuer, je vous diray que demain se marchera avec toute l'armée ; mais considérant que nous ne trouvant pas avec un nombre de cavalerie bastante pour nous mettre dans les plaines de Picardie à l'oposition de celle du mareschal de Turenne, qui, comme il vous plaist me mander, se renforce encore journellement, pour ceste raison (et celle encore que je diray cy après) avoit esté à propos de changer la marche à la rivière de l'Aisne pour se joindre avec les trouppes de M. de Lorraine ou pour le moings avec sa cavallerie; ce qui, en prenant l'autre chemin, ne se pourra faire si facilement, et sera forcé que de vostre costé vous y faciez suppléer, venant ou envoyant la cavallerie de vostre armée, m'avisant afin que je me puisse advancer à vous donner la main, et seroit pour moy un contentement et estimation très grande que l'occasion s'offriroit de vous obéir et servir.

La seconde raison pour laquelle on désiroit faciliter la jonction des troupes de M. de Lorraine avec les nostres estoit pour les instances qu'on luy faict de la part de M. le cardinal de quiter entièrement les intérêts du roy mon seigneur pour passer à ceux de S. M. très crestienne et se joindre à son armée, ou bien attaquer une de vos places, à quoy ils luy offrent toute l'assistance nécessaire. Et afin de le faire marcher en deçà et accomplir le traicté, on luy envoye une personne expresse; mais comme dans son humeur se rencontrent les difficultés que sçavez, je craings qu'on ne le pourra consuivre en refusant la proposition qu'il nous a faict que nous fussions le joindre du costé de Rethel. Vous considérerez, monsieur, selon l'estat auquel vous vous trouvez par delà, et l'importance de nous tenir assurés des trouppes de M. de Lorraine, quel chemin vous jugerez convénient pour la cause commune et me l'adviser pour à l'advenant me conformer. J'en ay dict le mesme à M. de Saint-Estienne, et vous le signifie présentement par duplicat et tripplicat en responce de la vostre, et pour vous informer de ce qui s'offre par deça...

A. C.

L'ABBÉ VIOLE A LENET.

Paris, 17 juillet 1652.

... Mardy après disner l'on eut diférentes nouvelles de St-Denys, les unes des pleurs que le Roy avoit donnés à l'esloignement prétandu du cardinal jusques à ne les pouvoir apaiser, que par les assurances que la Reyne luy donna, et le cardinal aussy, que ce n'estoit qu'un semblant; les autres portoient les marques du despart de la cour pour Pontoise par les ordres qui en avoient esté donnés pour demain (vous voyés comme ils ne sont point certains de leur marche aussy bien que de leur conseil); et la dernière fut celle de l'extrémité de Manchiny sans remède et les assurances qui avoient esté données au mareschal de Turenne de sa charge, comme aussy la mort de Fouilloux.

L'on a vérifié que le coadjuteur avoit escrit au Mazarin sur cet esloignement prétendu pour l'en destourner, et que le Mazarin, en action de grâces de ses bons avis, luy avoit offert de luy donner place dans le conseil; mais il n'a point la hardiesse de l'aller prendre, non plus que de sortir de chés luy, où il a faict un arsenal et où il faict tous les jours monter soixante hommes en garde; il ne manque pour sa défence que du canon.

Ce mesme jour l'on donna icy advis que, sur l'incertitude de la marche de la cour, les ministres de ce party avoient envoyé Goville, gentilhomme normand, actuel domestique du card. Mazarin, en Normandie pour sçavoir si le Roy, la Reyne et sa suitte, avec le régiment des Gardes, pouroient estre receus à Rouen, avec protestation de n'y faire entrer que la garde du Roy. Il n'est point encore retourné, mais l'on croid que cet envoy ne servira qu'à les mettre sur leurs gardes.

La chose s'est passée comme l'on la désiroit et ces dispositions sont celles de la guerre; ce qui le confirme est le départ soudain de la cour à cinq heures du matin pour Pontoise, avec la marche toute la nuict de l'armée, à la réserve de cinq cents chevaux que l'on a envoyés au devant de l'armée d'Espagne; mesme l'on a mis Manchiny tout agonisant dans un brancard, de peur que l'absence de la cour n'obligeât le bourgeois de St-Denys à se vanger sur ce cadavre ou à haster sa mort, ou à le déterrer après sa mort. Cette marche fait croire qu'ils n'ont point de bonnes nouvelles de l'archiduc ny du duc de Loraine. Les troupes de celuy cy sont à Fismes, et l'aveuglement les tient saisis à la cour pour croire qu'elles viennent pour le service du Roy. Le premier a pris Chauny et croid-on qu'il en est de mesme de Noyon, ce qui luy donne une facilité de venir promptement à Paris. Je vous envoiré au premier ordinaire la responce tout au long que le garde des sceaux a faict aux députés ; il y a trois grandes pages, c'est ce qui m'a empesché de vous la transmettre.

Je m'imagine que vous aurés eu la nouvelle comme quoy M^r d'Espernon a esté chassé de Dijon ; sans doubte que cet événement aura changé le dessein de la cour d'aller en ce pays ; et il est estrange que le Roy ne trouve aucune place seure dans son royaume où l'obéissance soit assurée. Je vous laisse la réflection sur toutes ces choses et vous promets que ny la Reyne ne veult point que le cardinal s'en aille, ny que le cardinal n'y panse point.

Icy l'on est résolu de faire M^r lieutenant général de l'Estat, déclarer le Roy prisonnier, de faire des remonstrances à la Reyne qui abuse de l'authorité de chef du conseil ; pour l'union, je ne sçay si elle se fera, parcequ'il est en question de sçavoir si le parlement sera plus utile au party dans cet estat que dans une condition aparament neutre.

Le mercredy arriva. L'assemblée du parlement estoit environ de soixante et dix, lorsque, tout prest à délibérer conformément à l'aresté du jour précédent, il est arivé un courier de la part de M^{rs} les députés à M^{rs} les Princes et à la compagnie, chargé d'un paquet, qui, estant aperceu du peuple amassé dans la salle du palais, a failly estre assommé sur la croyance que ce fût une mazarinade ; l'on l'a pourtant laissé entrer, et la compagnie, qui n'estoit presque point encore engagée en aucune délibération, a receu le paquet du courier, dans lequel se sont rencontrées les responces de la cour à M^{rs} les députés sur l'heur de son partement de Sainct-Denys, qui sommairement ne sont que les mesmes du premier envoy, à l'exception de deux chefs, dont le premier est que le Roy demeure d'acord que

Mrs les Princes n'envoyent point de députés, mais qu'ils traittent par ceux du parlement ; le second est une excuse de Mrs du parlement envers toute la compagnie s'ils ne sont point retournés qu'après que le Roy leur a faict connoistre qu'ils le suivissent à Pontoise par deux fois ; enfin ils sont tombés d'acord avec Mr le garde des sceaux qu'ils ne sortiroient point de St-Denys, jusques à ce que Mrs du parlement eussent envoyé leur responce, pour de là l'envoyer au Roy et attendre qu'il pleust à Sa Majesté de leur déclarer sa volonté. Sur quoy quelq'uns de la compagnie ont dict que leur commission estoit révoquée, qu'il n'estoit plus question de responce, qu'il falloit qu'ils revinssent ; Mr le Prince a dict que leur séjour à St-Denys estoit une espèce de prison, qu'il s'offroit de les en aller retirer ; mais le reste de la compagnie, jugeant qu'il falloit aller au fond, a conclud en remettant encore de délibérer à demain ; que Mrs le chancelier, archevesque de Paris et duc de Brissac seroient priés de venir demain prendre leur place pour résoudre des affaires pressantes, qu'il seroit mandé aux députés de revenir sans délay, et que, s'il n'y alloit que d'une escorte, on leur en envoyroit une suffisante. B. N.

CAILLET A LENET.

Paris, 22 juillet 1652.

Despuis le départ de Mr de Jarzé, il ne s'est passé que deux choses, mais elles sont très considérables : l'une est la prise de Chaulny par l'armée de l'archiduc, qui est un fort bon passage sur la rivière d'Oyse, et l'autre est l'arrest du parlement dont je vous envoie un imprimé.

S. A. fut seignée vendredy et samedy dernier à l'issue du palais ; Elle le sera encore aujourd'huy. Les deux premières l'ont si fort soulagée d'un mal de teste qu'Elle avoit et d'un estourdissement qui la tourmentoit, joinct à une émotion du poulx qui la menaçoit d'une fiebvre assés violente au rapport des médecins, qu'ils ont jugé à propos de faire seigner une troisième fois S. A., ce que l'on faict à l'heure que je vous escris. Il ne faut pas que Madame en ayt aucune inquiétude, car, avec l'ayde de Dieu, ce ne sera rien. Je croy que durant que S. A. est dans ce repos, Elle prendra tous les remèdes qui luy seront nécessaires pour le raffermissement de sa santé, si précieuse à tout le monde. B. N.

L'ABBÉ VIOLE A LENET.

Paris, 25 juillet 1652.

Pour vous marquer quelque ordre dans mes relations, il est nécessaire que vous sçachiés ce que je ne sçavois encore qu'imparfaittement le mercredy que je vous escrivis, qui estoit que Son A. avec une partie de sa cavalerie accompagné de Mr de Beaufort, fut à St-Denys l'après disnée, dont le Roy estoit party le matin, pour aprendre des deputés qui y estoient restés s'ils désiroient qui leur servit d'escorte pour retourner à Paris; ils firent une responce respectueuse et remercièrent Son A., le priant de conserver cette bonne volonté, de laquelle ils ne pouvoient présentement se servir, ayant donné leur parolle à Mr le garde des Sceaux de ne point désemparer jusques au lendemain qu'ils attendoient la responce qui leur faisoit espérer de la part du Roy. Là l'on aprit que le Mansini estoit mort et que, pour dissimuler cette mort et son enterrement à St-Denys, l'on avoit affecté de faire paroistre un brancart porté de deux hommes où l'on disoit qu'il estoit; mais, qu'il soit enterré à St-Denys ou à Pontoise, tous demeurent d'acord de sa mort, et qu'il est déposé aux Jésuistes de Pontoise.

L'armée du Roy ce jour là (qui est de huict mille hommes) se partagea à Pontoise; le reste s'en alla coucher à [Luzarches pour prendre le chemin de Senlis, de là à Creil sur l'Oise, pour occuper ce poste et y observer la marche de l'armée d'Espagne.

Le jeudy matin avant que d'entrer au Palais, Son A. débita la nouvelle de la prise de Chauny avec celle de Mʳ d'Elboeuf, qui s'estoit jetté dedans avec six cents hommes et quelque noblesse, qui tous ont esté faicts prisonniers; de là ils sont allés vers Noyon, que l'on croit qu'ils prenderont, pour de là venir à Crespy en passant au dessus de Compiègne pour esviter toutes les rivières; et ce qui est d'admirable, c'est que l'on crie dans les rues la défaitte des Mazarins par l'armée de l'Archiduc, et l'on l'escoute avec joye.

A l'ouverture de l'assemblée il se fit quelques propositions, et avant que d'en entamer aucune il ariva un courier de la part des députés chargé de lettres, l'une à Mʳ le duc d'Orleans, l'autre à Son A. et une au parlement, lesquelles toutes contenoient des excuses de n'estre point encore retournés, que l'engagement de leur parolle à Mʳ le garde des sceaux en estoit la cause, qui estoit d'attendre la responce du Roy, qu'ils venoient de recevoir en ces termes que, ses affaires ne luy permettant pas de pouvoir présentement résoudre leur demande, il désiroit que les deux présidents et deux des conseillers qui le pouvoient le plus commodément le suivissent, le dessein de la cour estant d'oster au parlement les présidents au mortier, si bien que les députés continuent de mander que, nonobstant cet ordre, ils ont creu devoir plustot suivre celuy de la compagnie, en conséquence duquel ils estoient prests de retourner si l'on vouloit leur envoyer une escorte. Incontinent la lecture des lettres faitte, Mʳ a dict qu'il falloit remettre la délibération au vendredy et que luy mesme, avec Mʳ le Prince, alloit monter à cheval pour servir d'escorte aux députés, ce qui fut exécuté l'après disnée avec environ quinze cents chevaux et douze cents hommes de pied. Ainsy ces Messieurs revinrent en bonne compagnie.

Vendredy le retour des députés engagea beaucoup de Messieurs de retourner au Palais, et Mʳ de Nesmond fit la relation de son voiage et de tout ce qui s'estoit passé; ce récit dura quelque temps; ensuitte duquel se commança la délibération qu'ils appèlent la grande, où assista S. A. tout malade qu'il estoit; et sur ce qu'il n'y avoit point d'aparence que l'on esloignât le cardinal Mazarin, dont le royaume souffroit jusques à la ruyne, l'on dit qu'il y falloit pourveoir par les derniers remèdes; les uns dirent que l'union estoit nécessaire, les autres qu'il falloit que le parlement se conservât la qualité d'arbitre. Il y en eust qui parlèrent de faire M^r régent, lieutenant général de l'Estat, et les derniers qu'il seroit bon d'escrire encore une foys au garde des sceaux que si, dans les vingt quatre heures, le cardinal n'estoit esloigné, l'on se porteroit aux dernières extrémités. Mais de tous ces advis l'on demeura à celuy de faire Son A. R. lieutenant général; mais de luy donner le titre et le pouvoir, ou seulement le pouvoir, ce fut la question qui se remit au samedy.

Ce mesme vendredy se jugèrent ces deux coupables du désordre de l'hostel de ville, et furent condamnés à estre pendus à la Grève, et sur ce jugement il se tint une assemblée à la ville pour veoir ce qui se pouroit pour faire que cette exécution se fit sans bruict, qui, pour estre assés difficile, a esté encore diférée.

L'après disnée de ce mesme jour, Son A. fit commander quatre cents hommes de pied et quelque cavalerie et deux pièces de canon pour aller battre Charenton, ou l'on avoit laissé garnison; mais il ne s'y trouva que soixante hommes, qui furent tous prisonniers, et à leur place y laissa-t-on trois cents des nostres.

Le samedy se continua la délibération du jour précédent, où tout se réduisit à deux opinions, dont l'une estoit favorable, l'autre moins. Il y eut cinquante neuf voix pour celle qui concluoit à escrire encore une foys au Roy pour le suplier d'exclure le cardinal, de prier M^r le duc d'Orléans d'employer toute l'authorité du Roy et la sienne et mesmes les armes pour l'expulsion dudict Mazarin et de surseoir l'exécution jusques à lundy; ce party estoit de ceux qui sont pour la cour et les amis du premier président, qui alloit par ce délay à faire un grand désordre. Mais la seconde fut plus solide; aussy passa-t-elle à soixante et seize voix : ce fut Mʳ de Broussel qui ouvrit l'advis, et, comme il estoit un peu obscur, on l'obligea à le rédiger par escrit; et se forma l'arest en ces termes : Que le Roy n'estant plus en liberté de sa personne, Mʳ le duc d'Orleans seroit prié d'employer en qualité de son lieutenant général toute son authorité et ses forces pour chasser le cardinal hors du royaume, qu'il en sera escrit au Roy et donné advis, que cette qualité cessera du moment que le cardinal sera esloigné; il en sera escrit à tous les parlements, aux grandes villes, et commandement à tous gouverneurs de province de recevoir ses ordres en cette qualité; et sera faitte assemblée pour aviser aux moyens de faire des troupes et de l'argent, Mʳ le Prince prié de prendre le commandement des armes et de la guerre, et tous les officiers qui se trouvent près la personne du Roy priés de le retirer des mains du cardinal Mazarin et de le ramener à Paris; c'est à peu près ce qui a esté aresté. La joye publique suivit cet aresté, soit parceque la nouvauté plaise, ou que l'on croit que cela produira quelque bon effect.

Les imprimés que l'on pouvoit vous envoyer sont faux, et faicts avant que Boisleau ait délivré le véritable; mais Mʳˢ du parlement de Bordeaux ont contantement sans que Mʳ, leur député soit ouy; ils n'ont qu'à donner un arest semblable.

Ce mesme jour la cour partit de Pontoise pour aller à Mantes, où elle sera quelques jours en attendant que la routte pour aller à Saulmur soit ouverte; tous les habitans de Mantes ont quitté, mais Chartres ne fera pas de mesme; il se défendera de donner le passage que l'on luy demande, ayant mis la paille et refusé le grand conseil, qui a Évreux ou Vernon pour lieu d'assemblée.

L'armée du mareschal de Turenne est sur la rivière d'Aisne, qui observe la marche de l'archiduc, que l'on dict estre aux environs de Chauny. Son A. n'en a aucune nouvelle à cause de la dificulté de passer. L'on va occuper nos troupes à reprendre Corbeille et Melun, pour ouvrir les passages et nous donner à Paris le calme et l'abondance.   B. N.

MARIGNY A LENET.

Paris, 4 août 1652.

Je suis bien aise que mes lettres vous soient en quelque façon agréables, et que vous y treuviés quelque chose de plus particulier que dans les autres; vous autres ministres estes adroits pour embarquer les pauvres duppes comme nous, et vous m'avés voulu donner assurément cette vanité pour m'engager à vous faire de grandes relations; il n'estoit pas besoing de me mander autre chose, sinon que vous désiriés que je vous escrivisse. Je vous ay promis de le faire et je n'y manqueray pas, et ce sera toujours avec aussi peu de cérémonie et avec autant de franchise et de vérité que j'ay fait jusqu'à présent. Je vous manday jeudi dernier tout le destail du combat de Mr de Nemours et de Mr de Beaufort, et sans m'intéresser ni pour les vivans ni pour les morts je vous manday la vérité. S'il y a quelque chose à dire, c'est que Brillet, après avoir blessé Lachaise, avoit esté porté par terre, et lorsque Mr de Beaufort vint désarmer Lachaise il estoit dessus Brillet. Beaucoup de gents qui sont jaloux de la réputation et envieux de la bonne fortune de Mr de Beaufort manderont qu'il pouvoit avoir donné la vie à Mr de Nemours puisqu'il ne tira que le second; mais outre qu'il tira tout aussitost qu'il eut essuyé le coup de Mr de Nemours, il ne pouvoit hazarder cette générosité sans estre désarmé, car les seconds de Mr de Nemours, après avoir blessé leurs hommes, les quittèrent pour venir à luy sans qu'ils eussent achevé leurs combats particuliers; il n'y a rien de si certain; ils en demeurent d'accord. M^r de

Beaufort fut légèrement blessé au petit doigt de la main droitte en parant un coup d'espée que luy porta Mr de Nemours depuis qu'il eut receu le coup de pistolet. Je le vis hier à l'hostel de Vendosme, où il commence à recevoir des visites. S'il eust esté tué, je ne doute point de la perte du parti dans Paris; là le peuple eut creu très assurément que la chose se seroit faite de concert avec la cour, comme le bruit court parmi la populace que Mr de Nemours avoit traicté avec le Mazarin, ce qui est ridicule. Mr de Beaufort a esté deux ou trois jours inconsolable, et vomissant tout ce qu'il prenoit; mais depuis qu'il a sceu que Mr de Nemours le déchiroit dans toutes les compagnies et qu'il le menaçoit mesme des derniers outrages, il est tout à fait consolé de ce qu'il dit qu'il eust esté contraint de faire une autre fois. Villars se retire chés luy peu satisfait de Mr le Prince; il se plaint de ce que S. A. le blasme partout d'avoir fait cet appel, et dit tout haut que feu Mr de Nemours, l'engageant à le faire, luy avoit dit que la veille Mr le Prince s'estoit luy mesme offert d'appeler Mr de Beaufort; il est à craindre que si Mr de Beaufort vient à sçavoir cela, il ne retombe dans les premières froideurs qu'il avoit eues pour S. A., de laquelle il se plaignoit durant toutes ces malheureuses négotiations; et il est vray que lorsque Gaucourt fut envoyé la première fois, il n'y avoit eu que quatre personnes du parti à qui on l'avoit communiqué, sçavoir Mr le Prince, Mr de Nemours, Mr de La Rochefoucault et Madame de Chastillon; et lorsque cette négotiation fut descouverte, Mr de Beaufort s'en plaignit et peu s'en fallut qu'il ne se raccommodast avec le cardinal de Retz, et c'auroit esté un très grand malheur pour Mr le Prince, car il ne faut point se flatter, il est le maistre de Paris, et, comme je vous ay déjà mandé, dans l'assemblée de l'hostel de ville on luy faisoit plus de compliments qu'à Leurs Altesses. Mr de Nemours négotia avec Mme de Montbazon la réunion de Mr de Beaufort et de Mr le Prince; le jour du combat de St-Anthoine il se raccommoda luy mesme avec son beau frère, et depuis cette malheureuse préséance a causé le combat dans lequel il a esté tué.

Je treuve le procédé de Mʳ le Prince avec le comte de Rieux très dangereux pour les suites qu'il peut avoir; car ce cadet lorrain est emporté et il ne craint point de dire que, si Mʳ le Prince ne se bat contre luy quand il sera en liberté, il l'assassinera; ces impertinents propos mériteroient une correction. Le comte de Brancas m'a dit qu'il avoit sceu que Madame de Guise, parlant à Madame d'Orléans de cette affaire, avoit dit que toute la maison de Lorraine estoit intéressée dans l'injure qu'avoit receue le comte de Rieux, et qu'il falloit que touts ceux qui en sont périssent les uns après les autres pour en tirer la satisfaction. Je vous cite mon autheur en cette rencontre, car Madame de Guise est fort sage; on croit icy que cette querelle pourra servir de prétexte à Mʳ de Guise pour oublier l'obligation qu'il aura à S. A. de sa liberté; vous pourrés veoir quels seront ses sentiments, si tant est qu'à la fin vous le voyés après tant de paroles qu'on vous a données.

On avoit commencé à régler le conseil, et Mʳ le Prince, pour appaiser touts les différens, avoit proposé d'entrer sans aucun rang ni pour les uns ni pour les autres; voyés à quoy les guerres civiles réduisent les princes du sang, et s'ils ne sont pas bien misérables d'estre obligés de se mesurer avec des gents qui sont infiniment au dessous d'eux. Je ne pense pas que l'on fasse des ministres, au moins n'en parle-t-on pas encore, et ceux de la robe qui entrent dans ce conseil n'y entrent que comme députés de leurs compagnies ou comme ayant esté choisis de ces corps là par S. A. R. afin d'accréditer davantage dans le public les résolutions que l'on y prendra; ainsi il y a deux présidents des Comptes, deux de la cour des Aides, et, outre les deux présidents au mortier, les présidents Viole et de Thou y ont esté appellés. J'ay peur que l'affaire du comte de Rieux n'en attire quelque mauvaise au président

Viole; car il est certain qu'il frappa le prince lorrain et qu'il crioit dans la galerie : « un baston, un baston pour M. le Prince ». Le Lorrain l'entendit comme touts les autres et il ne luy promet pas de foibles reconnessances.

Je ne manqueray pas de parler à Mʳ de La Rochefoucault de ce que vous m'écrivés et je vous en rendray conte. Je ne veoy pas que les levées des taxes que l'on a résolues se fassent trop diligemment, et je souhaitterois que Mʳˢ les Princes pressassent un peu plus qu'ils ne font. Cependant Fuensaldagne advance; j'ay veu cette après disnée le baron de Clinchamp, qui est encore au lict de la blessure qu'il receut à la porte de St-Anthoine; il m'a dict que par les lettres qu'il avoit receues ce matin on luy mandoit que les trouppes seroient au pont Sᵗᵉ-Mexance près de Senlis. Fuensaldagne auroit fait une plus grande diligence, mais il a eu à combattre l'esprit du duc de Lorraine, toujours porté à escouter toutes les négotiations; et pour le faire marcher il fut contraint de faire mettre ses trouppes en bataille et de menacer le duc de Lorraine de tailler les siennes si il ne les faisoit marcher; cette bizarrerie du duc de Lorraine est fascheuse, et soit qu'elle soit sans intelligence avec les Espagnols, soit qu'elle paroisse de concert, il me semble qu'elle est à appréhender. Cependant ces Mʳˢ advancent et il est à croire qu'ils viendront ouvrir les passages de Lagni, de Corbeil, et qu'après avoir joint les trouppes des Princes ils se retireront. Clinchamp dit qu'ils nous donneront six mille hommes à choisir des meilleures trouppes du monde; cependant, si on ne refait nos trouppes prontement et tandis que Fuensaldagne sera à nos portes, il est certain que ce secours sera comme inutile, puisqu'il sera à moitié dissippé devant que nostre petite armée soit en estat de marcher; et si nos recreues estoient faites, que les officiers pour se remettre en esquipage eussent touché quelque argent, qu'avec les 6,000 hommes qui nous viennent nous en eussions encore six mille autres bien effectifs, et que M. le Prince se résolust de quitter Paris et ses pompes et de se mettre à la teste de l'armée, S. A. seroit en estat de donner la loy aux Mazarins.

Mʳ de Bouillon n'est pas encore mort; mais il ne vaut guère mieux; il a le brevet de surintendant. Mʳ de Thurennes n'est pas bien avec le cardinal; on a creu qu'il quitteroit le commandement de l'armée et que le mareschal d'Aumont, qui estoit venu à la cour, le prendroit; mais ce dernier est retourné dans son gouvernement; on dict que le sujet du mescontentement de Mʳ de Thurennes est qu'on luy a refusé la charge du marquis de Sᵗ-Maigrin; il n'a pas sujet de se plaindre, si c'est pour la donner au père du deffunct, comme le bruit en est.

Il y a des lettres dans ce paquet pour S. A. de Conti, que je désire fort qu'il lise, afin qu'il fasse quelque distinction de son Sarasin et de moy; ce frippon là a escrit quelques lettres à Mʳ Courtin dans lesquelles il dit que je suis un meschant homme et un fourbe; ce sont attributs de sa sincérité, auxquels je n'ay jamais prétendu et qu'on ne luy peut disputer; mais croiriés vous bien qu'il mande que mon procédé touchant ma pension est estrange? vous estes tesmoing de quel air je le menay la semaine saincte sur ce sujet là, et enfin jusqu'icy je ne sçay pas de quelle manière et à quel coing est battu l'argent que j'en ay touché, et je ne m'apperçoy que d'un procès que m'a fait le thrésorier de Son Altesse. Ce n'est pas un grand bienfait, et pour moy qui ne déguise point mes sentiments, j'ay prié S. A. de me mander franchement sa volonté afin que je m'y conforme, ne désirant point passer dans le monde pour une duppe à parchemin. J'ay fort bien servi et ne m'en repentiray jamais; je pense fort bien servir, au moins me le tésmoigne-t-on icy; il semble que l'on devroit en user autrement; j'ay bravement esté pillé et repillé; je n'en ay point fait de bruict; je n'ay point esté sus les coffres de ces Messieurs à Bourdeaux; je n'en dis mot et on ne m'en dit mot, et je n'entens parler aucun de ces Mᵐ qui ont des prétensions, qui ne parlent de ce qu'ils ont dépensé et qui ne demandent de quoy subsister. Pour moy je pense qu'on ne se pourra plaindre de moy si je demande que l'on ne me fasse point de procès; si on ne me veut point faire de bien, que l'on ne me fasse point de mal. Je verray quelle sera la pensée de S. A. et selon cela je prendray mon parti; je puis bien vous dire que je l'auray bientost treuvé, car si j'ay à estre duppé je veux estre une duppe fort libre. J'ay tout sujet de me louer du traittement que l'on me fait icy; cependant je souhaitte fort que la paix se fasse pour aller veoir comment se portent les choux de mon village, car je ne veoy rien de plus seur pour moy, et à vous parler franchement, ma foy je ne m'en mets guères en peine; présentement on prend ses misères en patience. Mʳ de Bussy m'a escrit; il est où il feint d'estre le plus zélé Mazarin du monde; mais il n'y a dévotion que de jeune novice; il n'a pas fait encore sa première année de Mazarinisme, au moins de cette guerre; il vous baise les mains et il m'a prié de vous assurer que quelque jour, touts trois ensemble dans nos villages nous taillerions en pièces toute la terre; il me mande que le bonhomme l'ennuyoit. B. N.

LE DUC DE DAMVILLE A M. LE PRINCE.

Pontoise, 6 août 1652.

J'ay veu par celle dont V. A. m'a honoré le narré au long de vostre desmellé avec M. de Rieux; je le fairé scavoir, car cella importe. J'avois bien dit par avence qu'il falloit que vous heussiés comme vous l'avés esté forsé pour en venir à cette extrémité; on sçayt les diligences que V. A. faict pour sa sortie de la Bastille et celles que vous avés faict pour empescher que cella fût envoyé au parlement; cella est digne de vous. J'aurois souhaité que vous heussiés faict l'autre discours en cas que l'on vous portât quelque parolle; vous me marqués ne l'avoir pas faict et n'en avoir eu aucun subjet ; cella n'a garde d'ariver présentement, mes c'est pourtent une chose importante à prévenir, n'estent pas juste que vous vous soumettiés sous des exemples qu'il ne faut pas introduire. Sy j'avois l'honneur de vous voir, je vous en dirois avec liberté mes sentiments et fairois mes esforts pour l'empescher ; le Brion est sçavent dans ces matières et n'est pas un mauvais second. Les précautions que vous avez heu et la modération avent que donner ce souflect vous doit retenir de faire des choses que vous auriés peut estre esté obligé de faire sy de gayetté de ceur vous aviés outragé un prince ; car pour tous les coups que vous avés redonné en suitte de celluy que vous avés receu après avoir donné le souflect, Mr de Rieux voulant tirer son espée, V. A. a faict comme le Brion auroit faict, et tous ces coups dans la chaleur ne sont pas sy outragants ; suivés mon conseil et vous en servés, aussy que de mon espée ; j'ay cella fort à coeur ; je ne doute que S. A. R. en donnant la liberté au prisonnier ne fasse tout ce qu'il faut faire pour empêcher la chose. Je viens de recevoir présentement celle que vous m'escrivés en datte du 4e ; vous voulés bien que je vous die que les escuses que vous me donnés sur le subject de cet arect donné avent que vous heussiés receu ma lettre n'est pas recevable ; j'avois oublié de vous dire que c'estoit par le commendement du Roy, mes je dis de sa propre bouche, que je vous ay escrit à vous et à S. A. R. pour empescher cet arrect touchent la vante des statues qui sont à S. M. ; c'est une vérité réelle ; c'est une chose que le Roy a plus à cœur que je ne sçaurois vous l'exprimer ; je sçay ce qu'il m'en a dit en particulier et quy aura des suites fâcheuses ; c'est pourquoy je vous supplie de faire voir cecy à S. A. R. affin que l'un et l'autre vous disiés en plain parlement ce que je vous ay escrit par commendement exprès du Roy ; ce respect qu'il est juste que l'on luy rande luy faira voir que vous avés faict ce que vous aurés peu pour empescher l'exécution de l'arrect, ayent appris par moy la volonté du Roy.

Au nom de Dieu, croiés moy ; il ne s'agit point en cella sur ma parole d'aucun intérêt Masarin ; et je passe plus outre : quen ny vous ny S. A. R. ne pouriés pas en empescher la vante, ayent seu par moy l'intérêt du Roy, quy m'en parla hier avec estonnement, me dissent ces propres parolles : « Je n'aurois jamais creu que mon oncle et mon cousin en usasent comme ils font d'une chose quy est à moy », je voudrois l'un ou l'autre, ou Vos AA. conjontement, les achetter toutes afin de les randre au Roy ; l'argent vous en sera rendu bien au della, et je vous puis asseurer que le Roy en prétent parer le Louvre ; c'est le moins que S. A. R. et V. A. puissiés faire pour une chose qui vous servira plus dans l'esprict du Roy que quoy que vous puissiés faire. Deux amis esgaux en condition se rendroient un semblable servisse ; à plus forte raison que ne doit-on pas faire pour son roy, et un roy quy a un cœur digne de luy ? Cella me donnera matière de vous servir, que je sçauré très bien profiter. Quen vous dirés en plain parlement ce que je vous escris, je suis asseuré que l'on y faira réflection ; car on sçaict bien que je ne suis pas manteur et que je n'ay pour but que le bien. Servés-vous de ceste occasion et en tout cas du dernier expédient ; car de demeurer muet, pardonnés à mon zelle sy je vous dis que vous ne sçauriés pas plus obliger vos ennemis. A. C.

Pontoise, 8 août 1652.

Si V. A. voyoit le sentiment que le Roy a sur le subject de la vante que l'on veut faire de ces statues, je suis asseuré que vous et S. A. R. diriés en parlement ce que je vous en escris par ordre de S. M. et fairiés en suite l'un et l'autre en sorte que le Roy seroit sur ce subject satisfaict ; car tout de bon cella le touche très sensiblement. Hier le Roy en plain conseil me commenda de vous en escrire à tous deux, comme je fais par cest homme que j'envoye exprès, S. M. voulent voir la responce et de V. A. et de S. A. R., et me commanda de vous escrire qu'il sçauroit bien ce qu'il auroit à faire sy l'on les vandoit, puisque vous et S. A. R. le pouviés, si vous le vouliés, fort bien empescher, et que pour ceux qui seroient assés hardis pour en achetter il ne leur pardonneroit jamais et les fairoit châtier. Le conseil finy, il m'apella, où il n'y avoit que la Reine et S. É., et me parla fort sur le silence que vous et S. A. R. gardiés ensuite de ce que je vous avois escrit, et dit des choses qui ne partoient que de luy, et s'en prant à vous plus qu'à personne. Je puis vous asseurer que l'on paroit des coups, je dis d'autre que moy, et quen j'auré l'honneur de vous voir je vous le diré ; de sorte que je vous supplie de profiter de cette occasion que Dieu vous mest en main ; si vous le faittes, je suis asseuré que vous m'en remersierés un jour et que dans peu vous en congnoistrés des esfaicts. Sy j'avois l'honneur de vous parler et à S. A. R. (comme je le fairois sy l'un et l'autre me le commandiés), je suis certain que vous défereriés à mes conseils. Il ne s'agit point icy de nul intérêt Masarin ; de cella je vous en asseure ; c'est pourquoy vous debvés (mon zelle à vostre servisse me donne cette liberté de parler) dire dès desmain, et vous et S. A. R., au parlement ce que je vous escris par ordre du Roy, ou sy vous n'y entrés pas, quoyque l'afaire le mérite, que quelqu'un de la part et de S. A. R. et de la vostre le die. Il n'y a point de temps à perdre ; le Roy a le cœur digne de sa naissance, quy est tout dire ; c'est pourquoy vous debvés tout faire pour empescher cette vante ; vous fairés une action quy le touchera sensiblement et que l'on fairá valloir ; et après tout ce respect luy est deu. Croiés moy, Monseigneur, de grasse ne la perdés pas ; mes profités en come j'espère que vous le fairés ; vous y avés plus d'intérêt que personne, et je m'assure que sy V. A. et S. A. R. dittes au conseil que vous avés establi la teneur de cette despêche, que d'une vois l'on sera de cest avis, quoyque sur cette matière vous n'ayés pas besoin de prendre leurs avis. Vous me congnoissés bien ; je ne suis pas un courtisan ny flateur ny intéressé, mes bien un courtisan quy sçacrieferoit sa vie pour mettre fin aux misères et aux crimes et sçacrilèges quy se coumettent tous les jours ; Dieu m'en est tesmoing et que je suis incapable, avec son ayde, de changer jamais d'autre conduitte ny de faire jamais rien que ce qu'un homme d'honneur doit faire ; c'est pourquoy vous debvés croire que je n'escris pas de cette force sans raison ; cela vous doit obliger de suivre mon conseil ; vous m'en remercierés un jour, et ce jour ne sera pas long à venir, je vous en asseure...

A. C.

MARIGNY A LENET.

Paris, 7 août 1652.

... M. le Prince a esté au camp pour faire rendre ce qui avoit esté pris à des marchands de Paris qui crioient contre la licence et le désordre des trouppes, et ils avoient raison, car on leur avoit volé la valeur de 30 ou 40 mil escus. S. A. fit si bien qu'aprés avoir fait prendre quelques officiers et soldats allemans, auxquels elle promit la vie en cas de restitution ou six pieds de corde en cas de refus, on retreuva tout ce qui avoit esté dérobé ; quand S. A. partit du camp, la meilleure partie avoit esté déja restituée...

Nostre armée est petite, fort petite ; s'il y a trois mille hommes, c'est tout au plus ; je ne veoy pas que l'on presse comme l'on devroit la levée des taxes. On vend quelques statues de Mazarin à grand prix. Les Espagnols reculent plustost que d'avancer ; et je pense que comme nostre cavalerie de Guyenne estoit montée sur barbets propres à passer rivières, la leur est montée sur des tortues ou sur des escrevisses. Il semble qu'il y ait un charme à Fismes ou quelque remords à Mazarin qui les arreste. Barthet est de retour d'auprès du duc de Lorraine, qui retourne du costé de Mouzon pour faire, dit-on, son traité à part. La cour est toujours à Ponthoise. Sur la déclaration que le Roy a envoyée au parlement pour sa translation, on a ordonné qu'on la mettroit au greffe sans délibérer dessus, jusques à ce que le Mazarin fut hors des terres de l'obéissance au Roy. Aujourd'huy se devoit faire l'ouverture du parlement de Ponthoise, qui est ma foy assés joli ; il y aura, avec le premier président, le président de Novion et Le Coigneux et onze conseillers. Le Mazarin leur a fait croire qu'après leur establissement il s'en iroit à Metz, où il négocieroit la paix générale. B. N.

Paris, 21 août 1652.

Je vous escrivis par l'ordinaire dernier une lettre assés honnestement longue, et je pense qu'elle vous aura pleinement instruit de l'estat de nos affaires, et que vous serés de mesme opinion que moy touchant la paix, que je tiens plus esloignée que jamais. Le cardinal, qui est enfin parti avec la plus grande joye du monde de nous veoir bien brouillés et bien divisés, croit que pour terminer nos troubles ou sera contraint de négotier avec luy et que ce sera un moyen de le rétablir, et plus puissant que jamais ; car enfin le parlement de Ponthoise, dont les chefs sont fort emportés, prenant la modération de celuy cy pour une foiblesse, pousse les choses à l'extrémité et a donné arrest par lequel il supprime toutes les charges du parlement de Paris en cas que dans huict jours il n'obéisse et ne vienne à Ponthoise. La cour avoit eu quelque pensée de ne prononcer cette suppression que contre cinq ou six des plus vigoureux de cette compagnie. Je vous laisse à juger si elle supportera patiemment cette entreprise. Cependant les plus sensés sont d'advis de faire un pont d'or pour le retour des 14 schismatiques, et je ne sçay si on ne proposera point de députer à la cour Mrs de Bellièvre et de Mesmes, qui n'ont point assisté à aucune délibération, pour chercher quelque tempérament et assurer le Roy de l'obéissance de la compagnie.

Demain les chambres seront assemblées et M⁹ les Princes viendront faire leur déclaration qu'ils sont prests de poser les armes et d'envoyer supplier Sa Majesté de vouloir retourner à Paris, de donner un passeport aux trouppes de Clinchamp, une assurance contre le retour du cardinal et une révocation des lettres de l'establissement du parlement de Ponthoise. J'ay veu la déclaration, vos amis y ont travaillé, et je vous en enverray une copie. Leurs Altesses sont bien aises de faire connestre qu'elles n'ont point d'intérests particuliers et qu'elles ne veulent point se départir de ceux du parlement. Cependant le marquis de Jarzé partit lundy pour aller à l'armée du duc de Lorraine et pour la solliciter d'advancer. Si le Mazarin et M⁽ de S⁽-Romain se rencontrent en mesme lieu, la comédie sera plaisante; car sans doute le Lorrain donnera ses audiences aux uns et aux autres, et sa manière d'agir fera enrager et les uns et les autres. Je vous dis par ma dernière lettre que l'on m'avoit dit quelque chose sur le voiage de nostre amy; il fault que je m'acquitte de ma parole. Une personne de qualité, qui a peine de croire que le despart du Mazarin ne soit point concerté avec les Princes, me dit il y a trois jours que le comte de Fuensaldagne avoit autrefois rendu à M⁽ de Nemours des lettres que Saint-Romain escrivoit au cardinal lorsqu'il estoit en Flandres, que Saint-Romain estant homme d'honneur ne pouvoit avoir ce commerce que par l'ordre de S. A., qu'il retournoit en ce lieu, où, sous prétexte de négotier avec le duc de Lorraine, il pourroit négotier avec le mesme cardinal. Ce sont spéculations auxquelles je n'adjoute guères de créance, et rien ne me les fera croire que le succès et la suitte des choses. Il est certain que si le Mazarin revient (comme il reviendra) et que les Princes n'en disent rien, ils seront d'accord avec luy; s'ils reprennent les armes, leur traitté ne sera point fait.

Lundy dernier M⁽ de Beaufort traitta M⁽ de Broussel, prévost des marchans, les nouveaux échevins et touts les conseillers de ville; il nous invita à ce festin, M⁹ de Fontrailles, de La

Ilière et moy. On ne peut dans la saison traitter plus magnifiquement. On y beut fort à la santé du Roy et de toute la maison royale; on y chanta; enfin on s'y divertit fort agréablement. Après cela j'allay veoir S. A. R., qui me fit l'honneur de me penser faire bouillir la cervelle au soleil, et il fallut rire sur ce despart du vilain [Mazarin] et chanter; et afin que vous en ayés vostre part, voicy ce que je fis sur l'air que l'on chante en vostre Guyenne : *Filles, la légèreté*, etc.

> Fronde au croc, si le vilain
> S'en va tout de bon demain;
> Mais s'il va plonger
> De peur du danger,
> Et qu'il revienne sur l'onde,
> Par ma foy, sans beaucoup songer
> Je reprendray ma fronde.

Le soir, nous souppames dans le cabinet de M. le Prince; je le treuvay fort guay; on y rit et on y chanta; cela me fait croire que ses affaires vont selon son désir. Nostre amy, qui fait le Mazarin à la Charité, m'avoit mandé par des lettres du 15 de ce mois la prise de Montrond; on disoit à l'hostel de Condé des nouvelles toutes contraires; je luy fis hier force railleries sur ce sujet et mille amitiés de vostre part; et le soir, chés S. A., après avoir veu la relation espagnole du combat naval, on parla fort du despart du cardinal, et vostre amy, se treuvant de bonne humeur au soupper, s'écria sur le second voiage du pélerin Mazarin :

> Pélerin, beau pélerin,
> Remettés vous en chemin;
> Il faut que Gaston
> Et nostre Bourbon
> Demeurent touts deux les maistres,
> Et pour vous, pauvre Pantalon,
> Que vous tiriés vos guestres.

Il faut que vous preniés patience en lisant ces folies; Marigny a tout sujet de se louer de Mʳ le Prince, qui se loue tout à fait de vous.

A 11 heures du soir.

Dans peu vous entendrés dire que Montrond sera pris ou secouru; le chevalier de Baradas a apporté à la cour nouvelle de la capitulation. M. de Persan doit sortir tambour battant et estre conduict luy et touts ceux qui sont dans la place où bon il leur semble avec une bonne escorte, et doivent estre fournis de chariots pour conduire à Chateauroux les meubles de Mʳ le Prince, à la réserve de l'artylerie, qui demeurera au Roy, si dans le premier du mois prochain la place n'est secourue. Mʳ le Prince a receu un courier pour luy apporter cet advis; il a fait partir en mesme temps Mʳ de Briole avec sept ou huict cent chevaux composés de la brigade de Condé et des Allemans; l'importance est de passer la rivière de Loire devant que d'estre joints par la cavalerie que l'on a destaché après luy; il a quinze ou seize heures d'avance; cette affaire est de la dernière importance. Ce soir le bruict couroit chés Mᵐᵉ la comtesse de Fiesque que le Mazarin estoit retourné de Monceaux, que son escorte avoit esté battue; si cela estoit vray, il y auroit de quoy rire. La cour fait des levées de touts cotés, elle est fière. Le prince Thomas (de Savoie), durant l'absence du cardinal, fera la fonction de premier ministre; il n'en a pas la qualité; mais il est certain que les secrétaires d'estat ont ordre d'aller chés luy pour recevoir les siens. Les Princes iront demain au parlement, à la chambre des Comptes et à la cour des Aides faire leur déclaration. Il faut se lever de bonne heure, c'est pourquoy bonsoir et bonne nuit.   B. N.

LE DUC DE LORRAINE A M. LE PRINCE.

Athis, 25 août 1652.

J'ay apprins par Mʳ de Saint-Romain à son arrivée comme V. A. souhaitoit avec passion de rencontrer tous moyens possibles pour parvenir à une bonne paix, et tout présentement encores il me fait voir les lettres qu'il a receu d'Elle depuis le partement de M^r le cardinal Mazarin, par lesquelles elle croit les choses y estre disposées, dont je me sens très sensiblement obligé que V. A. se veuille confier à moy d'une affaire si importante; et bien que je me connoisse tout à fait incapable d'une si considérable affaire, néanmoins, pour la passion que j'ay à contribuer à un si grand ouvrage, je m'y porteray avec tout le zèle qu'Elle peut désirer; et pour cet effect je croirois estre nécessaire qu'elle m'envoyast une personne de sa part, qui put m'instruire particulièrement de ses intentions, affin qu'ensuite de ses volontés j'y agisse de sorte qu'elle connoisse que je suis véritablement...

A. C.

M. LE PRINCE AU ROI[1].

Paris, 27 août 1652.

J'attendois avec impatience la permission que j'avois faict demander à V. M. de luy envoyer des personnes de ma part pour luy tesmoigner la joye que j'avois de voir que la sortie du cardinal Mazarin hors du royaume estoit preste de redonner le calme à la France, et à moy les moyens de rendre à V. M. mes très humbles devoirs et toutes les soubmissions ausquelles ma naissance et ma fidélité m'obligent; mais j'advoue que j'ay esté extraordinairement surpris et que j'ay veu avec un extrême desplaisir qu'on ait disposé l'esprit de V. M. à me la refuser, et que celuy qui a alumé un si grand feu par son retour ne veuille pas qu'il soit esteint par son esloignement. Je ne puis croire, Sire, qu'on ait représenté à V. M. la sincérité de mes intentions, et il y a lieu de juger qu'elles Luy ont esté desguisées; autrement Elle auroit sans doubte receu agréablement un devoir que je Luy voulois rendre présentement et duquel

---

1. C'est cette lettre que le Roi ne voulut pas ouvrir et que le duc de Damville renvoya le 29 août à M. le Prince. (A. C.)

je pouvois attendre à m'acquiter quand le cardinal Mazarin seroit hors de France. Le mauvais traitement qu'on a sans doute contrainct à V. M. de me faire en ce rencontre ne me faict point changer de sentimentz, et l'honneur que j'ay de toucher de si près V. M. les affermit d'une telle sorte, que je passeray tousjours par dessus ce qui me regardera pour rendre tout ce que je doibs à vostre personne et à vostre Estat. Permettez moy donc, Sire, de m'adresser droict à V. M. cette seconde fois, et de La supplier très humblement de vouloir considérer quel peut estre le dessein de ceux qui, en mesme temps qu'ils Luy disent ce qu'Elle a à m'ordonner, L'empeschent de trouver bon que je Luy envoye des personnes pour Luy protester que je suis prest de le faire, et que je n'ay rien à Luy représenter que ce qui est advantageux à son service et au bien de ses affaires. J'espère, Sire, qu'après avoir entendu mes raisons, vous m'accorderez la permission que je vous demande de vous pouvoir envoyer avec seureté le S^r comte de Fiesque, et que vous ne voudrez pas, par la continuation d'un refus, faire voir à toute la France qu'on veut en effect m'oster les moyens de faire pour les intérêts de l'Estat ce qu'on ne me demande qu'en apparence et pour des advantages particuliers. Je proteste n'avoir rien à désirer pour les miens en cette occasion, et que je m'estimeray trop heureux si V. M. me donne moyen de contribuer à ceux de son service autant que je le souhaite avec passion.

A. C.

LE TELLIER A TURENNE.

Compiègne, 1er septembre 1652.

Je croy estre obligé de vous expliquer bien particulièrement le subject pour lequel le Roy a agréé la proposition faite par Mrs de Joyeuse et Raulin au nom de M. de Lorraine pour une surcéance d'armes de huict jours à l'esgard de l'armée de Lorraine et de celle d'Espagne commandée par M. de Wirtem-

berg, afin que vous ne soyez pas surpris d'une résolution de
cette conséquence dans la conjoncture présente. Les dits S"^ de
Joyeuse et Raulin sont venus premièrement pour demander
qu'il pleut au Roy leur permettre d'aller à Paris de la part de
M. de Lorraine pour s'employer auprès de S. A. R. et de
Madame, afin de les destacher d'avec M. le Prince et de les
réunir aux intérests et au service de Sa Majesté; et en cas
qu'ils y trouvent résistance leur déclarer que Monsieur de Lorraine est résolu de s'attacher au service du Roy, après que le
temps porté par le traitté qu'il a avec les Espagnolz sera
expiré, qui sera au premier octobre prochain; et en second
lieu pour vous persuader qu'il seroit advantageux à Sa Majesté
qu'elle permist le passage des troupes que mène Wirtemberg
et leur jonction avec celles des Princes, parceque premièrement
cela descrieroit fort leur conduitte, et feroit voir comme ils
désirent la continuation de la guerre, au préjudice des déclarations qu'ils ont faites au parlement, apellant des troupes aux environs de Paris, mesme après l'esloignement de Mgr le Cardinal;
en second lieu que cela rendroit inutiles les troupes de nouvelle
levée que M. le Prince a faites en Allemagne et en Liège, parcequ'elles demeureroyent par ce moyen seules et séparées,
qu'il faudra qu'il les tienne vers Stenay, où elles périront et ne
porteront cependant aucun préjudice considérable, tandis que
si l'armée de Wirtemberg les attendoit et qu'elles marchassent
ensemble, elles feroyent un corps de grande considération; en
troisième lieu, que si l'on donne lieu audit duc de faire cette
jonction, à laquelle il s'est engagé envers les Espagnols pour
obliger Fuensaldagne de quitter le dessein qu'il avoit de s'advancer luy mesme vers Paris pour l'apuyer avec toutes ses
forces, ledit duc, ayant satisfait à ce qu'il leur a promis, se
retirera et ira faire le siège de Clermont pour l'oster à M. le
Prince; en quoy il rendra un double service à Sa Majesté, la
deschargeant d'un costé de luy donner une place au lieu de
celle là en attendant qu'elle luy soit rendue, et de l'autre d'en-

donner récompense à M. le Prince, comme l'on seroit obligé de faire quand il viendroit à rendre cette place audit duc de gré à gré. Et bien que l'on espère peu du voyage des dits s^rs depputés de M. de Lorraine à Paris, et qu'à l'esgard de souffrir la jonction l'on soit tout à fait de votre advis, néantmoins comme pendant le temps de cette surcéance que demande M. de Lorraine, vous pourrez faire remonter vostre cavalerie et nous aurons des nouvelles de Mouron (Montrond), l'on a jugé qu'il seroit plutost advantageux qu'autrement d'accepter cette surcéance, pendant laquelle l'on s'informera mieux des forces qui vous seront opposées, et l'on verra quelles mesures l'on aura à prendre. A. C.

Compiègne, 8 septembre 1652.

M. le mareschal de Villeroy receut hier matin une lettre de Chasteauneuf par où il luy mandoit que M. de Lorraine estoit arrivé le jour précédent à Paris avec M. le Prince; qu'aussitost après son arrivée, il envoya à luy M. de Chasteauneuf un valet de chambre de Madame pour luy faire compliment et luy dire que, s'il n'estoit obligé de se rendre en son camp, dès le mesme jour il l'auroit esté visiter; qu'incontinent après M. le duc d'Orléans ayant envoyé prié luy M. de Chasteauneuf d'aller chés luy, il s'y seroit rendu à l'instant, et qu'après un peu d'entretien avec M. le duc d'Orléans, il l'auroit mené en la chambre de Madame, où estoit M. de Lorraine; que M. de Lorraine, après luy avoir faict de grandes plaintes de l'infraction faicte par les trouppes du Roy à la trève et à ses sauvegardes, luy avoit dict qu'il sembloit que Dieu l'avoit envoyé à Paris pour s'y entremettre de la paix, veu que toutes choses luy paroissent disposées pour cela. Sur quoy M. de Chasteauneuf ayant respondu audict duc que le Roy seroit tousjours prest à donner les mains à un bon accommodement, qu'il en parloit en termes trop généraux, et qu'il devoit s'expliquer plus particulièrement;

ledit duc luy repartit en substance que, puisque le Roy se vouloit servir de M. le Cardinal, il falloit que les Princes le souffrissent, mais qu'il estoit à propos d'en convenir avec eux ; que M. le duc d'Orléans estoit satisfaict de son esloignement et ne demandoit rien davantage, et qu'à l'esgard de M. le Prince, quoy qu'il n'eust pas une cognoissance parfaicte de ses intérests, il croyoit qu'ils se pouvoient accomoder, et pria luy M. de Chasteauneuf de faire sçavoir cela à la Reyne ; de quoy celuy-cy s'estant excusé, ledict duc escrivit sur le champ une lettre au Roy en ce sens là, et la donna à luy M. de Chasteauneuf ; lequel, ayant veu qu'elle estoit en termes fort sousmis, ne fit point de difficulté de s'en charger et d'envoyer à M. de Villeroy pour la présenter au Roy... A. C.

MARIGNY A LENET.

Paris, 8 septembre 1652.

Jeudy dernier M^r le Prince partit à onze heures du soir sur l'advis qu'il eut que le mareschal de Thurennes s'estoit advancé jusques à Villeneufve-St-George, et fit marcher ses trouppes toute la nuict afin d'aller joindre le duc de Lorraine, qui estoit à Maugiron. Vendredy au matin, M^r le Prince retourna avec le duc de Lorraine pour conférer avec S. A. Roiale, qui donna à disner à ce prince lorrain. Après disner on envoia quérir Mr de Chasteauneuf, qui joignit une lettre à celle que le duc de Lorraine escrivit à la Reine, par laquelle il luy mandoit qu'il avoit amené à M^r le Prince des trouppes, comme il y estoit obligé par la parole qu'il en avoit donnée aux Espagnols ; que si S. M. vouloit faire une bonne paix, il s'offroit pour médiateur ; de suspension d'armes cependant il ne parloit point, ni de trefve, comme on vous le pourra peut estre mander. Sur les six heures du soir, le mesmo jour, il monta à cheval au palais d'Orléans pour aller vedir Mlle, mais il la rencontra vis-à vis de la porte de St-Germain, qui venoit au Luxembourg par ordre de S. A. R. avec Mesdames de Fiesque, de Bonnelle et de Frontenac. Je fus tesmoing de l'entreveue, car j'estois dans le premier carosse de Mlle. Je vous advoue que je n'ay jamais rien veu de si fou. Mr de Lorraine se précipita de son cheval, il se mit à genoux au milieu de la rue devant la portière de son carosse et lui dit : « Eh bien, Mlle, voicy ce traistre, ce desloial, ce lâche, ce perfide qui se jette à vos pieds et qui vous demande grâce. » Mlle le salua ; il se couchoit par terre et crioit au cocher : « Passe moy sur le corps si elle ne me pardonne. » Mlle le fit monter dans son carosse et M^r le Prince aussy et les conduisit jusques hors de la porte de St-Bernard. Devant que de partir il fit encore cent plaisanteries à sa mode et demanda à Madame de Frontenac (dont il fait l'amoureux) si elle luy commandoit de combattre et qu'il le feroit; on n'eut pas de peine à luy faire ce commandement. Les Princes partirent, et achevèrent le reste de la nuict de faire passer les trouppes de S. A. R. et de M^r le Prince qui sont plus nombreuses que l'on ne croioit, car il s'est trouvé au passage de la rivière quatre mille deux cent hommes de combat; deux mille volontaires de Paris, qui ont suivi Mr de Beaufort, les fortifient encore, et jointes à celles du duc de Lorraine et de Virtemberg, elles sont de seize mille combattans. Hier, après que M^r le Prince eût observé la situation du camp de Mr de Thurenne posté sur la hauteur de Villeneufve-St-George et qui a au pied la rivière d'Yerre, il jugea qu'il estoit impossible de l'attaquer de ce costé là ; c'est pourquoy, après avoir laissé les bagages de son armée en deçà de la rivière avec quelque gendarmerie et 60 fantassins pour empescher que les ennemis ne peussent faire un pont sur la rivière, par le moyen duquel ils pourroient estendre leurs cartiers de fourrages, il fit passer par batteaux sa cavalerie et le reste de son infanterie afin de s'aller poster entre Lagny et le mareschal de Thurenne pour l'obliger au combat par la nécessité des vivres. Ce matin on avoit dit à Mʳ que le mareschal avoit décampé la nuict, et que à 3 heures du matin Mʳ le Prince s'estoit mis à ses trousses ; mais présentement on dit qu'il est encore dans son poste, et, sur les six heures du soir, quelques 4 à 5 cent cavaliers des ennemis qui sont à Corbeil, avec quelques autres de l'armée du mareschal qui ont passé plus haut dans quelques batteaux, ont poussé les bagages ; il y a eu un petit combat ; d'abord la valetaille a gagné la porte de Sᵗ-Bernard ; des bourgeois volontaires sont sortis et ont soutenu les nostres, de sorte que le combat n'a pas duré beaucoup. De part et d'autre il y a eu quinze ou seize hommes de tués, les ennemis ont pris dix ou douze chevaux, et les nostres ont fait quinze ou vingt prisonniers, c'est à dire chou pour chou en bon proverbe. Le baron de Neufvi, cornette des chevaux légers de feu Mʳ de Valois, y a receu un coup de marteau d'armes sur la teste fort dangereux ; j'en suis fasché, car il est de mes amis et fort brave. Les ennemis ont présentement un passage sur la Seine, et Mʳ le Prince, qui pensoit y avoir préveu, n'a pas esté trop bien servy. A vous dire la chose franchément, je ne doute point qu'il n'en soit fort en colère, car s'il presse le mareschal du costé où il a passé, le mareschal repassera à la faveur du pont dont il s'est saisy. Ce qui est de fascheux, c'est que les ennemis sont entre Mʳ le Prince et Paris, et les bagages auront peine à passer à l'armée. Demain nous sçaurons quelque nouvelle d'importance, et il est de la dernière conséquence que l'on fasse quelque chose pour désabuser le peuple, dont la pluspart se deffie (je ne sçay si c'est à tort) du duc de Lorraine et de quelque traitté secret. Le vilain (Mazarin) est encore à Sedan.

Vous avés sçeu comme Mʳ le chancelier, après s'estre mis à la teste de ce party, s'en est fuy incognito et s'est retiré à la cour, vestu de rouge et avec des bottes de satin noir ; action digne de lui. B. N.

CAILLET A LENET.

« Camp de Limeil, près Valenton, à trois lieues de Paris »;
12 septembre 1652.

Le mareschal de Turenne est toujours à Villeneufve St Georges; fort incommodé de vivres et plus encore de fourage, toute sa cavallerie n'y mangeant que des feuilles de vigne, estant reserrée dans ce poste par l'armée de S. A. et celle de Mr de Lorraine, qui toutes deux les environnent de telle sorte que, sans le secours d'un pont de batteaux que les ennemis ont sur la rivière de Seyne vis à vis de Villeneufve, par le moyen duquel ils tirent quelques vivres de Corbeil, ils seroient contraincts d'y périr en y mourant de faim. Ils s'y sont furieusement retranchés de crainte de surprise; mais cela n'empeschera pas que bientost on ne les y aille attaquer et ferme; et desjà a-t-on commancé de les incommoder avec le canon qui tire droict à leur camp, qu'ils ont changé de face à cause de cela. Je crois que l'accommodement de Mr de Lorraine avec S. A. se fera aujourd'huy, et moyennant cela toutes choses iront divinement bien. Les trouppes qui seront bientost nostres et les nostres effectives font plus de 23,000 hommes, et le mareschal de Turenne n'en a que 7,000 au plus. Jugés de là du succès de nos affaires... B. N.

LE TELLIER A TURENNE.

Compiègne, 18 septembre 1652.

M. de Joyeuse arriva icy hier au soir pour apporter des propositions d'accomodement particulières entre le Roy et les Princes, qui sont celles qui ensuivent : qu'on accorde aux Princes une amnistie de mesme forme que celle qui fut expédiée en 1614 après le traicté de Ste Menehould; — qu'on face la réunion du parlement de Paris en la forme qui sera jugée convenable à l'authorité de Sa Majesté, dont il y a aussy exemple; — que l'on conserve sur pied les trouppes qui estoyent sous le nom de M⁓ les Princes et de M⁓ leurs enfans auparavant les mouvements, mesme celles qui, estant lors au service du Roy, se sont mises dans leur party; — que M. le Prince voulant remettre Stenay et Clermont à M. de Lorraine, le Roy lui donne douze cens mille livres de récompense pour les dictes places, qui luy tiennent lieu de l'admirauté; — qu'on accorde un passeport à M. le mareschal d'Estampes et qu'on en envoye deux en blanc pour estre remplis de telles personnes que M. le duc d'Orléans et M. le Prince voudront choisir; — que M. le duc de Lorraine a tiré parolle de M. le duc d'Orléans d'agréer que M. le Cardinal pour le Roy, et M. de Lorraine pour les Princes, signent le traicté de cet accomodement là, — que pour cet effect M. de Lorraine fera marcher son armée du costé de Champagne, que M. le Cardinal s'y advancera et qu'ils parachèveront l'affaire ensemble; — et que si M. le Prince ne se veut accomoder aux conditions ci-dessus, M. le duc de Lorraine et M. le duc d'Orléans se sépareront de luy et serviront le Roy et mesme Son Éminence contre luy.

Si ces articles là nous estoyent venus d'ailleurs que de la part de M. de Lorraine, on auroit donné les mains à traicter de l'accomodement, y voyant le retour de M. le Cardinal asseuré avec l'agrément public des Princes; mais comme tout ce qui vient de cette part là nous est suspect après la dernière action qu'il nous vient de faire, on a pris ces propositions là pour des pièges afin d'engager le Roy à donner des passeports et nouer une conférence pour donner moyen aux Princes de rompre le traicté de la paix sur l'article de M. le Cardinal, et ainsi rejetter sur la Reine la continuation de la guerre, qu'ils ont résolu de faire pour leurs intérests particuliers. Pour se parer de cet inconvénient, la Reine a esté conseillée de renvoyer M. de Joyeuse vers M. de Lorraine et le faire accompagner par M. Chanut, naguères ambassadeur en

Suède, sous prétexte de ce qu'il n'est rien dict dans les articles des intentions de M. le Prince sur sa séparation d'avec les Espagnols incontinent après le traicté, et sur le service de ses trouppes dans les armées du Roy, qui sont choses sans lesquelles le Roy ne veut pas entendre à aucun traicté. Voilà quel est le prétexte de l'envoy des dicts s^{rs} de Joyeuse et de Chanut vers le duc de Lorraine; mais le véritable dessein est de faire descouvrir par M. Chanut quel fondement peut avoir l'article qui regarde M. le cardinal; et on croit que, comme on a icy fait cognoistre à M. de Joyeuse qu'il pourroit bien s'estre mespris en cela, on ne doubte point qu'il ne prenne soin que le duc de Lorraine en parle à M. Chanut, lequel lors, feignant de n'avoir aucun ordre sur cela ny d'en estre informé, prendra soin de se bien instruire, soubs prétexte de rapporter exactement ce qui plaira à M. de Lorraine de luy dire. Cependant on a despesché M. de Langlade à M. le Cardinal, bien informé de toutes choses, pour luy rendre compte, à dessein d'avoir son advis à mesme temps que Mrs de Joyeuse et de Chanut reviendront icy. A. C.

LE DUC DE LORRAINE À M. LE PRINCE.

18 septembre 1652.

Je suis chargé de faire sçavoir à V. A. comme Mademoiselle faict estat d'aler à son camp demain; elle part à neuf heures du matin pour s'y rendre entre onze heures et midy. Je croy que le parcq de Grosbois seroit propre pour la faire rafraîchir, nostre quartier estant bien voisin des coups de canon. Je croy que le chemin est assés long pour donner de l'apéty aus dames, et V. A. assés soigneuse pour y pourvoir; l'on s'en repose tout à faict sur elle. A. C.

LE TELLIER A TURENNE.

Mantes, 26 septembre 1652.

... Sur ce que vous avés escrit qu'une trêve de dix ou douze jours ne seroit point préjudiciable au service du Roy, on a chargé M. l'abbé Fouquet, allant à Paris pour traiter l'accomodement avec M. le Prince, d'essayer, par les habitudes qu'il a chés M. le duc d'Orléans, de faire proposer une suspension pour quelques jours, mesme de donner les mains à l'esloignement des trouppes si on le demandoit... Maintenant que nous sommes en quelque repos ici, le Roy m'a commandé de vous faire sçavoir que, M. le Prince ayant recherché M. le Cardinal de s'employer auprès de Leurs Majestés pour la pacification des troubles, elles ont agréé que M. l'abbé Fouquet allast à Paris avec pouvoir de signer le traicté aux conditions qui ensuivent, sçavoir : que toutes choses seront remises en l'estat qu'elles estoyent auparavant les présents mouvements; ce faisant, que toutes les places et gouvernements qui ont esté pris sur ceux du party des Princes leur seront rendus, et mesme Mouron (Montrond) sans desmolir les fortifications; que le Roy accordera un milion de livres à M. le Prince pour distribuer à ceux de son party qui ont souffert, et outre cela quelques grâces à ses amis, qui sont celles dont vous aurés autrefois entendu parler. Mais parceque M. le Prince ne désire pas renoncer au traicté qu'il a faict avec les Espagnols qu'auparavant il ne leur ait offert des conditions raisonnables pour la paix générale, lesquelles le Roy arbitrera, ledit sieur abbé Fouquet a ordre de convenir avec luy que les trouppes qui estoyent sous son nom et de Monseig^r le duc d'Anguien avant les présents mouvements demeureront en l'estat qu'elles sont dans les quartiers qui leur seront ordonnés sans servir dans les armées de Sa Majesté, jusqu'à ce que les Espagnols ayant faict la paix aux dictes conditions, ou que l'ayant refusée, M. le Prince ait renoncé au traicté qu'il a faict avec eux; et que jusqu'à ce la restitution des places et des gouvernements sera surcise. Et bien que nous ne puissions pas prévoir qu'il y puisse avoir difficulté à l'accomodement, néantmoins, cognoissant comme nous faisons l'inégalité de l'humeur de M. le Prince, nous ne pouvons pas dire ce qui en arrivera.

J'obmettois à vous dire qu'on fist partir M. l'abbé Fouquet après le retour de Mrs de Joyeuse et de Chanut, lesquels n'apportèrent au Roy en substance que M. le duc d'Orléans avoit la meilleure disposition du monde pour la paix, mais que jusques à ce que l'on fust d'accord avec M. le Prince on ne devoit rien attendre de M. le duc d'Orléans. A. C.

Pontoise, 28 septembre 1652.

... M. l'abbé Foucquet retourna le 26 au soir de Paris et rendit compte le mesme jour au soir à la Reine, par lequel nous avons appris que M. le duc d'Orléans ne faict difficulté à quoy que ce soit pour avoir la paix, et M. le Prince veut tout pour la faire, sur ce fondement là qu'il a tout promis, et que, quand il seroit réduict à toute extrémité, le mal qu'il feroit seroit tousjours plus considérable à l'Estat que tous les advantages qu'il demande pour ses amis; et sur cela la suppression de la cour des Aydes de Guienne, le restablissement de M. du Dognon dans la Rochelle et autres choses de cette nature passent pour rien du tout. On l'a renvoyé à Paris pour servir dans ces mouvements qu'on essaye d'y exciter, avec ordre de faire savoir à M. le Prince qu'il n'y a rien à faire sur les articles de la suppression de la cour des Aydes et sur le restablissement de M. du Dognon, et à M. le duc d'Orléans que le Roy se résolvant à la continuation de la guerre, le Roy essayeroit de faire valoir tous moyens pour maintenir son auctorité, afin qu'il ne se plaigne pas quand il apprendra qu'on aura envoyé la déclaration au parlement, laquelle y sera présentée, à mon advis, lundy ou mardy prochain au plus tard.

On a retenu jusqu'icy M. de Joyeuse, ayant recognu par expérience qu'il n'y avoit point de fondement à faire sur tout ce que M. de Lorraine disoit; mais à présent que le terme va expirer auquel il a dict qu'il seroit libre de tous traictés avec les Espagnols, on a estimé à propos de renvoyer ledict s^r de Joyeuse vers M. de Lorraine pour le sommer de signer le traicté projetté avec luy pour son accomodement particulier, et en tout cas le porter à se retirer sur la frontière, afin que vous soyés plus au large, n'ayant plus que les Princes et le duc de Wirtemberg à observer. On vous tiendra adverty du succès qu'aura la négotiation. A. C.

M. LE PRINCE A CHAVIGNY.

Sans date, 1652.

J'ay veu ce soir Mr de Lorène fort intrigué de ce que la négotiation luy sort des mains et de ce que Mr de Joieuse et Mr Chanut ne s'en meslent plus par ses ordres, mais bien directement par ceus de S. A. R. et du mareschal d'Estampes. Ce que j'ay remarqué, c'est qu'il sera bien aise que M^r ny personne n'escoute leur croiance ny n'ouvre les lettres qu'en sa présence et en la miène; j'en seray bien aise aussy en mon particulier; je vous prie de le dire à Monsieur. Je croy cela absolument nécessaire, n'estent pas une chose aggréable de ne sçavoir les choses qu'après que touts les bourgeois les sçavent. Je vous prie de m'en mander des nouvelles de bonne heure. A. C.

MARIGNY A LENET.

Paris, 29 septembre 1652.

Je vous manday par ma dernière lettre le petit desmeslé que M^r le Prince avoit eu avec M^r le duc d'Orléans et le chagrin que S. A. R. avoit eu d'avoir donné quelque sujet à Mʳ le Prince de se plaindre; vous allés apprendre par cette lettre que ce n'estoit pas un emportement, mais au contraire qu'il estoit nécessaire d'esclatter encore davantage. La nuict de mardy dernier, un parti que Mʳ de Beaufort avoit envoié à la guerre treuva près d'Espinay deux hommes que l'abbé Fouquet avoit dépeschés de Paris à la cour; l'un d'eux, qui estoit valet de chambre de l'abbé, voulut mettre la main au pistolet; mais il fut prévenu par un coup de mousqueton, dont il fut tué sur la place; l'autre fut pris et fouillé; on luy treuva une lettre que l'abbé Fouquet escrivoit à Mʳ Le Tellier; d'abord il s'écria que c'estoit pour le service de S. A. R. qu'il alloit en cour; mais lorsqu'il entendit que le commandant dit à quelques cavaliers qu'on le menast à Mʳ de Beaufort, il se jetta à genoux et pria qu'on le conduisist à tout autre que luy, et qu'il donneroit mille pistoles si on luy vouloit rendre sa lettre et sa liberté. Cela fut cause que le commandant donna ordre plus exprès de le mener en diligence à Mʳ de Beaufort, qui, après l'avoir interrogé et leu le contenu de la lettre, en prit bonne copie et porta l'original à M. le Prince. Mʳ de Beaufort m'en a donné une copie, que j'ay prestée à une personne de qualité qui est seure; si on me la renvoye devant que je ferme mon pacquet, je vous en feray part. En attendant je vais vous en dire les beaux endroits, qui vous feront voir que je n'avois pas de trop mauvaises lunettes quand je vous mandois il y a quelque temps que je déplorois la conduitte du party, et que je pensois que la Reine avoit des gents qui agissoient par son service auprès de Mʳ le Prince, au lieu qu'il devroit en avoir près de Sa Majesté qui agissent pour luy. Cet abbé mandoit que Mʳ le Prince avoit promis de venir icy dès le lundy, mais qu'ayant appris que Mʳ de Turenne avoit envoié au fourage 2,000 chevaux, il estoit sorty de son camp pour les suivre; que beaucoup de bourgeois, ayant du papier à leurs chapeaux, l'estoient venus treuver le mardy matin au palais Royal; qu'ils avoient eu bien de la joye de le veoir, qu'ils luy avoient demandé ce qu'ils avoient à faire dans le dessein qu'ils avoient d'aller au palais d'Orléans et d'exciter la sédition par les rues; qu'il n'avoit pas creu qu'il fallust mal embarquer l'affaire, mais qu'il avoit creu qu'il estoit plus à propos d'attendre les hommes de main que l'on vouloit mettre à leur teste; qu'il n'y avoit point de temps à perdre; c'est pourquoy il dépeschoit en diligence afin qu'on les envoiast promptement; que M^r le mareschal d'Estampes estant venu à l'assemblée, on l'avoit obligé de prendre du papier, ce qui avoit fort embarrassé M^r d'Orléans; qu'il avoit dit au mareschal qu'il en verroit bien d'autres; que le mareschal luy avoit respondu qu'il ne falloit pas faire de rodomontades, mais qu'il falloit faire la paix; que M^r le duc d'Orléans avoit souhaitté de le veoir, qu'il avoit esté une heure avec luy, que S. A. luy avoit tesmoigné qu'elle ne désiroit rien pour elle, mais qu'elle avoit un peu insisté pour ses trouppes; qu'il luy avoit dit qu'encore qu'on luy promist de les maintenir, sans doute on les réformeroit; que M^r d'Orléans avoit répondu que, pourveu que l'on en réformast d'autres auparavant les siennes, il y consentiroit, qu'il désiroit sortir honnestement de cette affaire et que le parlement fust satisfait de luy, qu'il vouloit que dans l'amnistie on parlast du cardinal Mazarin, que Mr de Chavigny avoit dict qu'il falloit justifier ledit cardinal par une déclaration particulière, qui seroit plus seure et plus avantageuse pour luy, et faire casser tous les arrests du parlement; que M^r le duc d'Orléans ne vouloit pas aussy que dans l'amnistie il fust dit que Mr de Beaufort sortiroit de Paris, et que Mr de Chavigny avoit dit que S. A. R., après la vérification, trouveroit moyen de l'en faire sortir adroittement; que Mr de Rohan estoit du mesme advis; que l'on abandonnoit La Rochelle et la cour des Aides; que l'on demandoit quelque argent pour Jarzé et la démolition de Taillebourg; mais que, n'ayant aucun ordre pour cela, il se tiendroit ferme et ne promettroit rien; que Mrs de Chavigny et de

Rohan devoient partir pour aller porter ces propositions à
M.^r le Prince et proposer une trefve, et, en cas que M.^r le Prince
ne voulust pas agréer ces articles, Mr Goulas luy avoit dit que
S. A. R. se détacheroit et traicteroit sans luy; que quelques
amis du cardinal de Retz estoient venus à l'assemblée du palais
Royal, appelée par ceux de l'union l'assemblée des testes de
papier, dire qu'il falloit mettre le cardinal à leur teste; qu'il
avoit creu qu'il ne le falloit pas faire, mais se servir de ses
amis s'il en avoit, et qu'à cet effet il feroit avec luy un raccommodement plastré; que Brusselles (Broussel) avoit donné
sa démission de prévost des marchans et s'en estoit repenty
deux heures après, et que Mr de Chavigny avoit dit à M.^r d'Orleans : « Puisqu'il s'est défait de sa charge sans vous en parler,
parlés luy en sans le restablir »; que Mr de Chavigny faisoit
espérer que pour quelque somme d'argent M.^r d'Orléans feroit
consentir Louvières à se deffaire de son gouvernement de la
Bastille, et qu'après Brusselles seroit aisé à accabler; qu'on luy
envoiast force placarts imprimés, parcequ'il en avoit besoing,
et les hommes de commandement que l'on désiroit mettre à
la teste des bourgeois. Voilà à peu près l'extrait de la lettre;
jugés si elle deut surprendre M. le Prince, puisque toute cette
conférence avoit esté faite à son insceu, que M.^r le duc d'Orléans, ni Mrs de Rohan, de Chavigny, et Goulas ne l'en avoient
point averti. S. A., revenant du camp, alla descendre chés
Mr de Chavigny et luy fit voir la lettre, ne faisant pas semblant d'y adjouter foy. Touts vilains cas se renient. M.^r dit que
Fouquet a menti; les autres disent la mesme chose. Cependant
on ramasse des circonstances qui font juger du contraire.
Mrs de Rohan et de Chavigny allèrent pour proposer la trefve,
et M.^r d'Orleans refusa à M.^r le Prince de restablir Mr de Brusselles dans sa charge, et ce fut là dessus qu'ils en vinrent à
quelques paroles. J'ay ouy dire à M.^r le Prince que S. A. R.
luy ayant dit sur le sujet de ce restablissement qu'il ne con-
nessoit pas Paris, S. A. luy proposa d'assembler ses amis et

ses serviteurs pour conférer avec eux; que M^r répliqua : « Ce sont des emportés; je connois mieux Paris que vous et eux, et sans moy vous n'y fussiés pas entré. » M. le Prince respondit : « C'est une chose problématique; mais si vous m'avés donné Paris, je vous ay donné 15 mille hommes pour vous y maintenir. — Je vous ay donné des trouppes, répliqua M^r, et j'ay fait venir le duc de Lorraine. — Vos trouppes, respondit M^r le Prince, sont en petit nombre, et pour Mr de Lorraine sans ma considération il seroit encore à Brusselles; mais je veoy bien ce que c'est; on se veut séparer et chacun prendre son party. » Et là dessus il sortit de la galerie du Luxembourg, où il laissa M^r, et treuva dans la chambre Mr de Lorraine avec touts les négotiateurs, auxquels il fit ses plaintes et dit qu'il ne manqueroit pas au respect qu'il devoit à M^r, mais qu'il aimoit mieux tout d'un coup veoir les choses séparées que de languir de la sorte; qu'après il sçauroit bien prendre son parti ou pour la paix ou pour la guerre. Mr de Lorraine dit qu'il avoit raison, et M^r fut fort embarrassé jusques au soir que M^r le Prince le revint veoir à la prière de Mlle et de ses amis, qui s'entremirent pour cette réconciliation. Depuis ce temps là S. A. R. vient veoir deux fois le jour M^r le Prince, qui est malade et qui a déjà été seigné cinq fois; il n'a point de fièvre, mais il a de grandes douleurs de teste, particulièrement sur le soir. S. A. fut fort étonnée quand je luy dis par cœur la lettre de Fouquet, dans laquelle il n'y avoit qu'un seul chifre pour cacher le nom de M^r le Prince qui etoit M^r 34. Jamais il n'y a eu un négotiateur si impertinent. Ces M^rs sont fort décriés dans le monde, et cependant ils font leur cour à l'ordinaire, comme s'ils n'avoient eu aucune conférence. On a donné arrest portant deffense de s'attrouper, et M^r ayant fait assembler les colonels et fait résoudre de charger ces porteurs, il en estoit si aise, que m'ayant veu passer dans les rues il me fit descendre du carosse où j'estois pour me faire venir dans le sien et me le dire; là je baptisay cette assemblée (du papier) des torchecus du palais Royal, et fis pour luy complaire quatre couplets de chanson sur le champ, sur l'air des petits sauts de Bourdeaux. Je vous les envoie et je m'assure qu'il vous feront rire. S. A., qui m'avoit envoié quérir avant hier pour la divertir, en rit bien dans son lict et nous les chantames en chœur de musique dans sa ruelle.

Le Roy est à Ponthoise; on croit que l'on fera approcher quelques compagnies des gardes afin de fomenter les séditions, et pour cela on a détaché mille chevaux pour battre l'estrade du costé de St-Denys. Le duc de Lorraine a parlé fort vigoureusement à M^r et luy a dit que, devant que la mauvaise saison l'obligeat à se retirer, il donneroit, si l'on vouloit, dans les retranchements du mareschal de Thurenne, et qu'il vouloit qu'on luy couppast le cou en cas qu'il ne les forceat point. Si S. A. est bientost sur pied et que le cœur en die au Lorrain, vous en entendrés parler. S. A. R. aura peine d'y consentir, parceque je sçay qu'on luy a dit que si M^r le Prince avoit quelque grand avantage il pousseroit les choses bien avant. Les trouppes d'Espagne avancent devers la frontière, et on a despesché à Brusselles à Mr de Fuensaldagne afin de le presser. Je vous en parle comme ayant veu ce que l'on a mandé; et si les Espagnols font leur devoir, comme il y a apparence, la cour se treuvera assés embarrassée. Il ne faut songer qu'à conserver Paris, où certes il se fait de grandes cabales par la nonchalance des uns et la mollesse des autres.   B. N.

LE TELLIER A TURENNE.

Pontoise, 2 octobre 1652.

... Je croy que ceux qui ont commencé le bruict à Paris pour le Roy ont esté bien aises de le discontinuer, par crainte de recevoir quelque mauvais traitement, et que, comme ils sont gens qui ont quelque chose à perdre, ils sont plus retenus que ceux qui crient par les rues pour de l'argent suivant les ordres des personnes qui leur en fournissent. Les officiers de la ville et les députés des six corps des marchants ont fort pressé le Roy d'aller à Paris, du moins de s'en approcher, offrant de faire tout ce qui leur sera ordonné pour le service du Roy; mais ils n'ont pas déguisé deux choses assés considérables : l'une, qu'ils n'entreprendront point de chasser les Princes, crainte de n'y pas réussir, qu'ils ne soyent soutenus de la présence du Roy ou que le Roy ne soit en leur voisinage avec des troupes; l'autre, que si le Roy n'estime pas devoir aller à Paris ni s'en approcher pour se défaire de ceux qui luy desplaisent et entretiennent les troubles, ils seront contraints de se joindre à eux entièrement, en fournissant de l'argent et exécutant aveuglément tout ce qu'ils voudront, pour se garantir du mal talent qu'ils conservent contre eux, à cause de l'aversion qu'ils tesmoignent à l'encontre de leur party et la passion qu'ils font paroistre pour le service du Roy. Et parce qu'il seroit fort advantageux au Roy d'eschauffer la bonne volonté des Parisiens pour son service, et d'empescher qu'ils ne se lient avec les Princes par désespoir d'estre appuyés par le Roy, on m'a commandé de vous donner part de tout ce que dessus, afin que vous preniés la peine de faire savoir à Leurs Majestés si, en l'estat et au poste que les armées ennemies seront lorsque vous recevrés ce pacquet, vous pouriés vous camper en tel lieu que le Roy peust s'approcher de Paris plus près qu'à Saint-Germain, en sorte que vous fussiés entre Paris et le Roy sans que les armées ne pussent rien entreprendre sur vous utillement, ni aussi inquiéter le logement de la court, observant que le lieu soit tel que l'armée que vous commandés y pust subsister.

Je vous prie que ce que je vous escris des conditions de l'accomodement soit secret, crainte que M. le Prince ne se plaigne qu'on publie les choses qu'il demande pour le décrier dans Paris et ailleurs, ce que je n'ay point d'intention de faire, mais seulement de vous en informer selon les ordres que j'en reçois de Leurs Majestés... A. C.

L'ABBÉ VIOLE A LENET.

Paris, 2 octobre 1652.

... Mardy dès le matin, l'on sceut la nouvelle que l'on refusoit à la cour un passeport pour Mr Talon et que l'on ne le vouloit pas escouter. Mr de Guise ariva icy à midy et fut descendre à l'hostel de Chevreuse, où après s'estre faict acomoder, il alla veoir Mr le Prince, qui le receut conformément à sa générosité. Ils furent fort peu ensemble à cause de la maladie de Son A. dont je vous parleré maintenant. Sur le soir les six corps des marchands retournèrent de Pontoise où ils furent receus comme les autres, et leur fut faict response comme vous verrés dans cet imprimé, que vous ferés paroistre si vous le jugés à propos, mais il ne va qu'à faire sédition dans Paris.

La maladie de Son A., qui a esté tout autre chose que ce qu'on vous a mandé, avoit rehaussé la fierté des gens de la cour et leur avoit faict songer à des entreprises parmy le peuple, qui se sont ralanties depuis sa meilleure disposition, qui est telle, que la fiebvre l'a quitté et donné subject de le veoir bientost sur pied ; il est vray que ce qui le faisoit croire plus malade, estoit qu'il ne vouloit veoir personne, et que ses amis intérogés de sa santé respondoient assés mollement, si bien que toutes les nouvelles de Pontoise marquoient point de paix....

B. N.

X*** À LENET.

Paris, 9 octobre 1652.

Bien que je n'aye pas ouy parler de vous ny de la bonne amie par ce courier icy, je ne laisseray pas de vous escrire, encores que je n'aye rien de fort agréable à vous mander. Jamais il n'y a eu sy peu d'apparence de la paix; toutes les négotiations sont à bout, et les articles principaux qu'on dit estre causes de la rupture sont la suppression de la court des aydes d'Agen, les tours de la Rochelle, la subsistance des trouppes de M^{grs} les Princes, le restablissement de Taillebourg, et la surintendance pour Mr de Maisons; mais dans le fond il en fault attribuer la cause à nos péchés, car on ne sçauroit pas comprendre que le conseil aime mieux hasarder le royaume que d'accorder ces conditions particulières, et le cardinal Mazarin d'estre peut estre perdu par là, au lieu qu'il se pouvoit restablir plus puissant que jamais. La Reyne fist assembler le conseil il y a quelques jours et ordonna à l'abbé Fouquet de rendre compte de sa négotiation; et comme le prince Thomas et les autres n'avoyent point du tout entendu parler de tous les articles accordés, ou soit qu'ils en fissent semblant, ils crièrent fort contre tout cela, et poussèrent fort l'abbé Fouquet pour s'estre tant advancé, bien esloignés de conseiller de relascher le reste. Ce sont des gens qui voudront essayer de tenir le cardinal esloigné, et, s'il n'y prand garde, il aura plus d'affaire qu'il ne panse; quand mesme le Roy viendroit à Paris, ils se pourront servir de cela pour empescher son retour; je panse pourtant qu'ils auront beau prandre leurs mesures, il reviendra bientost; à tout prandre, je trouve ses affaires au plus meschant estat que je n'aye point encores veu, mais de par tous les diables les nostres n'en sont pas mieux, et je croy que nous nous allons éterniser dans la guerre. Hier au soir Mr de Guise fust dire à S. A. R. de la part de Mr de Lorraine que s'il n'ostoit de ses conseils Mrs de Rohan, de Chavigny et Goulas, il se détachoit entièrement de ses intérests. Je ne sçay point encores quelle suitte cela aura. La court se dispose de réunir les deux parlements à St-Germain et ensuitte envoyer l'amnistie à Paris pour y estre vériffiée, et je croy que leur dessein est de traitter à quelque prix que se soit avec S. A. R., à condition qu'il s'en ira à Blois; il fit proposer il y a deux jours à M. le Prince d'accepter les offres de la court, et qu'il luy promettoit de ne s'y réconcilier jamais qu'il n'eust obtenu tous ces articles qu'on luy refusoit présentement. Le bon prince craint bien qu'il n'y aye pas de sûreté pour luy ; nous en tasterons tout du long sy la cour ne se ravise promtement. Le duc de Lorraine, par l'intérest d'Espagne et le sien, voudroit fort faire la liaison de M^r le cardinal de Retz avec M^r le Prince ; il y est encores fort poussé par sa caballe, qui ne veust point la paix ; il n'y a encores rien de fait que les propositions. Je pance que M^r le Prince partira bientost pour aller sur la frontière. L'armée d'Espagne, qui a pris Dunquerque, est vers Cambray ; elle est d'environ huit à neuf mil hommes. Il me faschera fort s'il nous faut quitter Paris.   B. N.

LE PRÉSIDENT VIOLE A LENET.

Paris, 13 octobre 1652.

S. A. en partant aujourd'huy pour se rendre à son armée, qui marche vers la rivière d'Oise, m'a ordonné de vous escrire que vous m'adressiés doresnavant les lettres que vous luy escrivés, parceque j'ay des adresses pour les luy faire tenir. Je pense qu'il sera nécessaire que, S. A. n'estant plus à Paris, vous me faciés plus de part des affaires de Guyenne que vous n'avés fait jusques à cette heure ; car m'ayant chargé de ses affaires, il est à propos que j'en sois instruit pour prendre des mesures justes, tant auprès de S. A. R. qu'ailleurs. Au reste je ne sçay ce que nous devons espérer de ce voyage, lequel doit estre long et peut produire une infinité de maux si la cour ne les arreste par un accommodement, lequel soit seur et honeste pour S. A. ; à celuy de l'abbé Fouquet a succédé un autre commancé par M. d'Aligre, qui se fait du consentement de S. A. R. Dieu veuille qu'il réussisse mieux que l'autre et qu'il mette fin promptement à tous nos malheurs. M. de Turenne a passé la Marne à dix lieues de Paris et s'est allé poster sur la rivière d'Oise, afin d'empescher M. le Prince d'y prandre des quartiers d'hiver ainsi qu'il avoit fait dessein ; de sorte qu'il sera peut-estre obligé d'en chercher ailleurs ; car c'est présentement la chose dont il s'agist et qui luy importe au dernier point. La cour est à Saint-Germain, qui prétend, à ce qu'on dit, venir bientost à Paris ; si cela est, nous n'aurons pas peu d'affaires à nous y deffendre ; mais je suis résolu d'attendre généreusement le coup et y soustenir tant que je pourray les choses, tant au parlement qu'auprès de S. A. R., qui a fait beaucoup de protestations d'amitié à M. le Prince et tesmoigné bien vouloir prendre confiance en moy.

Nous avons perdu Mʳ de Chavigny, dont je suis inconsolable.

B. N.

LIVRE VI, CHAPITRE VI.

LA LUTTE AVEC TURENNE. — FRONTIÈRES DE FRANCE.
1652-1653.

LE ROI A PARIS. FIN DE LA CAMPAGNE.
OCTOBRE 1652-JANVIER 1653.

X*** A LENET.

Paris, 25 octobre 1652.

Lundy au matin le parlement s'assembla sur ce qu'ils avoyent esté mandés par lettres particulières de se trouver au Louvre le lendemain à 7 heures; il y en eut douze qui n'eurent point de lettres, qui sont M^{rs} les présidents de Bailleul, de Thou et Violle, Mrs de Croissy, de Machaut, Coulon et autres. Il fut arresté, Son A. R. y estant, que tout le parlement se trouveroit au Louvre, tant les mandés que ceux qui ne l'avoyent point esté. Le lundy à deux heures après midy, le Roy envoya M^r d'Aligre pour dire à M^r le duc d'Orléans de se retirer, le traitté qu'on avoit faict avec luy n'ayant point esté signé; y ayant eu quelque article dont on n'estoit pas demeuré d'accord, la court ne se soucia pas de le conclure, voyant la bonne disposition de Paris pour eux et croyant que M^r d'Orléans ne résisteroit point. M^r d'Aligre estant chés Mme d'Aiguillon, et Mr Goulas luy représentant que c'estoit tout perdre que de pousser de la façon S. A. R., il obtint dudit d'Aligre qu'il renvoyroit le s^r Sanguin pour faire changer cet ordre en un plus doux s'il estoit possible. Le conseil fut mal satisfaict du retardement de M^r d'Aligre et envoya le duc de Damville dire à S. A. R. sur les 3 ou 4 heures de sortir dans le jour, ou que le Roy viendroit loger chés luy. M^r d'Orléans escrivit au Roy qu'il sortiroit le lendemain au matin; on fit ce qu'on peut pour l'empescher d'escrire et l'obliger à aller veoir le Roy, et que, prenant les choses haultement, il n'estoit aucunement au pouvoir de la court de le pousser; on ne peut jamais lui oster sa crainte. Le soir à l'entrée de la nuit, le Roy arriva icy et alla loger au Louvre; il ne parut point de joye dans les esprits comme on a accoustumé d'en veoir lorsqu'il y arrive quelque nouveauté. Une heure après, un exempt avec 12 gardes alla à la Bastille sommer le gouverneur de la luy remettre entre les mains à l'heure mesme, sur peine de la vie; il obéit, et l'exempt s'en rendit maistre. Le mardy au matin à six heures, S. A. R. s'en alla à Montrouge et delà à Limours avec Mrs de Beaufort, de Rohan et quatre ou cinq cents chevaux de suitte. Le Roy tint son lict de justice, et là fut leue l'amnistie. On fit commandement à Mrs de Beaufort, de La Rochefoucauld et Rohan et autres particulièrement nommés de sortir de Paris dans le jour. M⁰ de La Rochefoucauld fit représenter à la Reyne l'estat auquel il est par M⁰ de Turenne, que s'il sortoit de Paris il perdroit un œil et hasarderoit mesme les deux, et que sy la Reyne luy faisoit la grâce de le laisser à Paris pour se faire traitter, qu'aussytost qu'il pouroit il s'en iroit passer l'hiver chés luy pour achever de se guérir et qu'il n'en partiroit point sans en donner advis à la court, à M⁰ de Turenne ou à M⁰ de Montausier, et qu'il demanderoit un passeport pour aller trouver M⁰ˢʳ le Prince. La Reyne dit qu'elle le vouloit bien, qu'il luy faisoit pitié. Comme les choses parurent aller de mieux en mieux, on vouloit une déclaration de ne plus aller dans le party de M⁰ˢʳ le Prince; M⁰ de La Rochefoucauld s'est encores expliqué, et a dit qu'il donneroit une déclaration qu'il n'entreprandroit rien contre le service du Roy directement ny indirectement, tant qu'il seroit icy ou chés luy sur sa parolle et jusques à ce qu'il l'eust retirée, mais que si on luy en demandoit d'autre, on pouvoit bien sans autre formalité le mettre dans la Bastille, où il se feroit traitter, ne pouvant en façon du monde prandre la campagne; je croy qu'on luy accordera de la façon qu'il le demande. Mademoiselle a eu ordre de sortir, à quoy elle a obéy ce matin avec assés de peine. Mᵐᵉ de Chastillon eut hier au soir ordre d'aller à Chastillon, et elle l'a faict changer pour Merlou avec grande difficulté. Mesdames de Montbazon, de Fiesque et Bonnelle s'en iront aussy demain par mesme ordre. Le peuple, qui avoit esté dans un grand estourdissement, commance à regarder tout ce qu'on a faict icy avec assés d'inquiétude et à murmurer; le parlement se dispose à demander le retour de ses confrères qui furent interdits le jour de l'amnistie, qui sont les mesmes à qui on n'avoit point escrit. Mʳˢ de Violle et Croissy sont encores icy qui attendent les ordres de M⁰ˢʳ le Prince. Il y a assés d'apparence que cecy ne durera pas et je suis persuadé qu'il arrivera quelque chose. La court ne sçauroit payer un sol des rentes de toute cette année, et Mr le Cardinal ne manquera jamais de venir à contre temps. Mgr le Prince devoit joindre vers Marle hier le comte de Fuensaldaña avec huict ou dix mil hommes. Mr de Turenne part demain pour s'en retourner à son armée, qui est aux environs de Senlis. Mr le cardinal de Retz jusques icy ne trouve point son poste, et tout se faict sans sa participation. Mr de Guise, recognoissant les obligations qu'il a à Mgr le Prince, n'a pas manqué d'aller à St-Germain et revenir en parade avec le Roy et de se tenir icy bien assidu auprès de sa persone. (B. N.

MARIGNY A LENET.

Paris, 27 octobre 1652.

Depuis la déclaration par laquelle on a proscrit les dix conseillers et touts les domestiques de Mrs les Princes, bien que je n'aye pas l'honneur d'en estre, néantmoins pour n'estre pas obligé à plaider contre la cour en interprétation de déclaration, et pour ne me point attirer quelque ordre particulier, je me tiens alerte; je suis pourtant résolu d'estre icy le dernier de tonts ceux qui sont les plus déclarés pour Son Altesse; j'attendray de ses ordres, et, si je n'en reçoy point, j'iray chés moy planter des arbres; car puisque ce n'est plus le *tempus frondandi*, c'est bien le *tempus plantandi*. Mr le duc de Rohan a envoyé déclarer au greffe de la cour par un procureur qu'il entendoit jouir de l'amnistie, et qu'à cet effet il renonçoit à touts traittés faicts avec les Princes; Mr de La Rochefoucault a permission de demeurer icy à cause de son indisposition; il s'est formé une taye sur son œil, et si dans quatre mois, lorsque la cataracte sera meure, l'opération ne réussit, il faudra qu'il conte sur un œil. Mesdames de Montbazon et de Chastillon sont allées à leurs maisons; Madame de Bonnelle, ayant passé par Limours, a été conseillée de renvoyer son train à Eclimont; quand S. A. R. partira, je pense qu'elle prendra la poste;

Madame la jeune comtesse de Fiesque a des gardes chés elle ; Mr Valotte a dit à la Reine que la mauvaise couche de la comtesse l'empeschoit de pouvoir se mettre si tost en campagne ; l'autre mareschale de camp de Mademoiselle, c'est à dire Mme de Frontenac, est avec sa générale, qui est toujours cachée dans cette ville, quoyque la cour fasse dire qu'elle est allée trouver Mr le Prince ; pour Mr de Guise, il est dans son hostel et il a généreusement pris le parti de la cour et de Mlle de Pons, et a traitté Mr le Prince comme Mme de Bossu, peut estre parcequ'il les avoit épousés touts deux ; sa passion, qui continue, luy fait faire icy des choses fort extraordinaires ; il a chassé Mme sa mère de l'hostel de Guyse et menassé de raser sa sœur en cas qu'elle eût aucune habitude avec Mr de Monthrésor. Il alla à la cour durant qu'elle estoit à St-Germain, et il assista au lict de justice que le Roy tint au Louvre lundi dernier, et donna joliment sa voix pour la vérification de ces belles déclarations de proscriptions des serviteurs de S. A. R. et de Mr le Prince ; peut estre qu'il a des raisons cachées, que quelque jour il dira ; mais au moins est-il fort malheureux, car les plus Mazarins de la cour condamnent sa conduitte. S. A. R., quelque chose que les serviteurs de Mr le Prince ayent peu faire, a accepté l'amnistie ; on dit mesme qu'il a fait un traitté particulier, qui doit estre conclu demain ou après, car il a demandé Mr Le Tellier pour le terminer avec luy, après quoy il faict estat d'aller à Blois, car on dict qu'il a promis de ne retourner à Paris que lorsque le Roy le trouveroit bon ; il a pourtant protesté à Mr Viole (qui le mande ainsy) qu'il n'abandonneroit jamais Mr le Prince, le parlement ni Paris, et qu'il n'avoit point faict de traitté particulier ; mais le président Viole met que nos affaires sont déplorées ; de là, mon cher monsieur, tirés la conséquence. Mr d'Orléans partira mercredy pour aller coucher à Chartres ; de là il prendra le chemin de Blois. Mr de Croissi partira d'icy mercredy ; pour moy, je n'en partiray pas encore sitost ; cependant, puisque tout le monde quitte, vous pouvés vous imaginer de l'estat des choses; si vous continués à m'escrire par la voye de vostre correspondant, vous aurés de mes nouvelles. Il est arrivé un homme ce matin qui en porte de celles de M^r le Prince à Mr Viole; il dict qu'il l'a laissé près de Rheims. Ce matin M^{rs} Le Tellier, Servien, le président de Novion et le président de Mesmes ont eu une grande conférence dans une chambre des Pères de la Mercy; on parle du restablissement de quelques proscrits, car on séparera sans doute les amis de M^r le Prince, qui ne seront restablis ou qu'avec luy ou qu'en donnant une déclaration de ne se point mesler de ses intérêts. B. N.

30 octobre 1652.

Vostre lettre du 24 ne me fut apportée qu'hier matin; pourquoy vous amusés-vous si longtemps à estre malade, et quel plaisir prenés vous à donner du chagrin à vos amis? Reprenés votre santé avec les vins nouveaux en beuvant à celle du brave Mr de Marchin, qui vous a fait faire vos vendanges, et qui sera cause que l'on vous souffrira encore cet hyver à Bourdeaux. Mr de Matha, qui arriva avant hier icy, nous auroit bien dict des nouvelles s'il n'en fust party ce matin de peur d'estre arresté; car vous pouvés vous imaginer que le séjour n'est pas seur pour les serviteurs de M^{rs} les Princes, et il faut que ceux qui veulent y demeurer meinent la vie de hybous, ou du moins qu'ils prennent bien leurs précautions de peur de tomber dans les paneaux Mazarins. Mr Viole est parti ce matin avec un passeport de la cour pour aller trouver M^r le Prince et luy dire ce qui s'est passé à Limours depuis que M^r le duc d'Orléans y est. Quelque chose que les serviteurs de M^r le Prince aient peu faire, quelque chose qu'ayent fait les amis de M^r le cardinal de Retz, M^r le duc d'Orléans a fait son traitté avec la cour, mais à des conditions si honteuses pour luy que touts ses serviteurs et ses domestiques, mesme les plus désireux de la paix, n'ont peu s'empescher de luy en faire des reproches; le seul Goulas a poussé son maistre à prostituer son honneur et sa réputation en abandonnant Mʳ le Prince, Paris et le parlement; car à peine a-t-il fait un moment des instances pour demander un temps pour advertir Mʳ le Prince, on luy refuse et il en est demeuré satisfait; il renonce à tout traitté; il rappelle ses trouppes pour les joindre à celles du Roy; sur cet article, les officiers qui se trouvèrent à Limours se récrièrent, disant que c'estoit une honte de les vouloir obliger à tirer l'espée contre des gents avec lesquels ils estoient unis il n'y a que deux jours; moyenant cela on luy promet de payer ses pensions et on luy donne des assignations, à la réserve des sommes qui luy sont affectées sur le convoy de Bourdeaux; sur cela on luy a dict qu'ayant fait la guerre avec Mʳ le Prince, qui s'estoit saisy du convoy, c'estoit à luy à luy en tenir conte s'il vouloit. Jugés de quel air on l'a mené. Par le traitté il a permission d'aller partout où bon luy semblera, mesme de retourner à Paris; mais il a donné un papier par lequel il promet de n'y point venir que du consentement de Sa Majesté; il a voulu obliger Mʳ de Beaufort à signer avec luy, mais il l'a refusé et cent mille frans qu'on luy offroit, et il a traitté Goulas de fripon et de traistre devant Mʳ; celuy-cy avoit tant d'impatience de conclure, qu'ayant envoyé quérir Mʳ Le Tellier pour cela, le jour qu'il devoit arriver il fit semblant d'aller à la chasse et de faire un triquetrac, et il monta sur une éminence pour descouvrir ceux qui venoient; et d'abord qu'il paroissoit un carosse, il couroit au devant, criant : « Voicy, voicy Mʳ Le Tellier. » On a descouvert qu'il a empesché la réunion de Mʳ le cardinal de Retz avec Mʳ le Prince, et qu'il s'estoit jetté à genoux devant luy afin d'en tirer parole qu'il ne s'accommoderoit point; quand ses serviteurs luy ont conseillé de parler pour le restablissement des conseillers, il a répondu qu'il falloit attendre le retour de Mʳ le cardinal, afin qu'ils luy en eussent l'obligation; il a dit à Mʳ Viole qu'il conseillast à Mʳ le Prince de s'accomoder avec le Mazarin; et sur le sujet de Mˡˡᵉ, qui n'a point voulu le suivre, il luy dict : « Je vous prie

de dire à mon cousin que s'il ne considère point ma fille pour
l'amour de moy, je le prie de la considérer comme sa parente
et de l'empescher de rien faire d'indigne d'elle. » Ce matin il
a envoyé M⁺ le mareschal d'Estampes au Roy pour l'assurer de
sa fidélité et de son obéissance. Voilà sortir d'un party fort glorieusement. Le Roy partira ces festes pour aller à Saint-Germain, et il ramènera le cardinal le dixiesme du mois prochain.
La Reine disoit hier au cercle qu'elle avoit fait préparer un
appartement pour luy. On retient sur la rivière touts les batteaux
de bled, de vin, de bois, et d'autres denrées, qui n'auront la
liberté de passage qu'après l'arrivée du cardinal, afin que si Paris
remue il soit chastié par la nécessité des vivres, et s'il souffre
en paix le retour du cardinal qu'il goûte avec luy l'abondance
de toutes choses. Le bourgeois ne veut que le repos ; il donneroit de l'argent pour la réunion de M⁺ le Prince et du cardinal, si par ce moyen il pouvoit jouir de la tranquillité ; il donneroit de l'argent pour la teste du cardinal, il en donneroit
pour d'autres, pourveu qu'il eust la paix ; il n'a point d'autre
désir ; il peste contre les désordres, contre touts ceux qui les
ont causés, contre les intérests particuliers qui ont ruiné les
publics, contre les trahisons, les perfidies, les traittés ; enfin,
mon cher monsieur, le bourgeois peste contre tout le monde.
Cependant je trouve M⁺ le Prince dans un assés bon état, car
il peut maintenant s'accomoder sans honte avec le cardinal,
et son traitté sera justifié par celuy de M⁺ et par ce qu'ont fait
le parlement et Paris, qui l'ont abandonné ; la seule difficulté
est la séparation qu'il faut faire d'avec les Espagnols ; car de
prétendre qu'il fasse la paix générale, comme il a traversé en
Espagne le dessein que le Mazarin avoit de la conclure, ne
doutés point que le Mazarin ne s'oppose de ce costé cy afin
que Son A. n'ait pas cet avantage ; je voudrois qu'ils s'accor-
dassent touts deux en ce point et qu'elle fut bien faicte ; car
enfin puisque la guerre ne se fait plus contre le cardinal, que
son restablissement est le premier article de touts les traittés, il

vaut mieux pour le bien de l'Estat et pour le nostre qu'il retourne promptement; ç'a toujours été la pensée de la cour de nous réduire à cette extrémité de faire désirer le cardinal; la mauvaise conduitte de ceux qui ont gouverné le vaisseau du party en est cause; mais enfin quand je considère que je n'ay jamais esté, que je ne suis et que je ne seray point Mazarin, et que cependant les soldats l'ont cherché et recherché dans mes granges et dans celles de ceux qui sont dans les mesmes sentiments que moy, et qu'on ne l'a point voulu chercher où il estoit, peut-on blasmer les justes désirs que nous avons de veoir à quelque prix que ce soit la fin de ces mouvements? Ce n'est pas que je n'ensevelisse la synagogue avec honneur et que jusqu'au bout de carrière je ne tesmoigne ma fidélité et mon zèle à S. A.; et en effet je l'ay suppliée de vouloir m'honorer de ses ordres, avec protestation de faire tout mon possible pour luy faire connestre que jamais elle n'a eu de serviteur plus passionné que moy; je les attends avec impatience et non pas sans péril; mais je risqueray toujours tout pour un prince que j'honore infiniment et pour qui j'ay les derniers respects. B. N.

TURENNE A MAZARIN.

13 novembre 1652.

Je receus hier au soir, à trois heures, l'un de l'autre les deux billets du 8 et celuy du 10. Par le compte que je fais de l'armée de l'ennemi, je suis dans les sentiments de V. É., hors que je les estime tous ensemble plustost plus de huict mille chevaux que moins, ne pouvant pas juger à deux ou trois jours près si le comte de Fuensaldagne joindra ou non. Cela m'empesche, n'estant fortifié que de 1,800 hommes de M^r d'Elbeuf, de m'approcher tout près de Ste-Menehoud, croyant que M^r le Prince seroit fort ayse de combattre dans le temps qu'il a toute l'armée d'Espagne près de luy et tous les renforts de l'armée du Roy n'estant pas encore arrivés, de sorte que nous allons en augmentant et l'ennemy en diminuant. Et je diray à V. É. qu'il me semble voir clair, que l'ennemy prenne S^to-Menehoud ou non, que nous ferons sortir l'ennemy de France, ou il donnera bataille. Pour ce dernier, je croi que V. É. voit bien que l'esloignement des troupes du comte de Fuensaldagne et le renfort de l'armée du Roy donne un grand advantage et, avec l'ayde de Dieu, une chose presque asseurée. S'il y alloit de ma gloire particulière, je serois assés souvent avec dessein de m'aprocher plus près de l'ennemy ; mais je croi que, s'estant mis devant luy pour l'empescher d'aller plus loing et attendant tous les jours des trouppes, le peu de retardement qu'on a apporté n'est que fort profitable. Les troupes de Normandie seront icy dans deux jours, et mesme Mr de Goutheri (?) vient de dire tout à cette heure que m^r le mar^al de La Ferté arrive aujourd'huy à St-Dizier. L'armée est en fort bon estat, et je pense qu'il y a de l'intérest de l'Estat et de V. É. de ne rien entreprendre pour pousser l'ennemy hors de France ; avec toutes les diligences que chacun apporte il me semble que cela va un bon chemin. Il est de grande conséquence de sçavoir les démarches de M^r le comte de Fuensaldagne ; comme V. É. voit de près les mouvements de l'ennemy, elle peut mieux prendre ses mesures pour son passage que je ne luy sçaurois dire. On me mande de Paris que tout y est fort tranquille. Pour le discours, c'est une chose que l'on ne peut pas empescher, mais il faut aller au devant des effects. A. E.

M. LE PRINCE A LENET.

Camp près Damvilliers, 3 décembre 1652.

... Vous m'escrivés que je vous envoye un homme de qualité qui puisse instruire Mrs de Bourdeaus de l'estat où sont mes affaires ; mais vous sçaurés qu'il m'en reste si peu auprès de moy et qu'ils se sont si fort épouvantés de la vie qu'ils ont préveu qu'il faloit faire en ce païs, que la pluspart m'ont abandonné. Cependant vous sçaurés que nous avons pris Chasteau-Portien, Retel, Ste-Menehould, Bar, Ligni et Voyd à la vue de Mr de Turenne pour y establir nos quartiers d'hiver et ceux des Lorrains. Comme nous avons pris le dernier, Mr de Turenne s'est fortifié des troupes que Mr de Longueville luy a envoyées et des garnisons que M^r d'Elbœuf a levées dans la Picardie avec ce que le cardinal luy a mené de cavalerie, car il a passé par l'armée et nous n'avons pas mesme nouvelles qu'il en soit encore party. Aussy tost que Mr de Turenne a eu le renfort, il a marché à nous, qui, n'ayant plus que nostre cavalerie (ayant mis toute nostre infanterie en quartiers dans les places que nous avons prises), avons esté obligés de nous retirer sous Damviliers, d'autant plus que Mr de Turenne ayant veu prendre tous ces lieux sans s'y oposer, Mr de Fuensaldaigne avoit desjà marché vers son païs; mais ayant apris la dernière marche de Mr de Turenne, il remarche pour nous joindre, tellement que dans peu de jours nous serons en estat de repousser les ennemis, qui asseurément ne peuvent pas nous atendre. Ainsy nous voilà en repos pour le reste de cest hyver, pandant lequel nous nous fortifierons, et dans le commencement de la campagne prochaine nous obligerons la cour à songer à soy, si elle persiste dans son opiniastreté.   B. N.

M. LE PRINCE A SAINT-ROMAIN.

Camp devant Rethel, 15 janvier 1653.

Je suis arivé icy assés heureusement, et sitost que j'y suis arivé j'ay esté à Château-Portien. J'ay emporté la ville, où il y avoit trois régiments d'infenterie et un de cavalerie ; je l'ay brûlée. Je pars demain matin pour vous aler joindre ; j'espère que ce sera après demain. Je vous prie de dire à Mr de Fuensaldagne que je le prie de m'attendre autour de Vervins.   A. N.

PIÈCES ET DOCUMENTS.

M. LE PRINCE AU MARQUIS DE PERSAN.

20 janvier 1653.

Je viens de recevoir vostre lettre. Je vous prie de m'informer bien particulièrement de ce que vous saurés des ennemis. Vervins est pris. Le poste de Charbogne[1] nous est si important que vous devés à mon sens ne rien oublier pour vous en rendre maistre, si les ennemis s'esloignent tant soit peu de nous et que vous le puissiés faire seurement, et qu'il ny ait que des païsants; les Cravates, vostre régiment et quelque infanterie pourroient faire l'affaire en les menaçant du feu et du siège; mais prenés si bien vos mesures qu'il n'arrive pas d'accident à ces troupes là; au nom de Dieu, achevés de brusler les vilages qui sont depuis Signy-l'abaïe jusques à Inaumont[2] sur le ruisseau, et de là jusque à ceus du marquis de Mouy; car si ces grands logements subsistoient, ils pourroient prandre résolution d'aler à vous quand nous serions esloignés; pour ceus du marquis ne les espargnés pas.

A. N.

CAMPAGNE DE 1653.

CAILLET A LENET.

Bruxelles, 28 juin 1653.

S. A. enfin part demain pour se rendre au rendés-vous de l'armée, qui se faict à 20 ou 25 lieues d'icy, aux environs de St-Hubert; tost après nous marcherons pour entrer en France

---

1. Charbogne, 16 kilomètres est de Rethel.
2. Inaumont, 6 kilomètres nord-ouest de Rethel. — Signy-l'Abbaye, 21 kilomètres nord de Rethel.

avec des forces considérables, S. A. ayant à soy, indépendant de personne, six mil hommes effectifs, 8,000 des trouppes auxiliaires d'Espagne et 7,000 de monsieur de Lorraine, sans compter l'armée du comte de Fuensaldagne qui sera de 18 à 20,000 hommes effectifs, laquelle suivra de près celle de S. A. pour l'assister et la secourir au besoin, et n'y aura point de rivière à passer pour la communication des deux armées.

B. N.

LE COMTE DE FUENSALDAÑA A M. LE PRINCE, A NAMUR.

Bruxelles, 2 juillet 1653.

Le duc de Lorraine continue ses difficultés pour la marche de ses troupes à passer au pays de Luxembourg... L'archiduc a résolu aujourd'huy, qu'en cas que Rethel fust assiégé, il convenoit que V. A. vint passer la Meuse à Givet, et qu'au cas contraire elle fist de mesme, pour donner satisfaction au duc de Lorraine, lui disant qu'ayant trouvé son avis le meilleur et le plus assuré, on l'a disposé ainsy; mais je n'ay rien voulu mettre en exécution sans savoir vostre sentiment là dessus.

J'iray demain à Anvers pour quelque négociation d'argent et seray de retour le lendemain matin, de façon que mon despart pour l'armée ne sera en rien retardé. Jusqu'à présent nous n'avons nulle nouvelle de la Capelle que Rethel soit assiégé. ...

A. C.

Bavay, 15 juillet 1653.

Je vous envoie un avis de la Capelle; sy ce qu'il dit est vray, il y aura des nouvelles au quartier du baron de Clinchamp; il pourra envoyer un parti des Croates pour s'en assurer. —. Soit que cet avis de la séparation des ennemis et de la marche de M^r de La Ferté soit vray ou non, je crains que le duc de Lorraine ne pense amuser à Bruxelles M^r l'archiduc en disant qu'il envoie l'ordre de marcher, et nous icy en faisant escrire Mʳ le chevalier de Guise qu'il va marcher. C'est pourquoy je suis résolu de faire le voyage pour le faire desclarer nettement, ne voyant aucun autre bon remède à cet embarras; car de marcher sans le faire desclarer et le laisser dans le pays, il y a plusieurs inconvénients à craindre, dont le moindre est qu'il ravagera le pays et le fera crier, en sorte qu'il faudra revenir y donner ordre. Mon courrier n'est pas encore de retour, ce qui est une marque certaine que Mʳ de Lorraine chicane et ne se résoud pas nettement. A. C.

LE DUC DE LORRAINE A M. LE PRINCE.

19 juillet 1653.

Il semble que les ennemis songent à couvrir la Picardie... Si le comte de Fuensaldagne se résolvoit de donner le corps qu'il a icy avec le mien, retenant dans ces provinces le corps du comte de Garcies et celuy qu'il laisse sur la Lys, ce seroit suffisant non seulement pour occuper Mʳ d'Elbeuf, mais pour pouvoir tenter quelque chose, pendant quoy V. A. pourroit à mon avis passer la Marne et arriver sur l'Aisne aussitost que les ennemis, qui ne pouroient arriver sur la Marne plus tost qu'elle, et dans la marche luy donneroient peut-estre occasion de les combattre, ayant dix mille hommes, avec le baron de Clinchamp; j'estime que ce corps avec le mien en feroit bien dix mille autres... Vitry, à mon opinion, ne lui pourroit échapper ou Sᵗ-Dizier; en tout cas les ennemis n'ont point là d'avantage; V. A. y a ses places derrière elle, et il n'y a rien qui l'empesche d'aller à gauche et à droite. J'ay 4,500 chevaux et quelques régiments d'infanterie en Lorraine, qui pourroient joindre. J'avois pensé dire tout cecy à Maubeuge; mais j'avois des affaires qui me renversoient la cervelle. En tout cas, si il plaist à V. A. ordonner à ceux qui commandent dans ses places de nous assister, s'il se peut faire quelque chose par delà, de canon, munitions et d'hommes, s'ils en peuvent donner, l'on verra s'il se peut faire quelque chose... A. C.

SAINT-ROMAIN A M. LE PRINCE.

Valenciennes, 19 juillet 1653 au soir.

Le comte de Fuensaldagne sera demain sans faute au rendez-vous après dîner, et l'on n'oubliera pas de faire suivre vos chariots; on les charge de farine et l'on vous donnera du pain qui est à Landrecies. L'argent et les chevaux de l'artillerie qu'on attend de Bruxelles ne sont pas encore arrivés; mais ils en devoient partir et ils ne sauroient tarder.

Le comte de Fuensaldagne s'aboucha hier avec le comte de Garcies à Bouchain et résolut sa marche.

M. de Lorraine envoya icy hier au soir pour remontrer que l'ennemi estant assemblé et posté, il falloit bien considérer ce qu'il y avoit à faire et plusieurs autres choses vagues. Le comte m'a dit qu'il luy respondit qu'à la place d'armes on délibèreroit demain de ce qu'il y auroit à faire; il ne sçait pas si M. de Lorraine s'y trouvera ou non; La Boulaye ne lui en a rien dit ni luy à La Boulaye.

Le comte m'a dit qu'on avoit tiré des gens d'Arras et de la Bassée, et je suis bien trompé s'il ne regarde de ce costé plus volontiers que d'un autre... A. C.

TURENNE A MAZARIN.

Camp de Noyon, 7 août 1653.

Comme nous avions jetté deux cens mousquetaires dans Noyon, les ennemis n'ont pas osé l'attaquer à cause que nous en estions assés proches, et ont tourné vers Roye, où il n'y avoit personne dedans; les habitans s'y sont faict battre un demi jour. Ils décampèrent hier et se logèrent entre Montdidier et Roye; ils ont mis quelque infanterie dans le premier; nous ne doubtons pas que l'autre ne se rende quand ils en approcheront. Si l'ennemi retombe sur la Somme ou entre en France, nous serons incontinent auprès de luy; nous croyons qu'il aura grande difficulté à faire d'autres conquestes que Roye et Montdidier et qu'il n'oseroit s'embarquer plus avant. Mʳ de Castelnau fut hier avec sept ou huict cens chevaux pour voir si l'ennemi marchoit; ses coureurs rencontrèrent deux cens chevaux de l'ennemi, qu'ils poussèrent jusques au camp : c'estoit un coronel lorrain qui les commandoit; il y en eut trente ou quarante prisonniers et deux officiers. Mʳ d'Espié estoit avec les coureurs, qui a très bien faict et un cappitaine de Créqui nommé Lévignan. On bat assés souvent de leurs partis, et ils marchent et agissent en gens qui se fient à leur corps d'infanterie, qui est assés grand; ne tesmoignant pas s'asseurer beaucoup sur leur cavalerie. A. E.

TURENNE ET LA FERTÉ A MAZARIN.

Camp de Buire[1], 15 août 1653.

Suivant que V. É. aura sceu, nous passames la rivière de Somme à Ham, et ayant sceu par Mʳ le marquis de Sᵗ-Geniès que le convoy de Cambray devoit marcher pour joindre l'armée des ennemis à Sérisi[2], nous marchasmes avec la cavalerie auprès de Bapaume, qui estoit le chemin que le convoy devoit tenir, lequel (comme il estoit sorti de Cambray) eut advis de nostre marche et s'y en retourna. L'armée des ennemis cependant repassa la Somme à Sérisi sur trois ponts qu'ils firent, et furent tous passés en un jour. Nous nous logeasmes entre l'armée et le convoy, de sorte qu'ils ont quitté la rivière de Somme

---

1. Buire-Courcelles, 5 kilomètres à l'est de Péronne.
2. Cérisy-Gailly, 9 kilomètres à l'est de Corbie.

et ont marché auprès de nous; ils ont le Cattelet et Cambray derrière eux, et l'armée du Roy à Péronne. Les armées sont à la veue l'une de l'autre, et on escarmoucha fort hier. Nous envoyasmes, dès que nous vismes les ennemis au lieu où ils sont, trois cens hommes de pied et quatre cens chevaux à St-Quentin, et M^r le mareschal de La Ferté a envoyé outre cela deux cens de ses dragons à Ham. On avoit encore envoyé outre cela trois cens chevaux à Dourlens, craignant que d'auprès de Corbie les ennemis ne prissent cette marche-là. Si les Espagnols eussent creu Monsieur le Prince et qu'ils eussent esloigné la rivière de Somme de plus d'une journée, nous croyons qu'ils ne se seroyent pas retirés aisément. Monsieur le Prince se voit à cette heure hors d'apparence de rien faire en France, et nous croyons que ses pensées et celles des Espagnols sont bien différentes. A. E.

TURENNE A MAZARIN.

Camp de Pargny [1], 19 août 1653.

Je croi que V. É. aura sceu comme les ennemis, en délogeant devant nous auprès de Péronne et ayant un chemin fort court pour aller à Fonsomme et de là à Guise, avoient envoié un corps de cavallerie pour l'investir; mais y ayant fait entrer Mr de Beaujeu qui marcha jour et nuict, ce corps de cavalerie des ennemis se retira à leur camp, qui est entre Fonsomme et Ribemont. V. É. voit bien les efforts de l'ennemi pour faire encore venir des troupes, et le bruict qui court, que les affaires de Bordeaux ne sont pas si appaisées que cela ne retienne encore les troupes quelque temps, m'oblige à dire à V. É. qu'il seroit bien nécessaire de faire des efforts pour avoir davantage d'infanterie qu'il n'y en a. La foiblesse où on est fait que, ne mettant personne dans les places, on est encore fort inférieur aux ennemis en infanterie.

1. Pargny, sur la Somme, entre Ham et Péronne.

M. le Prince tesmoigne grand empressement pour le comte Garcies et on dit qu'il vit froidement avec le comte de Fuensaldagne. A. C.

SAINT-ROMAIN A M. LE PRINCE, AU CAMP DE VERMAND.

Cambrai, 23 août 1653.

M. l'archiduc m'a reçu et tout ce que je luy ay dit de vostre part avec la plus grande civilité du monde. Je lui fis vostre compliment en latin et dis ce que vous m'aviez ordonné. Il a respondu avec bonté et civilité qu'il compatissoit à vos maux, qu'il se rendroit demain au Catelet sur les midy pour s'aboucher avec V. A., qu'au commencement les choses se pouvoient mieux faire qu'à cette heure, mais que tout ce qui se pourroit pour vostre satisfaction on le feroit. A. C.

M. LE PRINCE AU ROI D'ESPAGNE.

Sans date (octobre 1653).

Les grandes pertes que j'ay souffert depuis deux ans, et j'oze dire par le retardement des assistances que V. M. m'a faict l'honneur de me promettre, m'ayant faict proposer à Mʳ l'archiduc et à Mʳ le comte de Fuensaldagne de me laisser le gouvernement de Rocroy, que nous venons de prendre, attendant que V. M. puisse me faire des grâces plus considérables, l'un et l'autre ont trouvé ma proposition fort juste, et me l'ont mis entre les mains jusques à ce qu'il plaise à V. M. me l'accorder comme je l'en supplie par ces lignes, sur la parole que je leur ay donnée et que je confirme à V. M. que, si elle me faict cette grâce, je l'employeray à son service de la mesme sorte que j'ay faict tout ce qui a esté en mon pouvoir, et que toutes les fois qu'il plaira à V. M. je la remettray en ses mains et à ses ordres, comme j'ay plus particulièrement chargé Mʳ le comte

de Fiesque, ou en son absence Saint-Agoulin, de représenter
à V. M...
A. C.

LE COMTE DE FUENSALDAÑA A M. LE PRINCE.

Camp de Sivry[1], 10 octobre 1653.

J'ay reçu vostre lettre me donnant avis de la position des ennemis, de leur dessein d'aller à Ste-Menehould ou bien de fortifier Maubert-Fontaine[2]; vous disiez aussy qu'il convenoit de nous tenir joints et de nous assurer des troupes de Lorraine. D'après ce qui avoit esté ajusté à Mariembourg, je croyois estre assuré des troupes de Lorraine; mais à mon arrivée à Philippeville ayant escrit à M. de Ligniville de venir me trouver pour ajuster les logements de troupes, il m'a respondu qu'il avoit ordre du duc de Lorraine de n'obéir qu'à luy-mesme; sur quoy j'ay envoyé un exprès à Bruxelles pour demander au duc de nous laisser ses troupes; j'attends sa réponse.

Les gouverneurs voisins de V. A. semblent craindre que la détention de Turenne dans ses quartiers et l'abouchement avec le cardinal Mazarin ne soit contre eux; ils nous ont demandé du secours; mais je leur ay envoyé une personne pour leur dire qu'avant que l'armée ne bougeât pour les secourir ils devoient se déclarer et traicter avec nous ou avec V. A.[3]...

A. C.

Camp de Sivry, 15 octobre 1653.

Le comte de Ligniville m'a avisé qu'il avoit ordre de venir parler à M^r l'archiduc de la part du duc de Lorraine. Il est

---

1. Sivry (Belgique), à mi-chemin entre Maubeuge et Mariembourg.
2. 9 kilomètres sud-ouest de Rocroy.
3. Le duc de Noirmoutier et le vicomte de Lameth, qui tenaient Charleville et Mézières, ne se déclarèrent pas formellement et se bornèrent à conclure des traités de neutralité avec M. le Prince. Cette situation équivoque se prolongea jusqu'en 1655. Les deux gouverneurs durent enfin remettre leurs places au roi de France.

arrivé. Sa commission estoit que, le terme jusqu'auquel, selon l'accord fait, les troupes estoient obligées d'assister estant expiré le 15 de ce mois, le duc de Lorraine estoit résolu de marcher avec les siennes pour chercher des quartiers. On a envoyé ausy tost le secrétaire Navarre pour parler au duc de Lorraine.

A. C.

M. LE PRINCE A LENET.

30 octobre 1653.

Je croy que vous aurés appris desjà comme quoy Mr de Lorène ne s'est pas treuvé au rendés-vous, que ses troupes jusque icy n'ont pas encore marché et qu'il n'y a que les miènes et celles de Mr de Virtemberg qui aient passé la rivière ; de plus Mrs de Turene et de La Ferté, qui estoient demeurés vers Laon pour observer la contenance des Espagnols, ont escrit à Faber à Sedan (et la lettre a esté prise) qu'ils ne faisoient rien et qu'ils aloient passer l'Aisne pour aller à Ste-Ménehould, si bien qu'on peut conter Ste-Menehould pour perdu par plaisir, n'y aiant rien au monde de si facile que de le secourir. Je vous prie de leur en faire de furieuses plaintes et de leur faire faire quelque chose, puisqu'ils n'ont que beau jeu à craindre ; cependant envoiés moy un ordre bien précis pour les gouverneurs de Mariembourg, Charlemont et Philippeville pour m'assister de touttes choses pour prendre mes quartiers entre Sambre et Meuse dans les villes de Liège, car le plat païs est ruiné ; et un autre ordre semblable à Mr de Virtemberg pour faire ce que je luy ordoneray pour mes quartiers ; mais envoiës les moy et non à eux, et voiés les si il n'y a point de galimatias ; car l'anée passée ils en envoièrent qui en estoient touts plains. Songés aussy à mes quartiers de Flandre et faites moy prompte responce.

B. N.

TURENNE A MAZARIN.

Craonne, 31 octobre 1653.

J'ay eu nouvelles d'Arras par un de mes gens que j'y avois envoyé, et veu les lettres que Mʳ de Mondejeu escrit à Mʳ de Beaujeu, par lesquelles il luy mande qu'il n'est point nécessaire qu'il advance, n'y ayant rien à craindre pour les places, et mesme luy dit que pour sa personne il sera le bien venu, mais que pour son corps il est impossible qu'il puisse subsister en ce pays là; et ayant apris de Mʳ de Bridieu que les Lorrains marchoyent derrière l'armée d'Espagne, et que la commune opinion estoit qu'ils alloyent en Luxembourg, j'ay creu que Mʳ de Fuensaldaigne s'avançant à Marolle[1] vouloit couvrir cette marche; c'est pourquoy je suis venu à Cranne, afin d'estre à la main d'aller vers la rivière si l'ennemy s'y vouloit advansser. J'ay escrit à Mʳ Fabert afin qu'il prist garde d'avertir ceux qui sont devant Sᵗᵉ-Menehould si quelque chosse passoit à Givé, et qu'il me le fit sçavoir en mesme temps, afin que je puisse estre promptement à la rivière d'Aisne, et ay envoyé cent cinquante hommes dans Rethel, afin d'estre asseuré qu'on ne le peut pas emporter si aysément; j'ay aussy envoyé cent hommes dans Corbie et ay mandé à Mʳ de Beaujeu d'observer l'armée d'Espaigne. Mʳ le mareschal de La Ferté est à trois ou quatre lieues d'icy avec son armée; Mʳ le comte d'Estrées est venu me voir tantost, qui me l'a dit. J'ay eu cette après disné des nouvelles de Mʳ de Bridieu, qui me mande que l'armée d'Espagne, estant venue à Ors et Catillon[2], en partit hier, remontant la Sambre; il semble que ce soit le chemin de Flandres; il ne sçait point des nouvelles de la cavallerie qui est destachée; il est impossible que dans ce soir ou demain on ne sçache de quel costé ils tournent. Toutes les

---

1. Maroilles, 5 kilomètres à l'est de Landrecies.
2. Catillon-sur-Sambre, entre le Câteau et Landrecies.

lettres que je reçois de Mᵣ le marquis de Sᵗ-Geniès disent que les ennemis ne sont point en estat de faire de siège, et Mᵣ de Mondejeu escrit aussy que ni la Bassée ni Béthune ne sont point en cette appréhension là. A. E.

Camp de Brie[1], 6 novembre 1653.

J'ay receu les deux lettres par les gardes de S. É., et luy avois escrit de Parfondru[2] comme Mᵣ le mareschal de La Ferté s'en alloit vers l'Aisne et que je marchois en deçà. Je luy ay donné les régiments d'Espié, de Gèvres, Fabert, Richelieu et Choiseul, qui estoient la brigade que Mᵣ d'Espié commendoit. Rocquépinne et Plessis ne m'ont pas rejoinct depuis les avoir destachés pour envoyer à Sᵗᵉ-Menehould. Quand je marchay à Cranne, j'envoyay force parties jusques vers Rocroy, afin que Monsieur le Prince sceut comme on marchoit vers l'Aisne, et mesme je laissay retourner à Rocroy deux de ses valets de pied qui avoient passeport de Mᵣ de Candalle, de sorte que je croy que les troupes de Luxembourg ne se seront pas trop advancées. Je n'ay que trois régiments d'infanterie qui ont beaucoup de commandés en diverses places, et ay envoyé ceux que j'avois dans Corbie à Ardres, que l'on m'a dict estre fort desgarni. Il y a un assés grand chemin; je leur ay mandé de faire diligence.

Sur la nouvelle que Mᵣ l'archiduc marchoit avec l'armée vers Douay, j'ay passé la Somme à Seraucourt[3], laissant Péronne à main gauche, afin de donner créance à l'ennemi que c'est une armée qui ne se veut pas couvrir des rivières. Je verray ce qu'ils entreprendront, et suivant cela je feray ce que je croiray pour le mieux. J'ay envoyé à Mᵣ de Lislebonne, à Mᵣ de Beaujeu et à toutes les places pour les informer du chemin que je

---

1. Brié, sur la Somme, 5 kilomètres sud de Péronne.
2. Parfondru, 8 kilomètres sud-est de Laon.
3. Seraucourt (Grand-), 8 kilomètres sud-ouest de Saint-Quentin.

tiens. On asseure qu'il y a une brigade de Lorrains avec l'armée d'Espagne et je ne voi pas qu'il soit certain que le corps des Lorrains ait passé la Meuse. La saison est si avancée que je croi certainement qu'aujourd'huy ou demain je sçaurai le dessein des ennemis... A. E.

LES QUARTIERS D'HIVER.
DIFFICULTÉS AVEC FUENSALDANA.
1653-1655.

LENET A M. LE PRINCE.

Valenciennes, 24 novembre 1653.

Je retournay hier au soir de Chièvres[1]. Je ne sçaurois dire à V. A. le bon accueil que me fist M^r l'Archiduc; j'eus l'honneur de l'entretenir fort amplement le jour de mon arrivée et celuy de mon départ sur le subject du voyage qu'il veut faire en Espagne suivant, me dict-il, le conseil que je luy en avois donné à Douay, et dont il remet l'exécution jusques à ce qu'il sache plus particulièrement les intentions de V. A. Je ne vous parleray point de toute cette conversation, Monseigneur, parce qu'il faudroit chiffrer fort longuement et cela ne convient guères à un homme comme moy qui ay bien de la peine de sortir de l'estat de ma maladie, outre qu'espérant avoir l'honneur de voir V. A. dans la fin de cette sepmeine, je juge que c'est plustost matière d'entretient que d'escriture. J'ose me promettre que vous approuvés mon procédé en tout cela et je me contenteray donc, Monseigneur, de dire à V. A. que je l'ay vivement pressé sur les quartiers de Flandres, luy disant que vous espériés cela de la justice du roy, puisque vostre traicté

1. Chièvres, 15 kilomètres nord de Mons.

vous les accorde en terme exprès, et de son amitié, nonobstant
les difficultés qui se rencontroient; sinon que vous croyés
qu'en bon parent et amy il seroit le premier à vous conseiller
de vous retirer en quelque lieu de repos après en avoir envoyé
donner advis au roy catholique, attendant une autre fortune,
ce qui ne seroit guierre honorable, util ni aggréable à S. M.,
puisque, contre ses intentions, ses ministres vouloient vous
réduire à l'impossibilité de le servir avec honneur et satisfaction, puisque vous ne pouvés faire l'un et l'autre sans trouppes
et que vous ne pouvés avoir de trouppes, ayant en outre un
nombre très grand d'officiers-d'ordonnance de celles de
Mademoiselle et tous ceux qui sont venus de Guienne, qui
tous ne peuvent subsister sans quartier. Je ne sçaurois dire à
V. A. combien raisonnablement il m'a respondu ni avec combien de douleur et de sincérité il m'a représenté les impossi-
bilités desquelles il m'a tant et tant de fois parlé : « Enfin, me
dict-il, il fault contenter M^r le Prince en tout ce qui sera possible; je vous prie, revoyés le comte de Fuensaldagne et
advisés ensemble aux expédiens de luy donner quelque satisfaction; mais pour les quartiers je crains et suis quasi certain
que les peuples prendront les armes, et parcequ'ils se sont
racheptés et par la mauvaise conduitte que tiennent les trouppes
de M^r le Prince, qui est insuportable aux peuples où ils se trouvent logés. » J'entretins aussi fort le marquis Mathey.

Je revins donc hier au soir. Ce matin de bonne heure je me
suis rendu en l'abbaye de Vicogne, qui est à une lieue d'icy,
où le comte de Fuensaldagne estoit venu coucher, et d'où il
est venu rendre ses debvoirs aujourd'huy à Madame, et une
visite à madame de Marchin. Nous nous sommes fort entretenus; il est demeuré d'accord d'envoyer à V. A. les quartiers
du duc de Virtemberg, d'escrire au prince de Chimay comme
aux autres gouverneurs, et de m'envoyer demain matin la
lettre. Il m'a asseuré que sur l'ordre que j'envoyay il y a trois
jours à V. A. pour dom Francisco Pardo il donneroit à M^r de

Virtemberg toute l'assistance que vous demandés, soit d'artillerie soit de munitions, parce que l'ordre estoit sans restriction ; il a faict partir les chevaux d'artillerie et autres équipages que vous avés demandés.

Il m'a dict que quand il receut ma dernière lettre, estant malade, il l'avoit envoyée à M^r l'archiduc et qu'il avoit faict responce par son advis, et que cette mesme lettre il l'avoit après envoyée en Espagne à M^r dom Louis afin de faire voir vos prétentions sur les quartiers et l'ambaras auquel il est. Là dessus je luy ay respondu que cela ne surprendroit nullement M^r dom Louis, qu'il sçavoit bien qu'en faisant le traicté là dessus j'avois failli à rompre sur cet article, mais que ce qui le debvroit surprendre, c'est de ne pas profiter de vostre parti et de vos advis pour prendre tous les quartiers de France; et là dessus la conversation s'estant un peu eschauffée, je suis revenu sur les quartiers et luy ay dict qu'il n'y avoit point de milieu, où qu'il falloit qu'il vous les fist donner comme vostre traicté le porte et comme vous en estes en possession, ou qu'il soit cause que vous envoyés remonstrer au roy catolique la nécessité où l'on vous jecte de quitter son service. Enfin il m'a parlé là dessus, sur vostre personne, sur l'utilité que V. A. apporte au roy son maistre et sur le désir qu'il a de vous servir, fort raisonnablement. Nous nous sommes fort bien séparés, me disant qu'il n'a garde de s'attirer une négative absolue après l'entretient que j'ay eu avec M^r l'archiduc, ny aussi changer la moindre chose du monde aux résolutions prises avec S. A., les ministres et les députés des provinces, qui pourroient les faire révolter; qu'il alloit à Bruxelles; qu'il souheteroit de tout son cœur de vous pouvoir donner satisfaction; mais m'opposant tousjours cette impossibilité, et que estant moy mesme de retour je verray l'estat de l'affaire, et que j'estois si raisonable que j'en serois le juge; me parlant des désordres de l'année passée, je luy ay dict que luy et moy réglerons tout cela, que j'irois de fois à autres moy mesme dans les quartiers. En un mot, monseigneur, je ne doubte pas que les poussant comme je feray avec vigueur, pourveu que vous me sousteniés, je n'en tire cuisse ou aisle; mais il ne fault pas se persuader que cela puisse aller comme tout passe; je prendray les volontés sur cela et sur toutes autres choses vers Votre Altesse à Rocroy. Je voudrois pouvoir partir demain, mais je suis en si mauvais estat et si près de retomber qu'il fault que j'use pendant deux ou trois jours de quelqué précaution pour m'apliquer après tout au service de V. A. Je suis au désespoir si les pauvres gens de Ste-Menehould ne sont secourus. Toutes les trouppes de ces gens icy se vont mettre en quartiers des demain; le comte de Garcies sera à Bruxelles aussitost que moy; je luy ay escript; il rôde icy et là pour establir les garnisons. B. N.

M. LE PRINCE A VIOLE ET LENET.

Rocroy, 1er décembre 1653.

Je vous donne advis que Ste-Menehould est pris, que toutes les trouppes qui estoient dedans viennent icy, où elles me vont toutes tomber sur les bras, tellement que si je n'ay bientost les chevaux et l'esquipage d'artillerie que je vous ay mandés, je me trouveray bien embarassé, n'ayant aucun lieu où pouvoir loger les dites trouppes; ainsy je vous prie, si cela n'estoit pas encore party, de mettre ordre que je les aye au plustost, en ayant un besoin que je ne puis vous dire. B. N.

Marienbourg, 19 décembre 1653.

Je viens de recevoir par Champagne, l'un de mes valets de pied, vostre lettre du 17 avec celle du 15. J'ay veu par celle du 17 tous les entretiens que vous avés eu sur les quartiers. Je vous diray pour responce à cela que puisque le Luxembourg et le Namurois sont des pays dont les Espagnols ne tirent rien, ils y peuvent sans se faire aucun préjudice donner logement; outre cela, ils ont encore le pays de Gueldres, dans lequel ils en peuvent aussy donner. J'ay de plus à vous dire que la Flandre et le Brabant ne sont pas pareils, et que chaque pays se rachepte en particulier, et que les efforts qu'ils ont faict pour moy cette campagne ne sont pas à mon advis trop extraordinaires pour les mettre si fort en jeu. Vous ne pouviés jamais mieux respondre que vous avés faict pour la demande des quartiers; puisque la chose est dans les termes que vous me mandés, tirés en tout ce que vous pourrés d'argent, et le couvert si cela se peut. Pourveu que Mr de Lorraine veuille faire ce que vous me mandés, je m'y accorderay très volontiers, mais cela ne doibt pas empescher l'argent que vous pourrés tirer pour la gendarmerie et pour le régiment; car j'ay une grande quantité d'autres trouppes à loger sans cela; je cognois assés Mr de Lorraine pour croire qu'il ne voudra peut estre qu'accommoder ses trouppes, en ayant desjà envoyé dans l'entre Sambre et Meuze, dont mes trouppes se trouveront beaucoup incommodées dans leurs quartiers; cependant ce sera une bonne affaire si vous pouvés l'engager à ce que vous me mandés, car j'ay la brigade de Bouteville sur les bras, qu'il fault que je loge et que je prétendois mettre à Stavelo, Malmedy et autres lieus voisins[1], desquels M. de Lorraine se sera saisy; vous voiés par là l'estat où je suis et quel moien j'ay de loger ma gendarmerie et le régiment, ne pouvant pas loger le reste de mes troupes sans Mr de Virtemberg et sens l'assistance de Mr de Lorraine. Je seray dans deux jours à Philippeville, et dans deux jours après à Namur; vous m'y ferés sçavoir toutes choses.   B. N.

[1]. Villes et terres du prince-abbé de Stavelot (11 kil. 1/2 nord-ouest de Spa).

LE DUC DE LORRAINE A M. LE PRINCE.

4 janvier 1654.

J'avise V. A. come M^r le comte de Boutteville a rompu le général des Liégeois. La cavallerie est détruite, et l'infanterie taillée en pièces. Ils se sont retirés à Lo (?) et dans une autre abaye, dont ils ne furent pas avertis, sans cela ils estoient pris, ladite abaye n'estant pas forte; mais comme ils estoient à la poursuite dans les marais, ils la laissèrent derrière. Cette nuit les troupes allemandes et du païs qui estoient dans Lo se sont sauvé, et les habitans viennent à cet instant pour traiter...

A. C.

M. LE PRINCE A VIOLE ET LENET.

Namur, 6 janvier 1654.

Je viens d'avoir advis par un courrier exprès que Mr de Lorraine, Mr de Bouteville et M^r de St-Ibal m'ont despesché, que Mr de Virtemberg marche avec ses trouppes et le canon dans ses quartiers sans avoir laissé des gens commandés. Je m'estois tousjours bien doubté que cela arriveroit en luy envoyant ses ordres pour les quartiers. Allés tout présentement en parler au comte de Fuensaldagne, et faictes partir sur le champ son courrier avec des ordres au dit s^r de Virtemberg de laisser des gens de cavalerie et d'infanterie commandés, tout ce que Mrs de Bouteville et de St-Ibal luy demanderont, avec le canon et les munitions. Cependant j'ay renvoyé le courrier qu'ils m'avoient despesché avec ordre au dit s^r de Virtemberg de faire halte où il se trouvera jusque à nouvel ordre de Bruxelles. L'affaire est d'une telle importance que tout périra si on perd un moment à y remédier. Mr de Bouteville me mande qu'avec de l'infanterie il prendra les meilleurs quartiers du pays; c'est pourquoy je vous prie de faire que les mil Irlandois le joignent au plus tost; et envoyés moy les ordres pour les régiments de Gié, La Motte, Valtenove, pour estre à moy, pour leur donner quand il sera temps. On perd tout de la manière qu'on agit; si on ne veult agir autrement, il vault mieus tout quiter. B. N.

Namur, 9 janvier 1654.

Vostre lettre dattée de 2 heures après midy vient de m'estre rendue. Je ne puis escouter la proposition de Mr de Lorraine et des Espagnols pour l'establissement de mes quartiers dans Stavelo et Malmedy, estant des lieux dont je ne peux m'accommoder; car n'ayant pas des forces pour pouvoir prendre le chasteau, il faudroit que je misse mes trouppes dans des lieux tout ouverts, où les Liégeois, estant armés, les iroient enlever tous les jours, ayant d'ailleurs dix ou 12 régiments de cavallerie à loger, avec toute ma gendarmerie, dont les Espagnols se contenteroient de mettre deux ou trois compagnies dans les deux villes qu'ils m'offrent. Enfin c'est une chose à laquelle je ne veux du tout point consentir. Ce que je croy qui fait différer Mr de Lorraine de conclure le traicté, c'est qu'il veut asseurément tirer davantage d'argent des Espagnols; mais ce traicté m'est d'une telle importance que je vous prie à quelque prix que ce puisse estre de le faire résoudre promptement entre mondit s^r de Lorraine et le comte de Fuensaldagne, suivant les choses dont nous sommes convenus, sçavoir que Mr de Lorraine me laisseroit tout l'entre Sambre et Meuse pour une de mes brigades, et se chargeroit d'establir l'autre en quartier et la gendarmerie ou dans la Hesbaye ou dans la Campine. Voyez donc à luy faire donner par ledit comte ou de l'argent ou de si bonnes seuretés qu'il ne diffère plus à conclure; car si cela venoit à manquer, je me verrois dans la nécessité de licencier toutes mes trouppes; ce n'est pas là l'effect de toutes les belles promesses de Mr de Lorraine et du comte.

J'ay esté encore un second jour de grand accès sans avoir aucun sentiment de fièvre.

Je sçay de bonne part que Mr de Lorraine a dessein de faire revenir le comte de Ligneville dans la Hesbaye à cause que c'est un' païs fort bon et fort gras, et que c'est pour cela qu'il faict ces propositions ; si bien qu'il faut que vous ajustiés la chose en sorte qu'il n'y ayt plus rien à redire et en faire sortir mes trouppes.

Retirés en diligence un ordre du comte pour les trouppes qui sont devant Thuin[1], affin qu'elles ne se retirent point que le siège ne soit finy ; car j'ay appris aujourd'huy que Mr de Virtemberg leur avoit donné ordre de se retirer.   B. N.

M. LE PRINCE A LENET.

Namur, 11 janvier 1654.

Il est bien vray que ceux de Thuin m'ont offert trois mil pistoles, mais point de logement pour pas une de mes trouppes, ce que je n'ay pu accepter à cette condition, les Espagnols ny Mr de Lorraine ne me donnant point de quartiers, n'aiant que faire de cet argent si je ne puis loger.

Quant à l'électeur de Cologne, si l'on fait une affaire nouvelle de toutes les lettres qu'il escrit, il en escrira tous les jours cent ; il me semble qu'on n'y devroit pas faire d'autre considération que la première fois ; que si on est religieux à luy tenir parole, qu'on me tienne aussy de mesme celle qu'on m'a donnée ; je ne m'en mettray pas en peine. Je n'ay point veu ces coppies de lettres du dit électeur et de l'Empereur dont vous me faictes mention ; elles ne peuvent estre qu'une mesme chose que quand on m'a donné parole de m'assister en mes quartiers de Liège.

La seule chose qu'il y a à faire sur le subject de Mr de Lorraine, c'est de voir si les Espagnols ont de l'argent à luy donner, ou de bonnes seuretés ; car sans cela toutes les allées et

1. Thuin, sur la Sambre, et Maubeuge et Charleroi.

venues de M^r le président Viole auprès de luy ne serviront de rien ; c'est là le nœud de l'affaire. Un moment après que cela sera fait, Saint-Martin signera le traicté ; il n'y a rien de plus seur. En un mot, il ne faut plus traicter avec Mr de Lorraine que par les Espagnols, car il y a de l'argent ou des seuretés à luy donner ; sans quoy il ne traictera pas, et ny vous ny M^r le président Viole n'en avés point à luy donner, de sorte qu'il ne faut plus que vous le voyés là dessus.

Pressés le comte de Fuensaldagne pour le faire explicquer sur le logement de mes trouppes ; faictes luy prendre la plume pour mettre par escrit les lieux où elles peuvent loger, ou dans le pays du Roy, ou dans le pays de Liège ; car j'ay mes ordres de S. M. C. pour les faire loger dans le pays du Roy en cas qu'elles ne le puissent estre ailleurs. B. N.

M. LE PRINCE A VIOLE ET LENET.

Namur, 8 février 1651.

Pour respondre au premier article de vostre lettre du 7 qui regarde Mr de Lorraine, je vous diray que puisqu'il nous tient ainsy le pied sur la gorge par toutes les nouvelles difficultés et les chicanneries qu'il nous faict, il en faut user de mesme envers luy et luy laisser quelque temps ronger son frein sans le rechercher avec la chaleur qu'on a faict jusques icy. Je voy bien que sa pensée est que, les ennemys s'advançant, je quicteray mes quartiers de Liège, et que luy par après s'en saisiroit ; mais quelque marche que les François puissent tenir, je luy responds que je n'en quicteray pas un seul, et que, s'il faict piller des lieux de mon distric, j'en feray faire de mesme dans le sien. J'en envoye dès à présent mes ordres à Mr de Bouteville, et luy mande de ne prester à Mr de Lorraine ny canon, ny artillerie, ny de renvoyer aucuns des gens commandés, affin qu'il tasche à s'estendre sans l'assistance de Mr de Lorraine et ainsy se loger le mieux qu'il pourra. Escrivés luy aussi de vostre costé la mesme chose...

Je suis sur la fin du Tite-Live; je vous prie de m'envoyer le second tome; dès aussy tost que j'auray achevé de lire le premier, je vous le renvoyeray. Je n'ay point receu le livre espagnol que vous dites que vous m'envoyés.   B. N.

M. LE PRINCE AU COMTE DE FIESQUE.

11 mars 1654.

J'ay esté bien aise de proffiter du temps qu'il y a entre cy et le despart du courrier pour vous dire que le comte de Fuensaldagne fut hier matin voir Mʳ le président Viole pour luy dire qu'il falloit que mes trouppes sortissent du pays de Liège, et que, si les François les alloient attaquer dans leurs quartiers, celles d'Espagne n'iroient point à leur secours, et qu'il faudroit qu'elles se deffendissent d'elles mesmes... Je le priay de me donner par escrit tout ce qu'il me venoit de dire affin que je le pusse envoyer au Roy et luy faire voir par là la manière dont le comte de Fuensaldagne me traicte dans le mesme temps que vous me mandés qu'on luy a envoyé les ordres nécessaires pour me donner toute sorte de satisfaction sur mes quartiers, et que sur les responces que j'en aurois de S. M. C. je prisse mes dernières résolutions, ne pouvent servir avec honneur sans une armée telle que je la dois avoir. Sur quoy s'estant un peu radoucy, il m'a demandé un mémoire des choses que je prétendois, lequel il a pris et s'est chargé de le faire voir à Mʳ l'archiduc et ensuite de me faire sçavoir la response. Dès aussy tost qu'il me l'aura faicte, je ne manqueray de vous en donner advis. Cependant je suis bien aise de vous advertir de tout cela, affin que si le comte de Fuensaldagne en escrivoit autrement et qu'il fist entendre qu'il m'a donné satisfaction, vous puissiés dire haultement que cela n'est point, et soustenir que la chose s'est passée de la manière que je vous le mande, qui est la pure vérité... A. C.

17 avril 1654.

Toutes mes lettres despuis le mois d'aoust vous ont appris les justes subjets que j'ay de me plaindre du comte de Fuensaldagne. Cela va toujours en augmentant et je suis obligé de vous dire ce qui s'est passé despuis peu pour vous faire cognoistre que c'est une affaire sans remède de deçà, et qu'il ne peut venir que du lieu où vous estes ; et quoy qu'on escrive d'icy de nostre raccommodement, ne croiés rien sur cela que les choses que je vous manderay moy-mesme, et priés Monsieur dom Louis de n'adjouster aucune créance qu'aux choses qui viendront directement de moy, et par vous.

Je vous diray donc qu'à mon retour d'Anvers, le comte de Fuensaldagne estant revenu en mesme temps de l'armée, toutes les trouppes estans sur mes bras, j'envoiay prier ledit comte de me donner audiance pour adjuster toutes mes affaires avec luy ; il me fit respondre qu'il falloit attendre quelques jours pour cela, jusques à ce que on seut asseurément si les François estoient retirés en France, ou s'ils n'estoient point demeurés sur la Moselle. Cela dura deux ou trois jours, après lesquels il me donna de nouvelles excuses, et s'excusa 3 ou 4 fois de me voir sur de semblables prétextes, et ensuitte prit celuy d'une petite fiebvre qui luy survint pour estre quinze jours entiers sans me vouloir voir ny personne de ma part ; et cependant, moy estant dans la mesme ville que luy, il envoya, contre tout ce qu'il m'avoit promis, ordre à Mr de Boutteville, qui pour lors commandoit mes trouppes, de marcher à Avènes et là y attendre de nouveaux ordres dans un pays frontière où il n'y a pas seulement de la paille. Je fus contrainct, n'ayant aucun accès ny par moy ny par mes ministres auprès de luy, de prier le comte de Garcie de luy en parler et le prier d'exécuter les choses qui m'avoient esté promises, et dont l'inexécution ruinoit absolument mes trouppes. Le comte de Garcie luy en parla et ajusta au mieux qu'il put les choses ; mais cependant rien ne s'exécutoit. Cela m'obligea un jour de me servir du temps qu'il avoit enfin donné audiance à Mr Lenet pour desbrouiller une fois pour toutes mes affaires, de m'y en aller avec ledit s^r Lenet sans en rien faire sçavoir au comte, de peur qu'il ne me refusast de me voir, comme il l'avoit faict jusques là. Outre ledit s^r Lenet, j'y menay Mrs Viole et de Marchin ; et il se trouva qu'alors le comte de Garcie estoit avec luy. Après quelques paroles de civilité, je luy dis que je l'estois allé voir pour ajuster toutes choses et pour empescher la perte inévitable de mes trouppes et celles de mes places ; à quoy il me respondit en termes généraux qu'il avoit faict pour tout cela tout ce qui estoit en son pouvoir. J'entray dans le détail de toutes choses et luy dis qu'il pouvoit se souvenir de la facilité que j'avois tousjours apportée à tout ce qui avoit touché le service de S. M. C. et que, préférant ses intérests aux miens, j'avois tousjours faict aveuglément ce qu'il m'avoit dit estre de la convenance de ses affaires. Je ne voulus point luy parler de ce qui s'estoit passé l'année dernière jusques à la prise de Ste-Menehould et dont je vous ay desjà amplement escrit, ny mesme du peu d'obéissance que j'avois trouvé cet hiver aux trouppes auxiliaires qu'on m'avoit données pour prendre mes quartiers et qui avoient eu des ordres secrets contraires à ceux qu'on leur avoit donnés ; ce qui fut cause qu'il estoit le mois de febvrier avant que pas une de mes trouppes fust logée. Je me contentay de luy dire que je luy demandois présentement l'exécution de toutes les choses qu'il m'avoit promises et dont il ne m'en avoit tenu pas une ; et pour cela je commençay par le quartier d'hyver des compagnies de gens d'armes de Mademoiselle et des miennes, pour lesquelles il m'avoit promis douze mil escus au commencement de chaque mois du quartier d'hyver pour s'exempter de les mettre dans la Flandre, dont il ne m'a paié encore qu'un mois et demy, quoy qu'il y en ayt desjà cinq de passés ; ce qui a réduict les soldats et les officiers en tel estat qu'ils n'ont pas de quoy avoir un habit; aussy la pluspart ont-ils déserté et s'en sont allés en France. Je luy dis ensuite qu'ayant logé avec beaucoup de peine et sans aucune assistance de sa part mes trouppes dans le pays de Liège, où elles estoient fort bien et se mestoient en estat d'estre belles cette campagne, il avoit jugé à propos de les en faire sortir et de faire un traicté avec M^r l'électeur de Cologne, que ce qui l'y avoit obligé, ce disoit-il, estoit l'appréhension d'attirer une guerre dans le Brabant; et quoy que je creusse qu'il eust esté facile d'empescher les François d'arriver jusques à Liège, n'estant pas plus de 3,000 chevaux et 2,000 hommes de pied et devant passer par les Ardennes, qui estoient en ce temps là pleines de neige et qui est un pays, comme vous sçavés, où il est assés aisé d'empescher un corps si médiocre comme celuy-là de passer, le comte de Fuensaldagne pourtant me disant qu'il y alloit du service du Roy de ne pas exposer à la guerre une province aussy considérable comme est le Brabant, et qu'en sortant du pays de Liège on marcheroit avec toutes les trouppes lorraines, les espagnoles et les miennes dans le Boulonnois, où on pourroit ou prendre Boulogne, ou du moins prendre de bons quartiers dans le pays et y estre un mois avant que les ennemis pussent venir disputer lesdits quartiers, et que cependant il m'en donneroit pour mes desmontés, pour les malades, et pour 3 ou 4 régimens qui n'estoient pas en estat de marcher pour une action; sur cette parole je m'en allay au pays de Liège et en fis sortir toutes mes trouppes; et ayant trouvé le comte de Fuensaldagne à mon retour à Tirlemont, il me dit que les François se retiroient dudit pays, qu'il vouloit les aller combattre à leur retraicte, et que pour cet effect il me prioit de luy donner mes trouppes pour le suivre en cette belle expédition; qu'il avoit changé le dessein du Boulonnois en celuy d'aller attaquer la Bassée; que dès qu'il auroit poussé les ennemis, il y marcheroit tout droit. Ce dessein là me surprit d'abord, puisque j'y voiois la ruine inévitable de mes trouppes. J'y consentis pourtant avec joie, croyant qu'il pouvoit y avoir du service du Roy à le faire. J'offris audit comte pour ce subjet et mes trouppes et ma personne ; il les accepta pour suivre les ennemis ; mais pour la Bassée il me dit qu'il n'avoit pas besoin d'un si grand corps de cavalerie, mais qu'il les logeroit dans le Haynault pour couvrir la frontière de ce costé là et estre à la main pour marcher à la Bassée si les ennemis marchoient pour le secourir ; que cependant, dans les lieux où il les mettroit, on leur fourniroit du pain et du fourrage, et la plaquille pour vivre. Tout cela estant résolu, je laissay les ordres nécessaires pour l'exécution à M. de Boutteville, qui pour lors commandoit mes troupes, et m'en vins à Anvers [1] pour quelques affaires que j'y avois. Cependant le comte de Fuensaldagne marcha sur la rivière de Meuse avec toutes ses trouppes au nombre de plus de 12 ou 13 mil hommes, fit faire un pont sur ladite rivière et se contenta de demeurer 8 ou 10 jours dans un pays où il n'y avoit pas de fourrage pour un quart d'heure et qui fit dépérir et ses troupes et les miennes, et de donner un passeport aux ennemis pour se retirer, qui luy estoient fort faciles à défaire, mesme sans combattre [2]. Il eust ruiné par là tous les desseins de France pour cette campagne et nous eust mis en estat de faire tout ce que nous eussions voulu. Il s'excusa de cette action sur le traité qu'il avoit faict avec M. l'électeur de Cologne, par lequel ils s'estoient engagez de se retirer pourveu qu'ils ne fissent point d'actes d'hostilité ; mais il est constant qu'ils sont entrés dans le païs de Limbourg, qu'ils y ont pillé et bousculé le bourg d'Eve et plusieurs autres villages du plat païs, et M. de Fabert, leur général, a escrit des lettres aux officiers de Lorraine et à ceux de mon armée pour les desbaucher, pleines d'invectives contre les Espagnols, et qui n'ont rien oublié pour descrier dans ces lettres là la conduicte des Espagnols sur le

1. 23, 24, 25 mars 1654.

2. Fabert commença son mouvement rétrograde le 24 mars et rentra en France au commencement d'avril. (Voir *Fabert*, par Bourelly, t. II, p. 56.

subject de la prison de Mʳ le duc de Lorraine. Je me plaignis
ensuite audit comte de Fuensaldagne d'avoir faict ce traicté
avec Mʳ de Liège sans m'en donner aucune participation, particulièrement sur les points qui pouvoient me regarder et où
je pouvois avoir intérest, ne prétendant point qu'il m'en donnast de ceux où il n'y avoit que S. M. C. qui en pust avoir.
Il me respondit que S. M. n'avoit point pris ma protection
contre l'Empire, et que comme cela il n'avoit que faire de me
donner part des traités qu'il faisoit avec ledit Empire. Je luy
répartis que cela estoit vray lorsqu'on traiteroit et qu'on ne
m'obligeroit à rien ; mais que quand on m'obligeroit à quelque
chose, comme on faisoit par celuy-cy, la moindre chose qu'on
pouvoit faire estoit de m'en donner part. Il dit qu'il me l'avoit
aussy donnée pour la sortie de mes troupes, mais non pas pour
le passeport des François, ny pour la promesse qu'il avoit
donnée au nom de S. M. d'empescher mes troupes d'y rentrer
jamais. Je me plaignis ensuite de ce que les ordres qu'il m'avoit
donnés pour les malades, pour les desmontés et pour ces 3 ou
4 régimens dont je vous ay parlé, n'avoient pas esté exécutés
despuis un mois qu'il me les avoit donnés, et qu'ils estoient
conceus en des termes si ambigus que pas une des villes ny des
provinces où il les avoit envoyés ne les avoit voulu recevoir, ny
aucun des gouverneurs de provinces expédier son attache sur
lesdits ordres, et qu'au lieu d'envoyer les ordres pour mettre mes
troupes dans le pays d'Haynault, il avoit envoyé l'ordre dont
je viens de vous parler à Mʳ de Boutteville pour les faire marcher droict sur la frontière, et qu'il avoit fallu que Mʳ le comte
de Garcie ayt faict vingt voiages de luy à moy pour les loger
dans ledit pays d'Haynault ; que de plus il m'avoit promis dès le
mois de décembre de mettre dans Stenay et dans Clermont des
munitions de guerre, desquelles ces deux places avoient tout
à faict besoin ; que sur cette parole là j'avois employé le peu
d'argent que j'avois à autre chose ; que présentement que ces
places pouvoient estre assiégées, il n'y avoit pas mis un seul

grain de poudre ; que s'il en venoit faute, il en demeureroit responsable, et que ce qu'il auroit pu faire alors avec 400 chevaux pour la seureté du convoy, il ne le feroit pas présentement avec 4,000, les ennemis n'estant pas alors en estat de s'y opposer ; que s'il ne me l'avoit point promis si positivement, je me serois retranché de toute autre despence pour pourvoir à une chose si nécessaire. Il me promit qu'il y remédieroit ; mais je doubte qu'il le puisse faire, et je n'attends tous les jours que la perte desdites places faute de cela. J'adjoustay que tous les désordres n'arrivoient que par faute de concert; que je n'avois jamais demandé autre chose de luy sans l'avoir jamais peu obtenir, et qu'au contraire j'avois cogneu qu'il me cachoit toutes choses en toutes rencontres comme à un ennemy ; qu'il sçavoit bien que j'avois assez d'intérest aux affaires du Roy et à celles du party pour me traicter avec plus de confiance ; que je ne luy en demandois pourtant point qu'ez choses où mes intérests se trouvoient meslez avec ceux du Roy ; qu'il estoit maistre des secrets du Roy et que je n'y prétendrois que la part qu'il plairoit à S. M. de m'y donner ; et que quand il me feroit cognoistre les occasions du service de S. M., je ferois avec joie et avec grand cœur tout ce qui deppendroit de moy pour la servir ; mais que je ne pouvois souffrir sans me plaindre qu'il décidast sans ma participation des choses qui me regardoient et qu'il me donnast tous les jours des paroles positives pour y manquer et me faire perdre par là tous mes amys, mes places et mes trouppes. Il ne me respondit à tout ce que dessus, sinon que doresnavant il ne me donneroit plus aucune parole de rien, affin que je n'eusse plus subject de me plaindre qu'il m'en auroit manqué, et que s'il estoit obligé de ne me pas tenir ce qu'il me promettoit, ce n'estoit pas sa faute, mais celle d'Espagne, d'où on ne luy en envoioit point les moïens, et que tous ceux qu'on luy envoioit estoient tels qu'on ne pouvoit faire aucun fondement sur tout ce qui venoit d'Espagne. Sur cela je luy répliquay que je n'avois à luy dire sinon ce que je luy avois souvent dit, qui estoit de me dire ce qu'il pouvoit me donner sur les fonds certains qu'il avoit, et ce qu'il pouvoit me faire espérer sur ceux qu'il espère et qui sont incertains, affin que, prenant mes mesures sur l'un et sur l'autre, je pusse régler ma despence sur ma recepte et ne pas m'engager à faire des trouppes sur des fonds qui ne sont pas certains. Il me respondit qu'il luy estoit impossible de le faire et qu'il falloit vivre comme luy au jour la journée. A quoy je ne répartis autre chose si ce n'est que c'estoit une meschante maxime à mon sens pour un grand gouvernement. Et sur ce que je luy dis, s'il ne vouloit pas concerter avec moy les choses en toutes les occasions qui me concernent, du moins qu'il le fist deux fois l'année, une fois en entrant en quartier d'hiver, et l'autre un mois devant que d'entrer en campagne, et que je croiois que nous estions assés advancés dans la saison pour commencer à songer aux desseins qu'on pourroit prendre cette campagne ou pour une guerre deffensive ou pour une guerre offensive, il me répartit brusquement qu'il n'estoit en estat de faire ny l'une ny l'autre cette année. Je luy dis qu'au moins le priois-je de m'en avertir de bonne heure pour mettre mes trouppes en bon estat pour l'offensive et mes places en deffense pour la deffensive, et, s'il estoit résolu de ne faire ny l'un ny l'autre, que je pusse de bonne heure achepter des castagnettes pour danser tout mon esté, et conclus en luy disant, puisqu'il ne vouloit rien concerter davantage avec moy, que je luy déclarois qu'il seroit le seul responsable de tous les accidens qui pourroient arriver soit aux trouppes soit aux places, et que je me conformerois tousjours aux ordres qui me viendroient directement du Roy ou par la bouche de ses ministres, que je les exécuterois sans nulle réplique et qu'il n'avoit qu'à me dire ce qui estoit de son service pour que je l'exécutasse à l'heure mesme ; que s'il me déclaroit qu'il fust de son intérêt que je licentiasse toutes mes troupes, je le ferois sur le champ ; mais que je ne les pouvois pas voir périr petit à petit. J'ay donné part de tout cecy à M^r l'archiduc et j'ay cru estre obligé de vous en escrire le détail, affin que vous vissiez de quelle importance il est que vous faciez cognoistre la conduicte de ce ministre à Monsieur dom Luis et à S. M.

Depuis ce temps là, la fiebvre m'a repris; j'en suis au septiesme accez, sans qu'il ayt envoié seulement sçavoir comme je me porte. Il a demeuré quatre jours à Namur sans daigner y aller voir mon fils, qui y est, et vit enfin en toutes rencontres avec moy dans la dernière incivilité. Tout cela ne me toucheroit point, si je ne voiois son incapacité à soustenir le poste qu'il soustient, et la perte asseurée de ces estatz icy, si on n'y remédie...

Despuis ma lettre escripte, j'ay receu des advis de Stenay qui me marquent que l'armée des ennemys, qui estoit en Liège, et celle du m^{al} de La Ferté, qui est en Lorraine, s'assemblent pour aller à Clermont. Jugez, si en l'estat qu'est la place touchant les munitions, je n'ay pas subject d'en tout appréhender, et si je n'avois pas raison de presser le comte de Fuensaldagne, comme je fais depuis cinq mois, d'y envoyer celles qu'il m'avoit promises.

Despuis encore j'ay eu advis qu'il m'est arrivé 800 hommes que [M. le Protecteur d'Angleterre m'envoye. J'ay en mesme temps faict demander quelque village au comte de Fuensaldagne pour les rafraischir pendant 8 ou 10 jours de la fatigue de la mer et pour les y faire armer, et de là les envoyer dans mes places. Il me l'a refusé; de sorte que je suis obligé de les renvoyer. Jugez ce que je doibs attendre de toutes les autres affaires qui me concernent, puisqu'on me refuse jusques à un meschant village que j'ay demandé pour [ne pas perdre des hommes dont j'ay tant de besoin [1]... A. C.

---

[1]. Cette importante lettre, interceptée à Bayonne, fut envoyée à La Vrillière par le maréchal de Gramont. Voir plus haut, p. 420 (Gramont à Mazarin, 8 mai 1654).

Bruxelles, 25 avril 1654.

Je vous prie de bien représenter à S. M. C. le tort que me faict le changement arrivé dans l'affaire de la croisade, dont mes affaires s'en trouvent toutes retardées, la chose estant venue dans un temps qu'il me faut donner de l'argent pour mes nouvelles levées, pour mes réserves, et pour le pain de munition et mille autres choses nécessaires dans mes places. L'assignation des (banquiers) italiens ne va guère mieux; il est pourtant vray qu'ils m'ont promis d'anticiper un mois ou deux; mais cela est si peu de chose qu'à peine me servira-t-il à boucher un trou; c'est pourquoy je vous prie de ne m'envoyer plus de ces sortes d'assignations, car je n'en peux traicter et personne ne veut hasarder de faire aucune avance dessus.

Quant au comte de Fuensaldagne, j'approuve de tous points la conduite que vous tenés pour son regard; et ne fault vous relascher en rien de ce que vous avés entrepris pour le faire retirer d'icy, car il n'y a poinct de jour que je n'aye quelque nouveau subjet de me plaindre de luy, et que luy mesme ne prenne à tasche de me faire quelque nouvelle pièce...

A. C.

Philippeville, 7 décembre 1655.

... Il y a environ six semaines que M. le comte de Fuensaldagne demanda à M. Lenet une relation de mes trouppes pour adviser au quartier qu'on leur debvroit donner. Je luy envoyay à l'heure mesme, et comme il me fit dire par M. Lenet qu'il seroit nécessaire que j'en réformasse une partie, je luy respondis qu'il m'estoit impossible de réformer les régiments parce qu'ils estoient tous composés d'officiers françois qui, n'estent pas mes subjets, mais seulement mes amis, avoient suivi ma fortune, qu'ils avoient perdu leurs biens et que quasi tous avoient esté condamnés en France; mais que pour le soulagement du païs je me porterois volontiers à réformer dans les régiments le plus de compagnies qu'il me seroit possible. Depuis, pendant que je m'estois advancé vers Péronne pour l'exécution de l'affaire de M' d'Hocquincourt, dont je vous ay mandé le destail, le duc François emmena toute l'armée lorraine, et laissa par sa vilaine désertion le pays plus libre pour mettre les trouppes du Roy et les miennes en quartiers, et mesme rendoit les réformations proposées moins nécessaires, parceque l'armée estoit diminuée de trois mil hommes.

Comme nous fusmes à Mons, où M' l'archiduc et moy nous estions donné rendez-vous pour résoudre si l'on assiègeroit Condé ou non, après la conférence qui aboutit à le différer à un autre temps, M' le comte de Fuensaldagne me fit dire par M' l'archiduc ce qu'il m'avoit faict proposer par M' Lenet touchant la réformation de mes trouppes; mais luy ayant répliqué la même chose que j'avois faict dire au comte, il trouva mes raisons si fortes et si justes qu'il me dit qu'il les aprouvoit fort et estoit bien fâché de ce que la petitesse du pays et le mauvais estat auquel il estoit ne permit pas de donner de meilleurs quartiers à toutes les trouppes qui avoient si bien servy et qui n'avoient pas touché un sol de l'argent du Roy toute l'année, et adjousta que le lendemain le comte me donéroit l'estat des lieux ou l'on pouroit loger mes trouppes.

Je cherchay à l'heure mesme tous les moyens qui me furent possibles de réformer mes trouppes et d'en soulager le pays et je me chargeay de loger dans mes places, outre les garnisons ordinaires, 8 compagnies de cavalerie et deus régiments d'infanterie, et de réformer 20 compagnies de cavalerie et 16 d'infanterie. Je croiois qu'on demeureroit fort satisfaict de cela; néantmoins, quand j'envoyay l'estat à M' le comte de Fuensaldagne, il dit qu'il ne pouvoit entrer dans ce destail, et, tirant un billet de sa poche contenant ce qu'il avoit résolu de loger, dit que M' l'archiduc avoit résolu de ne loger que cela, et s'estendit fort sur le peu de moyens qu'il avoit de faire autrement. Par ce mémoire, on me retranchoit encore un régiment d'infanterie et plus de 40 compagnies de cavalerie, outre tout ce que j'avois retranché et ce dont je m'estois chargé. Ce procédé me fascha et me surprit fort, et je me résolus de mander par Mʳ Lenet à Mʳ le comte que comme je servois le Roy avec honneur et fidelité et sans aucun intérest, je serois bien aise aussy une fois pour toutes qu'on me traictast comme on doibt traicter un homme d'honneur, et qu'on ne recommençast pas à toutes occasions à me chicaner des choses qu'asseurément le Roy entendoit qu'on m'accordast de bonne grâce; que si le Roy estoit satisfaict de mes services, je continuerois avec joie à les luy rendre, en me traictant comme je croiois mériter de l'estre, sinon que luy donnerois volontiers mes trouppes et mes places et que je vivrois en homme particulier, attendant qu'une meilleure fortune me rendist avec honneur tout ce que j'ay perdu depuis que j'ay l'honneur d'estre dans l'alliance du Roy, mais que je ne voulois ny ne debvois perdre tous mes amis en leur faisant moy mesme l'injustice de les mettre en l'estat auquel on les vouloit réduire. Mʳ le comte de Fuensaldagne respondit à Mʳ Lenet qu'il me plaignoit fort, mais qu'il estoit encore plus à plaindre, toute chose estant à sa charge et ayant si peu de moyens de les soustenir qu'il donneroit part de cela à Mʳ l'archiduc et diroit après à Mʳ Lenet ce qu'il luy auroit dit.

Le lendemain matin Mʳ l'archiduc me manda par Mʳ le marquis Mathei qu'il n'entendoit que je réformasse aucun corps, mais seulement quelques compagnies; sur quoy je luy manday par ledit Sʳ marquis et par Mʳ Lenet ce que j'avois réformé de compagnies et celles dont j'avois chargé mes places, dont il tesmoigna estre satisfaict. Un moment après Monsieur le comte de Fuensaldagne donna à Mʳ Lenet un autre estat par lesquel on logeroit les troupes qui me restoient après la dite réforme; mais à la vérité on vouloit mettre trois régiments des sis d'infanterie qui me restent et 18 compagnies de cavalerie à Maubeuge, qui est un grand lieu vaste, désert, et qui ne peut se garder, ne valant rien du tout, et estant situé entre Landrecies, Guise, le Quesnoy et St-Guillain, d'où à toute heure on pouvoit tirer assez de trouppes pour forcer celles qu'on mettroit en ce poste là, duquel à dix lieues à la ronde il n'y a pas un habitant ny un poil de fourrage dans le plat pays, les ennemis y ayant esté et nous aussy toute la campagne. Je me résolus donc hyer amiablement en conférant sur tout cela avec M^r l'archiduc et M^r le comte de Fuensaldagne, qui estoit en son logis. Je luy envoyay dire par le quartier maistre général que je le priois de m'y attendre, et y allay à l'heure mesme; et entrant dans la première salle, je trouvay ledit s^r comte qui entendoit la messe; je luy dis que je l'avois ouye et que j'allois l'attendre vers M^r l'archiduc; mais au lieu d'y venir il monta en carosse pour retourner chez luy. M^r l'archiduc l'envoia appeller par quatre personnes différentes, l'une desquelles parla à luy avant que sortir de la cour sans qu'il luy pleut de revenir, de sorte qu'après l'avoir attendu une heure entière je pris congé de M^r l'archiduc avec une extresme douleur de la manière dont j'estois traicté. Après estre rentré chez moy, je manday à M^r l'archiduc par Mr Lenet le ressentiment que j'avois que, quelque soin que j'eusse pris de cultiver l'amitié de M^r le comte de Fuensaldagne depuis que nous estions raccommodés, il ne perdoit pas une occasion de me donner des subjets de plaintes sensibles (vous en sçavés assés le destail), que j'estois résolu d'informer moy-mesme le Roy de ma conduite et d'aller faire un voyage en Espagne cet hiver pour luy rendre compte de mes actions, qu'en attendant M^r l'archiduc pourroit commander à Mr de Marchin comme général de mes trouppes et aux gouverneurs de mes places tout ce qui luy plairoit leur ordonner pour le service du Roy, que j'estois incapable de concevoir jamais une pensée de me séparer des interests du Roy de mauvaise grâce, mais qu'aussy, après avoir faict S. M. juge de la netteté de mon procédé, dont je prendrois tousjours M^r l'archiduc et tout le pays comme tesmoing, j'espérois de la bonté du Roy qu'il doneroit des ordres si précis à ses ministres de vivre de correspondance avec moy comme moy avec eux, que je ne fusse plus exposé aux desplaisirs que je recevois tous les jours. M^r l'archiduc voulut que Mr Lenet allast dire tout cela au comte, qui se voulut disculper de sa conduite du matin, disant que personne ne luy avoit parlé de la part de M^r l'archiduc ny de la mienne (et pourtant la chose s'estoit passée comme je vous le dis), et que c'estoit à M^r l'archiduc de faire tout ce qu'il jugeroit à propos, que pour luy il avoit assés de charge et de peine sans s'attirer encore celle là. M^r l'archiduc, à qui Mr Lenet rendit compte de tout cela, chercha tous les expédiens qu'il put pour accommoder toute chose et rompre la résolution que j'avois prise pour mon voiage d'Espagne; de sorte qu'après diverses allées et venues de dict s^r Lenet entre luy, le comte et moy, M^r l'archiduc vint sur le soir en mon logis avec le comte de Fuensaldagne. Je rendis M^r l'archiduc jugé de mon procédé et de mes raisons. M^r le comte de Fuensaldagne, à qui j'offris, si le poste de Maubeuge estoit utile au service du Roy, d'y mettre de mes trouppes la moitié de ce qui seroit jugé à propos pour le maintenir, après avoir bien considéré toute chose, demeura d'accord qu'il estoit à propos de n'y rien mettre du tout et de loger les trouppes qui y estoient destinées dans de certains postes hors du païs du Roy, où l'on mit l'an passé quelques régiments de Lorrains, à quoy je donnay les mains à l'heure mesme. Voilà ce que j'ay creu vous debvoir mander, affin que vous puissés en informer le Roy et M^r dom Louis selon que vous le jugerés à propos.

A. C.

MISSION DU COMTE DE FIESQUE A MADRID[1].

1653-1658.

LE COMTE DE FIESQUE A M. LE PRINCE.

Madrid, 11 et 13 juin 1653.

M. de Mazerolles vous dira pourquoy j'ay esté à Madrid avant d'aller à Bordeaux; sans mon arrivée, on n'y faisoit rien pour le secours... J'arrivay à Madrid le 28 may; j'ay esté receu par un homme de condition et par don Cristoval, secrétaire du Roy et interprète des langues; je suis logé et traicté aux despens de S. M. Le lendemain j'eus audience de M. don Louis; il trouva mes demandes fort justes et m'en demanda un mémoire. Je luy dis que V. A. estoit satisfaicte du comte de Fuensaldagne; car c'est sa créature. Le lendemain j'eus audience de S. M. Il me dit de vous asseurer que toutes ses forces d'hommes et d'argent s'emploieroient au secours de Bordeaux et à l'armée de Flandre; qu'au reste il ne feroit jamais de paix que de vostre entremise et que l'on ne traicteroit jamais de ses interests que l'on ne fust d'accord des vostres. Le lendemain j'eus encore une audience de M. don Louis; c'est un fort malhabile homme, bien intentionné pour V. A., mais qui désire la paix passionnément...

La flotte des Indes arrivera dans quinze jours au plus tard; je croy que vous toucherez alors 200,000 escus....

---

1. Toute la correspondance de Condé avec Fiesque a été conservée dans les papiers de Condé, les lettres de M. le Prince en minutes, celles de son envoyé en originaux. Le défaut de place nous oblige à ne publier ici que quelques lettres, qui marquent le commencement et la fin de la mission de Fiesque à Madrid. D'autres lettres relatives aux opérations militaires, aux quartiers d'hiver, aux difficultés financières, se trouvent publiées, en tout ou en partie, sous d'autres rubriques.

J'eus hier audience de M. don Louis. Il m'a dict que S. M. avoit trouvé toutes vos prétentions si justes que je vous pouvois asseurer qu'on ne feroit jamais de paix sans que vous n'eussiez toute la satisfaction que vous pouvez désirer et qu'il ne s'en traiteroit point que par vostre entremise. Le roy m'a dit ce matin la mesme chose en prenant congé de luy, et je pars présentement pour Saint-Sébastien et de là pour Bordeaux [1]... A. C.

DÉSERT A M. LE PRINCE.

Madrid, 27 mars 1658.

M. le comte de Fiesque est si décrédité et perdu dans cette cour par ses grands déréglements qu'il pert aussi par une négligence sans exemple les affaires de Vostre Altesse, cela mesme ayant esté dit par un des ministres de cet estat à une personne de qui je l'ay su, la plupart d'entre eux n'estant pas fort satisfaits de sa conduite; Vostre Altesse en pouvant ressentir les effets de delà par les longues, peu fréquentes et très peu considérables remises d'argent qu'on luy envoie...

LENET A M. LE PRINCE.

Madrid, 18 septembre 1658.

« Sur le comte de Fiesque. » — Je luy trouve l'esprit bien changé, ne songeant qu'à ses folies. Tantost il veut tuer ses gens, puis il se met à genoux pour leur crier mercy. Il leur doibt toutes leurs rations; il n'a attention à rien; il est tout nud luy-mesme, et n'a pas de chemises. Il n'y a ny porte ni fenêtre dans son logis; il est tout dépavé, sans aucun meuble.

---

1. Fiesque ne resta que six semaines à Bordeaux. Après la reddition de cette ville, il revint prendre son poste à Madrid, où il resta jusqu'à sa mort (14 octobre 1658).

Il faut aller chercher du charbon à une heure après midy pour disner. Il n'a plus de crédit... Il preste son carosse du Roy à des femmes et va tout seul à pied par les rues. Le jour qu'il y a des festes, il donne son balcon à sa dame et à sa famille, et va se mettre au quatriesme estage dans quelque balcon du peuple. Dom Cristoval m'a dit que cela faschoit le Roy et M^r don Louis, parceque les ambassadeurs et ceux de cette cour croient que l'on ne traicte pas V. A. comme l'on doibt et comme l'on faict. Cette misère vient qu'il donne tout à cette femme de Ramirez, qui est la plus grande, la plus descriée putain de Madrid, qui a ruyné plusieurs personnes icy. Le pauvre homme s'est chargé de nourrir sa mère, ses sœurs, ses frères et deux ou trois cousins. Le mary a un oncle riche, dont il doibt estre héritier et qui est homme d'honneur et de résolution ; chacun appréhende qu'il ne le fasse tuer s'il descouvre que cette femme est enceinte, comme on asseure qu'elle l'est ; elle persuade à M^r le comte de Fiesque que c'est de luy. Il luy a promis pour sa couche une tapisserie de deux mil escus, un ameublement qu'il doibt faire venir de Gênes, quatre mil escus d'argent comptant ; et ce qui est de bon est que cette femme, qui le voit ruiné, ne le veut voir depuis quelque temps, et le faict ménacer s'il n'accomplit ce qu'il luy a promis. Il s'est desjà frotté de safran deux ou trois fois pour paraistre jaune devant ses suivantes, qu'il va voir à la messe ; enfin il est au désespoir. Il s'enferme, se promène, et parle seul pendant des heures entières. Il en faudroit beaucoup pour dire à V. A. tout ce qu'on me dit ; son secrétaire m'en a dit la pluspart ; c'est un fripon qui fait autant de folles despences que son maistre. Il n'y a pas de valet qui n'aye sa putain...

M^r le comte de Fiesque ne visitte personne, par négligence et par paresse. Ces gens icy luy font justice qu'il est fidèle, mais ne luy confient rien, de peur qu'il dise tout à cette femme, et le croyent si menteur qu'ils escoutent tout ce qu'il leur dit comme des fables...

A. C.

Madrid, 23 octobre 1658.

Je n'ay maintenant à dire à V. A. que la facheuse nouvelle de la mort du pauvre Mʳ le comte de Fiesque, qui m'afflige au dernier point. Elle est arrivée dans ce quatorziesme d'une fiebvre telle que je l'ay mandé à V. A. contre la créance de tout le monde et des docteurs; car l'ayant fait ouvrir, on luy a trouvé toutes les parties parfaitement belles, de sorte qu'ilz disent que son mal estoit dans les entrailles. V. A. perd en luy un serviteur autant fidel qu'il y eust au monde. Je croy que les chaleurs extrêmes que nous avons souffertes au voyage de Mérida, et le peu d'exercice qu'il avoit fait depuis qu'il est par deçà luy ont cousté la vie; jamais pourtant il n'a esté si guay que pendant ce voyage. Je sortis à cinq heures du soir du logis, le laissant en assez bon estat. Je revins à huit, et trouvay qu'il avoit receu tous les sacrements, et estoit sans pouls, pourtant avec son jugement tout entier. Mʳ de Barrière et moy, sachant le mauvais estat de ses affaires, luy parlames de faire son testament; il nous dit qu'il en avoit fait trois, qui estoient entre les mains du père Charzy, père de l'Oratoire, directeur de l'hospital des François. Toutesfois, pour descharger d'autant sa famille, nous jugeames à propos d'envoyer quérir un notaire, auquel je dictay une disposition par laquelle il se remettoit aux susdits testamens, et, représentant au Roy l'estat de ses affaires de France et de par deçà, il supplioit Mʳ don Louis d'obtenir cette grâce, V. A. de croire qu'il mouroit son très obéissant serviteur et avec regret de ne l'avoir pas servie plus utilement, deffendant toutes superfluitez à ses funérailles, lesquelles se feroient plus solennelles lorsqu'on transporteroit son corps en France, et d'autres choses de cette nature. Nous luy fismes lire et signer environ une heure avant sa mort... Il est universellement regretté en cette cour et avec raison, ayant esté le meilleur homme du monde et incapable de faire mal qu'à luymesme.

A. C.

LIVRE VI, CHAPITRE VII.

SOUMISSION DE BORDEAUX.
1652-1653.

LE PRINCE DE CONTI A M. LE PRINCE.

Bordeaux, 10 juin (1652).

Quoique tout le monde vous mande le destail de tout ce qui s est passé icy depuis quelque temps, je pense qu'il est aussy de mon devoir de vous en informer et de vous dire qu'un très grand désordre a remis un calme entier dans Bordeaux, et que présentement on est tout à fait le maistre. Vous saurés donc que je donnay hier aux députés de l'Ormée une lettre que vous escriviés à Villars, par laquelle vous luy tesmoigniés le mescontentement que vous aviés des violences qui avoient esté faites, et je leur défendis en mesme temps de s'assembler sans mon ordre exprès. Ils me parurent tous dans l'obéissance ; mais je fus averty qu'ils mandoient partout pour prendre les armes ce matin, et mesme ils ont eu toute la nuit des corps de garde et des patrouilles dans la ville ; ce que les bourgeois du Chapeau rouge ne pouvant souffrir, ils en ont tué cette nuit quelques uns. J'ay cru qu'il estoit important de les dissiper avant qu'ils eussent le temps de s'assembler, et ainsi dès cinq heures du matin Mme la Princesse, ma sœur et moy nous avons esté par tous les quartiers avec les magistrats. Nous avons faict poser les armes à ceux qui les avoient prises et nous avons mis les autres bourgeois en estat de repousser l'insolence des séditieux. J'ay esté ensuite à l'Ormée avec Mrs de Gondrin, de Marchin et Chavagnac, où après leur avoir faict lire vostre lettre nous avons faict retirer et poser les armes, et nous les avons faict sortir du chasteau du Hâ, duquel ils s'estoient saisis. Nous avons ensuite faict retirer ceus qui s'estoient assemblés au Chapeau rouge, de peur de donner prétexte à l'Ormée de se rassembler. Cette entreprise, qui n'a pas réussy à l'Ormée, a réuny tous les bons bourgeois pour les faire vivre dans l'obéissance, a donné une fort grande satisfaction au parlement, restably l'autorité de ceux qui sont icy pour vos intérêts et n'a pas tellement destruit l'Ormée qu'on ne s'en peust servir si on en avoit besoin dans quelque occurence; elle est présentement rassemblée aux Carmes, sans armes et dans une entière soumission aux ordres que Chavagnac leur va encore porter de vostre part. Je ne vous entretiendray pas des affaires de l'armée, car je n'aurois autre chose à vous en dire sinon que nous avons grand besoin de deux mille chevaux, et je pense que vous sçavés cela aussy bien que moy.   A. C.

UN BOURGEOIS DE BORDEAUX A M. LE PRINCE.

Bordeaux, 1er juillet 1652.

Je ne doubte pas que V. A. n'aye esté surprise de nos folies et de nos désordres et que ceux qui les ont causés ou faits faire n'en informent V. A. selon leur passion; mais come je n'ay pour objet que la pure vérité, j'en suis bien asseuré plus tost que vous l'escrire. Mgr le prince de Conty revint après que tout fut faict; il vit pourtant encore le brasier capable d'avoir consommé un cartier de ville, si Dieu mesme ne s'y fust opposé; les Jacobins y vindrent en procession avec le Saint-Sacrement, et Dieu visiblement changea le vent, qui porta la flamme sur la grande-rue, où elle ne trouva rien à se prendre. Le feu fut encore jetté à ce mesme quartier dans les caves de Mrs Dejean et Gerosse (ci devant chassés comme suspects); mais comme il y avoit fort peu de bois, il fut plus facile de l'esteindre. Pardonnés moy si je me suis eschaufé par ma dernière à vous dire les vérités avec trop de liberté; je me vis si outré de douleur de voir vos intérêts si mal mesnagés, et la ville en si grande désolation, que je ne peux contenir mon ressentiment. Pourquoy, monseigneur, régner par le fer, le canon et le feu, puisque l'amour vous avoit tout acquis et que personne ne respiroit rien que vos avantages et le bien de vostre service? Nous y avions tellement engagé nos intérêts qu'il estoit impossible de les séparer des vostres, Mondit seigneur entra au palays, où il ne treuva que vingt ou vingt-un conseillers, tant du parlement que des requestes; il protesta douleur du désordre, et qu'il vouloit faire ce que le parlement voudroit. Il dit qu'on luy avoit faict plainte que ceux du Chapeau rouge avoient tué deux de l'Ormée la nuict précédente, ce qui ne s'est pas treuvé véritable, et qu'on luy avoit donné de mauvais mémoires. Ils ne se vantent pas qu'il fut tué plus de cent hommes et blessé plus de cinquante lors que le canon marcha; ils les cachent tant qu'ils peuvent, mais la mort les descouvre. Il fut proposé au palais d'informer contre tous ceux qui, le jour de la St Jean, avoient pris les armes, conseillers et autres, mais résolu que ce ne seroit que de ce meurtre imaginaire de la nuict précédente, et par les voyes ordinaires. Il fut après résolu que l'hostel de ville seroit remis entre les mains de nos magistrats; mondit seigneur le promit et que pour cet effect il y iroit. Il fut encore proposé de donner arrest par lequel il seroit deffendu de parler d'Ormée ny de Chapeau rouge; on n'en fut pas d'advis, disant que ce qui estoit au parlement n'estoit pas le parlement, ce qui en fascha quelques uns, qui croyent qu'ils sont tout, si non en nombre, au moins en poids et authorité. C'est tout ce qui fut faict ce jour au palays, qui fut le vendredy. Ensuite mondit seigneur a traicté avec ceux de l'Ormée pour remettre ledit hostel de ville. Ils y ont mis des conditions que outre la garde ordinaire ils y laisseroient cinquante des leurs, que du conseil de guerre Mrs de Fayard et Dalesme en seroient exclus, et en leur place mis Mrs de Massip et Trancars, et qu'ils en nommeroient des leurs pour assister aux comptes. Ils veulent encore que les jurats ne puissent rien faire sans le conseil de vingt-quatre qu'ils nommeront. Ils ont changé 28 capitaines ou lieutenants de la ville de leur authorité, sans en avoir communiqué à nos jurats; en ceste sorte toutes les armes dépendront d'eux. Ils s'assemblent à toute heure dans l'hostel de ville, au mespris et deffence de V. A.; ils disposent et ordonnent de tout. Pour le changement des capitaines, mondit seigneur n'y voulant consentir, ils ont dit en particulier que cela seroit, voulust-il ou non, et devant luy ils ont traicté qu'ils diroient les causes de soupson. Pour nos magistrats, ce sont des zéros en chiffre. Ceux qui eslèvent les lions de jeunesse en sont enfin dévorés; Dieu veuille que le mesme n'arrive à ceux qui ont eslevé et fomenté ceste Ormée. Quand des personnes de piété ont voulu reprocher à Leurs Altesses qu'elles auroient peu empescher ce dernier désordre, et qu'elles en respondroient devant Dieu, l'une a dit qu'il y avoit eu nécessité de le faire, parce qu'elle estoit asseurée que si le Chapeau rouge l'eust emporté ils avoient dessein de chasser toute la principauté de la ville, et qu'il ne falloit rien mespriser pour sa conservation; c'est une invention de ces malheureux que j'ay cy devant nommés à V. A., qui leur persuadent ce qu'ils veulent; mais jugés, monseigneur, de l'apparence à ceste malignité, je dis de ceux qui leur persuadent; je cognois toute la bourgeoisie, mes années m'ont donné cet advantage; je jurerois du contraire. Pour M^rs du parlement, de Mirat, Bordes, Taranque, Tibaud, Laroche et les autres ne sont pas capables de ceste perfidie; il est malaisé de croire que Mrs Daffis, Pichon, Fontenel et Guiraud y eussent consenty; j'espie trop les actions de tous pour n'en avoir descouvert quelque chose. Je ne responds pas de ces républicains; ils arborent sur la pluspart des clochers de la ville des estandars rouges et attirent parmy eux tout autant d'huguenots qu'ils peuvent. Je sçais qu'ils se sont repentis de n'avoir exécuté le dessein qu'ils avoient eu de chasser tout. Six ou sept du parlement ont perdu et désolé toute la ville. Nous pouvons dire qu'il n'y a plus de parlement, ou qu'il consiste en la grande fronde, à la réserve de cinq ou six qui n'y sont retenus que pour tesmoigner à V. A. qu'ils s'exposent à tout pour l'amour de vous et qui sont comme l'oiseau sur la branche. Nos magistrats subsistent avec infamie et sans aucun pouvoir, toute la bonne bourgeoisie prosternée et ne sachant que faire ny de quoy devenir. V. A. a mesprisé les advis d'un bourgeois, mais fort son serviteur; elle n'y a pas voulu mettre ordre de bonne heure; ceux à qui elle a commis le gouvernement se laissent gouverner eux mesmes par des esprits violents et vindicatifs. La vengeance de quelques uns contre la petite fronde, avec l'ambition de part et d'autre de gouverner et faire les jurats, font tout ce bruit. La ville se déserte; la pluspart de ces messieurs du parlement ont mis leur vaisselle d'argent à la monnoye pour en avoir, et nous tous bons bourgeois retirons ce qui nous est deub tant que nous pouvons, dans l'incertitude à sçavoir de quoy nous deviendrons, et se sauver à qui pourra. Les bons catholiques fuiront l'hérésie, et les autres la persécution s'ils peuvent. De ceux qui sont chassés ou contraints de se retirer, beaucoup, qui ne peuvent avoir de passeport, disent qu'ils sont réduits en grande extrémité, et que s'ils sont prins par les vostres, ils seront traités comme des déserteurs, et si par les ennemis, comme criminels de lèze majesté. Le désespoir emporte les uns et la peur faict cacher les autres. V. A. est trop esclairée pour ne juger pas de la conséquence que tireront les autres parlements et villes du royaume d'apprendre Bordeaux si mal traicté, et des avantages que vos ennemis en retireront, que ceux qui gouvernent et mesnagent vos intérêts debvoient avoir préveus. Je n'exhorte plus V. A. à y pourvoir, car il est bien malaisé; ceux qui l'ont peu ne l'ont pas voulu; ils ont cru balancer par une nouvelle authorité celle du parlement et de nos magistrats, et ils ont tout perdu. Si cecy continue plus avant, je doubte qu'il soit au pouvoir de V. A. mesme d'y remédier; à moins de la paix, que je doubte si ces gens voudront recevoir, je n'y vois pas de remède; et tant que ces esprits ambitieux auront part au gouvernement, il ne faut pas attendre de repos. Recevés, Monseigneur, ces tesmoignages de mon affection et de ma douleur à vous voir si mal traicté par ceux qui ne vous considèrent que pour l'amour d'eux, et qui s'y attacheront tant qu'ils trouveront de quoy contenter leur ambition.

Vos dernières lettres ont esté reçeues; je ne sçais pas quelle response ils pourront y faire. Villars, qui a coustume de faire parade dés siennes, ne s'en vante pas à ce coup; il faut qu'elle ne soit pas à son goût. J'oubliois à dire à V. A. que partye des chevaux du président Pichon estant à l'hostel de ville, mondit seigneur [de Conti] les a demandés pour les y rendre; il en a esté refusé, et il cherche quatre ou six mille livres sur le convoy ou sur les autres deniers publics pour le rachapt, lesquelles ceux de l'Ormée disent vouloir distribüer aux veufves de ceux qui ont esté tués en ce rencontre; et c'est à quoy ils veulent employer ce qu'ils ont conservé de leur pillage. Mondit seigneur et mesdames les princesses ont si hautement caressé Villars et tellement loué, que quand ses amis luy reprochent l'embarras auquel il s'est mis, il dit que pour preuve qu'il n'a rien faict sans ordre il ne faut que voir comment il est traicté. Je ne sçais pas s'il en séra de mesme de V. A.; je n'en doubte pas si elle adjouste foy à ses fourbes et à ses impostures, qui vont jusques là que lui et ses adhérents disent partout qu'ils sçavent bien qu'ils en seront advoués. Soudain que mondit seigneur fut arrivé en ceste ville, il envoya un des siens en troys ou quatre cartiers de la ville, les remercier de ce qu'ils n'avoient secouru le Chapeau rouge. Si V. A. n'a pitié de ceste ville, tout y est perdu sans resource. Ils menacent continuellement de

proscription, et mondit seigneur leur ayant demandé M`r` le président Daffis, ils ont dit qu'ils luy rendront responce. Je prends encore la liberté d'escrire celle cy à V. A., quoyqu'incertain qu'elle agrée mes soins; quoy qu'il en soit, elle doit estre persuadée de mes intentions, qui sont toutes pures pour son service.
A. C.

M. LE PRINCE A LENET.

Camp de Limeil, 12 septembre 1652.

Celle cy servira de response aux deus vostres des 4 et 5ᵉ septembre, la première receue par le S`r` de la Tour, et l'autre par l'ordinaire; et bien que toutes les deus ne traictent que deus poincts principaus, sur lesquels je vous ay desjà mandé diverses fois mes sentiments, à sçavoir l'employ de l'argent et ce qui se passe au parlement et à l'Ormée, je ne laisseray pas que de vous dire qu'il faut tousjours avoir pour objet principal de conserver Bourdeaus à quelque prix que ce puisse estre, ainsy qu'il faut tousjours continuer ce que je vous ay mandé contre les mazarins, et cependant porter ceus de l'Ormée à chasser Hosteing et Prades (qui trahissent asseurément) pour prévenir l'effect de leurs mauvais desseins, ou bien les faire arrester sous quelque autre prétexte, ce qu'il fault faire avant les vendanges, autrement tout est perdu, car c'est le temps qu'ils doivent faire leur coup; et si la grande fronde ne veut tenir une autre conduicte que celle qu'ils tiennent présentement, mon advis est qu'on les abandonne tout à faict et que vous portiés mon frère à maintenir fortement mes serviteurs et se raccommoder avec la petite fronde, desquels nous ferons toujours tout ce que nous voudrons, et ces derniers avec l'Ormée. Enfin, quelque chose qui puisse arriver, conduisés vous tousjours suivant ce que je vous ay desjà mandé, et sur ce principe que j'ayme mieux me conserver Bourdeaus sans parlement que le parlement sans Bourdeaus; bastissés tousjours sur ce fondement, et souffrés plustost que tous les mazarins arrivent que de retenir Hosteing et Prades, et croyés que je sçay bien ce que je dis. S'il se pouvoit néanmoins que la grande et la petite fronde se raccommodassent, et le parlement et l'Ormée, en sorte que tout le monde ensemble n'eust que de mesmes desseins, ce seroit bien le meilleur, et c'est à quoy il faut tousjours travailler; mais si les mazarins continuent à s'opiniastrer comme ils font, il fault les laisser agir et les abandonner à mes amys, plus tost que de vouloir heurter l'Ormée pour satisfaire aux mouvemens des mal intentionnés. Cependant je vous diray que ce que l'on a fait résoudre au parlement d'escrire à Monsieur et à moy est une chose qui ne m'embarrasse nullement; car sur ce subject je donneray à Mr Delavault ce que je voudray.

Au surplus j'approuve tout le contenu en vostre lettre, et vous diray en passant que mes amis de la court m'ont escrit que le président d'Hosteing avec quelques autres ont commerce réglé avec le cardinal Mazarin et avec le coadjuteur, et ce que je vous mande de luy au commencement de ma lettre n'est guère secret, de ce que j'ay appris de mes amys qui m'ont adverty de m'en donner de garde.

Je finiray en vous tesmoignant ma joie de la convaslescence de ma femme, et en vous priant d'asseurer mon frère et ma sœur de mon amitié inviolable, et que je me repose entièrement sur eus de toutes choses. Asseurés les aussy que je n'auray jamais d'autres intérêts que les leurs, ce qui est une vérité dont ils recognoistront des marques en toutes rencontres. Pour vostre regard, croyés aussy que j'ay en vous la dernière confiance et toute l'affection pour vous que vous sçauriés désirer. *Papiers de Lenet*[1]. B. N.

---

[1] Les *Papiers de Lenet*, conservés à la Bibliothèque nationale, ont déjà fourni une ample moisson de documents insérés dans ses *Mémoires* (collection Michaud et Poujoulat). Nous avons visé plusieurs de ces pièces; nous ne publions ici que des documents inédits.

Paris, 30 septembre 1652.

La maladie de Caillet m'empeschant de me servir de luy pour vous escrire, et la mienne de le faire de ma main, je le fais faire par Guitaud, ne voulant point confier à d'autres qu'à luy ce qu'il faut que je vous escrive. Je responds par ceste lettre à vos trois dernières, c'est à dire à celles du 19 et du 23, et celle que Prunier m'a rendue de vostre part. J'ay veu par celle du 19 la disposition des deniers ainsi que vous l'avés résolue à Libourne avec Mr de Marchin, à quoy je n'ay rien à dire, et j'aprouve absolument tout ce que vous m'en avés escrit. Il faut bien tenir la main que la remonte soit complète et que les officiers n'en profitent pas. Pour l'article qui concerne Mr de Marchin, vous pouvés penser que je n'y trouve aucune dificulté, non plus qu'à celuy du remboursement des debtes, prests et advances de bonne foy, à moins que quelqu'un de ceus à qui il est deu consentist qu'on retardast son payement; celuy des gratifications est aussi fort raisonnable; pour le pain de munition, il me semble que si vous envoyés en Bretagne (comme vous en avés une entière facilité, les vaisseaus de Mr de Vendosme ayant esté pris) pour acheter des bleds de ma part, vous en auriés beaucoup meilleur marché, outre que cela fairoit craindre à Durant que vous voulés vous passer de luy, et cela pourroit l'obliger à se relascher. Vous pourrés aussy envoyer du costé de Hambourg ou de Pologne. Il n'y a seulement qu'à prendre garde que Mr de Vendosme a encore onze vaisseaus; il est vray qu'ils sont escartés tellement que je croy qu'il seroit à propos d'équiper dis ou douze vaisseaus, qui, sans aucune crainte, pourroient aller partout. Quand le vaisseau dont vous me parlés sera arrivé, faites moy sçavoir ce qu'il y avoit sur tous les deux; et s'il y a de l'argent de reste après que vous en aurés distribué aux troupes et aux affaires pressées, il faudra que vous songiés à m'en envoyer, m'en trouvant comme vous sçavés entièrement dénué.

J'ay esté bien aise d'aprendre ce qui se passa le 15ᵐᵉ à l'assemblée de l'Ormée. Pour l'affaire de Mʳ de Gondrin, j'aprouve entièrement ce que vous avés faict et ay trouvé fort estrange son procédé; mon intention sur cela est que vous taschiés d'assoupir ceste affaire le plus tost que vous pourrés. Cependant j'entends que vous soyés authorisé et que personne ne parle d'insulte, auquel cas je vous permets non seulement d'en user comme bon vous semblera, mais je prie tous mes amis de se joindre à vous pour l'empescher, et surtout s'il luy arrivoit d'entreprendre sur les coffres, ce dont il vous a menacé; car je n'entends point de raillerie en ce rencontre. Vous pouvés dire à ma sœur que je la prie de faire en sorte que mon frère se donne un peu plus d'aplication qu'il n'a acoustumé pour les affaires; que le parti qu'il prend de ne se vouloir mesler de rien est tout à fait préjudiciable; qu'il se doibt résoudre à un peu plus de fermeté, et à ne se soucier point tant de satisfaire cinq ou sis personnes que de mettre les troupes en bon estat; je la suplie d'y vouloir contribuer. Je luy suis infiniment obligé de la manière dont vous avés escrit qu'elle avoit agy dans vostre démeslé, et prens beaucoup de part à la satisfaction que vous en avés. Il est bon que vous disiés à tous les généraus que lorsque j'ay dit que je leur fairois donner tant par mois et à proportion aux lieutenans généraus et mareschaus de camp, c'estoit dans la croyance que j'avois que les Espagnols tiendroient leur traité avec moy, et que je pourrois leur donner douze monstres aus troupes, mais que ne l'ayant pas faict, je ne suis pas en pouvoir de leur tenir ce que je leur ay promis, puisque ce n'a jamais esté qu'à cette condition; il faut donc qu'ils se reiglent sur les troupes, et lorsque je ne leur donneray qu'une demie monstre, ils n'en doibvent pas prétendre davantage; encore ne veus-je pas qu'on paye que ceus qui serviront. Voilà ma volonté sur ce subject, après laquelle je vous prie de vous racommoder avec Mʳ de Gondrin le plus tost que vous pourrés et d'avoir de la modération à son égard; c'est une personne de condition que je ne veus pas désobliger. Je tascheray dans peu de jours de le faire venir icy. Pour ce qui est de rendre compte, je n'entens point que personne ayt droict d'en avoir cognoissance que ma femme, mon frère et ma sœur; les généraus peuvent dire leurs sentiments sur la distribution des deniers pour les troupes; mais comme l'argent qui est à Bourdeaus n'est pas seulement destiné pour elles et qu'il est pour la subsistance des maisons, ce n'est point à eus à s'en mesler. Je ne vous parle pas de la proposition que vous me faictes de vous rappeler, parce qu'elle est ridicule.

Pour responce à celles du 20 et du 23, ausquelles je respondray ensemble, je vous diray que j'ay eu une extrême joye de l'acouchement de ma femme; elle seroit parfaite si elle se portoit bien et si j'estois asseuré que son enfant deust vivre; je la prie de se bien ménager. Elle a fort bien faict d'avoir parlé au corps de la ville comme vous m'escriviés, et j'aprouve fort vostre pensée sur son baptesme. Parlés en à mon frère et à ma sœur, et voyés ensemble comment il faudra que vous fassiés pour le faire tenir par ma sœur et par la ville. Je trouve bon que vous fassiés toutes les resjoussances publiques ainsy que vous me le proposés. Pour le nom que je veux que l'on luy donne, je croy qu'il faut que ce soit celuy de duc de Bourbon, tous mes amis et vous-mesme me l'ayant ainsy conseillé; pour son nom propre, je veux que ce soit Louis; et comme ma sœur fit donner pendant la guerre de Paris le nom de Paris au petit comte de Saint-Paul, je croy qu'il ne seroit pas mal qu'on luy fist donner celuy de Bourdeaus. Bien que je veuille qu'on l'apelle duc de Bourbon, on ne doibt pas croire que je songe à en avoir le duché, au contraire c'est une affaire rompue depuis la mort de Mr de Bouillon, et je suis entièrement résoleu à conserver l'Albret; mais je seray bien aise qu'il porte le nom de la maison plustost que tous autres, le sentiment de tous mes amis estant tel.

J'ay esté fort aise d'aprendre que vous soyés venu à bout de faire sortir Hostein et Prades. Faites voir cette lettre à tous mes amis afin qu'ils ne croyent pas que ce que vous avés faict ait esté sans mon ordre et sur un simple soupçon; asseurés les que je suis convaincu de l'intelligence qu'ils avoient avec le cardinal Mazarin et le cardinal de Retz; le parti qu'ils ont pris de faire les derniers efforts pour demeurer dans Bourdeaus en est une preuve certaine, y ayant bien aparence que, s'ils eussent esté innocents, ils auroient plustost pris celuy de se venir justifier vers moy.

Il seroit assez important que M{^{r}} de Guise demeurast encore en ce païs là jusqu'à ce que les vandanges fussent achevées; toutesfois il est le maistre. Je vous envoye une lettre pour les jurats conformément à ce que vous souhaités. Désabusés une fois pour toutes M{^{r}} de Marchin du secours qu'il atend de moy, afin qu'il ne m'en demande plus; car quand il seroit tousjours à me persécuter, en l'estat où je suis je ne puis pas luy en envoyer; et si j'estois en pouvoir de le faire, je n'atendrois pas qu'il m'en escrivist, tellement que tout ce qu'il m'escrit sur ce subject est inutile. Il faut qu'avec l'argent qu'on peut avoir d'Espagne et tout ce qu'on peut ménager de secours d'un autre costé, il songe à subsister et qu'il n'espère rien de moy, estant impossible que je luy puisse ayder.

Je suis en toutes les peines du monde de la maladie de mon frère et de ma sœur; aprenés m'en fort soigneusement l'estat et asseurés les tous deus de l'inquiétude où je suis. Il me reste encore à vous dire que M{^{r}} du Dognon est une personne qu'il m'est tout à fait important de conserver; c'est pourquoy vivés avec luy selon cela et faites une amitié plus grande que celle qui me paroist. Terminés l'affaire de M{^{r}} de Gondrin; je luy escriray conformement à cela; mais aussy vous debvés vous porter à tout ce que vous jugés qui peut oster tout subject de division.

Les ennemis sont tousjours à Villeneufve St-Georges, et ma

maladie est cause qu'ils ne sont pas si pressés qu'ils seroient si je me portois bien. Toutes les choses de ce païs icy panchent plus à la guerre qu'à la paix; travaillés sur ce pied là.

B. N.

Stenay, 5 février 1653.

Je vous escris par cette voye plus seure que les autres sur tout ce dont vous m'avés escrit; et commenceray par vous dire que j'approuve fort tout ce que vous avés faict pour l'expulsion des suspects ; priés mon frère d'estre fort exact à empescher qu'ils ne retournent, et souvenés vous qu'aux grandes haines il n'y a point de retour. Travaillés avec diligence aux recrues et au fonds pour le pain de munition ; faites amas de poudre, surtout de mèche et de plomb; et travaillés aux trains d'artillerie et de vivres ; munissés les places de toutes choses, afin que je puisse avoir le loisir de vous secourir de ce que Mr de Marchin demande ; et comme il n'y a pas moyen que vous ayés de l'argent comptant pour tout cela par la lenteur des Espagnols, je vous prie de faire fondre tout ce que j'ay de vaisselle d'argent, et d'engager toutes les pierreries de ma femme, qui n'en fera point de difficulté ; mais si elle en faisoit, je vous envoye un billet de créance pour Mme de Tourville, afin qu'elle vous les mette en mains. Je croy aussy que ma sœur ne me refusera pas les siennes, et c'est pour cela principalement et pour emprunter tout ce que vous pourrés de toutes parts que je vous envoye la procuration cy joincte ; et ne vous arrestés pas aus intérests, pensant me faire un bon mesnage. Il faut prendre des mesures certaines pour n'estre pas acablés. Si la pais se fait, ce sera avec de plus grands avantages ; si elle se rompt, nous en ferons la guerre plus fortement. De mon costé, j'ay pris toutes les mesures possibles avec les Espagnols, qui me promettent merveilles ; mais leurs longueurs me désespèrent. J'ay envoyé en Allemagne pour faire toutes les levées possibles ; mais je suis tellement en nécessité d'argent que je ne sçay comment faire ; les Espagnols pourtant m'en promettent pour tout ce mois icy ; si vous pouviés m'en envoyer, vous me feriés un plaisir extrême, sans pourtant que je voullusse pour cela vous incommoder et ruiner les affaires de Guienne. On me fait toujours des propositions, mais j'attends tousjours la suitte de celle de la princesse Palatine, qui se réveillera maintenant que le cardinal Mazarin vat à Paris. Je vous feray sçavoir le tout, afin d'avoir le sentiment de mon frère et de ma sœur ; je croy qu'ils le feront bien en veüe de mes intérests. Surtout conservés Bourdeaus'aus dépens de qui que ce puisse estre.

Dites à ma femme qu'elle envoye Blinvilliers hors de Bordeaus incontinant après cette lettre receue, et que rien ne le puisse empescher, car je sçay qu'il escrit et parle fort contre les intérests du party, et c'est une affaire que je vous recommande de tout mon cœur. Je vous prie, dites à ma sœur que j'ay une joye extrême de la response qu'elle a faite sur les propositions de Mr de Longueville ; que je luy en sçay tout le gré imaginable et que je l'aimeray toute ma vie autant que je dois et qu'elle le peut souhaitter...   B. N.

LE PRINCE DE CONTI A M. LE PRINCE.

Bordeaux, 3 mars 1653.

Mrs de Trancars et Blarut partent pour l'Angleterre, où ils ont ordre d'agir de concert avec Mrs de Barrière et de Cugnac.

Les cabales et conjurations se renouvellent tous les jours.

La noblesse nous gaste tout icy ; il faudroit que les mazarins refissent nos troupes, fissent subsister nos garnisons, et que pour cela on les envoyât prisonniers dans nos places ; mais nous avons le cœur tendre, un peu plus que des gens qui font nostre métier ne devroient. On cabale les troupes de tous costés. Mr de Marchin a tous les jours des advis que quelques régiments le doivent livrer ; nous ne savons à qui nous fier. Le commandant de Castelnau de Mirande a traité avec Mr de Candale pour M^r le duc de La Force, et nos trois canons de Sarlat sont dans cette place ; nous avons de quoy nous venger si on ne nous les rend. Ceux de Blaye font courre le bruit que Mr de Balthasard traite. Mazerole a eu un peu de vent pour aller à Brouage ; il a esté trois semaines à Arcachon sans en pouvoir sortir. Je n'ay nulle nouvelle du Chambon ny de deux personnes que j'y ay envoyées despuis le départ de Mazerolle. Tout nous eschappera tout à coup, n'ayant rien pour nous soustenir. Les Irlandois me sont fort suspects à cause du roy d'Angleterre. Bourdeaux nous couste beaucoup ; c'est un miracle de ce que nous y sommes encore ; pour le garder plus longtemps nous ferons tout ce que la fierté peut faire faire à des gens de fermeté et d'honneur...   A. C.

LÉNET A M. LE PRINCE.

Bordeaux, 24 mars 1653.

... Nous allons chasser et moynes et religieuses et cent ou deux cents familles. Nous allons purger et régler l'Ormée ; nous allons envoyer de la part de la bourgeoisie Mrs de Trancars, conseiller, et de La Badie en Angleterre pour demander secours. Je crois que dans quatre jours cela passera tout d'une voix dans l'hostel de ville, et nous soustenons l'estat des choses. Nous ferons prendre à cette ville telle forme qu'il plaira à V. A. Nous avons réglé la milice de Bordeaux ; nous soldoions les capitaines. Nous tiendrons toujours quelques troupes aux environs, en cas de besoin... Faites embarquer vos mille cavaliers et qu'ils viennent droit mouiller à Arcachon. Je croy que M. de Vandosme ne tardera pas à se retirer ; car on nous promet treize vaisseaux et douze brulots pour le commencement d'avril, et c'est assez pour le bien battre tant qu'il n'aura que ce qu'il a. On a cabalé un de mes amis pour faire entrer icy des troupes sous main et se mettre à la teste des factieux; il m'a apporté toutes les lettres de Tracy et de Marin, et cela nous servira fort...

A. C.

M. LE PRINCE A LENET.

Namur, 11 avril 1653.

J'ay appris ce que vous m'avés escrit de la conspiration descouverte avec toute la joye que vous pouvés vous imaginer; et ce qui m'en a donné encore davantage, c'est d'avoir sceu de quelle façon ma sœur et mon frère y ont agy, de quoy je leur suis infiniment obligé. Vous devés proffiter de cette occasion non seulement pour purger la ville de tous ceus dont on peut entrer en soubçon, mais aussy pour envoyer tout le secours d'argent qui se pourra, soit en faisant vendre leurs meubles ou de telle autre manière que vous jugerés; car il ne faut plus doresnavant qu'aucune considération vous retienne, puisque le masque en est levé et qu'on en est venu si avant; la révolte des trouppes vous y doibt faire songer sérieusement, affin de leur donner par ce moyen quelque satisfaction et leur faire perdre toute pensée de déserter en mettant ordre à leur subsistance; et comme la cour ne veut du tout point de paix avec moy, ainsy que je vous l'ay desjà mandé et que vous l'avés peu apprendre par la confession du religieux, vous voyés bien que si j'eusse employé le temps en négociations, Bourdeaus ne seroit plus à nous présentement. Il faut donc s'appliquer entièrement à la guerre et faire tous les efforts possibles pour se maintenir en Guyenne. La chose la plus importante à laquelle il faut travailler et par laquelle il faut commencer, c'est de faire entrer l'armée navale d'Espagne en rivière tout le plustost qu'il se pourra; escrivés à M^r de St-Agoulin de presser l'exécution des choses qu'on luy promet; tirés pareillement tout le secours que vous pourrés d'Espagne et ne négligés pas un seul moyen d'avoir de l'argent par toutes les voyes que vous adviserés.

Dictes à Mᵣ de Marchin que je luy recommande fort de prendre garde aux trouppes, d'en avoir beaucoup de soing, et particulièrement les Irlandois, pour empescher la révolte; qu'il voye aussy ce qui se peut faire pour la satisfaction de Mᵣ de Balthazar, qui est un homme qu'il faut choyer; car si on venoit à me le desbaucher, ce me seroit une perte fort sensible et la ruyne de toute la cavallerie qui est de delà. Quant aux gens-darmes, comme c'est un corps qui a tousjours bien servy, je suis bien aise de le conserver; mais aussy j'entends qu'il contente Mᵣ de Marchin; il faut que vous en parliés de ma part à Chastelus, à Vouldy et aux officiers.

Il faut garder soygneusement Mᵣ le président Daffis, et je croy mesme qu'il seroit bien à propos d'arrester encore quelques mazarins de considération pour la représaille de ceux que la cour nous retient, pour la pluspart sans subject, comme Mᵣ de Croissy, le président Galifet du parlement de Provence, et quelques autres. Veillés aussy sur les actions de Bordès; car après l'affront qu'on luy a fait, il est à craindre qu'il n'aye dessein de se venger; et qu'estant le seul qui reste de la petite fronde il ne change le dessein de nous favoriser en celui de nous nuire, bien qu'il me semble qu'il ayt tousjours assés bien usé; et après avoir ainsy pourveu à la seureté du dedans, il faut songer au dehors; car autrement on pourroit miner Bourdeaus petit à petit en bouchant touts les passages, particulièrement ceux de la rivière.

Travaillés surtout à bien remettre mon frère et ma sœur; tesmoignés leur que c'est le plus grand plaisir qu'ils me puissent jamais faire. Je ne leur escris point présentement, ayant donné à Mᵣ le comte de Fiesque (qui doit bientost arriver à Bourdeaus) des lettres pour chacun d'eus, outre qu'il leur doit encore parler de ma part; faites leur seulement voir cette lettre en attendant.

Tesmoignés à Mr de Marchin et à M^r le comte de Maure combien je suis satisfait de la manière dont ils se sont comportés dans ces dernières conspirations; faictes en de mesme à Villars et à tous les autres qui s'y sont faits paroistre mes véritables amys et serviteurs; rendés leur mes lettres, et asseurés Villars de la pension de deux mil livres par an sur quelque une de mes terres, suivant la procuration génerale que vous avés de moy, et outre cela faictes luy, et à tous, mille amitiés de ma part.

Quant aux mil cavalliers à pied, ils doibvent partir dans très peu de temps, et l'on en va présentement embarquer deus cents; le reste les suivra bientost après. Ils ont ordre de mouiller à Arcachon. Ce sera à vous à prendre garde qu'il ne leur arrive d'accident. Je vous envoyeray aussy cinq cents hommes de pied, qui est toute l'infanterie que je pourray vous envoyer; mais de la cavallerie tant que vous voudrés, moyennant que vous me fassiés tenir de l'argent, à raison de vingt huict patagons pour chacun cavallier à pied, rendus à Bordeaus avec leurs armes et les harnois de leurs chevaus, compris aussy les frais d'embarquement et leur nourriture. Enfin j'emploiray tout ce que vous m'envoirés sans en mettre rien à mon profit. Au surplus j'approuve en toutes choses la conduite que vous tenés; vous n'avés qu'à continuer de mesme et à croire que j'appuyeray toutes vos actions autant que vous sçauriés le désirer. B. N.

LENET A M. LE PRINCE.

Bordeaux, 21 avril 1653.

J'avois tousjours bien préveu que le voyage de Chouppes en Espagne ne pouvoit que tout brouiller. Nous avons sceu par les lettres de St-Agoulin, de Douffet et de Longchamp, que les deux points de sa négociation secrète avoient esté de descrier Mr de Marchin et sa conduite, et de négocier, à nostre insceu et contre les termes de son instruction, le retour du baron de Vateville, pour lequel M^r le prince de Conty a des impatiences non pareilles. Contre sa coutume, au retour dudit Chouppes, il a commencé à pester publiquement contre Mr de Marchin et contre moy, disant que, pour ne l'avoir pas creu, toutes les troupes se sont révoltées et les affaires perdues; qu'il a tiré des mémoires de toutes les affaires d'Espagne dont il dit qu'il a veu les acquitz de quatre millions; que nous prenons plaisir à faire périr les troupes, que l'on ne considère personne, qu'il faut voir le destail de toutes choses; enfin tout ce que la caballe peut suggérer à un esprit chagrin... S'il n'y alloit du tout pour le tout de vostre service, Mr de Marchin auroit quitté vingt fois. Pour moy, je les conjure à tout moment de trouver bon que je suplie V. A. de me retirer vers elle, comme je l'en suplie de tout mon cœur. Quelqu'un qui sera moins passionné que moy sera plus complaisant, et chacun sera satisfait. On accorde tout ce qu'on demande, on ne peut rien tenir, on absorbe en trois jours les petits fonds que je faisois filer des mois entiers... Je ne puis respondre de rien, non plus que Mr de Marchin, qui n'est pas plus complaisant que moi...

A. C.

LE PRINCE DE CONTI ET Mme DE LONGUEVILLE
A M. LE PRINCE.

Bordeaux, 15 mai 1653.

Comme vous n'avés esté informé de l'estat des choses jusques à cette heure que par des gens qui n'ont garde de s'attribuer le désordre qui y est, et que vos volontés, ne nous estant cognues que par leur ministère, ne sont venues ordinairement jusques à nous que très falsifiées, vous trouverés bon que nous vous instruisions à l'avenir plus régulièrement que nous n'avons faict de tout ce qui se passe, affin que vous sçachiés les choses au vray et que, nous apprenant vos intentions par vous mesme, nous puissions régler notre conduite là-dessus.

La ville est tousjours dans un fort bon estat, et la bonne disposition de la plus grande partie des bourgeois intimide si fort ceux qui ne sont pas dans les mesmes sentiments qu'ils paroissent tous uniformes et dans le dessein d'estre dans vos intérêts jusques au bout. Il y a bien toujours quelque petite division que la jalousie qu'on a contre ceux qui vous servent le mieux icy a faict naistre, et que la politique un peu trop grossière de M\` Lenet a fomentée jusques à cette heure; et quoyque cette cabale soit très aisée à dissiper, elle peut estre pourtant très préjudiciable, parce qu'elle s'opose généralement à tout ce qui peut avancer le service, et qu'elle choque directement les seules personnes que nous avons envie d'authoriser. L'envie démesurée que M\` Lenet a tousjours eu d'agir avec indépendance luy a faict soutenir ces gens là jusqu'à cette heure, et le désespoir qu'il a eu d'estre contraint de rabaisser l'esclat et la majesté de son ministère jusqu'à suivre les ordres de ma sœur et les miens l'a obligé à faire publier dans la ville, par cette sorte de canaille dont je viens de vous parler, que vos intérêts et les nostres estoient fort différents, et qu'ainsy il ne falloit pas faire les choses que nous ordonnions, mais qu'il s'en falloit rapporter à luy. Nous vous advouons que vostre seul respect nous a obligé à souffrir une insolence de cette nature, et tout ce qui va à vous nous est si sensible que nous ne sommes pas capables de garder aucune mesure, quand de ces sortes de gens, par leurs intérêts particuliers, s'ingèrent d'attaquer l'attachement que nous avons aux vostres. Nous vous supplions très humblement d'y mettre ordre, et d'ordonner que ceux que nous donneront soient suivis, parceque M\` Lenet a assez peu d'affection pour ce qui vous regarde pour traverser toutes nos résolutions, affin que l'inexécution des choses et le désordre des affaires nous oblige de recourir à luy comme au seul resaurateur de la république ; ce n'est pas qu'il fonde les remèdes qu'il y veut aporter sur l'amitié des peuples ; car en vérité il est icy en exécration, et nous avons autant de peine à le soustenir qu'à quelque autre chose que nous fassions de toutes celles qui peuvent nous donner de la peine.

Nous attendons l'armée d'Espaigne avec impatience ; nous avons mandé à M⁻ de Vatteville de venir attendre les escadres de Cadis et de Dunquerque à la Palice¹ ; et je puis dire que sans la querelle que M⁻ Lenet luy fit mal à propos et sans le concert de personne, les ennemis ne seroient jamais entrés en rivière, puisque on pouvoit aussy bien radouber les vaisseaux de l'armée navalle à Bourg qu'à S⁻Sébastien, et que M⁻ de Vatteville ne se résolut d'emmener l'armée en Espagne que sur le besoin qu'il creut avoir de s'aller justifier à Madrid ; et, ne voulant pas tesmoigner au public qu'il estoit mal à la cour et qu'il ne s'en alloit que pour cela, il prit prétexte d'aller faire remettre l'armée navalle en bon estat.

Nous vous suplions très humblement d'envoier des ordres si précis à tous ceux qui sont icy sous nous de faire toutes les choses que nous leur ordonnerons et de ne pas les traverser par des caballes continuelles, que nous n'aions plus sujet de nous en plaindre, et qu'il ne paroisse pas aux esprits foibles, par la conduite que ces gens là tiennent avec nous, que vous n'avés pas autant de confiance en la nostre que vous devés en avoir, puisque nous sommes plus à vous que personne au monde.

A. C.

LENET A M. LE PRINCE.

S. d. (mai 1653).

... Nous mettrons tout en mesure pour contenter le prince de Conty ; mais il est possédé par des fripons qui le tiennent

---

1. Palisse (Dordogne) ou Pallu (Charente-Inférieure) ?

par l'amour de Mme de Calvimont, où ils le mènent toutes les nuits déguisé. Il est ravy quand il arrive un mauvais succès, pour tout jeter sur le dos de Mr de Marchin ou de moy. Toute la ville est soulevée contre Villars et Dureteste, qui n'ont pas assez de modération dans leur faveur. Tout le peuple a un grand respect pour V. A., mais tout le monde souffre de si grandes pertes et est si las de la guerre que tout est à craindre.

Chouppes est tousjours sur le pavé, décriant insolemment toutes nos affaires ; nous croyons qu'il a quelque mauvais dessein ; luy et le vieux Moncault ont proposé à Leurs Altesses un traité avec le cardinal par le moyen d'un nommé La Guierche, qui est à luy et est beau frère de Moncault et Lusignan ; Leurs Altesses, à ce qu'on m'a dit, n'y ont pas voulu entendre.

Le prince de Conty s'est entesté de gouvernement, et ne veut plus qu'on fasse que tout ce qui plaist à Mme de Chouppes, Sarazin et de Cosnac. On mettra tout en usage pour luy laisser passer sa fantaisie et soutenir les affaires, sans pourtant qu'on puisse vous respondre de rien. Au nom de Dieu retirés nous d'ici et envoyés quelqu'un en nos places. A. C.

MARCHIN A M. LE PRINCE.

Bordeaux, 5 juin 1653.

Quoyque je ne sois pas bien traité de Mgr vostre frère et de Madame vostre sœur, je n'abandonneray pas les affaires. Que V. A. ne s'inquiète point de toutes nos petites divisions. Bordeaux dépend maintenant de l'armée navale, et comme il naît tous les jours nouvelles factions, je suis contraint d'y rester pour faire ce que le prince de Conty m'ordonne, de tenir des troupes dans le Médoc à trois lieues d'icy, d'entrer à Bacalan depuis la trahison de Lormond, et même 150 chevaux dans la ville pour réprimer les séditieux et appuyer nos amis. Si tost que les Espagnols auront rendu la rivière libre, je me mettray en campagne pour mesnager le terrain, et lorsqu'on ne me verra plus, la jalousie et l'aversion cesseront. Madame vostre sœur croit que j'ay trop de crédit et s'en plaint... Dieu vous conserve; mais en tout cas, si je reste après vous, je feray pour Mgr vostre fils et Madame la Princesse ce que j'ay fait et fais à présent pour vostre service... L'on prend ombrage de ce que je fais solliciter des troupes en Espagne, et Chouppes avoit ordre de s'opposer à ma prétention; il est vray que j'en aurois volontiers, mais c'est pour en user en homme d'honneur et selon le bien de vos affaires. Je m'accommoderay à tout autant que je pourray et ne laisseray point perdre les affaires par chagrin. Je suplie V. A. de ne point remplir la place de Mr de Tarente en cas que je sois contraint de l'aller trouver après cette campagne, ce que je ne feray pas sans ordre, après avoir essayé de me maintenir avec Madame vostre sœur et Mgr vostre frère, corrigeant mes défauts et adoucissant mon humeur brusque, dont Mr de Maure se plaint et d'autres. Quand la paix sera faicte, je me polirai; cependant rien ne se perdra par là, car celui qui sait la guerre et veut servir fait ce qu'il doit... Mr Lenet fera de son costé tout ce qui se doit et se peut pour contenter Leurs Altesses...   A. C.

LENET A M. LE PRINCE.

Bordeaux, 12 juin 1653.

Je viens de recevoir la despêche de V. A. du 30 de may avec les lettres de Mrs de Chouppes et de Gourgues. Le premier est parti d'icy avec deux mil pistolles, à ce qu'on dict, se marier et prendre l'amnistie; d'autres asseurent qu'il vat trouver V. A.; quelques uns croyent qu'il est fort à M^r le cardinal; je ne sçay rien de positif de tout cela sinon que le Mazarin le plus franc qui soit en France n'auroit pu rendre plus de service à son patron qu'il a taché de faire icy...

Je ne sçay si le diable a emporté les lettres où je vous ay mandé les propositions que la cour envoye faire à Mr de Marchin par la famme du vieux La Guette [1]. Je répéteray donc encore cette fois à V. A. que Mme de La Guette, arrivant icy dans le mois d'avril, lui dict : que la reine et Mr le cardinal l'avoient chargée de venir le trouver et luy dire qu'on sçavoit que ses seuls intérais avoient empesché la paix jusques icy, qu'on sçavoit bien encore qu'il estoit trop opiniastrement (ce sont les mesmes termes) à V. A. pour faire une paix particulière ; que si pourtant il vouloit y entendre, on luy feroit des propositions fort advantageuses, mais que du moins il vous portasse à finir la guerre, luy représentant le malheureux estat auquel vous estiés. Mr de Marchin me le dict à l'heure mesme. Je luy répartis que cette famme vouloit se faire de feste, ne croyant pas qu'elle eust ni la capacité, ni l'habitude, ni la créance asses grande à la cour pour entrer en telle négociation ; que d'ailleurs Mr le cardinal sçavoit bien que tous traictés se doivent commencer et finir avec V. A., et qu'asseurément il avoit obligé cette bonne dame par quelque tiercélet de négociateur pour nous le faire soupçonner et luy faire perdre la créance et la grande autorité qu'il avoit dans nostre parti, sur les mesmes principes que Mr l'évesque de Tulles m'avoit fait proposer une entreveue entre icy et Blaye et que je luy avois refusée, ayant tousjours fuy tels pièges comme très préjudiciables à la réputation d'un homme qui faict profession d'une grande fidélité. Mr de Marchin me dict qu'il estoit tout à faict de mon sentiment et qu'il en avoit esté d'abord ; et sur le champ on alla parler à Leurs Altesses, qui furent d'advis aussi bien que luy de renvoyer la famme et le mary tout ensemble, avec une lettre par laquelle il

---

1. La Guette était attaché depuis plusieurs années à la personne de Marchin, qu'il suivit aux Pays-Bas, mais sans prendre du service. Il rentra en France avant la paix des Pyrénées. — Sa femme fut envoyée à Bordeaux par la cour en 1653 pour proposer un accommodement à Marchin ; elle ne réussit pas, et resta en France après la capitulation de Bordeaux. Ses charmants *Mémoires* ont été édités en 1856 par M. Moreau.

luy donnoit créance pour passer vers V. A. luy rendre compte
de cest envoy et vous supplier de faire perdre la créance qu'on
vouloit donner à tout le monde que ses intérais particuliers
empeschassent de conclure la paix. Ils partent, vont à Paris, se
présentent avant le voyage de Fontainebleau ; on les remet au
retour, leur faisant fort bonne mine ; après quoy, ayant
demandé un passeport pour faire passer le mary jusques à vous,
M^r le cardinal respondit que ce n'estoit pas au roy à faire de
telles avances. Là dessus ce que nous avions préveu est arrivé ;
on a publié cela partout ; tous mes amis m'en ont adverty pour
y prendre garde, à quoy je n'ay pas esté fort occupé, et voilà
tout ce que je sçay et tout ce qui en est.

Pendant que je suis sur cette matière, V. A. sçaura que le
bruict est grand que Mr de Xaintes est passé dans quelques
maisons particulières de Médoc. On dict d'abord en cette ville
que M^r le prince de Conti traictoit avec luy ; on luy dict à luy
mesme, à moy aussi et à tout le monde ; le peuple, ou plustost
les frippons qui faisoient courre ce bruict, adjoustoient pour les
rendre plus plausibles que S. A. estoit trop amy de Mr de Candalle, que tous les jours ils s'escrivoient des lettres fort tendres
de part et d'autre. Ces sots contes nous ont faict rire deux jours
entiers ; quand tout à coup Mr de Marchin estant allé à la Teste
de Buch avec trante ou quarante officiers pour asseurer ce
hâvre en fortifiant son chasteau et celuy de Certes, terre appar-
tenant à Mr de Barrault, où est le régiment de Galapian, on
s'advisa de dire que mondict s^r de Marchin estoit allé traicter la
paix à Citrau (?) avec M^r l'évesque de Xaintes ; on disoit mesme
qu'il ne reviendroit plus ; mais cela ne nous a pas mis en plus
grande inquiétude que V. A. y a esté pour celuy qu'elle appelle
la Clayette.

J'ay receu deux lettres aujourd'huy qui m'ont apris que ce
viel traistre de colonel Dillon a rassemblé les Irlandois de
Lormont et tous ceux qui se sont sauvés de Bourg, dont il a
faict un régiment que la cour luy a donné. Il s'en est aussy

sauvé trois cent de St Sébastien à Bayonne, que Mr de Toulongeon a envoyés à Mr de Candalle. Le bruict a fort couru qu'il alloit assiéger Tartas, où Mr de Baltazard l'attend en bonne dévotion. Les ennemis commencent à se remuer ; mais nous ne sçavons de quel costé ils prendront leur marche. Le bruict est qu'ils veullent establir des quartiers autour de Bourdeaux pour empescher la récolte ; nous en sçaurons des nouvelles plus certaines par le premier ordinaire.

L'acte solemnel pour appeler le secours d'Angleterre a esté inséré dans l'hostel de ville et signé par S. A., par Mr de Marchin comme capitaine général, par moy comme ayant l'honneur d'estre chargé de vostre plain pouvoir, par tous les jurats, tous les capitaines, lieutenants, enseignes, juges, consuls, sindiques de tous les mestiers, députés de l'Ormée, de tous les ordres, etc., et a esté et sera envoyé auec les lettres en tel cas requises jusques à ce qu'on sache que cela soit arrivé à bon port...

A. C.

M. LE PRINCE A LENET.

Bruxelles, 21 juin 1653.

Pour responce à vostre lettre du 5 de ce mois, vous ne pouviés tenir un discours plus à propos à ma sœur que celuy que vous avés faict, et vous ne pouviés mieux faire que de continuer à luy parler de la sorte, et de vous comporter envers ma sœur et mon frère comme je vous l'ay mandé par toutes mes précédentes. Il faut que Mr de Marchin face la mesme chose, et que vous mettiés tous deux vostre application à conserver Mr de Baltazard, Vilars et Dureteste, sans espargner pour cela ny argent, ny tous autres moyens dont il faudra se servir ; car pour le premier il est absolument nécessaire dans la guerre, et les deux autres à Bourdeaus, où je sçay que Vilars est tousjours en crédit dans l'Ormée, telle chose qu'on puisse dire au contraire. Avec cela taschés encore à gaigner Mata ; car, cela estant, vous

n'aurés plus à combattre personne, maintenant que vous estes
deslivrés de Chouppes, dont l'esloingnement n'est pas de petite
importance pour vous. Mazerolle, que j'envoye de delà, non
pour y demeurer, mais avec ordre de retourner auprès de moy
après avoir faict les choses dont je l'ay chargé, vous dira plus
particulièrement tout ce que je ne puis vous mander par une
lettre.

Quant aux despences des maisons, je ne veux pas que vous
y employés, sçavoir pour celle de ma femme plus de 4,000 livres
par mois, et celle de mon fils plus de deus; encore, si on la
peut faire moindre, vous y tiendrés la main; et s'il y a quelqu'un qui n'en soit pas content, qu'ils en gaignent s'ils veulent
de leur industrie.

Ne manqués à continuer vostre mesme langage à ma sœur;
faites que Mr de Marchin luy en tienne un tout semblable, et
répettés le luy souvent tous deus, et dictes luy que vous en
avés ordre de moy, afin que elle s'explique. Souvenés vous
aussy de vous donner de garde de la petite fronde, mesme
plus que des mazarins; car Mr de Mirat ne manquera pas de
faire tost ou tard quelque mauvais tour à Bourdeaus si on ne se
précautionne contre cela; et comme Théobon est de ses amys,
il faut trouver quelque prétexte pour ne pas le laisser entrer à
Bourdeaus; mais comme c'est une personne de condition, il ne
faut luy faire de scandalle ni d'affront public que cela ne soit
absolument nécessaire; c'est à vous à y donner ordre comme
vous le jugerés à propos. Je vous envoye une lettre que m'ont
escrit ceus qui sont sortis de juges consuls de la Bourse, et
la responce que j'y fais, afin que vous la leur deslivriés en cas
que ceus qui sont à leur place soient gens affectionnés, et non
autrement; car je leur mande que je suis bien aise du chois
qu'ils en ont faict. B. N.

LENET A M. LE PRINCE.

Bordeaux, 3 juillet 1653.

Depuis ma dernière à Vostre Altesse, les ennemis ayant continué de brusler, nous avons commencé de le faire par une assés belle maison qu'avoit le président Pichon en Gràves; on continura demain par celle de Lavie à Plassac; et si les ennemis ne se lassent, nous ne nous lasserons pas. Mr de Marin est tousjours à Cadaujac avec quatre régiments d'infanterie, et sa cavallerye est en divers quartiers à deux ou trois lieües d'icy. Il s'advisa il y a deux jours de faire couper deux oreilles à deux paysans qu'il trouva sciant des bleds; Mr de Marchin fit tirer quatre soldats de quatorze qu'on luy avoit pris prisonniers, leur fit couper pareil nombre d'oreilles, les envoya à ce lieutenant général avec une lettre en ces termes : « Oreille pour oreille, feu pour feu; faisons, je vous prie, la guerre en honnestes gens, et assurés vous que nous vous damerons le pion en touttes les violances que vous ferés. » La tranchée est ouverte devant Bourg depuis trois jours; ils font trois attaques... Les ennemis font estat d'estre maistres de la place dans six jours. Les Espagnols s'en prendront à eux mesmes, leur ayant depuis trois mois mandé par touttes voyes l'extresmité de cette place, où ils avoient de bons hommes, force artillrye, et force munitions. Il est impossible à nous de la secourir, et si l'armée navalle n'entre en rivière, c'est une place perdue, qui pourtant ruinera fort l'infanterie des ennemis, car ils se deffandront dedans comme de beaux diables.

Je vous responds en mon particulier que j'ay donné fort bon ordre à touttes vos affaires, et particullièrement au pain pour tout juillet; nous n'avons pourtant receu aucun argent, comme bien vous savés. Nous avons du bled pour plus de quatre mois chés les particulliers, dans les couvents, et celuy que la récolte qu'on fait nous donnera. Nous veillons et veillerons aux cabales. Notre armée navalle doit estre en mer, suivant que je vous le mandois par ma dernière, n'en ayant aucune nouvelle depuis, sinon que celles là sont confirmées par touttes celles de Bayonne. Lefay, Baron, ni les pilottes que nous envoyions, n'ont peu passer et sont dans le chasteau de Certes, attendant Vatteville et Sallenove, ceux de la Teste s'estant révoltés, et les paysans commandés par Ruat et Labrède ayant assiégé le chasteau. J'ay escrit par cent voyes différentes par terre le destail de ce que S. A. de Conti escrivoit à M^{rs} le marquis de Saincte-Croix, baron de Vatteville, et comte de Fiesque, et envoyé les ordres pour donner la bataille tout en entrant en rivière. Il y a eu quelque désordre à Villeneufve, où Duret, qui a fait merveille, a esté blessé. M^r le marquis d'Aubeterre y est allé; il verra en passant Mrs de Castelnault et de Castelmoron. Mr de Biron est fort mal satisfait des masarins. M^r le comte de Maure est tousjours à Libourne. Chamlot fait merveille à Perigueux. Je faits mon possible pour soustenir touttes ces places là; cette dernière a peu cousté, et est admirablement bien fortifiée.

Nous avons chassé quantité de conseillers qui demeuroient ici dans leur logis, et plusieurs familles de suspects. La peste est furieuse à Agen et dans tout le hault pays. M^r le premier président de Pontac va se retirer chés soy à Cessac en Agenois...

Je feray et faits avec Mr de Baltasard et les autres tout ce que V. A. m'ordonne et sans aucune répugnance.

Leurs Altesses de Longueville et de Conti me font, Dieu grâce, l'honneur de me croire leur très humble serviteur, et connoissent la fausseté des mauvaises impressions qu'on avoit voulu donner à M^r le prince de Conti contre Mr de Marchin et contre moy. Assurés vous que nous n'oublions rien pour faire tout ce que vous nous commandiés sur ce sujet; certainement vous aviés grande raison, Leurs Altesses vous servant aussy bien qu'elles font. On a si bien fait que, de toutte cette grande conspiration, nous n'avons tiré autre avantage que d'avoir fait donner la question à Fillot, de retenir prisonnier Mr Dussault, conseiller, contre lequel il n'y a aucune preuve; sans la marche que fit Mr de Candalle, nous n'en aurions aucune lumière, et si la longueur ne nous donne occasion de sauver comme prisonnier de guerre Chastaing, qui a tout descouvert, je ne sçay comment nous le pourrons sauver, et tout cela pour n'entendre rien en telles affaires. Dieu conserve V. A. B. N.

MARCHIN, FIESQUE ET LENET A M. LE PRINCE.

Bordeaux, 17 juillet 1653.

Le prince de Conti a tenu depuis 8 jours de fort mauvais propos à nous et à M^r le comte de Maure, tantôt disant que si le peuple le force à prendre l'amnistie il s'en ira à Rome, tantôt que, Bordeaux secouru, il enverra vers V. A. pour savoir si elle veut perpétuer la guerre, ne prétendant pas la faire toute sa vie et en estant fort las. Outre les bruits qui courent, nous avons beaucoup de lumières qu'il traite; Mata le croit; Mme de Longueville nous a dit à tous qu'elle n'en respond pas; Fermelys croit le bien sçavoir; la grande affection que Sarazin, qui le gouverne, tesmoigne à ne se mesler de rien, nous est suspecte. Le père Romain a parlé à quantité de gros bourgeois pour les persuader à la paix, protestant qu'il a ordre de le leur dire, et mesme par escrit, de la part du prince de Conti. L'aîné Guilleragues, confident intime de Sarazin et qui est mesme dans la confidence du prince de Conti, a dit à Saint-Simon, vostre secrétaire, qui est de ses amis, que si V. A. sçavoit tout ce que fait ce visionnaire de M^r d'Auteuil contre son service, elle le feroit noyer. Le comte de Fiesque a parlé françois à Mata, qui a promis que Mme de Longueville prendroit des mesures et avec vous et avec nous... Elle a faict les mesmes plaintes à Fiesque qu'à Lenet... Nous vous suplions de luy escrire avec amitié, et de contenter le président Viole, qui luy escrit tousjours avec chagrin...

Le pain manque, tout le monde crie la paix, et si Bordeaux n'est pas secouru dans huict jours, nous ne croyons pas pouvoir le soutenir davantage; s'il est secouru, il n'y a que la violence qui puisse empescher tout le gros de ceste ville de courir à la paix. Nous avons résolu de deux choses l'une, pour empescher que le prince de Conti ne se rende maistre de la paix :

1° Qu'après le secours le comte de Fiesque ira à l'hostel de ville la proposer de vostre part, maintenant que le secours donne moyen de la faire seure et honorable, qui est ce que vous avés tousjours souhaité, et faire député vers V. A. pour vous dire les intérêts de Bordeaux et vous remercier de l'envie que vous avés de la traicter, les charger d'envoyer demander des passeports à la cour, et par là vous jugés que vous aurés quelque temps raisonnable de prendre vos résolutions et que c'est le seul moyen d'empescher l'emportement universel;

2° L'autre est, en cas que la guerre dure, de mettre dans l'esprit du prince de Conti le cardinalat, et le voyage de Rome pour l'obtenir du propre mouvement du pape et avec l'assistance des Espagnols, afin de le tirer par ce moyen de Bordeaux, où ses façons d'agir ont tousjours tout gasté et à la fin ruineront tout...

A cela nous ajouterons que si Bordeaux n'est secouru, il est perdu; s'il l'est et que vous ayés quelque avantage *sur* les ennemis, profités en pour faire la paix, soit générale, soit particulière, et ne comptés plus sur la Guyenne; car jamais nous ne pourrons éviter qu'elle ne vous eschappe en vendanges, estant impossible d'empescher la ruine totale de nos troupes, qui ne peuvent subsister que par argent, et nous n'en avons point. Ce qu'on nous fait espérer ne sçauroit payer la moitié de nos dettes; nous n'avons plus de vaisselle d'argent, et avons engagé une partie des pierreries de Madame. Voilà la vérité, et que nous irons jusqu'au bout avec constance et fermeté...

A. C.

LENET A M. LE PRINCE.

Bordeaux, 29 juillet 1653.

... Despuis les lettres cy jointes escriptes, les députés pour la paix, à la teste desquels est le chevalier de Thodias, qui se conduit avec honneur et fermeté, mais qui est entraisné par la pluralité, sont alés et venus diverses fois à Lormond, et enfin retournèrent hier au soir pour venir proposer une alternative, ou de laisser toutes les trouppes ennemies aux environs de Bourdeaux sans nous laisser passer aucuns vivres en attendant la ratification du Roy des articles accordés par Mrs de Vendosme et de Candalle, ou de faire retirer les trouppes sans attendre laditte ratification à condition que lesdits ducs entreroient dans Bourdeaux avec chascun cent gardes, qui seroient relevées tous les jours, les lieutenans généraux, autres officiers et leurs domestiques, seulement pour chanter le *Te Deum* de la paix et restablir l'authorité du Roy. Le désir de la paix est si grand et l'on prévoit si peu les suittes d'une paix précipitée, que toute la ville panchoit tout à fait à ce dernier advis; mais M^r le prince de Conty aiant esté à la Bourse, où j'ay eu l'honneur de le suivre pour asister à cette délibération, la chose a esté débatue de part et d'autre, et enfin il a passé à dire que la paix dès à présent demeureroit conclue, censée pour telle et signée pour les articles accordés, et qu'en raportant la ratification d'iceux on l'exécuteroit; que cependant on donneroit des ostages, qu'on éloigneroit les trouppes, qu'on donneroit routte et étappe à vos gardes, gendarmes et chevaux légers et à Anguien. Quant aux articles accordés, ils sont fort peu considérables; car on renvoye tout ce qu'il y a d'important, comme les debtes, les chasteaux, les forts nouvellement faits, le parlement, la cour des aides, le présidial de Libourne, et un article qui regarde le retour de V. A. en son gouvernement, devers le Roy. Quant à ce qui nous regarde tous, on est d'accord que Madame et M^r le Duc iront vous joindre et moy aussy, Mr de Marchin en Liège, Madame sa femme en Normandie, Madame de Longueville en l'une de ses maisons, et M^r le prince de Conty dans l'une des siennes, de sorte que quand nous aurons des passeports et une ratification du Roy, nous sommes en seureté autant qu'on peut y apporter de précautions parmy les hommes, pourveu qu'on demeure ferme dans la délibération de ce matin; mais je vous assure que dans l'humeur où l'on est, si Mrs de Vendosme et de Candalle veulent autre chose, ils n'ont qu'à proposer et ils seront obéis:

Au reste vous serés bien estonné quand je vous diray qu'après avoir faict de vostre part un présent à Mr Balthasard de douze mille escus, par une bonne obligation par devant notaire, et m'avoir fait les plus grands remerciements du monde, il a fait son traité, par lequel on luy laisse le gouvernement de Roquefort et de Tartas; on luy promet la moitié d'une imposition qui avoit esté faitte en ce païs là de la somme de six vint mille livres pour fournir aux frais du siège qu'on vouloit faire de Tartas, et on luy fait espérer de luy donner le commandement de la cavallerie en Catalogne. Voilà comme va le monde. On nous dit que Bergerac et Sainte-Foy traitteront aussi dans peu de temps. Pour Chamlot, qui est à Périgueux, et M^r d'Aubeterre, qui est à Villeneufve, ils feront assurément tout ce qui est faisable, s'ils sont les plus forts.

Enfin, Monseigneur, V. A. ne voit que trop l'accomplissement complet de tant de mauvais augures que je vous ay fait depuis longtemps; je vous en diray davantage quand j'auray l'honneur de voir V. A.; cependant je ne suis pas peu embarassé de contenter vos créanciers et tant d'officiers qui ont bien servi et qui n'ont pas un quart d'escu. Je ne puis vous dire l'obligation que vous avés à Bourdeaux d'avoir souffert toutes les ruines imaginables et d'estre venus au dernier morceau de pain pour vostre service, que je blasme au dernier point les Espagnols qui sont encore rodans vers la tour de Cordouan sans entrer ny se poster; V. A. se souviendra de ce que je luy ay tousjours mandé. Vous debvés, ce nous semble à tous, remercier le général et le particulier de Bourdeaux, qui regrettent ce qu'ils sont contrains par nécessité de faire, et qui croyent qu'ils le regretteront encore bien davantage. Ceux qui ont conclu avec eux la paix ont pourtant trop d'honneur pour leur manquer de parolle comme ils l'apréhendent.

M^r le comte de Fiesque a un passeport pour retourner en Espagne par terre; on n'a pas voulu le laisser passer par l'armée navalle, craignant qu'au lieu de dire à M^r le marquis de Ste-Croix que nous ne pouvions l'assister de rien, il luy diroit de venir, de combattre et de se poster en rivière pour prandre ses advantages sur l'armée de Mr de Vendosme et mesme sur Bourdeaux, mais V. A. sçait que nous ne sommes pas gens à en user de la sorte. On ne veut point donner de passeport à M^r le comte de Maure qu'en prenant l'amnistie, qu'il se résout de prandre et de vous aler voir ensuitte pour vous informer de tout et particulièrement de Libourne; et en attendant ce porteur vous dira le destail de toutes choses. Je prie Dieu, Monseigneur, qu'il conserve V. A.   B. N.

LE PRINCE DE CONTI A M. LE PRINCE.

Bordeaux, 30 juillet 1653.

Quoiqu'il se soit passé beaucoup de choses qui m'eussent pu faire douter que vous eussiés pour moy toute la considération que vous m'aviés promise, M^r d'Auterive et tous ceux qui vous verront vous tesmoigneront que ce n'est que la pure nécessité qui me fait consentir à la paix de Bordeaux, conjointement avec Madame la Princesse, ma sœur, Mr de Marchin et

Mr Lenet. Nous avons soutenu l'affaire depuis vostre départ de la Guyenne dans des séditions continuelles, dans de perpétuelles conjurations et avec un peuple qui n'a esté pour nous qu'autant que nous avons tout fait ce qu'il a voulu. Enfin la haine que les violences que j'ay esté obligé de faire nous ont acquise, la trahison des Espagnols, la famine au dedans et le ravage des campagnes au dehors, et par là l'envie démesurée que toute la ville a eue de la paix, jointe aux caballes particulières de Mr de Candale et de Mr de Vendosme, nous oblige de la faire... Tout ce qui a esté fait en cette occasion l'a esté de concert avec tout ce qui est icy de vostre party, et ceux mesmes qui ont le moins esté mes amis en seront les tesmoins. Je pense que j'ay esté jusqu'au bout de cette affaire, et vous estant d'ailleurs très inutile en Espagne ou en Flandre, vous trouverés bon que j'aille vivre en repos dans une de mes maisons, vous protestant que j'auray toute ma vie pour vous toute l'amitié, toute la tendresse, et tous les sentiments que je dois. — A. C.

LIVRE VI, CHAPITRE VIII.

LA VIE ET LES AFFAIRES HORS DE FRANCE.

Mme DE LONGUEVILLE ET LE PRINCE DE CONTI.

LA DUCHESSE DE MONTMORENCY AU DUC DE LONGUEVILLE.

Moulins (couvent de la Visitation), 22 avril 1654.

J'ay sceu de Madame la duchesse de Longueville que, nonobstant la sage et prudente conduitte qu'elle a prise, on ne laisse de la taxer d'intrigues et de recepvoir des visites. Pour le premier, je n'ay point apperceu qu'elle m'aye manqué de parole; pour ce qui est des visites qu'elle ne doibt point recepvoir, elle n'en a receu aucune; et mesme pour les autres, elle va si rarement au parloir que je pourois advancer sans craindre le mensonge qu'elle n'y va quasi point, et ce peu ce n'est qu'à des heures où tout le monde peut voir qui y vient. Nous n'avons point de parloir céans qui ne soit exposé à tous ceux qui y veullent entrer, et je voudrois que ce fust une affaire qu'on voullust en venir à la justiffication; elle seroit bien aisée à faire; il semble que la vérité et l'innocence sont assés fortes en elles mesmes pour n'avoir besoing d'estre soustenues; mais comme elles se font mieux cognoistre par le temps que sur l'heure, j'ay creu que j'estois obligée d'en dire ce que j'en vois. Je voudrois pouvoir aussy bien dire les bonnes actions de S. A. et que je les admire; mais il y a des choses que les paroles diminuent. Si on disoit qu'elle suit presque tous les exercices de la religion, on parleroit plus véritablement, et par là on trouveroit qu'il luy reste fort peu de temps pour le parloir, où elle ne se résoult à aller que difficillement, et nous nous estonnons mesme qu'elle y aille avecq tant de peine, et il n'est point passé de personnes de considération depuis qu'elle est icy qui l'ayent visitée; si bien que je ne sçay point sur quoy on peut fonder ce discours, lequel m'a bien surprise, estant tesmoing du contraire; que s'il estoit besoin de donner mon sang pour cette vérité, je ne l'espargnerois pas, non seulement pour l'affection et estime que j'ay pour la personne dont il est question, mais parceque naturellement j'ay adversion aux inventions et que celle là n'a aucune apparance. Je vous assure de sa bonne volonté comme de la mienne propre, et si on veut croire que je suis suspecte dans ce jugement, je vous puis assurer de l'impossibilité qu'elle auroit si elle avoit d'autres panséés; et il est bien certain que si elle les eust eues, elle n'auroit pas choisy ce lieu comme elle a fait ny ne m'y auroit prise pour tesmoing; car quelques sentiments que j'aye pour elle, et par debvoir et par les bontés qu'elle me fait l'honneur de me tesmoigner, elle n'auroit point ma complaisance dans de pareilles choses; je me tairois si le malheur voulloit que je n'en pusse pas parler advantageusement, mais je ne m'ingerreray d'en rien dire lorsque je pouray garder le silence, que je romps, me croiant obligée à faire cognoistre la vérité; je voudrois avoir des paroles assés fortes, comme ses déportements sont nets, pour la faire voir dans son esclat et pour vous représenter les sentiments raisonables et chrestiens où elle est; vous verriés facilement que les personnes qui l'honorent n'en peuvent pas dire tout le bien qui en est; pour moy j'advoue franchement que ma main n'est pas capable d'en estimer la moindre partie; mais j'ay creu que ceux qui agissent pour ses affaires seroient bien aise d'en avoir mon tesmoignage, que je rends dans la pure vérité, et espère que Dieu la prendra en sa protection, puisqu'elle se confie fortement en luy. Adjoustés foy à mes paroles... B. N.

LA DUCHESSE DE LONGUEVILLE A LENET.

Açquigny, 3 décembre 1654.

Je vous suis trop obligée de continuer à vous intéresser comme vous faittes à ce qui me regarde; je n'en douttois point du tout, et sur ce fondement j'ay esté fort aisément persuadée que vous seriés bien ayse de mon retour auprès de Mr de Longueville, quy m'a reccue avec des joies infinies. Il est icy présentement, et j'ay sy peu de temps à moy que je ne puis vous escrire emplement les particularités de mon retour, qui sont touttes agréables et glorieuses, puisque je ne le dois qu'à Mr de Longueville, et que jusqu'au bout tous mes ennemis s'y sont tousjours opposés. La cour a tesmoigné beaucoup de considération pour moy en cette rencontre, et j'ay tout subject d'estre satisfaitte en mes intérests personnels. Je ne demande plus rien à Dieu que la paix, et je vous demande à vous la continuation de vostre amitié et que vous ne doutiés point de la mienne. Mes compliments à Mr de Marcin.   B. N.

LA DUCHESSE DE LONGUEVILLE A M. LE PRINCE.

Trie, 14 novembre 1657.

J'ay appris à mon retour de Caen vostre maladie, et quoy qu'on m'assure de vostre part que ce n'est rien de dangereux, je ne puis obéir à l'ordre que vous me donnés de ne m'en mettre point en peine, car je vous advoue que j'y suis d'une manière qui ne se peut imaginer. C'est en ces temps qu'on ressent un redoublement furieux au desplaisir qu'on a tousjours de votre malheureux éloignement, et on ne se console point de ne pouvoir courir auprès de vous aussy vite que son désir, et pour vous voir, et pour vous servir. Au nom de Dieu, ayés la charité d'ordonner qu'on me mande bien ponctuellement de vos nouvelles tant que vostre mal durera, car on n'en peut plus. Nous venons de Caen, où je prétendois faire peindre mes enfants pour vous ; mais il y a de sy maudits peintres, que j'ay mieux aymé n'en rien faire, ne voulant pas vous faire voir une figure d'eux plus désagréable qu'ils ne sont, ayant trop d'intérest et d'envie qu'ils vous plaisent. La première fois que nous irons les voir, j'y méneray un peintre de Paris pour vous les envoyer ; mais ce n'est pas le temps de vous importuner d'une longue lettre ; il faut la finir et vous assurer que sy mes prières estoient bonnes, vous auriés bientost et une guérison parfaite et une entière satisfaction. Adieu, mon cher frère, je suis toute à vous.   A. C.

M. LE PRINCE A LA DUCHESSE DE LONGUEVILLE.

Tournay, 4 octobre 1658.

J'ay cru ne devoir pas m'empescher de tesmoigner à mon frère, dans l'occasion de la perte qu'il a faite, la part que je prends dans son desplaisir. Je suis d'assés bon naturel pour en estre touché, et quoyque la conduite qu'il a eue jusques icy avec moy deust estouffer en moy ces sentiments là, je vous puis assurer que rien ne me peut faire oublier qu'il est mon frère et que je le doibs aimer ; obligés moy de luy tesmoigner les sentiments que j'ay là dessus. Je ne luy escris pas, ne voulant pas me commettre à un refus de lettres; si je croyois qu'il en deust bien user, je le ferois. Tesmoignés aussy à madame la princesse de Conty le desplaisir que j'ay de sa perte et assurés les l'un et l'autre de mon service. A. C.

LE PRINCE DE CONTI A LA DUCHESSE DE LONGUEVILLE.

Paris, 17 octobre 1658.

J'ay receu la lettre que vous m'avez envoyée, avec respect et avec bien de la joye, puisqu'elle m'apprend que la personne qui l'a escrite [1] est encore sensible à ce qui me regarde. Je vous proteste, ma chère sœur, que quoyque mon malheur et les choses qui se sont passées luy ayent pu faire croire, je ne manqueray jamais aux sentimens d'amitié que je luy doibs. Je donnerois de mon sang pour avancer le temps auquel, estant d'accord avec celuy à qui ma naissance et mon premier dévoir m'engage [2], il voudra souffrir que je sois moy mesme à luy mesme l'interprète de ma conduite. J'espère qu'il me

1. M. le Prince.
2. Le Roi.

redonnera l'honneur de son amitié. Ma femme luy rend très humbles grâces de la part qu'il prend à notre affliction...

A. C.

MADAME LA PRINCESSE.

M. LE PRINCE A VIOLE ET LENET.

Namur, 22 janvier 1654.

... Quant à ce qui regarde ma femme, je ne vous puis envoyer des mémoires de son bien, de l'argent ny des pierreries qui luy appartiennent; ce sera une discussion à faire à Paris; prenés seulement la peine de dresser requeste en son nom[1] dans le sens et dans les termes que vous jugerés à propos; je vous advertis seulement que le moings que la requeste pourra parler de mon procès sera le meilleur, estant une chose à ignorer le plus qu'on peut. Il me semble aussy qu'il ne faut du tout point parler de mon fils; car peut estre lui proposeroit-on de luy donner un passeport pour aller en France; et comme il n'y a aucune substitution sur mon bien et qu'il y a seulement cent mille escus à y prendre suivant le testament de feu monsieur mon père, j'aime mieux manquer à sauver une somme comme celle là que de risquer la personne de mon fils. Pour ma femme, je trouveray bon qu'elle accepte un passeport pour aller en France, n'y ayant point de péril pour elle. Quand vous aurés la requeste, envoyés la moy, affin que je l'addresse à mes gens d'affaires à Paris pour y mettre les choses en destail qui regardent le bien de ma femme... B. N.

[1]. Le défaut d'espace n'a pas permis d'insérer le texte de la requête datée de Valenciennes, 20 février. (A. C.)

MADEMOISELLE.

M. LE PRINCE A MADEMOISELLE.

Bruxelles, 6 mars 1655.

Le comte d'Holac m'a rendu la lettre que vous m'avés faict l'honneur de m'escrire du ... febvrier. Je ne sçay s'il aura receu les deus autres dans lesquelles vous dictes que vous me parliés de l'affaire de Savoye; mais il ne me les a point rendues; c'est pourquoy, comme vous avés desjà eu la bonté de m'escrire touchant cette affaire là, je croy que vous trouverés bon que je vous en demande un peu des nouvelles par le destail, ne pouvant prendre intérest à ce qui vous touche au point que je fais sans estre curieux de sçavoir ce qui se passe dans une affaire de cette nature.

Pour en venir à M^r le comte d'Holac, je vous diray qu'au mesme temps que j'eus veu ce que vous m'escriviés sur son subject, je l'envoiay quérir pour sçavoir de luy les subjects de plaincte qu'il avoit contre moy, et fus bien aise d'y faire trouver M^r le président Viole pour estre tesmoing de tout ce qui se passeroit dans cet esclaircissement. Je luy fis cognoistre le tort qu'il avoit de vous avoir escrit de moy dans les termes que vous me mandés touchant l'affaire qu'il a avec le comte de Broglio, puisque je n'ay jamais cessé de faire des instances pour son paiement, bien loing de m'estre engagé à quelque chose qui fust contraire à cela. Je luy fis cognoistre aussy comme je l'avois traicté en toutes choses mieus que pas un des officiers qui sont dans mon party, ce qu'il advoua et en demeura d'accord en présence de M^r le président Viole. Pour le reste de nostre entretien, comme ç'a esté sur de petits intérets de régiments, cela ne vaut pas la peine de vous en rendre compte; seulement vous adjouteray-je que je suis bien aise que cet esclaircissement là soit arrivé, puisqu'il me donne de quoy vous désabuser...

Quant à ce que vous tesmoignés du changement que vous remarqués en moy, vous me faites en cela beaucoup d'injustice, et il me semble que je suis bien plus en droit de vous en accuser que vous n'estes, puisque vostre long silence et les termes de vostre lettre font cognoistre la différence des sentiments que vous avés à présent à ceus que vous aviés par le passé. Il n'en est pas de mesme des miens; ils sont tousjours tels que vous les avés connus; et si vous en croyés autrement et que vous ajoutiés foy aux bruits que mes ennemis font courir de mon accommodement, c'est un malheur pour moy et non pas un crime; car je vous proteste qu'il n'en est rien, que les choses ne sont pas en cet estat, et que quand elles y seroient je n'escouterois jamais aucune proposition d'accommodement, non seulement sans y mesnager vos intérests et vostre satisfaction, mais mesme sans vostre consentement et vostre participation. Vous cognoistrés cette vérité dans toute ma conduite, et pas une de mes actions ne desmentira jamais les paroles que je vous donne, quand vous auriés mis en oubly tous ces bons sentiments que vous aviés lorsque vous vinstes voir nostre armée, qui est une chose que je ne puis me persuader d'une personne faicte comme vous et qui a la générosité que vous avés.

J'ay sceu que vous estiés venu jusques à Lérigny, et que, la cour l'ayant trouvé mauvais, vous y aviés receu des ordres pour vous en retourner, de quoy j'ay eu beaucoup de desplaisir. Je me trouve un peu embarrassé pour continuer à l'advenir le commerce de nos lettres; car d'un costé je vois que la voie de Madame la comtesse de Fiesque vous est suspecte, et que celle du comte d'Holac me l'est aussy, à cause que, vos lettres venant à luy dans le temps de son chagrin, je pourray courir risque de ne les point recevoir. Si vous pouviés trouver un tiers par qui nous puissions nous escrire, comme par le comte d'Escars ou tel autre que vous ordonniés, il me semble que ce seroit le meilleur; si pourtant vous me commandés à continuer de me servir de la voie du comte d'Holac, je le feray sans répugnance, voulant vous tesmoigner par une entière soumission à toutes vos volontés que vous avés un pouvoir absolu sur moy.   A. C. (*Minute.*)

M. LE PRINCE AU COMTE D'AUTEUIL.

Du camp près Marienbourg, 10 août 1657.

J'ay veu le billet de cet homme affidé de Mademoiselle; à mon avis il n'y a rien de trop doux; car de dire que Mademoiselle est irritée, ce n'est pas une raison de prétendre des satisfactions de moy. Si elle se veut contenter de celle que je lui ay faicte, à la bonne heure; sinon, je vous déclare que je n'en ay point d'autres à luy faire, et je vois bien que Mademoiselle n'en use ainsy que pour avoir un prétexte de rompre avec moy, après l'action qu'elle a faite de se raccommoder avec Mr le Cardinal sans ma participation. Je garderay assurément toute ma vie le respect que je dois avoir pour Mademoiselle, mais pour la satisfaction qu'elle demande, elle est si mal fondée et j'y répugne si fort que je ne peus me résoudre à faire réparation pour un mal que je n'ay point faict. J'ay esté huit ou dis ans sans avoir les bonnes grâces de Mademoiselle; je les ay possédées depuis; et si par un caprice elle veut me les faire perdre, il faudra bien s'y résoudre, comme je fais, sans m'en désespérer.

Quant à Madame de Fontevrault, je luy suis infiniment obligé de l'offre qu'elle me faict pour ma fille, et je vous prie de luy en tesmoigner de la recognoissance de ma part, sans accepter ni refuser ses offres, ne pouvant encore y prendre de résolution tant à cause du bas âge de ma fille, que parce que, n'en aiant qu'une, il m'est difficile de me déterminer sitost à la faire religieuse. Je la prie de me conserver cette bonne volonté sans impatience. Cependant je vous prie de vous informer de quel revenu est l'abayė, de quelle façon y vivent les religieuses, et en quelle répūtation elles sont.

Je suis bien aise que Mme de Longueville soit aussy bien avec Mademoiselle que vous me le mandés; mais je suis assuré que cela ne durera que tant qu'elles seront esloignées et que cela changera du moment où elles se seront veues. Je prendray ma sœur à tesmoin si Mademoiselle n'est pas d'une humeur difficile à mesnager. Quant à cet autre changement dont vous me parlés d'entre toutes ces dames, je ne m'en estonne pas; c'est un flux et un reflux, qui durera tout autant et qui est aussy infaillible que celuy de la mer. A. C.

LE DUC D'ANGUIEN.

M. LE DUC A MARIGNY.

Namur, 7 octobre 1655.

Vous ne pouviés pas m'escrire une plus agréable nouvelle que celle que vous m'avés mandée et que j'ay receue avec bien de la joye. Je vous prie de faire bien mes amitiés à M^r des Barrières et de luy dire que je luy suis fort obligé du dessein qu'il a de m'envoyer un cheval anglois; je vous le seray aussy beaucoup du soin que vous prendrés de le faire passer; je le trouveray sans doute bien joly et fort propre à mon humeur; s'il est tel que vous me le dépeignés et si vous me l'amenés vous mesme, [vous aurés le plaisir de me voir courir dessus. Cepandant asseurés vous que je vous ayme tousjours beaucoup et que je suis véritablement à vous.

A. C.

Anvers, 3 février 1658.

Les vers que vous m'avés envoyés m'ont esté si aggréables et je les ay trouvés si bien faicts que je ne me suis peu lasser de les lire, et j'ay souhaitté plus de veint fois que la muse qui les a composés fust auprès de moy. Je vous asseure que si je la tenois je ne la laisserois pas aller à si bon marché, et je luy en ferois faire bien d'autres pour sa rançon. Comme j'ay esté à Bruxelles au festin de la Saint-Antoine, je les ay montrés à Monsieur mon père, et je vous puis asseurer qu'il a esté bien aise de les voir et qu'il les a trouvés les plus jolis du monde et les plus spirituels. Je vous suis bien obligé d'avoir voulu prendre la peyne de me donner un si aggréable divertissement; je vous en remercie de tout mon cœur et vous asseure que je suis tout à vous. A. C.

M. LE PRINCE AU COMTE D'AUTEUIL.

Bruxelles, 6 janvier 1657.

J'ay escrit à ma sœur pour un maistre à danser pour mon fils, celuy qu'il a luy ayant donné les plus meschants commencements du monde... Je vous prie de prendre soin que ma sœur fasse chercher quelque bon maistre, qui ayt l'approbation des gens de cour et le bel air de la dance. Je ne croy pas vous offenser en vous disant que je ne peus me fier tout à fait à vous de ce chois là; je m'en remets à ma sœur; s'il se rencontre quelque bon maistre qui veuille venir, je n'y plaindray point l'argent. A. C.

EMBARRAS FINANCIERS.

M. LE PRINCE AU COMTE DE FIESQUE.

20 juin 1654.

... Je me vois réduit à la dernière misère. De quelque costé que je me tourne, je ne vois que des gens qui me demandent de l'argent et à qui j'en doibs de toutes manières. Ma femme et mon fils n'ont pas de pain, et il a fallu qu'ils ayent vendu leurs chevaus de carrosse pour vivre, après avoir vendu le peu de vaisselle d'argent qui leur restoit, et ma femme mis en gage jusques à ses habits. C'est une chose digne de pitié, et à laquelle si on ne remédie promptement, comme aux autres nécessités dans lesquelles je suis, je me vois dans un abisme duquel je ne pourray jamais me tirer. Dans l'extrémité où je suis, vous devés trouver bon que je vous représente par toutes mes lettres l'estat de ma misère... A. C.

16 juin 1655.

J'ay receu par la voye du sʳ Alst d'Anvers un duplicata de vostre lettre du 8 may, qui m'a mis dans le plus grand embarras du monde, apprenant par là que vous me remettés à l'arrivée de la flotte pour le payement des 40 mille escus. Je vous proteste sans exagération, non pas pour le faire sçavoir à Mʳ don Louis, mais seulement de vous à moy, que je suis dans une nécessité espouvantable, et que si vous ne trouvés moyen de me sortir de cette affaire là sans attendre le temps de la flotte et sans que cela me soit précompté sur l'argent qu'on m'envoiera des galions, je vous responds que je ne sçay où donner de la teste et que de ma vie je ne me suis veu dans un tel désordre et une telle confusion, car je me voy à la veille de faire une banqueroute générale et de passer pour un homme sans foy et sans parole envers tout ce que j'ay de créanciers, particulièrement à mes officiers généraux, qui avoient trouvé un peu de crédit par le moyen des billets que je leur avois donnés à prendre sur cette partie là, leur aiant donné des paroles positives de les payer dans les eschéances de ladite lettre, laquelle je leur ay mesme mise entre les mains pour leur seureté; je vous laisse à penser ce qu'ils pourront croire de moy lorsqu'ils se verront descheus de leur attente, et si cela ne sera pas capable de me faire perdre tout mon crédit, qui est la seule chose par quoy je subsiste en ce pays...

Camp de Han-sur-Meuse, 28 octobre 1655.

... Je suis dans la plus grande misère du monde par le deffault du paiement des lettres de change qu'on m'a envoyées; car on n'a encore paié que trois mois de toutes les lettres de change d'Angleterre, bien que le sixiesme soit escheu à deus jours près, et je vous laisse à penser si je doibs attendre que la dernière lettre se paie dans son temps comme vous me dites, puisqu'on ne veut rien payer de celle dont les termes sont escheus il y a trois mois. Il est aussy encore deub les deux derniers paiements de la lettre de 40 mil escus, dont on ne peut rien tirer, non plus que de tout le reste, sans de nouveaus ordres d'Espagne. Cependant je suis dans un tel descry auprès des marchands qu'ils me considèrent comme un banqueroutier. Ma femme et mon fils meurent de faim; mes places manquent de toutes choses, et je n'ai pas un sol il y a plus de trois mois pour pouvoir fournir aux dépenses de la campagne, où vous sçavez qu'il y en a quantité qu'on ne peut esviter. J'emprunte de tous costés et ne rends rien à personne... A. C.

Bruxelles, 25 mars 1656.

Voicy un ordinaire d'arrivé sans la lettre de change de 50,000 escus et sans mesme que j'aye receu aucune de vos lettres, quoyqu'il en soit venu icy pour tout le monde ; jugés si cela n'est pas capable de me mettre au dernier désespoir, et si ma patience n'est pas mise à la dernière épreuve. L'estat où je me trouve, tout déplorable qu'il est, et l'abandonnement où je me voy depuis tant de temps ne m'empeschera pas de faire toutes les choses que je doibs avec honneur ; mais je vous prie de faire considérer encore une fois à M^r don Louis que ce m'est un grand subjet de douleur de me voir traicté de la sorte, et une grande mortification de ne rendre dans cette campagne aucun service à S. M. C. ny par moy ny par mes trouppes, par moy n'ayant pas mesme de quoy me mettre en équipage, par mes trouppes ne leur pouvant donner ny recreues ny remontes, et ne pouvant donner aucun secours à mes officiers généraus pour aider à les mettre en estat de servir... Enfin je me descharge de tous les accidents qui pouront arriver. Je vous prie de représenter tout cecy à M^r don Louis et de luy dire en mesme temps que ce n'est aucun despit qui me faict parler de la sorte, car j'iray jusqu'au bout, quoy qu'il puisse arriver, et employeray avec joie jusqu'à la dernière goutte de mon sang pour soustenir cette affaire icy avec le mesme honneur que je l'ay commancée ; mais aussy ne puis-je celer qu'il m'est bien rude d'estre icy en la posture où je me voy, et dans une misère qui est telle qu'elle m'a fait desjà perdre deus principaus officiers de mon armée, qui sont Mrs de Duras, comme je vous l'ay desjà mandé. D'un autre costé ma fame et mon fils meurent de faim, et desjà quelques uns de leurs domestiques les quittent aussy par pure nécessité. Je suis dans la mesme extrémité, trouvant avec peine des marchands qui me veulent donner de quoy vivre. Enfin je suis dans un estat à faire pitié à tout le monde et capable d'attirer aus Espagnols le reproche de toute l'Europe du peu de soin qu'on prend de moy ; car je ne reçois d'Espagne aucun argent, et l'on ne m'en donne point d'icy. Je me rapporte à Mr don Louis si, de cette façon là, il ne fault pas que je périsse en peu de temps, et si je ne vas pas devenir, si cela dure, la personne la plus inutile que S. M. C. ait jamais eue à son service. Je ne luy ay pas, Dieu mercy, toujours esté si peu considérable, et quelque malheureus que je puise estre, j'auray tousjours cette consolation d'avoir vescu en homme d'honneur et de parole et qùy n'a espargné ny bien, ny vie, ny fortune, ny amis pour soustenir avec le plus d'esclat qu'il a esté possible une afaire où il s'est engagé. Je prends toute l'Europe à témoin de cette vérité, et je me rapporte aux ministres de S. M. et aux grands du païs de ma conduite présente, et aux efforts que je fais dans le fort de ma misère pour ne pas succomber tout à faict, me privant comme je fais de toutes choses, mesme de celles qui sont nécessaires à la vie, pour pouvoir donner quelques petits secours à mes trouppes. — A. C.

BAAS ET GUITAUT.

VIOLE ET LENET A M. LE PRINCE.

Bruxelles, 8 février 1654.

Mr le comte de Marsin nous avoit escrit l'intention de V. A. touchant l'affaire de Mrs de Guitaud et de Baas ; mais, Dieu mercy, elle est accomodée, et se sont rendus meilleurs amys que jamais, après s'estre fort bien battus sans blessures ; et voicy comme la chose s'est passée. Hier au soir Mr de Guitaud arriva icy, où il ne vit que Mr de Ricous, auquel il donna charge de sçavoir si Mr de Baas se plaignoit de luy ; il vint en mon logis où estoit celluy cy ; et après avoir entretenu adroitement celuy qu'il cherchoit à dessein seulement de le faire parler, pour dans la narrative nouer la partye (et il ne peut pas tirer grand esclaircissement de Baas), il vint une seconde fois pour luy dire de la part de son amy que l'on disoit dans le monde qu'il se plaignoit de V. A., ce qui n'est pourtant pas, mais que s'il y avoit des torts en cela il ne falloit s'en prendre qu'à Mr de Guitaud, et là dessus noua la partye pour ce matin. Ils sont tous allés dans un carrosse au dehors de la porte de Louvain, sçavoir, les deux intéressés avec Ricous pour l'un et Bretteville pour l'autre. Par les chemins, Mr de Baas a dit à Mr de Guitaud que le desplaisir qu'il avoit estoit de se voir prévenu par luy, qui estoit l'offensé, mais qu'il n'avoit voulu rien dire, attendant le temps de tesmoigner son ressentiment, qui devoit estre après les remèdes... Mr de Guitaud luy a respondu qu'il avoit creu faire ce qu'il faisoit pour conserver un serviteur à V. A., parce que La Roque avoit dit partout qu'il n'avoit quitté son service qu'à cause de luy, et que le bruit couroit que Mr de Baas n'estoit pas satisfait en cette affaire de V. A., ce qu'il désavoue fort; il n'avoit pas voulu acoustumer le monde à confondre ce qui la regarde avec ce qui le touche; ensuitte de quoy ayant mis pied à terre, tous quatre se sont fort bien battus; d'abord les deux combattans se sont alongés plusieurs estocades, après lesquelles Mr de Guitaud a donné deux ou trois coups d'estramasson à son adversaire, qui luy en porta un semblable sur la teste, duquel il a emporté un morceau de l'espée de Mr de Guitaud, dont il a paré ce coup; puis s'estant tous deux remis aux estocades, Mr de Baas, en allongeant vivement, n'a pas trouvé sa jambe assez forte pour le soustenir, et est tombé tout de son long en avant. Mr de Guitaud est venu sur luy et luy a demandé son espée, que l'autre luy a rendue après l'avoir prié de se souvenir qu'il estoit tombé. Ils sont courus à séparer leurs amys et sont revenus tous quatre ensemble et dans un mesme carrosse, tous se louant les uns des autres. Nous retenons Mr de Guitaud pour ce soir, car il est fort tard. Ils ont tous disné céans, et demain il partira à la pointe du jour pour aller d'où il vient, et nous avons creu debvoir dire tout le dessus à V. A.   B. N.

Mme DESHOULIÈRES.

LE COMTE DE MONTAL A Mr LE PRINCE.

Rocroy, 1er janvier 1657.

V. A. S. aura su ce quy s'ettoit passé sur l'action du major à Couvin[1], où j'ay heü sy grande peur qu'il ne mourusse que j'y envoyay hier nostre chirurgien major et mandé à Descroisaitz ce qu'il avoit affaire, attendant le retour de Mr Durand, qui m'escrit comme il alloit faire conduire le major à Marianbourg et de là en brancard à Bruxelles, et que V. A. S. m'ordonne de redoubler les gardes de sa femme, quy a au pied de chacune des fenestres de sa chambre une sentinelle, et un cavalier à la porte de sa chambre jour et nuit; elle est servie par une fille de ma femme, quy n'en sort point, et personne ne luy parle ny ne la voit que ma femme et moy; et comme elle est indispozée et qu'il luy faut quelques remèdes, on ne luy en porte point que ma femme n'y soit présente jusqu'à ce que ce luy qui les porte soit dehors. Ce que son mary a faict à Couvin me persuade fort qu'il faut l'observer autant qu'il se pourra...   A. C.

1. Deshoulières, envoyé à Bruxelles sous bonne escorte, avait tenté de s'empoisonner en route, à Couvin. Le défaut de place nous oblige à ne publier qu'une des lettres relatives au complot ourdi par Deshoulières et sa femme pour livrer Rocroy aux Français. Enfermés à Vilvorde et fort mal gardés, les deux prisonniers s'évadèrent et gagnèrent la France sans encombre. « Deshouillières et sa femme se sont sauvés de Villevord. » (M. le Prince à Guitaut, 10 septembre 1657. *Archives d'Époisses*.)

LA ROQUE. — LA MARCOUSSE. — VINEUIL.

M. LE PRINCE A LENET.

Rocroy, 26 novembre 1653.

... Je trouve bien estrange que Mr de Saint-Romain n'ayant pas plustost mis le pied dans le pays de S. M. C., on l'ayt faict arrester et donné des gardes pour le conduire hors du pays. On souffre aujourd'huy Mr de La Roque mesmes dans Bruxelles, le sachant hors de mon service et de mes intérests, sans luy dire aucune chose. Je vous prie fort sérieusement de demander un ordre au comte de Fuensaldagne pour le faire sortir du pays de S. M. C., et ne point vous amuser à vouloir en cela faire l'officieus ny le bon amy; car c'est une chose qui me touche...   B. N.

28 novembre 1653.

... La Roque est tousjours à Bruxelles. Je vous prie tout sérieusement de le faire arrester, ou du moins de luy faire donner des gens qui le conduisent hors de Flandre; car je veus absolument qu'il en sorte; je n'entends point de raillerie là dessus...   B. N.

M. LE PRINCE AU COMTE DE FIESQUE.

15 septembre 1655.

... Il faut que je vous donne advis comme La Marcousse ayant, il y a trois ou quatre jours, la grande garde du camp, quitta son poste sur les neuf heures du soir et s'en alla avec tout son régiment se rendre aux ennemis dans la Bassée, sans avoir nul subject de se plaindre de moy. Il s'estoit marié cet hiver à Bruxelles avec une putain publique, et ses amys le blasmoient si fort de cette action que la seule honte qu'il en avoit l'a fait déserter. Tous les officiers de mon armée en sont dans une rage qui n'est pas croiable. Ce qui me console de cette lascheté est qu'elle n'a fait aucune mauvaise impression dans l'esprit des autres colonels ; au contraire elle a servi à les fortifier dans la résolution de bien servir et à leur en donner de l'horreur, tant cette action leur a paru noire et infame. Je vous en ay voulu advertir, afin que si le comte de Fuensaldagne, qui ne manquera pas de le faire sçavoir à Mᵣ don Louis, la mandoit autrement, vous puissiés la dire comme elle est arrivée. A. C.

M. LE PRINCE AU COMTE D'AUTEUIL.

Camp près d'Avesnes, 7 avril 1657.

... Pour Vineuil, c'est un coquin dont je ne veus pas ouïr parler. Je sais qu'il a descrié nos affaires et dit pis que pendre de tous tant que nous sommes ; si vous le voyés, dites luy que je suis très mal satisfait de luy, et que je m'en ressentiray en temps et lieu ; n'ayés nul commerce avec lui.

A. C.

M. LE PRINCE A LA DUCHESSE DE LONGUEVILLE.

Bergues, 27 septembre 1657.

... Je ne vous dis rien pour la lettre que vous m'avés envoyée de Vineuil ; il faudroit se parler, ou pour le moins escrire des volumes pour vous pouvoir dire les sujets que j'ay de n'estre pas satisfait de lui. Il me suffit que vous le connoissés depuis longtemps, et par conséquent vous estes bien persuadée qu'il est homme à ne pas faire ce qu'il doit faire. Je suis sûr qu'il en a usé en mon endroit depuis son retour en France selon son naturel et qu'il ne l'a en rien contraint en ma faveur. Si jamais nous nous revoyons, vous en tomberés d'accord, et il n'aura pas sujet de se plaindre de moy; car je le traicteray selon ses mérites, et vous serés la première à me dire que j'ay raison. Il ne vaut pas la peine que j'en dise davantage, et je finiray en vous conjurant de faire bien des amitiés à Mr de Longueville, et en vous suppliant d'estre bien persuadée de celle que j'ay pour vous. A. C.

M. LE PRINCE ET LE MARÉCHAL DE GRAMONT.

M. LE PRINCE AU MARÉCHAL DE GRAMONT.

Camp de Vadancourt, 1er juillet 1655.

Estant tombé entre mes mains des cavaliers d'un party que vous avés envoié, à ce qu'ils m'ont dict, je vous les renvoie aussytost. Si les autres avoient esté pris par mes trouppes, j'en userois de mesme, ne pouvant me résoudre à avoir de vos prisonniers. Je suis si peu acoustumé à vous faire la guerre que je ne me puis résoudre à commancer; du moins vous puis-je assurer que, si vous me la faictes, j'en seray au désespoir; car enfin je ne doibs ni ne veus estre vostre ennemy, et quelque persécution que j'aye qui m'oblige à faire ce que je fais, je ne puis jamais estre autre que le véritable amy et le meilleur serviteur que vous ayés au monde. Je vous prie d'en faire de mesme de vostre costé, et de me conserver cette amytié que vous m'avez tant de fois tesmoingnée. On m'a dict que le chevalier est auprès de vous; si nous nous approchons, et qu'il veuille me voir, j'en seray ravy. Je n'oserois vous dire la mesme chose, car j'appréhenderois que cela ne vous nuisist. Si pourtant vous le pouvés, de mon costé il n'y auroit rien à craindre, et je vous verrois avec la plus grande joye du monde; car enfin je vous aime autant que je vous aye jamais aymé...

Monsr le comte de Fuensaldagne me prie de vous assurer de

son service. Je crois que vous sériés plus aisé de recevoir ce compliment d'un autre que de moy; mais puisque j'y suis, il fault vous y résoudre.   B. N.

LE MARÉCHAL DE GRAMONT A M. LE PRINCE.

Saint-Quentin, 2 juillet 1655.

La lettre que Vostre Altesse m'a faict l'honneur de m'escrire m'a causé des mouvements de douleur et de joye dont je ne vous diray rien, parcequ'estant cognu de vous au point où je le suis, je ne doute nullement que vous ne voyez le fond de mon cœur. Les bontés et les tendresses qu'il plaist à V. A. me tesmoigner me donnent de la confusion, sçachant bien ne les avoir jamais méritées, et j'en ay la recognoissance aussy respectueuse que je la doibs avoir.

Quant au chapitre de mon debvoir, V. A. est avec une nation qui sçait ce que c'est que *cumplir con su obligacion*, et je m'assure que vous me faytes assez de justice pour me croire incapable d'y manquer en petite ny en grande chose.

Je ne sçay si je doibs respondre à la persécution où vous me mandés que vous estes, car j'apréhende de vous desplayre, et j'en serois au désespoir; je ne puis pourtant me passer de vous dire, dans la douleur de mon cœur, qu'il vous estoit facile de l'esviter. Souffrés, Monseigneur, à mon antien zèle de vous faire une récapitulation peut-estre hors de temps.

Le chevalier de Gramont receut avec respect les marques du souvenir de V. A.; s'il s'y rencontroit une occasion où il peust avoir l'honneur de vous voir et que le Roy le trouvast bon, je vous asseure que Mʳ le comte de Fuensaldaña ne debvroit point *temer el mal vestido*, car il le verroit bien brodé.

Quant à moy, Monseigneur, je m'assure que V. A. juge bien qu'une entreveue, dans la conjoncture présente, *pareceria contra tiempo*, pour me servir du terme de Mʳ le comte de

Fuensaldaña. Je finis, Monseigneur, par de très humbles grâces de l'honeur qu'il vous a pleu me fayre de me renvoyer trois gensdarmes. Ce trompète ramène trois cavaliers des régiments de Chamilly et Cimetière, et je vous suplie très humblement de trouver bon qu'il voye dans le camp si l'on ne trouveroit pas quelques autres gensdarmes quy y doyvent estre prisonniers, affin que je les puisse retirer en payant leur rançon.

Je suis bien obligé au souvenir de M^r le comte de Fuensaldaña; il est vray que rien ne me paroist plus amer ny à quoy je m'acoustume moins qu'à vous sçavoir au lieu où vous estes.

A. C.

Saint-Quentin, 5 juillet 1655.

Avant qu'entrer dans le burlesque je dois bien sérieusement rendre grâces très humbles à V. A. de la continuation de ses bontés, luy ayant pleu me renvoyer un enseigne aux gardes du Roy, un lieutenant au régiment de Gassion et un gentilhomme des miens; ce sont des effectz de la générosité de V. A. quy ne me surprennent pas, mais quy m'obligent à toute la recognoissance dont je puis estre capable.

Si les personnes dont vous m'escrivés ressemblent présentement au bragon (*sic*), c'est une assés plaisante métamorphose, et pourveu qu'on y peut adjouster un bonnet de nuit rouge d'une hauteur desmesurée, avec lequel je le vis promener une fois au Rosengaert, d'une certayne manyère quy me donoit grande espérance que nostre amy pourroit bien avoir la cervelle tournée, je croys que la peinture n'en seroit pas mauvaise.

Je m'estois tousjours bien douté que les provisions n'estoient pas abondantes dans vostre camp; car tousjours la pièce de bœuf à quy est acoustumé d'avoir des perdreaux *parece comida muy cansada*. Vous sçavés, Monseigneur, qu'on se traite bien en France; c'est pourquoy vous ne devés pas estre en peyne pour vos serviteurs. Il me semble pourtant que lorsque nous estions en Catalogne, l'on n'y faisoit pas meschante chère ; mais, comme V. A. dit, tout est bien changé depuis ce temps là, et lorsque je resois de vos lettres par un trompette, que j'ay l'honneur de vous en escrire, et que je me considère à trois lieues de vous après plus de quatre ans d'absence, sans qu'il me soit possible de vous voir, il me semble que je suis devenu insensé. Dieu veuille que cela change ; mais ce qui me faict enrager c'est que l'affayre va un peu de longue et que la vie est courte ; plustost que de finir il fault traicter un chapitre de l'homme de l'hostel de St Paul (Chavigny), qui mourut, à ce qu'on dit, pour avoir esté bien bourré de vous, et à la vérité je n'en suis pas trop marry ; car peut-on jamais imaginer un plus grand fourbe, et falloit-il, s'il eust eu bonne prétention, vous dire ce qu'il sçavoit de moy après en avoir tiré les derniers serments, puisque cela ne pouvoit produyre que les meschantz et malheureux effectz que nous voyons présentement, et que cela ne vous servoit à rien ; car il sçavoit bien que les propositions avoient esté rejettées. Enfin par des intérestz particuliers dont personne ne s'est bien trouvé, l'on vouloit vous porter à fayre la guerre contre vostre propre inclination sans considérer ce qu'on devoit à l'Estat et à soy mesmes. Celuy dont je parle en a esté bientost payé ; d'autres quy y ont contribué n'en sont pas fort à leur ayse ; pour conclusion, *el camino carretero* est le plus seur. Mais je ne prens pas garde que le playsir que j'ay à vous escrire, quy ne me sera pas tousjours permis, me fayt fayre une trop longue lettre ; je vous en demande pardon, et vous supplie très humblement me faire l'honneur de me croyre...

Le pauvre La Feuillade ne s'est pas trouvé en estat de recevoir la grâce de V. A. et j'ay bien peur qu'il n'ayt la mesme destinée de ses frères. Un gentilhomme du comte de Meille est prisonnier en cette ville et fort blessé ; je le feray panser comme s'il estoit des miens, et ne manqueray pas de le renvoyer lorsqu'il sera en meilleur estat. Ce trompette vous ramène un mareschal des logis du régiment de Marchin, trois cavaliers et quelques dragons de Persan. A. C.

LE MARÉCHAL DE GRAMONT
AU PREMIER PRÉSIDENT DE BELLIÈVRE.

La Fère, 18 juillet 1655.

Nous sommes si heureux en sièges que l'on en va commencer un autre, duquel le Roy se doit approcher. Je ne sçay si l'on vous aura dit que M^r le Prince avoit souhaité extrêmement de me voir et qu'il m'escrivit en termes qui faisoient assez voir la lassitude dans laquelle il est; mais sans demander à la cour ce que je devois répondre, je lui ay tousjours mandé qu'une entrevue dans la conjoncture présente seroit un grand contretemps. A. C.

MISSION DE BARRIÈRE A LONDRES[1].
1652-1656.

BARRIÈRE A M. LE PRINCE.

Londres, 15 avril 1652.

Je ne sçay de nouvelles de V. A. que celles que m'aprent le bruit public; j'en ay apris aujourd'huy qui m'ont extrêmement resjouy[2]; j'espère et souhaite que bientost nous en sçaurons de meilleures. Les bons succès qui vous arrivent sont fort bien resseus isi de la plupart des gens, qui tesmoignent désirer vostre avantage. Je vous diray que j'ay resseu la lettre de

---

1. Les lettres de Barrière conservées dans les *Papiers de Condé* sont au nombre de 82. Le défaut de place nous oblige à n'en publier ici qu'un petit nombre.
2. C'était la nouvelle du combat de Bléneau.

V. A. pour le parlement, mais sans un mot de vous ny de personne de vostre part ; j'ay rendu la lettre il y a desjà quelques jours ; mais comme les afaires ne s'expédient pas fort promtement isi, je n'ay pas encore resseu de responce. J'ay heure pour demain à trois heures après midi, et j'eusse atandu pour escrire à V. A. si une affaire que j'ay creu importante à vous faire savoir ne m'y eust obligé, et je suis contraint à vous escrire sans chiffre, quoyqué ce seroit une chose fort nécessaire quand il y a des choses de conséquence à escrire. Je ne sçay si V. A. a resseu les lettres que je luy ay escrittes, par l'une desquelles je luy respondois que je craignois que la court ne fist négotier isi quelque chose et que mon voyage isi ne les eust obligé à renvoyer, ce qui ce trouve vray, et je ne l'avois peu descouvrir que depuis deux jours que j'ay seu que l'Estrade (le comte d'Estrades) a faict faire isy une négociation d'une très importante affaire par un homme dont je n'ay peu sçavoir le nom. Il a traicté d'une ligue offensive et défensive avec l'Angleterre, moyennant quoy il leur met entre les mains Dunquerque, Mardik et Gravelines. De Dunquerque l'Estrade en tire de l'argent avec permission du Roy ; Gravelines leur doit estre donné pour seureté du traicté. Ces gens isi ont envoyé un homme à Dunquerque avec celuy qui estoit isi, lesquels sont tous deus revenus et ont aporté les pouvoirs du Roy pour conclure l'affaire, et les grands préparatifs qui se font isi sous le prétexte de la Hollande ne sont très assurement que pour cela. Ils ont aus Dunes une grande quantité de navires, dont il y en a quarante et dont le moindre est de 45 pièces de fonte, et je suis asseuré qu'ils ont là auprès 16 à 18 mille hommes, et qu'il font estat d'embarquer 4 mille chevaus ; ils ont faict embarquer grande quantité de vivres et de munitions et de toutes choses nécessaires à une armée qui doit faire une descente. L'affaire a esté descouverte par les Holandois, qui, je crois, travaillent tant qu'ils peuvent pour empescher que cette affaire ne s'achève, et on m'a dit qu'ils ont offert beaucoup à l'Estrade. Je crois que l'ambassadeur d'Espagne en a aussy quelque lumière, et que de son costé il travaillera aussy. Ce seroit une affaire d'une très grande conséquense si elle se faisoit ; j'ay creu en devoir avertir V. A. ; si j'eusse eu une voie plus prompte, je m'en fusse servi. L'Estrade a envoyé isi un estat de sa place, tant des fortifications que des hommes ; il dit qu'il a inondé les deus costés de sa place, et que pour le troisième il a faict tant de travaus qu'il ne peut pas estre attaqué ; qu'il y a deüs mille hommes, savoir 1,200 Suisses et 800 François, et des vivres pour huict mois. Voilà tout ce que j'ay descouvert ; je ne sçay si l'affaire n'est point accrochée par Gravelines, dont peust-estre la cour ne peut pas disposer ; toutesfois ces gens isi se préparent tousjours. Si je puis avoir plus de lumière de ceste affaire là, je ne manqueray pas d'en donner advis à V. A. ; cependant je la suplie de me faire sçavoir de ses nouvelles promptement, et ne me laisser pas plus longtemps dans la peine où je suis ; je la prie de considérer qu'il est peut estre d'une plus grande conséquense qu'elle ne s'imagine de faire en sorte que ces gens isi ne prennent pas le parti contraire ; c'est une puissance plus grande qu'on ne le croit. J'avois escrit à V. A. touchant une affaire sur la Rochelle ; l'homme est encore isi qui attend fort impatiamment vostre responce, que je luy demande en grâce, et sur cela et sur les autres choses que je luy ay mandées...   A. C.

Londres, 14 mars 1653.

Je ne puis encore rien mander à V. A. de ce que le parlement a fait touchant la lettre que j'ay donnée de vostre part, car ils n'ont encore rien résolu là dessus ; ils m'avoyent fait dire la semaine passée qu'ils me donneroyent responce, mais je croy pourtant qu'ils se résoudront bien tost à quelque chose. Mr de Bordeaux n'a point de responce non plus ; peut estre que ce combat leur fera prendre une résolution ; ils ont eu de l'avantage ; car par la relation de leurs généraus ils ont pris dix sept navires de guerre et cinquante marchans et n'ont perdu que deux navires de guerre, mais quantité d'hommes, le combat ayant esté opiniastre ; quatre jours les deux flotes ont fort fracassé.

Je n'ay point resseu de responce de V. A. sur le sujet des Irlandois ou Escossois, pouvant choisir ceus qu'il luy plaira ; je les remets tous les jours les uns et les autres ; Mr de Bordeaux leur fait parler aussy. Mr de Saint-Romain m'a mendé que l'on pourroit avoir des navires flamans, M^r le comte de Fuensaldagne luy ayant fait espérer ; si cela estoit, on feroit les levées à meilleur conte. Il i a un frère du jentilhomme que j'envoye vers V. A. qui ofre trois mille hommes ou ce que l'on voudra avoir, et les rendra en Flandres sans demander d'argent que trois semaines ou un mois après qu'ils seront débarqués ; ce seroit un grand avantage, car on gagneroit beaucoup sur le change ; c'est luy qui a fait touttes les levées pour Espaigne...

A. C.

Londres, 23 mai 1653.

... Les desputés de Bordeaux arrivèrent isi le lendemain que j'i fus arrivé ; ce sont gens fort zélés pour le service de V. A. M^r des Trancars est tout tel que V. A. me l'a despeint. Ils ont esté aujourd'huy au conseil, qui est une chose extraordinaire que l'on soit allé si viste à une afaire. M^r des Trancars escrit à V. A. ; c'est pourquoy je ne luy manderay rien de cela ; je crois qu'il luy en fera une ample relation. La chose n'est allée pour aujourd'huy qu'à donner leurs lettres de créance et faire voir leurs pouvoirs ; à ceste heure nous presserons le plus que nous pourrons. Je n'ay point donné la lettre de V. A. au général, car on n'en a pas esté d'avis ; si vous vouliés luy escrire une lettre pour vous conjouir avecque luy de ce qui est arrivé en Angleterre, je crois que cela seroit fort à propos ; mais il faudroit qu'elle feust escrite d'autre fason. V. A. doit le considérer comme le maistre de l'Angleterre, duquel elle peut tirer une très grande assistance, et cela ne tirera à nulle conséquence, car ceste lettre ne sera veue que de luy. Je demande pardon à V. A. si j'ose luy conseiller cela, mais je crois que cela luy peut estre utile ; mes amis isi en sont d'avis et m'ont dit de vous le mander ; j'atendray là dessus la responce de V. A., et luy diray en passant que présentement Mr de Cromwel est le plus puissant homme qui soit en Europe, car il dispose présentement de cent mille hommes de guerre et de deux cens navires, qui tous luy obéissent comme à leur maistre, et n'est non plus fait mention de roy ni de parlement que si il n'i en avoit jamais eu en Angleterre... A. C.

TRANCARS A M. LE PRINCE.

Londres, 23 mai 1653.

Les sieurs de Blarru, de Désert et moy arrivasmes en cette ville lundy dernier. Nous communicasmes tout ce que nous avions à faire à Mrs de Cugnac et de Barrière selon les ordres que nous en avions de S. A. de Conty ; ensuite je reseus une extrême joie, apprenant par Mr de Barrière l'estat de bonne santé de V. A. que je prie Dieu luy vouloir continuer. J'ay aussy reseu les ordres que Mr de Barrière m'a donnés de sa part, et ne voudrois rien tant que d'avoir l'honneur et l'avantage de luy pouvoir tesmoigner la part que je prends en ses intérêts. Nous avons esté ouis aujourd'huy par cinc comissères députés du conseil ; je ne faudray à informer V. A. de l'estat des choses, de la manière et du cours qu'elles prendront, la supliant de croire que j'y apporteray toute la diligence que le zèle que je dois à ses intérêts me pourra fournir... A. C.

M. LE PRINCE A CROMWELL.

Bruxelles, 11 juin 1653.

Je ne puis m'empescher de vous tesmoigner ma joie de ce qui est arrivé depuis peu en Angleterre, prenant la part que je fais à l'intérest du pays et au vostre particulier. Je vous prie de croire que l'un et l'autre sera toujours très considérable et que je fais toute l'estime que je dois de vostre mérite. Au surplus je vous supplie de prendre une entière créance à ce que le s^r de Barrière vous dira de ma part et de faire prendre une résolution prompte et favorable sur toutes les choses qu'il proposera concernant mes intérests. Je vous en auray une obligation dont je ne perdray jamais le souvenir ny la reconnoissance et qui m'engagera de conserver la passion avec laquelle je vous prie de me croire

Monsieur, votre très affectionné serviteur.

British Museum, à Londres (*Copie*).

BARRIÈRE A M. LE PRINCE.

S. d. (1653).

Despuis la lettre que j'ay escrite à V. A. le 12 décembre, dans laquelle je luy ay mendé une afaire touchant ceus de la religion, de laquelle celuy qui m'en avoit parlé m'avoit extrêmement recommendé le secret, Mr de Marchin arriva isi, auquel je la proposay, ne croyant pas manquer à ma parole, puisque Mr de Marchin est tellement dans les intérests de V. A. que le luy avoir dit c'est comme ne l'avoir dit qu'à elle mesme ; mais despuis, entretenant ce ministre, et parlant des moyens que l'on pourroit avoir de faire parler à ceus de la religion de vostre part par quelqu'un en qui ils eussent créance, et le cognoissant homme d'esprit et très capable de cela, parce qu'il est fort conneu de tous les ministres de ladite religion et de beaucoup de gens de qualité et particulièrement dans le bas Languedoc, Daufiné et Vivarais, et entre autres du marquis de Villefranche, ayant esté longtemps dans la maison du marquis de Monbrun son frère, et luy proposay d'entreprendre ceste afaire, à quoy il fist grande dificulté; mais l'ayant fort pressé là dessus, et luy remontrant le bien qu'il pourroit causer par là à sa religion et l'obligation que V. A. luy en auroit, à la fin il me dit qu'il se résoudroit à entreprendre ce voyage, pourveu qu'il peut avoir congé de son église et que V. A. le désirast. Or je le trouve plus propre à cela qu'aucun autre que l'on peut trouver; premièrement c'est un homme sans intérest et asseurément homme d'honneur, et, comme j'ay dit, très intelligent et qui peut de plus porter des asseurances, à ceus de la religion, d'une assistance de cette république, et le fera avecque fondement, car depuis la lestre que j'ay escrite à V. A. il a encores parlé sur les nouvelles qu'il avoit resseues de France, et on luy a confirmé de nouveau que si ceus de la religion de France faisoyent quelque chose ils pouroyent estre asseurés de leur secours et mesme puissant; et sur ce qu'il leur a dit que la guerre de Hollande continuant ils ne pourroyent pas assister ceus de ladite religion, ils luy ont respondu que cela ne les empescheroit pas et qu'ils avoyent de quoy leur donner quinze mille hommes sans s'incommoder, et des marins pour les mener, mais qu'ils voudroyent voir devant que s'engager à cela que ceus de la religion eussent commencé quelque chose. J'ay creu que je devois mender cela à V. A., que je n'ay point dit à Mr de Marchin pource que l'homme m'a très instamment prié (sur ce que je luy ay dit avoir dit à mondit s^r de Marchin ce que le marquis de Villefranche luy escrivoit) qu'il me conjuroit de ne lui point parler de son voyage, et que si il croyoit qu'autre que V. A. le sceut il ne l'entreprendroit jamais.... A. C.

BARRIÈRE A LENET.

Londres, 16 janvier 1654.

Je crois que les nouvelles que je vous avois escrites estoyent grandes et bonnes. Je ne désespère pas que je ne vous en puisse mender dans quelque temps, si je demeure isi; car, je ne vous mens pas, je ne le puis plus si M^r le comte de Fuensaldaigne me traitte longtemps comme cela; ou il faut que je me sauve sans dire adieu, ou il faut que je me voye réduit dans une prison. Je vous conjure, au nom de Dieu, mon très cher Monsieur, de me vouloir mender ce que je dois espérer; car si on se veut longtemps moquer de moy, encores aimé-je mieux emporter le chat que de me voir dans une prison d'où je crois que je ne sortirois de longtemps.

Je rendray la lettre de S. A. à M^r le Protecteur le plustost que je pourray; elle est fort bien. Je mende à S. A. comme je ne l'ay point encores veu. Je lui feray vos complimens lorsque je le verray et veus manderay toutes choses après l'arrivée de Mr de Mazerolles, dont nous n'avons encores nulles nouvelles, ce qui me met fort en peine. J'ay envoyé vostre letre à Mr de Saxebry. Je voudrois bien estre en estat de servir plus utilement le père de Mademoyselle Gerbier; Dieu veuille que je ne me voye en mesme estat.

B. N.

BARRIÈRE A M. LE PRINCE.

Londres, 17 avril 1654.

Depuis nostre dernière, nous eumes audience, comme nous avons mandé à V. A. que nous la devions avoir, à laquelle M^r le Protecteur nous a dit que ce qui avoit empesché qu'il n'eust respondu à l'ambassadeur d'Espagne estoit que les offres qu'il luy avoit faictes estoient si loing de ses prétentions; nous mesnagasmes cela de fasson que Mʳ le Protecteur nous dit que à la première audience que l'ambassadeur auroit il s'ouvriroit à luy des sommes qu'il prétend, et que l'ambassadeur auroit audience quand il voudroit. Il la demanda le mercredy, et l'eut jeudy, qui estoit hier. Ils sont demeurés d'accord que Mʳ le Protecteur nommeroit des commissaires pour accommoder toutes choses; mais comme l'ambassadeur est fort timide et fort retenu sur les affaires d'argent, nous croions que toute la difficulté sera là-dessus. L'ambassadeur nous avoit représenté que le roy d'Espagne est chargé de si grandes despenses qu'il ne pouvoit s'engager à de si grandes parties; que si nous voulions le descharger d'une partie de ce que le roy d'Espagne donne par son traicté, cela luy donneroit lieu de pouvoir donner davantage, pour ce qu'il pourroit dire au roy d'Espagne que si d'un costé il le charge, de l'autre il le descharge. Ayant examiné le traicté, nous avous creu que pour empescher les ruptures et particulièrement pour pousser l'ambassadeur à donner ce qui sera nécessaire, nous pouvions, sans faire tort aux affaires de V. A., retrancher de 124,000 mille escus ce que le roy d'Espagne doibt donner tous les ans à V. A., puisqu'aussy bien V. A. n'est pas payée à beaucoup près, et de plus qu'il i a de beaucoup plus grandes sommes qu'il est spécifié qui seront fournies; néantmoins nous le mesnagerons et ne l'accorderons qu'à l'extrémité. Nous ne croyons pas que nous puissions atandre là-dessus les ordres de V. A., parceque dès demain on commencera à travailler, et dans quatre jours l'affaire sera terminée. La paix de Hollande fut signée mercredy au soir et se doit publier dans douze jours isi et à la Haye.

On a nommé des commissaires pour traicter avec Mʳˢ de Bordeaux et de Baas, de qui le frère[1] est arrivé isi, quoyque

---

1. C'est celui qui quitta le service de M. le Prince après s'être battu en duel avec Guitaut (voir plus haut, p. 336 et 675). Son frère aîné venait d'être envoyé à Londres par Mazarin pour assister M. de Bordeaux dans sa négociation avec Cromwell.

Mʳ le président Viole nous eust mandé qu'il devoit aller à Calais, de quoy nous eussions esté fort aises. Il seroit nécessaire que Mʳ de Maseroles eut promptement les ordres nécessaires pour son voyage et l'argent de sa lettre de change, affin qu'il ne perdist point de temps quand les choses seront en estat qu'il puisse partir. A. C.

Londres, 1ᵉʳ juin 1654.

Nous avons retenu Sᵗᵉ-Marie jusqu'à ce que nous eussions la responce positive de Mʳ le Protecteur; il la fit hier soir à l'ambassadeur d'Espagne. Il ne veut présentement déclarer la guerre par un manifeste, ainsy que le demande l'ambassadeur, disant que ce n'est pas la manière d'Angleterre; mais il fera dès cette heure la guerre par mer avec quarante vaisseaux; il fermera tous les ports de France et fera actes d'hostilité, disant que c'est une assez haute déclaration, laquelle se fera pourtant en son temps. Il donnera aussy un nombre de vaisseaux à V. A. pour exécuter les desseins qu'elle pourroit avoir. Il n'a pas tout à faict accordé de donner les trois mille hommes que nous luy demandons, mais il ne nous pas exclus. L'ambassadeur d'Espagne n'ose rien conclure sans avoir ordre de Flandre, ne voulant pas prendre ce fardeau sur luy; nous croions que V. A. doit fort presser l'archiduc et le comte de Fuensaldagne de mander à l'ambassadeur d'Espagne de faire bientost cette afaire, que nous croions fort importante pour les intérests de V. A., et particulièrement Bourdeaux estant dans la disposition où nous aprenons qu'il est et dont nous avons tous les jours des confirmations. La raison pour laquelle Mʳ le Protecteur ne veut pas présentement déclarer la guerre est que je croy que, estant sur le point d'assembler un parlement par lequel vraysemblablement il se fera déclarer roy, lors il mènera les choses avec plus d'autorité, ou bien il veut faire cette guerre par celle du parlement. Les Espagnols doibvent bien considérer cette afaire, car il est fort à craindre que, s'ils ne traictent pas avec Monsieur le Protecteur, il traictera avec la France, à quoy tout le conseil est fort incliné, et fort porté contre l'Espagne, comme l'ambassadeur sait fort bien, toute l'Angleterre désirant avec passion que l'on attaque les Indes. Par les lettres qui viennent de France, on mande de Bourdeaux que tout le monde a une amour extrême pour V. A., et Rémond, qui n'a bougé de Bourdeaux, m'a faict dire d'en donner avis à V. A. et de l'asseurer de son service. A. C.

Londres, 26 juin 1654.

Nous ne peusmes pas, par l'ordinaire de la semaine passée, escrire l'estat de toutes choses à V. A., parce que Barrière se trouva le vendredi obligé d'aller à l'audiance et de voir deux fois M⁺ l'ambassadeur d'Espaigne, et M⁺ de Maseroles fut si mal ce jour là qu'il ne put ni escrire ni sortir du logis; maintenant nous sommes obligés de dire à V. A., avec bien du desplaisir, que l'ambassadeur d'Espaigne ayant eu hier audiance, à laquelle croioit conclure, conformément à ce dont on estoit resté d'accord avec M⁺ le Protecteur et dont il avoit donné sa parole, le Protecteur luy dit qu'il ne pouvoit déclarer présentement la guerre à la France, et que, quand il voudroit la déclarer, ce seroit avec l'appareil qu'il avoit proposé, et que pour cela les sommes qu'on luy avoit offertes n'estoient suffisantes. Après plusieurs raisonnements la conclusion fut que ses affaires n'estoient pas présentement en estat de la pouvoir déclarer. L'ambassadeur d'Espaigne luy demanda des vaisseaux et des trouppes auxiliaires pour de l'argent; il embrassa la proposition et demanda jusqu'à lundi. Nous avons resté d'accord avec l'ambassadeur qu'il n'escriroit pas cette résolution aux ministres de Flandre, afin qu'ils ne retirent pas l'argent et que nous puissions nous en servir pour avoir des hommes et des vaisseaux. Il escrira que M⁺ le Protecteur a demandé du délai; nous luy promismes que nous escririons de mesme à V. A.

Nous ne pouvons comprendre la raison qui a faict changer la résolution de Mʳ le Protecteur, veu qu'en mesme temps il a faict commander à Baas l'aisné de sortir dans vingt et quatre heures d'Angleterre et de ne revenir plus, à peine de la vie, et cela sur ce que Baas a esté accusé d'avoir part à la conjuration; le protecteur mesme dit qu'il en avoit vingt preuves suffisantes. L'ambassadeur de France demanda audience pour obtenir de Mʳ le Protecteur sursoy de quelques jours pour le despart de Baas l'aisné et ne l'a peu obtenir; il est party aujourd'huy. Il y avoit occasion de croire que cette conjuration devoit confirmer Mʳ le Protecteur dans la résolution de la déclaration, et on ne voit pas de raison de ce changement, si elle ne vient de celle qu'il a prise de convoquer le parlement et qu'il ne veut rien faire en ceste déclaration qu'il n'ait quelque succès de cette convoquation. Voilà l'estat des afaires d'isi; nous espérons avoir audience aujourd'huy; si nous l'avons à temps pour escrire ce qui s'y sera passé, nous en informerons V. A. par ce mesme ordinaire. Si nous obtenons les trouppes et vaisseaux, nous croions qu'il faudra les joindre avec ceux d'Espagne et exécuter l'affaire de la Rochelle et entrer dans la rivière de Bourdeaux. Nous n'avons pas proposé à Messieurs de Bourdeaux de partir pour Sᵗ-Sébastien, croyant toutes négotiations inutiles en ce pays là; si elles ne se font avec une armée, elles ne serviront qu'à descouvrir les desseins dont le succès dépend du secret. Mʳ de Mazeroles pourra partir vendredi prochain pour l'Espagne pour disposer les choses selon ce qu'on aura faict isi; il plaira à V. A. lui envoyer ses ordres et instructions; elle voit bien qu'il faut tout faire pour tascher de ramener Bourdeaux et pour l'affaire de la Rochelle et pour prendre quelque poste considérable et duquel V. A. puisse faire la guerre; nous n'avons rien avancé isi sur ce sujet ni engagé V. A. à autre chose que d'aller à Bourdeaux ou à la Rochelle lorsque nous serons les maistres, et non plus tost, et à Mʳ le Protecteur, s'il vouloit entrer en

France, que V. A. se mettroit à la teste de ses trouppes et joindroit les siennes si c'estoit en lieu où il le peust faire ; mais il est certain que les ministres d'Espaigne ne souhaitent rien tant que de sortir V. A. de Flandres. L'ambassadeur d'Espaigne est fort bien intentionné ; il va au bien des affaires et est affectionné pour celuy de V. A. Il faut, s'il plaist à V. A., qu'elle fasse envoyer un des vaisseaux qui sont prests en Flandres pour Espaigne à Plemuht (Plymouth) pour prendre Mᵣ de Maseroles, qui partira vendredi prochain et ira tout droit à Plemuht. Que V. A. se souvienne d'escrire à Mᵣ de Wateville ; sans doute ce sera luy qui exécutera ce qu'il y aura à faire ; Mᵣ de Maseroles ne le quittera tant qu'il y aura quelque chose a faire s'il ne ressoit autre ordre de V. A. A. C.

BARRIÈRE AU PRÉSIDENT VIOLE.

Londres, 4 septembre 1654.

Vous ne douterez pas que l'affaire d'Arras ne m'ayt sensiblement touché ; mais je vous avoue que l'on m'avoit faict le mal si grand que j'ay esté consolé, lorsque j'ay resseu la lettre de Mʳ Servientis, en aprenant que son Altesse se portoit bien et qu'il avoit sauvé une grande partie de l'armée, ce qui luy donne isi une grandissisme réputation, et tout le monde dit que sans luy toute l'armée d'Espaigne estoit perdue, ce que les François avoient publié, et j'ay bien ressenti les effets de cette mauvaise nouvelle ; quoyque je n'aye pas esté à Arras, j'ay esté plus battu que ceux qui y estoient ; car sur le bruit que tout estoit perdu et que son Altesse l'estoit aussy, le marchand pour lequel je vous escrivis il y a 15 jours, qui a mené les trouppes de Duire en Flandres et auquel j'estois obligé, m'a faict arester prisonnier dans la rue, qui est le plus grand desplaisir que j'aie jamais resseu... A. C.

M. LE PRINCE AU COMTE DE FIESQUE.

5 novembre 1655.

... Pour l'affaire d'Angleterre, le comte de Fuensaldagne m'a prié, à l'instance de don Alonso de Cardenas, de mander à Barrière qu'il restast en Angleterre, quoyque l'ambassadeur d'Espagne en sortist; ce que j'ay faict, luy ayant mandé de se conformer en toutes choses aux ordres dudit ambassadeur ; cela pourra avec le temps produire quelques effets avantageux ; car le Protecteur voit Barrière de fort bon œil, luy faict toute sorte de bons traictements, et semble vouloir renouer avec l'Espagne par mon entremise et par celle de Barrière...
A. C.

Bruxelles, 12 février 1656.

... Je ne vous parle point des affaires d'Angleterre, puisque je fais part de tous les advis que j'en ay à Mr de Cardenas, qui prend soing d'en rendre compte en Espagne. Je vous prie de donner ordre seulement que Barrière n'y meure pas de faim et qu'il n'y soit pas arresté prisonnier pour ce qu'il y doibt, comme c'est une chose qu'il ne peut esviter si vous ne luy envoyez de quoy le sortir d'affaires. Après mille sollicitations que j'ay faictes pour cela auprès du comte de Fuensaldagne et de Mr de Cardenas, tout ce que j'ay pu obtenir a esté que le comte a promis de luy envoyer 2,000 florins ; mais au mesme temps il a desclaré qu'il ne continueroit pas, et que ce n'estoit pas une despense qui dust estre à sa charge ; si bien que si vous n'y donnez ordre de delà, Barrière court risque d'estre l'un de ces jours arresté et de pourrir dans une prison pour ses debtes [1].
A. C.

1. Barrière quitta l'Angleterre au mois d'août 1656 et passa en Hollande d'où il continua de transmettre à Condé les nouvelles qu'il recevait d'Angleterre. L'année suivante, il s'embarqua à Amsterdam et se rendit à Madrid

M. LE PRINCE ET LA REINE CHRISTINE.

LA REINE DE SUÈDE A M. LE PRINCE.

S. d. (décembre 1654).

Monsieur mon cousin, j'ay prié le président Viole de vous faire relation de ce qui s'est passé entre moy et le Sr Chanut, ambassadeur du roi de France; je l'ay informé de tout et ne doute pas qu'il ne vous fasse un fidèle rapport de ce qui s'est passé. Je serois ravie d'avoir occasion de vous tesmoigner combien je suis réellement vostre amie et de pouvoir travailler aux intérests des deux couronnes avec quelque succès. Je l'entreprendroy si tost que je sauroy qu'ils auront mes soins agréables et je m'estimeroy heureuse de pouvoir tesmoigner en cette rencontre combien je suis véritablement,

Monsieur mon cousin, vostre très affectionnée cousine et amie. A. C.

M. LE PRINCE AU COMTE DE FIESQUE.

S. d. (janvier 1655).

Vous sçavés que depuis dix ans la reyne de Suède m'avoit tesmoigné beaucoup d'estime et d'amitié par ses lettres et par ce qu'elle disoit de moy; j'y avois respondu avec beaucoup de respect en tous les rencontres qui s'estoient présentés; elle a continué de me traicter comme son amy particulier dans le temps de son abdication, dont elle me donna part et voulut mesme bien m'en demander mon approbation comme du seul homme du monde dont elle se seroit fachée de ne l'avoir pas;

---

pour solliciter le payement de ce qui lui était dû. Il y resta jusqu'à la paix, continuant d'informer régulièrement M. le Prince et se tenant à ses ordres. Il se retira ensuite dans ses terres.

c'est ainsi qu'elle parloit dans une fort obligeante lettre qu'elle m'escrivit sur ce subject. Depuis elle me fit sçavoir par une autre despesche son arrivée en ce pays, où elle se rendit à l'*Aigle d'Or* à Anvers, en habit d'homme et sans femme à sa suite. Elle fit divers voyages par ces provinces en mesme esquipage jusques à qu'elle se fust tout à fait arrestée à Anvers, où, à l'heure mesme que le comte de Buquoy luy eust esté faire les compliments du roy et ceux de M^r l'archiduc, je luy despeschay Mr de Guitaut pour luy rendre mes debvoirs publiqs, comme je l'avois faict en particulier par Mr Viole, qui luy rendit mes lettres. Je luy despeschay depuis Mr Lenet lorsque M^r le comte de Fuensaldagne la fut voir; j'establis la Peyrère de résidence ordinaire auprès d'elle; ma femme n'obmit rien de ce qu'elle luy debvoit; aussi toutes les actions et toutes les paroles de cette reyne ne tesmoignoient-elles qu'une estime non pareille pour moy, une impatience extraordinaire de me voir; elle ne parloit de moy qu'avec des emportements qui me faisoient honte, et ne se proposoit de plaisirs en ce pays que pour les partager avec moy. Enfin vous ne sçauriés vous imaginer à quel point elle tesmoignoit estre mon amie.

Je ne sçay si je ne vous ay pas mandé que, peu de temps après son établissement à Anvers, elle manda Mr Chanut, ambassadeur de France en Holande, avec lequel elle avoit conservé une grande correspondance, et luy proposa de s'entremettre pour la paix entre les deux couronnes et pour la mienne particulière; elle despescha au comte de Fuensaldagne et à moy pour nous demander nostre consentement; je luy respondis (comme vous sçavés que j'ay faict en pareils rencontres) que je n'aurois jamais de traicté ni de négotiation que par le roy et avec luy, ainsi que je me remettois à ce que le comte luy respondroit, qui fut que fort volontiers Sa M^{té} luy remettroit ses intérests si du costé de France on vouloit en user de mesme. Cette proposition, que je croiois secrete entre vous et nous, fust divulguée par elle, et luy attira une lettre de l'ambassadeur Chanut, dont je vous envoye copie. Les peuples et surtout les religieux commencèrent à semer des bruits contre cette proposition de paix, disant que jamais Dieu ne la serviroit, tant qu'une reyne qui ne cognoissoit point de dieux ni de religion, qui n'avoit seulement pas un ministre de la sienne à sa suitte, qui professoit et preschoit publiquement l'athéisme, qui n'avoit que des discours libertins dans la bouche, et qui auctorisoit mesme en public les vices de toutes les nations et de tous les sexes, et qui ne disoit pas une parolle qui ne fust meslée d'un blasphème, s'en mesleroit. La mauvaise réputation en laquelle elle se mettoit (quoyque, comme vous sçavés, je ne sois pas scrupuleux) me faisoit peine, parceque j'estois tout à fait dans ses intérests et que j'aymois sa personne. Je vous confesse que je mourois d'impatience de la voir et que je me préparois mil divertissements de mon costé avec elle, comme elle faisoit du sien avec moy; et si l'honneur m'eust peu permettre de quitter l'armée avant qu'elle eust esté établie en quartiers, j'aurois esté à toute bride luy rendre mes debvoirs.

M^r l'archiduc la visita au mois de septembre; elle fust le recevoir au milieu de la rue à la sortie de son carosse, le reconduisit de mesme, luy donna une chaise égale à la sienne, dans laquelle il luy parla couvert. Chacun fut estonné de ce traictement, et, quoyqu'on n'en puisse faire un assés grand à une personne d'une aussi haulte naissance que M^r l'archiduc, on croioit que le cérémonial pouvoit en faire retrancher quelque chose et à M^r l'archiduc et à moy, qu'elle tesmoignoit vouloir traicter de mesme.

Il fault que vous sçachiés encore pour l'intelligence de toute cette affaire, que don Antoine Pimentel fust envoyé en qualité de résident auprès de cette reyne pendant qu'elle l'estoit encores, et, par des convenances que jusques à présent je ne sçay pas et que je ne veux pas mesme croire telles que le public les débite, il se mit intimement bien avec elle, persuada au roy, dans son dernier voyage qu'on luy fit faire tout exprès en Espagne, qu'il y avoit à tirer de grands avantages de la reyne de Suède, parceque c'estoit une personne fort extraordinaire (comme en vérité elle l'est), qu'elle avoit de grandes sommes d'argent et qu'elle avoit conservé toute sorte de crédit en Suède et en Allemagne. La suite fera voir au roy si on luy a dit vray ou non, je n'entre pas là dedans; mais, de vous à moy, six mois ne se passeront pas que S. M. ne soit désabusée et qu'elle ne cognoisse les intérests particuliers qui ont faict agir Pimentel de la sorte. Tant y a qu'il a faict que la reyne de Suède l'a demandé pour ambassadeur près de sa personne, pour l'y faire demeurer partout où elle ira avec le plus d'éclat et de prétexte.

Pour revenir à ce qui me touche, on ne peut mieux estre dans l'esprit de personne que j'estois dans celuy de la reyne de Suède, ni conserver plus de respect que j'en avois pour elle, jusques à ce que Pimentel y fust arrivé, auquel on commança à luy persuader qu'elle ne debvoit pas avoir d'amitié pour moy, et elle tesmoigna à Mr le président Viole (contre ce qu'elle avoit faict auparavant) qu'elle mettroit beaucoup de différance entre Mr l'archiduc et moy, et changea en toute chose de stile sur tout ce qui me regarde, comme j'en fus adverti. Je n'eus pas de peine à me persuader que l'on me jouoit cette pièce afin que, comme on sçait que je suis sensible sur les honneurs qui sont deubs à ma naissance, la reyne me les refusant, je me brouillasse avec elle, et que ceux qui de gayeté de cœur se brouillèrent autrefois avec moy quand je leur fis cognoistre les faultes qu'ils faisoient dans le service du roy, qui voulurent me brouiller avec Mr l'archiduc, qui me tendent mil pièges pour m'y brouiller tous les jours, qui ont empesché le prince François de Lorraine de me rendre ce qu'il me doibt, et qui consentent encores présentement à la deffance qu'il a faict aux Lorrains de me voir, quoyque j'aye tousjours laissé une liberté toute entière aux François de les visiter, voudroient encorre par le desmeslé qui naistroit (comme ils l'ont fait naistre) entre la reyne de Suède et moy, persuader en Espagne que je ne puis vivre en bonne intelligence avec personne, et par là couvrir leur mauvaise conduite envers moy, à laquelle pourtant je n'ay trouvé à dire que quand j'y ay veu le service du roy intéressé et mon parti à la veille de sa ruine. Le temps fera cognoistre au roy si j'ay eu raison de leur faire cognoistre leur faulte, et si, tant qu'on agira comme on a faict jusques à présent, nous ne serons tousjours pas malmenés, et nos ennemis communs triomphans. Pour éviter donc le piège que l'on m'avoit tendu avec la reyne de Suède, — pensant que, me laissant blesser par une notable différance qu'on luy feroit establir entre M^r l'archiduc et moy, je ne conserverois pas tout le respect que je doibs au caractère qu'elle a eu et à son sexe, et qu'ainsy, me brouillant avec elle, ils seroient parvenus à leur fin, — je despeschay M^r le président Viole à la reyne, qui jusques à l'arrivée de Pimentel luy avoit tesmoigné beaucoup de confiance et d'amitié, et luy fis dire que comme j'estois redevable à la maison de France (dont j'avois l'honneur d'estre premier prince du sang) du traictement que je recevrois d'elle, j'avois suspendu d'un demy jour l'impatience que j'avois de luy baiser les mains pour la supplier, pour une fois seulement et pour me descharger de mon obligation, de me le faire tel que je n'eusse nul subject de me plaindre d'elle, ny ma maison de moy. Elle respondit à Mr Viole que *par la mort Dieu* elle trouvoit fort estrange que je marchandasse avec elle et luy voulusse imposer des loix, qu'elle avoit résolu de me traicter fort favorablement, mais que, *par la teste Dieu*, elle avoit tousjours fait une grande différance entre l'archiduc et moy, et que, si elle ne l'avoit traicté que comme un archiduc d'Austriche, elle sçavoit bien ce qu'elle avoit à faire, mais qu'elle l'avoit traicté comme s'il avoit esté fils de France ou d'Espagne ; et après, revenant un peu de cest emportement, dit qu'elle escriroit à M^r le comte de Fuensaldagne et entretiendroit Mr de Pimentel pour prendre leurs advis.

A l'heure mesme, j'envoyai communiquer la lettre de Mʳ Viole au comte de Fuensaldagne par Mʳ Lenet, auquel il donna une lettre pour Pimentel, par laquelle il luy mandoit de dire à la reyne qu'elle estoit maistresse dans les estats du roy comme si elle estoit dans les siens propres pour faire ce qu'il luy plairoit, et qu'estant comme j'estois parent, allié du roy, et soubs sa protection, S. M. seroit fort aise qu'elle me donnast toute sorte de satisfaction. Je despeschay Mʳ Lenet en poste vers la reyne pour luy dire avec toute sorte de respect (comme il fit avec Mʳ Viole) que la très humble prière que je luy avois faicte n'avoit esté que par la considération de ma maison et non de ma personne, et qu'encores ne la luy aurois-je point faicte si personne avec qui j'eusse compétence ne l'avoit veue avant moy, parceque j'aurois receu tous les traictements qu'il luy auroit pleu de me faire, pourveu qu'elle ne m'eust pas distingué de ceux avec qui j'ay tousjours vescu avec égalité. Après beaucoup d'emportements de la reyne entremeslés de desplaisir de se voir en estat d'estre brouillée avec l'homme du monde qu'elle estimoit le plus (c'est ainsy qu'elle parloit de moy), ces messieurs luy remonstrèrent avec toute sorte de respect que j'estois fort aise du bon traictement qu'elle avoit faict à Mʳ l'archiduc, et que si elle l'avoit voulu traicter comme un infant d'Espagne ou un fils de France, je la priois de considérer que le premier prince du sang se traicte en France comme le dernier fils de France, sans différance aucune; que j'ay ma maison, mes privilèges, exemptions, et celles de mes commenceaux, comme ceux du roy et des fils de France, vérifiés à la cour des aides, deux maistrises de chaque mestier dans toutes les villes de France pour mon joyeux avènement à la dignité de premier prince du sang, mesme siège devant la reyne que Mʳˢ les ducs d'Anjou et d'Orléans, mesme place dans son carrosse, mesme placé, mesme traictement dans les parlements et dans les conseils; que Mʳ mon père avoit eu la place du duc de Savoye parmi les cardinaux à Rome; que nous précédons en France les car⸗

dinaux, les ducs de Savoye, de Lorraine et tous les souverains, hors les testes couronnées; que la reyne de Pologne m'avoit donné le fauteuil comme à M⁰ le duc d'Orléans ; et sur ce que la reyne dit à ces messieurs qu'avec tout cela je ne me couvrois que peu devant M⁰ le duc d'Orléans, ils luy répartirent que je voulois bien luy rendre comme à mon aisné, et qui pouvoit estre mon maistre, ce que tous mes cadets me rendoient par mesme raison ; et enfin la reyne, s'estant fort radoucie, renvoya M⁰ Lenet avec prière de me faire venir, et qu'elle me traicteroit si bien que, si je n'estois déraisonnable, j'aurois tout à faict subject de me louer d'elle. Je partis donc avec toutes les personnes de qualité qui sont dans mes intérests pour me rendre près de la reyne. Estant à my chemin, je reçois une lettre de M⁰ Viole, qui estoit resté à Anvers, par laquelle il me donnoit advis que la reyne estoit résolue de me recevoir hors de sa chambre, de ne me pas faire assoir parce qu'elle ne vouloit pas me donner de fauteuil, qu'elle me donneroit de l'altesse et me reconduiroit hors de son antichambre. Je vous confesse que je ne peux pas bien comprendre comme une femme qui se pique d'une si haulte philosophie, qui a quitté son royaulme, qui dit estre au dessus des loix, des opinions, des religions et des coustumes, s'advisast tout d'un coup (après avoir tant tesmoigné d'estime et d'amitié pour moy) de me piquer dans une partie aussi sensible que celle de l'honneur, sans préméditation, sans dessein et sans concert. De manière que, pour ne pas tomber dans le piège que je creus qu'on me dressoit, je renvoyay M⁰ Lenet en poste prier la reyne de trouver bon que je la surprisse à la comédie, pour éviter la peine de me venir recevoir en la rue, et que, mon carrosse se trouvant dans la cour près de la salle où jouoient les comédiens, elle éviteroit aussi de me conduire hors de sa maison. Sur quoy ayant demandé à M⁰ Lenet comme je me asseyrois, il luy respondit qu'il croioit qu'elle me feroit l'honneur de me donner un fauteuil par toutes les raisons qu'on luy avoit dit la veille.

Sur quoy la reyne, s'estant mis dans une grande colère, luy dit que *par la mort Dieu* elle n'en feroit rien.

Cependant j'arrivay à Anvers sans que rien fust ajusté. Messieurs Lenet et Viole firent cinq ou six voyages vers la reyne de Suède pour la disposer à me donner la satisfaction que j'avois raison de demander ; elle sembloit s'y porter de temps à autre ; mais comme elle alloit consulter Mr Pimentel, qui estoit chés elle, elle changeoit à tous moments. Enfin comme je me disposois à revenir à Bruxelles sans luy rendre aucuns debvoirs que de luy envoyer toute la noblesse françoise, afin de faire dores en avant par le respect dû roy ce que je voulois faire auparavant par inclination, c'est à dire de bien vivre avec elle, je luy fis proposer par ces messieurs, qu'attendant qu'elle fust informée de ce qui est deub au premier prince du sang de France, pour luy tesmoigner que je ne cherchois qu'à estre de ses amis et à contribuer ce qui dépendroit de moy aux festes que le roy lui faisoit préparer, je la priois de trouver bon que je la visse incognito, comme il arrive souvent dans de pareilles contestations. Elle me le refusa d'abord, disant que *par la teste Dieu* elle ne se desdisoit jamais de ce qu'elle avoit résolu ; et enfin, à force de supplication et de prières que la considération du roy me fit luy faire, elle me permit de la voir dans la presse de toute ma suitte, ce que je fis avec toute la gayeté qui me fut possible, aussy bien que le lendemain matin elle parut tout à fait satisfaite de ma façon d'agir avec elle ; elle m'envoya son maistre d'hostel pour me visiter de sa part, me dire qu'elle estoit au désespoir que je n'eusse pas subject de me louer d'elle, qu'elle s'informeroit de tout ce que je luy avois faict dire, et me feroit tout le traictement qui m'estoit deub, et me demanderoit pardon de ne l'avoir pas fait plus tost. Elle envoya quérir ensuitte Mr de Guitaut, à qui elle répéta les mesmes choses et y en adjousta encores de plus obligeantes. Elle me pria d'aller à la comédie ce soir là ; j'y consentis par les mesmes raisons du jour précédent, à condition que je serois dans la presse des gentilhommes qui estoient là, sans aucune distinction ; cela fust fait ainsy ; après la comédie je la remerciay dans la chambre, où elle me confirma tout ce qu'elle m'avoit faict dire par Guitaut ; puis je pris congé d'elle et revins le lendemain à Bruxelles, où dès le soir je donnay part au comte par M. Lenet de tout ce que dessus et le chargeay de luy dire que j'avois esté deux jours à Anvers sans avoir apris que M{{r}} de Pimentel y estoit que par la conduitte de la reyne de Suède, que tout le monde me disoit luy estre suggérée par luy. Le comte tesmoigna à M. Lenet qu'il s'emploiroit volontiers pour me faire avoir satisfaction de la reyne, et qu'il s'estonnoit de ce que Pimentel ne m'avoit pas rendu ses debvoirs, à moins que ce fust pour n'avoir pas sceu quel traictement je luy ferois en qualité d'ambassadeur. M{{r}} Lenet luy répartit que je ne le cognossois pas comme tel, que c'estoit à luy à me faire cognoistre par des lettres du roy sa qualité et les intentions de S. M., auxquelles je sçaurois bien me conformer.

Le lendemain M{{r}} de Fuensaldagne alla à Anvers prier la reyne de venir faire son entrée à Bruxelles. M{{r}} Lenet y alla avec luy sans en rapporter autre chose sinon que la reine s'informeroit de la justice de mes prétentions et me satisferoit. Au retour du comte, je fus le voir, luy donner part de toute ma conduite envers la reyne, et de la raison du service du roy qui me l'avoit faict avoir si modérée après un tel changement de sa part. Le comte me tesmoigna l'approuver ; et luy ayant demandé son advis pour l'avenir, ne voulant rien faire que de concert avec luy aux choses ou le roy peut s'intéresser, il me dit qu'il me conseilloit de la voir à son arrivée en cette ville une fois seulement incognito, comme j'avois faict à Anvers, et qu'après je cessasse jusques à ce qu'elle se fust informée et m'eust donné toute satisfaction...

J'envoyay encores M{{r}} Lenet pour sçavoir l'intention de la reyne par la bouche de M{{r}} le comte de Fuensaldagne, ne voulant pas passer par le ministère de Pimentel, qui ne me voit point ; et l'estant allé chercher au palais, la reyne, appercevant Mʳ Lenet, l'appela. J'oubliois à vous dire que la veille le duc François, après avoir longuement concerté avec la reyne, en fut receu de cette manière : elle sortit deux chambres au devant de luy, le reconduisit de mesme et l'entretint debout et couvert dans sa chambre. — De sorte que la reyne me fit l'honneur de proposer à Mʳ Lenet qu'elle estoit preste à me traicter comme elle avoit faict Mʳ le prince François, qui est à peu près comme elle traicte Mʳ le duc d'Arscot ou Mʳ de Castelmore (Baas) ; car pour Mʳ de Pimentel, elle le faict assoir et s'enferme environ dix heures du jour avec luy ; il l'accompagne à la promenade, à la comédie, et partout avec une familiarité qui faict desjà pester icy contre l'un et l'autre, tant par la jalousie de ceux qui cognoissent Pimentel et les raisons secrètes qui font faire cette comédie (et que le roy et Mʳ don Louis ignorent assurément) que par leur conduitte particulière ; tout cela ne me touchant en rien, je continuray à vous dire que je me sentis piqué au dernier point de ce que la reyne de Suède, despouillée de ses estats, offroit de traicter le premier prince du sang de France comme le roy d'Espagne traicteroit un simple duc et pair, ou, pour comble d'honneur, comme le duc François, cadet de la maison de Loraine, auquel je ne donnerois pas la porte chés moy, comme vous sçavés que je ne la donne à pas un prince estranger.

J'allay trouver le comte de Fuensaldagne... Je dis ce que je creus debvoir dire sur le changement de l'esprit de la reyne pour moy, sur sa maison et sur la mienne, sur sa royauté imaginaire, sur sa conduitte ridicule, et sur tout ce que l'on disoit de celle de Pimentel, afin que le comte mist ordre à toute chose. J'adjoustay mon desplaisir de ce que je voyois qu'on me faisoit copier le prince François en toute chose, qu'on me l'objectoit en tous rencontres, qu'on ne s'estoit pas contenté de souffrir que dans les estats du roy il ne me rendist pas ce qu'il me rendroit en France quand il seroit le vray duc de Loraine, en possession de ses estats, et comme j'avois tousjours offert de le traicter et offrois encores par la seule considération qu'on m'a dit qu'il est de la convenance du roy, pourveu qu'on l'obligeast à faire ce qu'il doibt envers moy, mais qu'on avoit encores voulu de gayeté de cœur me faire perdre Stenay et Clermont en souffrant qu'il refusast de les secourir, que depuis deux jours il avoit défendu à ses gens de me voir, et qu'enfin, estant venu dans les intérests du roy avec les establissements tels que je les avois, je n'ay pas seulement le desplaisir de me voir réduit où je suis, mais encores celuy de voir qu'on vient diminuer ce qui est deub à ma naissance, et j'ose dire à ma personne et aux services que j'ay rendus; et je ne peus me tenir de dire au comte que l'affaire d'Arras et la désertion d'une partie des trouppes du prince François, qui se sont allées rendre en France depuis dix jours, faict bien voir qui sert le roy plus utilement; et il fault que je voye venir tous les jours ces gens despouillés comblés de bien et de grandeur, pendant que j'expose ma vie et celle de mes amis, comme je feray fort constamment jusques au bout pour le service du roy !

Il me reste à vous dire que le comte me respondit fort civilement, approuva mes plaintes, me promit de s'employer pour en faire cesser le subject; et voilà l'estat où nous en sommes, duquel je vous confesse que je suis oultré de douleur, et contre la reyne de Suède et contre le prince François; je ne parle pas si on le leur faict faire ou non; il me suffit que M^r le comte de Fuensaldagne m'aye affirmé que les ministres du roy n'y ont point eu part pour ne souffrir pas des injures aussi touchantes que celles là.   B. N.

MISSION DE SALLER A ROME[1].

1654-1659.

M. LE PRINCE AU COMTE DE FIESQUE.

14 juillet 1655.

Il fault que je vous face part d'une chose où j'ay un notable intérêt et où j'ay besoin de la protection de S. M. C. Salers, que j'avois envoyé à Rome, a esté persuadé par l'ambassadeur d'Espagne de se retirer à Naples, comme il a faict, sur des soupçons qu'ils ont eus que l'ambassadeur de France vouloit faire quelque desplaisir à Salers. J'ay trouvé bien estrange que l'ambassadeur d'Espagne, au lieu d'offrir haultement sa protection à Salers dans cette rencontre, ayt esté le premier à luy proposer cette retraite et à le porter à cela. Si c'estoit que le Pape n'eust pas voulu souffrir Salers à Rome et que S. S. eust tesmoigné désirer qu'il n'y parust pas, je ne voudrois pas l'y faire demeurer contre son gré (encore supplierois-je S. M. C. de procurer qu'il y demeurast); mais comme j'apprends que ce n'est que la faction françoise de laquelle il est menacé, et que l'ambassadeur d'Espagne, qui m'en escrit, ne me mande pas que ce soit par aucun mouvement du Pape, ce me seroit un affront bien sensible si je me voiois contraint de retirer un de mes gens d'un lieu par la seule apréhension des violences des François. Je vous prie donc d'en parler à Don Louis, et de faire en sorte qu'il envoie ordre à l'ambassadeur d'Espagne de soustenir haultement cette afaire là en protégeant Salers tant

---

1. Plusieurs lettres de Saller sont conservées dans les *Papiers de Condé*; le défaut de place nous empêche de les publier ici. La dernière est datée de Rome, 27 décembre 1659. Quand Condé fut rentré en France, Saller se retira dans ses terres, en Languedoc, d'où il écrivit de loin en loin à M. le Prince; ces lettres ont été conservées.

qu'il demeurera dans Rome. Ce seroit le seul lieu où mes gens ne seroient pas en seureté. J'en ay eu à la pluspart des autres cours, sans qu'on leur ayt faict le moindre desplaisir. St Estienne a esté plusieurs fois en Allemagne; il s'est trouvé à Ratisbonne dans le temps mesme de la diète; il y a veu publiquement l'Empereur et les princes de l'Empire; et bien loing qu'aucun mauvais dessein se formast contre luy, il y recevoit et faisoit publiquement des visites avec tous les bons traictements qu'il pouvoit désirer. Il y a trois ans que Barrière est en Angleterre; il est encore présentement à Londres auprès du Protecteur. Montreuil a esté à Rome de la part de mon frère et de la mienne dès le commencement de ces guerres; l'abbé Charrier y a esté de la part du cardinal de Retz contre l'intention de la cour avant mesme qu'il fust cardinal, et pas un d'eux n'a receu en tout cela aucun mauvais traictement ny mesme n'en a pas esté menacé. Pourquoy faudroit-il qu'aujourd'huy un exemple si fascheux commençast par moy, et que Rome fust la seule cour où mes gens ne fussent pas en seureté et où ils ne fussent pas protégés par les ministres d'Espagne? J'ay donc un intérest trop notable à cela pour souffrir une telle chose. J'ay mandé à Salers de s'y en retourner et de s'appuier de la protection des ministres de S. M. C., ausquels je vous prie d'envoyer des ordres très précis pour cela; et comme le bruict est icy que Mr de Pegnaranda doibt aller à Rome, et que je croy qu'un voiage comme celuy là ne peut estre que pour traicter de la paix, je vous prie de luy en parler en cas qu'il y aille, affin qu'il soustienne cette afaire là de la belle manière; autrement je me trouverois exclu d'y pouvoir envoyer une personne de considération comme monsieur le président Viole, ainsy que je l'ay résolu en cas que l'on veuille traicter de la paix. Vous jugez par toutes ces choses là de quelle importance cela m'est, à proportion de quoy je vous prie de vous employer pour establir une entière seureté aux personnes qui pourront y estre de ma part...

A. C.

LE CARDINAL DE RETZ. — MARIGNY[1].

LE CARDINAL DE RETZ AU BARON DE WATTEVILLE.

Belle-Ile, 4 septembre 1654.

Je vous advoue que je tombe avec une extrême facilité dans les sentiments que vous me proposez et qui tendent à une réunion avec M. le Prince. J'ay tousjours eu tant d'inclination à l'honorer que je n'ay jamais perdu qu'avec beaucoup de regret l'honneur de ses bonnes grâces. Je vous puis asseurer que je souhaitte avec sincérité et avec passion de les acquérir et de les mériter par quelque service très humble. Dès les premiers moments de ma liberté, j'aurois essayé de luy en donner des marques, si la persécution de mes ennemis ne m'avoit réduict en un estat où le besoin que ma maison a des assistances de mes amis ne me permet presque pas de leur pouvoir offrir mes services avec bienséance. J'espère que Rome, où je vas présentement, me mettra suffisamment à couvert contre l'injustice et la violence; mais en quelque lieu que je sois, j'auray tousjours une extrême joie que M^r le Prince me tienne pour son serviteur, et je vous seray très obligé de luy tesmoigner les sentiments que j'ay sur ce subject, et de faire pour nos intérêts communs tout ce que vous jugerez à propos.

A. C.

---

1. Les lettres adressées par M. le Prince et M. le Duc à Marigny sont conservées parmi les *Papiers de Condé*, où elles forment un dossier spécial. Elles furent sans doute rendues à Condé ou à son fils par Marigny ou ses héritiers. — Ainsi fut fait par Caillet et Ricous pour les lettres qu'ils avaient reçues des deux princes.

M. LE PRINCE A MARIGNY.

Camp de Solre sur Sambre, 15 juin 1655.

Je serois bien fasché qu'après avoir faict de mon costé ce que j'ay creu devoir et pouvoir faire pour vostre satisfaction, vous eussiés quelque subject de prendre la résolution dont vous me parlés d'un voyage en Angleterre. Vous scavés qu'on ne prend pas plaisir à voir ainsy passer les rivières et les mers à ses amis. Vous en uzerés pourtant comme il vous plaira ; mais pour vous dire le vray, ce seroit avec peine que je consentirois à ce voyage et vous me feriés plaisir d'en perdre tout à faict la pensée. Si vous vous contentiés d'aller faire un tour en Hollande, j'y donnerois les mains de tout mon cœur ; mais pour passer outre je ne serois pas bien aise que vous le fissiés, et je croy que vous n'aurés pas de peine à me donner ce contentement, puisque ce que j'en fais n'est qu'une marque de l'amitié que j'ay pour vous [1].

Camp près de Tournay, 27 août 1655.

Comme je prends beaucoup de plaisir à recevoir de vos lettres et à lire les nouvelles que vous m'escrivés, je vous prie de continuer à m'escrire et à me mander tout ce que vous pourrés apprendre de celles de Suède, de Pologne et d'Italie, et particulièrement de celles d'Angleterre. Cela vous faict cognoistre comme j'ay receu vostre lettre du 12 de ce mois où vous me parlés fort amplement des affaires de tous ces pays là, dont je vous remercie. Je n'ay autre chose à adjouster à ce billet sinon pour vous dire qu'on ne sçauroit vous aymer ny vous estimer plus que je fais.   A. C.

1. Marigny passa néanmoins en Angleterre avec passeport de M. le Prince ; il y demeura d'ailleurs peu de temps, et se rendit bientôt en Italie, où il se mit en relations avec le cardinal de Retz et contribua puissamment à le rapprocher de Condé.

                    , Bruxelles, 15 janvier 1656.

J'ay trouvé icy, à mon retour d'un petit voyage que j'ay faict despuis la campagne finie, deux de vos lettres, l'une du 24, l'autre du 31 décembre. Je vous advoue qu'elles m'ont fort pleu toutes deux, et la dernière particulièrement est si remplie de jolies choses que je ne vis jamais rien de plus agréable. C'est assés à mon gré nous estre entretenus par lettres, et il n'y a pas moyen de se passer de vous le long de ce quartier d'hiver. C'est pourquoy je vous prie de revenir le plus tost que vous pourrés. Je vous dis peu de chose présentement, remettant à vous dire le reste à vostre arrivée, qui ne sçauroit estre si prompte que je le souhaite.   A. C.

MARIGNY A M. LE PRINCE.

                        Florence, 12 août 1656.

Les premières nouvelles de vostre victoire devant Valenciennes ont accompli la prophétie que je vous fis par ma dernière, M. le cardinal de Retz estant party d'icy pour courrir au succez qu'il en espère et pour aider à la révolution qu'il regarde comme une suite de cette grande action. Aux premiers advis que nous en receusmes, j'allay le voir pour l'en féliciter et pour luy tesmoigner la joie que V. A. S. auroit de se voir en estat de donner vigueur à ses amis et de pouvoir employer ses armes pour favoriser ses desseins, l'asseurant qu'elle m'avoit cy devant commandé de luy dire que l'esloignement de Fuensaldagne, obstacle perpétuel à ses entreprises, luy donneroit moyen de se prévaloir des advantages qui luy arriveroient, de suivre les conseils qu'il plairoit à son Éminence de me suggérer pour les luy faire sçavoir. Il receut ces offres avec tout le respect et le tesmoignage de recognoissance qu'on sçauroit s'imaginer; et, me tesmoignant qu'en cette occasion

les effets et les actions debvoient supléer à ses complimens et
à ses paroles, il me communiqua sa détermination de quitter
l'Italie et de s'approcher de France pour examiner de plus
près l'estat des choses et pour se jetter dans Paris et reprendre
d'auctorité l'administration de son diocèze, s'il trouvoit que le
succez de vos armes et vostre entrée dans le royaume y eust
mis la disposition qu'il espéroit. J'advoue à V. A. S. que ny
les entretiens que nous avions eus sur ce subjet ny les impressions que j'avois pris de ses discours, ny mesme l'opinion que
j'avois conceue d'une pareille résolution n'empeschèrent pas
ma surprise, le voyant sur le point de l'exécuter, de se tra-
vestir, de quitter la pourpre pour s'ériger en comte de Caumont
et pour s'abandonner avec un simple gentilhomme et un valet
de chambre à l'incertitude d'un si long voiage et d'une entreprise qu'il n'y a que le succez qui puisse justifier. Il faut encore
que je die à V. A. pour luy faire cognoistre son génie, que
jamais ny sa hardiesse ny sa grande résolution ne luy per-
mirent ny scrupule ny foiblesse capables de luy faire faire la
moindre réflexion; et que, luy disant que le souvenir de Cœsar,
qui avoit tremblé en passant le Rubicon et que les historiens
nous représentent emporté plustost par la force de son dessein
et par les prodiges que par son génie, me faisoit cognoistre la
grandeur de son âme, qui ne recevoit pas la moindre altéra-
tion, il me respondit que ces sentimens de la nature estoient
indignes du cardinal de Retz. Enfin il partit le neufviesme sans
prendre congé du Pape que par lettre, tout abandonné à la
confiance qu'il met en V. A. S. et aux asseurances que je luy
ay données de ses favorables dispositions et de ma diligence
pour luy faire sçavoir son voiage, affin que dans ses résolutions
elle considère combien il luy importe de faire un effort pour
entrer en France et y prendre un poste qui ranime dans Paris
et dans le royaume la vigueur de vos amis communs et qui
luy puisse donner au moins les apparences d'hazarder l'exécution de ce project. C'est ce dont il m'a chargé lorsque j'ay

pris congé de luy. En effect V. A. S. me permettra de luy dire qu'il me semble qu'elle n'a pas aujourd'huy un plus grand intérest, et que c'est le seul moïen de reprendre la considération et l'auctorité que ce concert de division vous a faict perdre, et de réduire le cardinal Mazarin aux termes d'un accommodement seur et honorable.   A. C.

21 octobre 1656.

La lettre de V. A. S. du 21 7bre ne me fut rendue la sepmaine passée qu'après le départ du courier... Je n'ay pas manqué d'en donner part à M. l'abbé Charrier, qui peut plus tost que pas un autre sçavoir le lieu de retraite de cette Éminence, et qui est très persuadé qu'il n'y a que l'union estroicte avec V. A. S. qui puisse establir sa grandeur et faire réussir ses prétentions. Si je puis découvrir la grotte où il se cache et où il exerce sans doubte son talent à la composition de quelque belle homélie, je luy feray sçavoir l'obligation qu'il vous a. En effet il ne se peut rien adjouster à la manière dont V. A. S. en veust user; et la complaisance qu'elle tesmoigne à tout ce qui peut regarder ses intérests, sans vouloir prendre advantage de la nécessité où il se trouve, ny de la crainte que le cardinal Mazarin prendroit de la cognoissance qu'il auroit de vos premières dispositions à une réconciliation qui a autrefois renversé sa puissance, est tout à faict digne de vostre vertu et de la grandeur de vos sentiments; mais comme j'ay porté en cette occasion les paroles dont vous m'avez honoré et les responces de M. le cardinal de Retz à V. A. S., je me trouve obligé, en luy confirmant qu'il n'y a rien de plus précis ny de plus formel que les asseurences qu'il m'a donné d'un attachement inviolable à tous vos intérêts, luy protestant mesme que je suis persuadé que vous trouveriez de son costé une correspondance entière de générosité et de bonne foy, de luy dire que je ne croy pas qu'il s'imaginast y avoir manqué en recepvant (par un accommodement feint et qui ne peut estre sincère avec le cardinal Mazarin) son temporel, et se soubmettant à un séjour de France et peut estre de son voisinage qui luy pourroit guérir ses frayeurs. Cependant, comme V. A. S. sçait (quoy qu'on né puisse appeller un traicté de cette nature une véritable réconciliation) il ne nous feroit guères moins de mal, il ne nous seroit guères moins préjudiciable, et il n'apporteroit guères moins d'advantages au cardinal Mazarin qu'une intelligence réelle et effective; car, outre qu'il vous feroit perdre les occasions présentes, nous réduiroit à l'incertitude des événemens, asseureroit vostre ennemi du péril présent, vray ou imaginaire, osteroit en général la force et l'efficace que la nouveauté nous donne et attiédiroit la chaleur qu'elle excite tousjours en France, vous sçavez qu'il faut du temps pour revenir d'un accommodement (quoyque simulé) à une rupture ouverte, qu'on la veut justifier et rendre légitime par des prétextes qui ne naissent pas en un moment, et que les prétendens à la réputation de grans hommes et à la gloire de l'immortalité ne passent point d'une extrémité à une autre, ne font pas tout d'un coup éclater la haine qui couvroit leur fausse amitié, mais qu'ils y viennent par degrez et par un circuit qui leur fait prendre pour l'ordinaire un long chemin, joint qu'en cette occasion, pour deffendre sa non action et son silence, l'on pourroit alléguer l'inutilité d'une déclaration expresse et l'impuissance des efforts qu'on feroit, les prétextes de l'église cessant (comme ils feroient), l'assemblée du clergé se trouvant séparée, les curés satisfaits de l'acquiescement de l'archevesque, et les amis de l'apparence de son accommodement. Il faut donc croire qu'il est au pouvoir du cardinal Mazarin de destourner le mal qu'il appréhende, et à craindre que sa pensée à la négotiation, sa manière de tenter ses ennemis par ses promesses, le tire quasi sans y penser de cet embaras, et ne face perdre à V. A. S. les occasions d'en proffiter...

A. C.

M. LE PRINCE A MARIGNY.

Bruxelles, 6 février 1658.

J'ay reçeu toutes vos lettres, et si j'ay différé à vous faire response jusqu'à présent, c'est la maladie de Caillet qui en est cause; mais je n'ay pas voulu remettre plus longtemps à en accuser la réception, particulièrement de la belle lunette que vous m'avés envoyée, dont je vous prie de bien remercier de ma part la personne qui vous l'a donnée et l'asseurer que je l'ay trouvée merveilleuse et qu'il ne se peut rien de plus beau. Je vous adresse un petit paquet pour Mr de Mazeroles, que je vous prie de luy rendre s'il est à Francfort, ou le luy faire tenir où il sera. Je ne doubte pas que vous ne le sçachiés, et que vous ne l'ayés veu et receu de luy la lettre que je luy ay donnée pour vous [1]... A. C.

FOUCQUET DE CROISSY ET SON PROCÈS.

M. LE PRINCE A X***.

S. d. (avril 1653).

J'ay esté bien surpris de la détention de Mr de Croissy, veu qu'encore qu'il fust dans mes intérests, il ne s'estoit aresté à

---

[1]. Marigny se trouvait alors à Francfort, où se tenait la diète pour l'élection de l'Empereur. Comme on y parlait de la paix, M. le Prince y avait envoyé Mazeroles pour le représenter officiellement et défendre ses intérêts; mais le véritable agent de M. le Prince était Marigny, qui le tenait au courant de tout ce qu'il voyait et entendait. Ses nombreuses et longues lettres sont conservées dans les *Papiers de Condé;* ne pouvant les publier ici, nous nous sommes bornés à indiquer sommairement les rapports de Condé avec Marigny, et la part qu'eut ce dernier dans la réconciliation de M. le Prince avec le cardinal de Retz.

Paris que pour acheminer et traicter un accommodement, après y avoir esté convié ; mais cet artifice et le traictement qu'on luy faict tesmoigne assés l'aversion que le cardinal Mazarin continue d'avoir pour la paix. J'ay bien voulu vous donner connoissance de ce procédé artificieux, qui oste tout moyen de pouvoir traicter aucun accommodement, puisqu'il rompt la confience ; et pour oster tout prétexte aux ennemis de Mr de Croissy de le maltraicter, je vous desclare qu'il est dans mes intérests et que je traicteray les prisoniers que j'ay, mesme le président Daffis et tous ceux qui estoient dans la conspiration de Bordeaux, de la mesme sorte que l'on le traictera. B. N.

PRISONNIERS DE GUERRE.

M. LE PRINCE A LE TELLIER.

Namur, 6 avril 1653.

La lettre qui a esté escrite à M. de Vaubecourt soubz le nom du Roy touchant les Srs de Vineuil et Joly faisant plustost cognoistre la passion du cardinal Mazarin que les volontez de S. M., j'ay creu n'estre pas obligé d'y rendre la mesme déférence que celle que je doibz avoir et que j'auray toute ma vie pour tout ce qui viendra directement de la part de S. M. ; et je la croy trop pleine de justice pour me taxer d'aucun manquement au respect que je luy doibz si je vous dis que l'intérest des prisonniers qui se font pour mon subject m'empesche de pouvoir changer la résolution que j'ay prise de faire un pareil traictement que celuy qu'ils recevront à tous ceux du party contraire qui sont présentement ou qui pourront cy après tomber en mes mains... A. C. (*Minute.*)

M. LE PRINCE A DUMONT, A LINCHAMP.

Bruxelles, 4 février 1657.

... Dites encore une fois à Mr de la Roque S^t. Chamarant qu'il recevra le mesme traictement sans nulle différence que celuy qu'on fera à Mr de Chenaille, qu'il en peut escrire à la cour si bon luy semble, ce que je laisse à son choix, ne prétendant pas luy rien commander là dessus, mais seulement luy dire cecy comme par advis, car je serois fasché d'estre obligé de luy faire quelque mauvais traictement avant de l'en avoir adverty, affin qu'il y puisse remédier. Il ne faut point qu'il croye qu'il n'y ait nul rapport entre luy et Mr de Chenaille; car tant qu'il n'y a point de quartier establý pour les prisonniers de guerre, il n'y a point de différence entre eux et les prisonniers d'estat, tesmoing le traictement qu'on a fait à plusieurs officiers de mes trouppes qu'on a retenu 3 ou 4 ans durant à la Bastille dans des cachots, avec menace de leur faire tous les jours leur procez ...

B. N.

M. LE PRINCE A BARBESIÈRES-CHEMERAUT.

Camp de Saint-Silvestre-Cappel, 8 septembre 1657.

Je ne puis plus doubter, après la lettre que j'ay receue de vous du 24 du passé par ce courrier, que vous ne désiriés que le traicté que vous avés faict avec les parents du Sr Girardin s'effectue, puisque vous m'en escrivés avec tant d'ardeur; et quoyque j'aye mandé que je tiendrois pour nul tout ce qui se feroit par delà, j'ai néantmoins trop d'amitié pour vous pour ne pas faire en cela tout ce que vous souhaictés de moy. Je donne donc très volontiers les mains à ce que vous avés faict, mais à condition que les deux cavalliers qui avoient esté pris à St-Quentin pour la mesme affaire, et qui despuis ont esté menés à la Bastille, seront compris dans l'eschange, et qu'on fera aussy à mesme temps celuy du chevalier de Londy avec un capitaine de cavallerie tel qu'on voudra de ceux qui sont mes prisonniers, sans quoy je ne puis faire l'affaire du Sʳ Girardin; si on demeure d'accord de cela, il n'y aura qu'à vous faire venir à Charleville sans attendre d'autres nouvelles; car je m'en vas envoyer ordre pour faire venir le Sʳ Girardin à Rocroy; de cette façon l'affaire se pourra ajuster aisément; le Sʳ Caillet, intendant de Rocroy, en aura tout pouvoir de ma part; il me semble que ces deux villes là, comme elles sont les plus proches l'une de l'autre de celles de la frontière, seront aussy les plus commodes pour faire l'eschange; s'il y a quelque chose qui retarde d'un peu l'arrivée du Sʳ Girardin à Rocroy, ce ne sera que le mauvais estat de sa santé, qui ne luy permettra de faire que de très petites journées [1]. Si l'on veut aussy à la Cour faire un traicté pour l'eschange général, comme le Sʳ de Gourville l'avoit mandé, l'on peut se servir de cette occasion et donner un pouvoir ou au dit Sʳ de Gourville ou à tel autre que l'on voudra. J'en donnneray un pareil au Sʳ Caillet, intendant de Rocroy, avec lequel on pourra convenir de toutes choses. Je vous conseille de prendre vos seuretés pour toucher vostre argent à Anvers; il me semble que c'est le meilleur pour vous et le plus seur, à cause du péril qu'il pourroit y avoir par les chemins pour le transport de l'argent. B. N.

M. LE PRINCE A LENET.

Bergues, 8 octobre 1657.

L'on m'escrit de Paris que depuis la mort de Girardin on a mis Barbezières dans un cachot et qu'on parle de luy faire son procès sur de vieilles affaires qu'il a eu autrefois en France. Vous savés que si je souffrois qu'on fist mourir un homme qui a esté pris auprès de moy les armes à la main, à cause de

---

1. Il mourut quelques jours après.

quelques affaires qu'il a eu auparavant, ce seroit absolument la ruine de mon party; car il n'y a peut estre pas dix officiers dans mes trouppes qui n'ayent fait quelque duel on qui n'ayent eu quelque autre affaire en province... B. N.

Bergues, 13 octobre 1657.

Je vous avois chargé de faire que M^r le marquis de Caracène escrivist à Mr de Turene et au cardinal touchant l'affaire de Barbezières; mais la lenteur avec laquelle ces M^{rs} ont accoustumé de faire toutes choses est cause qu'on a faict mourir ce pauvre garson, et qu'on luy a faict couper le col. Vous pouvés dire à M^r le marquis que ses lettres ne sont plus nécessaires; si on avoit voulu en escrire ou en parler pendant que les ennemis estoient si près d'icy et qu'on parloit tous les jours à eux, l'on auroit empesché ce malheur là. Comme je ne veux pas demeurer sans ressentiment sur une chose de cette nature, et que je ne veux pas aussy y faire un pas de clerc ny me résoudre à rien de mal à propos, je serois bien aise de vous en entretenir; c'est pourquoy je vous prie de me mander si vous serés en estat de venir icy aujourd'huy ou demain; le plustot que vous pourrés parler là dessus ne sera que le mieux. B. N.

TENTATIVE DE LEBRUN.

LE DUC DE NOIRMOUTIER A M. LE PRINCE.

Charleville, 16 septembre 1653.

J'ay appris avec horreur le lasche dessein que Poulinet m'a dit que l'on avoit fait sur la personne de V. A., et je me suis resjouy en mesme temps que vous ayez descouvert un si infâme attentat. Je puis vous asseurer que le baron de Veillac et son complice (Lebrun) n'ont point esté à Charleville. Ils ont passé à Mézières ; mais en cette ville là comme en celle cy les actions de cette nature sont également odieuses... A. C.

L'ABBÉ FOUCQUET A X*** [1].

S. d. (octobre 1653).

J'ay esté tout a faict estonné que M^r le Prince ait fait courre des bruicts que j'avois voulu entreprendre contre sa vie. Si j'avois esté capable d'une pareille lascheté, le Roy estant obligé de demeurer dans un village, M. le cardinal de quitter la cour et se retirer en Allemagne, et M. le Prince tous les jours dans Paris, tout seul avec un laquais, à onze heures du soir, l'entreprise n'eust pas esté malaisée, et, le Roy chassé de la capitale de son royaume, elle eust paru plus excusable. J'ay conservé si religieusement les paroles que du consentement de la Reyne je luy avois données, qu'à l'égard de quelques uns de ses proches et de quelques particuliers on ne sçauroit pas ce qui s'estoit passé dans le traicté, qui pouvoit luy estre préjudiciable, qu'il pouvoit bien croire qu'estant réduict à une guerre ordinaire hors du royaume, je ne commencerois pas à vouloir estre instrument contre luy d'une chose qui a esté proposée par tant de personnes durant son règne à Paris, si souvent rebuttée par la Reyne et par M^r le cardinal, moy qui ay esté traicté dans ma prison de la maniére du monde la plus obligeante, et qui m'engagerois à le servir s'il n'estoit point dans des intérests contraires à ceux auxquels je suis obligé et par ma naissance et par ma reconnaissance et par mon serment.

Il seroit aisé à M^r le Prince de descouvrir la vérité, et il me semble qu'il y a des moyens pour la tirer des criminels ; et quand il luy plaira de la sçavoir, peut-estre connoistra-t-il qu'il m'a de

---

1. « Coppie de la responce escrite à un des officiers de l'armée de M. le Prince pour luy faire voir, sur le sujet du s^r Le Brun », telle est la mention qu'on lit en tête de cette pièce, au dos de laquelle on lit : « Abbé Fouquet. »

l'obligation et prendra-t-il autant de soin de réparer mon honneur comme il en a pris pour le noircir, ne croyant pas qu'il doive trouver estrange si un homme qui est à luy s'offrant de donner advis de ce qui se passera dans son armée, on en a accepté la proposition.

Pour moy, je m'estois résolu de demander un passeport à M. le Prince pour m'en aller dans son armée, et s'il m'avoit donné seureté sur toute autre chose, sur ce sujet je me serois remis à luy, en cas que je n'eusse pas confondu celuy qui a avancé les propositions qu'il dict luy avoir esté faictes. Je crois avoir vescu d'une manière pour que ma parole et mon serment soient préférés à celuy d'un homme qui trahit son maistre. M. le Prince ne peut pas dire qu'il ne le connoisse pas, puisqu'il m'a donné des lettres que mondict sieur le Prince luy escrivoit, et j'en ay encore une entre les mains signée de luy, qui ne doit pas trouver estrange qu'un homme, pour sauver sa vie, dise qu'il doit rendre les plus grands services du monde ; mais il l'est fort que M. le Prince veuille perdre de réputation une famille qui n'est pas tout à faict à négliger, ny si aisée de pousser à bout, et qui aura desplaisir de se trouver engagée pour ses intérests particuliers de n'estre jamais plus dans ceux de M^r le Prince ny d'aucuns de ses amis, quoy qui puisse arriver. J'espère que quand il y aura faict réflexion, il nous rendra cette justice de s'esclaircir de la vérité et de la faire connoistre.

A. C.

Procès-verbal du 18 novembre 1653.

Par devant nous Jean Sergent, prévost royal et juge ordinaire de la ville de Rocroy, Michel Le Brun, prisonnier ès prisons dudit Rocroy, eslargy d'icelles et amené par devant nous, a recognu et confessé avoir escrit l'original du mémoire dont copie est escrite ci dessous, qu'il avoit mis et délivré ès mains de l'abbé Fouquet pour le communiquer à M. le cardinal Mazarin et faire prendre les personnes y dénommées, afin de se mettre en croyance et crédit auprès d'eux, quoyqu'il n'a laissé pourtant d'advertir les dits desnommés de prendre garde à eux; de quoy a esté fait acte qu'il a signé.

Monudet, lieutenant colonel du régiment d'Anguien, qui a servy à Montrond une année durant, est logé au galion proche la porte de Busy.

Morel est logé au cloître des Jésuites du faubourg St-Germain.

Escudéry est logé proche le Temple au Marais.

Le beau fils de Dupert, qui est dans les troupes de Lorraine, est logé à la « Ville de Richelieu » sur les fossés St-Germain.

Ericourt qui veut prendre une compagnie de cavaliers dans les troupes de M. le Prince, est logé proche Escudéry.

Palange est logé à la descente du pont Notre-Dame.   A. C.

Mme DE CHATILLON.

M. LE PRINCE AU COMTE D'AUTEUIL.

12 avril 1657.

Je suis bien aise de l'advis que vous me donnez que Mme de Chastillon est tousjours bien avec Mme de Longueville. La chose du monde que je souhaite le plus est qu'elles continuent de bien vivre l'une avec l'autre. Quant au surplus des choses que vous m'escrivez sur le subject de Mme de Chastillon, vous me ferez plaisir de m'informer tousjours de ce que vous apprendrez [1].   A. C.

---

[1]. Dans la correspondance secrète échangée entre Condé et le comte d'Auteuil, il est souvent question de Mme de Châtillon, qui s'y trouve désignée sous le nom de *Circé*.

M. LE PRINCE AU COMTE DE FIESQUE.

S. d. (avril 1657).

... Quant à ce que Duverger a dict que Mme de Chastillon me trompe et que c'est elle qui a fait manquer l'affaire de Péronne, c'est une chose assez bizarre, n'y ayant guère apparence qu'une personne qui a commencé une affaire prenne plaisir à la faire manquer ; car c'est Mme de Chastillon toute seule qui avoit mesnagé celle de Péronne depuis le commencement jusqu'à la fin, sans que je m'en fusse presque meslé. Le malheur a voulu qu'elle n'a pas réussy, et Mme de Chastillon en a mesme esté prisonnière. Je ne sçay si après cela il faut croire qu'elle m'ayt trompé... A. C.

LE DUC DE GUISE.

LE DUC DE GUISE A M. LE PRINCE.

Bordeaux, 4 septembre 1652.

A moins que d'estre le plus ingrat de tous les homes, je ne puis retarder davantage de vous rendre très humbles grâces de la liberté que vous m'avez donnée. Je suivray ce gentilhome de près pour vous en aller tesmoigner mes ressentiments autrement que par des parolles, et vous faire conestre, Monsieur, au péril de ma vye, que devant plus à vostre protection qu'à tout le monde ensemble, je suis sans réserve contre toute la terre, vostre très humble, très obéissant et très obligé serviteur. A. C.

LIVRE VI, CHAPITRE IX.

LA LUTTE AVEC TURENNE.
1654-1657.

CAMPAGNE DE 1654.

M. LE PRINCE AU COMTE DE FIESQUE.

20 juin 1654.

Sur l'advis que j'ay eu que les ennemis marchent sur Stenay, j'ay veu le comte de Fuensaldagne pour lui demander l'exécution de l'article de mon traité qui porte que, quelqu'une de mes places venant à estre attaquée, S. M. C. ordonnera à tous ceux qui commandent ses troupes d'aller au secours avec toutes leurs forces. J'en ay aussy parlé à M. l'archiduc, et ils ont tous deux trouvé ma prétention raisonnable; mais le prince François n'y veut point aller ny prester ses troupes que je ne luy remette Clermont. Là-dessus j'ay respondu que si les Espagnols pouvoient à la paix obliger la France à donner satisfaction à la maison de Lorraine, je ne ferois point de difficulté de luy remettre Clermont et Stenay, la France m'en remplaçant la valeur en d'autres places et domaines, qui est la mesme manière dont M^r le duc de Lorraine est toujours demeuré d'accord. Le prince François ne s'est point voulu contenter de cela et a tousjours demeuré dans sa prétention sur Clermont, me voulant faire acheter au prix de cette place là l'assistance de ses troupes pour le secours de Stenay, en cas qu'il soit attaqué... Je vois bien qu'après avoir perdu et la Guyenne et mes places de Bourgogne, il me faut encore me résouldre à me voir despouiller de ce qui me reste. Cependant, à telle extrémité que je puisse estre réduict, je ne feray que plaindre mon malheur, et je demeureray toujours ferme dans la fidélité pour le service de S. M. C. et pour ses intérêts, dont je ne me départiray jamais, quelque traitement que je reçoive. A. C.

TURENNE A MAZARIN.

Camp de Coartille [1], 30 juin 1654.

Je viens de recevoir une lettre de M^r le mareschal de La Ferté, par laquelle il me mande comme il s'en va marcher avec l'armée vers Stenai, et m'envoie la lettre que V. E. lui escrit, qui contient les avis qu'elle a que les ennemis doivent passer à Givé. Je lui dirai que je n'ai auquune nouvelle que les troupes qui sont dans Cambrai et Douai soient marchées, qui est un grand corps de l'infanterie de l'ennemi, ni les troupes que le prince de Ligne commande, où il y a encores beaucoup d'infanterie, qui sont auprès d'Arleus [2]... A. C.

Au camp de Roisel [3], 11 juillet 1654.

... On a nouvelle ce soir par un cavalier revenu de Bétune que M. le chevalier de Créqui estoit entré dans Arras; il dit que soixante ou quatre vingt chevaux des siens, s'estant perdus, ne sont pas entrés et sont retournés à Bétune. Il avoit quatre vingts officiers de cavallerie et plus de quatre cents cavalliers.

1. Cohartille, hameau du village de Froidmont, sur la Souche, affluent de la Serre (Aisne).
2. Arleux, 11 kilomètres de Douai.
3. Près de Péronne.

On a eu nouvelle aujourd'hui, par des gens qui se sont venus rendre, qu'il y est encores entré quelque cavallerie de la Bassée; mais que l'infanterie qui vouloit entrer dans la place a esté prise; je croi que c'est ce reste qui n'a pas peu entrer avec M. le chevalier de Créqui, à qui M. le comte de Broglie aura donné de l'infanterie pour entrer dans la place. On assure que M. le chevalier de Créqui a combattu un grand corps en entrant, et M. de Saint-Lieu et M. d'Ekancourt[1] ont touts deux trouvé aussi de la résistance; on ne peut pas bien savoir le détail de tout cela. MM. de Castelnau, de Navailles, et de Beaujeu furent perdus par leurs guides et le jour les prit fort loing des lignes. Je croi qu'il y est entré de cette armée bien mille chevaux dans Arras en trois fois, dont il y a plus de six vingts officiers de cavalerie, et pense qu'il ne faut pas mettre en doute cette entrée du chevalier de Créqui, estant trop confirmée...

A. C.

M. LE PRINCE AU COMTE DE FUENSALDAÑA.

Devant Arras, 1654.

Une de mes parties, qui vient de revenir, m'asseure que les ennemis, qui estoient hier partis de l'armée, s'y en retournent à leur camp, mais qu'ils prennent le chemin par auprès de Dourlens, peur que nous ne les combations à leur retour. Il ne me dit rien de l'infanterie; seulement il parle de la cavalerie; il dit qu'il est revenu avec luy cinq soldats de la compagnie de Druot qui revienent de St Pol et qu'ils vous sont alés treuver. Vous sçaurés par eus plus de particularités.

Comme j'escrivois cecy, un lieutenant coronel vient d'ariver, qui m'a dit les avoir veu marcher ce matin et les avoir suivy jusques à un vilage nommé Beaufort et qu'ils aloient vers Dourlens, entre Dourlens pourtent et Bapaume, mais qu'il

---

1. Daniel de Montmorency, baron d'Équencourt.

n'y avoit aucune infenterie. Il ne dit rien de Broillio (Broglio) ny de l'infanterie de Stenay.

L'espion que j'ay envoié à l'armée des ennemis vient de revenir; il dit qu'ils nous veulent canoner et nous affamer et empescher nos fourages. Duras, que j'ay envoié pour savoir leur marche, n'est pas encor revenu. J'attens que vous me mandiés l'heure où nous nous treuverons chés l'archiduc pour y résoudre touttes choses.

Un prisonier qu'on a pris de la ville asseure que despuis que nostre canon tire à vostre attaque ils ont ordre d'abandoner l'ornevec[1] dès qu'on l'attaquera.   A. C.

Devant Arras, 1654.

Je viens de recevoir vostre lettre. Je vous envoie les ordres que vous me demandés. Je croy que les ennemis de la ville comencent à foiblir et qu'il les fault presser. Je viens des attaques, que j'ay treuvées en fort bon estat. Je vous prie de doner ordre qu'on aie soin des démontés et malades, et bagages, qui resteront à Valenciennes. Je ne sçay ce que vous voulés que devième La Suse; je vous prie de me le mander; car, comme ils sont icy sens bagage, ils sont fort incommodés.

Je croy qu'il ne fault pas perdre de temps à faire venir le convoy. Je vous prie d'envoier ordre qu'on done quartier à mes troupes qui sortiront de Stenay, tant cavalerie qu'infanterie, affin qu'elles ne se perdent pas absolument.   A. C.

Devant Arras, 1654.

Je viens de recevoir vostre lettre. Je vous remercie des quartiers que vous voulés bien doner aux troupes de Stenay. Mr de Marchin sera tout prest pour partir à l'heure que vous le jugerés à propos. Je le priray d'aler chés vous après disner pour ajuster touttes choses et aussi pour ajuster ce qu'il faudra

1. *Hornwerk*, l'ouvrage à corne.

faire cette nuit aus attaques. Vous y pourés faire treuver le comte de Garcie, afin que tout s'y fasse d'un commun consert. J'apreuve entièrement ce que vous dites qu'il y fault faire et je ne seray pas fasché si nos taciturnes nous rompent la teste doresnavant à force de quaqueter. Je ne pouray pas d'aujourd'huy aler aus attaques à cause que j'attens ma fièvre. Je vous prie de me mander ce qu'on fera des troupes du comte de La Suse. A. C.

Devant Arras, 1654.

Il est bien difficile, les Lorains et les troupes du Roy s'estent accomodés des deus seuls moulins qu'il y a icy autour, que nous puissions en treuver pour nos troupes qu'au loin, et il est difficile d'y aler sens nous ruiner absolument. De nous accomoder avec les Lorains, vous sçavés que ce n'est pas une chose aisée si vous n'y mettés la main, mon crédit estent médiocre avec eus. C'est à vous à voir ce qui se peut pour les troupes de Mr de Virtemberg. Pour les miènes, je ne suis pas venu icy pour faire des difficultés, et je verray ruiner mes troupes avec joie si cela peut servir à la prise de la place. Je ne vous en parleray pas daventage : seulement vous prieray-je d'en avoir le soin que vous avés des aultres. Je vas envoier des partis pour savoir des nouvelles des ennemis, et si j'en aprens quelque chose, je vous le feray savoir. A. C.

Devant Arras, 1654.

Le comte de Ligniville m'a mandé n'avoir aucun ordre pour envoier Trastorf avec deus cent chevaus dehors; je vous prie me mander si la chose est changée, affin que j'envoie mes cent chevaus commandés à son quartier ou que je ne les envoie pas.

Briole m'a mandé que le prince François vient d'envoier quérir les régiments lorains qui sont à son quartier pour faire bivac aillieurs. Je vous prie d'y doner ordre; autrement ny luy ny moy ne pourions respondre dudit quartier.   A. C.

Devant Arras, 1654.

Les ennemis ne peuvent avoir que, de trois desseins, l'un : d'attaquer les lignes de force, de se venir poster tout contre et nous canoner, ou d'affamer le camp, Mr de Turène et de La Ferté demeurant où ils sont, et le corps qui vient de Stenay, fortifié de quelque cavalerie, s'allant poster du costé d'Aire et prenant St Pol et le mont St Eloy. Pour remédier à tout il me semble qu'il fault que tout le monde travaille aus lignes, à les mettre en estat de n'y rien craindre, faire des espolements contre le canon de distance en distance, et faire mettre encor un convoy dens le camp sens perdre de temps, avent que l'armée de Stenay arive, conserver le mont St Eloy ou le faire sauter, faire provision de fourages, voilà mon advis, et sens perdre de temps il fault envoier à Aire pour le faire venir à St Pol; et, si les ennemis ont plus de cavalerie à Perne et Béthune que nous n'en avons à St Pol et Aire, y en envoier le nombre nécessaire dès demain, et aler au devant comme fit l'autre fois Mr de Marsin. On peut aussy faire faire des moulins pourveu qu'on aie des pierres propres à cela; nous avons icy des gens qui en doneront l'invantion.   A. C.

Devant Arras, 1654.

Je viens de recevoir vostre lettre et les advis du comte de Salazar. Il me semble qu'il n'y a rien à changer pour le fourage; seulement vous pouriés envoier une partie pour recognoistre la marche des escadrons qui sont alés du costé de Lens, et demain du matin envoier encor faire bien la descouverte. Les huit cent chevaus des miens, avec un mareschal de camp et touts nos fourageurs, se treuveront de bonne heure à vostre quartier, où ils auront ordre de recevoir ceus du prince de Ligne.

Pour le convoy, si vous jugés à propos d'envoier les douze cent chevaus qu'on a résolu, c'est à Mr de Bouteville à les mener; je l'envoiray demain chés vous, à l'heure que vous me le manderés, recevoir vos ordres, et il poura prendre de nos huit cent chevaus cinq cent, autent des Lorains, et deus cent des vostres. J'attendray sur cela de vos nouvelles, et cependent nous travaillerons incessament à nos espaulemens et à nos petis pieus. A. C.

Devant Arras, 1654.

Un capitaine de mes troupes, qui estoit prisonier à Bapaume, vient de revenir. Il dit que les ennemis avoient dessein d'attaquer ce soir nos lignes, qu'ils devoient faire diversion de plusieurs costés et faire un bonne attaque (il n'en sçait pas le lieu), et que les troupes qui sont à Bapaume en estoient parties ce matin pour venir à l'armée, mais qu'elles sont retournées ce soir et ont dit qu'ils avoient changé d'avis. Un soldat lorain vient aussy d'ariver de leur camp, qui dit qu'ils parlent d'attaquer ou de se venir poster icy auprès de mon cartier, entre icy et les Lorains, pour nous couper les fourages et nous canoner, et qu'ils parlent de renvoier leur bagage demain à Pérone ou à Bapaume en attendant que leur retranchement soit faict. Je ne scay ce qu'on doit crère de tout cela; vous en ferés le jugement que vous jugerés à propos; cependent nous serons toutte la nuit à cheval. Je vous prie de me mander si nous irons au fourage demain matin, afin que j'en avertisse les Lorains; car nous y alons ensemble tousjours. Il faut que nous le sçachions de bonne heure. Il est bon aussy de savoir si les troupes du prince de Ligne y viendront. J'avois deffendu aujourd'huy qu'on y alast; on a laissé sortir par la barière du prince de Ligne touts ses fourageurs et les nostres sens escorte et sens ordre; les ennemis en ont pris beaucoup. Il seroit bon que, les jours qu'on ne va pas au fourage, on ne laissât sortir personne par ses barières et par les nostres. A. C.

Devant Arras, 1654.

Je viens de recevoir vostre lettre. J'ay faict toucher bouteselle dès la première alarme et j'ay averty les Lorains et Briole de se mettre en bataille pour soutenir les fourageurs. J'ay aussy envoié advertir les fourageurs de revenir; mais, puisque les ennemis balancent et renvoient de leurs troupes du costé du camp, je ne croy plus que leur dessin soit d'aler aus fourageurs, mais plustost ce qu'a dit ce Lorain, qu'ils croioient qu'on faisoit venir un convoy de Douay et qu'ils aloient pour l'empescher.

Pourtent je croy qu'il fault faire rentrer de touts costés les fourageurs. Je feray demeurer icy La Suse jusques à ce que vous aiés résolu ce qu'il faudra qu'il fasse. J'ay peine à me persuader que les ennemis soient à St Pol, puisque les Crouates n'en mandent rien; mais le coronel est un peu paresseus, et je m'estone qu'on ne vous ait rien mandé despuis hier au soir. Si du costé de Fernando Solis ou des Lorains vous vouliés y envoier encor un party en diligence en scavoir des nouvelles, il me semble qu'alant viste on vous en raporteroit bientôt des nouvelles. Je n'ay sceu lire vostre lettre despuis l'endroit où j'ay fait une crois jusques à la fin; je vous supplie de me mander ce qu'il y a; si j'escrivois mieus que je ne faicts, je ne vous ferois pas ce reproche; mais je croy qu'il m'est permis de reprocher à tout le monde la méchante escriture, puisque je croy qu'il n'y en a guière de pire que la miène. A. C.

M. LE PRINCE AU DUC DE NOIRMOUTIER [1].

Valenciennes, 27 août 1654.

J'ay creu estre obligé de vous doner part de nostre malheur d'Arras; il n'est pas si grand que les ennemis le publiront et je vous promets que, hors nos bagages, nous n'avons pas perdu 300 hommes. Je vous responds que dens quinze jours je seray en estat de tenir teste partout aus ennemis, et, si vous ou vos amis avés besoin de moy, je seray en estat de vous assister les uns et les autres comme vous le souhoiterés; vous pouvés le faire scavoir à qui vous le jugerés à propos [2]... B. N.

TURENNE A MAZARIN.

Le Quesnoy, 6 septembre 1654.

Après avoir passé l'Escaut entre Cambrai et Bouchain, je suis venu auprès de Valenciennes; et, croiant que le Quesnoi est une place que l'on peut fort bien garder, qui est de considération et qui peut donner moien à faire d'autres choses, y faisant des magasins, je suis arrivé aujourd'hui près de la place. Je ne sçai pas les gens qui sont dedans. Le corps de la place est aussi bon que d'auqune des places frontières; il n'y a point de dehors, et il est impossible que l'on puisse jamais rien faire en avant sans avoir cette place là. On ouvre la tranchée ce soir.

M. le Prince est à Valenciennes avec les Lorrains et une partie de sa cavallerie. Tout le reste de l'armée, hors ce qu'ils

---

1. Le duc de Noirmoutier occupait Charleville et n'avait pas encore conclu son traité avec la cour.

2. Il nous est impossible d'insérer ici une très longue et très complète narration du siège et de la retraite d'Arras, adressée par Lenet à Saint-Agoulin le 29 août 1654.

ont jetté dans les places, peut estre ensemble à Valenciennes en dix heures.

J'avois envoié cinq cents chevaux vers Condé; ils ont trouvé des troupes derrière la rivière; et je n'ai pas voulu employer trois ou quatre jours qu'il me falloit pour passer la rivière et prendre la place, parce que après cela, n'ayant nulle communication avec la frontière, il me falloit revenir pour avoir un convoi.

M. le Prince a présentement la direction de toutes choses sur la frontière, l'archiduc s'estant retiré à Bruxelles...

A. C.

CAMPAGNE DE 1655.

TURENNE A MAZARIN.

3 juin 1655.

J'envoie le s^r de Brialle pour faire savoir à V. É. comme on n'a eu auquune rencontre d'ici au Quesnoi. Les nouvelles que j'i ai eues, c'est que M^r le Prince a tout son corps sur la Sambre, où le canon de son armée est arrivé. L'armée d'Espaigne se met ensemble vers Douai; toutes leurs troupes sont présentement à leur rendés vous. J'ai ramené du Quesnoi les Gardes, Montausier, et le régiment d'Espence, c'est-à-dire touts les cavaliers à pied. J'i ai mis trois compagnies des Suisses de la garde, la recreue de Limousin, qui n'i est entrée que de cent cinquante hommes, et la compagnie de Rab et quarante chevaux commandés. La garnison commence à entrer dans le païs, et toutes choses y sont à cette heure à aussi bon marché qu'en un autre lieu. Les gardes en sont sortis six à sept cents hommes en fort bon estat, Montausier près de trois cents.

Je ne juge pas à propos d'assembler les troupes présentement à Riblemont, parcequ'on ne sçauroit faire auquun mouvement que l'ennemi ne le vole. Je renvoie les troupes à leur bagage, dont une partie est dans des prairies près de Marle, et l'autre entre Chauni et la Fère ; on sera tout prest à marcher.

Mr Talon s'en va trouver V. É., qui lui rendra un conte particulier de tout ce qu'on a mis au Quesnoi....

A. C.

Camp devant Landrecies, 14 juillet 1655.

Comme on voioit bien que par les soins que V. É. avoit pris rien apparemment ne devoit manquer dans le camp durant le siège, j'ai dit depuis quelque temps à Mr Talon de lui en mander les nouvelles, n'ayant point eu de besoin de faire savoir autre chose à V. É.. Je croi que, quand celui que M^r le mareschal de La Ferté envoie et La Berge arriveront, vous aurés sceu par Guise la prise de la place, qui estoit réduite, quand elle s'est rendue, à la dernière extrémité.

Toute l'armée, tant aus lignes qu'à la trenchée, a travaillé avec toute la diligence et la vigueur que l'on sçauroit souhaitter, et, quoique la nécessité soit très grande, on n'a pas ouï dire une parole de plainte. Comme V. É. se trouve fort proche d'ici, on attendra de sçavoir d'elle ce que le Roi veut que l'on fasse tant pour la garnison de la place que pour l'emploi de l'armée ; il faut présentement quelque temps pour raser les trenchées et la circonvallation, et raccomoder les brèches. Je croi que le corps de Mr de Roncherolles devroit venir joindre. J'ai envoié présentement Mr de Castelnau avec le sien prendre Emeri, qui est un fort bon château à deux lieues d'ici.

J'ai beaucoup de joie de ce que je pense que V. É. aura quelque satisfaction de ce que les choses sont passées si heureusement.

Il est arrivé un malheur au Quesnoi, Guionet s'estant sauvé par l'intelligence de quelques gens, dont il y en a de pris. Sans la difficulté des escortes, je l'eusse fait passer en France; mais estant bien gardé au Quesnoi, je le croiois bien en seureté pour quelque temps...

A. C.

M. LE PRINCE AU COMTE DE FIESQUE.

Camp de Noyelles, 21 juillet 1655.

Maintenant que nous sommes un peu de loisir, je m'en vay vous rendre un compte très fidèle des choses qui se sont passées depuis le commencement de la campagne jusques à présent. Je le feray sans aucune passion et sans dessein de rendre aucun mauvais office au comte de Fuensaldagne, mais seulement pour vous informer des choses de la pure vérité, affin que vous les puissiez représenter de mesme à dom Louis, et qu'il songe à y apporter les remèdes nécessaires. Voyez premièrement si dom Louis est d'humeur à garder le secret et de n'en rien mander par deça au comte de Fuensaldagne; car le comte de Fuensaldagne estant une personne qu'il me faut mesnager et dont j'ay besoin en toutes mes affaires, particulièrement touchant mes quartiers d'hiver, je ne voudrois pas rentrer dans une nouvelle affaire avec luy et m'y rebrouiller tout de nouveau, de sorte que, si dom Louis ne luy mande rien de tout ce que je vous escriray, je continueray de vous faire sçavoir tout ce qui se passera; sinon je me contenteray de faire à mon ordinaire toutes les choses que ces messieurs d'icy désireront de moy sans me mesler de vous rien escrire de ces sortes d'affaires là.

Vous sçaurez donc que sur les advis que nous eusmes à Bruxelles que les ennemis debvoient se mettre en campagne, Mr l'archiduc m'envoia prier d'aller chez luy pour résoudre les choses que nous aurions à faire pour nous opposer à leurs desseins. Mʳ le comte de Fuensaldagne y aporta un projet qu'il avoit faict pour la séparation des trouppes, où il en mettoit une partie en Luxembourg, d'autres entre Sambre et Meuse, un autre corps en Flandre et un autre du costé de Lille. Je fus d'un advis tout contraire à cela, et dis qu'il me sembloit estre beaucoup plus à propos de nous joindre tous et de nous aller poster soubz Cambray ou soubz Landrecy avec toutes nos trouppes et de nous y retrancher que de nous séparer ainsy en divers corps ; qu'estant joints nous serions en estat d'empescher les ennemis de faire un siège, à moins qu'ils ne joigniscent toutes leurs trouppes ensemble, qui estoient pour lors séparées en trois corps, sçavoir celuy de Mʳ de Turenne, où il estoit en personne à Marle, celuy de Mʳ de La Ferté du costé du Luxembourg, et celuy de Mʳ de Castelnau à Ouchy-le-Chasteau, et qu'ils ne pourroient se joindre sans que leur marche nous fist cognoistre à peu près quel seroit leur dessein ; que cela estant, nous arriverions le lendemain ou le surlendemain qu'ils seroient arrivés à la place qu'ils voudroient attaquer, et qu'ainsy nous y jetterions tout le secours qui seroit nécessaire, nostre armée se trouvant forte alors de onze à douze mil chevaux et presque autant d'hommes de pied ; au lieu que nous tenant séparés les uns des autres, nous ne pourrions jamais nous joindre assez tost pour empescher les ennemis d'assiéger telle place que bon leur sembleroit. Mon advis ne fut pas suivy, et tous ces messieurs qui se trouvoient en l'assemblée furent de celuy du comte de Fuensaldagne, si bien que nous nous sommes mis en campagne conformément à la disposition qu'en avoit faite le comte de Fuensaldagne. Toute mon infanterie fut séparée dans les places, à la réserve du régiment de Morty et de celuy de Persan, ce dernier n'estant composé que de François, qui avoient ordre de rester avec moy. Je ne laissay pas, sur des advis que j'eus que les ennemis en vouloient à Landrecy, d'y jeter ce régiment de Morty, ce que je fis d'office et sans qu'on m'en eust requis, pour mettre la place d'autant plus en estat de deffense en cas de siège. Il est arrivé que les ennemis ont assiégé Landrecy, où, pendant 13 ou 14 jours que nous avons esté à nous assembler, ils ont faict entrer dans leurs lignes tant de vivres qu'ils ont voulu, et où néanmoins nous n'aurions pas laissé que de bien les embarrasser sans la laschetê du gouverneur et de ceus qui estoient dans la place, si, au lieu de 17 jours seulement de tranchée ouverte qu'ils ont tenu, ils avoient tenu six sepmaines ou deux mois comme ils le pouvoient faire; car il n'est pas possible qu'en 13 ou 14 jours de temps on puisse mettre dans des lignes des vivres pour deux mois à une armée aussy nombreuse qu'est celle de France, et nous nous estions assez bien postés pour leur couper tous leurs convois. Landrecy estant pris, nous sommes venus nous poster icy près de Bouchain pour observer les ennemis; et bien que nous ayons remuny tout de nouveau les places et que nous les ayons mises au meilleur estat que nous avons peu, je ne croy pas que les ennemis arrestent leurs conquestes de cette campagne à la prise de Landrecy. Leur armée se fortiffie tous les jours par les trouppes et par les recrues qu'on y faict venir de toutes parts, par la présence du Roy, par l'argent qu'il leur donne et par le bon traictement qu'il leur faict. La nostre au contraire se desbande et se diminue à vue d'œil par le peu de soing qu'on prend des trouppes, qui ont esté assez maltraictées durant l'hiver, et auxquelles on ne donne pas un sol durant la campagne; je véux croire que c'est plustost par manque de pouvoir qu'en ayt le comte de Fuensaldagne que par avarice ou mauvaise volonté. Enfin ce service icy est si fort descrié que pas un soldat n'y veut venir, et lorsqu'on donne de l'argent pour une levée de 2,000 hommes en Allemagne, c'est bien le tout si on peut en faire venir 500, tant le bruict est grand partout du mauvais traictement qu'on faict icy aux trouppes. Tous les peuples se lassent d'avoir hiver et esté toute l'armée dans le cœur de leurs pays, et les grandes villes commencent fort à murmurer. Valenciennes ne peut souffrir d'avoir tous les jours les ennemis à ses portes comme ceux du Quesnoy et Landrecy; les autres ne tesmoignent pas moins leur desgoust, et il paroist en eux un esprit de révolte dont les suites sont très dangereuses. Il y a deux choses qui sont à mon advis les principales causes de tous ces désordres : l'une le peu d'assistance qu'on reçoit d'Espagne, et l'autre le peu de résolution du comte de Fuensaldagne. Pour le premier point, il est vray que les secours qu'on reçoit d'Espagne sont si rares et viennent si lentement qu'il n'y a pas lieu de s'estonner si l'on est si peu en estat de faire quelque chose. Il n'est arrivé que 600 hommes d'Espagne au lieu de 3,000 qu'on avoit promis d'envoier, et il n'est pas venu un seul Italien; si bien que les régiments de ces nations là qui sont icy sont en très mauvais estat; et si l'on n'envoie de bonne heure de l'argent en abondance pour faire des levées et des recrues en Allemagne, et pour mieux paier les troupes l'hiver qui vient qu'elles ne l'ont esté l'hiver passé, et si l'on n'envoie des Espagnols et des Italiens le plus qu'on pourra, je suis asseuré qu'on ne pourra non seulement s'opposer aux ennemis la campagne prochaine, mais mesme que nous n'oserons paroistre devant eux, et qu'ainsy, ne trouvant nulle résistance à leurs entreprises, ils s'advanceront si fort dans le païs qu'en deux ou trois ans ils s'en rendront maistres, et peut estre mesme que le païs n'attendra pas si longtemps à se révolter, à quoy je voy dès à présent beaucoup de disposition. Pour l'autre poinct, qui regarde le comte de Fuensaldagne, il est vray que la plupart de nos mauvais succès viennent par son peu de courage et par manque de résolution; et les ennemis sont si fort persuadés de cela que ils hazardent toutes choses sur ce fondement que le comte de Fuensaldagne n'est pas capable d'une résolution vigoureuse, et ainsy ils pousseront tousjours leurs conquestes sans rien craindre; et nous au contraire nous sommes tousjours dans la crainte, et nos soldats sont si espouvantés de l'orgueil des François qu'ils sont tousjours dans l'appréhension d'estre battus. Ce second mal n'est pas moindre que le premier; et je vous responds que, si les choses ne changent dans peu, S. M. C. court grand risque pour ces païs cy. Je le dis comme je le pense, et sans passion, ne croyant pas debvoir rien dissimuler en une chose où il va si fort de l'intérest et du service du Roy. Je ne dis point tout cecy pour mon intérest particulier, car le mien est si fort joint à celuy de S. M. C. qu'on ne peut rien faire pour le bien de ses affaires que je n'en ressente beaucoup d'avantage. Dom Louis y mettra tel ordre qu'il luy plaira; j'auray du moins cette satisfaction d'avoir dit les choses que j'auray creu estre obligé pour la descharge de mon honneur et de ma conscience; après quoy je ne craindray pas qu'on me puisse imputer tout le mal qui arrivera si on n'y apporte les remèdes convenables. Voiez de quel façon dom Louis recevra ces advis et me le mandez, afin que je continue ou que je cesse de vous escrire ces sortes de choses là, selon que me manderez qu'elles auront esté bien ou mal reçues et que dom Louis les tiendra secrettes.

Outre cela je suis obligé de vous dire que l'armée d'Espagne est si peu pourvue d'officiers généraux qui vaillent quelque chose, qu'il n'y en a pas un, à la réserve du prince de Ligne, qui soit capable de faire aucun fourrage, convoy ni escorte tant soit peu considérable; si bien que tous les jours le comte de Fuensaldagne m'emprunte de mes officiers généraux pour commander leurs troupes. A la vérité Mʳ le prince de Ligne est un homme d'honneur et de cœur; aussy est-il le seul d'entre eux qui soit capable de se charger de quelque entreprise. Ils ont de très braves gens parmi leurs officiers subalternes, comme le comte de Hennin, qui faict fort bien son debvoir en toutes rencontres, et quelques autres aussy; mais c'est une pitié de voir comme cette armée là est en généraux, excepté, comme je vous dis, la personne du prince de Ligne.   A. C.

Camp près de Tournay, 20 août 1655[1].

Despuis ma dernière escripte, les affaires ont bien changé de face en ce païs. Les ennemis, qui estoient demeurez dans le païs d'entre Sambre et Meuze quelque temps sans rien faire et qui avoient voulu attaquer ou Avesne, ou Charlemont, ou Philippeville, ou Rocroy, et qui en avoient esté empeschés par la vigilance avec laquelle Mr de Bouteville avoit jecté dans toutes ces places le monde qu'on luy avoit ordonné, ont passé tout d'un coup la rivière de Sambre à la Bussière, et sont venus à Bavay, d'où le Roy partit pour s'en aller au Quesnoy, et eux, après y avoir séjourné un jour, firent partir la nuict d'après un corps considérable de leur armée sans bagage, avec des pontons, pour se venir saisir d'un passage de l'Escault qui est auprès de Bouchain, qui s'appelle Neufville, et ensuitte le reste de l'armée les suivit. Nous avions préveu cela le jour d'auparavant, parcequ'il n'y avoit que ce seul lieu là où ils pouvoient passer l'Escault; et pour cet effet nous avions pris résolution de marcher avec toute l'armée, et nous venir poster entre Condé et Valenciennes, et destacher un corps de trouppes pour s'aller saisir du poste; mais comme l'armée marchoit et que j'avois l'arrière garde, Mr le comte de Fuensaldagne m'envoya dom Juan de Mauroy me dire que Mr l'archiduc avoit changé de résolution et qu'il apréhendoit davantage que les ennemis ne vinssent passer la rivière d'Haisne, que pour cet effet il avoit faict demeurer son avant-garde, qui estoit composée de toutes les trouppes d'Espagne et de Lorraine au pont d'Haisne, qui est un passage sur ladite rivière entre St Guilhain et Condé, et qu'il me prioit de retourner en arrière avec toutes mes trouppes, qui faisoient l'arrière-garde, et de m'en aller poster à St Guilhain, et d'empescher que les ennemis ne pas-

---

1. Cette minute porte au dos la mention suivante, de la main de Caillet : « Mémoire et relation de Mgr le Prince au sujet de la marche des ennemis. »

sassent ladite rivière entre Mons et St Guilhain. Il estoit presque nuict qu'il me falloit retourner deux lieues en arrière ; l'archiduc et le comte de Fuensaldagne estant esloignés, il eust fallu beaucoup de temps pour les aller chercher pour sçavoir pourquoy on changeoit la résolution qui avoit esté prise ; si bien que je fis sans réplique ce qu'ils m'avoient mandé, outre qu'ils m'avoient mandé qu'ils avoient envoié Carlo Campy, sergent de bataille italien, avec 4 ou 5 régimens audit passage avec ordre de se jecter dans Bouchain au cas que les ennemys l'y forçassent, et don Francisco Pardo, lieutenant général de la cavalerie, avec un corps de cavalerie et d'infanterie considérable à Fresne, pour de là, aux premières nouvelles qu'il auroit que les ennemis marcheroient du costé de Neufville, s'aller en toute diligence joindre à Carlo Campy et disputer le passage aux ennemis jusques à ce que nous y fussions arrivez.

Le lendemain sur les huit heures du matin, je receus un billet de M^r le comte de Fuensaldagne, par lequel il me mandoit qu'il venoit d'avoir eu advis de la marche des ennemis, dont je vous ay parlé, que don François Pardo luy mandoit qu'il marchoit aussy pour exécuter ses ordres, que M^r l'archiduc et luy marchoient en toute diligence pour s'aller opposer au passage des ennemis, et qu'il me prioit de laisser toute mon infanterie et mon bagage derrière, et de m'en venir en toute diligence le joindre avec ma cavalerie. Comme il y avoit trois grandes lieues de mon quartier au sien, je ne les pus joindre, quelque diligence que je fisse, qu'entre Valenciennes et Neufville, auprès d'une abbaye qu'on appelle Denain, où je les trouvay en bataille dans la plaine. J'appris en arrivant que Carlo Campy avoit quitté le passage, Pardo ne l'ayant pas joint, et luy n'estant pas effectivement assez fort pour le disputer sans Pardo, et s'estoit jecté dans Bouchain avec les trouppes qu'il commandoit ; que Pardo, au lieu d'y marcher vigoureusement et de s'y opposer comme il auroit pu faire, avoit gagné le bois et s'estoit jecté dans Douay, où il s'estoit retiré ;

que les ennemis avoient desjà fait un pont et qu'ils commençoient à passer. Nous nous assemblasmes en mesme temps, M^r l'archiduc, M^r le comte de Fuensaldagne, M^r le prince de Ligne, Mr de Marchin, Mr de Ligniville et moy, pour voir ce qu'il y auroit à faire ; et dans ce mesme temps un cavalier arriva, qui nous dit qu'il n'y avoit que 4 escadrons des ennemis passés et quelque peu d'infanterie. Il n'y avoit que trois quarts d'heure de là où nous estions jusques au passage ; mon advis fut d'y marcher avec nostre cavalerie, de chasser tout ce que nous trouverions de passé, comme c'estoit une chose aisée, et ensuite nous opposer au passage si nous trouvions, quand nous serions sur les lieux, que la chose fust en estat de pouvoir estre faicte, et, trouvant qu'elle ne se pouvoit pas faire, du moins pourvoir Bouchain des choses qui seroient nécessaires et nous retirer à un poste auprès de Valenciennes, qui est fort bon, et j'estois d'avis qu'on laissast l'infanterie pour le fortifier en nous y attendant, si nous estions obligés de nous y retirer, et d'où nous l'aurions pu envoyer quérir aisément pour nous venir joindre si nous eussions veu sur les lieux qu'on eust pu deffendre le passage.

On demeura bien trois heures sans prendre aucune résolution, et cependant on perdoit le temps de fortifier le poste d'auprès de Valenciennes, et on leur en donnoit à eux de passer et de se mettre en estat de ne pouvoir plus estre chassés. Enfin le comte de Fuensaldagne dit qu'il voioit trop de péril, et que c'estoit trop hazarder les choses que d'aller là avec la cavalerie, et qu'il valoit mieux se retirer tous au poste auprès de Valenciennes, et envoier Mr de Marchin la nuit pour jecter 500 chevaux et 500 hommes de pied dans Bouchain. Je trouvois que le péril estoit assez médiocre, dans une plaine rase comme en celle-là où il n'y avoit pas un défilé, à 8 escadrons que nous estions d'en chasser 4, et la retraicte assez aisée à faire en cas qu'on l'eust voulu faire, puisqu'il n'y avoit que 2 lieues à se retirer dans une plaine rase comme la main et que les ennemis

estoient encore de l'autre costé de la rivière, que le secours
de Bouchain se rendoit douteux, au lieu que par la proposition que je faisois il se rendoit asseuré, les ennemis pouvant
passer la nuit, empescher que le secours n'entrast et battre
mesme Mr de Marchin, et qu'un tesmoignage de vigueur de
nostre part pouvoit arrester les ennemis sur le cul et les empescher de passer la rivière, et qu'enfin on n'hazardoit rien. On
résolut pourtant la chose suivant la proposition qu'avoit faicte
M^r le comte de Fuensaldagne. Nous détachasmes au lieu où
nous estions les trouppes qui debvoient aller avec Mr de Marchin et qui debvoient entrer dans la place, des trois corps
d'Espagnols, Lorrains et les miens. Nous prismes nostre
marche du costé du poste qui est auprès de Valenciennes, et
Mr de Marchin la sienne du costé de Bouchain. Mr de Marchin
alla avec 2,000 chevaux donner l'alarme à l'armée des ennemis, laquelle passoit cependant tousjours la rivière; et dom
Francisco de Ménesses, qui commandoit l'infanterie, et Druot,
qui commandoit la cavalerie qui debvoit entrer à Bouchain, y
entrèrent heureusement; et Mr de Marchin se rendit à la
pointe du jour dans nostre camp, où nous apprismes que l'armée de La Ferté avoit continué de passer la rivière et avoit
achevé de passer à minuit, et que celle de Turenne passoit
incessamment. Nous avions commencé à fortifier nostre camp
dès la nuict, et nous y travaillasmes le matin jusques à neuf
ou dix heures. Il commençoit à estre quasy en deffense, et il
n'y restoit que deux ou trois ouvertures, comme on me vint
advertir que toute l'armée des ennemis marchoit droit à nous;
j'en envoiay aussitôt donner l'advis à M^r l'archiduc, et à
M^r le comte de Fuensaldagne, fis tirer trois coups de canon
pour rappeler nos gens qui estoient allés au fourrage, et fis
prendre les armes à toute l'infanterie et monter à cheval à
toute la cavalerie. Ces messieurs ne jugèrent pas que le poste,
n'estant pas tout à faict achevé, fust deffensable, et ils se résolurent de se retirer de l'autre costé de l'Escault auprès de

Condé, entre Condé et Mortagne, me prièrent de vouloir faire la retraicte avec mes trouppes, et dès l'heure mesme ils commencèrent à marcher. Dans ce temps là je vis toute l'armée des ennemis qui se mettoit en bataille dans la plaine un peu hors de la portée du canon de nos lignes. Je fis prendre les postes qu'occupoit l'infanterie et la cavalerie d'Espagne et de Lorraine par ma cavalerie, afin que les ennemis ne s'aperceussent pas qu'on eust quicté le poste et qu'on commençast à marcher. Cela fut cause qu'ils ne vinrent point à nous que toute leur infanterie ne fust arrivée, et donna loisir à toute l'armée d'Espagne et de Lorraine de passer un deffilé qui estoit fort grand, et qui ne se passoit qu'en deux endroits, l'un sur un pont, et l'autre sur une digue dans un marais. Comme je vis que toute l'armée d'Espagne et celle de Lorraine avoient passé, je commençay à faire deffiler ma cavalerie, et les ennemis, qui s'estoient approchés de plus près, voyant qu'on ne leur tiroit point de canon et cognoissant qu'il n'y avoit que de la cavalerie, virent bien qu'on se retiroit et commencèrent de marcher droit à nos lignes. J'avois cependant achevé de faire passer le pont à toute ma cavalerie, à la réserve d'un escadron qui faisoit la retraite de tout. J'avois posté trois cents mousquetaires au pont, commandés par le baron de Rache, mestre de camp wallon, qui estoient des gens commandez de tous les corps, et j'y avois faict tourner M^r le marquis de Persan avec les régiments d'Holac, Guitaud, marquis de Rochefort, et Ovillan, qui est un de ceux de l'armée auxiliaire de M^r le duc de Virtemberg. J'avois laissé aussy 150 mousquetaires au passage de la digue et deux escadrons et avois envoyé M^r le comte de Duras, avec son régiment, celuy de Lorge, celuy de Marchin, celuy de Romainville et celuy de Dossery (qui est un de ceux de M^r le duc de Virtemberg) à un autre défilé qui est à 2,000 pas derrière celuy-cy, pour (en cas que les ennemis nous forçassent à celuy-cy) nous y recevoir et nous y attendre, et envoiay ordre cependant au reste de mon armée de marcher tousjours et de se retirer affin de laisser le passage du pont libre pour n'y trouver plus d'embarras si les ennemis nous forçoient, et me résolus de faire ferme là avec les trouppes que je vous nomme jusques à ce que toute l'armée d'Espagne, celle de Lorraine et la mienne eussent passé. Dans ce temps-là, toute l'armée des ennemis entra dans nostre camp et toute l'avant-garde de cavalerie commença à prendre le trot pour venir au passage. J'estois demeuré derrière avec cet escadron que je vous dis qui n'avoit pas passé, pour observer ce qu'ils faisoient. Je le passay à l'heure mesme avec ledit escadron, et eux en mesme temps vinrent pour le passer. Nostre infanterie fit sa descharge sur eux, et nostre cavalerie ayant chargé vigoureusement ce qui avoit passé les obligea de le repasser en confusion. Leurs troupes arrivant toujours les unes après les autres, ils y revinrent jusques à trois fois, et toutes les trois fois ils furent repoussés avec perte considérable des leurs. Mr de Marchin, M^r le marquis de Persan et M^r le comte d'Holac, qui y commandoient, y firent fort bien. Le marquis de Rochefort fut blessé d'un coup de pistolet, dont il ne mourra pas. J'y perdis quelques officiers et soldats, entr'autres Ysault, qui en mourra, comme je crois. L'infanterie des ennemis dans ce temps là commença à y arriver. Comme je jugeay que le poste n'estoit plus tenable, je crus qu'il falloit faire une résistance de mesme à celle-là au passage où j'avois laissé M^r le comte de Duras. Je commanday donc à Mr de Marchin de faire sa retraite avec les trouppes qui avoient défendu le pont, et m'estant mis à la teste des trouppes de M^r le comte de Duras, je fis descendre les deux régiments de Romainville et de Dossery pour aller recevoir Mr de Marchin au milieu du chemin où je l'attendois, croiant que les ennemis ne manqueroient pas de passer en foule, voiant qu'il avoit abandonné le pont et de le pousser. Il fit pourtant sa retraicte au petit pas et en si bon ordre que les ennemis ne l'osèrent jamais enfoncer, et arriva au poste où je l'attendois, où ayant appris (par un

officier que M^r l'archiduc m'avoit envoyé pour apprendre de
nos nouvelles) que toute nostre armée avoit passé le pont de
l'Escault, je commencay à faire marcher les trouppes de
M^r le comte de Duras, et ensuite je me retiray avec celles de
M^r le marquis de Persan, en sorte que les ennemis n'osèrent
jamais tenter une seconde fois de nous vouloir rompre. Ils
nous suivirent pourtant avec toute l'armée jusques à ce que
nous eussions passé le pont, et se campèrent devant nous de
l'autre costé de la rivière. Cette retraite là, qui n'avoit pas
esté malheureuse, faisoit croire que nous aurions un peu plus
de vigueur que nous n'avions accoutumé d'en avoir, et que
nous nous résoudrions à deffendre le passage de l'Escault.
Pour cet effect j'envoyay le S^r d'Holac à Mortagne avec deux
régimens de cavalerie et un bataillon d'infanterie pour s'y saisir
du passage et empescher que les ennemis ne passassent par
là. Il n'y a que 2 lieues depuis Condé jusques audit Mortagne,
où la rivière de la Scarpe s'embouche dans celle de l'Escault.
La rivière n'y est guéable en aucun endroit, et toutes les
hauteurs estoient de nostre costé, des prairies basses et mares-
cages du costé des ennemis, et je ne doutois point que nous
ne nous résolussions à la deffense du passage, puisque à mon
sens le salut du païs deppendoit de conserver ce poste là. Je
fus pourtant bien estonné qu'on me vinst dire que le bagage
de l'armée d'Espagne et de Lorraine marchoit droit à Tournay
sans que j'en sceusse rien, et qu'ayant par hasard rencontré
dans un champ M^r l'archiduc qui estoit pied à terre avec
M^r le comte de Fuensaldagne, le prince de Ligne et le comte
de Ligniville, ils me prièrent de descendre, et me dirent la
résolution qu'ils avoient prise d'envoier leurs bagages à Tournay ; et comme je faisois quelque difficulté d'y vouloir envoier
le mien, tous mes chevaux estant allés au fourrage et n'y en
ayant pas un au camp, et leur disant que cela donneroit cœur
à nos ennemis et l'osteroit à nos trouppes, M^r le comte
de Fuensaldagne me dict que luy et tous ces M^rs qui estoient

là assemblez ne jugeoient pas qu'on pust deffendre ce poste, et qu'ils avoient pris résolution de se retirer à Tournay, et qu'ils me prioient d'en vouloir faire de mesme. A cela je leur remonstray l'importance du poste de Condé, qui à mon sens est le plus considérable de tous les Païs-Bas, se pouvant maintenir aisément par la communication que les ennemis auront avec la France par le moyen du Quesnoy et de Landrecy, et par les fortifications que nous y avons commencées, qui ne sont pas encore entièrement en deffence et qui se peuvent mettre en bon estat dans peu; que je ne doutois pas que les ennemis ne l'attaquassent et ne le prissent en peu de jours si nous abandonnions la rivière; que quand ils l'auroient pris ils prendroient St Guilhain avec la mesme facilité, et le garderoient de mesme, puisque les fortiffications ne sont pas encore en deffence et sont en estat d'estre bientost achevées; qu'ayant pris ces deux places là, ils feront le desgast jusques aux portes de Bruxelles, ruineront toutes les petites villes du Brabant et du Hainaut qui sont entre Mons et Bruxelles, nous osteront par ce moyen là un grand païs pour nos quartiers d'hiver; outre ces deux postes là, ceux du Quesnoy et de Landrecy, ils se saisiront aisément de Mortagne, St Amand et Orchy, se feront une communication par là de Guise à la Bassée, pourront passer une partie de leur armée en quartier d'hiver en tout ce païs là, couperont Douay, Valenciennes, Bouchain, Cambray et le Catelet dehors, en sorte que nous n'aurons plus de communication avec toutes ces places là qu'en y allant avec toute l'armée; qu'ils rompreront le commerce de Valenciennes et de Douay par le moyen des rivières dont ils seront les maistres, en sorte que je doubte que ces deux grosses villes là, qui ne subsistent que par le commerce, ne songent à prendre leur party ou du moins ne s'accommodent d'une neutralité avec eux, outre que je craignois que la perte de Condé n'attirast après soy la perte du païs, et que pour cet effect il falloit hazarder quelque chose pour le conserver, et que je me chargeois, si l'on vouloit y demeurer, de conserver le passage despuis Mortagne jusques à Condé, ne jugeant pas que les ennemis le pussent faire. On contesta quelque temps sur tout cela. Enfin le prince de Ligne ayant dict qu'il croioit la mesme chose que moy, tout le monde en tomba d'accord; mais M^r le comte de Fuensaldagne ayant dict que les ennemis iroient passer la Scarpe à St Amand, et qu'ils viendroient passer l'Escault entre Tournay et Mortagne, et qu'ils nous viendroient après cela prendre par le derrière, tout le monde commença à changer d'opinion. A cela je proposay vistement du monde dans St Amand pour les y arrester quelques jours; que quand nous les verrions passer la rivière à St Amand, nous allant poster à Mortagne et nous opposer à leur passage entre Tournay et Mortagne, comme nous nous opposions entre Mortagne et Condé, que cependant les vivres leur manqueroient, ne pouvant recevoir de convoys de leur païs et qu'ils seroient obligés par ce moyen là de prendre une autre route. On me respondit à cela que la rivière estoit bien plus aisée à passer entre Tournay et Mortagne qu'elle n'estoit entre Mortagne et Condé; qu'il estoit vray qu'elle n'estoit guéable, mais que toutes les hauteurs estoient du costé des ennemis. A cela je ne pus rien respondre, ne l'ayant jamais veu, sinon que nostre pis aller seroit de faire en ce temps là ce qu'on nous proposoit de faire à cette heure, de retarder tousjours de 4 ou 5 jours l'attaque de Condé, de faire pastir l'armée des ennemis qui n'avoit plus de vivres, et recognoistre mieux la rivière qu'on ne l'avoit faict en se retranchant aux lieux où les hauteurs nous pourroient incommoder, et qu'on pourroit dès à cette heure dans ces endroits là envoyer faire quelques redoutes et quelques parapets par les paysans; que les ennemis ne pourroient passer qu'après la prise de St Amand, qui les pouvoit arrester tousjours un jour ou deux en y envoyant un peu de monde; qu'on pouvoit se retrancher à Condé; que la ville nous couvriroit d'un costé, la rivière à nostre teste, un grand marais à nostre droite, et que nous n'avions que nostre derrière à retrancher, qui n'estoit pas un travail bien pénible.

Enfin avec beaucoup de raisonnemens de part et d'autre, ces M*rs* résolurent de s'en aller et de laisser le comte d'Hennin avec 2,000 hommes dans Condé, et de se retirer à Tournay, de partir dans la nuit sans battre tambour ny sonner trompette de peur que les ennemis ne s'en aperceussent, ce qui fut exécuté d'une manière que nostre retraite ressembloit bien plus tost à une fuite qu'à une retraite. Les ennemis, qui ne pouvoient s'imaginer que nous deussions quitter ce poste là, furent jusques à 8 heures du matin sans le voulloir croire; mais enfin ne voyant plus personne sur la rivière, ils firent leur pont de batteaux et la passèrent, et se mirent autour de Condé, où ils l'attaquent présentement. Pour nous, nous sommes icy, où nous avons apporté une telle espouvante au païs que cela n'est pas croïable. Je prie Dieu que les choses changent; mais je n'y voy pas d'apparence. Nous sommes si peu assistés du costé d'Espagne, nous avons si peu d'infanterie, nostre conduite est si lasche et si foible que, si cela dure, je prévoy la perte du païs dans peu de temps. Je vous dis cecy sans passion; vous le pouvez dire à M*r* dom Louis pour ma descharge; si on luy mande les choses autrement que cela, on le trompe; car cecy est la pure vérité; c'est à luy à faire là dessus les réflexions telles qu'il luy plaira, et à y apporter les remèdes nécessaires... A. C.

Au camp près de Tournay, 30 août 1655.

Despuis que nous nous sommes retirés de Condé, les ennemis, qui l'ont assiégé, l'ont pris en cinq jours comme je l'avois bien préveu à cause qu'il n'estoit pas en deffense, et ensuite sont allés à S*t* Guilhain, qu'ils assiègent présentement; c'est un lieu qui est meilleur que Condé et qui pourroit bien se deffendre et amuser quelque temps les ennemis s'il y avoit dedans les choses nécessaires, estant tout environné de marais; mais bien que Mʳ l'archiduc eust envoyé ordre à Mons pour y envoyer des munitions, on ne l'a pourtant point faict et je croy mesme qu'il n'y a pas de gens suffisamment pour le deffendre, de sorte que je croy que ce sera une affaire de peu de durée. Après nostre retraite de Condé, nous nous en vinsmes à Tournay comme je vous ay desjà dit. On m'y laissa avec mes troupes, et Mʳ l'archiduc et Mʳ le comte de Fuensaldagne s'en allèrent à Ath avec les leurs. J'ay receu depuis deux jours un billet de Mʳ le comte de Fuensaldagne par lequel il me mandoit que l'archiduc me prioit de l'aller voir à Ath, où il estoit. J'y fus en mesme temps, et, comme j'y fus arrivé, ils me dirent qu'ils ne croioient pas que le poste d'Ath se pust deffendre, que y ayant à craindre pour Valenciennes, ils me prioient d'y envoyer de mes trouppes, qu'ils avoient résolu d'envoyer Mʳ le prince de Ligne à Mons, laisser les Lorrains à Ath, et eux de se retirer du costé de Bruxelles pour couvrir Bruxelles. Le prince de Ligne ne fut pas d'avis de cette séparation, mais bien de conserver le poste d'Ath avec toutes les trouppes. Ils me demandèrent le mien; je leur dis que n'ayant pas veu le poste et ne pouvant aller le visiter à cause qu'il estoit fort tard quand j'arrivay auprès d'eux, comme en effet je n'en avois pas eu le temps, outre qu'il faisoit une pluie si horrible qu'il n'y avoit pas moyen d'y aller, il m'estoit impossible de leur en dire mon advis...; que c'estoit à eux de voir s'ils se sentoient en estat de maintenir de force le poste et de conserver les grandes places avec vigueur et ensuite de prendre telle résolution qu'ils voudroient et que je la suivrois. Là dessus ils résolurent de séparer les troupes de la façon que je vous le viens de dire, et moy je partis en mesme temps pour me rendre icy, d'où je fis partir incontinent les trouppes qu'ils avoient désiré que j'envoyasse à Valenciennes. Les affaires en ce païs sont donc en estat que, les ennemis ayant pris Condé et St Guilhain, si S. M. C., n'envoie des secours puissants par deçà, principalement d'infanterie, pour pouvoir reprendre ces deux postes là cet hiver, je crains de grands malheurs pour la campagne qui vient. La peur est si grande dans toute nostre armée, elle est si forte aussy dans tout le païs et la fierté des ennemis si grande qu'ils sont en estat de nous donner la loy partout et de venir à bout de toutes choses si nous ne sommes puissamment et promptement secourus et si nous n'avons plus de vigueur que nous n'en avons eu jusqu'à cette heure ; c'est une chose qui n'est pas croiable que la lascheté que nous faisons paroistre partout où les ennemis se présentent. Pour moy je sacrifieray toujours avec joie ma personne et mes trouppes pour la deffense du païs. Je prie Dieu que tout le monde ait la mesme volonté; je suis asseuré que S. M. C. en seroit mieux servie qu'elle ne l'est. Je vous prie de faire entendre toutes ces choses à Mr dom Louis, afin qu'il ne me charge d'aucun de tous les mauvais événements qui pouront arriver, car il ne tiendra pas à moy que les choses n'aillent autrement. Si nous eussions deffendu le passage de l'Escaut à Neuville, ou maintenu le poste de Condé, nous ne serions pas où nous en sommes... A C.

M. LE PRINCE AU MARQUIS DE MONTPEZAT, « LIEUTENANT-GÉNÉRAL ET MESTRE DE CAMP DU RÉGIMENT DU ROY ».

Au camp près de Tournay, 16 août 1655.

J'ay esté un peu surpris de la manière dont vous m'avés renvoyé l'estendart du régiment du Roy que je vous avois envoyé, puisque je croyois n'avoir pas faict en cela une chose qui pust desplaire à Sa Majesté. Ma pensée ne sera jamais de me faire servir de trophées les petits advantages que la guerre me pourra donner sur les troupes qui ont l'honneur de porter le nom du Roy; au contraire j'en tireray plus des actions qui pourront marquer à Sa Majesté, comme je croyois faire en

cette occasion, le respect que j'ay tousjours pour sa personne et pour tout ce qui la regarde, n'ayant d'autre dessein, en faisant ce que je fais, que de me tenir dans une juste deffence contre la persécution de mes ennemis. Je me souviens qu'une semblable chose ne luy a pas tousjours esté désagréable, et qu'ayant renvoyé cy devant les drapeaux des Gardes suisses, Sa Majesté n'a pas tesmoigné trouver à redire alors à mon procédé. Que si mes ennemis, qui m'ont desjà noircy auprès du Roy et qui m'ont faict perdre l'honneur de ses bonnes grâces, ont encore assés d'advantage sur son esprit pour faire passer pour criminelles mes actions les plus innocentes, je plaindray mon malheur, et n'en feray pas moins les choses que je croiray debvoir faire pour me tenir dans le respect que je suis obligé d'avoir pour Sa Majesté sans me laisser accabler tout à faict. Je garderay donc cet estendart, puisqu'elle le veut ainsy; mais vous m'obligerés de luy faire cognoistre que ce sera sans en tirer aucun advantage, et que je n'avois pas cru pécher en le renvoyant. Je ne perds pas l'espérance de voir un jour Sa Majesté désabusée de toutes les mauvaises impressions qu'on luy donne contre moy. Tous ceus qui cognoissent le fonds de mon cœur sçavent bien que je n'ay point d'intention que celle d'une juste deffence, et que tout ce que je fais n'est que pour me mettre à couvert de l'oppression de mes ennemys.
A. C.

M. LE PRINCE AU COMTE DE FIESQUE.

Camp de Leuze, 8 octobre 1655.

... Comme je n'avois pas vu que despuis quelques jours le gouverneur qui estoit dans St Guilhain, je n'avois peu vous rien mander de ce qui s'estoit passé en cette affaire là. Je l'ay entretenu et il m'a dict que le seul manquement de munitions avoit esté cause qu'il s'estoit sy tost rendu, ne luy ayant esté laissé que 5 milliers de poudres et autant d'autres munitions à proportion, m'asseurant que, s'il n'en eust point manqué, il auroit tenu 15 jours de plus qu'il n'a faict. C'est une chose qui ne se peut pas concevoir qu'une place à dis lieues de Bruxelles et dans laquelle on auroit pu mettre aisément cent milliers de poudre, si on l'eust voulu, se soit ainsy perdue faute de munitions, ce qui fait bien voir la négligence et le peu de soing que les ministres d'icy ont pour les choses les plus importantes. J'ai creu qu'il estoit bon que M⁺ dom Louis en fust adverty. Dictes à M⁺ dom Louis que je continueray à vous escrire toutes choses avec soin et avec fidélité comme elles se passeront. Ce que je vous escris de l'affaire de S⁺ Guilhain est une marque que je ne luy veus rien desguiser. La perte de Condé est encore une chose qu'il falloit bien esviter. Les François qui l'avoient pris il y a cinq ans et le dessein qu'ils avoient eu sur cette place-là l'année passée sont deus choses qui pouvoient faire juger à ces gens icy de l'importance du poste, et comme il falloit nécessairement ou le raser ou le bien fortifier; mais on s'estoit contenté de faire de légères fortifications, qui ont plus servy aux ennemis qu'à nous. C'est une affaire semblable à celle du Quesnoy. A. C.

23 novembre 1655.

... Je viens d'avoir advis par le comte de Ligniville que 8 régimens lorrains se sont allés rendre en France; j'avois sceu ce dessein là dès y a 6 jours par le duc d'Holstein, à qui un colonel lorrain l'avoit dict; j'en donnay en mesme temps advis à M⁺ le comte de Fuensaldagne et luy dis que je croiois qu'il ne fallait pas laisser ces gens là si près de la frontière, et qu'il me sembloit qu'il estoit à propos de les mettre quelque part vers le comté de Namur, afin que nous fussions entre eus et la frontière, et ce pour donner temps au duc François, qui est à Bruxelles, de venir à son armée. Le comte a négligé cet advis là, et la chose vient pourtant présentement d'arriver ...

A. C.

Mons, 30 novembre 1655.

J'ay esté surpris d'apprendre une chose que m'a dict le comte de Fuensaldagne en me parlant de la désertion des Lorrains, qui est que le baron du Chastelet soit arrivé sans qu'il ayt apporté avec luy le traicté qu'on a faict en Espagne avec M^r le duc de Lorraine, ny qu'on l'ayt envoié auparavant au comte de Fuensaldagne, le dict baron du Chastelet ayant seulement dict qu'il y avoit un traicté de ligue offensive et deffensive entre S. M. C. et M^r le duc de Lorraine, et que S. M. C. ne debvoit point faire de paix sans le restablissement de Mr de Lorraine dans ses estats, tout cela ayant obligé le duc François, qui craint le ressentiment de M^r son frère après l'infidélité qu'il luy a faicte, de s'en aller en France chercher à s'y mettre à couvert de l'orage dont il se voioit menacé par la liberté du duc de Lorraine, et d'y mener avec luy toutes les trouppes lorraines qui estoient icy. Je m'estonne aussy qu'on vous ayt donné si peu de part de ce traicté, veu l'interest que j'y ay, tant à cause de Stenay et Clermont, puisque S. M. C. s'oblige à faire restablir le dit duc dans la Lorraine par la paix, que par la ligue offensive et deffensive elle s'oblige de ne faire point de paix sans cela, qui est une chose à quoy il semble que S. M. C. ne debvroit pas s'engager sans la participation de ses alliés, veu mesme que par le traicté que j'ay faict avec elle il n'est du tout rien dict de cela. Je vous prie d'en tirer le plus d'esclaircissement que vous pourrés et d'en parler mesme à M^r dom Louis pour sçavoir le destail de ces deux points, l'un celuy de la Lorraine, l'autre celuy de la ligue offensive et deffensive, et donnés m'en toutes les lumières que vous en aurés...

A. C.

CAMPAGNE DE 1656.

TURENNE A MAZARIN.

Le Quesnoy, 16 juillet 1656.

J'ay creu qu'il estoit bon que V. É. fust informée par une personne de créance du malheur qui est arrivé; Mr de St-Martin s'en va la trouver pour cela; comme il estoit dans le quartier de Mr le mareschal de La Ferté, il sçait mieux le détail de toutes choses. Je n'ai pas peu, ayant l'alarme, faire passer dans ce quartier là que deux régiments d'infanterie, Vervins et Herbouville; ils y sont arrivés que l'ennemi estoit dans les lignes; Mr le mareschal de La Ferté est prisonnier et légèrement blessé, et a chargé cinq ou six fois. Il y avoit par toute la ligne deux palissades, un fossé perdu et le fossé de la ligne. Mr de St-Martin dira à V. É. le temps que l'attaque a duré. C'est un malheur que l'on ne peut pas comprendre. On sçavoit fort bien que l'ennemi devoit attaquer, ayant veu partir son bagage deux jours auparavant l'attaque. On vient de me mander de Condé qu'il y a plus de deux mille hommes qui s'i sont retirés de cette armée là; il y en a fort peu icy; ils sont tous désarmés; c'est pourquoy il seroit fort nécessaire d'avoir des armes. V. É. peut bien juger à quel point je suis touché de cet accident. Le mineur estoit après demain sous le bastion. Nous ne faisons qu'arriver. V. É. verra mieux que moi comme on se trouve présentement court en toutes ses mesures; je contribuerai avec grande affection tout ce qui deppendra de moi pour en sortir le mieux qu'il se pourra; et outre le déplaisir sensible que j'ai de ceci, celui qu'en recevra V. É. me touche très vivement.

A. C.

Camp près du Quesnoy, 19 juillet 1656.

Les ennemis vinrent loger hier à la veue du camp ; ils ont mis le petit ruisseau qui est tout proche du Quesnoi en allant à Condé devant eux et sont venus de Valenciennes sans défiler. Nos gardes sont l'une devant l'autre. Je croi qu'ils auroient creu que l'armée du Roi se retiroit. Il est huict heures du matin ; leur armée n'a point marché, et tous leurs chevaux sont à la pasture. Je croi qu'ils prendront bientost un parti. S'il arrivoit quelques troupes, il seroit fort bon de les faire advancer promptement pour joindre l'armée ; cela remet les esprits et donne beaucoup de considération à l'ennemi. S'il plaist aussi à V. É. de faire advancer promptement des farines à Landreci et au Quesnoi, on verra si on peut en envoyer à Condé et à St Guillain, où ils n'en ont plus au dernier que pour huict jours ou dix, et Mr du Passage m'a mandé qu'il n'avoit à Condé que cinq cens sacs de farine. Si M^r d'Equancourt estoit à Landreci avec le régiment de Mondejeu et le sien, je m'en servirois pour porter promptement de la farine à St Guillain. L'affaire de Valenciennes attire bien de mauvaises suites...

A. E.

Camp près du Quesnoy, 22 juillet 1656.

J'ai receu la lettre de V. É. du 20e juillet. L'ennemi deslogea hier et s'est mis deux petites heures plus en arrière auprès de Roisin. Je fis partir en mesme temps douze cens chevaux que Mr de Schomberg commande. Il y a sous luy Mr de Rouvray et Mr de Podwitz, qui portoient chacun un sac de farine. Je croi certainement qu'ils sont arrivés à St Guillain. Il y a ordre d'en faire passer une partie à Condé. Mr du Passage m'escrit du 21e que il n'a que pour douze jours de vivres. La situation du pays donne de grands obstacles, et l'armée de l'ennemi est logée entre nous et eux. Selon l'estat où l'armée de Sa Ma^{té} sera dedans quelques jours, on fera ce que l'on pourra. Il y a eu beaucoup d'estonnement après l'affaire de Valenciennes, et il n'a pas servi peu d'estre demeuré en présence devant l'ennemy sitost après cette deffaite.

A. E.

Camp près du Quesnoy, 31 juillet 1656.

Je receus hier la lettre de V. É. du 29e juillet, et me suis donné tousjours l'honneur de luy escrire qu'à moins que l'ennemy fist des fautes très grandes devant Condé, je trouvois impossible de le secourir. Si je contois sur cette armée comme n'ayant pas esté devant Valenciennes — je dis ce qu'il y en a ensemble, — je prendrois asseurément un mauvais fondement; et la situation des pays et l'estat où une armée se trouve faict que l'on peut ou que l'on ne peut pas s'approcher d'un ennemi. Je croi que V. É sçait bien que je ne crains pas plus qu'un autre de me mettre dans une affaire; mais quand je crois voir qu'il n'y a pas apparence qu'il en arrive de bien, et qu'il peut aisément en arriver de grands maux, je suis persuadé qu'elle trouve bon qu'on ne s'y engage pas. Quand un ennemy craint Tournay et Bruxelles, l'armée du Roy demeure auprès de Condé et de St Guillain, ayant seulement bien de la peine de faire venir des convois; mais quand, ne craignant rien derrière luy, il est logé en sorte qu'il tire ce qu'il luy faut de Valenciennes sans convoy, où tout abonde du pays mesme, il est fort dangereux de s'en approcher; et je ne feindray pas de dire à V. É. que, en l'estat qu'est l'armée, si on avoit à se retirer sans rien faire (ce qui arriveroit bientôt faute de fourrage et de vivres), une confusion arriveroit bien aisément. Je suis asseuré que si V. É. estoit sur les lieux, elle ne voudroit pas qu'on entreprist une chose avec si peu d'apparence de réussir, et la plus dangereuse que j'aye veu depuis que je suis dans les armées, considérant toutes les circonstances ensemble, et combien, par une langue de terre, par un meschant pays, par une grande distance de ses places, on est en mauvais estat avec une armée qui a receu quelque eschec.

J'ay envoyé à V. É. la copie des billets que j'ay escrits à Mʳ du Passage. L'armée des ennemis n'est pas logée comme dict le tambour de Mʳ de Bridieu ; elle est toute depuis Crespin jusques à l'Escaut, tant celle d'Espagne que celle de monsieur le Prince ; les Espagnols y ont la main à l'Escaut, et Mʳ le Prince est logé à Crespin. Ils ont des ponts des deux costés et envoyent des gardes en delà ; peut estre qu'à cette heure que la redoutte de Vauchelle[1] est prise et que leurs paysans travailleront à la circonvalation en delà, qu'ils y feront passer des trouppes ; mais il n'y a présentement que des gardes. Il n'y a point eu de chemin où on y peust passer d'icy que par Sᵗ-Guillain ; et depuis que l'ennemi est logé où il est, quand il y seroit entré deux mil chevaux avec des farines (ce que je croirois très malaisé, tenant le chasteau de Bossu, où ils ont mis garnison, et voyant par là tout ce qui entre dans Sᵗ-Guillain, et outre cela n'y ayant que deux chemins bien estroicts pour aller de Sᵗ-Guillain à Condé, où ils ont garde et que apparemment ils ont coupés), quand mesme, dis-je, on seroit entré dans Condé, ce seroit des gens qu'ils prendroient prisonniers de guerre, car il seroit impossible qu'ils en revinssent. Je m'en vais loger sur la Sambre auprès d'Aymeri ; je suis près de Sᵗ-Guillain comme d'ici, et aprendray de là comme l'ennemi se gouvernera... Je viens présentement de faire deschiffrer ce que V. É. m'escrit du 29ᵉ à onze heures du soir ; il me semble que, si quelque malheur arrivoit à Condé plus tost que l'on ne croit, si Mʳ de Mondejeu tiroit des gens d'Arras, de la Bassée et de Béthune, cela desgarniroit bien ces places là, et que l'ennemi pourroit y aller, hazardant que l'on fist une entrée dans le pays ou que l'on attaquast quelque petite place sur la frontière ; car il faut faire estat que l'ennemi sera tousjours quatre jours avant l'ar-

---

[1]. Crespin et Vauchelle sont situé entre Quiévrain et Condé.

mée du Roy devant la Bassée et devant Béthune; c'est pourquoy il faut qu'il y ayt assés d'infanterie en ce pays là; de sorte qu'il me semble que, retenant l'infanterie qu'il a et les régimens de Mondejeu et d'Equancourt, il pourroit renvoyer le régiment de La Meilleraye; et si Condé dure si longtemps que V. É. dict, on verroit avec le régiment d'Alsace et ce qui arrive ce que l'on pourroit faire ou à Condé ou dans le pays.

A. E.

CAMPAGNE DE 1657.

TURENNE A MAZARIN.

30 mai 1657.

Je fais ce mot à V. É. pour lui dire qu'estant arrivé devant Cambrai le mardi au matin avec la cavallerie, et l'infanterie y estant venue aussi le soir, M^r le Prince, qui, en passant à Valenciennes, marchoit en diligence en Flandre, apprit comme l'armée arrivoit devant Cambrai. Il se résolut d'y entrer la nuit, ce qu'il a fait. Il passa dans mon quartier. J'estois à deux heures de là par un autre costé de la citadelle, croiant que s'il y venoit de la cavallerie elle prendroit ce chemin là. V. É peut juger en quel estat estoit la ligne : on n'y avoit pas travaillé deux heures et en peu d'endroits. Ce corps y estant entré, je n'ai pas peu demeurer devant. Une partie de l'armée d'Espaigne y arrivoit comme j'en partois sur le midi. Il n'y a eu nulle confusion ni haste. Il y a beaucoup de prisonniers; on croit qu'il y a bien vingt ou trente officiers des leurs, Mr de Cugnac, M^r d'Auterive, et Barbesières qui avoit pris Girardin. C'est un hasart de quoi ils ont trouvé quelques régiments; car de toutes les places que j'ay veu il n'y en a point où il y ait tant de campagne qu'à Cambrai. Je pense que V. É. ne trouvera pas bien estrange qu'il y entre de la cavallerie dans une place le jour que l'on y arrive. Effectivement Mʳ le Prince a pris une belle résolution; il avoit veu arriver l'armée et prendre quelques cartiers; et il est certain que s'il eust entré au lieu où les gens m'ont dit qu'il vouloit que le guide le menast, il ne pouvoit pas s'empescher de perdre tous ses gens; car j'estois avec les gardes et de la cavallerie tout près de la porte par ce costé là. On a rechargé toutes choses sans ambaras. Deux heures après que Mʳ de Castelnau m'a rejoint, les troupes de l'armée d'Espaigne arrivoient par ce costé là. J'escris ce mot en haste et puis demeurer icy, qui est à Crèvecœur; je n'ai pas mon chifre présentement; c'est dans la marche que j'escris. A. E.

FIN DES PIÈCES ET DOCUMENTS

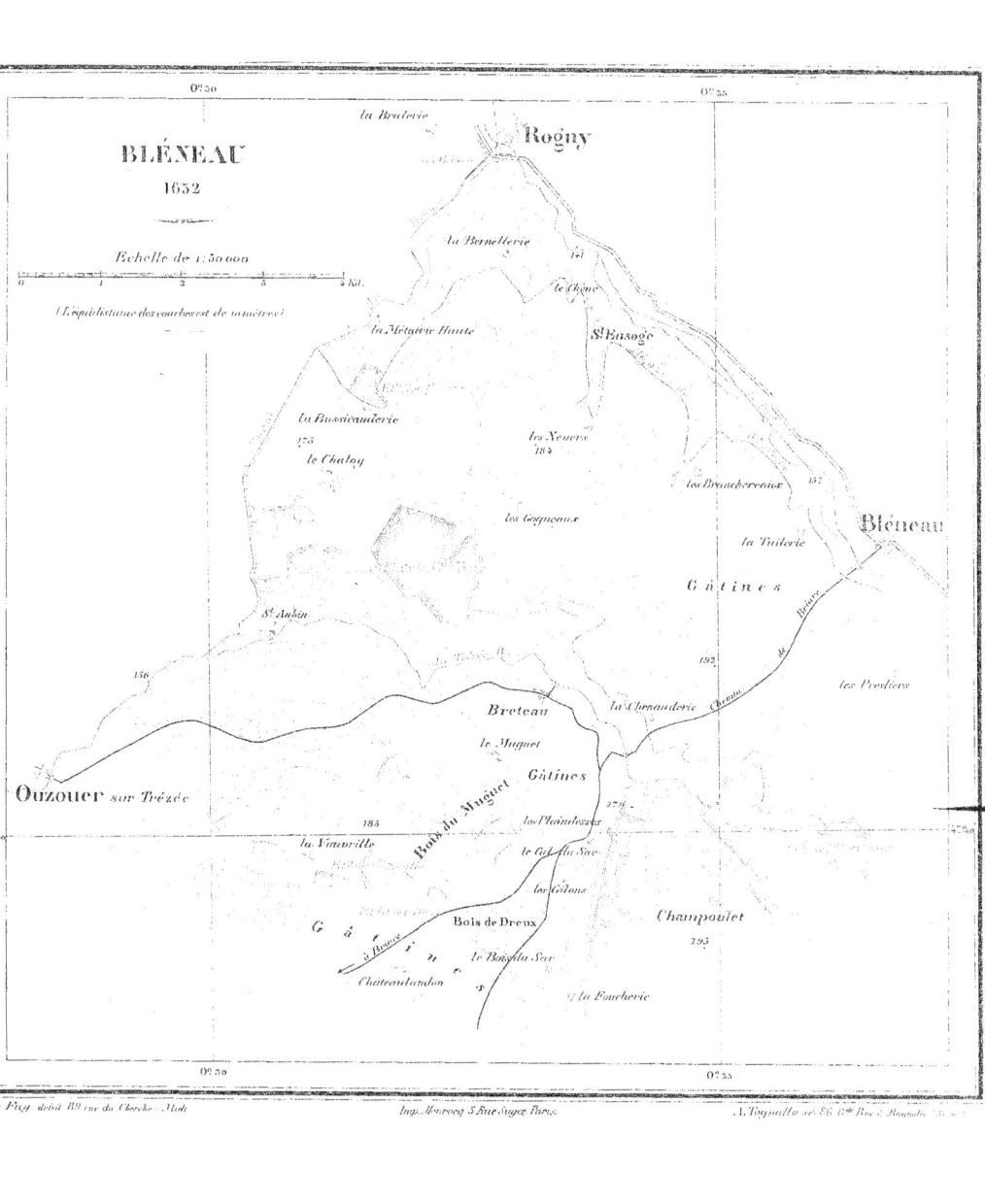

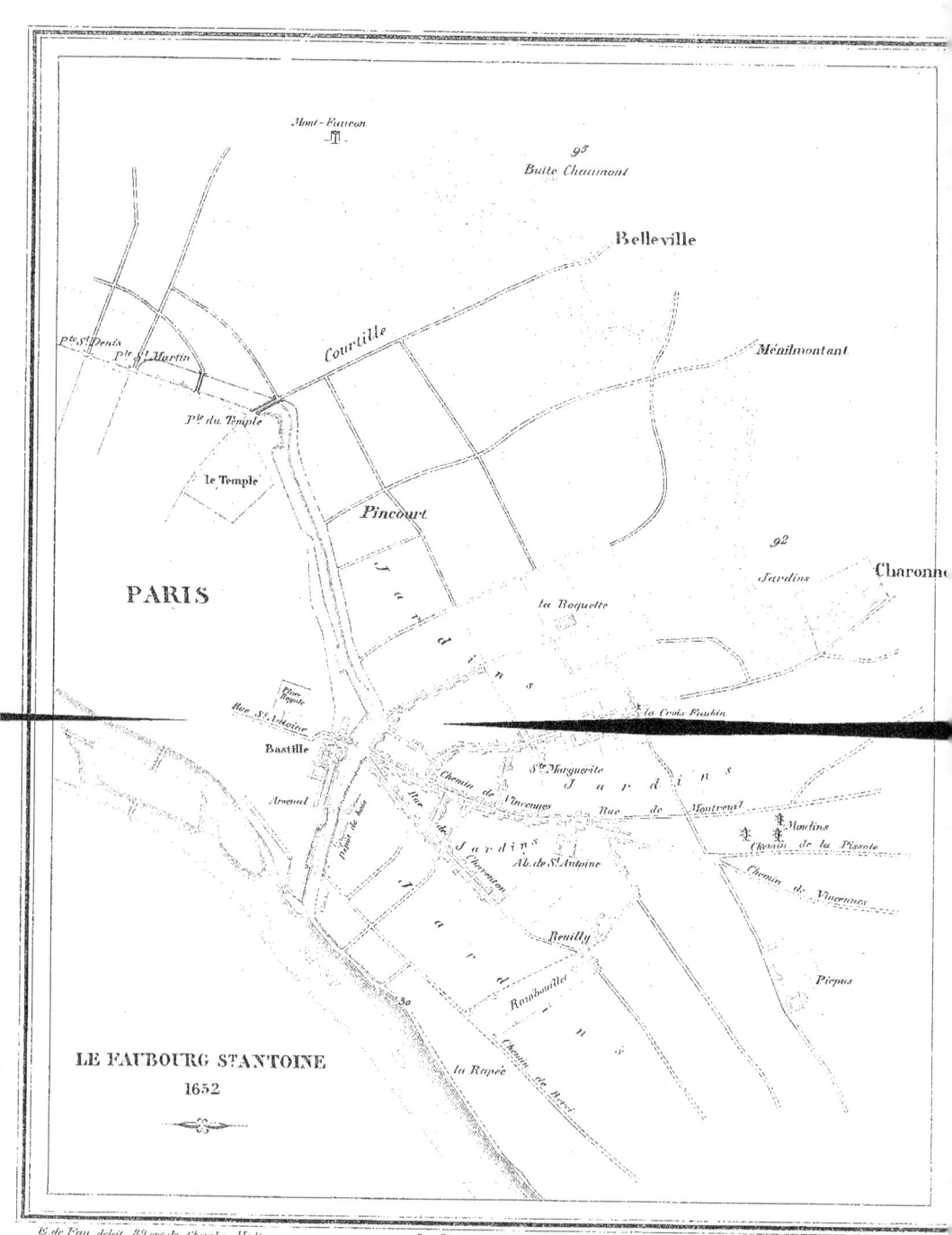

TABLE

DES MATIÈRES CONTENUES DANS LE TOME SIXIÈME

LIVRE SIXIÈME
1650 A 1657

LOUIS DE BOURBON
DEUXIÈME DU NOM, QUATRIÈME PRINCE DE CONDÉ, LE GRAND CONDÉ,
NÉ LE 7 SEPTEMBRE 1621, MORT LE 8 DÉCEMBRE 1686.

CHAPITRE PREMIER. — LA PRISON (janvier 1650-février 1651). — Accablement général après l'arrestation des Princes. — Commencement de résistance. Mme de Longueville et Turenne à Stenay. — Les princesses de Condé à Chantilly. Ouverture inattendue de Claire-Clémence à Lenet. — Ordres du Roi apportés à Chantilly. Comment Madame la Princesse s'échappe et gagne Montrond (avril 1650). — Séjour à Montrond. Les frères Baas. — La Rochefoucauld et Bouillon conduisent Madame la Princesse à Bordeaux. — La Fronde en Guyenne. Première paix de Bordeaux (janvier 1650). — La démocratie bordelaise. La ville reçoit Madame la Princesse (31 mai 1650), les ducs et l'envoyé d'Espagne, Watteville. — Madame la Princesse règne à Bordeaux. État de la province D'Épernon et La Meilleraie. Le secours d'Espagne, ó tarde, ó nunca. — Invasion dans le Nord arrêtée par la défense de Guise. Mazarin entreprend le voyage de Guyenne. — Retour offensif de Turenne (août). Boutteville le précède et menace Vincennes. Les Princes à Vincennes, 18 janvier 1650. Rigueur de la captivité; de Bar. — Tentative de délivrance. Conférence de Condé avec Servien (mars). — La vie en prison. — Émotion causée par l'apparition de Boutteville. — Les Princes transférés à Marcoussis (29 août). Mécontentement des partis. — Espérances des amis des Princes. — Traité des Bordelais et des ducs avec Mazarin. — Condé exclu du traité. Vains efforts de Madame la Princesse.

Elle se retire à Montrond. — La princesse douairière au château de Châtillon ; elle y meurt (2 décembre 1650). Mme de Châtillon et Condé. — La cour rentre à Paris (15 novembre). L'archiduc et Turenne en Champagne. — Les Princes enfermés au château du Havre (26 novembre). — Turenne battu à Rethel (15 décembre). Victoire sans profit pour Mazarin. — La Palatine à l'œuvre pour délivrer Condé. Sa double négociation. Elle traite avec les frondeurs (30 janvier 1651). — État de Paris. Mazarin en sort (6 février). — La Reine cède (10). Mazarin, au Havre, délivre les Princes (13). — Entrée des Princes à Paris (16). . . . . Page 1

CHAPITRE II. — La Faute (février-septembre 1651). — Loyauté de M. le Prince. Il dégage Turenne (mars-avril 1651). — Les Espagnols restent à Stenay. — Madame la Princesse à Paris et à Chantilly. — Puissance de Condé ; ses engagements. Déboire de Châteauneuf. Changement dans le conseil (15 avril). — Rupture du mariage Conti-Chevreuse. Indignation. — La Palatine s'éloigne de Condé. Ses rapports avec Mazarin ; son but. — L'échange des gouvernements (15 mai). Clameurs contre M. le Prince. — Il est menacé dans sa vie ou dans sa liberté. — La retraite à Saint-Maur (5 juillet). Les « adhérents » et les « incertains ». — M. le Prince, le premier président et le parlement. Renvoi des « sous-ministres » et de Chavigny (12, 21 juillet). — Traité de Saint-Maur (22 juillet). La Rochefoucauld et Mme de Longueville. — Courage et persévérance d'Anne d'Autriche. — Projet de convocation des états généraux. — La « seconde fronde ». Abaissement des caractères. — Incidents du mois de juillet. Déclaration royale contre M. le Prince (17 août). — Dernières négociations. Condé à Chantilly (5 septembre). — Le Roi majeur. M. le Prince n'assiste pas au lit de justice (7 septembre). — Derniers conseils tenus à Chantilly (9 septembre), à Montrond le 15. « L'épée est tirée. » ... Page 60

CHAPITRE III. — La Guerre civile : Guyenne et Gatinais, Combat de Bléneau (septembre 1651-avril 1652). — Plan de campagne. Projet d'opérations au sud de la Loire et sur la frontière des Pays-Bas. — Turenne et Condé ; la séparation. — Condé à Bordeaux (septembre 1651). Ses traités particuliers. Le traité de Madrid (6 novembre). — Le prince de Conti et Mme de Longueville, Lenet et Marigny. Les ducs. — La démagogie à Bordeaux. L'Ormée. Ses rapports avec M. le Prince. — Condé à Agen et Bergerac. Jonction avec Marchin. — Condé en Saintonge (14 no-

vembre), barre la route à d'Harcourt. — Retraite sur la Dordogne (janvier 1652). Combat de Miradoux (26 février). Condé rejeté dans Agen. — Revers en Saintonge et Anjou. Retour de Mazarin. — Traité entre le duc d'Orléans et Condé (24 janvier). Jonction de leurs troupes. Beaufort et Nemours. — Condé organise le commandement en Guyenne. Préparatifs de départ.
Mazarin à Poitiers (29 janvier 1652). L'armée du Roi ; Turenne et Hocquincourt. — Marche de l'armée du Roi. Turenne au pont de Jargeau (28 mars). — Mort de Sirot. Le Roi à Gien (1er avril). — Voyage de M. le Prince. D'Agen (24 mars) à Châtillon (1er avril). — Condé prend Montargis (3 avril). Les deux armées. — Cantonnements de l'armée royale entre Briare (Turenne) et Bléneau (Hocquincourt). Reconnaissance de Turenne (6 avril). — Turenne appelé par Hocquincourt. « M. le Prince est là ! » — Combat de Bléneau : dans la nuit du 6 au 7, Condé surprend les cantonnements d'Hocquincourt. — Retour offensif du maréchal. Sa défaite. — Apparition de la seconde armée royale. Condé reconnaît Turenne. — Habile manœuvre de Turenne derrière un défilé, de bois et d'étangs. — Il repousse la cavalerie ennemie. Condé prend position. Belle retraite de Turenne. — Hocquincourt à l'arrière-garde. Conférence avec Condé. — Turenne à Gien. M. le Prince à Châtillon. Résumé du combat de Bléneau. — Appelé à Paris, M. le Prince se sépare de ses troupes. . . . . Page 94

CHAPITRE IV. — LA GUERRE CIVILE : PARIS. RENCONTRE DU FAUBOURG SAINT-ANTOINE (avril-juillet 1652). — L'armée des Princes (Tavannes et Valon) surprise le 4 mai et assiégée dans Étampes. — M. le Prince à Paris. Brillant accueil. Le Parlement. — Mme de Chevreuse. Retz. Châteauneuf. Molé. La Palatine. — Le parti des Princes. Gaston. Chavigny. — L'abbé Foucquet et Mme de Châtillon. Premières négociations avec la cour. — Reprise des négociations (mai). Prétentions de M. le Prince. — Ses embarras. Négociateurs officieux. L'Espagnol et le Lorrain. — « Vaillant » et « incertain ». — Affaires militaires. Échauffourée de Saint-Denis. — Mesures prises par le gouvernement des Pays-Bas. — M. de Lorraine à Paris (30 mai). Ses fourberies. Son armée à Villeneuve-Saint-Georges. — Turenne lève le siège d'Étampes. Il prend position à Grosbois (15 juin). — Condé rallie son armée et marche sur Villeneuve-Saint-Georges (16 juin). — Double négociation de Charles IV. Vivement poussé par Turenne, il conclut avec la cour et se retire. M. le Prince rentre à Paris.

— État de Paris. Émeutes. Souffrances. Irritation contre M. le Prince. — Fausse alerte du secours d'Espagne. Turenne rallie La Ferté et manœuvre. — L'armée du Roi à Saint-Denis (douze mille hommes). Celle des Princes (six mille) se retire de Gennevilliers par le pont de Saint-Cloud (1er juillet). — Paris fermé. Par les hauteurs extérieures, Condé atteint la porte Saint-Antoine (2 juillet matin). Turenne marche pour l'écraser contre la muraille. — Résolution héroïque. La « patte d'oie ». Dispositions pour soutenir le combat dans les trois chemins de Charonne, de Vincennes, de Charenton. — M. le Prince s'avance jusqu'à Charonne. Turenne reçoit l'ordre d'attaquer. — Saint-Maigrin attaque par la rue de Charonne, enlève la Croix-Faubin. Sa défaite et sa mort. — Condé renforce le centre, repousse l'attaque isolée de Turenne sur le chemin de Vincennes. — Rue de Charenton ; succès de Navailles ; carnage des volontaires. M. le Prince reprend le carrefour de Reuilly. Suspension du combat. — « L'armée royale n'a pu passer outre en aucun endroit. » — Les blessés dans Paris. Mademoiselle fait ouvrir les portes. — Entrevue de Condé et de Mademoiselle. — Dispositif d'attaque de l'armée royale. Condé prépare sa retraite en échiquier. — Le mouvement commence. La Bastille tire sur l'armée du Roi, qui se retire. . . . . Page 151

CHAPITRE V. — La « Sédition de la paille » et la soumission de Paris (juillet-octobre 1652). — Caractère du combat du 2 juillet 1652. — Découragement à Saint-Denis. Sentiment de Turenne. — Espoir de pacification. Sentiment de Mazarin et de Condé. Déception. — Pouvoir cédé par le parlement aux magistrats de Paris. Élections de l'assemblée de la ville. — Réunion des députés à l'Hôtel de Ville (4 juillet). Gaston et Condé s'y rendent et se retirent. — Pourquoi Condé refuse de revenir. Beaufort chez le mercier. — La place de Grève. Mort de Miron. — Assauts, prise et sac de l'Hôtel de Ville. Cinq députés tués. Arrivée de Mademoiselle. Fin du tumulte. — La « sédition de la paille ». Condé n'en est pas l'auteur. — La confession de Monsieur. — Les ennemis de Condé à l'œuvre. M. le Prince paralysé. — Le Roi refuse d'ouvrir une lettre de Condé (27 août). — M. le Prince conserve au Roi les marbres de Mazarin. Le duc de Damville. — Condé négocie, confie ses pouvoirs à M. de Lorraine. Sa correspondance avec le maréchal de Gramont. — Marche des Espagnols. Mouvements de Turenne. Préparatifs de M. le Prince. — M. de Lorraine reparaît. Hésitation de Mazarin. Turenne se poste à

Vlileneuve-Saint-Georges (5 septembre). — Condé fait jonction avec les Lorrains et met Turenne en grand péril. — Il est rapporté malade à Paris (25). La fièvre et le traitement. — Incidences : Nemours tué en duel par Beaufort; douleur de Condé. Sa querelle avec le comte de Rieux. — Dégagé de l'étreinte de Condé, Turenne gagne Corbeil (5 octobre). — Transformation de Paris. « Assemblées du papier. » Députations envoyées au Roi. — Discrédit de Condé. Débandade de ses partisans. — Mort de Chavigny (11 octobre). Condé sort de Paris (13). — Le Roi à Paris (21). Les Princes déclarés criminels de lèse-majesté (13 novembre) . . . . Page 208

CHAPITRE VI. — La Lutte avec Turenne. Frontières de France (1652-1653). — M. le Prince en Champagne; manœuvres et succès (octobre-novembre 1652). — Mal soutenu, il est repoussé par Turenne. Fin de la campagne (janvier 1653). — M. le Prince forcé de prendre ses quartiers hors de France. Le cardinal de Retz arrêté. Mazarin rentre à Paris (6 février). — Condé, malade, recule de Stenay à Namur (mars), négocie avec les gouverneurs des places frontières. — Plan de Condé pour une campagne offensive. — Retards. Le comte de Fuensaldaña et M. de Lorraine. — M. le Prince à Saint-Hubert (4 juillet). Turenne prend Rethel (8). — L'armée alliée atteint la Somme (29 juillet), s'arrête à Roye. Turenne à Noyon. — Il manœuvre. Condé le surprend au Mont-Saint-Quentin, n'est pas soutenu. — Fuensaldaña refuse d'engager le combat et de faire le siège de Guise. — Condé prend Rocroy (4 octobre) et ne peut secourir Sainte-Menehould. — Montal. Sa glorieuse défense. Il sort de Sainte-Menehould le 27 novembre. Saint-Estienne livre Linchamp et Château-Regnault. — La querelle des quartiers d'hiver. M. le Prince et M. de Lorraine. Le gouvernement des Pays-Bas et les neutres. — Relations de M. le Prince avec le gouvernement de Madrid. Le comte de Fiesque. Cruels embarras . . . . Page 254

CHAPITRE VII. — Soumission de Bordeaux (1652-1653). — Le prince de Cónti rejeté dans Bordeaux (mars 1652). Comment Marchin commande l'armée des Princes. Balthazar. — Lenet aux affaires. Watteville. — Le vice-amiral de France du Daugnon et la flotte de la Charente. Il se vend à Mazarin (27 février 1653). — Le comte d'Harcourt a disparu et fait la partie belle à Marchin. Organisation du gouvernement de Bordeaux. — Le prince de

Conti et Mme de Longueville. Désaccord avec Marchin et Lenet.
— Madame la Princesse; sa soumission et son courage. Naissance
d'un fils qui vécut sept mois. — Domination de l' « Ormée » soutenue par M. le Prince. — Complots pour remettre Bordeaux au
Roi. Le père Berthod et le Père Ithier. Courage du trésorier
Filhot. — Blocus de Bordeaux. Cabale. Aymar de Chouppes. —
Soumission de Bordeaux. Entrée des ducs de Vendôme et de Candale (3 août 1653). . . . . Page 286

CHAPITRE VIII. — La Vie et les affaires hors de France.
La Condamnation (1653-1657). — Suite de la capitulation de Bordeaux. Ce qui advint des troupes, de Mme de Longueville et du
prince de Conti. — Marchin passe en Flandre, devient l'*alter ego*
de Condé. — Lenet. Madame la Princesse à Valenciennes et à
Malines. Les visites de son époux. — M. le Prince et Mademoiselle. Naissance de Mlle de Bourbon. — Condé dirige l'éducation
de son fils. M. le Duc à Namur et aux Jésuites d'Anvers. —
Embarras financiers. Luxe et misère. — M. le Prince à Bruxelles.
Empressement de la noblesse. Les dames. Le portrait de Téniers.
— Popularité de Condé. La bourgeoisie et les gens de guerre
espagnols. — Les généraux et les gentilshommes de M. le Prince.
Guitaut, Coligny-Saligny, Boutteville. Rivalités. Nouveaux départs. — Rares défections. M. et Mme Deshoulières. Vineuil.
La Roque. La Marcousse. — Les amis de M. le Prince à Bruxelles
et à la Haye. Condé et le maréchal de Gramont. Entrevue avec
Montbas. — La liberté d'esprit des grands hommes de guerre. Lectures et goûts de Condé : les lettres, les arts et la philosophie.
Les genets d'Espagne. — L'expédition des affaires. Viole et Lenet.
Le premier secrétaire Jacques Caillet; sa famille. — Les agents
de Condé. Princes recruteurs et autres. — Barrière et sa
mission en Angleterre, 1652. Premiers succès. Rapports avec
Cromwell. — Hauts et bas. Lutte avec les agents de Mazarin. —
L'Angleterre s'allie à la France. Ruine et emprisonnement de Barrière. — Ébauche de négociations avec la Suisse et Malte. — Mission de Saller à Rome. Le cardinal de Retz. On veut exclure Condé de
la paix générale. Projets de médiation. — La reine de Suède; ses
sentiments pour Condé. Son voyage aux Pays-Bas (septembre 1654).
Questions d'étiquette. — Projet de confier le gouvernement des
Pays-Bas à la reine; opposition de Condé. Christine ne voit pas
M. le Prince et continue de l'admirer. — Recherche des agents
de Condé en France. Marigny, Vineuil, Gourville. — Arrestation

de Foucquet de Croissy. Le parlement retient la cause. — Les prisonniers de guerre : Coligny, Guyonnet. Doute sur leur situation ; négociations. Les otages; Girardin. — Arrestation de Bertaut à Paris (31 mai 1653) et de Lebrun à Rocroy (septembre). — L'abbé Foucquet fait arrêter Ricous, serviteur de M. le Prince. Bertaut et Ricous jugés sommairement et exécutés (11 octobre). — Mme de Châtillon et Condé. — Détente. Échange des prisonniers de guerre. — Procès de M. le Prince. L'instruction. — Premier arrêt (19 janvier 1654). Sommations faites à Péronne. — Le prince de Condé condamné à mort (27 mars). Mariage de son frère. L'opinion. . . . . Page 309

CHAPITRE IX. — La Lutte avec Turenne : Arras, Valenciennes et Cambrai (1654-1657). — Arrestation de M. de Lorraine (25 février 1654). La campagne retardée. — Turenne attaque Stenay. L'armée d'Espagne investit Arras (3 juillet), ouvre la tranchée (nuit du 14 au 15). — Le siège. L'armée de France ; ses manœuvres. Turenne. La Ferté. Hocquincourt. — Le « secours ». (nuit du 24 au 25 août). Succès des Français ralenti par M. le Prince — « La retraite d'Arras. » « Tout était perdu et il a tout sauvé. » Ralliement à Cambrai et Bouchain. Le récit de Woerden. — Inaction de l'archiduc. Prise de Stenay, Clermont, Landrecies (14 juillet 1655) par les Français. — Manœuvres le long de l'Escaut. Condé à l'arrière-garde (14 août). — Lettre de Turenne à Mazarin remise à M. le Prince. Réplique de Condé. — Démêlés et rupture. — Entreprises manquées. Léopold et Fuensaldaña remplacés par don Juan d'Autriche et le marquis de Caracena. Condé traite le nouveau vice-roi (10 mai 1656). — Turenne investit Valenciennes (15 juin). — L'armée d'Espagne à Famars (1er juillet). La cense d'Urtebise. Incidents du siège. — Le secours de Valenciennes (15-16 juillet). L'armée de La Ferté détruite. — Retraite de Turenne. Il prend position sous le Quesnoy. — Les armées en présence (18, 19). Le 20, les alliés lâchent prise. — Prise de Condé par les alliés, de la Capelle par Turenne. — Turenne perd Saint-Ghislain (7 mars 1657) et investit Cambrai. M. le Prince à Bouchain (29 mai). — Fait d'armes du 30 mai. La cavalerie de M. le Prince traverse l'armée de Turenne et dégage Cambrai. — Fin de la campagne de 1657. L'agonie militaire.   Page 393

PIÈCES ET DOCUMENTS INÉDITS

LIVRE VI, CHAPITRE PREMIER.

LES PRINCES EN PRISON.

M. de Bar au cardinal Mazarin (25 janvier 1650). 461
Le Tellier au cardinal Mazarin (13 février 1650). 462

MADAME LA PRINCESSE A CHANTILLY. — SA FUITE.

Bourdelot à Lavocat (1ᵉʳ mars 1650) 464
Du Vouldy à Le Tellier (17 avril 1650) 464

MADAME LA PRINCESSE A BORDEAUX.

La Roussière à Lavocat (21 juillet 1650) 466
La princesse de Condé à Filsjean (20 septembre 1650). . . . 466
« Lettre pour Langlade » (5 octobre 1650) 466

MADAME LA PRINCESSE A MONTROND.
LA PRINCESSE DOUAIRIÈRE A CHATILLON.

Bourdelot à Mlle Capon, femme de chambre de la Princesse
    douairière (19 octobre 1650). 468
La duchesse de Châtillon à Lenet (19 novembre 1650). . . . 470
La princesse de Condé au Prince son mari (22 décembre 1650). 471

SITUATION DANS LE NORD ET A PARIS.
LES PRINCES A MARCOUSSIS, PUIS AU HAVRE.

La duchesse de Longueville à Lenet (22 août 1650) 471
Le Tellier au cardinal Mazarin (4, 6 septembre 1650) 472
Extrait d'une lettre de Chanut, ambassadeur de France en Suède (19 novembre 1650). 474
La Roussière à Lenet (23 décembre 1650). 475

DÉLIVRANCE DES PRINCES.

Billet d'*Artamène* (le prince de Condé) (2 janvier 1651). . . . 476
Billet du prince de Condé pour *Brutus* (le président Viole) (6 janvier 1651) 477
Pouvoirs donnés par les Princes au président Viole (6 janvier 1651). 477
Le comte de Maure à Lenet (5 février 1651). 478
Anne d'Autriche au cardinal Mazarin (s. d.). 479
La princesse de Condé au duc d'Orléans (13 février 1651) . . 480
Vialard à Lenet (15 février 1651) 480

LIVRE VI, CHAPITRE II.

LA FAUTE.

La duchesse de Longueville au prince de Condé (24 février 1651). 481
Turenne au prince de Condé (20 mars 1651) 482
Fouquet de Croissy au prince de Condé (21 mars 1651). . . . 483
Turenne au prince de Condé (1er avril 1651). 483
Foucquet de Croissy au garde des sceaux (3 avril 1651) . . . 484
Nouvelles de Paris (12, 29 avril 1651) 485
Le vicomte d'Aubijoux à la reine de Pologne (12 mai 1651 . 488
Le prince de Condé au parlement de Dijon (8 juillet 1651). . 489
Le prince de Condé au duc de Longueville (19 août 1651) . . 492
Le duc d'Orléans au prince de Condé (31 août 1651) 493
Le prince de Condé au duc d'Orléans (13 septembre 1651). . 493

LIVRE VI, CHAPITRE III.

LA GUERRE CIVILE EN PROVINCE.
1651-1652.

La princesse Palatine à la reine de Pologne, sa sœur (1er octobre 1651)	497
Le prince de Condé au maréchal de Gramont (sans date, octobre 1651)	499
Le prince de Condé au comte de Guitaut (s. d., 8, 10 octobre 1651)	500
Le maréchal de Gramont à Chavigny (30 octobre 1651)	501
Le prince de Condé au président Viole (27 décembre 1651)	502
Le prince de Condé à Lenet (22 décembre 1651)	502
Le prince de Condé au président Viole (1er janvier 1652)	503
Le prince de Condé au duc d'Orléans (4 janvier 1652)	504
Le prince de Condé à Machaut (4 janvier 1652)	504
Le prince de Condé au président Viole (10 janvier 1652)	506
Mémoire remis par Fontrailles à M. le Prince (10 janvier 1652)	506
Le duc d'Orléans à Marigny (s. d., janvier 1652)	508
Le prince de Condé à Lenet (4 février 1652)	509
Fontrailles au prince de Condé (11 février 1652)	510
Le duc d'Orléans au prince de Condé (4 mars 1652)	512
Foucquet de Croissy au prince de Condé (s. d., mars 1652)	513
Le prince de Condé au président Viole (11, 15, 17, s. d., mars 1652)	514
Le duc de Rohan au duc d'Orléans (28 mars 1652)	516
Foucquet de Croissy à Chavigny (29 mars 1652)	518
Mademoiselle au prince de Condé (9 avril 1652)	519

LIVRE VI, CHAPITRE IV.

LA GUERRE CIVILE A PARIS.
AVRIL-JUILLET 1652.

Le prince de Condé au président Viole (1er mai 1652)	520
Le Tellier à Turenne (3 mai 1652)	521

Le prince de Condé à Marigny (4 mai 1652)   522
Don Luis de Haro au prince de Condé (6 mai 1652)   523
Milord Crofts à la reine de Pologne (7 mai 1652)   524
Le duc d'Orléans au prince de Condé (16 juin 1652).   526
L'abbé Viole à Lenet (23 juin 1652)..   527

LIVRE VI, CHAPITRE V.

LA SOUMISSION DE PARIS.
JUILLET-OCTOBRE 1652.

Le comte de Fuensaldaña au prince de Condé (6 juillet 1652).   532
L'abbé Viole à Lenet (17 juillet 1652).   534
Caillet à Lenet (22 juillet 1652)   537
L'abbé Viole à Lenet (25 juillet 1652)   538
Marigny à Lenet (4 août 1652).   542
Le duc de Damville au prince de Condé (6, 8 août 1652) . . .   547
Marigny à Lenet (7, 21 août 1652).   551
Le duc de Lorraine au prince de Condé (25 août 1652). . . .   555
Le prince de Condé à Louis XIV (27 août 1652).   556
Le Tellier à Turenne (1er, 8 septembre 1652).   557
Marigny à Lenet (8 septembre 1652).   560
Caillet à Lenet (12 septembre 1652)   563
Le Tellier à Turenne (18 septembre 1652)   563
Le duc de Lorraine au prince de Condé (18 septembre 1652).   565
Le Tellier à Turenne (26, 28 septembre 1652).   566
Le prince de Condé à Chavigny (s. d.).   568
Marigny à Lenet (29 septembre 1652).   568
Le Tellier à Turenne (2 octobre 1652)   573
L'abbé Viole à Lenet (2 octobre 1652)   575
X*** à Lenet (9 octobre 1652).   575
Le président Viole à Lenet (13 octobre 1652).   577

LIVRE VI, CHAPITRE VI.

LA LUTTE AVEC TURENNE. — FRONTIÈRES DE FRANCE. 1652-1653.

LE ROI A PARIS. — FIN DE LA CAMPAGNE. OCTOBRE 1652-JANVIER 1653.

X*** à Lenet (25 octobre 1652).	578
Marigny à Lenet (27, 30 octobre 1652).	581
Turenne au cardinal Mazarin (13 novembre 1652).	586
Le prince de Condé à Lenet (3 décembre 1652).	587
Le prince de Condé au marquis de Saint-Romain (15 janvier 1653).	588
Le prince de Condé au marquis de Persan (20 janvier 1653).	589

CAMPAGNE DE 1653.

Caillet à Lenet (28 juin 1653)	589
Le comte de Fuensaldaña au prince de Condé (2, 15 juillet 1653).	590
Le duc de Lorraine au prince de Condé	591
Le marquis de Saint-Romain au prince de Condé (19 juillet 1653).	592
Turenne au cardinal Mazarin (7 août 1653).	592
Turenne et La Ferté au cardinal Mazarin (15 août 1653)	593
Turenne au cardinal Mazarin (19 août 1653).	594
Le marquis de Saint-Romain au prince de Condé (23 août 1653)	595
Le prince de Condé au roi d'Espagne (s. d., octobre 1653).	595
Le comte de Fuensaldaña au prince de Condé (10, 15 octobre 1653.	596
Le prince de Condé à Lenet (30 octobre 1653)	597
Turenne au cardinal Mazarin (31 octobre, 6 novembre 1653)	598

LES QUARTIERS D'HIVER. — DIFFICULTÉS AVEC FUENSALDAÑA.
1653-1655.

Lenet au prince de Condé (24 novembre 1653). 600
Le prince de Condé à Lenet (1er décembre 1653). 603
Le prince de Condé à Viole et Lenet (19 décembre 1653). . . 603
Le duc de Lorraine au prince de Condé (4 janvier 1654). . . 605
Le prince de Condé à Viole et Lenet (6, 9 janvier 1654) . . . 605
Le prince de Condé à Lenet (11 janvier 1654). 607
Le prince de Condé à Viole et Lenet (8 février 1654). 608
Le prince de Condé au comte de Fiesque (11 mars, 17, 25 avril 1654, 7 décembre 1655). 609

MISSION DU COMTE DE FIESQUE A MADRID.
1653-1658.

Le comte de Fiesque au prince de Condé (11 et 13 juin 1653). 623
Désert au prince de Condé (27 mars 1658). 624
Lenet au prince de Condé (18 septembre, 23 octobre 1658). . 624

LIVRE VI, CHAPITRE VII.

SOUMISSION DE BORDEAUX.
1652-1653.

Le prince de Conti au prince de Condé (10 juin 1652). . . . 627
Un bourgeois de Bordeaux au prince de Condé (1er juillet 1652) 628
Le prince de Condé à Lenet (12, 30 septembre 1652, 5 février 1653). 633
Le prince de Conti au prince de Condé (3 mars 1653). . . . 640
Lenet au prince de Condé (24 mars 1653). 641
Le prince de Condé à Lenet (11 avril 1653). 642
Lenet au prince de Condé (21 avril 1653). 644
Le prince de Conti et la duchesse de Longueville au prince de Condé (15 mai 1653). 645

Lenet au prince de Condé (s. d., mai 1653).   647
Le comte de Marchin au prince de Condé (5 juin 1653). . . .   648
Lenet au prince de Condé (12 juin 1653).   649
Le prince de Condé à Lenet (21 juin 1653).   652
Lenet au prince de Condé (3 juillet 1653).   654
Marchin, Fiesque et Lenet au prince de Condé (17 juillet 1653).   656
Lenet au prince de Condé (29 juillet 1653).   658
Le prince de Conti au prince de Condé (30 juillet 1653). . .   660

LIVRE VI, CHAPITRE VIII.

LA VIE ET LES AFFAIRES HORS DE FRANCE.

Mme DE LONGUEVILLE ET LE PRINCE DE CONTI.

La duchesse de Montmorency au duc de Longueville (22 avril 1654)   661
La duchesse de Longueville à Lenet (3 décembre 1654) . . .   663
La duchesse de Longueville au prince de Condé (14 novembre 1657)   664
Le prince de Condé à la duchesse de Longueville (4 octobre 1658)   665
Le prince de Conti à la duchesse de Longueville (17 octobre 1658)   665

MADAME LA PRINCESSE.

Le prince de Condé à Viole et Lenet (22 janvier 1654). . . .   666

MADEMOISELLE.

Le prince de Condé à Mademoiselle (6 mars 1655).   667
Le prince de Condé au comte d'Auteuil (10 août 1657) . . .   669

LE DUC D'ANGUIEN.

Le duc d'Anguien à Marigny (7 octobre 1655) 670
Le prince de Condé au comte d'Auteuil (6 janvier 1657, 3 février 1658). 671

EMBARRAS FINANCIERS.

Le prince de Condé au comte de Fiesque (20 juin 1654, 16 juin, 28 octobre 1655, 25 mars 1656). 672

BAAS ET GUITAUT.

Viole et Lenet au prince de Condé (8 février 1654) 75

Mme DESHOULIÈRES.

Le comte de Montal au prince de Condé (1er janvier 1657). . 677

LA ROQUE. — LA MARCOUSSE. — VINEUIL.

Le prince de Condé à Lenet (26, 28 novembre 1653). 678
Le prince de Condé au comte de Fiesque (15 septembre 1655) 678
Le prince de Condé au comte d'Auteuil (7 avril 1657).. . . . 679
Le prince de Condé à la duchesse de Longueville (27 septembre 1657) 679

M. LE PRINCE ET LE MARÉCHAL DE GRAMONT.

Le prince de Condé au maréchal de Gramont (1er juillet 1655) 680
Le maréchal de Gramont au prince de Condé (2, 5 juillet 1655) 681
Le maréchal de Gramont au premier président de Bellièvre (18 juillet 1655) 684

MISSION DE BARRIÈRE A LONDRES.
1652-1656.

Barrière au prince de Condé (15 avril 1652, 14 mars, 28 mai, 1653) 684
Trancars au prince de Condé (23 mai 1653). 688
Le prince de Condé à Cromwell (11 juin 1653). 689
Barrière au prince de Condé (s. d., 1653). 689
Barrière à Lenet (16 janvier 1654). 691
Barrière au prince de Condé (17 avril, 1er, 26 juin 1654). . 691
Barrière au président Viole (4 septembre 1654) 696
Le prince de Condé au comte de Fiesque (5 novembre 1655, 12 février 1656) 697

M. LE PRINCE ET LA REINE CHRISTINE.

La reine de Suède au prince de Condé (s. d., décembre 1654). 698
Le prince de Condé au comte de Fiesque (s. d., janvier 1655). 698

MISSION DE SALLER A ROME.
1654-1659.

Le prince de Condé au comte de Fiesque (14 juillet 1655) . . 709

LE CARDINAL DE RETZ. — MARIGNY.

Le cardinal de Retz au baron de Watteville (4 septembre 1654). 711
Le prince de Condé à Marigny (15 juin, 27 août 1655, 15 janvier 1656). 712
Marigny au prince de Condé (12 août, 21 octobre 1656) . . . 713
Le prince de Condé à Marigny (6 février 1658) 717

FOUCQUET DE CROISSY ET SON PROCÈS.

Le prince de Condé à X*** (s. d., avril 1653). 717

PRISONNIERS DE GUERRE.

Le prince de Condé à Le Tellier (6 avril 1653) 718
Le prince de Condé à du Mont (4 février 1657). 719
Le prince de Condé à Barbesières-Chemeraut (3 septembre 1657) 719
Le prince de Condé à Lenet (8, 13 octobre 1657) 720

TENTATIVE DE LEBRUN.

Le duc de Noirmoutier au prince de Condé (16 septembre 1653) 721
L'abbé Foucquet à X*** (s. d., octobre 1653). 722
Procès-verbal du 18 novembre 1653 723

MADAME DE CHATILLON.

Le prince de Condé au comte d'Auteuil (12 avril 1657). . . . 724
Le prince de Condé au comte de Fiesque (s. d., avril 1657). 725

LE DUC DE GUISE.

Le duc de Guise au prince de Condé (4 septembre 1652). . . 725

LIVRE VI, CHAPITRE IX.

LA LUTTE AVEC TURENNE.
1654-1657.

CAMPAGNE DE 1654.

Le prince de Condé au comte de Fiesque (20 juin 1654) . . . 726
Turenne au cardinal Mazarin (30 juin, 11 juillet 1654) . . . 727
Le prince de Condé au comte de Fuensaldaña (devant Arras, 1654). 728
Le prince de Condé au duc de Noirmoutier (27 août 1654). . 734
Turenne au cardinal Mazarin (6 septembre 1654). 734

CAMPAGNE DE 1655.

Turenne au cardinal Mazarin (3 juin, 14 juillet 1655). . . . 735
Le prince de Condé au comte de Fiesque (21 juillet, 25, 30 août 1655) 737
Le prince de Condé au marquis de Montpezat (16 août 1655). 753
Le prince de Condé au comte de Fiesque (8 octobre, 23, 30 novembre 1655). 754

CAMPAGNE DE 1656.

Turenne au cardinal Mazarin (16, 19, 22, 31 juillet 1656) . . 757

CAMPAGNE DE 1657.

Turenne au cardinal Mazarin (30 mai 1657) 761

FIN DE LA TABLE DES MATIÈRES DU TOME SIXIÈME.

Paris. — MAY & MOTTEROZ, L.-Imp. réunies
7, rue Saint-Benoît.

www.ingramcontent.com/pod-product-compliance
Lightning Source LLC
Chambersburg PA
CBHW061733300426
44115CB00009B/1202